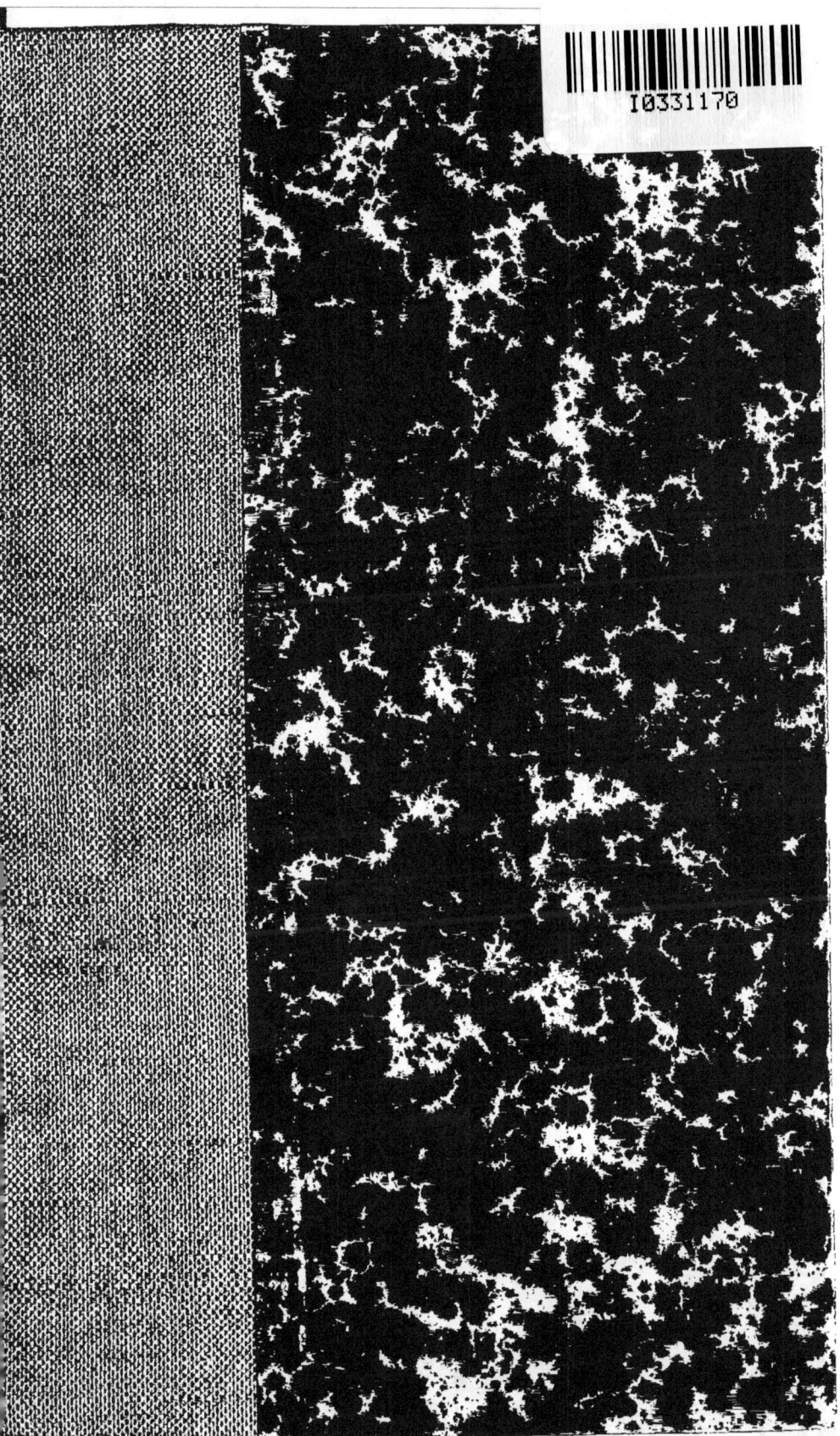

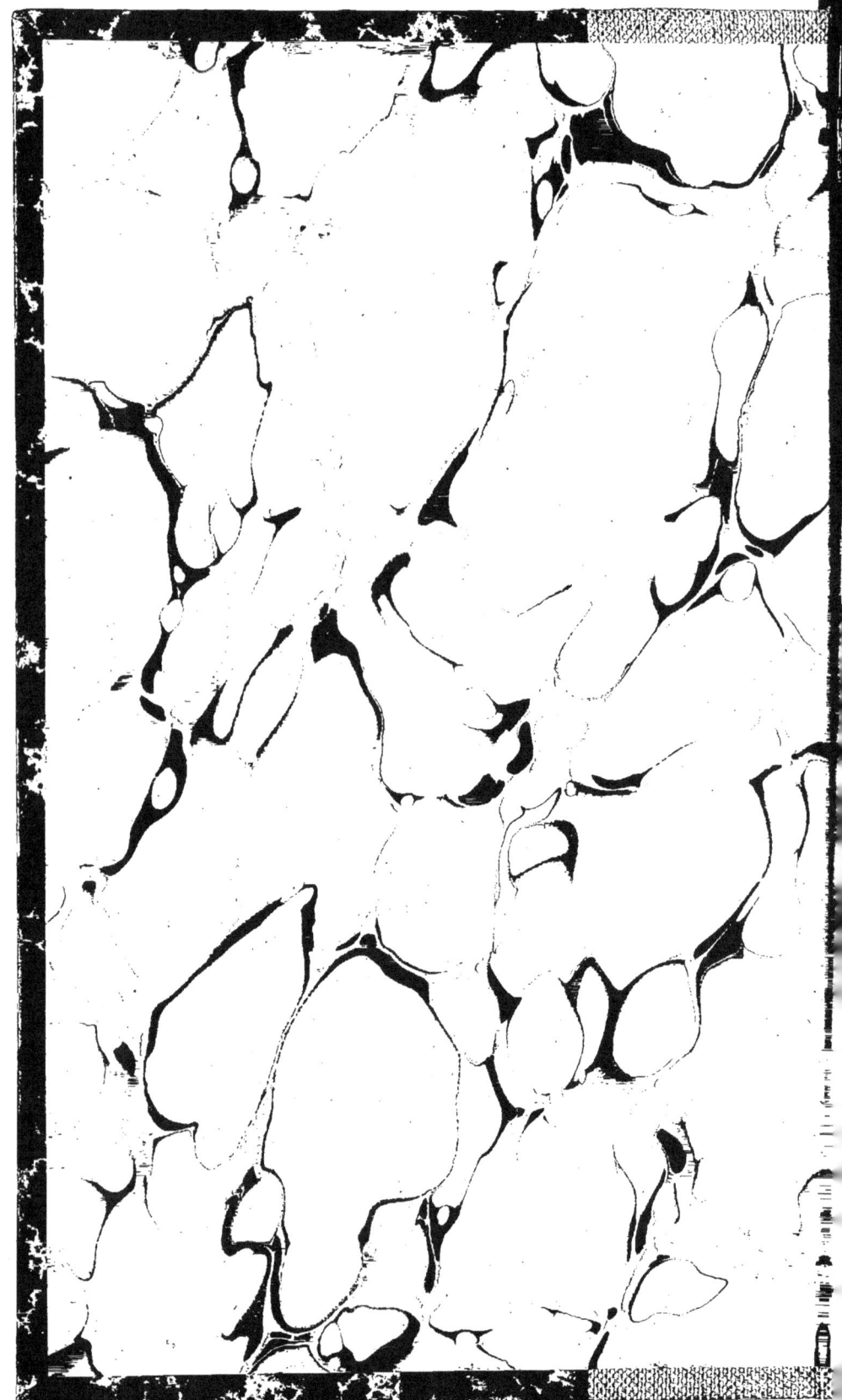

TEMPS PASSÉ

JOURS PRÉSENTS

(NOTES DE FAMILLE)

TEMPS PASSÉ
JOURS PRÉSENTS

(NOTES DE FAMILLE)

PAR

M. DENORMANDIE

Sénateur

PARIS
SOCIÉTÉ ANONYME DE PUBLICATIONS PÉRIODIQUES
13, QUAI VOLTAIRE, 13
—
1900

AVANT-PROPOS

Le titre indique suffisamment l'objet de ces pages ; il n'a pas besoin de commentaire.

J'ai publié, en 1895-1896, un volume ayant trait à la Guerre civile de 1848, au Siège de Paris (1870-1871), à la Commune (1871) et à l'Assemblée nationale (1871-1875), le tout, suivi de quelques réflexions.

J'ai exposé des scènes et des faits d'un intérêt général, qui faisaient partie de la vie publique ; j'avais été témoin, je devenais narrateur.

Comme je dois bien au lecteur la politesse de me renouveler, je vais me reporter aujourd'hui aux faits de ma vie privée ; mais alors quelle tâche difficile, délicate, et peut-être sans intérêt, que celle de parler de soi et des siens !

Le présent ouvrage n'est pas un livre, pas plus que le précédent. C'est un recueil de souvenirs, de notes de famille, c'est une sorte d'agenda où j'ai consigné des choses vues ou entendues, et que j'ai complété à l'aide des documents auxquels je me suis reporté.

Le lecteur ne trouvera donc ici qu'une causerie familiale, un récit fait à mes enfants.

Denormandie.

TEMPS PASSÉ
JOURS PRÉSENTS

(NOTES DE FAMILLE)

I

NOTES ET SOUVENIRS DE FAMILLE

Famille paternelle. — Famille maternelle. — Grandeur et décadence d'une maison. - Domaine de Sommeville. — L'Avocat et le Financier. — Scribe, pupille de **M. Bonnet**.

FAMILLE PATERNELLE

Origine

Mes Chers enfants,

Guillaume de Normandie était venu de la Champagne à Noyon (Oise), amené ou appelé dans cette ville en 1473 par Guillaume Marafin, Evêque et Comte de Noyon qui l'aurait nommé Gouverneur de cette ville et même de la Province.

Des documents publiés sur cette époque il résulte que Guillaume de Normandie serait l'auteur de la chapelle de Notre-Dame créée dans l'Eglise Saint-Martin de Noyon, et aussi de la maison de Ville de Noyon.

Son fils Hilaire fut le père de Richard et de Jean de Normandie.

Jean de Normandie, Seigneur de la Motte, maria son fils aîné Honoré Laurent de Normandie à une D^{lle} de la Vacquerie en 1540, et mourut, dit-on, de chagrin lorsque ce fils embrassa la Réforme.

Je dirai ici seulement quelques mots de cet : « Honoré-Laurent de Normandie, Docteur en droit, « Avocat, Lieutenant du Roy, Maire de Noyon et « Maître des Requêtes », qui était devenu l'un des adeptes de son compatriote Calvin, le grand initiateur des nouvelles doctrines.

Quelques années avant, c'est-à-dire en 1532, Calvin était allé s'installer à Orléans, auprès de plusieurs de ses amis, habitants de cette ville.

C'est pendant ce séjour qu'il avait été choisi par ses compatriotes de Picardie comme « Procureur de « leur Nation » pour (en cette qualité) s'occuper de diverses questions de nature à intéresser leurs idées communes.

M. Abel Lefranc, auteur d'un remarquable ouvrage sur : « La Jeunesse de Calvin », a dit à ce sujet : « Parmi les étudiants dont la présence à Orléans est « constatée par divers actes, il faut citer en première « ligne : Laurent de Normandie (de Noyon), ami per- « sonnel de Calvin qu'il devait suivre à Genève, « après avoir organisé et dirigé pendant plusieurs « années, sous l'inspiration du Réformateur, le clan « protestant de sa ville natale. Fils du Procureur

« Royal Jean de Normandie, il appartenait à une
« vieille famille de robe qui, dès le milieu du XIVe
« siècle, apparaît comme l'une des plus riches et des
« plus puissantes de la Cité. »

Et en effet, lorsque Calvin eut résolu de partir pour Genève, ce fut Laurent de Normandie qui sous son inspiration dirigea la petite Eglise.

L'influence de Laurent de Normandie s'accroissait chaque jour d'une manière sensible. Le jeune avocat aspirait à jouer un rôle prépondérant et tâchait d'obtenir des dignités dans le but d'augmenter son autorité vis-à-vis de ses compatriotes. C'est assurément pour ce motif qu'il se fit nommer, en 1545, secrétaire de Monseigneur le Dauphin qui devait, deux ans plus tard, monter sur le trône sous le nom de Henri II.

En 1546 et 1547, Laurent de Normandie fut Maire de Noyon.

C'est vraisemblablement vers 1548 qu'il partit pour Genève avec sa femme et ses enfants et un groupe d'amis dévoués pour répondre à l'appel de Calvin.

Peu après, c'est-à-dire en 1549, il eut le malheur de perdre sa femme. A cette occasion, Calvin écrivit le 29 avril 1549 à Madame de Cany, amie de lui et des époux de Normandie, une très belle lettre de condoléance qui a été fort remarquée et souvent citée. Cette lettre, assez longue, débutait ainsi, j'en donne seulement la première partie :

29 avril 1549.

Jean Calvin à madame de Cany.

Madame, combien que les nouvelles que je vous mande sont tristes et pour contrister celuy auquel je vous prieray les communiquer ; toutefois j'espère que mes lettres ne laisseront pas d'être bien reçues de vous. Il a plu à Dieu de retirer de ce monde la femme de mon bon frère M. de Normandie, la consolation est pour nous qu'il l'a recueillie à soy ; car il l'a conduite jusques au dernier soupir comme s'il lui eut visiblement tendu la main. Or pour ce qu'il fault que le père d'Elle en soit adverty nous avons pensé qu'il n'y avait moyen plus propre que de vous requerir qu'il vous plaise prendre cette peine de l'appeller à vous affin que la douleur soit adoulcie par votre moyen.

Ce que nous a écrit le gentilhomme qui vous présenta naguère nos lettres, nous a donné hardiesse de ce faire ; c'est qu'aviez introduit le bon homme dont il est question (Eloi de la Vaquerie père de madame de Normandie) au droit chemin du salut et lui aviez donné goust de la pure et saine doctrine à la quelle il nous fault tenir.

Ainsi nous ne doutons point que vous ne soyez prete à continuer et mesme en telle nécessité comme celle-cy car nous ne pourrions mieux vous employer qu'à porter ce message au nom de Dieu.

Suit le récit de la mort de Madame de Normandie, — circonstances détaillées, paroles édifiantes, — et à la fin Calvin revient sur la nécessité de préparer le père de Madame de Normandie à la triste nouvelle, et cette lettre est signée Charles d'Espeville, c'est le nom d'une localité que Calvin prit souvent comme pseudonyme. Quand Calvin écrivait à son ami, il s'adressait ainsi :

« Jean Calvin à Monsieur Laurent de Normandie son singulier et entier ami, Salut. »

Laurent de Normandie se remaria à Genève, le 14 septembre 1550, avec une D^{lle} Colladon dont il eut trois enfants.

Il fut reçu bourgeois de Genève le 8 septembre 1551 moyennant 60 écus dont 40 lui furent laissés en don pour les services qu'il avait déjà rendus à l'Etat de Genève.

Vers le même temps, le Parlement de Paris instruisit un procès contre lui et par arrêt du 7 septembre 1552, il le condamna à être traîné sur la claie et brûlé sur la place du Marché de Noyon comme *coupable d'être sorti du Royaume*. La sentence fut exécutée par effigie le 25 avril 1555.

Laurent de Normandie se fit confirmer les droits de bourgeoisie à Genève et le 1er juin 1556 il fut reçu avocat dans cette ville. Trois ans après, il entra dans le Conseil des C. C.

De cet exposé très sommaire il résulte comme simple indication que Honoré Laurent de Normandie, résidant à Genève depuis la fin de l'année 1548, y occupait une importante situation. Ses enfants et petits-enfants furent chargés de grands emplois et de missions graves, même auprès des Souverains étrangers, notamment du Roi de Prusse et de la Reine de Navarre : on peut s'en convaincre en consultant la 2e édition du livre de M. Galiffe parue à Genève en 1892.

Vers 1560-1561, Laurent de Normandie revint en France ; il avait à régler des affaires d'intérêt ; et puis, la crise avait pris une telle intensité, qu'elle ne pouvait durer. Tous sans exception étaient intéressés à un apaisement qui finit par se produire. Le Gouvernement prit des mesures énergiques. On put enfin voir la fin de cette grande rivalité qui avait duré plus de 30 ans.

On a peut-être le droit de remarquer que par une coïncidence frappante, ce changement de situation concorda avec la mort de Calvin qui était arrivée le 27 mai 1564.

Honoré Laurent de Normandie mourut de la peste le 24 août 1569.

Quelques-uns des membres du rameau qui s'était implanté à Genève allèrent, à une certaine époque, s'installer en Amérique, spécialement à Philadelphie.

Un autre rameau s'étant rendu en Hollande, dans la première moitié du XVIIIe siècle, deux de Normandie furent banquiers à Amsterdam.

Enfin on voit dans Galiffe que la branche restée à Genève s'est éteinte dans les mâles il y a environ 120 ans.

Ce coup d'œil général sur les contrées autres que notre pays était indispensable, avant de parler du rameau toujours resté en France.

Je dois consigner d'abord ici deux observations préliminaires :

1° M. Galiffe a écrit sur les familles genevoises et sur celles venues de l'étranger à Genève. Il s'est placé surtout au point de vue des généalogies. Sa seconde édition (celle de 1892) fait autorité. Or il explique en ce qui touche la famille de Normandie que le nom avait été orthographié dans les actes anciens : de Normendie, et il ajoute avec raison que cette différence d'orthographe n'avait d'ailleurs pour l'époque aucune importance quelconque.

2° M. Galiffe fait une autre observation, celle-là plus sérieuse.

Je la cite textuellement :

« Bien que le Parlement de Paris l'eût condamné
« par arrêt du 7 septembre 1552 a être traîné sur
« la claie et brûlé sur la place du marché de Noyon
« et que cet arrêt eût été exécuté en effigie, Laurent
« de Normendie n'en fut pas moins du nombre de ces
« réfugiés français, qui, grâce à de puissantes protec-

« tions purent, à diverses reprises, rentrer dans leur
« patrie et y obtenir la restitution de leurs biens. C'est
« à la veille d'un de ces voyages qu'il fit son testa-
« ment nommant pour ses exécuteurs testamentaires
« son parent germain Colladon et Calvin, par lequel
« testament on voit qu'il était resté propriétaire à
« Noyon, Chauny, Montdidier et Rœes (Royes) en
« Picardie. »

Il faut maintenant dire l'orignine du rameau resté en France :

Jean de Normandie ci-dessus désigné comme père de Laurent de Normandie, avait eu un second fils nommé Martin de Normandie, père de Hilaire de Normandie qui, par sa femme, Anne Labourche, fut l'auteur du rameau resté en France ; or c'est ce que M. Galiffe explique très clairement.

On sait combien, après des siècles écoulés, il est impossible d'établir un état civil régulier puisque ces actes ne furent rendus obligatoires que par l'ordonnance de 1539, et ne furent tenus que dans les paroisses et d'une façon fort incomplète. Je puis toutefois fournir quelques indications qui appartiennent au XVIIe siècle. Je vais en donner la nomenclature.

17 août 1601....... Décès à Noyon de Anthoine de Normandie.

25 juin 1616....... Baptême de Philippe, fils de Simon Leduc.

30 juin 1629....... Baptême de Jean, fils de Charlemagne de Normandie et de Barbe Borgne, son épouse.

7 mars 1631...... Baptême de Marie, fille de Hilaire de Normandie, docteur en médecine, et de sa femme.

6 octobre 1635... Baptême de Reine de Normandie, fille de Charlemagne de Normandie, docteur en médecine, et de Barbe Borgne.

26 octobre 1650... Décès de Charlemagne de Normandie.

26 novembre 1652. Mariage de Philippe Leduc et de Anne de Normandie.

25 août 1653...... Mariage de Jehan de Normandie, médecin, et de Mlle Godeberthe de Saint-Messens.

27 avril 1655....... Baptême de Marie, fille de Philippe Leduc et de Anne de Normandie.

1er janvier 1658... Fiançailles de Robert d'Haussy, advocat au Parlement, et de D^{lle} Marie de Normandie.
Le lendemain, mariage des susnommés.

23 janvier 1658.... Baptême de Anne, fille de Maistre Leduc, officier du Roy, et de Mlle de Normandie, sa femme.

29 janvier 1660.... Baptême de Françoise, fille de Philippe Leduc et de D^{lle} Anne de Normandie, sa femme.

2 juillet 1663.... Mariage de Pierre Fleury et de D^{lle} Henriette de Normandie.

10 janvier 1664... Baptême de Henriette Jehanne, fille de Leduc et de Anne de Normandie.

19 décembre 1665. Baptême de deux jumeaux nés des mêmes.

20 août 1667...... Baptême de Nicolas Fleury, fille de Pierre Fleury et de Henriette de Normandie.

7 février 1668... Mariage de François Demay et de D^{lle} Ursule de Saint-Maissens.

6 janvier 1669.... Baptême de Robert, fils de Pierre Fleury et de Henriette de Normandie.

8 janvier 1669.... Baptême de Louise, fille de Philippe Leduc et de Anne de Normandie.

11 août 1670....... Naissance de Simon-Charles, né des mêmes.

7 septembre 1670 Baptême de Simon-Charles, né des mêmes.

11 août 1671....... Mariage de Charles Sinaux et de Marie Leduc.

15 mars 1678...... Décès et inhumation de Jean de Normandie, Docteur-Médecin.

17 février 1698... Décès et inhumation de Anne de Normandie, femme Leduc.

Tous ces actes de naissance, mariage et décès ont été établis à Noyon, c'est-à-dire par les soins des diverses paroisses de ce comté, parce que la partie de la famille de Normandie restée en France n'avait pas cessé de résider à Noyon ; mais bientôt, nous aurons à constater son installation à Paris. Déjà même, pendant le cours du XVIIe siècle, nous relevons un fait qui a sa signification. En effet, en faisant des recherches aux archives nationales nous avons vérifié et constaté ceci sur le registre Y n° 6610, f° 3, v^r à la table des Procureurs au Châtelet de Paris :

« Pierre de Normandie a été reçu procureur au
« châtelet par la démission à lui faite par M. Jacques
« Villery par acte d'institution signé par collation
« de cour du 26 avril 1659 ; il est décédé ; — le suc-
« cesseur fut M. Pâris, — le 30 juin 1670. »

« Cette mention est transcrite par le greffier de la
« Communauté, Devaux, sur le registre Y 6611, f° 54,
« R° qui n'est quant à cette mention que la reproduc-
« tion du premier registre précité. » Ainsi Pierre de Normandie devenait procureur au Châtelet de 1659 à 1670.

Nous sommes maintenant presque au commencement du XVIIIe siècle.

De Normandie (Jean-Baptiste) qui fut mon trisaïeul paternel était, dans les premières années du XVIIIe siècle, avocat au Parlement et avait épousé Charlotte-Françoise Lesueur.

Son fils, mon bisaïeul, s'appelait de Normandie (Charles-François) ; il s'était marié le 7 janvier 1752, en l'église Sainte-Eustache, à Jeanne Roques, décédée le 17 février 1763.

Charles-François de Normandie demeura successivement rue Bourg-l'Abbé, vis-à-vis la rue du Petit-Hurleur (Le Marais était alors le centre de Paris), puis rue St-Denis, en face l'Eglise Sainte-Catherine.

En 1751, il était avocat au Parlement et avait le titre de « Huissier ordinaire du Roi en tous ses « Conseils d'Etat, privé, et des finances. »

Il eut plusieurs enfants :

1° De Normandie (Louis-Valentin), né le 20 octobre 1754, décédé époux de Mlle Labé de Morambert.

2° De Normandie (Claude-Ernest), né le 20 juillet 1756, décédé à Paris le 10 octobre 1815.

3° Alexandre-Jean-Marie de Normandie, décédé le 15 juillet 1809, à Paris, rue Mazarine, 28.

4° Anne-Félicité de Normandie, née le 15 août 1760, restée célibataire.

Elle avait demeuré successivement rue de Vaugirard et ensuite Ile-Saint-Louis.

Dans mon enfance, on me conduisait chez elle ; j'ai le souvenir très net de son appartement de l'Ile-Saint-Louis, et aussi de ses oiseaux et de son perroquet. Elle mourut le 5 avril 1832. Mon père fut son exécuteur testamentaire.

J'ai seulement à parler ici des deux premiers à raison des emplois qu'ils ont occupés.

M. de Normandie (Louis-Valentin)

Mon grand-oncle paternel, M. de Normandie (Louis-Valentin), époux de Mlle de Morambert, avait été nommé en 1777 Procureur de la Chambre des Comptes, et est devenu depuis Liquidateur Général de la Dette Publique, ainsi que le constate le « Journal de la Convention » du 24 novembre 1792, que je mentionnerai un peu plus loin.

On ignore assez généralement ce qu'étaient cette

fonction, son origine, sa raison d'être, son importance. C'est ce que je voudrais expliquer ; cela d'ailleurs présente un intérêt historique.

« La Direction Générale de la Liquidation » fut instituée par un décret de l'Assemblée Nationale Constituante du 13 décembre 1790.

Elle eut pour objet de reconnaître et déterminer :

« L'arriéré des divers départements tant en masse qu'individuellement.

Les finances des offices de judicature et autres, dont le remboursement devait être ordonné par l'Assemblée Nationale.

Les fonds d'avances et cautionnements des charges et commissions de finance.

La valeur des dîmes inféodées, aujourd'hui supprimées.

Les indemnités prétendues pour différentes causes, non encore discutées et jugées.

Les sommes dues à des porteurs de brevets de retenue.

Les pensions dues pour services rendus à l'Etat.

Les décomptes provenant de l'arriéré des anciennes pensions.

La liquidation des droits ci-devant féodaux et fonciers et autres charges dues sur les biens nationaux. »

A la tête de cet important service on avait mis, en 1790, un Commissaire du Roi, Dufresne-Saint-Léon, qui s'était formé aux Finances sous Necker.

Ce directeur Général fut tenu de procéder à la vérification de tous les faits nécessaires pour parvenir à la Liquidation, et il fut déclaré responsable de leur exactitude. Il était placé sous la surveillance directe des Comités de l'Assemblée, notamment le *Comité de*

Liquidation, et il devait leur remettre chaque semaine le travail relatif aux objets surveillés par ces Comités.

Dufresne-Saint-Léon organisa avec soin son administration (30 décembre 1790). Elle comprit 9 bureaux ou sections.

La Direction générale occupa, moyennant un loyer annuel de 14.000 Livres, l'hôtel habité ci-devant par M. d'Arras sur la place Vendôme. Le personnel des bureaux comprit 180 employés.

Le Directeur Général obtint un traitement mensuel de 2.083 Livres, 6 sols, 8 deniers, plus 2.500 Livres pour frais de bureaux.

Lorsqu'on eut découvert « l'armoire de fer » on y trouva des papiers compromettants pour Dufresne-Saint-Léon (1).

A la suite de perquisitions qui furent faites alors, Dufresne-Saint-Léon, Directeur Général de la Liquidation, fut arrêté ; cet événement donna lieu à un incident à la Convention, le 22 novembre 1792.

Cambon s'écria : « Il est donc prouvé que les plain-
« tes portées contre Saint-Léon étaient fondées ; il
« est temps enfin, de nettoyer ses bureaux qui ont
« été une vache à lait pour tant d'individus ; il est

---

(1) On sait que Louis XVI avait appris le métier de serrurier et qu'il y était devenu très habile. L'armoire dont il s'agit était fermée par une porte en fer, dont l'exécution avait eu lieu sous les ordres du Roy lui-même par un ouvrier nommé Gamain. — Elle était placée dans l'épaisseur d'un des murs du château des Tuileries.

Après le 10 août, l'Assemblée législative ordonna que cette armoire fût recherchée, visitée, et que rapport fût fait à l'Assemblée nationale par M. Gohier.

Il paraît assez probable que Dufresne-Saint-Léon ayant sous la main cette armoire à sa disposition, eut l'idée d'y cacher les papiers dont il pouvait se trouver détenteur, si, comme on l'a dit, ces papiers étaient de nature à être suspectés.

« temps que cela cesse ; je propose donc, puisqu'il
« faut un patriote éprouvé, que le Conseil Exécutif
« en corps soit chargé de nommer provisoirement à
« la place de Saint-Léon un Commissaire liquida-
« teur. »

Cette proposition fut adoptée, et le 23 novembre 1792 Clavière, Ministre des Contributions publiques, adressait à la Convention une expédition de la délibération du Conseil Exécutif qui nommait le Citoyen Denormandie Commissaire à la Comptabilité pour remplir provisoirement les fonctions de Directeur Général de la Liquidation.

Voici le décret :

L'an premier de la République, Présidence du Citoyen Grégoire.

Séance du 23 novembre.

. . . .

L'arrestation du Citoyen Dufresne-Saint-Léon rendait son remplacement nécessaire.

Un décret rendu hier ordonnait au Conseil exécutif d'y pourvoir. Le Citoyen Denormandie a été choisi pour remplir ses fonctions auxquelles ses talents dans cette partie semblaient naturellement l'appeler.

. . . .

M. Denormandie réorganisa les bureaux. Il n'y eut plus que 8 sections, mais chacune se subdivisa en plusieurs bureaux très spécialisés, de manière à obtenir tous les avantages de la division du travail.

Le Citoyen Denormandie jeune, frère du précédent, fut nommé chef de la 8ᵉ section.

Ici, se place un incident révélé par une lettre en date du 6 janvier 1793, que le Liquidateur général adressa au Président de la Convention.

LETTRE AU PRESIDENT DE LA CONVENTION

Paris le 6 janvier 1793

Citoyen Président,

Je joins ici, et je vous prie de communiquer à la Convention Nationale une copie certifiée de moi, de la lettre que Dufresne-Saint-Léon, mon prédécesseur, m'a écrite hier. Il n'existe sans doute aucune loi qui tende à priver un accusé d'un seul de ses moyens de justification, et toutes les lois au contraire lui assurent tous ceux qu'il peut réclamer et en autorisent la remise par tous dépositaires.

Malgré l'évidence et la sainteté même de ces principes, j'ai cru ne rien devoir prendre sur moi, et je prie la Convention Nationale de déterminer ma conduite sur la demande de mon prédécesseur.

Je suis avec respect, Citoyen Président, votre très humble et très obéissant serviteur,

Signé : DENORMANDIE.

Dufresne-Saint-Léon demandait copie de divers états à payer à des pensionnaires de la Maison du Roi.

La Convention autorisa par décret le Citoyen Denormandie à délivrer la copie demandée.

A diverses reprises, la Convention trouva que les opérations de la Liquidation étaient trop lentes. Ainsi par exemple, dès 1793, on enjoignait au Directeur Général d'avoir terminé ses travaux le 1er juillet de ladite année.

Et le « Moniteur » du 28 septembre 1793 contient encore un Décret de la Convention dont l'article 2 porte :

Denormandie, Directeur Général de la Liquidation, présentera dans trois mois les comptes pour les opérations qu'il a faites jusqu'à ce jour. A l'avenir il présentera, chaque trimestre, le même compte pour les opérations qu'il aura faites.

Mais cette administration touchait à des intérêts trop considérables et trop complexes pour qu'elle ne se maintînt pas par la force des choses. Elle survécut aux diverses Assemblées législatives qui se succédèrent jusqu'à l'Empire. Un décret du 13 décembre 1809 ordonna que la Liquidation serait supprimée à la date du 1er juillet 1810.

Pendant le cours de sa gestion absorbante et si difficile, Denormandie (Louis-Valentin), très fatigué, sollicita du Gouvernement un congé et demanda en même temps l'autorisation de se faire suppléer par son frère cadet, Denormandie (Claude-Ernest), qui était chef de l'une des sections de cette vaste administration.

On peut croire assurément que le liquidateur général de la Dette Publique n'avait pas une sinécure ; voici la lettre qui en témoigne :

Liquidation Générale de la DETTE PUBLIQUE
LIBERTÉ. — ÉGALITÉ.

Paris, le 14 ventôse an X.

Le Liquidateur Général de la Dette Publique :

Au Ministre des Finances,

Vous êtes informé, Citoyen Ministre, du mauvais état de ma santé depuis quelques mois : cet état a beaucoup empiré pendant l'hiver.

Je crois devoir joindre icy copie de la dernière consultation des médecins.

Cette ordonnance exigera près de trois mois d'absence absolue de mes fonctions ; j'ai besoin, Citoyen Ministre, que vous veuillez bien m'obtenir l'attache du Gouvernement et son autorisation, pour que mon frère continue à me suppléer entièrement pendant ce tems. J'offre de rester garant et responsable de tout ce qui sera fait pendant mon absence.

Veuillez, Citoyen Ministre, me faire connaître les intentions du Gouvernement le plus tôt qu'il vous sera possible ; les médecins pressent ma fuite de Paris.

J'ay l'honneur de vous offrir, Citoyen Ministre, l'hommage de mon tendre et respectueux attachement,

DENORMANDIE.

Cette lettre fut suivie de la permission demandée et aussi de l'autorisation donnée à M. Denormandie jeune, de suppléer son frère.

La liquidation fut continuée conformément aux errements qui avaient été adoptés.

M De Normandie (Claude-Ernest)

Mon grand-père paternel, M. de Normandie (Claude-Ernest), né le 20 juillet 1756, frère cadet du précédent, avait été reçu le 23 mars 1784, Procureur du Roi au Châtelet. Il succédait à l'office de M. Claude Cormeille. Il épousa le 6 mai 1784, Alexandrine-Madeleine-Julie de Sinçay et fut nommé membre de la Chambre de sa Compagnie en 1791.

Le 3 brumaire an II, intervenait un décret qui prononçait la suppression des offices ministériels. et le remplacement des procureurs par les avoués ; il ne fit pas partie de cette nouvelle Compagnie ; mais on vient de voir qu'il avait été attaché à la Liquidation générale de la Dette Publique : ce qui vint donner une direction toute nouvelle à ses occupations. En outre il fut nommé juge suppléant au Tribunal Civil de première instance de la Seine.

Il fut alors tourmenté d'un scrupule, assurément fort respectable ; il se demanda si sa fonction de juge-suppléant, qui en faisait un membre du Tribunal, était ou n'était pas compatible avec son emploi à la Liquidation générale de la Dette Publique.

C'est lui-même qui va nous faire connaître son doute par le texte même de la lettre qu'il écrivit à M. le Ministre de la Justice, à la date du 23 germinal, an VIII :

Au citoyen Abrial, Ministre de la Justice.

Paris, le 23 germinal an VIII.

Citoyen Ministre,

Je vous renvoie, comme vous me le demandez par votre lettre du 18 courant, l'accusé de réception qui y était joint, du brevet de 3ᵉ juge suppléant au Tribunal du département de la Seine.

Je le conserverai comme un témoignage honorable de l'estime et de la confiance que le Gouvernement a bien voulu m'accorder ; mais si, comme je le présume et le crains, l'exercice de ces nouvelles fonctions se trouvait incompatible avec celles que j'exerce déjà depuis longtemps, à la Liquidation générale de la Dette Publique, je vous prie, dans ce cas, Citoyen Ministre, de vouloir bien mettre sous les yeux du Premier Consul, en même temps que l'hommage de ma reconnaissance, la démission que je consigne ici de la place de Juge-suppléant au Tribunal de première instance.

Si, au contraire, il ne se rencontrait pas d'incompatibilité dans l'exercice de ces deux places, il serait nécessaire qu'une instruction positive de votre part voulût bien me le faire connaître.

Dans tous les cas, je m'honorerai de cette marque de bienveillance du Gouvernement ; je le prierai par votre organe de vouloir bien me conserver l'espérance de pouvoir la réclamer un jour ; et je me féliciterai d'avoir trouvé et saisi cette occasion de vous présenter, Citoyen Ministre, l'assurance de mon respect et de ma profonde estime,

DENORMANDIE.

Le 14 prairial an VIII

Réponse du Ministre

Au citoyen Denormandie, Juge suppléant au Tribunal de première instance de la Seine.

Il n'y a point, Citoyen, d'incompatibilité entre le titre de Juge suppléant auquel le Premier Consul vient de vous appeler et les fonctions que vous occupez à la Liquidation Générale. Les incompatibilités sont de droit étroit ; il faut qu'elles soient textuellement établies par la Loi ; celle du 24 vendémiaire an III, qui est le siège principal de la matière, non seulement n'a pas établi une incompatibilité de ce genre, mais elle dit expressément que les suppléants ne sont tenus d'opter entre d'autres fonctions et celles de juges, que lorsqu'ils seront appelés définitivement aux fonctions de juge.

Salut et Fraternité,

ABRIAL.

Denormandie (Claude-Ernest) était non seulement laborieux, mais apprécié pour sa capacité. Nous en avons la preuve dans les distinctions diverses dont il fut l'objet :

Le 20 Prairial an X un arrêté du premier consul nomme, les Citoyens :

AGIER.
GUILLAUME.
BUFFAULT.
SECRÉTAIN.
DENORMANDIE.
} Pour Directeurs particuliers d'un Conseil chargé de la Direction Générale de la Dette Publique.

Le 16 mars 1810, MM. :

DENORMANDIE.
BUFFAULT.
SECRÉTAIN.
} Sont nommés par décret impérial Sous-Directeurs des Recettes, Dépenses et Comptabilité du service intérieur de l'Intendance du domaine extraordinaire.

Le 10 septembre 1810, un autre décret impérial nomme MM. :

DENORMANDIE.
HUMBERT.
FLEGNY.
ROSELY.
ROUGIER.
} Auditeurs pour composer le Comité du Contentieux des Douanes.

Le 13 décembre 1810, un autre décret impérial porte que MM. :

DENORMANDIE.
BUFFAULT.
SECRÉTAIN.
} Anciens Directeurs du Domaine extraordinaire, sont renvoyés devant le Ministre des Finances pour être replacés comme anciens Membres du Conseil général de la Liquidation.

Le 11 janvier 1811, sur la proposition du Duc de Gaëte, Ministre des Finances :

M. Denormandie est nommé secrétaire général de l'Administration des Forêts en remplacement de M. Duchâtel, décédé.

A la fin de cette laborieuse carrière, M. Denormandie était maître des Requêtes au Conseil de Monsieur frère du Roi.

Je n'ai connu ni mon grand-oncle ni mon grand-père paternels ; tous deux sont décédés assez prématurément ; mais j'ai beaucoup connu ma grand'mère, Madame Denormandie, née de Sinçay, puisque lors de son décès en 1840, j'avais déjà 19 ans.

Mon grand-père et ma grand'mère ont toujours demeuré à Paris, rue Michel-Lecomte. Mais ils possédaient le Château d'Orgemont, à Gonesse, pays que la charmante chanson de Nadaud fera passer à la postérité.

A Paris, ils recevaient tous les jeudis, et parmi les

habitués de la maison étaient Bernardin de Saint Pierre et Ducis, avec qui Messieurs Denormandie étaient liés de grande amitié. Quand on était dans l'intimité, Bernardin de Saint-Pierre et Ducis faisaient des lectures en prose et en vers. Je ne surprendrai personne si je dis que ces deux éminents écrivains traitaient volontiers des sujets graves, sérieux, même tristes. Ils lisaient avec accent, avec attendrissement, se laissaient dominer par leur sujet, et comme leur émotion était communicative, leur public ami n'y résistait pas. Mes tantes et mon père m'ont souvent raconté des soirées entières qui s'étaient passées dans les larmes. N'en rions pas : c'était la note de l'époque.

Peut-être n'est-il pas sans intérêt de rappeler ici un incident assez curieux de la vie de Bernardin. Il eut avec le « Journal de Paris » et avec la « Décade Philosophique » de sérieux démêlés : c'était à l'occasion de ses « Etudes de la Nature ».

Il y exposait à grands traits, avec beaucoup d'éloquence et de clarté, le système sur lequel avaient porté depuis longtemps ses méditations, touchant la forme de la terre. Il affirmait et s'efforçait de démontrer que notre globe, contrairement à l'opinion admise, était allongé et non aplati vers le pôle ; de la constatation de ce fait découlait, suivant lui, une nouvelle théorie des courants et de la cause des marées.

En 1787, il avait été attaqué sur ce sujet dans le « Journal de Paris » par un anonyme. Il lui répondit dans le « Journal Général de France ».

Quelques années après, dans une publication dite : « La Décade Philosophique », Bernardin rendit compte du voyage d'une bouteille contenant un écrit à lui adressé par des correspondants.

M. J.-B. Say, qui était l'un des rédacteurs de cette feuille, ne manqua pas de le plaisanter sur sa bouteille, et entre eux s'entama une correspondance assez aigre de part et d'autre.

Blessé par la violence d'une certaine riposte, J.-B. Say adressait le 2 nivôse (22 décembre 1797), la lettre ci-après à Bernardin de Saint-Pierre :

Au Citoyen de Saint-Pierre, au Vieux-Louvre, arcade du Coq.

Citoyen,

Vous vous êtes plaint, dans une feuille du matin, de la « Décade Philosophique » et de moi. Je n'ai point cru, en insérant un article dans lequel vos idées sont combattues, manquer aux égards que je vous devais ; un ouvrage périodique est naturellement ouvert à ces sortes de controverses ; l'article dont vous vous plaignez ne s'écarte point des bornes d'une critique décente, et je me serais empressé d'insérer votre réplique si vous me l'aviez adressée.

Vous dites, Citoyen, que je vous fis inviter par quelques gens de lettres de me donner votre morceau. Sans doute, si j'avais su que vous fussiez dans l'intention d'en faire un, j'aurais pu vous prier de le confier à la « Décade Philosophique » qui sera toujours fort honorée de renfermer des productions des écrivains de votre mérite, sans pour cela contracter l'obligation de ne jamais y insérer aucun article contraire à vos opinions. Mais le fait lui-même, tel que vous le présentez, n'est pas exact. Lorsque le Citoyen Toscan, co-propriétaire avec moi de la « Décade Philosophique » m'annonça votre article et me l'envoya, je ne lui en avais jamais parlé, et j'ignorais absolument que votre intention fût d'en écrire un sur ce sujet.

J'ai cru, Citoyen, vous devoir cette explication pour vous

prouver qu'il n'y a eu de ma part ni tort, ni mauvaise volonté dans cette affaire.

Agréez, je vous prie, l'assurance de ma parfaite considération.

Signé : J.-B. SAY.

L'un des rédacteurs de la « Décade Philosophique ».

P.-S. — Quant aux allégations que vous vous permettez à l'égard de mon frère qui m'a adressé la réponse à votre article, elles sont absolument dénuées de fondement ; il n'a jamais vu, ni parlé *(sic)* aux personnes que vous paraissez désigner.

Le publiciste distingué qui nous a fait connaître tout récemment cette correspondance a ajouté ceci :

Au dos de cette lettre, on lit, écrit de la main de Bernardin de Saint-Pierre :

Arbitres
- A voir, avant primidy (primidy était le premier jour de la décade dans le calendrier Républicain.
- A quatre heures, chez le citoyen Denormandie :
- Le Citoyen Féret, Cloître de Notre-Dame,
- Le Citoyen Emery, Rue Pavé-Saint-André-des-Arts, vis-à-vis de la rue de Savoye,
- Le Citoyen Bérier, rue Saint-Méri, Maison du notaire,
- De Seize, Rue Porte-Foin, au Marais.

On voit qu'à cette époque on pratiquait déjà des arbitrages, que Bernardin de Saint-Pierre avait pris mon grand-père pour arbitre, que même il en avait fait le centre, le pivot, de l'arbitrage ; que les Citoyens Bérier et de Seize étaient au nombre des arbitres ; c'est depuis cette époque que leurs noms s'écrivirent *Berryer* (1) et *de Sèze*.

(1) Berryer dont il est question ici, était celui qu'on appelait *Berryer père* ; il était en effet le père de notre Berryer, de celui qui s'est illustré à la Tribune Parlementaire et au Barreau pendant

Il est probable que la réunion des arbitres désignés ci-dessus mit fin au conflit, car la « Décade Philosophique » a publié ultérieurement des articles de Bernardin de Saint-Pierre.

Jean-François Ducis, l'adaptateur de Shakspeare, l'auteur applaudi d'*Othello*, *Hamlet*, *Macbeth*, remplaça Voltaire à l'Académie française (1778). Son ami Bernardin de Saint-Pierre était mort à Eragny en 1814. Il mourut à Versailles le 31 mars 1816. Ducis, outre les ouvrages qu'on connaît, a laissé encore des poésies et des lettres familières qui ne manquent pas d'agrément.

Des correspondances que j'ai sous les yeux je ne donnerai que ce qui peut être utile, pour indiquer les habitudes et les mœurs d'une société distinguée, mais simple et modeste, au commencement du XIXe siècle. Les mémoires sont un peu suspects ; ceux auxquels on les attribue n'ont souvent jamais tant écrit que depuis qu'ils sont morts. Les lettres, au contraire, les lettres elles-mêmes, écrites au jour le jour, ont un parfum d'authenticité qui défie le doute et qui montre bien le cachet d'une époque.

A Monsieur
Monsieur de Normandie, l'un des Liquidateurs de la
Dette Publique, rue Michel-le-Comte, n° 25, au Marais,
à Paris.

De Versailles le 20 Fructidor, an 12.

J'ai reçu, très respectable et très bon ami, votre excellente lettre du 9 de ce mois.

une grande partie du 19e siècle. C'est à lui qu'un soir, aux Tuileries, lorsqu'il fut candidat à la Chambre pour la première fois, Charles X adressa cet aimable mot : « Monsieur Berryer, je guet-« tais vos 40 ans ». En effet on ne pouvait alors entrer à la **Chambre avant cet âge.**

Bernardin de Saint-Pierre est venu lundi dernier dîner et coucher dans mon hermitage de Versailles. Je lui ai communiqué votre lettre. Nous serons charmés l'un et l'autre de vous voir à Gonesse, chez vous, dans votre famille, dans le païs du bon pain où Saint-Pierre reverra sa Virginie, moi, ma Melpomène et vous la meilleure des filles, sans parler de ce qui la rend si intéressante et si aimable à tous les yeux. (La Virginie de Bernardin de Saint-Pierre et la Melpomène de Ducis étaient les deux sœurs de mon père.)

Voici ce que nous avons résolu dans notre petit conseil, si cela ne vous gêne en rien :

Nous arriverons, Bernardin de Saint-Pierre et moi, à Gonesse, après dîner, le lundi 30 du présent mois de Fructidor, fête de Saint Lambert (17 septembre 1804).

Nous y resterons mardi, mercredi et jeudi. — Nous retournerons le matin à Paris. — Mon adresse à Versailles est rue Satori, n° 25 et à Paris, hôtel du Gaillard-Bois, rue de l'Echelle, n° 543.

J'aurais mille choses à vous dire en remerciemens, en reconnaissance, mais je vous dirai tout cela à Gonesse, le verre à la main ; mes respects très humbles à Madame de Normandie et à ma Melpomène dont j'implore les inspirations et que je prie d'exaucer mes soupirs et mes prières, dont vous voudrez bien, en qualité de père, être le porteur très complaisant et très honnête. Et après cela je salue et j'embrasse le très bon père, de tout mon cœur, *ex toto corde meo*.

JEAN-FRANÇOIS DUCIS.

A Monsieur
Monsieur de Normandie, l'un des Liquidateurs de la Dette Publique, au bureau de la Liquidation, place Vendôme,
Place Vendôme,
à Paris.

De Versailles le 12 Thermidor, an 12.

J'ai été, respectable et très bon ami, pour vous voir à votre bureau, place Vendôme, le mercredi 29 Messidor dernier. Votre portier à qui j'ai demandé s'il n'avait pas mon nom sur une liste particulière m'a répondu qu'il n'avait point de liste. Et c'est ce qui m'a privé du plaisir de vous voir et de vous embrasser.

Je n'ai point, comme vous, le bonheur de manger de temps

en temps du bon pain de Gonesse à la campagne. Le pauvre auteur tragique vit caché dans son Versailles, avec ses bois, son silence et ses réflexions. Mais chaque état a ses peines et ses consolations ; Bernardin a eu la douleur de perdre son dernier enfant, qui faisait le bonheur de la jeune mère. Les larmes étaient à la maison. Voilà comme les hideuses chenilles sont sur les plus belles fleurs et des vers cachés et rongeurs au cœur des fruits. Je n'ai plus grand chose à perdre au monde, excepté quelques bons amis qui veulent bien se souvenir encor d'un hermite à peu près déménagé de la charmante terre que nous habitons. Ayez donc la bonté, bon et sensible ami, de lui ouvrir la porte de votre palais, place Vendôme, la première fois qu'il y paraîtra dans son capuchon. Je me dévoüe tous les jours à la sainte pauvreté, à l'indigence volontaire, car on ne sçait pas ce qui peut arriver dans cette vallée de misère et de vicissitude.

Il ne me reste plus que de vous prier de me rappeller au souvenir de Madame de Normandie et à celui de Melpomène, sa fille, en la conjurant de m'envoyer ici, rue Satory, n° 25, quelques nobles et belles inspirations qui lui ressemblent ; assurës-les, je vous prie, de mes respects et songés quelquefois à un vieux solitaire qui fait des vœux bien sincères pour vous et tous vos autres vous-mêmes dans sa retraite et qui vous embrasse, *ex toto corde*.

Jean-François DUCIS.

A Versailles, le 4 Floréal, an 13.

Lettre de Ducis à M. de Normandie (Claude-Ernest).

Il y a longtemps, mon respectable ami, que nous n'avons pas eu le plaisir de vous voir. Nous voilà dispersés. Vous à Paris, Bernardin de Saint-Pierre à Eragny, près de Pontoise ; et moi, à Versailles, rue et près les bois de Satory. Mais pour jouir de la retraite et de l'étude, il faut la santé et voilà près de cinq mois que je suis malade. Mon pauvre sang poétique a coulé quatre fois sous l'action des sangsues et sous la lance chirurgicale. Ma gorge a souffert des étranglemens, ma langue des gonflements, des salivations et tout le reste. Enfin, j'ai été fort mal dans les commencements de mon esquinancie dont j'ai essuié successivement deux violentes attaques et depuis des menaces assés fortes qui m'ont mis à un régime qui dure encore, et qui me retient auprès de mon feu, grâce à l'éternité de notre hyver. Voilà, mon digne ami, comment vont nos pauvres destinées. J'avais pourtant commencé mon année bien heureusement, en passant nos derniers jours complémentaires à Gonesse dans le sein de votre excellente et aimable famille, et en voyageant en charette, et en dînant chez vos bons et aimable voisins.

Si vous et Madame de Normandie, vous pouviés faire un petit voiage à Versailles, j'ai une bonne chambre pour vous recevoir. Je ne pourrai jamais vous rendre ce que j'ai reçu chez vous. Mais c'est du moins de bon cœur que je vous offrirai toute la retraite et les meubles et les légumes du pauvre hermite qui ne met pas un grand prix aux richesses et aux splendeurs de ce monde, mais qui en met un bien doux à votre estime et à votre honorable et sûre amitié : *vale et redama*.

Signé : JEAN-FRANÇOIS DUCIS.
Versailles, rue Satory, 25.

De Versailles, le 1er Thermidor, l'an 13.

Lettre adressée par Ducis à Madame de Normandie, mon aïeule paternelle qui venait de perdre son père.

Madame,

La première partie de la lettre est consacrée à l'expression de sentiments de condoléance ; après quoi, la lettre continue ainsi :

J'ai changé de logement, j'occupais un appartement très beau et très commode, rue Satori, n° 25, où je jouissais d'une vüe charmante. La maison a été vendue à M. de La Londe, ci-devant Président à Mortier, au Parlement de Rouen. Il va l'occuper avec sa respectable et nombreuse famille, quand il y aura fait faire une porte cochère, une cour et des remises, ce qui lui ôtera cet air commun qui convenait à ma bourgeoisie. Mais je me suis choisi bien vite un autre logement et mon adresse nouvelle et actuelle est rüe des Bourdonais, n° 19, à gauche après la rue Publicola, au second. Si vous, Madame ou Monsieur de Normandie veniés à Versailles, c'est de bien bon cœur que je vous y offrirais un lit. Je n'ai point oublié avec quel plaisir j'ai passé chez vous et avec vous les derniers jours complémentaires et de quelles bontés vous avés comblé M. Bernardin de Saint-Pierre et moi.

Signé : Jean-François DUCIS.

22 janvier 1814.

Lettre de Madame Veuve Bernardin de Saint-Pierre à M. Denormandie (mon grand-père paternel) pour lui annoncer la perte de son mari, M. Bernardin de Saint-Pierre.

Monsieur,

Hier, vous avez perdu un ami, et nous, nous avons tout perdu. Mon mari nous a quitté à deux heures pour retourner dans sa véritable patrie. Il nous a laissés abandonnés sur cette terre ; nous osons croire, Monsieur, que vous nous continuerez un peu de l'intérêt que vous portiez à notre seul appui et que vous n'abandonnerez pas la veuve et les orphelins d'un homme auquel vous aviez appris à compter sur votre amitié pour lui et pour nous.

J'ai l'honneur d'être, Monsieur, votre très humble et très affligée servante.

Signé : Veuve BERNARDIN de SAINT-PIERRE.
Eragny, ce 22 janvier 1814.

Lettre adressée à mon père à l'occasion du décès de mon grand-père.

Versailles, 18 octobre 1815.

*A Monsieur
Monsieur de Normandie fils (Augustin-Louis-Ernest),
rüe Michel-le-Comte, au Marais.
Paris.*

Recevés, Monsieur, je vous prie, mes remerciemens de votre touchante lettre. Oui, je m'en fais gloire, j'étais depuis longtemps et de tout mon cœur l'intime ami de Monsieur votre père. Vous aurés toujours dans lui un modèle d'excellentes qualités et de vertus. Il s'est souvenu avec tendresse de ses amis au moment de son sacrifice et ses amis n'oublieront jamais le perte qu'ils viennent de faire. J'aurai souvent dans la mémoire le souvenir de sa famille entièrement réunie à sa maison de campagne de Gonesse où j'ai eu l'honneur d'être reçu avec Monsieur Bernardin de Saint-Pierre, notre ami commun, homme justement célèbre et mon confrère à l'Institut.

Vous êtes trop son fils pour que cette playe se ferme jamais dans un cœur aussi filial que le vôtre.

JEAN-FRANÇOIS DUCIS.

S S T

Versailles, le 18 octobre 1815.

Denormandie (Augustin-Louis-Ernest)

Mon père, M. Denormandie (Augustin-Louis-Ernest). était né le 30 mars 1789. Il eut la douleur de voir son père (Claude-Ernest) atteint, en 1815, par une longue et cruelle maladie. Dès cette époque, la famille Denormandie et la famille Bonnet avaient des relations d'estime et d'amitié. M. Bonnet, arrivé à la plus haute situation du Barreau, allait être nommé bâtonnier de son ordre, quelques mois après, en 1816.

La famille Denormandie, en présence des alarmes sans cesse renaissantes que lui causait l'état de santé de M. Denormandie, fit appel à l'intervention de M. Bonnet, pour obtenir de M. Corvisart, dont il était l'ami, une consultation. Mais l'illustre médecin était trop malade lui-même pour pouvoir répondre au désir qui lui était exprimé. Il écrivit à M. Bonnet e 12 septembre 1815. que depuis plus de deux ans. il était retiré de toute médecine, même de celle de consultation chez lui, qu'il était réduit à une impuissance absolue et que pour surcroît de peine, il était convalescent depuis huit jours seulement, d'un accident grave qui le retenait depuis plus de cinquante jours au lit.

M et Mme Denormandie avaient quatre enfants, deux fils et deux filles. Mon père était l'aîné. C'était lui qui avait fait la démarche. En présence de l'empêchement absolu de M. Corvisart, il écrivit à M. Bonnet, pour le remercier :

Monsieur,

Je suis pénétré de reconnaissance des marques d'amitié que j'ai souvent reçues de vous, et particulièrement des preuves d'intérêt que vous venez de donner à ma famille et à moi, dans la position douloureuse où nous sommes.

Sans doute, j'aurais dû à l'estime toute particulière et si justement méritée que professe pour vous M. Corvisart, au souvenir qu'il conserve de ses relations avec vous, l'avantage d'une consultation, si son état de souffrance et un accident grave tout récent ne le rendaient absolument incapable d'en donner.

Quoique ma démarche n'ait pu réussir, comme je l'avais espéré, puisque j'étais recommandé par vous, et comme j'aurais indubitablement réussi, sans l'état de maladie de M. Corvisart, je n'en ai pas moins une reconnaissance profonde du désir que vous avez montré de nous être utile ; et c'est une consolation dans l'état cruel où je suis, que de vous en faire agréer les assurances. — J'en conserverai, soyez-en certain, un éternel souvenir.

Veuillez recevoir, Monsieur, toutes les marques de ma reconnaissance.

Signé : ERNEST DENORMANDIE.

P.-S. — L'état de mon père nous donne toujours de bien grandes inquiétudes.

Je vous fais remettre la réponse de M. Corvisart à votre lettre.

Cette lettre n'a peut-être pas été étrangère à l'opinion que M. Bonnet avait de M. Augustin-Louis-Ernest Denormandie. Il se la rappela probablement lorsque quelques années après M. Denormandie sollicita la main de sa fille. Le mariage eut lieu le 22 avril 1820.

J'ai dit que M. Denormandie (Claude-Ernest) était mort le 10 octobre 1815.

Mon père, M. Denormandie (Augustin, Louis, Ernest), succéda comme avoué au Tribunal Civil de première instance de la Seine le 2 novembre 1815 à M. Bergeron-Danguy, qui venait d'être nommé Conseiller à la Cour Royale de Paris, et qui était beau-frère de M. le Procureur Général Bellart.

Pendant le cours de son exercice professionnel, mon père fut trois fois président de sa compagnie et fut nommé Juge suppléant au Tribunal. Nous avons eu le malheur de le perdre le 7 septembre 1852.

Le 9, avaient lieu ses funérailles.

Plusieurs discours furent prononcés sur sa tombe.

Je ne crois pas devoir dire ici quel a été le sentiment de tous ceux qui l'ont connu ; je ne peux mieux faire que de reproduire ici quelques lignes empruntées à l'hommage funèbre prononcé par M. Prudhomme. Vice-Président du Tribunal

. . . .
. . . .
. . . .

Mais ce que je dois craindre, c'est que ce dernier témoignage si bien mérité ne soit affaibli par l'organe chargé de le rendre, non seulement à cause du peu de retentissement de ma voix, mais surtout à raison de mes rapports avec celui dont nous déplorons la perte. En effet, moi aussi, j'ai succédé à la charge de mon père ; M. Denormandie est venu me retrouver au sein du Tribunal où j'avais eu l'honneur d'être admis ; j'ai donc eu le double avantage d'être d'abord son confrère, puis son collègue, et toute ma vie, j'ai souhaité devenir son ami. Néanmoins le reproche de partialité ne saurait m'atteindre, car c'est au nom de tout le Palais que je parle, et je ne fais même entendre ici que son écho bien affaibli, en disant que quel que soit, dans l'ordre judiciaire, le respect qui environne les fonctions de la magistrature, même les plus élevées, quel que soit l'éclat des triomphes du Barreau, aucun nom du Palais n'a été et n'est encore plus universellement honoré, que celui de M. Denormandie, avoué de première instance, et juge suppléant au même Tribunal.

. . . .
. . . .
. . . .

Ses premiers succès ne purent échapper à un avocat aussi remarqué pour l'élévation de son talent que pour la douceur de ses mœurs et qui, parvenu au poste le plus élevé de son ordre, et aux fonctions les plus éminentes de la magistrature, confia à M. Denormandie le bonheur de sa fille.

M. Bonnet répétait sans cesse, dans les dernières années de sa vie, qu'il avait été constamment heureux, que tout lui avait réussi... Dans la revue que ce tendre père faisait ainsi de son passé, il mettait, en première ligne, l'heureux choix qu'il avait fait de son gendre.

. . . .
. . . .
. . . .

C'est à la seule sollicitation qui soit honorable, je veux dire à celle de ses pairs, que M. Denormandie dut la décoration de la Légion d'honneur, et lorsqu'il s'agit de reconstituer le corps des juges suppléants, et qu'on voulut encore honorer la magistrature titulaire, par l'adjonction de notabilités du Palais, le nom de M. Denormandie fut dans toutes les bouches, et l'autorité ne fit que transcrire la liste que l'opinion publique avait dressée à l'avance ; l'épreuve qu'il fit de ses fonctions nouvelles montra bientôt à tous et à lui-même qu'il était né pour les remplir.

Je dois ajouter ici que mon père avait un frère

dont la destinée fut singulièrement différente de la sienne. En effet, M. Anne-Edouard Denormandie, né à Paris le 11 décembre 1796, Paroisse Saint-Nicolas-des-Champs, auquel je fais allusion, fut agent de change pendant quelques années. Mais il avait dès sa jeunesse montré un goût passionné pour les chevaux. Chaque année, il allait passer plusieurs mois en Angleterre, il y suivait avec une extrême ardeur les courses et aussi les chasses souvent difficiles, même périlleuses auxquelles les Anglais s'adonnent beaucoup, et il avait noué des relations avec les hommes les plus connus du sport anglais. Il fut un des Français qui, au lendemain de 1830, importèrent en France les courses d'obstacles, et fut également un des fondateurs du Jockey Club.

M. Edouard Denormandie a été compté parmi les cavaliers les plus distingués et un des hommes les plus élégants de son époque. Veut-on connaître un des incidents de cette vie parfois dangereuse de mon oncle M. Edouard Denormandie ? J'en emprunte le récit « au carnet d'un mondain sous la Restauration » 1829.

. . . .
. . . .
. . . .

Cette semaine s'est passée, dit le narrateur, sans aucun événement de salon de grande importance, ni bal, ni grande réception, ni commérage retentissant ; deux sujets principaux occupaient les conversations (la politique mise à part), 1° Hernani. 2° La chasse au clocher dont j'ai fait mention plus haut et que je vais vous expliquer tout de suite. En Angleterre, le *steeple chase*, la *chasse au clocher*, est une course de chevaux arrangée de telle façon que les cavaliers, à l'imitation de ce qui a lieu à la chasse, vont à fond de train à travers champs et fourrés, franchissant murs, haies, rivières et fossés : Celui qui, sans se rompre le cou et sans tuer son cheval, arrive le premier au but, est le gagnant de la course ; c'est une course de ce genre que six jeunes gens, à savoir : d'Orsay, Denormandie, Karolgi, le Prince de la Moskova et deux Anglais ont organisée ici... La distance à parcourir était d'une lieue. Jeudi donc, une foule de curieux s'est rendue à l'endroit indiqué. La jeunesse parisienne à cheval, presque au complet ; beaucoup de voitures, beaucoup d'équipages élégants. La journée était splendide, un soleil printanier nous inondait de ses rayons. Je n'étais pas à cheval, mais en voiture avec Mesdames de Delmar et de Caraman. Nous avons fait une promenade très agréable. La course elle-même était très jolie à voir, avec la masse de cavaliers galopant dans la plaine et franchissant les obstacles, les parieurs en tête, et derrière eux plus de 300 spectateurs à cheval dont trois ou quatre femmes. Tous sont heureusement arrivés au but sans qu'il y ait eu de sang versé.

M. Denormandie a gagné le pari ; deux chevaux seulement ont été les victimes de ce divertissement plus amusant que raisonnable.

. . . .
. . . .
. . . .

Tels sont, mes chers enfants, les diverses circonstances que je voulais porter à votre connaissance relativement à notre famille paternelle.

FAMILLE MATERNELLE

Origine et biographie de M. Bonnet, mon grand-père maternel

Si je n'ai pas connu mes ancêtres paternels, disparus dès les premières années du XIXe siècle, j'ai beaucoup connu mon grand-père maternel, M. Bonnet, éminent avocat, ancien bâtonnier de l'ordre, député de la Seine pendant une partie de la Restauration vice-président de la Chambre, et ensuite conseiller à la Cour de Cassation. Je dois dire d'abord quelques mots de son origine.

En examinant des notes et papiers de famille, on trouve la trace de Pierre Bonnet, né à Mâcon dans la seconde moitié du XVIIe siècle, et qui passa en Italie.

D'un premier mariage, il eut trois enfants dont deux se fixèrent à Monaco, et le troisième alla s'établir en Espagne.

De son second mariage, il eut :

1° Laure-Louise Bonnet, née à Monaco le 27 août 1708.

2° Jules Bonnet, né à Monaco, le 24 février 1711.

Celui-ci vint s'établir en France en 1730, et sa sœur en 1739.

Le 20 août 1758, Louis XV accorda à Jules Bonnet et à sa sœur des lettres de déclaration de « *Naturalité* ».

Jules Bonnet demeurant alors à Paris « rue de l'Université, faubourg Saint-Germain, Paroisse Saint-Sulpice », épousa Elisabeth Berthelin, fille majeure de Claude Berthelin, receveur à Hauterive, canton de Seignelay (Yonne), et de Mlle Anne Pézé, son épouse.

Mlle Berthelin demeurait « rue Meslé, Paroisse Saint-Nicolas-des-Champs » (née le 14 août 1731). Elle apportait en dot des biens-fonds lui provenant de sa famille, et situés à Mont-Saint-Sulpice, près Seignelay. M. Jules Bonnet fut attaché à la maison du Prince, Maréchal d'Ysanghein, et il obtint ensuite le titre de « Conseiller du Roy, Inspecteur sur les vins », qui était une charge.

C'est de ce mariage, contracté le 8 août 1759, que naquit à Paris M. Louis-Ferdinand Bonnet, mon grand-père maternel, le 8 juillet 1760. Il était encore au berceau lorsqu'il perdit son père le 6 septembre 1761. Sa mère concentra sur son fils unique toute sa tendresse et tous ses soins. Elle s'était retirée avec lui à Mont-Saint-Sulpice qui était son pays d'origine. Quand l'enfant fut parvenu à l'âge de dix ans, elle vint se fixer à Paris et le fit entrer au collège Mazarin.

Louis-Ferdinand Bonnet eut de très brillants succès, tant à ce collège qu'au Concours général. Aucune carrière ne lui était particulièrement tracée ; il choisit celle du Barreau, et parmi les nombreux émules qu'il y rencontra, trois particulièrement devinrent ses amis, Godart, Bellart et Turlin (1).

Pour la partie de ce volume qui a trait à la vie de M. Bonnet, je ferai de nombreux emprunts aux souvenirs de mon oncle M. Jules Bonnet : je ne puis les prendre à meilleure source.

Ce fut au stage même que M. Bonnet commença sa renommée. Son discours sur les trois âges de l'avocat prononcé à la Bibliothèque de l'Ordre en 1786, annonçait dans le jeune stagiaire de précieuses facultés et un profond attachement à sa profession.

Il ne montra pas moins de talent dans la discus-

---

(1) Turlin aimait la simplicité en toutes choses : ennemi du mauvais goût, il tournait en ridicule les phrases pompeuses de l'avocat général Hérault de Séchelles qui écrivait à M. de Buffon:
« Je sais que le génie de la nature monte avec le lever du soleil,
« au haut de la tour de Montbard, et n'en descend souvent que
« le soir. »
Ce qui voulait dire mais avec moins de simplicité, que Buffon se levait matin et travaillait jusqu'au dîner.

sion des questions livrées à la controverse des jeunes stagiaires, en présence de leurs anciens. Gerbier assistant un jour à l'une de ces conférences demanda le nom du jeune homme qui venait de parler : « C'est M. Bonnet » — Eh bien ! reprit Gerbier, M. Bonnet ira loin ».

Le moment le plus difficile pour M. Bonnet fut celui où, comme il l'a dit lui-même, la Commune de Paris composée de l'élite des Révolutionnaires prit deux arrêtés : le premier portant que quiconque demanderait au Comité Révolutionnaire, sans l'obtenir, un certificat de civisme, serait arrêté ; et le second, que tout citoyen reconnu pour être défenseur officieux et qui ne demanderait pas un certificat de civisme serait également arrêté. La plaidoirie se trouvait donc interdite à M. Bonnet. Malgré ces obstacles apportés à sa carrière, il se maria le 7 février 1794 par le ministère d'un prêtre déguisé, dans un modeste appartement, et se réfugia dans les Bureaux du Domaine National où M. Duchatel, directeur, lui procura une occupation.

L'Ordre des avocats disparut avec les Parlements, à la destinée et à la gloire desquels il était associé depuis tant de siècles. Toutefois, malgré cette suppression officielle, malgré la répugnance à plaider devant les juridictions nouvelles, beaucoup persévérèrent dans l'exercice de leur profession. M. Bonnet fut un de ceux qui conservèrent avec une courageuse fidélité le dépôt des traditions du Barreau. Il fut un de ceux qui, réunis chez Tronçon-Ducoudray, au moment du procès de Louis XVI, jurèrent de s'assister tous mutuellement, si l'un d'eux était choisi pour présenter la défense du Roi. Le choix ne tomba pas sur eux.

Mais, par la force des événements, les rangs de ces fils de l'ancien Barreau s'éclaircissaient tous les jours. La Terreur acheva de les disperser, et l'un des derniers M. Bonnet fut enfin contraint de se retirer.

Toutefois, la chaîne n'avait pas été entièrement rompue, et l'Ordre des Avocats devait inévitablement reparaître et refleurir avec la magistrature et la justice.

Dès la première heure de cette renaissance, M. Bonnet s'était empressé de se démettre de la fonction administrative qu'il devait à M. Duchatel et qu'il avait dû accepter pour pouvoir vivre.

Voici deux lettres : l'une contenant sa démission de Chef de Bureau, l'autre adressée à un ami, à la date du 7 Vendémiaire an IV, et contenant l'envoi de cette démission :

Citoyens,

Attaché à votre administration en qualité de Chef de Bureau, depuis sa création, honoré de votre choix et des marques de confiance que vous aviez bien voulu me donner, ce n'est pas sans peine que je me vois forcé de renoncer à une place que j'ai acceptée avec reconnaissance et que je quitte avec un sincère regret.

J'ai retardé le pénible moment de ma retraite, autant qu'il m'a été possible. Plusieurs mois se sont écoulés depuis que j'en ai parlé au Bureau. Aujourd'hui, il ne m'est pas possible de différer davantage. Le premier état que j'avais embrassé par inclination et auquel je ne puis donner qu'une partie insuffisante de mon tems, des occupations multipliées, des voyages fréquens et nécessaires me forcent à vous donner ma démission de chef de la 1re Section de la 2e Division. Je vous prie de la recevoir avec la persuasion que j'emporte dans mon cœur des sentimens profonds d'estime et de reconnaissance pour une administration dont j'ai éprouvé toute la bienveillance.

Daignez agréer mes sincères remerciemens, ainsi que l'assurance de mes regrets, de ma reconnaissance et de mon respect,

BONNET.

Paris, 7 vendémiaire an IV.

Je t'adresse, mon ami, ma lettre de démission et de remerciemens aux Membres du Bureau. Je te prie de vouloir bien leur en faire part. Mais je te dois, à toi, des remerciemens particuliers et l'expression de ma reconnaissance pour les témoignages de confiance et de bonne amitié que tu m'as donnés depuis plus de deux ans que je suis attaché à l'Administration. Je n'oublierai de ma vie, je t'en assure, l'affection avec laquelle tu m'as accueilli lorsque j'ai réclamé de toi un service, important alors pour moi, et les sentimens que tu m'as constamment montrés depuis. Je désirerais pouvoir te prouver combien j'y ai été sensible ; mais que l'occasion s'en présente ou non, conserve-moi ton amitié qui m'est précieuse et sois persuadé de la reconnaissance éternelle et de l'inviolable attachement de ton ami,

BONNET.

Avec des temps plus calmes, la composition du Barreau de Paris se trouva modifiée ; Gerbier et quelques-uns de ses contemporains avaient disparu ; de Bonnières et de Sèze s'en tinrent à la consultation ; Target, Tronchet et d'autres étaient entrés dans la magistrature. MM. Bellart et Bonnet se trouvèrent naturellement placés à la tête des avocats plaidants.

Ce moment difficile pour tout corps et pour toute société, cette époque critique d'une reconstitution, fut la période où brilla du plus vif éclat le talent de M. Bonnet. Choisi pour les plus grandes affaires, sollicité pour les moindres, il sut cependant suffire à tout.

Je n'entrerai pas ici dans l'examen et dans l'analyse des grandes causes plaidées par lui ; il faudrait y consacrer des volumes, je me borne à une biographie très sommairement tracée.

A la fin de 1816, M. Bonnet, désigné au Procureur général par le suffrage de ses confrères, fut nommé Bâtonnier de l'Ordre. C'était, à cette époque, le mode de procéder.

En 1820, il fut candidat à la députation à Paris.

Parmi les noms des autres candidats on relevait ceux de MM. Lebrun, Olivier, Quatremère : ce qui donna lieu au quatrain suivant qui circula dans les salons de Paris, et fit un instant leur distraction :

> Je crois le *Bonnet* blanc, je lui donne ma voix.
> On dit le *Brun* bon teint — Voilà mon second choix.
> Sur *quatre mers* toujours, voguons en assurance,
> Et plantons l'*Olivier*, aux deux bouts de la France.

M. Bonnet fut nommé Député de la Seine par le Collège départemental, et fut l'un des Vice-Présidents de la Chambre jusqu'en 1822.

Il fut en outre nommé membre du Conseil général du département de la Seine depuis 1820 jusqu'à 1830.

Comme député, M. Bonnet prit une part active à la discussion de la loi de 1822 sur la Presse ; il sortit de la Chambre cette même année (1822).

Il y rentra au mois de mars 1824 et exerça les fonctions législatives jusqu'en 1827. En 1824 il fut nommé membre de la Commission de révision des lois du Royaume. C'est durant cette législature qu'il rendit à Benjamin Constant un signalé service. L'illustre écrivain avait été éliminé du Tribunat ; la Chambre de 1824 pensa lui faire subir le même sort. On contestait sa nationalité, on prétendait que sa naissance en pays étranger, non suivie d'une naturalisation régulière, le rendait incapable de fonctions législatives.

M. Bonnet prit sa défense ; son avis sur une question de droit dont il proposait la solution pour l' « honneur des principes », devait avoir et eut en effet une grande influence sur la Chambre.

Benjamin Constant sentit la délicatesse du procédé.

« Je ne puis, Monsieur et honorable collègue, écri-
« vit-il à M. Bonnet, m'empêcher de vous remercier
« de l'appui efficace et éloquent que vous avez prêté,
« je ne dis point à ma cause, mais à celle de la jus-
« tice et du droit. Si quelqu'un qui ne paraîtrait pas
« hostile pour la Chambre, comme notre pauvre côté
« gauche, pouvait rappeler vos arguments, je regar-
« derais ma cause comme gagnée. Dans tous les cas,
« je me félicite comme d'une circonstance heureuse
« des rapports de reconnaissance que cette discus-
« sion établit entre nous. »

M. Benjamin Constant fut admis.

Il est assez curieux, à l'époque où nous sommes, en présence de nos formes parlementaires, de reproduire ici une convocation de la Chambre des Députés faite à cette époque par le Roi, avec le contreseing de M. Corbière.

> Très cher et bien amé,
>
> Nous vous faisons cette lettre pour vous prévenir que notre intention est que vous vous rendiez à Paris le vingt-deux décembre prochain pour la convocation que nous avons ordonnée de la Chambre des Députés des Départemens, et à cela ne faites faute, car tel est notre bon plaisir.
> Sur ce, nous prions Dieu qu'il vous ait en sa sainte garde.
>
> Paris, le vingt-et-un novembre 1824.
>
> CHARLES CORBIERE.

Le 18 janvier 1826, M. Bonnet fut nommé Conseiller à la Cour de Cassation.

Le Ministère qui le nommait avait beaucoup d'ennemis ; mais, M. Bonnet n'en avait pas. Sa nomination fut généralement approuvée.

En janvier 1827, il fut nommé par la Commission que la Chambre avait choisie, rapporteur de la loi sur la police de la presse que le Gouvernement venait de présenter. — Le rapport de M. Bonnet fut une œuvre toute de conciliation ; l'esprit qui le dicta est révélé par ces lignes :

« Cette opinion publique, qualifiée anciennement
« « La Reine du monde », il faut quelquefois s'en
« défier, même la combattre ; mais il faut la res-
« pecter souvent, la ménager toujours. »

Ici cessèrent les fonctions législatives de M. Bonnet. Les élections de la fin de 1827 l'éloignèrent de nouveau de la Chambre.

Il exerça ses fonctions de Conseiller à la Cour de Cassation jusqu'à la fin de sa vie ; nous eûmes la douleur de le perdre le 6 décembre 1839.

Moins d'un an après, le 9 novembre 1840, la Cour de Cassation convoquée pour faire sa rentrée était réunie sous la présidence de M. le Comte Portalis, Premier Président. L'audience ayant été déclarée ouverte, M. Dupin, Procureur Général, debout, couvert suivant l'usage et assisté de ses Avocats généraux, prit la parole et prononça un discours dans lequel il énuméra les pertes faites par la Cour pendant l'année judiciaire qui venait de s'écouler. Il y parla de M. Bonnet plus longuement que l'usage ne le comportait, et dans les meilleurs termes ; je relèverai seulement dans son discours ces quelques lignes :

M. Bonnet n'avait exercé aucune fonction de magistrature avant d'entrer à la Cour de Cassation. — Vous savez cependant le contingent qu'il y apportait . . . .
. . . .
. . . .

Je passe sous silence, — ajoutait M. Dupin, — toutes les causes civiles ou criminelles que plaida M. Bonnet resté pendant quarante ans l'un des chefs les plus brillants du Barreau de Paris ; — mais je dois rappeler la défense du général Moreau. C'est assurément la plus grande cause qu'il ait été permis de débattre sous le règne ombrageux de Napoléon (car on n'oubliera pas que le duc d'Enghien fut condamné sans qu'il lui fut accordé d'appeler un défenseur), sous un monarque essentiellement ennemi de toute liberté. Il s'éleva à la hauteur du sujet dans cette vive **réplique connue de tous** qu'une interruption déplacée fit surgir de l'impatience même de l'avocat, et dans laquelle il résuma en termes rapides, pressés, entraînants, la carrière triomphale de son client. (1)

Quelques jours après, le 21 novembre 1840, M. Marc de Haut, jeune avocat, docteur en droit, l'un des secrétaires de la Conférence des Avocats, à l'occasion de l'ouverture de ces conférences, prononçait, selon l'usage, un discours (l'éloge de M. Bonnet) qui fut la révélation d'un talent fort apprécié depuis.

Le jeune avocat n'étant pas, comme le Procureur

---

(1) On voulait à tout prix une condamnation ; on promettait même, si elle était trop sévère, que le chef de l'Etat *ferait grâce !...* ce qui valut au solliciteur de la part du président près duquel la démarche était faite cette réponse si honorable pour la magistrature française : « Et nous ! qui nous absoudra ? »
La peine qui fut prononcée contre l'illustre accusé prouva, par sa disproportion même avec le texte de l'accusation, qu'elle n'était pas fondée (2 ans de prison).

Général Dupin, limité par le sujet, donna, au contraire, sur les grandes causes plaidées par M. Bonnet, les indications les plus intéressantes.

Je ne résiste pas au plaisir de citer le passage de ce discours qui eut le plus grand succès.

L'avocat parlait du procès de la Duchesse de Saint-Leu. Les deux adversaires étaient : M. Bonnet et M. Tripier. M. de Haut donna une définition très piquante du talent de ces deux orateurs du Barreau :

. . . .
. . . .

« Là, on voyait aux prises deux genres d'éloquence
« totalement opposés ; l'ancienne école et la nou-
« velle, l'ancienne parlant par la bouche de M. Bon-
« net, son dernier représentant peut-être, mais non
« pas le moins glorieux ; la nouvelle représentée par
« M. Tripier, son fondateur. — L'une plus brillante
« et plus ambitieuse, l'autre plus positive et plus
« serrée ; l'une souvent prodigue de temps et d'or-
« nements, l'autre avare de ses moments et insou-
« ciante de sa sécheresse. J'oserais presque dire que
« dans ces rencontres l'un des champions ressem-
« blait à un brillant héros de la chevalerie ; ses
« armes, étincelantes d'or, jettent des éclairs qui
« éblouissent le regard ; monté sur un fier coursier,
« il prélude au combat par ses manœuvres, reprend
« du champ pour fondre sur l'ennemi ; tout plie sous
« son choc impétueux, tout tombe aux grands coups
« de son glaive, et comme il combat avec pompe, il
« triomphe avec éclat. L'autre est un soldat des temps
« modernes ; son arme est triste à voir, mais meur-
« trière ; pour la manier tout est compté, les temps
« et les mouvements ; retranché dans sa position, il

« semble, par son immobilité, étranger à l'action :
« mais bientôt l'éclair luit, le coup part, l'adversaire
« est terrassé ; et du combat, il ne reste au vainqueur
« que ce qu'il demandait : le fait même de la vic-
« toire ! »

M. Bonnet était un de ces hommes qui ont connu la *douceur de vivre,* non pas à la façon de M. de Talleyrand et du XVIIIe siècle, mais à la manière du XIXe, en faisant dans sa vie une très large part à la famille et aux amis.

On verra dans quelques-uns des chapitres suivants ce qu'il était dans l'intimité.

Voici quelques billets adressés à M. Bonnet, billets qui sont bien dans le ton et dans la note de l'époque :

LIBERTÉ.   EGALITÉ.

REPUBLIQUE FRANÇAISE

Au citoyen Bonnet, jurisconsulte rue Sainte-Croix-de-la-Bretonnerie, 58.

Paris, ce 15 fructidor an X.

Honoré Duveyrier, Tribun, à son confrère et ami Bonnet.

J'ai, mon ami, comme chacun sait, vendu à Lucien, dix tableaux à choisir dans ma petite collection. Celui que je t'envoye avoit été compris par lui-même au nombre des dix. Le Brun en a pris un autre. Il n'en est pas plus mauvais. Je l'ai acheté à Rome pour un Wandick. Il est au moins de sa bonne Ecole. Je te l'envoye pour t'aider à pleurer tes gros péchés. Accepte-le pour me pardonner tous les miens.

Je t'embrasse.

Songe que tu dois une visite à Beauvoir avec Brunetières.

Signé : H. DUVEYRIER.

Lettre du Docteur Corvisart.

15 frim. XII soir.

Je n'ai jamais si bien senti, mon très cher défenseur, combien est vrai le vieil adage : *à quelque chose malheur est bon*, que depuis que je suis embrigadé dans la triste cohorte des plaideurs : car, voyez-vous, j'aime encore mieux voir des malades (ce qui m'ennuie) que de plaider. Mais nos affaires nous emportaient chacun de notre côté et nous ne nous fussions peut-être rapprochés de longtems. Au lieu que, mort ou vif, il faut que vous veniez dîner sans plus de façon, un des premiers jours de l'autre semaine ; choisissez : lundi, mardi, mercredi, choisissez, dis-je, et dépêchez-vous de me le faire savoir, afin que j'aie encore le plaisir de l'expectative.

J'en ai prévenu M. Louis *(le Baron Louis, celui-là même qui devint plus tard un Ministre des Finances très distingué)*, recordez-vous avec lui. Nous serons très peu de monde, deux ou trois médecins peut-être, ce n'est pas le diable, et vous verrez si je ne suis pas dans toute la sincérité de mon âme, celui qui mérite autant votre attachement et votre estime qu'il est vrai que je vous ai voué ces sentiments pour la vie.

Votre humble sujet et justiciable,

CORVISART.

Autre lettre du Docteur Corvisart :

19 frim. XII.

Soit : Mardi prochain, illustre Cicéron. Vous trouverez quelques personnes de connaissance, joyeuses de vous voir.

Une fois la loge couverte, nous rirons en dépit des sots de toutes les espèces.

Salut, estime et amitié,

CORVISART.

Rue Saint-Dominique, au coin de la rue de Bourgogne, n° 197, 5 heures précises.

Je ne me permettrais pas d'essayer le portrait de M. Bonnet, je lui tenais de trop près.

Mais je vais le demander à un ancien membre du Barreau qui fut un avocat fin, lettré, et ensuite un magistrat distingué. Il eut la bonne pensée de faire en 1864 un livre qui eut beaucoup de succès dans le monde judiciaire auquel il était spécialement destiné : « Le Barreau au XIX° siècle ». La place de M. Bonnet y était naturellement marquée. Je ne donnerai qu'une partie du portrait :

M. Bonnet, dit M. Os. Pinard, avait reçu les dons des natures heureuses, aidés par une justesse d'esprit qu'il avait due à ses études, à ses idées, à sa tempérance, au commerce des honnêtes gens : qu'il avait due surtout à l'inaltérable bonheur dont il a joui.
La société lui plaisait, il ne voyait pas de raison à ce que Babylone fût détruite ; il se défiait des nouveautés ; il y avait en lui un mélange de l'homme du monde et de l'homme d'affaires, qui le rendait particulièrement propre au barreau; il ne causait si bien devant les juges que parce qu'il causait à merveille partout ; parce qu'il avait vécu au milieu d'un monde curieux, amoureux des plaisirs de l'esprit, où le talent de causer avait été porté à sa perfection. — Nous n'en sommes plus là — ce secret est perdu ; on ne cause plus, on discute ; les délicats laissent la conversation à qui veut la prendre ; tout le monde s'en mêle : c'était cet art de parler qui était perdu ou qui allait se perdre, qu'on était surpris et ravi de retrouver en écoutant M. Bonnet.

Le fils aîné de M. Bonnet suivit la carrière de son père.

Après avoir fait de brillantes études au Collège Charlemagne, il débuta au Barreau de Paris en 1816, **dès sa première année de stage.**

A cette époque, les avocats plaidants étaient beaucoup moins nombreux qu'aujourd'hui ; on plaidait avec plus de solennité. M. Jules Bonnet eut des débuts brillants, et lors d'une des premières affaires qu'il plaida, l'organe du Ministère Public, M. de

Marchangy, put dire du jeune stagiaire que son début était une fête pour le barreau.

De 1816 à 1832, pendant seize années il fournit au Palais la plus laborieuse partie de sa carrière. Il fut Membre et Secrétaire du Conseil de l'Ordre.

En 1851, sa santé ayant reçu de graves atteintes, il fut obligé d'abandonner presque complètement la plaidoirie — mais l'avocat était demeuré tout entier.

— Dans la seconde partie de sa carrière, comme dans la première, il ne cessa pas de se dévouer. Il fit partie du Bureau d'Assistance judiciaire près la Cour d'Appel et son ardente charité se dévoua jusqu'à ses derniers jours à deux œuvres excellentes : l'œuvre de l'avocat des pauvres et l'œuvre de la tutelle des indigents.

Il mourut en 1875 âgé de 80 ans, il était le doyen de l'Ordre des avocats de Paris. Il a laissé quatre fils qui ont figuré et qui figurent avec honneur et distinction dans la magistrature, l'armée, le barreau et le clergé.

M. Bonnet père avait eu aussi un autre fils, M. Ferdinand Bonnet, qui, ayant fait les meilleures études, aurait pu occuper une situation des plus brillantes. Il parlait plusieurs langues, ce qui était rare à cette époque, était entré de très bonne heure dans l'Administration et déjà il était Sous-Préfet lorsque la Révolution de 1830 vint briser sa carrière.

C'est ainsi qu'à toutes les époques la politique a de bien tristes et cruelles exigences.

M. Ferdinand Bonnet était célibataire, il fut enlevé aux siens par le choléra de 1849.

GRANDEUR ET DÉCADENCE D'UNE MAISON

M. Bonnet se mariant en 1794 avait pris un modeste appartement rue Sainte-Croix-de-la-Bretonnerie.

On croirait que je me trompe sur le nom de la rue, si l'on s'en rapportait à la suscription de plusieurs lettres à lui adressées à cette époque :

« A Monsieur Bonnet, jurisconsulte, rue Croix-de-la-Bretonnerie. »

Mais on reconnaîtra là une de ces absurdes modifications que nous avons revues en 1848 et en 1870.

Quelques années après son mariage, M. Bonnet acheta une maison rue du Sentier. Cette maison, dans laquelle je suis né, eut une histoire assez curieuse pour être racontée.

Il existe à Paris deux rues qui autrefois avaient été occupées exclusivement par des industriels ; cependant, au XVIIIe siècle, on y voyait également quelques hôtels de grands seigneurs et de riches financiers. Ces deux rues font partie de ce qu'on appelle le quartier Bonne-Nouvelle : je veux parler de la rue de Cléry qui a son point de départ sur le boulevard, près de la Porte Saint-Denis, et monte en biais pour redescendre rue Montmartre ; et de la rue du Sentier qui partant du boulevard, entre la rue Poissonnière et la rue Saint-Fiacre, va se jeter en droite ligne dans la rue de Cléry un peu avant que celle-ci n'aille se perdre dans la rue Montmartre.

J'ai passé rue du Sentier les quarante-trois premières années de ma vie, dans la demeure de mon grand-père : j'en veux parler d'abord pour les souvenirs qui y sont attachés et aussi en ma qualité de vieux Parisien.

Si l'on creusait le quartier Bonne-Nouvelle, on y trouverait un reste de l'enceinte de Charles V.

Au commencement du XVIIe siècle, Paris n'allait pas plus loin de ce côté ; le nom de la rue des Fossés-Montmartre en est tout à la fois le souvenir et la preuve. Quand je me rappelle ce qu'étaient dans mon enfance et même encore dans ma jeunesse les rues du Croissant, des Jeûneurs, Saint-Pierre-Montmartre, Saint-Joseph, Vide-Gousset, etc., etc., je me fais facilement une idée de ce que pouvait être ce quartier pendant les règnes de Louis XIII et de Louis XIV ; les mendiants y pullulaient. Henri II y avait fait bâtir une chapelle, qui est aujourd'hui la petite église Bonne-Nouvelle, et cela pour y amener des « Paroissiens » un peu plus convenables que ceux qui y étaient installés ; mais la tentative était restée vaine.

Cependant le quartier s'étant un peu assaini dans les premières années du XVIIe siècle, des lettres patentes de 1623 accordèrent à quiconque viendrait y exercer un métier « le privilège d'y travailler libre-
« ment et publiquement et d'y tenir boutique ou-
« verte. »

Des ouvriers en meubles qu'un privilège du même genre avait attirés d'abord dans le quartier Saint-Antoine, s'installèrent les premiers dans le quartier Bonne-Nouvelle.

Il y a sur la Ville-Neuve, dit « le livre commode des adresses pour 1690 », un grand nombre de menuisiers qui travaillent à toutes sortes de meubles non tournés.

On sait qu'ils y sont encore, et qu'ils occupent une partie des boutiques et des établissements de la rue de Cléry.

Ce fut surtout dans la partie de cette rue qui descend vers la Porte Saint-Denis que ces ouvriers menuisiers s'établirent au commencement du xviie siècle.

C'est sur l'autre versant, au contraire, c'est-à-dire de la rue Poissonnière à la rue Montmartre qu'il s'était élevé plusieurs jolies maisons auxquelles le luxe et les mœurs de leurs hôtes firent tout d'abord une réputation singulière d'élégance et de galanterie.

Mais, comment se fait-il que dans la même rue, on vit en même temps, à la même époque, des habitants si différents ? D'un côté les demeures et ateliers d'ouvriers et industriels, de l'autre, des hôtels d'un grand luxe et des petites maisons. Y avait-il à cela une raison ? Etait-ce le résultat d'un calcul ? Peut-être. — En tout cas, il est assez piquant de donner ici le texte d'une curieuse correspondance échangée entre Henri IV et le Prévôt des marchands.

Le Roi, préoccupé de voir la Ville se ramasser autour du Louvre, et redoutant pour la santé publique cette agglomération d'hommes de tous états et de toutes conditions, voulait dégager le palais, et renvoyer plus loin la population trop agglomérée.

Le Prévôt des marchands, qui était alors François Miron, fut effrayé des effets sociaux et politiques que pouvait avoir la dispersion du peuple, et il envoya sa démission à Henri IV dans la lettre suivante qui met en relief et la perspicacité et la parfaite indépendance du premier magistrat de la Cité :

Cher Syre, permettez que je me retire ; en jurant fidélité au Roy, j'ai promis soubtenir la royauté. Or Votre Majesté

me commande un acte pernicieux à la Royauté... Je refuse !
Je le répète à mon cher Maistre et Souverain bien aymé :
C'est une malheureuse idée de bastir des quartiers à usage
exclusif d'artisans et d'ouvriers. Dans une Capitale où
trosne le Souverain, il ne faut pas que les petits soient d'un
costé et les gros et dodus de l'autre. C'est beaucoup mieux
et sûrement quand tout est meslangé. Vos quartiers povres
deviendroient des citadelles qui bloqueroient vos quartiers
riches. Or, comme le Louvre est la partie belle, il pourroit
se faire que les balles vinssent ricocher sur vostre Couronne..... Je ne veux pas, Syre, estre le complice de ceste
mesure.

Cette admirable lettre valut au prévoyant et judicieux Prévôt la réponse suivante qui fait autant d'honneur au maître qui l'a écrite, qu'au bon serviteur qui l'a provoquée :

Compère, vous estes vif comme un hanneton, mais à fin de compte un brave et loyal subject.
Soyez content, on fera vos vollontés, et le Roi de France ira longtemps à vostre belle école de sagesse et de prud'homie. Je vous attends à souper et vous embrasse,

HENRI.

Et voilà peut-être comment il se fit qu'à une certaine époque la rue de Cléry abritait tout à la fois des ateliers de menuisiers et des hôtels de grands seigneurs.

Il resterait aussi, pour compléter ce retour en arrière, à faire remarquer la sagacité singulière de ce Prévôt des Marchands qui, sous le règne de Henri IV, semble avoir eu la vision des guerres civiles et des émeutes des années 1830, 1832, 1834, 1839, 1848, 1871.

De ces hôtels qu'on appelait des *Cléry*, le plus magnifique était celui que Berthelot de Pleneuf s'était fait bâtir. Sa fille, qui fut la belle marquise de Prie, y vint au monde, et par un curieux hasard, une autre favorite plus fameuse encore, Mme de Pompadour, naquit à deux pas de là, dans la même rue. Le Roi fut quelque temps propriétaire de l'hôtel Pleneuf, puis celui-ci fut acheté par Le Blanc, Ministre de la Guerre, qui lui laissa son nom. M. Necker vint plus tard y installer la finance, en même temps que sa femme et sa fille Mme de Staël y donnaient asile aux lettres. — Cet hôtel resta même debout jusqu'en 1842, époque où on le démolit pour percer la rue de Mulhouse. Rien ne subsista non plus de l'hôtel d'Espagne (même rue), qu'habitait André Chenier peu de jours encore avant son arrestation à Passy, d'où il fut écroué à Saint-Lazare, pour être jugé le 6 et guillotiné le 7 thermidor.

Ducis, ami de la famille Denormandie et dont j'ai parlé plus haut, demeura lui aussi, pendant quelques années, rue de Cléry, dans la maison qui portait alors le n° 25. — Enfin, c'est aussi dans cette rue que demeura Robert Poquelin, prêtre et docteur en Sorbonne qui était considéré comme l'un des frères de Molière.

Les diverses rues dont j'ai rappelé les noms, et surtout la rue de Cléry et la rue du Sentier, dont je m'occupe particulièrement en ce moment, étaient, au point de vue du culte, dans la circonscription de la belle église Saint-Eustache.

Cette église reçut au baptême, vers l'année 1725, une enfant dénommée Jeanne-Antoinette Poisson, fille de François Poisson, écuyer de S. A. R. Mgr le Duc d'Orléans et de Louise-Madeleine de la Motte, son épouse, demeurant rue de Cléry. Le parrain avait été Jean Paris de Mont-Martel, écuyer, conseiller-secrétaire du Roy (Maison et Couronne de France et de ses Finances), la marraine avait été demoiselle Antoinette-Justine Pâris, fille d'Antoine Pâris, écuyer, trésorier-receveur général de la Province du Dauphiné.

C'est cette enfant (1) qui devait plus tard conquérir la grande notoriété que l'on connaît, sous le nom de : Marquise de Pompadour. Je dis conquérir, car l'histoire nous apprend qu'on ne vint pas à elle, mais qu'elle désira, voulut, rechercha par tous les moyens possibles la conquête du Roy.

Cette personne merveilleusement douée, fille des époux Poisson, demeurant avec eux rue de Cléry, donna sa main le 9 mars 1741, en l'Eglise Saint-Eustache, à Charles-Guillaume Le Normant, seigneur d'Etioles, chevalier d'honneur du Présidial de Blois, fils de E. Hervé-Guillaume Le Normant, trésorier-général des monnoyes et de Elisabeth de Francini,

---

(1) M. et Mme Poisson, père et mère de Mme de Pompadour, avaient aussi un fils nommé François Poisson qui, grâce à sa sœur, réussit à se faire nommer *de Vandière*, et qui fut aussi marquis de Marigny et de Ménars. Il était le frère cadet de Mme de Pompadour ou encore, comme elle l'appelait, *son frérot* ou comme elle le disait également *son cher bonhomme*. Elle profita de sa toute-puissance pour en faire un Directeur et Ordonnateur Général des Bâtiments, Jardins, Arts, Académies, et Manufactures royales ; en cette qualité, il entreprit en 1749-1751, un grand voyage en Italie avec plusieurs personnes. L'histoire a parlé de ce voyage, et M. Roujon, au nom de l'Académie des Beaux-Arts dont il était le délégué, y lut tout récemment un intéressant mémoire qu'il a appelé :

« Voyage en Italie de M. de Vandière et de sa compagnie ».

C'est donc à Mme de Pompadour que *son frérot* devait et le titre et la fonction et la mission artistique ; aussi, M. Roujon, dans son mémoire, a-t-il dit spirituellement à ce sujet de Mme de Pompadour, qu'elle ne fit jamais rien de mieux ni même d'aussi bien dans sa vie.

demeurant rue Saint-Honoré, Paroisse Saint-Roch. — Charles-Guillaume Le Normant d'Etioles était le neveu de Le Normant de Tourneheim, fermier général, qui passait pour porter à cette jeune fille un intérêt particulier.

On vient de voir que la famille Poisson demeurait rue de Cléry. Or, M. Le Normant (d'Etioles) avait eu la pensée de créer pour celle qu'il désirait épouser, une belle installation ; et c'est ainsi qu'il fit choix d'une maison rue du Sentier portant alors le n° 34, qui touchait précisément par le fond à celle de la rue de Cléry, habitée par M. et Mme Poisson.

Cette propriété se composait d'un corps de bâtiment sur la rue du Sentier, d'une grande cour à la suite, puis d'un hôtel digne de la séduisante personne qu'on se proposait d'y amener. Cet hôtel était vraiment beau, les pièces étaient très grandes, extrêmement hautes de plafond, le salon de forme ovale s'avançait un peu au-dessus d'une partie du jardin et M. Le Normant d'Etioles avait fait faire pour ce salon un magnifique plafond dû à Fragonard ; les dessus de portes des autres pièces avaient été exécutés par Boucher. La salle à manger à la suite du salon, de grande dimension, était ornée de deux belles statues en cuivre placées dans deux niches et qui dans la pensée première avaient été certainement disposées pour des cascades (1).

(1) Ceci n'est point un effet de mon imagination, ni un souvenir exagéré des lieux où se passa la première partie de ma vie ; on lit en effet ce qui suit, dans l'ouvrage de M. Lefeuvre sur les anciennes maisons de Paris :
  Aujourd'hui, l'hôtel contigu est divisé ; reportons-nous
« pour le revoir tout battant neuf, à l'époque où le fermier
« général Lenormant d'Etioles y reçoit sa jeune épouse
« Mlle Poisson, dont cette union fait déjà la fortune. Mais elle

— 56 —

Combien de temps Madame Le Normant d'Etioles habita-t-elle avec son mari, rue du Sentier, 34, après la cérémonie du 9 mars 1741, avant de se jeter notoirement, audacieusement, dans la voie qu'elle avait ambitionnée? Je ne le sais pas exactement. J'ai cependant, à cet égard, une indication. Un collectionneur très avisé, M. Alfred Morrison, a trouvé à Londres une série de lettres adressées par Mme de Pompadour à son frère, M. de Vandières.

Deux de ces lettres ont été mises récemment sous mes yeux.

Je citerai le début de la première :

Le 3 1er 1751.

J'ay cru, mon cher bonhomme, que vos plans du Vésuve méritaient bien un cadre, aussi leur en ais-je fait faire un. Je suis fâchée que le temps ne vous ait pas permis de continuer vos projets. J'imagine que Malte est un endroit curieux à voir aussi bien que la Sicile. *J'ai vu à Etiolles dans le temps que le Magasin d'Essône sauta*, un échantillon de ce qu'a pu estre le tremblement de terre causé par le mont Vésuve. Cela n'est point du tout plaisant.

Si j'ai transcrit le début de cette lettre, c'est qu'elle est datée du 3 janvier 1751 et que Mme de Pompadour dit à son frère *qu'elle a vu à Etioles* dans le temps que le magasin d'Essonnes sauta.....

Il est donc très probable qu'elle avait quitté Etioles et par conséquent son mari, dès avant 1751. On sait

« devient Mme de Pompadour, et l'époux s'est consolé en face.
« La petite maison du financier se cache encore de nous au fond
« du n° 24, avec un balcon sur la cour et un jardinet par derrière ;
« des médaillons de Boucher y font cercle avec des médaillons de
« Fragonard, dans un salon ovale.
« M. d'Etioles une fois veuf, épouse la D^{lle} Rem, fille d'opéra,
« sur cet autre versant de la rue. A la bonne heure celle-là ! On
« la chansonnera à discrétion sans avoir la Bastille à craindre. »

qu'elle mourut le 15 avril 1764, âgée d'environ 44 ans.

M. Le Normant d'Etioles épousa en secondes noces Marie-Anne-Etiennette Matha et mourut le premier. Sa veuve et ses héritiers vendirent la maison sise rue du Sentier, n° 34, à mon grand-père qui y trouva le plafond de Fragonard, les dessus de portes de Boucher, les fontaines de la salle à manger, enfin toutes les belles choses qui avaient été installées pour Mme de Pompadour et au milieu desquelles elle avait vécu pendant quelques années.

La vente faite à M. Bonnet eut lieu le 28 nivôse an X par acte passé devant Me Silly, notaire, moyennant 98.765 fr. 45 ou Cent mille Livres tournois.

Si vous le voulez bien, nous allons maintenant franchir un assez grand nombre d'années pour que je puisse montrer une des singulières coïncidences qui se rencontrent parfois dans le cours des existences parisiennes.

Nous sommes en 1860 ; M. le Comte Walewski, l'un des grands dignitaires du second Empire, avait eu avec mon père et ensuite avec moi d'anciennes et nombreuses relations.

Il se présente un jour chez moi, rue du Sentier, dans le corps de bâtiment sur la rue, et me consulte sur les conditions dans lesquelles il pourrait songer à acquérir une propriété qui lui plaît beaucoup et qui était situé à Etioles (arrondissement de Corbeil) ; puis, après avoir précisé les quelques questions qui étaient de nature à le préoccuper particulièrement, le Comte Walewski me demande si par hasard je connais cette propriété. « Je lui réponds que je la connais,
« sans l'avoir jamais vue et qu'elle ne m'est pas
« absolument étrangère. »

Je lui fais alors le récit de ce qu'on vient de lire. puis j'ajoute : « Si vous voulez bien, mon cher Comte, « descendre mon escalier, traverser la cour et venir « dans notre petit jardin, j'y compléterai alors mes « explications. » — Il accepte très volontiers, en se déclarant fort intrigué ; reprenant alors la parole :

« M. Le Normant lui dis-je, portait le nom de Le « Normant d'Etioles, parce qu'il possédait à Etioles « la propriété que vous convoitez en ce moment. « Selon l'usage du temps et un peu de tous les temps, « il venait passer quelques mois à Paris ici même « dans la maison où nous sommes et qui alors était « sienne ; et le surplus de l'année dans sa propriété « d'Etioles qu'il aimait passionnément. Les mois « d'hiver, les mois du séjour à Paris lui étaient par-« ticulièrement pénibles, d'abord parce qu'il y a tout « lieu de supposer que l'harmonie n'avait pas duré « bien longtemps entre les époux, et ensuite parce « qu'il avait le chagrin d'être séparé de sa propriété « de campagne. Il en était tellement épris qu'il vou-« lait que quelque chose la lui rappelât à tous mo-« ments. Avancez un peu au fond du jardin, mon « cher comte, et vous allez voir une peinture mu-« rale qui reproduit exactement une petite partie « du parc de la propriété d'Etioles que vous désirez « acheter et particulièrement la belle allée de marro-« niers qui a dû contribuer beaucoup à vous séduire. »

Cet ensemble de circonstances parut fort piquant au Comte Walewski. Huit jours après, il était propriétaire du château d'Etioles et de ses dépendances.

Ma grand'mère est décédée en août 1863. Elle était entrée en 1798 dans la maison de la rue du Sentier :

elle avait donc occupé la même demeure pendant 65 ans ; c'est là un fait assez rare dans la vie de Paris. — Cependant le plafond de Fragonard et les dessus de portes de Boucher étaient pour nous un embarras. Qu'on ne croie pas que nous soyons des indifférents aux choses de l'art. Non ! Certes, ! Mais désireux de vendre cette propriété qui ne répondait plus à leurs convenances et aux nécessités de la famille, mon oncle et ma mère ne voyaient pas bien la possibilité de détacher ces belles choses et d'en transporter les morceaux dans des demeures qu'aucune Pompadour ne devait habiter.

Sur ces entrefaites, nous eûmes la visite de l'homme le plus compétent en la matière, j'ai nommé M. Léopold Double, qui ayant eu une alliance avec mon oncle. avait été toujours un des invités des grandes réunions que donnait mon grand-père. Il n'eut pas de peine à nous persuader que détacher ces merveilles et particulièrement le plafond de Fragonard était une entreprise artistique des plus dificiles et même fort aléatoire, qu'il y fallait non des ouvriers, mais de véritables artistes comme ceux dont il se servait habituellement ; qu'en supposant même le succès, nous serions bien embarrassés de ces merveilles, qu'il nous faudrait donc acheter ou faire construire un hôtel nouveau, spécial, qui pût être une reconstitution ; enfin il nous demandait instamment de les lui abandonner avec autorisation de faire la tentative à ses risques et périls.

Comment le refuser à un charmant homme, qui dans sa jeunesse avait dansé si souvent sous le plafond de Fragonard !

Il eut gain de cause, se mit à l'œuvre, y fit procéder par petits morceaux, par petites entreprises partielles ; le travail dura plusieurs mois et finit par réussir.

Ces œuvres, d'un art merveilleux, prirent place rue Louis-le-Grand, dans la grande installation artistique de M. Double.

Au moment même où je traçais ces lignes, j'ai lu, dans un journal, cet article :

> Les démolisseurs ont repris depuis le 15 juillet 1896 (pour le prolongement de la rue Réaumur) possession des maisons de la rue de Cléry et de la rue du Sentier, désignées pour la pioche. Le dernier pâté de bâtiments qui séparait la rue Réaumur de la rue Montmartre va bientôt avoir disparu.
> Quelques-unes de ces maisons ont une histoire et avant qu'elles aient complètement disparu il sera peut-être intéressant de rappeler les souvenirs qui s'attachent à leurs pierres.
> Le n° 9 de la rue de Cléry appartenait, sous Louis XV, au sire de Clercy.
> La maison voisine fut élevée, sous Louis XIV, par Leroux. Il reste au-dessus de la porte un mascaron de grand style et une superbe rampe en fer forgé. Ducis a habité cet hôtel sous l'Empire.
> A l'angle de la rue du Sentier, sous la maison actuelle, qui n'éveille par elle-même aucun souvenir, les démolisseurs retrouveront des vestiges des anciens remparts de Louis XIV. Le long des fossés des remparts, les troupeaux de moutons venaient paître ; un loup, un jour, emporta une brebis. Grand bruit dans le quartier et la ruelle ne fut plus appelée que le Sentier du loup, par abbréviation le Sentier, et plus tard la rue du Sentier.
> Une des maisons qui peuvent être un jour ou l'autre démolies a appartenu au fermier général Lenormand d'Etioles, mari de Mme de Pompadour.

C'était là une petite erreur du journal, en ce sens que notre ancienne maison, celle dont il parle en dernier lieu, celle qui a été occupée par Mme de Pompadour le 9 mars 1741 et années suivantes, et par mon grand-père, à compter du 28 nivôse an X, ne fut pas comprise, au moins cette fois, dans le périmètre à démolir. En attendant son heure dernière, elle est livrée, en entier, à des occupation commerciales.

DOMAINE DE SOMMEVILLE

Commune de Monéteau (Yonne)

M. Bernard et Gentil-Bernard

M. Bonnet, avant d'acquérir la maison de la rue du Sentier, avait eu le vif désir de posséder un petit domaine dans lequel il pût recevoir sa famille et ses amis et il avait réalisé cette pensée dès le mois de novembre 1797, en achetant une modeste propriété à Sommeville, commune de Moncteau, près Auxerre (Yonne), non loin du Mont-Saint-Sulpice dont sa mère était originaire, et où il avait passé son enfance.

Chaque année, le jour même où commençaient les vacances, M. et Mme Bonnet partaient avec leurs enfants pour venir passer à Sommeville les mois de septembre et d'octobre. Ma mère à partir de 1864 et aujourd'hui Mme Bonie, ma sœur et son mari le Vice-Amiral Bonie ont successivement et utilement modifié ce petit domaine ; mais à l'époque dont je parle il était d'une exiguïté absolue ; la vie qu'on y menait était fort simple, ce qui n'empêchait pas qu'on s'y amusât beaucoup, mais toujours en famille ou en très grande intimité.

Mon grand-père imprimait le mouvement, il était plus jeune que ses enfants.

Les grands jours, on jouait la comédie dans une grange ; à l'une des extrémités de cette grange on avait ménagé un foyer pour les artistes, puis la scène, puis un grand parterre où venaient s'asseoir quelques parents et amis appelés d'Auxerre et des environs ; enfin les habitants du petit hameau de Sommeville, convoqués spécialement, venaient, grâce à une échelle, grimper et s'installer en guise de paradis sur les poutres entrecroisées de la grange, et ce n'étaient pas ces spectateurs-là qui s'amusaient le moins.

Mon grand-père était, en tout, d'une grande régularité ; il ne suffit pas de dire qu'il avait de l'ordre, il était *l'ordre même*. J'ai sous les yeux, en écrivant ceci, de petits livres : «Comptes de Sommeville», qui devraient plutôt s'appeler : « Ma vie et celle de ma famille, à Sommeville ». En effet, tout y est noté. Le jour de l'arrivée, M. Bonnet ouvrait le registre à la page où il l'avait laissé l'année précédente en quittant la campagne.

Ce nouveau chapitre portait simplement comme titre la date de l'année dans laquelle on se trouvait, et le père de famille consignait les étapes du voyage accompli pour venir de Paris, la ville où on avait couché (car à cette époque on mettait, en poste, un jour et demi), le nom de l'hôtel, l'heure de l'arrivée, la vendange qui était à cette époque la grande affaire, ses frais, ses résultats, les ventes d'arbres, les comptes avec les fermiers, avec les débiteurs (comptes qui consistaient à reporter à l'année suivante le solde non acquitté), les travaux exécutés, les commandes de nouveaux travaux, les gratifications données au départ, la taille des petits enfants comparée avec les constatations de l'année précédente, enfin toutes les circonstances de la vie — puis, comme souvenir du cœur, les visites des parents et amis qui étaient venus pendant la saison le jour et l'heure de leur arrivée, ceux de leur départ.

Il n'y avait pour ainsi dire pas de vie au dehors ; la raison en est bien simple : grandes distances à parcourir pour atteindre la demeure des personnes qu'on eût eu plaisir et profit à fréquenter, puisque à cette époque qui est déjà si loin de nous, il n'y avait ni chemins de fer, ni routes en bon état, ni pont sur la rivière, ni moyens de transports commodes ; la vie extérieure se composait uniquement de visites très cordiales échangées avec des parents et amis habitant Auxerre ; de relations quotidiennes absolument intimes avec les Boisseaux, petit domaine semblable à Sommeville, tout à fait limitrophe, appartenant alors à M. Hay, député de l'Yonne, pendant que mon grand-père était député de la Seine ; de communications intermittentes avec les propriétaires du château de Guilbaudon (canton de Seignelay) qui changeait souvent de mains, tandis qu'aujourd'hui, et par suite d'une bien heureuse alliance, nous avons avec les propriétaires actuels des relations aussi fréquentes qu'affectueuses ; enfin de rapports qui se multipliaient, autant que possible avec M. Bernard, cousin très affectionné, possesseur d'une importante propriété à Héry (canton de Seignelay).

Depuis le XVIIIe siècle, trois générations de Bernard

se sont succédé à Héry ; le dernier est décédé sans laisser d'héritiers directs, l'habitation a été vendue et revendue ; des étrangers ont remplacé les morts.

Je ne reviens ici que pour un instant, vers l'ancêtre, le Bernard qui était contemporain de mon grand-père — je l'ai connu et me le rappelle fort bien.

C'était un repésentant du XVIIIe siècle ; son costume, sa manière, sa façon d'être étaient une date ; il suffisait de l'entendre pour juger sa valeur ; il était de ces bourgeois instruits et lettrés qui avaient une existence et une physionomie particulières. Il possédait à Héry une admirable bibliothèque où l'on ne voyait rien de banal, et dans une longue et large galerie qui contenait cette bibliothèque se trouvaient aussi des objets d'art et des meubles curieux.

Alexandre Dumas fils, qui avait un ami à Seignelay, vint plusieurs fois avec celui-ci à Héry, où régnait alors le petit-fils, le dernier des Bernard (je m'y suis rencontré avec eux) ; ces visites intéressaient toujours beaucoup Dumas ; il n'hésitait pas à attribuer à la bibliothèque et à la galerie artistique de M. Bernard une grande valeur. — Elle fut, hélas ! dispersée au feu des enchères publiques et fort mal vendue.

M. Bernard (l'ancêtre dont je parle) était le descendant de Gentil-Bernard, ce doux et délicat poëte du XVIIIe siècle, l'auteur de l'« Art d'aimer ». — Il en parlait avec plaisir et en paraissait très fier.

Gentil-Bernard ne fut certainement pas un grand poëte, mais il mérite un moment d'attention, car il est un de ceux qui incarnèrent le plus et le mieux l'esprit léger, frivole et fort élégant de son époque.

Il eut un peu de gloire, mais une gloire assez

éphémère. Et pourtant, Voltaire s'était intéressé à lui, Voltaire s'était institué son parrain et lui avait donné le surnom de *gentil*, à cause de la gentillesse de sa personne et de son talent.

Un jour, chargé par une grande dame d'inviter le poëte à dîner, Voltaire lui envoya ce quatrain :

> Au nom du Pinde et de Cythère,
> Gentil Bernard est averti
> Que l'art d'aimer doit samedi
> Venir souper chez l'art de plaire.

Mme de Pompadour fut sa protectrice, et contribua à sa fortune. Elle le fit nommer bibliothécaire à Choisy-le-Roy. Quoique reçu chez des personnages éminents par l'esprit ou par la naissance, Gentil-Bernard paraît avoir été d'une grande timidité. L'anecdote suivante en fait foi :

Un matin, il va faire sa cour à Mme d'Egmont, qui était à sa toilette.

« Bernard, lui dit-elle, Mme de T... vient de m'engager à souper, je ne puis accepter l'invitation. Comme ma toilette m'occupe, voudriez-vous lui répondre pour moi ? »

Gentil-Bernard prend la plume et essaye d'écrire une ligne, un mot, c'est peine perdue ! Aussitôt, il se trouble et balbutie : ....

Mme d'Egmont voit son air égaré : « Bernard, qu'avez-vous donc ? Quoi, vous ne sauriez écrire ce billet ?

— « Madame, Madame,

— « Vous m'étonnez, je n'imagine pas qu'il faille votre talent pour une semblable misère... »

Quatre ans plus tard, il s'éteignait, mais non sans

avoir dit peu de temps avant la dernière crise qui l'a emporté : « Je vais mourir ; que dit le Roi ? que fait « Mme de Pompadour ? »

On a dit que toute sa gloire s'était éteinte avec lui ; ce n'est pas absolument exact, car, chose étrange, en 1896, une municipalité démocratique, celle de Choisy-le-Roi, s'est souvenue qu'il fut jadis au nombre de ses habitants, alors qu'il était au Château le bibliothécaire du Cabinet de Louis XV, et elle a organisé une fête littéraire commémorative à laquelle ont été conviés un certain nombre de jeunes poëtes et de chansonniers.

Il est mort en 1775. Son descendant, dont je viens de parler, qui était le cousin très affectionné de mon grand-père, devait avoir alors environ quinze ans.

L'AVOCAT ET LE FINANCIER

M. Tourton, banquier très opulent, avait indiqué pour la défense du Général Moreau, mon grand-père qui était son avocat, et avait avec lui de fréquentes et très bonnes relations.

Un jour que ce client faisait à son avocat sa visite d'adieu, vers la fin de l'année judiciaire, au mois d'août, M. Tourton lui dit : « Pour me reposer de tous « mes soucis, je vais faire un voyage en Italie, je « compte y aller par la Bourgogne.

« Alors, — reprend vivement mon grand-père, — « vous passerez tout près de moi, il faudra vous « arrêter.

— « Très volontiers, répond gracieusement M. Tour-
« ton », et il reçoit les indications nécessaires.

Je ne crois pas être téméraire si je dis que c'était là une de ces invitations que de part et d'autre on traite assez légèrement et qui sont rarement suivies de réalisation.

Mme Bonnet prit la chose très mal : « Mais, mon
« ami, vous êtes fou ! A quoi pensez-vous ? Comment,
« vous imaginez de faire venir à Sommeville un
« homme comme M. Tourton, habitué à tout le luxe
« d'une grande existence ! On ne peut avoir à Somme-
« ville que ses enfants et quelques amis intimes.
« M. Tourton ne vous demande qu'une chose, —
« c'est de gagner ses procès. Il faut que vous soyez
« bien simple pour croire qu'il viendra chez vous !
« Et moi je vous dis qu'il viendra ! »

La scène fut aussi vive que courte !

Le mois d'août s'acheva ; tout le monde partit ; la famille et les intimes se rendirent en hâte à Sommeville, on s'y livra aux distractions ordinaires. Déjà deux semaines étaient passées et personne ne songeait à M. Tourton, lorsqu'un matin vers dix heures (heure du déjeuner à cette époque) on entendit tout à coup un véritable vacarme : une grande berline attelée de quatre chevaux, montés de deux postillons, avait quitté la grande route de Paris (quatre kilomètres avant la ville d'Auxerre) et s'était jetée à gauche dans un chemin, tout au plus vicinal, qui conduisait au petit hameau de Sommeville. L'équipage mené bon train soulevait des nuages de poussière, les postillons faisaient claquer leurs fouets à tour de bras ; les chiens se jetant dans les jambes des chevaux, aboyaient à plein gosier ; les cultivateurs suspendant le travail et s'appuyant sur leurs charrues, bouche bée, regardaient passer ce superbe équipage qui, quelques instants après, s'arrêtait subitement devant la porte de M. Bonnet, dans une rue de village des plus étroites.

M. Tourton était dans la voiture, mais il ne se croyait pas devant l'habitation de M. Bonnet, son éminent avocat, le défenseur de Moreau ! Non ! il ne le croyait pas ! il supposait une erreur. Le valet de chambre s'était jeté en bas de son siège ; quant aux postillons, ils restaient immobiles sur leurs chevaux, constataient l'exiguïté de la rue et du passage de la porte cochère et ils attendaient froidement qu'on leur indiquât la manière de s'en servir.

Alors un homme résolu intervint, — c'était le jardinier de mon grand-père ; il s'appelait Georges Latroye, avait fait courageusement les guerres de l'Empire ; à Austerlitz un biscaïen lui avait enlevé deux doigts de la main droite, ce qui ne l'empêchait pas d'arroser avec une grande maëstria. Comme il y avait beaucoup de Latroye dans la contrée, on l'appelait simplement Georges ; d'abord il fallait éviter de confondre un guerrier comme lui avec un simple Latroye et puis son ton brusque, son allure souvent violente, des jurons qui étaient sa manière ordinaire de s'exprimer, inspiraient tout à la fois la crainte et l'admiration ; enfin, que vous dirai-je c'était *Georges*, et Georges était *un homme !*

Aussi ne fut-il pas long à prendre une résolution et à en dicter l'exécution. La traction animale, comme on dit aujourd'hui, dans les conditions où elle se présentait, fut au moins, au premier moment, déclarée impossible ; les quatre bidets furent dételés en un tour de main et on les insinua sous le passage de porte cochère jusqu'à l'entrée de la cour pour qu'ils y attendissent la voiture ; puis, sur un signe de ce maître, quatre gars du pays, les plus vigoureux, s'approchèrent de la voiture ; chacun d'eux prit une roue dans ses bras et tous quatre, après avoir échangé un coup d'œil d'entente, soulevèrent la berline, ce qui eut l'inconvénient de projeter le pauvre M. Tourton sur un autre coussin que celui qu'il occupait, mais ce qui eut le grand avantage de placer la voiture dans l'axe de la porte cochère, absolument comme faisaient nos ruraux quand ils transportaient leur charrue d'un sillon labouré dans un autre sillon.

Puis en moins de temps qu'il n'en faut pour l'écrire les quatre chevaux reculant légèrement furent attelés de nouveau à la voiture qu'on leur présentait ; le valet de chambre, spectateur muet de l'entreprise, remonta lestement sur son siège, les postillons enfourchèrent, et les gars ayant ensemble poussé un cri formidable de : Hue ! la voiture habilement enlevée vint occuper et absorber la cour entière.

Mon grand-père était triomphant, ma grand'mère consternée, les jeunes regardaient avec curiosité ce spectacle bien nouveau dans une aussi modeste demeure.

M. Tourton avait jeté un coup d'œil rapide sur le dehors et sur le dedans. Ayons le courage de le dire, il se sentait humilié ; aussi lorsque la famille rangée correctement devant la maison pour l'accueillir, l'aperçut à la fenêtre, il était blême !

Descendant de sa voiture, il eut un mot cruel glissé dans l'oreille de son valet de chambre : *ne laissez pas dételer*. C'était plus qu'une grossièreté, c'était une déclaration de guerre. Les bons et fidèles serviteurs de la maison ne la laissèrent pas tomber à terre : en un instant elle fit le tour de la famille. Pendant ce temps, le personnage avait été introduit dans le salon et lorsque cinq minutes après, le domestique annonça : *Madame est servie*, on passa à table avec la résolution d'en finir avec cet insolent voyageur ; on sentait une odeur de soufre, comme à l'approche d'un orage.

Il y avait là les trois enfants de la maison, jeunes et d'une vive gaîté, puis Scribe, pupille de mon grand-père qui préludait à ses exploits futurs, et enfin deux ou trois amis qui étaient bien dans la note de la maison. Ceci se passait dans une des premières années de la Restauration ; ma mère n'était pas encore mariée à ce moment ; aussi je ne puis donner aucune impression personnelle ; mais, plus tard j'ai souvent entendu les récits faits par tous les survivants de cette mémorable journée, récits d'une similitude complète et je puis affirmer l'exactitude absolue de ce que je viens de dire et de ce que je dois ajouter encore.

Les conjurés s'étaient mis d'accord avec mon grand-père par quelques mots rapidement échangés à voix basse ; on s'était dit qu'il n'y avait pas une faute à commettre ; qu'on ne pouvait s'exposer au reproche d'avoir manqué aux prévenances toujours dues à un voyageur venant rendre visite ; qu'il fallait donc tout d'abord accabler M. Tourton de politesses et d'attention, le rôle d'hôte aimable et courtois, ce premier rôle, très important, revenait de droit à mon grand-père ; lui seul pouvait y apporter la délicatesse et la bonne grâce qui d'ailleurs étaient essentiellement le propre de sa nature.

M. Bonnet dit tout d'abord qu'il était fier de recevoir un hôte aussi distingué ; il en était heureux pour lui et pour les siens ; il n'était pas sans remords, car le voyage était long et pénible et M. Tourton devait être bien fatigué. — Celui-ci de protester : aucune fatigue ne l'eût empêché de venir chez un homme aussi éminent, auquel il devait tant, et qui était tout à la fois son avocat et son ami. M. Bonnet se déclare bien sensible à un aussi aimable langage, mais si M. Tourton ne voulait pas que M. Bonnet eût de remords, il ne saurait l'empêcher d'avoir des scrupules. C'était une bien grande chose en effet pour un homme aussi considérable que de quitter sa maison, ses affaires, ses intérêts ; — en un mot de s'éloigner du grand marché de Paris, — et une fois placé sur ce terrain, M. Bonnet entretint son opulent interlocuteur de la rente sur l'Etat, des actions des Canaux, de celles de la Banque de France, — les principales et presque seules valeurs de l'époque, — du Crédit public, etc., etc. Cette partie de la conversation était terminée ; le voyageur avait été reçu avec tous les égards qui lui étaient dus ; il convenait maintenant de lui faire comprendre qu'on venait de faire une exception pour lui, qu'on avait rempli un devoir, mais qu'on ne causait pas tous les matins de la rente sur l'Etat et des autres valeurs du marché, etc., qu'il avait eu grand tort de prononcer un mot cruel, que tout le monde ne pouvait pas demeurer dans des châteaux ; qu'à Sommeville, autant qu'ailleurs, on avait certainement de la verve, de l'entrain, mais qu'on avait aussi beaucoup de cœur et de légitime susceptibilité ; que le voyageur avait été injuste et très coupable, que le moment de son expiation était venu, etc., etc.

Alors, sur un mot de mon grand-père, mot qui était un signal, la jeunesse partit ; elle venait de se contenir avec peine, elle éclata ; M. Tourton entendit subitement, presque sans transition, des choses énormes ! Ces jeunes hommes n'avaient rien d'efféminé, ils n'avaient rien de ceux qu'on a vus à diverses époques, semblant avoir vécu avant de naître, fatigués sans avoir rien fait, dégoûtés d'une vie qui commence. — Ceux-ci, tout au contraire, avaient le corps *dru*, comme on dit en Bourgogne, l'esprit sain ; — ils étaient heureux d'être, s'amusaient de tout, vivaient simplement, et, loin de proscrire le rire comme incompatible avec la bonne tenue dans le monde ou avec tel ou tel régime politique, ils en avaient fait leur programme ; sur le signal qui leur en avait été donné, ils étaient partis comme un feu d'artifice, — M. Tourton semblait stupéfait d'entendre des plaisanteries de toutes sortes, des lazzis, des calembours, des récits fantastiques d'aventures impossibles ; tout d'abord il crut qu'il était dans une maison d'aliénés ; puis comme la gaîté est contagieuse, il se laissa gagner peu à peu, il consentit à sourire, enfin il se mit à hurler avec les loups, à rire avec les rieurs, sa défaite était complète et alors, ainsi qu'il arrive aux natures faibles, il se jeta à son tour tête baissée dans la bagarre ; alternativement il tombait dans son assiette ou se renversait dans son fauteuil qui était une chaise, il subissait la griserie de la gaîté et de l'esprit et commençait même à subir un peu l'autre griserie : car ma grand'mère impitoyable dans sa vengeance, lui faisait servir du petit vin du crû qu'il prenait pour le vin de la Comète (1811), bruit qu'on avait fait habilement circuler ; enfin il vint un moment où tout le monde était à l'unisson, — le bon Monsieur n'était plus le même homme, il était vaincu et transformé, son visage tout rouge était enflammé !

Et lorsqu'on sortit de table, on aperçut dans la cour la voiture toujours à sa place, les deux postillons au port d'armes, le bras gauche appuyé sur le pommeau de la selle, et chacun d'eux prêt à enfourcher son porteur ; le valet de chambre était à la portière attendant son maître pour l'aider à remonter en voiture. C'est à ce moment que pour compléter cette scène mémorable on eut l'exemple de ce que peut être, dans certaines circonstances de la vie, la duplicité du plus honnête homme. M. Tourton, en effet, criait à son valet de chambre :

« Vous ne m'avez donc pas entendu, je vous
« avais dit de faire dételer !

— « Mais, Monsieur...

— « Taisez-vous, vous ne comprenez jamais mes
« ordres.

— « Mais, Monsieur...

— « Taisez-vous, vous dis-je, votre service est
« devenu insupportable, faites dételer bien vite... »

Et, quelques instants après, on entendit de nouveau un grand bruit dans le hameau, les chiens recommençaient leur musique, les cultivateurs reprenant un instant de repos s'appuyaient de nouveau sur leurs charrues et regardaient les chevaux qui, retournant au relais et à vide, disparaissaient au petit galop à travers la plaine et les postillons faisaient claquer leurs fouets à pleines mèches sans avoir même le prétexte du postillon de Longjumeau, puisqu'ils étaient sortis des maisons, mais uniquement pour le *plasir!* — Il est vrai qu'eux aussi avaient pris une rasade du vin de la Comète, — c'était la règle absolue de la maison !

Et M. Tourton, qui d'abord avait donné l'ordre de dételer, resta huit jours à Sommeville. Et mon grand-père a pu dire :

« J'ai plaidé beaucoup d'affaires dans ma vie, j'ai
« gagné un certain nombre de causes ; mais je n'en
« ai jamais gagné une dont le succès m'ait été plus
« agréable. »

EUGÈNE SCRIBE, PUPILLE DE M. BONNET

Je viens de parler de Sommeville et des plaisirs qu'on y goûtait ; Scribe fut de ceux qui, pendant de nombreuses années, y contribuèrent le plus. C'est qu'il n'était pas seulement le pupille de M. Bonnet ; il était reçu, aimé, choyé absolument comme un des enfants de la maison.

Le moment me semble donc venu de lui donner dans ce recueil la place qui lui appartient bien légitimement.

Eugène Scibe, né à Paris en 1791, orphelin de très bonne heure, avait été recommandé à son parent, M. Bonnet, qui accepta d'être son tuteur. Quand il eut fini ses études, on délibéra sur le choix d'une carrière. Le tuteur et le pupille n'avaient pas les mêmes idées ; Scribe voulait absolument faire du théâtre ; son tuteur lui répondait tranquillement : « Je ne suis pas sûr que tu aies du talent comme « auteur dramatique ; je vais te faire entrer chez un « avoué, excellent homme, qui est un de mes amis ; « je pourrais, un jour, t'être fort utile si tu avais « la vocation du barreau. » On fit un compromis ; il fut convenu que (comme disent les juristes), « les « choses, pendant un an, resteraient en l'état », et qu'on verrait ensuite. Sans attendre l'expiration de ce délai, au bout de six mois environ, le tuteur libre un jour des exigences de sa profession plus tôt que de coutume, fit un détour pour aller savoir lui-même des nouvelles de son pupille : « Mais, mon cher maître « il se porte très bien.

« Je ne vous parle pas de sa santé puisqu'il dîne « presque tous les jours chez moi, je veux savoir « comment il travaille, s'il apprend quelque chose ; « en un mot, si vous êtes content.

— « Mais, répond le patron, il ne fait rien ! »

— « Comment, il ne fait rien ? »

— « Absolument rien. Et il est de ma loyauté de « vous prévenir de ce qui se passe. Dès que j'ai le « dos tourné, pour aller au Palais de Justice, Scribe « prend en mains le commandement de l'étude. « Ses camarades sont ses complices ; on écarte toutes « les chaises ; on fait une place libre dans la « mesure la plus large possible. Cet espace est des- « tiné à figurer une scène de théâtre, et Scribe fait « répéter par ses camarades soit les pièces qu'il a « essayé de mettre au monde, soit celles qu'il prend

« dans des livres. Et c'est ainsi que ce jeune homme
« comprend l'éducation préalable, propre à la pro-
« fession d'avocat. »

Et il ajouta : « J'aime mieux vous dire tout ; sa
« présence dans mon étude équivaut à l'absence de
« deux clercs. »

Ce charmant mot désarma mon grand-père ; la cause du pupille était gagnée.

On trouve dans Balzac une mention assez originale de Scribe et de son temps de cléricature.

Balzac fit une nouvelle intitulée : un Episode sous la Terreur ; il la dédia à Monsieur Guyonnet Merville et ajouta ceci :

« Ne faut-il pas, cher et ancien patron, expliquer
« aux gens curieux de tout connaître, ou j'ai pu
« apprendre assez de procédure pour conduire les
« affaires de mon petit monde et consacrer ici la
« mémoire de l'homme aimable et spirituel qui disait
« à Scribe, autre clerc amateur, en le rencontrant
« dans un bal :
« Passez-donc à l'étude ; je vous assure qu'il y a
« de l'ouvrage » ; « mais avez-vous besoin de ce té-
« moignage public pour être certain de l'affection
« de l'auteur ?

« *Signé :* DE BALZAC. »

Quelques jours après la visite faite par M. Bonnet, Scribe recevait ses comptes de tutelle et entrait dans la voie qu'il devait suivre avec tant de succès.

Il ne faudrait pas croire que Scribe se contenta de signer la décharge du compte de tutelle qu'il devait légalement à son tuteur. Il pensa qu'il ne serait pas ainsi complètement libéré ; et dans un élan de son cœur qui était la tendresse même, il songea qu'il avait aussi un compte à régler avec l'excellente Mme Bonnet, femme de son tuteur ; et c'est ce qu'il fit en lui adressant le billet suivant :

1er Couplet

Puisqu'un tuteur (qu'au fond du cœur
Je chéris et que je révère !)
M'assigne par excès d'honneur
A comparoir devant notaire,
Il me semble alors aujourd'hui
Qu'en pupille exact et fidèle,
Avec sa femme il faut aussi
Régler mes comptes de tutelle.

2e Couplet

Quand l'amitié de ton époux
Veillait sur mon humble héritage,
Ton cœur par les soins les plus doux
Daignait accueillir mon jeune âge.
Trop heureux si lorsque la loi
Mettait mes biens dans sa main paternelle,
Un bon arrêt eût pu chez toi
Mettre ma raison en tutelle.

3e Couplet

Par toi, je fus toujours choyé.
J'éprouvais ta bonté propice ;
A la tendresse, à l'amitié,
Se bornait l'emploi de tutrice.
Pourquoi faut-il être majeur ?
Mais à ton cœur moi j'en appelle
Et demande pour mon bonheur
A rester toujours en tutelle.

Jamais un pupille ne fut plus déférent ni plus tendre pour son tuteur. Non seulement les relations pendant la vie de Paris étaient suivies fort correctement, mais chaque année, au mois de septembre, il venait passer à Sommeville un certain temps. Il y occupait toujours la même chambre ; même lorsque la célébrité et la fortune lui furent arrivées, il ne voulut jamais en accepter une autre. Elle était sous le toit, très simple, il s'y plaisait infiniment. Levé de très bonne heure, il donnait chaque jour au travail, de préférence le matin, un temps considérable. Pendant sa première jeunesse, il venait chez le bon tuteur en subissant les moyens de transport ordinaires, les petites diligences.

Il était tout naturellement à Sommeville l'inspirateur et le directeur du théâtre improvisé dont j'ai parlé.

Et pour présenter en quelques lignes l'histoire de ce théâtre, je vais la demander textuellement aux cahiers annuels de M. Bonnet.

1822.

« Jules (fils aîné de M. Bonnet), a fait établir cette
« année un petit théâtre. Ils l'ont essayé en jouant
« le 26 septembre : « La Tapisserie » et « L'Ours et
« le Pacha ». — Cette dernière est de Scribe. Ces
« pièces ont été fort bien jouées et ont fait beaucoup
« rire, surtout la dernière.

« Je laisse subsister ce théâtre. »

(Suit l'indication des changements nécessités dans les communs, par la création du théâtre).

1823.

« On a joué cette année, sur le petit théâtre. *L'Hu-*
« *moriste* (Proverbe de Leclerc), *Le Secrétaire et le*
« *Cuisinier*, vaudeville d'Eugène Scribe.

1825.

. . . .

« Le dimanche 2 octobre, Eugène Scribe est ar-
« rivé par le Petit Musc » (nom d'une diligence fort
modeste, qui partait à Paris, de la rue du Petit-
Musc).

1827.

« Eugène Scribe et M. Poncelet sont arrivés le
« mardi 2 octobre. » (M. Poncelet était un professeur de droit fort distingué ; lorsqu'il venait dans
l'Yonne, il partageait sa vacance entre Sommeville
et le Château de Guilbaudon, alors possédé par la
famille Desaix.)

1828.

« Eugène Scribe est arrivé le samedi 4 octobre. »

1829.

« Eugène Scribe est arrivé le 7 octobre, *en poste.* »
(Le brillant et heureux auteur ne prenait plus le
« Petit Musc ». A compter de l'année 1829, il voya-
geait toujours en poste.)

1831.

. . . .

« Le mardi matin 13 septembre, est arrivé, en
« poste, notre ami Eugène Scribe. Il a fait une pièce
« ici : *Le Mariage par ordonnance* ou *Le Savant*. Il
« est reparti le lundi 19 septembre, mais à cinq heures
« du matin, voulant être à Paris le soir. . . . . .

. . . .

1833.

« Scribe, M. et Mme Bayard (Bayard avait épousé
« la nièce de Scribe, qui était filleule de ma mère)
« et leur fils Eugène, sont arrivés le jeudi 12 sep-
« tembre et sont restés trop peu. Ils sont repartis le
« mercredi suivant 18 septembre, à 8 heures du soir.
« Scribe, pendant son séjour, nous a lu sa nouvelle
« comédie en cinq actes, destinée à la Comédie
« Française : *Bertrand et Raton* ou *l'Art de Conspirer*.
« C'est mon fils Jules qui a suggéré ce second titre,
« plus convenable que le premier. »

Ici, il n'est plus question de théâtre installé dans la grange ; il s'agit de lectures faites par Scribe, le soir dans le salon, d'un ouvrage encore inédit. destiné en général au Gymnase ou au Théâtre français, devant la famille seule. Il ne s'agit donc plus du suffrage universel, mais du suffrage restreint.

1834.

« Eugène Scribe est arrivé le 3 octobre. »

1835.

« Le lundi 28 septembre, Eugène Scribe est ar-
« rivé pour déjeuner. »

En cette même année 1835, Scribe avait été nommé membre de l'Académie française.

Son discours fait, il pensa devoir le soumettre à M. Bonnet. J'ai sa charmante lettre de remerciements au bon tuteur ; j'y relève seulement quelques lignes :

Château-Thierry, le 8 octobre 1835.

Me voici déjà bien loin de vous, mon cher tuteur, quoique

le souvenir de Sommeville me soit toujours présent et ne m'ait pas quitté de la route ; tous les ans, le peu de jours que je passe auprès de vous est pour moi un grand bonheur, mais jamais je ne l'ai mieux éprouvé que cette année ; il est vrai que vous étiez tous réunis, que personne ne manquait à l'appel ; peut-être aussi est-il un âge, et m'y voici, où l'on sent plus vivement le bonheur d'être en famille, où l'amitié qu'on vous y témoigne vous inspire encore plus de reconnaissance, et à vous et à Mme Bonnet, je vous en dois tant pour le passé et pour le présent !

J'ai songé en voiture (car que faire en voiture, à moins que l'on ne songe ?), à vous d'abord et puis aux corrections et changements que vous avez eu la patience et la bonté de m'indiquer pour mon discours. (Son discours de réception à l'Académie française.) Il n'y a pas une seule observation qui ne me semble d'une extrême justesse ; aussi j'ai fait droit à toutes, et maintenant que j'ai fini, je crois, mon cher tuteur, que ce discours qui est aussi un peu votre pupille, aura gagné beaucoup à se trouver entre vos mains.

Je me suis arrêté un jour à la Ferté-sous-Jouarre pour examiner ma future propriété qui est mienne actuellement, car j'ai reçu et donné parole.

. . . .
. . . .

Et la lettre se terminait par une invitation générale et très tendre à toute la famille, d'aller lui faire visite à Séricourt, nom de la propriété qu'il venait d'acheter, visite qui eut lieu.

La façon dont il était devenu propriétaire vaut la peine d'être dite ; ce fut certainement un de ses plus jolis vaudevilles. Il faut expliquer d'abord que dans sa première jeunesse il avait reçu, en Seine-et-Marne, dans une demeure amie, une hospitalité propice au travail, dont il avait profité et qui s'était assez prolongée pour lui être vraiment utile. Ceci dit, je lui laisse la parole :

. . . .

« Je revenais de Belgique avec Mélesville, nous « étions en poste. Nous arrivons à la Ferté-sous-

« Jouarre ; nous nous arrêtons pour changer de
« chevaux. Le postillon y mettait le temps, si bien
« qu'en attendant je m'assois sur une borne, et je
« me mets à écrire sur mon carnet une idée de
« scène qui m'était venue en route ! Oh ! je n'ai ja-
« mais perdu mon temps. Tout en cherchant, je lève
« les yeux et je vois sur la porte de l'auberge une
« grande affiche portant : « Vente à l'amiable du
« domaine de Séricourt. »

« Séricourt ! me dis-je tout à coup, mais je connais
« ce nom-là ! Monsieur l'aubergiste, est-ce que Séri-
« court n'appartient pas aux dames D...?— Oui,
« Monsieur ! — Et on peut le visiter ? — Oui, Mon-
« sieur, il est à vendre ! — Combien faut-il de temps
« pour y aller ? — Trois quarts d'heure. — Parbleu !
« m'écriai-je, je voudrais bien revoir ma chambre. A
« ce moment, chevaux et postillon arrivaient, les uns
« faisaient sonner leurs grelots, l'autre faisait claquer
« son fouet. — Mélesville, dis-je à mon ami, veux-tu
« retarder notre arrivée à Paris de deux heures ? De
« quatre, si tu veux ! Eh bien, postillon, à Séricourt...

« J'arrive, je parcours le jardin, la maison, toute
« ma jeunesse me remonte au cœur, et le lendemain
« j'étais maître et seigneur de ce petit domaine où
« le souvenir de mes vingt ans m'aide à porter gaî-
« ment mes soixante. »

Le domaine de Séricourt est situé près de la Ferté-sous-Jouarre ; une petite rivière traverse le parc dans les sites les plus jolis ; dès la première heure de sa possession, Scribe, à l'imitation de Delille, avait placé des vers que j'y ai relevés :

Ce quatrain a été inscrit sur une plaque de marbre au-dessus de la roue du moulin :

> Artiste ou meunier, je te loue
> Dieu tout-puissant, toi dont la main
> A ton gré fait tourner la roue
> De la fortune et du moulin.

La source qui alimente le ruisseau, la fontaine Saint-Jean, est ornée de cette inscription :

> Image de mes jours, ruisseau qui dans ta fuite
> Vers des bords inconnus, cours te précipiter,
> Image de mes jours, moins vite, va moins vite,
> Ainsi que mon bonheur, je voudrais t'arrêter.

Sur la porte d'un chalet agreste enguirlandé de lierre, du côté du ruisseau, on lit :

> Clairs ruisseaux, verts gazons, près de vos bords fleuris,
> Le plus que vous pourrez, retenez mes amis.

Du côté de la route, on lit encore :

> Le théâtre a payé cet asile champêtre,
> Vous qui passez, merci ! Je vous le dois peut-être !

Et sur la façade :

> Adieu théâtre, adieu tourment,
> C'est ici mon œuvre dernière ;
> Elle a pour titre : La Chaumière
> Et le bonheur pour dénouement !

Enfin, l'étage supérieur du château était consacré aux compositeurs qui ont mis en musique ses *libretti*.

Au-dessus de la porte de ce sanctuaire, on lit ce distique :

> Modernes Amphions, ces murs sous votre empire
> S'élevaient. Vous chantiez ; moi, j'accordais la lyre !

Je viens, mes chers enfants, de vous emmener avec moi à Séricourt ; si vous le voulez bien, je vais maintenant vous faire assister à la réception d'Eugène Scribe à l'Académie française.

J'étais sur les bancs du Collège. Quoique ma curiosité d'y aller avec mes parents eût été grande, il n'y fallait pas songer. A l'âge que j'avais, les parents et les professeurs vous invitent généralement à ne point vous mêler de ce qui ne vous regarde pas.

La réception fut indiquée pour le 28 février 1836 ; je n'ai pas à dire que les places étaient fort recherchées. Camille Doucet, avec lequel je devais contracter plus tard une amitié qui dura près de cinquante ans, n'avait alors que vingt-trois ans ; mais déjà il suivait le théâtre avec passion et réussit à se procurer un billet. Il a raconté cette séance avec son esprit ordinaire :

. . . .
. . . .

« Et voilà pourquoi, voilà comment, dit-il, le
« 28 février 1836, placé tout au fond de la tribune
« du Nord, quand je ne connaissais encore ni l'un
« ni l'autre, j'eus le bonheur de voir et d'entendre
« M. Scribe que je devais beaucoup aimer et M. Ville-
« main que j'admirais déjà. La salle était pleine et
« je frémissais de joie, en entendant mes voisins et
« mes voisines nommer, siégeant dans l'hémicycle,
« MM. Casimir Delavigne, Alexandre Soumet, Lamar-
« tine, Cousin, Charles Nodier, Viennet, Lebrun,
« Népomucène Lemercier et Royer-Collard.

« Je tâchais de m'acquitter en leur montrant, à
« mon tour, M. Flourens, à la bienveillance duquel
« je devais mon entrée. — Voici M. Auber et Ché-
« rubini, disait le peintre Grevedon ; à côté d'Ho-
« race Vernet, Paul Delaroche, Pradier, et M. Che-
« vreul.

« A quoi, plus ferré alors sur le personnel du
« Théâtre français que sur celui de l'Institut, je ré-
« pliquais pour les éblouir :

« Voici Mlle Mars qui précisément joue ce soir dans
« la reprise du *Mariage d'Argent*, de M. Scribe ; plus
« loin, Mme Dorval et Mme Volnys ; Mlle Dupont et
« Mme Desmousseaux ; là-bas, à gauche, Samson et
« Firmin ; en haut, Geffroy, Chatterton avec ce jeune
« homme qui crie si bien : « *Vive Jean* », dans *Ber-*
« *trand et Raton*.

— « Vous l'appelez ?
— « Regnier ! Madame ! Pauvre cher Regnier, si
« gai alors, si vivant et si spirituel, qui promettait tant
« et qui a tenu plus encore ! En écrivant ces lignes,
« je le revois à sa belle place que je lui enviais,
« applaudissant avec ardeur celui qui, plus d'une
« fois, devait le faire applaudir à son tour sur le
« théâtre de leurs communs succès, dans la grande
« maison qui les regrette l'un et l'autre.

« La parole est à M. Scribe, dit alors M. Ville-
« main.

« Et subitement, les conversations se turent, l'agi-
« tation faisant place au recueillement.

« On écoutait.

« On fut charmé ! et les applaudissements qu'on
« n'avait pas marchandés au récipiendaire redoublè-
« rent avec fureur, quand, prenant après lui la parole,
« M. Villemain prononça cette phrase restée célèbre :
« Monsieur, votre discours a réussi comme une de
« vos comédies, et vous venez de retrouver ici les
« applaudissements qui suivent votre nom sur tous
« les théâtres de la France et de l'Europe ; l'Aca-
« démie l'avait prévu ; elle était sûre, en vous nom-

« mant, d'être juste et populaire. Dans tout genre
« de littérature, toute célébrité durable est un grand
« titre académique, et il n'est donné à personne
« d'amuser impunément le public pendant vingt ans
« de suite. »

C'était sans doute un compliment ; les malins voulurent y voir une méchanceté, presque une injure.

Mais je m'arrête, parce que je n'écris pas la vie de Scribe. Je veux cependant, pour défendre sa mémoire, faire connaître une lettre assez curieuse qui est une consultation donnée par lui, comme auteur dramatique expérimenté.

Mon grand-père avait été sollicité, par un auteur demeuré inconnu, de faire examiner par Scribe une pièce projetée, et de demander son avis. La lettre est intéressante parce qu'elle fait bien voir les conditions de la profession d'auteur dramatique et ses difficultés. On va juger si l'homme n'était pas véritablement un maître.

Cette lettre est écrite de Montalais-sous-Meudon, près Paris, propriété que Scribe possédait, avant d'acheter Séricourt.

Montalais.

Lettre de M. Eugène Scribe, de l'Académie Française, à son tuteur, M. Bonnet, au sujet d'un projet de pièce qui avait été soumis à son examen.

Mon cher tuteur,

J'ai lu la comédie en 3 actes que vous m'avez envoyée ; et puisque l'auteur veut bien me demander mon avis, je ne puis reconnaître l'honneur qu'il me fait que par une extrême franchise.

Il y a dans les vers du naturel et de la facilité, souvent

du trait, de l'épigramme et une tournure originale ; il est nourri des bons modèles que parfois il suit de trop près et qu'il se rappelle trop bien. Mais mon plus grave reproche porte sur le fond même de l'ouvrage qui n'a pas de cachet, pas d'intrigue, pas même de caractère franchement arrêté et décidé, car celui du Bonhomme n'en est pas un. A-t-on voulu louer ou blâmer sa faiblesse ? On l'ignore. Il présente un mari à sa fille qui le refuse ; sa femme en présente un autre, il l'accepte. Voilà toute la pièce. Il n'y a pas là comédie, ni caractère, il n'y a même pas de raison pour que lui, sa fille ou le public choisisse entre les deux prétendus auxquels on n'a donné aucune nuance, aucune couleur, qui ne paraissent qu'une fois, n'agissent pas, si ce n'est pour apporter, l'un, dix mille francs, et l'autre vingt-cinq ; et celui de vingt-cinq l'emporte. Aucun intérêt ne repose sur lui et sur son rival ; et il faudrait au moins que dans une comédie, le comique ou le ridicule portât sur l'un des deux. Le Coiffeur et le Professeur ont cet avantage, mais leur comique est un peu forcé, et leurs rôles ont, de plus, le grave inconvénient de ne servir en rien à l'action, d'y être tout à fait étrangers, et de pouvoir être entièrement retranchés sans nuire à la marche de l'ouvrage, ce qui est un grand tort au théâtre.

L'auteur va me trouver bien sévère, mais je lui ai promis de la franchise, et puis je lui donne mon avis, non comme bon, mais comme mien, et je me trompe trop souvent moi-même pour me croire infaillible. Je ne pense donc pas qu'il soit avantageux pour lui de présenter sa copie au Théâtre français. Je le ferai cependant, si vous le voulez et s'il le désire, mais la pièce ne sera pas reçue, et ce refus peut nuire à son avenir, s'il se destine au théâtre, et servir de précédent fâcheux au premier ouvrage qu'il lira, et qui sera bien supérieur, j'en suis certain, s'il se montre un peu plus difficile sur le choix du sujet, et si, à son style qui est fort bien, il unit des caractères mieux arrêtés, et surtout une intrigue plus fortement nouée.

Recevez, mon cher et aimable tuteur, les vives tendresses de votre respectueux et tout dévoué pupille et ami.

Signé : Eugène SCRIBE.

Veut-on me permettre de placer ici une anecdote assez piquante ·

Un certain jour, à l'époque où Scribe demeurait

rue Olivier-Saint-Georges, dans une maison lui appartenant, on annonça la visite d'un jeune homme qui avait, disait-il, à entretenir M. Scribe d'une affaire importante.

Aussitôt introduit, le visiteur remit à l'illustre auteur le manuscrit d'une pièce de théâtre, lui demandant de consentir à la revoir, à la corriger et à la mettre au point ; en un mot, il venait solliciter une collaboration.

Scribe, très bienveillant pour la jeunesse, promit de lire attentivement le manuscrit, et renvoya le visiteur à quelques semaines.

Au jour désigné, Scribe fut obligé de lui dire qu'il ne voyait pas le moyen de tirer parti du projet.

Le jeune homme éprouva une violente déception et dit, d'une voix que l'émotion étranglait :

« Je suis désespéré, Monsieur, de n'avoir pas réussi
« à mériter de mettre mon nom à côté du vôtre ; je
« comptais, je l'avoue, sur un succès qui m'eût tiré
« de la situation précaire dans laquelle je suis de-
« puis longtemps ; et faut-il vous l'avouer, je suis
« absolument sans ressources, ne sachant que faire,
« et me demandant comment je pourrai vivre. »

Le ton était farouche, un peu tragique. Scribe, ému, peut-être effrayé, se contint pourtant, et lui dit : « Mais, Monsieur, si je ne peux vous aider à
« faire du théâtre, au moins puis-je essayer de vous
« fournir les moyens d'attendre des jours meilleurs,
« en mettant un peu d'argent à votre disposition.
« Voulez-vous prendre dans ce tiroir ce qu'il vous
« faut pour parer aux besoins les plus urgents ? Vous
« me rendrez cette petite somme quand la fortune
« vous sera devenue plus clémente. »

L'auteur malheureux s'approcha vivement de la table que lui indiquait Scribe, ouvrit le tiroir et prit deux ou trois cents francs. Il remercia avec effusion le généreux bienfaiteur et sortit précipitamment.

C'était Lacenaire ! que tant de crimes devaient rendre peu après si tristement célèbre ! !

L'aventure racontée un soir à Angerville, chez Berryer, donna à l'illustre avocat l'idée de la mettre en charade. Le scénario en fut rapidement réglé, et elle eut pour acteurs, Berryer, qui joua Scribe, et... Alfred de Musset, qui fit Lacenaire.

La bonne humeur, l'esprit, la bonté attendrie de Scribe trouvèrent en Berryer un admirable interprète ; Alfred de Musset joua Lacenaire avec une vérité qui fit de cette charade un régal délicieux pour les habitués de ce salon hospitalier.

Je tiens ce récit d'un familier de la maison, propriétaire dans le Loiret, voisin et ami de Berryer, un des spectateurs de cette spirituelle reproduction d'un fait que la personnalité de Scribe, et celle de Lacenaire, rendaient plus curieuse encore.

Ce témoin se nommait Henri Dumesnil, mort le 14 juillet 1898 ; il était le frère de M. Dumesnil, ancien avocat à la Cour de Cassation, qui était l'un des sénateurs du Loiret, et par conséquent mon collègue.

Il est une observation qui a été souvent faite en matière de théâtre, et qui peut être reproduite encore, en ce qui touche spécialement l'œuvre de Scribe. Il avait, sans doute, beaucoup d'imagination et de talent, et il fut à ce titre le créateur de mots très heureux, de ces mots qui restent. — Mais il savait aussi profiter des mots des autres. Je ne veux pas dire par là qu'il s'emparât brutalement de tel ou tel mot célèbre trouvé par autres qu. lui et dont la paternité est universellement connue et respectée. Je parle de ces mots fort jolis, fort bien trouvés, mais dont l'auteur cependant demeure anonyme et qui sont comme tombés dans le domaine public. Scribe savait merveilleusement s'en servir, parce qu'avec sa grande finesse d'observation il avait remarqué que tous les spectateurs composant une salle ne comprennent pas toujours un mot quelquefois trop fin pour être saisi au vol, mais qu'un mot qui est déjà connu, qui a, pour ainsi dire un peu vécu, est alors accueilli immédiatement par tous, renouvelle un plaisir déjà éprouvé par le spectateur, et vient enlever quand il réapparaît, l'unanimité des applaudissements.

Et néanmoins Scribe a rencontré des contradicteurs. Faut-il rappeler que son premier succès réel avait été : *Une nuit de la Garde nationale* (1816), et que depuis cette époque, jusqu'à *L'Africaine* (1865), son nom n'a jamais quitté l'affiche. Aujourd'hui, une certaine école — (Est-ce bien une école ?) — prend à tâche de discuter Scribe, ce qui est bien son droit, mais aussi de l'attaquer avec une grande injustice, ce qui est singulièrement dépasser la mesure.

On pourrait dire à ces jeunes : « Faites-en autant ». On pourrait surtout leur répondre en rappelant l'opinion émise par des hommes qui ont été et resteront célèbres.

Alexandre Dumas père a écrit :

« L'auteur dramatique qui unirait la puissance
« d'observation de Balzac, et le talent du théâtre de
« Scribe, serait plus grand que Molière. »

Emile Augier dit un jour à M. Legouvé, après le second acte de *Bertrand et Raton* :

« C'est notre maître à tous. »

Théophile Gautier le traitait de : « Librettiste de génie ».

Labiche répondit à un jeune confrère qui lui demandait des conseils : « Voulez-vous apprendre les « secrets de notre art ? Analysez les pièces de « Scribe. »

M. Legouvé, qui fut son ami particulier et son collaborateur, a porté de lui un jugement qui doit être cité :

« Un homme qui a été pendant un demi-siècle un
« des enchantements d'une société qui valait bien
« la nôtre, un écrivain qui a rendu l'Europe tribu-
« taire de l'esprit français, un homme qui a été
« traduit dans tous les idiomes, qui a porté dans
« toutes les grandes villes du monde les coutumes,
« les goûts, les habitudes, la langue de la France,
« qui dans toutes ses œuvres n'a jamais plaidé que
« des causes saines et honnêtes, qui a rendu amu-
« sante la glorification des vertus de famille, qui a
« une part de création dans les chefs-d'œuvre de
« Rossini, de Meyerbeer, d'Auber, d'Halévy..., qu'on
« calomnie un tel homme, voilà qui ne pouvait se
« produire que dans un temps possédé de la double
« rage d'élever des statues et d'en abattre. »

Les illustres confrères de Scribe, son collaborateur et ami, M. Legouvé, l'ont tous bien et spontanément défendu ; on vient de voir en quels termes. On peut être bien tranquille pour sa mémoire. Est-ce que dans notre cher pays de France la justice, la raison et le bon sens ne finissent pas toujours par triompher !

Voici, en tout cas, un hommage original, rendu à sa mémoire, qui est, nous l'espérons, un signe des temps.

Au mois de décembre 1896, on donnait, dans un de nos petits théâtres, la première représentation d'une pièce dont le titre était : *Ubu Roi*. Un spectateur, écœuré de l'insanité grossière de cet ouvrage, qui devait probablement, dans la pensée de l'auteur, renouveler le fond et la forme de l'art dramatique, s'écria avec indignation : « Vive feu Monsieur Scribe ! »

Et pendant que ce spectateur jetait sa protestation en plein théâtre, ce qui n'était pas sans courage aujourd'hui, je lisais ceci dans un journal :

« Ce que j'admets moins, c'est la condamnation
« sans appel, prononcée contre le théâtre gai d'au-
« trefois, en vertu de la formule : « Ça a vieilli ».
« Rien n'est plus commode à édicter que cette sen-
« tence, mais rien n'est souvent moins justifié. Quand
« un auteur gai n'a pas écrit sa pièce pour un ac-
« teur, et qu'il s'est attaqué aux travers contempo-
« rains, même ses plus courts vaudevilles sont as-
« surés de l'éternité. *Un mari dans du coton* et
« *L'Homme n'est pas parfait*, de Lambert Thiboust,
« en témoignent.

« Au surplus, si certains vaudevilles, les mauvais,
« n'ont eu qu'un temps, le théâtre *Rosse* qui les a
« remplacés a-t-il eu la vie plus dure ? Si vous le
« croyez, c'est que vous n'en avez jamais causé avec
« les directeurs de théâtre de genre. Quant au théâ-
« tre qui n'est plus du théâtre, mais du dialogue plus
« ou moins spirituel, sans action, lui aussi ne bat
« que d'une aile. Le goût public, par une évolution

« naturelle, retourne à la pièce bien faite, avec intri-
« gues et péripéties. « Qu'un nouveau Scribe sur-
« gisse demain, — nous disait dernièrement un di-
« recteur, pourtant très lettré, — je serais très heu-
« reux de le jouer, car avec lui je ferais le maximum.»

II

PROCÈS ET ÉVÈNEMENTS POLITIQUES
1820 — 1840

1820. Assassinat du duc de Berry. — 1830. Le 27 Juillet 1830. — 1830. Le lendemain des Journées de Juillet et la Garde nationale. — 1830. Le Procès des Ministres de Charles X. — 1831. Le père Enfantin et le Saint-Simonisme. — 1835. Attentat Fieschi, Moret, Pépin. — 1836 L Obélisque de Louqsor. — 1839. Affaire Barbès. — Première condamnation de Fouquier-Tinville. — 1840. Translation des cendres de Napoléon.

ASSASSINAT DU DUC DE BERRY PAR LOUVEL

Si je viens aujourd'hui, mes chers enfants, vous raconter cet événement, ce n'est pas que j'en aie été témoin, — je n'étais pas né lorsque le dimanche 13 février 1820, S. A. R. Mgr le Duc de Berry fut assassiné par Louvel à l'Opéra.

Mais une des sœurs de mon père assistait à la représentation et son domestique, nommé Léger, qui l'attendait dans le péristyle, fut un de ceux qui coururent après l'homme et réussirent à l'arrêter.

D'autre part, le 24 mai suivant, mon grand-père, M. Bonnet, fut désigné d'office pour défendre l'accusé.

Et voilà comment, dès mon enfance, j'ai entendu bien souvent parler de cet affreux crime, dans ma famille paternelle et dans ma famille maternelle, et toujours avec un sentiment d'horreur bien naturel.

Les circonstances du forfait, le lieu dans lequel fut frappé le maheureux prince, le fait que mon grand-père avait été désigné d'office pour la défense, tout contribuait à amener souvent la conversation sur ce triste sujet.

Le dimanche 13 février 1820, S. A. R. Mgr le duc de Berry, qui avait dîné aux Tuileries avec le Roi et sa famille et qui avait fait preuve de gaîté et d'enjouement, résolut de terminer agréablement la journée, en allant avec Mme la duchesse de Berry à l'Opéra où l'on donnait une représentation extraordinaire (Le Carnaval de Venise — Le Rossignol — Les Noces de Gamache).

Au cours du spectacle la Duchesse se sentit fatiguée ; elle profita de l'entr'acte des « Noces de Gamache » pour se retirer. Le Prince, lui donnant la main, la conduisit jusqu'à sa voiture ; ils étaient accompagnés de Mme la Comtesse de Béthisy, du Comte de Mesnard, du Comte de Clermont-Lodève et du Comte César de Choiseul.

Il était onze heures moins dix minutes.

La voiture de la Duchesse vint se placer devant la porte, dite des Princes, située rue Rameau (c'est dans ce quartier qu'était alors l'Opéra) ; la portière fut ouverte ; les gardes dans le vestibule et la sentinelle en dehors présentèrent les armes.

La Duchesse, suivie de Mme de Béthisy, monta dans la voiture. Le Duc de Berry ayant manifesté le désir de voir la fin du spectacle dit :

« Adieu, Caroline, nous nous reverrons bientôt ». et il se retourna pour rentrer dans la salle.

A cet instant précis, un homme se glissant entre le Comte de Mesnard, le Comte de Choiseul et le factionnaire, s'appuya fortement d'une main sur l'épaule gauche du prince et lui porta de l'autre avec une violence inouïe un coup de poignard dans le sein droit. Puis il s'enfuit.

Son action avait été si rapide que tout d'abord, personne ne s'en rendit compte. Mais le Duc de Berry ayant porté la main à sa poitrine en retira un poignard de six à sept pouces de long dont la lame plate et droite était à deux tranchants très acérés et était emmanchée à une poignée de bois assez courte.

Poussé par l'assassin sur M. le Comte de Mesnard, le prince porta la main sur le côté où il n'avait cru recevoir qu'une contusion et tout à coup il dit : « *Je suis assassiné. Cet homme m'a tué.*

— Seriez-vous blessé, Monseigneur ? s'écrie le comte de Mesnard. Et le Prince réplique d'une voix forte « *Je suis mort... Je suis mort! Je tiens le poignard !* »

Et il a encore la force de s'écrier de nouveau : « *Je suis mort... Je suis assassiné !* » La Duchesse s'élance de sa voiture, saisit son mari dans ses bras, et est inondée du sang qui jaillit de sa blessure.

On accourt ; on transporte le Duc dans le salon attenant à sa loge. Le Duc d'Orléans, sa femme et sa fille qui assistaient au spectacle, surviennent ainsi que deux médecins.

Le Duc de Berry, assis dans un fauteuil, la face décolorée, couvert d'une sueur froide, la poitrine et le ventre couverts de sang, est en proie à une oppression **croissante**.

Le Dʳ Blancheton débride la plaie et prescrit deux saignées aux bras pour combattre l'épanchement interne, « Je suis perdu ! — dit le malheureux Prince, — « vos efforts sont inutiles : le poignard est entré tout « entier ». Il réclame sa fille et l'Evêque de Chartres.

Cependant, le Comte de Choiseul, le Comte de Clermont, la sentinelle et quelques autres personnes qui avaient vu le meurtrier prendre la fuite vers la rue Richelieu, à gauche, s'étaient élancés sur ses traces, en criant : « Arrêtez ! Arrêtez ! »

Un garçon de café nommé Jean Paulmier atteignit le fuyard vis-à-vis l'arcade Colbert et le remit au factionnaire, le garde Royal Desbiez, au gendarme David et à d'autres poursuivants, l'adjudant de ville Meunier, les gardes royaux et gendarmes Lavigne, Bacary, Bacher, Torres-Gilles, etc., etc.

Le prisonnier immédiatement fouillé fut trouvé porteur d'un second poignard ou plutôt d'un tiers-point. Il donna son nom : Louvel, avoua très froidement son crime et déclara n'avoir pas de complices.

Mais revenons au Duc de Berry dont l'état empirait de minute en minute ; il avait alors auprès de lui Monsieur et Madame et le Duc d'Angoulême qui avaient été aussitôt avertis par le Comte de Mesnard.

A minuit, le Dʳ Bougon posa des ventouses qui produisirent un certain soulagement.

Le foyer et les corridors de l'Opéra étaient remplis de visiteurs, — le Duc de Bourbon, le Duc de Richelieu, Chateaubriand, tous les Ministres étaient là, consternés.

Les médecins protestent contre l'envahissement du petit salon où gît le Prince, et le font transporter dans la salle d'administration du Théâtre. On l'y étend sur un lit de sangles.

A une heure du matin Dupuytren arrive, essaie un nouveau débridement de la plaie, et reconnaît que tout est perdu. Le Duc ne se fait aucune illusion :

« Je suis bien touché de vos efforts, mais ils sont
« superflus, ma blessure est mortelle. »

Cependant l'intervention habile du célèbre chirurgien diminue l'oppression qui étouffe le Duc de Berry. Il s'impatiente de ce que le roi tarde à venir.

« Je n'aurai pas le temps, dit-il, de solliciter la
« grâce de l'homme qui m'a frappé. »

A ce moment, la porte s'ouvre et M. le Président du Conseil se présente.

En voyant entrer le Duc Decazes, le Comte d'Artois s'élance au devant de lui et l'embrasse à plusieurs reprises.

« Allez prévenir mon frère, lui dit-il ; suppliez-le
« d'avoir du courage. Nous sommes bien malheureux.
« Mais nos amis ne nous abandonneront pas. Nous
« comptons sur vous, mon cher Decazes. »

Comme il sortait, Monsieur le rappela :

Faites tous vos efforts pour empêcher le Roi de venir, lui recommanda-t-il. Sa présence apporterait la gêne de l'étiquette ; assurez-le que nous n'avons pas perdu tout espoir. S'il fallait y renoncer il serait averti assez tôt pour avoir le temps d'apporter sa bénédiction à mon pauvre fils.

Pendant que Decazes courait aux Tuileries, sa femme apprenait chez le Maréchal, Duc d'Albuféra, qui donnait une grande fête, le dramatique événement de la soirée. On lit dans les cahiers, ou mémoires

laissés par la Duchesse Decazes : « Je dansais avec
« je ne sais trop qui, lorsque M. de Balincourt vint
« à moi et me glissa à l'oreille qu'après la contre-
« danse il aurait quelque chose de très sérieux à
« me dire. La contredanse finie il m'emmena dans
« l'antichambre et me dit :

« Le Duc de Berry est assassiné.
— « Mon Dieu ! nous sommes tous perdus ! m'é-
« criai-je. Est-il mort ?
— « Non, on espère même le sauver...
— « Le Maréchal désire que la nouvelle ne circule
« pas. Mais j'ai pensé qu'il fallait vous avertir.
« Partez ! je préviendrai votre belle-sœur et vos
« nièces qu'étant souffrante vous vous êtes retirée.
« Je montai en voiture ; j'allai à l'Opéra. La loge
« royale et le petit salon qui la précède étaient pleins
« de monde. Je m'informai de mon mari. On me dit
« qu'il venait de se rendre chez le Roi. Je revins alors
« chez moi. J'y trouvai ma belle-sœur et beaucoup
« de gens. Mais je ne parlai à personne. J'étais
« atterrée. »

Le récit du Duc Decazes consigné dans ses mémoires personnels n'est pas moins émouvant :

« Je trouvai le Roi couché depuis une heure, très
« agité, en proie à la fièvre. Il voulait se lever et j'eus
« beaucoup de peine à l'en empêcher. Il céda sur la
« promesse que je lui fis de le tenir exactement in-
« formé, pour que, si son neveu devait succomber, il
« pût lui fermer les yeux. »

Quelques instants après, le Président du Conseil
était de retour à l'Opéra, amenant Dubois avec lui :

celui-ci ne laissa aucune espérance. Après avoir écouté Dupuytren, il fut d'avis d'arrêter l'application des sangsues.

« Monseigneur n'a perdu que trop de sang, fit-il remarquer, je voudrais pouvoir lui en rendre.

« Se tournant vers moi, ajoute le Duc Decazes, il
« me demanda si j'avais interrogé Louvel. Je com-
« pris sa pensée. J'allai dans la pièce voisine où
« Louvel garrotté était gardé à vue. Le Procureur
« Général et le Procureur du Roi l'interrogeaient.
« Je me penchai à son oreille et lui demandai si le
« poignard était empoisonné. Il se récria avec une
« sorte d'indignation. La question, concertée avec
« les deux magistrats avait été, ainsi que la réponse,
« entendue par eux, par le Duc de Fitz James et par
« divers serviteurs de la famille Royale.

« Le journal « Le Drapeau Blanc » ne m'en dé-
« nonça pas moins le lendemain comme ayant parlé
« bas à Louvel et lui ayant, sans doute, donné des
« avertissements pour sa défense. Il fallut une dé-
« claration formelle du Duc de Fitz James pour cou-
« per court à cette infâme calomnie.

« Cependant personne n'avait mis en doute la
« sincérité de la réponse de Louvel. Mais elle ne pa-
« rut pas rassurer Dubois. Dupuytren le questionnait.

« Que faut-il faire ?

— « Rien !

— « Vous n'êtes donc pas d'avis de continuer à
« mettre des sangsues ?

— « Non ! répliqua Dubois, avec impatience ; je
« croyais vous l'avoir déjà dit, l'état de Mon-
« seigneur est désespéré. Le cœur est touché. Les
« remèdes ne feront que hâter sa fin. »

Comme le désespoir de la Duchesse de Berry, contenu avec peine, éclatait, son mari la conjurait de se ménager « pour l'enfant qu'elle portait dans son « sein. »

Cette circonstance, qui n'était pas encore connue officiellement, ajoutait au caractère tragique de cette scène si douloureuse, et redoublait l'émotion générale.

A trois heures du matin, le Duc de Berry fit à haute voix une confession touchante et fut administré par le Curé de Saint-Roch. Il bénit sa fille et demanda à sa femme la permission de voir les deux enfants qu'il avait eus d'Anny Brown en Angleterre. « Où sont ces enfants ? » dit vivement Mme la Duchesse de Berry, « je serai leur mère. »

On introduisit les petites filles ; elles se mirent à genoux en pleurant. « Soyez toujours fidèles à la « vertu », leur dit le Duc, et il ajouta quelques mots en anglais pendant que la Princesse lui disait à haute voix : « Charles ! Charles ! j'ai trois enfants à pré-« sent ! »

Tout le monde pleurait.

A 4 heures, les médecins rédigèrent un nouveau bulletin :

« Le Prince touche à ses derniers moments. »

L'état du Prince s'aggravant rapidement, Decazes dut prendre les ordres de Monsieur, qui l'autorisa à aller chercher le Roi. En voyant entrer le Ministre dans sa chambre, le Roi lui cria :

« Tout est fini ?

— « Non ! Sire, mais on demande Votre Majesté ; « je la supplie de faire appel à tout son courage.

« Il m'embrassa », continue Decazes. « Il m'ordonna
« ensuite d'appeler son valet de chambre, s'habilla
« sans dire un mot, et persista dans son silence tout
« le long de la route. »

A cinq heures, on annonça le Roi ! « Grâce, Sire, dit
« le Duc de Berry, — grâce pour l'homme ? » Ce
furent presque ses dernières paroles.

A 6 heures, il rendit le dernier soupir et le Roi
lui ferma les yeux. On entraîna la Duchesse dont le
désespoir était indescriptible et qu'on n'avait pu
éloigner du chevet de son mari.

Le corps du Duc de Berry fut transporté à 7 heures
du matin au Louvre. Une foule immense avait passé
toute la nuit sous les fenêtres de l'Opéra commentant le crime qui produisit dans toute la France une
tristesse mêlée de stupeur. Le Prince était fort aimé
du peuple.

Cependant le calme de l'assassin ne s'était pas
démenti. On connut bientôt tous ses antécédents.

Louis-Pierre Louvel, né à Versailles le 7 octobre
1783, était le fils d'un petit boutiquier. Apprenti,
puis ouvrier sellier, il se fit remarquer par son activité, sa douceur et sa sobriété. On ne lui reprochait
que son caractère taciturne. En 1806, il avait
servi dans un régiment du train de l'artillerie, mais
avait été licencié au bout de six mois à cause de la
faiblesse de sa constitution. Il fit alors son tour
de France. En 1814, il se rendit à l'Ile d'Elbe, où il
fut employé par le maître sellier des écuries de Napoléon.

En 1815, il fut des premiers à rejoindre l'Empereur à Lyon et fut attaché à ses équipages jusqu'après Waterloo. Un de ses cousins, Labouzelle, étant maître sellier du Roi. Louvel entra dans ses ateliers et fut logé aux grandes Ecuries.

Louvel avoua qu'il avait médité son crime depuis 1814, qu'il avait cherché toutes les occasions de l'exécuter, suivant les Princes dans leurs chasses, rôdant autour des spectacles où ils se rendaient, pénétrant dans les églises à leur suite. Il s'était attaché en particulier au Duc de Berry, sur lequel était fondé le principal espoir de la race.

On chercha par tous moyens à savoir s'il avait des complices. Il se borna à une négation persistante et ferme.

Il fut traduit devant la Chambre des pairs, siégeant en haute cour de justice.

Le 24 mai on lui nomma pour défenseur d'office M. Archambault, bâtonnier des avocats du barreau de Paris, auquel fut adjoint M. Bonnet, en sa qualité de précédent bâtonnier.

Louvel, en recevant ses défenseurs, leur dit tranquillement : « Lundi on me mettra en jugement, « mardi je serai condamné... Eh bien ! tout pourra « être terminé mercredi. »

C'est M. Bonnet qui porta le poids de la défense, sa tâche était remplie de difficultés, il les surmonta avec une grande habileté :

Les débats durèrent les 5 et 6 juin 1820.

« Investis d'office de la fonction plus pénible
« qu'honorable, dit M. Bonnet, de chercher les
« moyens qui peuvent militer en faveur de l'accusé,
« nous avons dû et nous devons encore, en ce mo-
« ment, travailler à comprimer, à dompter nos sen-
« timents personnels pour nous appliquer unique-
« ment à exposer avec calme tout ce qui peut venir

« à la décharge du malheureux qui est devant vous. »

Et il plaida (ce qui parut un coup de maître) l'incompétence de la Chambre des Pairs. Puis avec une grande hauteur de vues, il insista sur l'inconscience du criminel :

« Pour être coupable, il faut une volonté, pour
« avoir une volonté, il faut avoir sa raison. L'éga-
« rement de la raison n'est pas toujours une folie
« complète, générale... Ah ! quel soulagement dési-
« rable pour vous, pour la France, pour l'Europe,
« pour l'humanité, si nous pouvions ne voir dans
« ce malheureux que l'instrument involontaire du
« coup affreux dont le ciel aurait voulu, pour dernier
« malheur, affliger notre Roi, nos Princes et notre
« patrie ! »

Le procureur général Bellart dut réfuter point par point tous les arguments du défenseur après lui avoir rendu cet éclatant hommage : « Que faire après
« une aussi touchante et aussi noble défense qui a
« souvent rappelé cette définition admirable de Da-
« guesseau qui disait que l'Ordre des Avocats est
« noble comme la vertu ! »

Quant à Louvel, il voulut absolument donner lecture d'un factum extraordinaire où il disait que l'assassinat faisait partie intégrante de son système et ajoutait : « Suivant moi, suivant mon système, la
« mort de Louis XVI était nécessaire. » Cette apologie du crime politique n'était pas de nature à influencer favorablement ses juges. Il fut condamné à mort.

La condamnation ne troubla pas son impassibilité. Il conservait bon appétit, prenait plaisir à faire des repas un peu soignés, à boire du vin de Bordeaux. Après la séance du 5 juin, il pria qu'on garnît son lit de draps fins, faveur qui lui fut accordée.

« J'ai été fort content de la Chambre des Pairs,
« disait-il ; une seule chose m'a contrarié, c'est qu'on
« a fait durer le procès deux jours au lieu de termi-
« ner aujourd'hui. »

Le 6 juin, à 5 h. 1/2 du soir, M. Cauchy, greffier de la Chambre des Pairs, vint lire à Louvel l'arrêt qui le condamnait. Il ne témoigna aucune émotion. Et comme on lui demandait s'il voulait un prêtre, il répondit : « Ma foi non, c'est trop tard, un prêtre
« ne changerait rien à ce qui est fait. »

L'exécution eut lieu le lendemain, 7 juin, sur la place de Grève.

Dès trois heures de l'après-midi, une foule immense était rassemblée sur les quais et la place de Grève était encombrée. Les fenêtres des maisons devant lesquelles devait passer la charrette avaient été louées très cher. Deux Anglais payèrent 400 francs une croisée donnant sur la place.

A 5 h. 3/4 du matin, Louvel quittait la Conciergerie. Sur tout le parcours on regardait curieusement ce petit homme, les yeux enfoncés, les lèvres minces, la bouche grande presque toujours contractée, les cheveux brun foncé, la barbe noire et épaisse, la physionomie presque immobile, qui, lui, considérait avec calme les curieux et qui en apercevant les cuirassiers de la garde faisant le service d'ordre s'écria avec une sorte de satisfaction : « Quoi ! les
« cuirassiers de la garde ! En vérité, c'est trop d'hon-
« neur me faire ! »

On le soutint pour monter les marches de l'échafaud. Il ne témoigna ni terreur, ni forfanterie et à six heures moins une minute sa tête était tombée.

Un de mes oncles, M. Jules Bonnet, avocat, put obtenir de M. Cauchy à la Chambre des Pairs communication de l'étrange document laissé par Louvel.

En voici le texte :

1° Si au jourdhui jai a roujire du crime national que moi seul a comi jai la consolation de croire en mourent que je né pas déhonnoré la nation je népoint d'heonnoré ma famille, il ne faux voire en moi qu un francai dévoiée a se cacrifiée poure détruire suivent moi les plus grands ennemis la patri.

2° Vous macusée d'être coupable davoir autée la viee â un prince ; oui je sui coupable d'un tel crimes ; mai une patis des hommes qui conpose le gourvernement son au si coupable que moi par ce que il on reconneu des crimes poure des vertus.

3° Le plus movée gourvernement que la France et hu, a toujours puni les hommes francai qui a vée trahi ou potée les armes contre la France.

4° Suivent mon siteme naporte le gouvernement bon ou movée, lors que les armés etrengers ménace no frontier tous les parti qui et site dans l'intérieur de la nation doive cécée et se raliée pour conbate la couse commeun tous français qui ne se rali pas et coupable.

5° Un francai qui et oubligée de sortir de la France soi par bonne ordre ou par in justise du gouvernement et taplinte, mai si ce même françai et tan parmi le pey étrengé so cupe denui ou de porter les armes parmi les nations étrengers contre la France, a lors il les donc coupable, il ne peu plus rentré dans sa qualitée de citoyen francai.

6° Je ne peux menpechée de croire que si la journée de Vaterllo a étée funéste au français sei quil li avée des français guind et a Bruxelle qui on tesité dans nos armées la trahisons ce qui a donné le sus cet dans les armés étrengers. Leur place etté dans un pey neutre.

7° Sui vent mon sitemme la more de Louis seize été nécéser à la France puisque toute la nation li a consenti si cété comme on le di une pognée din trigan qui ce fu porté aux palais du Roi et qui lui et autée la vie, sur le moment oui on pourré le croire.

Mai comme Louis seize a resté lon tan lui et une parti de sa famille en narestantion avent leur more, de sorte que si rélement il ni a vétu que quelque homme il noré pas peri la nation entier si cerie auposée.

9° Et jourd'hui nous prétendons être revenu de notre etreure mais suivent mon siteme les Bourbons son coupable et la nation et des honoré de nous lésé gouverné par eux.

LE 27 JUILLET 1830

Le 27 juillet 1830, mon père recevait à neuf heures du matin la visite du général*** qui, ayant alors à Paris un commandement militaire important, et très préoccupé des événements politiques, venait lui faire certaines communications relatives à ses intérêts privés.

Pendant cette conversation un jeune homme d'environ vingt-cinq ans, collaborateur de mon père, entre subitement dans son cabinet, sans précaution, sans se faire annoncer, raconte avec une grande volubilité, avec beaucoup d'animation, les événements de la rue, dit à mon père de ne pas compter sur lui comme de coutume, ajoutant qu'il est *obligé d'y aller*. Ce jeune homme faisait partie de la Société des droits de l'homme, et était ce qu'on appelait alors, *un chaud*.

Le général fort mal impressionné se lève et lui dit :
« Alors, jeune homme, nous descendons ensemble,
« seulement nous n'allons pas du même côté. Regar-
« dez-moi bien afin d'être sûr de me reconnaître ;
« je ne vous chercherai certes pas ; mais si je vous
« trouve au bout de mon épée, je serai obligé de faire
« mon devoir et je n'y manquerai pas. »

Et tous deux gagnant rapidement l'escalier disparurent. Eux partis, mon père se disposa à sortir. Voici pourquoi : quelques semaines avant, au commencement du mois de juin 1830, j'avais été placé comme interne au collège Saint-Louis (ancien collège d'Harcourt) ; nous demeurions toujours rue du Sentier dans la maison de mon grand-père. Mon père avait hâte de venir me chercher. Il s'adresse au cocher d'un cabriolet de régie qui stationnait rue de Cléry en face de la rue du Sentier et qu'il prenait chaque jour pour ses affaires : « Cocher ! vite, rue de « la Harpe, au collège Saint-Louis.

— « Ah! Monsieur Denormandie, je ne demande pas « mieux que de vous conduire, car j'ai pu encore ce « matin descendre de chez moi et venir occuper ma « station ; mais depuis que je suis là, on entend « un bruit du diable ! ça chauffe b......! je ne sais « pas trop si nous pourrons passer, je vais essayer. »

On part. Un instant après, rue Montmartre, en face le passage du Saumon, le cabriolet est entouré par une troupe d'émeutiers ; deux de ces hommes prennent le cheval par la bride ; les autres interpellent mon père : « Citoyen ! crie vive la Charte ! » Mon père, qui blâmait énergiquement les ordonnances, aurait volontiers dans un salon dit son opinion dont il ne faisait pas mystère ; mais il n'entendait pas accepter dans la rue, sous forme impérative, une sommation de ce genre ; peut-être allait-il passer un mauvais quart d'heure, lorsqu'un de ces hommes, qui, étant leur chef, était derrière eux, ainsi qu'on l'a vu souvent depuis, fendit alors le groupe et dit : « C'est un brave homme, je le connais, j'en réponds, dispersez-vous ». Puis, s'avançant près du marchepied du cabriolet, il dit à voix basse et précipitamment : « Monsieur Denormandie, un jour comme celui-ci, on ne va pas en voiture, descendez, et allez-vous-en bien vite. »

Mon père descendit, remercia l'intervenant et prit sa course à pied. La Providence voulait que ce chef d'émeutiers eût travaillé en 1829 chez mon père, qui, ayant eu contre lui des motifs de mécontentement, l'avait congédié, mais avec ménagement, et en y mettant sa bonté ordinaire !...

Un bienfait n'est jamais perdu.

Cet incident était destiné à avoir une suite ; je la dirai plus loin.

Mon père arriva au collège, m'en retira à la grande satisfaction du Proviseur et me ramena au sein de ma famille, non sans m'avoir fait faire un grand détour et franchir plusieurs barricades.

Quand la tourmente fut passée, je racontais volontiers la Révolution de 1830 et je n'étais pas éloigné de me croire un héros.

Tel fut mon début dans la vie publique.

Ce même jour, 27 juillet 1830, ma famille devait subir une autre épreuve plus sérieuse : il s'agissait de mon grand-père. Sa qualité d'ancien Député, ayant siégé à droite, pendant plusieurs des années de la Restauration, semblait vouloir servir de prétexte à quelque visite inquiétante ; de mauvais bruits circulaient depuis le matin dans le quartier ; plusieurs amis étaient venus ainsi que des voisins, prévenir mes oncles et mon père. Un conseil de famille décida qu'il était prudent que M. Bonnet quittât Paris, alors que ce départ était encore possible. Mais la difficulté était de convaincre un vieillard qui n'admettait jamais qu'une situation fût grave, qu'il pût y avoir des troubles, qu'on songeât à un homme inoffensif comme lui, et enfin pour rappeler la charmante image de M. Os. Pinard, citée plus haut, « qui ne « voyait jamais de raison pour que Babylone fût « détruite. »

Ce qui compliquait encore la situation c'est qu'il fallait, de toute nécessité, décider mon grand-père à sacrifier sa queue.

Après une longue résistance mon grand-père céda. Le sacrifice fut consommé, la queue tomba. Restait la question du départ ; voici le programme qui fut adopté.

Quand la rue du Sentier serait sans trouble, à peu près déserte, et qu'on n'y apercevrait aucune figure de mauvais aloi, M. Bonnet descendrait de son appartement, traverserait sa cour, puis la rue et entrerait en face, dans une maison amie.

Quelques-unes des maisons qui portaient sur la rue du Sentier les numéros impairs avaient une sortie sur la rue Saint-Fiacre ; la maison amie était de ce nombre. La voiture de mon grand-père, partie à vide, comme pour faire quelque course sans intérêt, devait l'attendre rue Saint-Fiacre et le faire sortir de Paris. L'exécution de ce programme commence : mes oncles et mon père occupent une série de postes d'observation jusqu'à la rue du Sentier qu'il s'agit de traverser, et ces factionnaires se transmettent successivement le mot d'ordre : « *Pas d'obstacle !... rue tranquille...* « *on peut venir...* »

Mon grand-père descend son escalier, arrive au milieu de la cour, puis tout à coup s'arrête et à la grande stupéfaction de tous, il s'écrie : « Mes enfants, « j'en suis bien fâché, mais j'ai oublié mon Virgile

« il faut que je remonte le chercher », et malgré les observations, les protestations et les offres de service, il remonte sans se presser et redescend tranquillement avec Virgile dans une poche et Horace dans l'autre. Il était bien toujours le brillant élève du collège Mazarin.

Malgré tout, l'évasion réussit. M. Bonnet sorti de Paris par la barrière du Maine, fit une première étape à Bagneux-sous-Châtillon chez Madame Denormandie mère ; une seconde chez sa belle-mère à Neuville-au-Bois (Loiret), et rentra à Paris très peu de temps après, quand la rue fut pacifiée, pour reprendre ses fonctions à la Cour de Cassation.

LE LENDEMAIN DES JOURNÉES DE JUILLET ET LA GARDE NATIONALE

Au lendemain de la Révolution de 1830, la Société française se trouva profondément divisée.

Si l'immense majorité de la nation acceptait avec satisfaction le nouvel état de choses, il fallait cependant compter avec une opposition nombreuse et ardente. A la tête des opposants se trouvaient naturellement les partisans du régime déchu qui faisaient au nouveau gouvernement une guerre de tous les instants dans leurs journaux et dans leurs salons (1).

(1) A côté de ces salons blancs, asile des mécontents, des salons tricolores s'ouvraient au faubourg Saint-Honoré, à la Chaussée-d'Antin et dans le quartier de la place Saint-Georges. Plusieurs de ces salons blancs ou tricolores étaient exclusivement politiques. Un des plus brillants était celui de Mme d'Appony, femme de l'ambassadeur d'Autriche.

Il y avait bien (outre les légitimistes et les orléanistes) des bonapartistes et des républicains, qui devaient plus tard jouer successivement, dans notre pays. un rôle si important. Mais on peut bien dire qu'en 1830 ils n'existaient pas à l'état de partis sérieux. C'étaient plutôt des chefs en quête de soldats.

En dehors des légitimistes et des orléanistes que restait-il donc? Des démocrates ardents presque révolutionnaires que la solution de 1830 ne pouvait satisfaire ; et qui, se livrant à toutes sortes d'excitations réclamaient, entre autres choses, » l'abolition du prolétariat ! »

On pourrait encore mentionner les Saint-Simoniens qui cherchaient à ébranler les bases de l'ordre social, à l'aide de leur fameuse formule : « A chacun suivant « sa capacité, à chaque capacité suivant ses œuvres.»

Et enfin les réformateurs religieux, comme l'abbé Chatel, qui parlait de la nécessité de : « régénérer l'Eglise ! »

Le peuple se pressait dans les clubs et dans les sociétés secrètes. Citons parmi celles-ci :

La *Société du progrès*, fondée par l'étudiant Sambuc.

La *Société des Condamnés politiques* dans laquelle se faisaient inscrire tous ceux qui prétendaient avoir souffert sous le Gouvernement précédent ; et où Fieschi (que nous retrouverons en 1835) touchait une pension !

La *Société des réclamants de Juillet* où affluaient plus nombreux encore, tous ceux qui ayant remué un pavé durant les « Trois Glorieuses » exigeaient pour le prix de « leur courage » une rémunération appréciable.

Les Amis du peuple, société dans laquelle se rencontraient tous les partisans de la République.

Et encore beaucoup d'autres Sociétés telles que les *Néo-Jacobins*, — les *Terroristes*, — les *Communistes*. Toutes retentissaient d'attaques furibondes contre la Royauté, les Chambres, la Magistrature, etc.

En résumé l'immense liberté de tout faire, de tout dire ; le développement exubérant de tous les systèmes, de toutes les théories politiques, sociales ou religieuses, produisirent un bouillonnement, une effervescence qui, débordant de tous les lieux de réunion, menaçaient à l'état permanent l'ordre et la paix publique.

Aussi personne ne sera surpris d'apprendre qu'une loi sur la Garde Nationale suivit de très près la Révolution de Juillet 1830.

Les circonstances politiques qui avaient causé cette révolution, l'esprit qui y avait présidé, la solution donnée aux événements, la proclamation d'une Royauté essentiellement bourgeoise en la personne de M. le Duc d'Orléans, tout conduisait nécessairement à la constitution d'une force nouvelle conçue démocratiquement.

Je n'ai pas à juger ce que fut cette force, ce qu'elle est devenue, le rôle qu'elle a joué à diverses époques, tout cela appartient à l'histoire faite et à faire. Ici je me borne à dire que cette loi s'imposait dès le lendemain des journées de Juillet 1830. En effet, la Charte de 1830 avait consacré l'existence de la Garde Nationale par son article 69 ainsi conçu :

Il sera pourvu successivement par des lois séparées et dans le plus court délai possible aux objets qui suivent :

. . . .

5° L'organisation de la Garde Nationale, avec intervention des gardes nationaux dans le choix de leurs officiers

. . . .

C'est la loi du 22 mars 1831 qui pourvut à cette organisation.

La loi appelait au service tous les citoyens valides de 20 à 60 ans, payant une contribution foncière, à l'exclusion des domestiques et sous réserve d'exemptions et d'indignités.

Ce service était obligatoire et personnel ; le remplacement était interdit, si ce n'est entre les proches parents, savoir : du père par le fils, du frère par le frère, de l'oncle par le neveu, et réciproquement.

Les lois des 19 avril 1831 et 14 juillet 1837 organisèrent :

1° Un service dans la commune pour la défense de l'ordre ;

2° Un service hors la commune pour la défense de l'ordre ;

3° Un service auxiliaire de l'armée.

Dans les deux derniers cas, la Garde Nationale passait sous les ordres de l'autorité militaire ; dans le premier elle était subordonnée aux autorités civiles.

L'ordonnance du 29 septembre 1831 réglementa l'uniforme de la Garde Nationale parisienne, composée, pour l'infanterie, de grenadiers, chasseurs et voltigeurs.

En fait l'uniforme ne fut jamais rigoureusement exigé, ce qui permit aux miliciens de se livrer à leurs fantaisies. (On appelait *bisets* ceux qui ne portaient pas l'uniforme complet).

Souvent le garde national ne répondait pas à l'appel, ce qui lui valait quelques jours d'une prison très douce.

La maison d'arrêt de la Garde Nationale, située au n° 92 de la rue de la Gare (quartier de l'Administration du Chemin de fer d'Orléans), est demeurée célèbre sous le sobriquet de l'*Hôtel des Haricots*.

Telle était, au point de vue réglementaire, l'organisation de la Garde Nationale. Mais que de choses seraient à dire pour faire comprendre les habitudes, les usages, l'état d'esprit de la Garde Nationale qui, en fait, a joué un rôle si important pour soutenir le Gouvernement de Juillet, lequel était son œuvre, et ensuite pour le renverser !

M. Prud'homme n'a-t-il pas dit :

« Ce sabre est le plus beau jour de ma vie ; je m'en servirai pour défendre nos institutions, et au besoin, pour les combattre. »

Le service ordinaire se composait de vingt-quatre heures passées dans tel ou tel poste. Les postes étaient : les Tuileries, le Louvre, l'Etat-Major de la Garde Nationale, Place Vendôme, les différentes mairies, etc...

Les gardes nationaux étaient convoqués pour dix heures du matin, en un endroit déterminé de leur quartier ; et de là, ils se rendaient au lieu qui leur était assigné pour y faire le service de jour et de nuit, service de vingt-quatre heures qui consistait généralement en des factions de deux heures chacune, et en patrouilles faites la nuit.

Les gardes nationaux se connaissaient ou faisaient assez promptement connaissance ; d'abord ils habitaient le même quartier, puis ils montaient la garde ensemble environ quatre fois par an. Enfin ils arrivaient assez facilement à savoir leurs professions et leurs opinions.

Ces opinions, d'une manière générale, dépendaient de l'arrondissement des gardes nationaux, de leur condition sociale, de leur situation de fortune, etc., quelquefois d'ailleurs cet état d'esprit changeait sous l'empire des événements politiques ; enfin, la composition de la Garde Nationale elle-même se modifiait selon le régime sous lequel on vivait.

Un certain nombre de gardes nationaux étaient assez récalcitrants et s'exposaient à des rigueurs. Parmi ceux-là qui étaient souvent des artistes, il y en avait qui faisaient de leur résistance l'objet de plaisanteries dont quelques-unes émanant d'hommes fort spirituels, eurent un réel succès. J'espère ne pas nuire à la mémoire d'Alexandre Dumas fils, si je dis qu'il était du nombre des protestataires, et qu'une fois il donna à sa protestation une tournure singulièrement amusante.

Son dossier était mauvais ; si mauvais, qu'un jour, il fallut absolument, malgré l'indulgence des chefs qui le couvraient toujours, il fallut, dis-je, qu'il se rendit à l'*Hôtel des Haricots !*

Cette prison était un véritable musée : ici le portrait d'un ours par Decamps ; là, celui du concierge par Couture ; des dessins de Deveria, des aquarelles de Ciceri, des charges de Daumier, des croquis de Nanteuil, des caricatures d'Andrieux, des pochades de tout le monde ; des chevaux, des potences, des clairs de lune, des vaisseaux, des arbres, des paysages, des fleurs, des pipes, oh ! beaucoup de pipes ! ! et cela, en haut, en bas, à droite, à gauche, dans tous les coins.

Vous voyez la nature et le caractère de la clientèle qui occupait et illustrait l'*Hôtel des Haricots!* Ne croyez pas que j'y sois allé comme prisonnier ; non ! je n'ai pas eu l'honneur de figurer au milieu de cette pléiade d'hommes éminents, même illustres. Je ne m'y rendis qu'une seule fois et pour rendre visite à un ami ; or, une visite suffisait pour laisser un souvenir ineffaçable ; d'ailleurs les récits des prisonniers nous tenaient au courant.

J'allais oublier d'ajouter qu'outre ces jolies choses dont je viens de vous donner l'énumération, un prisonnier avait transcrit ce quatrain, sans signature :

> Oui, voilà des dessins charmants, originaux,
> Que pourrait envier une maison royale ;
> Qui te feraient honneur, Garde Nationale,
> Si leurs auteurs étaient gardes nationaux !

Ceci dit, je reviens à Alexandre Dumas. Arrivé là comme prisonnier et installé avec les honneurs dus à un homme tel que lui, il prend la plume et se livre à des considérations que, pour se distraire, il consigne sur le papier.

En voici un résumé. Sa prison et ses murs sont noirs ; les portes ont des verrous, les fenêtres ont des grilles, ou plutôt les grilles ont des fenêtres ; il y a un préau, un parloir, des sentinelles, un drapeau, des cellules et même des prisonniers ; mais il n'y a ni l'humidité qui paralysait Latude, ce qui n'empêchait pas Latude de se sauver, ni l'araignée qui consolait Pélisson, ce qui n'empêchait pas Pélisson de s'ennuyer beaucoup.

Après ce début, l'auteur convenait qu'il avait bu le lait de l'insubordination dans le shako de son père, le plus mauvais garde national connu, et il confessait tous les moyens qu'il avait employés pour se soustraire au service de la Garde nationale.

Il racontait également qu'il n'avait pas d'abord d'habillement, ce qui lui avait valu une condamnation à la réprimande ; puis, qu'ayant fait faire un costume complet, il l'avait revêtu un matin, mais qu'il s'était trouvé si laid, qu'il n'avait pas osé passer devant son concierge.

Un jour, un garde chargé de l'arrêter s'était présenté chez lui, mais il lui avait accordé un sursis avec beaucoup de bonne grâce, parce que, quinze ans avant, « ce garde avait eu l'honneur d'arrêter « M. Dumas père pour la même cause. »

Alors, pour occuper son temps, Alexandre Dumas fils déclarait qu'il allait causer un peu.

Il est prisonnier ! mais tout le monde est prisonnier de quelqu'un ou de quelque chose ; l'homme est né prisonnier. Dès qu'il atteint l'âge où la loi lui dit : « Tu es libre », il se hâte d'enfermer sa liberté dans ce qu'il peut trouver de plus étroit, et il a successivement une femme, des enfants, une famille, des affaires, des correspondants, des associés, des amis, des ennemis, des flatteurs, des domestiques, le goût de la paresse ou de l'ambition ; il a enfin des douleurs, des besoins, des intérêts, etc.

Plus l'homme est civilisé et plus il s'emprisonne ; il emprisonne son corps dans des habits ; son cou dans une cravate ; sa tête dans son chapeau ; ses mains dans des gants ; ses pieds dans des chaussures. S'il veut voyager, il s'emprisonne dans un wagon.

On parle à l'homme de la liberté. Quand il l'a il la compromet, puis il s'en fatigue et n'en veut plus ; il en a peur et demande qu'on l'en débarrasse.

Parfois il obéit à un roi à moins qu'il ne lui désobéisse. Les rois sont des hommes comme les autres, mais, au lieu d'être des prisonniers ordinaires, comme vous et moi, ils deviennent par leurs fonctions de rois des prisonniers vraiment extraodinaires, qui sont gardés à vue par des Parlements, par des Ministres, par des courtisans, par des valets, par des soldats, et ne peuvent, ni entrer, ni sortir, ni manger, ni boire, ni se coucher, ni dormir, ni se lever, ni pleurer, ni rire, ni aimer, ni haïr, sans être surveillés, épiés, discutés, raillés, calomniés, etc., etc.

Alexandre Dumas fils concluait de cela que tout est prison dans ce monde, et que la sienne, celle de la garde nationale, était la plus enviable de toutes ; puis, triomphant, il ajoutait :

« Voyez comme je suis heureux et comme tout,
« pour moi, se simplifie : je ne suis plus ni fils, ni
« époux, ni père, ni ami, je ne suis même pas un
« homme ! je suis un numéro ; car j'ai eu la bonne
« fortune, en entrant ici, de laisser derrière moi
« toutes les nécessités de la vie commune (1). »

Alexandre Dumas fils fut en prose le prisonnier critique de la garde nationale. Alfred de Musset prisonnier, lui aussi, traita un peu le même sujet, mais en vers, et d'une charmante façon : Lisez plutôt cet extrait et vous reconnaîtrez aussitôt l'exquis poète.

(1) Forcé de nous borner, nous n'avons pu donner en entier ce morceau qui est un véritable feu d'artifice, mais nos indications sont *textuelles*.

(Sur l'Hôtel des Haricots)

LE MIE PRIGIONI

. . . .

Et les cachots n'ont rien de triste,
  Il s'en faut bien :
Peintre ou poète, chaque artiste
  Y met du sien.
De dessins, de caricatures
  Ils sont couverts
Çà et là quelques écritures
  Semblent des vers.
Chacun tire une rêverie
  De son bonnet :
Celui-ci la Vierge Marie
  L'autre un sonnet.
Là c'est Madeleine en peinture
  Pieds nus, qui lit ;
Vénus rit sous la couverture
  Au pied du lit.
Plus loin, c'est la Foi, l'Espérance,
  La Charité.
Grands croquis faits à toute outrance
  Non sans beauté.

Si je continue à demander aux poètes leurs impressions, voici celles de Théophile Gauthier :

Une Andalouse, assez gaillarde,
  Au cou mignon,
Est dans un coin qui vous regarde
  D'un air grognon.
Celui qui fit, je le présume,
  Ce médaillon,
Avait un gentil brin de plume,
  A son crayon.

. . . .
. . . .
. . . .

J'ai cité Alexandre Dumas, A. de Musset, Th. Gauthier, tous mauvais gardes nationaux, tous réfractaires.

Je désire vous montrer maintenant un garde national *convaincu* : je veux parler de cet artiste merveilleux qui s'appelait Charlet, et dont j'aurai le plaisir de vous entretenir tout à l'heure ; ici, je le saisis comme *Capitaine* de sa compagnie de garde nationale ; c'est un chapitre sur lequel il n'entendait pas la plaisanterie.

Lisez-le, et sachez qu'en envoyant cette circulaire à ses hommes, le capitaine Charlet était fort sérieux ; il eût été blessé qu'on le jugeât autrement ; il pensait, il éprouvait tout ce que dit sa circulaire.

Ordre du jour de Charlet à sa compagnie :

Messieurs et chers camarades,

Hors la bonne tenue, point de salut ; on ne trouve le vrai bonheur que dans la bonne tenue ; un garde national bien tenu est un homme en qui j'aurais pleine confiance ; c'est ordinairement un homme d'une société agréable : le soin qu'il apporte à sa tenue, il le porte dans ses moindres actions ; il est exact, de parole sûre, bon père, bon ami, bon époux, bon citoyen ; il aime sa compagnie, il a confiance en son capitaine.

Je sais bien qu'il n'est pas de règle sans exception ; mais je puis assurer d'après les observations nombreuses que m'a permis de faire ma longue expérience, que c'est parmi les gardes nationaux mal tenus que j'ai rencontré ces esprits tracassiers et malheureux, ces caractères bilieux, toujours mécontents, un de ces hommes, esprits forts ou capacités gigantesques, qui se croiraient compromis s'ils se présentaient en bonne tenue sous les armes, attendu qu'un génie profond doit toujours être malpropre.

Croyez bien, Messieurs, et recevez-en l'assurance positive, ce n'est pas dans nos rangs que j'ai fait ces observations ; non certes, je n'ai pu remarquer parmi vous que l'ensemble le plus parfait et le désir de faire de notre compagnie un modèle pour la légion.

Signé : CHARLET.

Pour que la garde nationale pût vous être présentée sous ses divers aspects, il me faudrait montrer ici un autre *type*, comme dit la jeunesse d'aujourd'hui.

C'est celui du garde national réfractaire, se moquant de l'institution, farceur et spirituel. Celui que j'ai choisi pour représenter ce type s'appelait Charles Ledru, avocat ; je l'ai beaucoup connu. Une nuit qu'il était de service et avait à faire une faction de deux heures au poste de « Echelle » (au Louvre, près la rue de Rivoli), il imagina d'appeler un fiacre, de le prendre à l'heure, et de s'y installer pour y faire commodément ladite faction.

Vous voyez ce qui en résulta : Juste mécontentement du capitaine, procès-verbal, instruction. L'homme fut cité devant le Conseil de discipline, et comme il était avocat, il vint présenter lui-même sa défense ; les débats furent très amusants, du moins ce fut mon impression, et même une impression générale.

D'ailleurs le lecteur pourra en juger, car j'ai joint aux annexes la plaidoirie de « Charles Ledru devant le Conseil de discipline. »

LE PROCÈS DES MINISTRES DU ROI CHARLES X

L'histoire des trois journées de Juillet a été faite par de nombreux écrivains, et je n'aurais rien à dire sur ce sujet qui ne soit déjà connu.

Je ne veux pas non plus rappeler la fuite des Mi-

livet qui était un des exécuteurs testamentaires du **feu Roi.**

J'ai entretenu dès lors avec lui des relations personnelles qui se sont continuées jusqu'à sa mort, et souvent dans nos conversations, M. le Comte de Montalivet m'a parlé du procès des anciens Ministres, dans lequel il avait joué un rôle si important. D'autre part, M. Ernest Daudet a traité ce sujet dans un livre remarquable et très documenté. Je ne prétends donc pas faire ici et dans tous ses détails le récit de cet événement considérable qui a passionné à juste titre les contemporains. Je voudrais seulement indiquer à grands traits, d'après les témoignages que j'ai recueillis des personnes les plus autorisées de cette époque, ce que fut ce mémorable procès, quel péril il pouvait faire courir au pays et par quel dévouement, par quelle courageuse initiative des complications redoutables et sanglantes purent être évitées.

On sait que les anciens Ministres de Charles X traduits devant la Cour des Pairs par un vote de la Chambre des Députés émis à la majorité de 244 voix contre 47, étaient accusés de violation de la Charte et de haute trahison, pour avoir provoqué et signé les fatales ordonnances du 25 juillet 1830, qui déterminèrent la Révolution et coûtèrent à Charles X sa couronne. On peut bien encore, à distance, se rendre compte de la stupeur et de l'émotion violente que devaient produire dans le pays des ordonnances qui suspendaient la liberté de la presse, prononçaient la dissolution de la Chambre, au moment même où les Députés nouvellement élus allaient se réunir pour la première fois, et créaient un nouveau système électoral qui réduisait à 258 le nombre des représentants.

Les passions politiques si imprudemment déchaî-

nistres, les difficultés pour eux de se soustraire à la fureur du peuple, les mesures prises, les arrestations faites : tout cela est de l'histoire, et ce que je me suis proposé de retracer ici, c'est spécialement le procès.

Les quatre Ministres qui furent traduits devant la Chambre des Pairs constituée en Haute Cour de Justice, furent M. le Prince de Polignac, M. le Comte de Peyronnet, M. de Chantelauze, M. de Guernon-Ranville.

Trois autres personnes faisaient encore partie du Ministère, c'étaient :

M. d'Haussez,
M. Capellè,
M. le Comte de Montbel.

Mais ces trois derniers Ministres avaient pu se soustraire aux poursuites dont ils étaient l'objet ; ils étaient en fuite, avaient quitté la France ; et l'instruction se suivit contre eux par contumace.

Ce procès fut certainement un des plus gros événements du régime de Juillet, le premier de ses embarras : J'étais tout à fait enfant ; néanmoins je me rappelle parfaitement la vivacité des controverses soulevées au début du nouveau gouvernement, non seulement entre les citoyens, mais entre les membres d'une même famille.

Un grand nombre d'années après, en 1852, dans des circonstances que je dirai, j'eus l'occasion d'être en rapport avec les exécuteurs testamentaires du feu Roi Louis-Philippe, au sujet du procès de revendication dont j'avais l'honneur d'être chargé par les Princes. Je fus spécialement accueilli avec une grande bienveillance par M. le Comte de Monta-

nées étaient en pleine effervescence au moment où le procès allait commencer, et les haines dont le Prince de Polignac notamment était l'objet, se faisaient jour dans la presse et dans la rue, sous forme de menaces de mort, de vociférations et de tentatives violentes pour s'emparer des personnes des Ministres détenus au Donjon de Vincennes et heureusement protégés par l'intrépide fermeté du Général Daumesnil.

Le Roi Lous-Philippe et son Conseil étaient d'accord pour sauver la vie des accusés ; mais une partie de l'opinion publique réclamait une condamnation capitale, et le Gouvernement en proie à des divisions politiques intestines et aux graves préoccupations que lui causait la situation, avait résolu — ce sera son éternel honneur devant l'histoire — de résister, par tous les moyens en son pouvoir, aux passions révolutionnaires et aux ressentiments populaires qui poursuivaient même après les événements qui venaient de s'accomplir, le prince de Polignac et ses collègues.

Le 10 décembre 1830, les accusés avaient été transférés sous escorte, du Donjon de Vincennes à la geôle du Petit Luxembourg ; et le procès commença le 15 devant la Chambre des Pairs constituée en Haute Cour de Justice, avec la gravité solennelle qui convenait à une telle cause. La salle du Luxembourg affectée aux délibérations de la Haute Assemblée, présentait un spectacle imposant, qui devait rester profondément gravé dans la mémoire des assistants. C'étaient au banc des accusés : le prince de Polignac, Pair de France lui-même, Ministre des Affaires Etrangères et Président du Conseil, le Comte de Peyronnet, également Pair de France et Ministre de l'Intérieur,

M. de Chantelauze, Garde des Sceaux et M. de Guernon-Ranville, Ministre de l'Instruction Publique du dernier Cabinet de la Restauration. C'étaient au banc des défenseurs : M. de Martignac, le généreux et éloquent avocat de M. de Polignac, M. Hennequin, une des gloires du Barreau, qui plaidait pour M. de Peyronnet. M. Sauzet, jeune avocat du barreau de Lyon qui s'est fait plus tard une place brillante dans notre histoire parlementaire défendait M. de Chantelauze ; enfin M. Crémieux alors très jeune, puisqu'il était né à Nîmes en 1796, assistait M. de Guernon-Ranville.

Au banc des Commissaires de la Chambre des Députés on voyait MM. Bérenger, Madier de Montjau et Persil, chargés de soutenir l'accusation. Du côté des juges se trouvaient 163 Pairs de France, dont un grand nombre portaient des noms illustres et respectés, pénétrés de la gravité de leurs redoutables fonctions et présidés avec une autorité pleine de tact par le Baron Pasquier, qui occupa cette haute magistrature avec une courageuse dignité. Je laisse à penser si le public se pressait dans les tribunes, pour assister à cet émouvant spectacle !

Les débats occupèrent sept audiences du 15 au 21 décembre. Le Marquis de Semonville, grand Référendaire de la Chambre des Pairs, appelé en témoignage pour rendre compte de la démarche qu'il avait faite le 28 juillet avec M. d'Argout, auprès des Ministres et du Roi Charles X à St-Cloud, fit une déposition particulièrement émouvante, et une sorte de récit dramatique dont les auditeurs gardèrent un très vif souvenir. La défense dura deux journées, les 19 et 20 décembre. L'histoire a depuis longtemps constaté ce que déployèrent de talent, d'intrépidité et de grandeur d'âme les orateurs illustres qui avaient assumé cette noble tâche de seconder le Gouvernement dans ses vues généreuses.

Elle a consacré l'éloquence admirable de M. de Martignac et de M. Sauzet, la dialectique serrée de M. Hennequin, l'abondance d'arguments et l'éloquence de parole de M. Crémieux. Je crois que c'est dans cette circonstance que M. Crémieux appelé à parler le dernier, pour défendre M de Guernon-Ranville, eut l'heureuse inspiration de commencer son discours par ces mots demeurés fameux : « Pairs du « Royaume, j'écoute encore, et il faut que je parle... » « *j'écoute encore* » était un délicat hommage rendu à l'éloquence de M. de Martignac. Cette défense de M. de Guernon-Ranville fut le point de départ de la réputation de M. Crémieux.

Cependant, au dehors, les passions faisaient rage ; manifestations bruyantes, placards séditieux, clameurs de la foule, tout faisait craindre une véritable émeute. Le 20 décembre, au moment où M. Crémieux allait achever sa plaidoirie, la populace parvint à forcer les grilles du jardin du Luxembourg, d'où la Garde Nationale eut quelque peine à la repousser. Les cris du dehors dominés par le bruit du tambour battant le rappel, firent une telle impression sur M. Crémieux que, la fatigue aidant, il s'évanouit. *La séance continua* cependant (c'était déjà de mise à cette époque) au milieu d'un trouble qui se conçoit, et M. Bérenger prit la parole pour répliquer au nom de l'accusation.

Tandis qu'il développait sa thèse avec éloquence, le Président Pasquier reçut sur les mouvements de la foule menaçant le Palais, des nouvelles qu'il considéra comme assez graves pour interrompre le discours du Commissaire du Gouvernement et lever précipitamment la séance.

On devine quelles préoccupations causaient au Gouvernement cette agitation dans la rue et l'attitude haineuse de la population et d'une partie de la Garde Nationale qui proféraient des menaces contre les accusés et contre leurs juges et allaient jusqu'à insulter et molester les Pairs à l'issue de la séance. Aussi le Comte de Montalivet, Ministre de l'Intérieur (il avait alors 29 ans) sur qui reposait toute la responsabilité des mesures à prendre pour conjurer les périls de cette situation, provoqua dans la soirée du 20 décembre, une conférence au Luxembourg sous la Présidence du Général Lafayette, pour arrêter les dispositions propres à maintenir la sécurité publique dans la journée décisive du lendemain 21 décembre, assurer à la Cour des Pairs la liberté de sa délibération et protéger la vie des accusés, que menaçait constamment la foule hostile massée aux abords du Palais.

C'est de M. de Montalivet lui-même que je tiens les intéressants détails des deux dernières journées du procès ; il m'en a fait le récit avec cette vivacité, cet entrain et ce bonheur d'expressions qui faisaient de lui un des plus brillants et attachants causeurs que j'aie connus. Entendre M. de Montalivet c'était voir se dérouler une véritable page d'histoire, quand il évoquait les souvenirs de cette période de sa vie publique et mettait sa mémoire merveilleuse au service de cette sincérité à laquelle M. Royer-Collard rendait un jour cet éclatant hommage à la Chambre des Députés en adressant au jeune Ministre ce précieux encouragement :

— « Parlez, Monsieur, on vous *croit*. »

Ce qui va suivre est ici un écho, — malheureusement affaibli, — de ce passé que M. de Montalivet savait si bien faire revivre et qu'il a décrit dans des mémoires, rédigés sous forme de « Lettres à ses petits-fils ».

La réunion tenue au Luxembourg le 20 décembre 1830, à 11 heures du soir, et à laquelle assistaient le Général de Lafayette, le Baron Pasquier, le Marquis de Sémonville, le Général Sébastiani, Ministre des Affaires étrangères, le Comte de Montalivet et M. Odilon Barrot, Préfet de la Seine, adopta, non sans une assez vive opposition du Général de Lafayette qui ne s'y rallia qu'à contre-cœur, un plan très simple et très sage à la fois que le Ministre de l'Intérieur et le Président Pasquier avaient élaboré et proposé : le Jardin du Luxembourg serait occupé le lendemain par la troupe de ligne, à l'exclusion de la Garde Nationale, dont on redoutait à bon droit l'exaltation. La sécurité du passage ainsi assurée, les Ministres de Charles X devaient, aussitôt après la clôture des débats, et pendant que la Cour des Pairs délibérerait sur leur sort, être extraits de la geôle du Petit Luxembourg et conduits par un petit escalier communiquant avec le jardin, jusqu'à des voitures qui les attendraient à la grille du côté de l'Observatoire, pour les ramener à Vincennes, sous l'escorte de deux escadrons de cavalerie, dont le Général Fabvier prendrait lui-même le commandement.

Ces mesures dont l'application avait été prévue dans ses moindres détails, devaient assurer le transfert des accusés à Vincennes sans collision sanglante. Elles ne purent cependant être exécutées comme elles avaient été conçues par suite des graves complications qui surgirent le lendmain et qu'il importe de mentionner.

Le 21 décembre, avant l'ouverture de l'audience, le Président Pasquier, désireux de faciliter le succès de ce plan en trompant l'attente de la foule surexcitée, avait demandé à M. de Martignac d'abréger, dans l'intérêt des accusés, la réplique qu'il allait prononcer au nom des défenseurs, et l'illustre et généreux orateur avait souscrit avec empressement à ce désir. Mais à peine la séance était-elle ouverte et tandis que M. Madier de Montjau résumait l'accusation, M. de Montalivet fit savoir au Baron Pasquier que la Garde Nationale de la Banlieue, — très animée, — avait envahi le jardin du Luxembourg avant qu'il fût occupé par les troupes de ligne, de sorte qu'on ne pouvait plus songer à faire traverser le jardin par les accusés. Le Ministre de l'Intérieur priait en conséquence le Président de lui laisser quelque répit pour arrêter un autre plan de transfert. C'est alors que le Président, sans rien laisser voir de ses préoccupations, fit un nouvel et pressant appel aux nobles sentiments de M. de Martignac, mais cette fois en le conjurant de prolonger maintenant sa réplique pour donner au Ministre de l'Intérieur le délai nécessaire pour pourvoir au salut des accusés. Je n'ai pas besoin de dire que M. de Martignac se prêta de grand cœur à cette nouvelle exigence de la situation ainsi aggravée et qu'il dut être long, tout en demeurant très éloquent et fort émouvant.

Pendant que les débats se poursuivaient dans ces conditions et que les clameurs du dehors ne cessaient de se faire entendre, le jeune Ministre de l'Intérieur, auquel les autres membres du Gouvernement laissaient toute la responsabilité des mesures à prendre, avait résolument arrêté un nouveau plan qu'il exécuta avec un courageux sangfroid et ce ferme esprit de décision qu'il apportait à tous ses actes.

Laissant aux grilles de l'Observatoire les voitures destinées aux accusés de façon à donner le change à la foule et à la Garde Nationale sur l'itinéraire qui serait suivi, il prit l'heureuse initiative d'assurer le départ des anciens Ministres par la petite porte de la geôle donnant rue de Vaugirard. Il fit amener à cette porte sa propre voiture, dont les glaces avaient déjà été brisées à coup de pierre dans la matinée, prescrivit au Général Fabvier de réunir une escorte de cavaliers à cet endroit, tandis que sur son ordre, le Colonel Feisthamel donnait lecture de l'ordre de transfert aux gardes nationaux, préposés dans la petite cour d'accès, à la surveillance de la geôle.

Ces mesures prises, M. de Montalivet se rendit à la Geôle pour faire sortir les prisonniers dont il allait assurer le salut. Mais il se heurta là à une résistance qu'il n'avait pas prévue : le geôlier refusait obstinément de livrer les prisonniers sans un ordre d'écrou régulier. Le Ministre de l'Intérieur dut, pour le faire céder, le menacer de recourir à la force et pour apaiser les scrupules du trop consciencieux fonctionnaire, il signa lui-même sur le registre d'écrou une déclaration constatant que le geôlier n'avait cédé qu'à la violence. Il put ainsi faire sortir les quatre accusés de leur prison et après leur avoir fait traverser la cour où stationnaient les gardes nationaux impressionnés par la lecture qui venait de leur être solennellement faite, il les fit rapidement monter dans sa voiture. Mais il fallait gagner Vincennes et que de périls à affronter encore sur la route ! M. de

Montalivet n'hésita pas ; il fit mettre pied à terre à un sous-officier, prit son cheval et se mit lui-même à la tête de l'escorte, aux côtés du Général Fabvier (qu'il savait être un partisan résolu de la peine de mort pour le Prince de Polignac). A une allure aussi rapide que le permettait le mauvais état de la route sur une partie du parcours, le cortège suivit la rue de Fleurus, la rue Notre-Dame-des-Champs, le boulevard, puis la barrière d'Enfer et le faubourg de Charenton. Le trajet s'effectua sans encombre, grâce à l'itinéraire choisi, tandis que la foule attendait toujours la sortie des accusés aux grilles donnant sur l'Observatoire. A 6 heures du soir, les anciens Ministres étaient remis aux mains du général Daumesnil, au Donjon de Vincennes, et un coup de canon annonçait au Roi Louis-Philippe et au Gouvernement l'heureuse issue de l'entreprise hardie du Comte de Montalivet.

En approchant du Donjon de Vincennes et se sentant allégé du lourd fardeau de sa responsabilité, le jeune Ministre de l'Intérieur ne put se défendre d'un mouvement de joie expansive et, tout en maintenant à une bonne allure sa monture d'occasion, il se pencha vers le Général Fabvier, en lui disant avec une chaleur communicative : « Voilà une belle journée, « n'est-ce pas, Général, une belle journée pour le « Gouvernement et pour nous. » A quoi le Général répondit froidement : « Oui, Monsieur le Ministre, « c'est une belle journée, parce que chacun reprend « sa liberté, maintenant que le devoir est rem- « pli. »

M. de Montalivet fut péniblement impressionné par cette réflexion qui le rappelait brusquement à la réalité, en lui faisant entrevoir dans une vision rapide les difficultés politiques auxquelles il allait se heurter dès le lendemain.

Pendant que M. de Montalivet exécutait si habilement son plan, la Cour des Pairs était entrée en délibération aussitôt après la clôture des débats. Par 136 voix contre 24 les quatre accusés furent déclarés coupables de haute trahison. L'arrêt rédigé sur-le-champ par le Baron Pasquier et lu solennellement devant la cour rentrée en séance à 10 heures du soir, condamnait les quatre Ministres de Charles X à la prison perpétuelle et prononçait avec la déchéance de leurs titres, grades et ordres, la mort civile pour M. de Polignac, l'interdiction légale pour ses coaccusés.

Cet arrêt constituait à ce moment, étant donné l'état des esprits, un acte de courageuse modération. La condamnation fut d'ailleurs complètement effacée plus tard par la clémence du Roi. Juges et défenseurs avaient admirablement rempli leur devoir et grâce à l'initiative hardie du Ministre de l'Intérieur, les plus grands malheurs avaient pu être évités. Une fois les accusés soustraits aux fureurs populaires, l'émeute n'avait plus d'aliments et le Comte de Montalivet eut raison d'appeler une belle journée celle qui consacrait ainsi le triomphe de la cause de l'ordre, de la justice et de la liberté.

LE PÈRE ENFANTIN ET LE SAINT-SIMONISME

Toute ma jeunesse s'est passée dans la maison de famille rue du Sentier, n° 14, dont j'ai eu l'occasion de parler plus haut. Les jours de sortie du collège (c'était en général le dimanche), mon père m'emmenait promener.

Un jour (ce devait être en 1831) nous revenions, et nous montions la petite côte du boulevard Montmartre, lorsque mon père me pousse du coude en disant : « Tiens, regarde ». J'avais en face de moi le chef de cette religion nouvelle qu'on appelait le Saint-Simonisme, le Père Enfantin.

Cet homme déjà célèbre semblait avoir une allure inspirée ; le costume et la démarche forçaient l'attention. Je me rappelle qu'il portait une jaquette bleue, serrée à la taille par une ceinture de cuir ; cette jaquette était très évasée par devant et laissait voir un plastron blanc plaqué sur la poitrine, et sur ce plastron on lisait, écrits en gros caractères, ces mots : « Le père ».

Quand nous eûmes croisé ce personnage, mon père me donna quelques explications, mais extrêmement vagues, car j'étais tout jeune, et bien entendu il ne pouvait être question de m'expliquer le fond des choses. Mais je demeurai très frappé de l'étrangeté du personnage, qui ne ressemblait en rien à toutes les autres personnes que je croisais dans la rue. Et depuis cette époque, toutes les fois que j'ai entendu parler ou que j'ai parlé moi-même du Saint-Simonisme, j'ai toujours eu devant les yeux la vision de ce grand monsieur qui me paraissait avoir eu une si singulière idée d'écrire des lettres noires sur son plastron blanc (impression d'enfant).

Je viens de dire sous quelle forme s'était révélé à moi, pour la première fois, le Saint-Simonisme, dans la personne du Père Enfantin, *Le Père*, comme s'appelait le chef de cette religion nouvelle.

Les autres Saint-Simoniens étaient mis de la

même façon ; mais à la différence du Pontife, dont le plastron blanc portait toujours ce seul mot : *Le Père*, ils avaient leur nom patronymique inscrit sur le plastron, qui tranchait si singulièrement sur leur jaquette bleue serrée à la taille par une ceinture de cuir. Cette jaquette se laçait par derrière, ce qui obligeait le patient à se faire aider par un compagnon pour la revêtir ; c'était un constant témoignage de l'esprit de solidarité de la secte. Cravate et béret rouges, pantalon rouge ou blanc suivant la saison, cheveux longs et barbe entière, tels étaient, outre la jaquette et le plastron, les signes apparents auxquels se reconnaissaient les adeptes.

Si cet aspect extérieur de la nouvelle école était quelque peu puéril — tranchons le mot : ridicule, — sa doctrine était fondée sur de généreuses utopies, qui se résumaient dans la formule de Saint Simon : « Toutes les institutions sociales doivent avoir pour « but l'amélioration matérielle et morale de la classe « la plus nombreuse et la plus pauvre », — et dans cette autre formule de ses disciples : « A chacun se-« lon sa capacité ; à chaque capacité selon ses « œuvres. »

La théorie est irréprochable. Dans le domaine de la pratique, on sait à quelles incohérences, à quelles impossibilités matérielles aboutissait le système des Saint-Simoniens, et comment il a piteusement échoué en Cour d'assises, après une courte carrière de quelques années, traversée par le voyage extravagant à la recherche de la Femme-Messie, et les bizarreries (j'emploie un terme poli) de la vie en commun à Ménilmontant. Je n'entends pas entreprendre ici l'histoire du Saint-Simonisme ; j'en parle incidemment parce que j'ai connu plus tard quelques personnes qui avaient adhéré jadis à cette religion éphémère.

Dans la séance publique annuelle de l'Académie des Sciences morales et politiques, du 7 décembre 1889, M. Jules Simon a lu une notice historique des plus intéressantes sur la vie et les œuvres de M. Michel Chevalier, qui avait été, comme on sait, un fervent Saint-Simonien. On retrouve, dans cet écrit d'une haute portée philosophique, toutes les qualités littéraires, la finesse d'esprit et le charme incomparable du regretté secrétaire perpétuel ; il a fait là, en quelques pages, une magistrale histoire du Saint-Simonisme, et marqué de traits ineffaçables les figures de ses principaux apôtres, à la fois « poètes très chimériques et hommes d'affaires très avisés ». Regardez-les, dit Jules Simon, ils ont tous les caractères de l'apôtre : ils ont la foi, l'énergie, le renoncement, ils ont la vertu de propagande. Ils cherchent avec ardeur la vérité ; ils bravent tout pour la répandre, même le ridicule... »

Il y a trois phases dans le Saint-Simonisme ; Saint Simon a écrit un livre qui contient des germes féconds ; Bazard et Enfantin en ont fait sortir un système où beaucoup d'idées leur appartiennent, et, avec ce système social, ils ont créé une école ; puis, Enfantin, modifiant encore la doctrine et lui donnant un caractère mystique, a transformé l'école en religion. — Ce que fut ce système, M. Jules Simon l'a admirablement mis en lumière, dégageant très nettement de toute la phraséologie des formules la pensée maîtresse de la doctrine, qui n'était autre que l'élimination de la propriété par une série de mesures destinées à faciliter la transition : d'abord établissement de droits énormes, équivalant presque à une prohibition, sur les successions collatérales, ensuite abolition de cet ordre de successions. Après quelque temps de ce régime, l'héritage en ligne directe serait également aboli.

Notez que ce programme date de 1830 ; on pourrait s'y tromper quand on lit les journaux et qu'on entend les discours de nos socialistes d'aujourd'hui. Ceux-ci seraient-ils, — par le phénomène de migration d'âmes qu'admettaient volontiers les disciples d'Enfantin, — des Saint-Simoniens se survivant à eux-mêmes ?

Après avoir fait justice, avec infiniment d'esprit, de la doctrine Saint-Simonienne, M. Jules Simon conclut ainsi ; « On peut dire des Saint-Simoniens qu'ils « ont été, en industrie, des penseurs originaux et « féconds ; en socialisme, des utopistes ; en philo- « sophie et en religion, des impuissants......

« Cette école, qui veut être une école philoso- « phique, plus que cela, une religion, n'a ni Dieu « personnel; ni permanence de la personnalité hu- « maine après la mort ; elle veut être une morale, « et elle n'a pas même la notion du sacrifice ; une « société, et elle supprime la propriété ; un Etat, et « elle anéantit la liberté ; liberté du forum, liberté « de l'atelier, liberté du foyer, tout disparaît. Ces « hommes, — ces enfants, — ne sont que des fous ; « leur folie est traversée par quelques éclairs de gé- « nie, et ennoblie par le courage...... »

Ces enfants, dont la doctrine est si justement condamnée par le philosophe, ont trouvé, tout récemment, chez un grave professeur en Sorbonne, un critique plus indulgent, qui, dans un article de journal tout à fait sympathique au Saint-Simonisme, a écrit notamment ceci : « C'était une utopie dont les élé-

« ments absurdes ont péri, mais qui a versé en nous
« tous tant d'idées et de forces, qu'on peut dire,
« sans se payer de mots, qu'elle a puissamment
« contribué à l'évolution industrielle, artistique et
« sociale du XIXe siècle. »

N'en déplaise à l'auteur de cet article, il se paie de mots en formulant cette appréciation au moins risquée, et je n'hésite pas, pour ma part, à acquiescer, en cette matière, au jugement magistral et définitif qu'en a porté Jules Simon.

Il faut bien reconnaître cependant que le Saint-Simonisme a groupé à l'origine beaucoup d'hommes de valeur, qui sont devenus plus tard des personnages marquants, notamment dans le domaine de l'industrie et de l'économie politique.

S'il y avait, dans les premiers rangs de la hiérarchie, à côté du Père Enfantin, un cordonnier, un homme de peine, un nègre, on y voyait aussi des artistes, des musiciens, des médecins, des ingénieurs surtout, les Péreire, Laurent de l'Ardèche, Stéphane Mouy, Olinde Rodrigues, Duveyrier, Michel Chevalier, et tant d'autres.

ATTENTAT FIESCHI, MOREY ET PÉPIN

Pendant le Gouvernement de Juillet (juillet 1830 à février 1848), le Roi Louis-Philippe et ses fils furent l'objet de neuf tentatives d'assassinat.

Celle du 28 juillet 1835 fut terrible plus qu'aucune autre ; elle eut lieu le jour où le Roi devait passer sur les Boulevards une grande revue de la Garde nationale.

Les trois accusés : Fieschi, Morey et Pépin, furent tous trois condamnés à mort et exécutés. Expliquons les circonstances de cette douloureuse journée, telle que l'instruction les révéla.

Fieschi, dont les antécédents étaient déplorables, était venu à Paris peu après la Révolution de 1830 ; à l'aide de faux papiers il s'était fait donner des secours à titre de condamné politique, puis il s'était mis comme agent secret au service de la police, et avait obtenu le petit emploi de gardien du Moulin de Croulebarde. Mais sa détestable conduite lui fit bientôt perdre son emploi.

Sous le coup d'un mandat d'amener daté du 24 octobre 1834, il réussit à se soustraire aux poursuites ; puis entra en relations avec le bourrelier Morey et avec l'épicier Pépin, et combina avec eux l'attentat dont on va lire le récit.

Sous le nom de Gérard, mécanicien de profession, il loua un petit logement au troisième étage d'une maison sise au boulevard du Temple, n° 50.

Cette maison, qui appartenait à un employé du Ministère des Affaires étrangères, était peu élevée ; elle se composait d'une boutique de marchand de vins, d'un premier et d'un second étages, et d'un troisième mansardé.

Le logement se composait d'une chambre ayant une unique fenêtre sur le boulevard, d'une salle à manger et d'une cuisine.

Fieschi construisit dans sa chambre à coucher, qui était fort petite et meublée seulement d'un grabat et de deux chaises, *une machine infernale*.

Des montants de bois réunis par de fortes ferrures

supportaient deux traverses placées parallèlement à la fenêtre ; vingt-cinq rainures pratiquées dans chacune de ces traverses étaient remplies par autant de canons de fusil. La traverse du devant placée à environ un pied de la fenêtre et à peu près à fleur de son appui était un peu plus basse que celle de derrière, de manière que le coup portât vers le milieu du boulevard, à la hauteur du corps d'un homme à cheval.

Chacun des canons avait été chargé par Morey, d'une dizaine de chevrotines.

Le 28 juillet 1835, par un temps superbe, Louis-Philippe se mit en marche, entouré d'un brillant état-major où figuraient ses trois fils aînés : Le Duc d'Orléans, le Duc de Nemours et le Prince de Joinville.

Il devait, après avoir passé sur les boulevards intérieurs, devant la Garde nationale, revenir en suivant la même ligne jusqu'à la place Vendôme où les troupes devaient défiler devant lui.

Il avait déjà parcouru en grande partie le front de la Garde nationale, au milieu de cris enthousiastes, et était arrivé à midi et quelques minutes, en face de la 8ᵉ légion, stationnant sur le boulevard du Temple, lorsqu'une terrible explosion semblable à un feu de peloton bien nourri se fit entendre.

La foule se dispersa en jetant des cris de terreur. Après un moment de profonde stupeur, tous les regards se portèrent sur la personne du Roi.

Il était très pâle, mais ne paraissait pas avoir été atteint. Les Gardes nationaux de la 8ᵉ légion se précipitèrent sur lui en pleurant ; ils le pressaient, lui serraient les mains.

« Non ! dit Louis-Philippe, je n'ai pas été touché ;

« mon cheval seulement est blessé, mais mon pau-
« vre camarade n'a pas été aussi heureux que moi. »
Et il montrait les larmes aux yeux le Maréchal Mortier gisant sur le sol. Des mares de sang couvraient la chaussée du boulevard et la contre-allée opposée à la maison d'où le coup était parti. La machine infernale avait jeté sur le pavé, tués ou blessés, un Maréchal de France, quatre Généraux, un Colonel et plusieurs officiers de l'armée, un Lieutenant-Colonel et plusieurs Chasseurs de la Garde nationale, enfin des femmes d'ouvriers ; le spectacle était effroyable ! Le Maréchal Lobau, qui commandait la revue et marchait en avant, revint tout ému vers le Roi.

« Continuons, Monsieur le Maréchal », lui cria Sa Majesté en lui faisant signe de la main, et la revue continua.

Le Roi avait décidé d'aller jusqu'au bout du programme fixé, et il ne rentra qu'à cinq heures aux Tuileries, après l'avoir accompli tout entier.

Cependant la fumée qui sortait de la mansarde de Fieschi avait dénoncé son repaire. La maison fut aussitôt cernée. L'assassin, grièvement blessé par les éclats de cinq de ses canons dont la charge avait été forcée, tenta de s'enfuir en se laissant glisser le long d'une corde qui descendait de la fenêtre de sa cuisine dans une cour ayant issue sur la rue des Fossés-du-Temple. Mais il fut arrêté par un agent de police.

La tête ensanglantée, la mâchoire fracassée, il fut jeté sur un matelas dans un coin de la chambre du second étage, logement d'un paisible rentier qu'avaient envahi le Procureur du Roi, M. Desmortiers, deux Commissaires de police et M. Martin du Nord, Procureur Général, afin de recevoir, sur le champ, les dépositions des témoins, et de dresser procès-verbal.

Pendant ce temps, en face, dans une salle de billard du Café Turc, on avait étendu à terre, chacun sur un matelas, le Maréchal Mortier et les autres victimes autour desquelles se pressaient des médecins, MM. Londe, Delhomme, Cavrant, et le chirurgien-major du 1er Régiment de Chasseurs à cheval.

Enfin, dans le jardin du café, était couché sur un lit, formé de plusieurs banquettes, le Général de Lachasse de Vérigny, frappé d'une balle à la tête. Les parents et les amis des victimes étaient accourus auprès d'elles, et des scènes déchirantes se produisaient.

Ajoutons que parmi les personnes atteintes, quinze étaient mortes sur le coup, et que sur une trentaine de blessés, trois périrent des suites de leurs blessures.

L'identité du faux Gérard fut bientôt établie (1).

Fieschi et ses deux principaux complices, Morey et Pépin, qui étaient tombés peu après entre les mains de la justice, et d'autres complices encore, de moindre importance, comparurent après une longue instruction devant la Cour des Pairs, le 30 janvier 1836. Fieschi, Morey et Pépin furent condamnés à mort.

Lorsque le Roi fut saisi de l'affaire de ces trois condamnés, au point de vue du recours en grâce, il se livra à son travail ordinaire, travail de conscience et d'humanité, dont je rendrai compte plus loin, à

---

(1) On avait arrêté tout d'abord, au moment de l'événement, plusieurs personnes parmi lesquelles Armand Carrel, Viennot, Directeurs du *Corsaire* et Eugène Raspail, Rédacteur en chef du *Réformateur*.

l'occasion de l'affaire Barbès. Ici, il ne pouvait y avoir aucun doute ; rien n'était incertain, ni le fait, ni la pensée criminelle, ni la préméditation.

Le Roi se borna à dire : « Quel malheur que je « n'aie pas été blessé ! j'aurais pu faire grâce. » Il ne le pouvait pas, il inscrivit donc sur la liste des condamnations qui demeuraient nécessairement définitives les noms de Fieschi, Morey et Pépin.

Dès le 16 février 1836, on avait fait connaître aux condamnés, la sentence fatale qui devait être exécutée trois jours plus tard ; Fieschi, le type du criminel vantard, écrivait lettre sur lettre à ses avocats, à l'aumônier, à des femmes qui sollicitaient de lui un autographe, etc.... Les journaux du temps sont remplis de sa prose dont la lettre ci-dessous pourra donner quelque idée :

A Me Patorni, avocat.

Mon cher compatriote,

A huit heures du matin, j'ai reçue mon arrêt de mort. Je l'ais entendu lire avecque calme, chose non rare chez moi.
Malgré tous les efforts de vottre éloquence et sans oublie celle de vos autre collègue, le sage Me Parquin, et cet honorable Me Cheze d'Estange. Le crimme ettait là ; impossible de le blanchir ; mai moi jettait si heureux d'ettre entouré de 3 hommes de vottre réputation.
Tost à vous. De la prison du Luxembourg, le 16 février 1836.
Votre compatriote,

FIESCHI.

Le 18 février 1836, à 9 heures du soir, on avait commencé à dresser l'échafaud sur le rond-point situé près du boulevard derrière la barrière Saint-Jacques.

Malgré le froid très vif, toute la nuit une foule immense ne cessa d'affluer de tous les points de Paris vers le lieu de l'exécution. On remarquait une quantité incroyable d'équipages et de cabriolets de place, et l'on eut toutes les peines du monde à dégager et à maintenir libres les abords immédiats de l'échafaud. Cependant le Gouvernement avait pris les mesures d'ordre les plus imposantes : il avait mis sur pied 6,200 hommes d'infanterie et de cavalerie, sans compter les agents de police. Enfin dans le rond-point se tenaient à cheval les Généraux Dariule et Bugeaud, en grand uniforme.

Fieschi jusqu'au bout fit preuve de courage et de jactance. Au moment de la toilette, il demanda entre autres choses (car il ne cessa une minute de parler et de gesticuler) : « Eh bien ! est-ce décidé-
« ment à la Place Saint-Jacques ou bien à la Ro-
« quette ? » Et comme on ne lui répondait pas, il ajouta : « Quoi qu'il arrive, je serai en pays de con-
« naissance. Dans le quartier Popincourt, je me trou-
« verai près du quai des Ormes où j'ai travaillé et à
« la barrière Saint-Jacques, je ne serai pas loin du
« Moulin de Croulebarde.

Morey montra le même courage : « Il est bien mal-
« heureux, dit-il, que je souffre de goutte ; on
« croira que je tremble, lorsque je monterai les
« marches de l'échafaud. »

Pépin eut également une contenance assurée qui surprit tout le monde. Il ne cessa de fumer sa pipe qu'arrivé au lieu de l'exécution.

Les voitures où montèrent les condamnés prirent la grande avenue de l'Observatoire, la rue d'Enfer, le boulevard Saint-Jacques. Elles arrivèrent au pied de l'échafaud à 7 heures 53 minutes.

Pépin fut le premier livré à l'exécuteur. Au moment où on l'attachait sur la planche il cria d'une voix tonnante : « Je suis innocent, je meurs victime « de vos machinations ! Adieu tous ! »

Morey, à cause de sa goutte, dut être porté sur l'échafaud. Il ne prononça pas un mot.

Quant à Fieschi, il monta vivement les marches et, arrivé sur la plate-forme, cria : « Messieurs, tout ce « que j'ai dit est la vérité ; je n'ai jamais dit de « mensonges, si j'ai menti Dieu me punira. Je jure « que j'ai dit la vérité devant Dieu que j'embrasse « (et il couvrait de baisers le Christ que lui présen- « tait son confesseur). Oui ! j'ai dit la vérité, je « demande pardon à Dieu et aux hommes, mais sur- « tout à Dieu ! J'espère au moins que ma condam- « nation servira d'exemple. »

L'exécution frappa vivement la foule qui s'écoula en silence.

On évalua à quarante ou cinquante mille le nombre des curieux dont le retour encombra la circulation pendant plusieurs heures.

L'OBÉLISQUE DE LOUQSOR

J'ai hâte, mes chers enfants, d'écarter de mon souvenir les circonstances diverses de l'affreux drame qui, en 1835, ensanglanta le boulevard du Temple, à Paris.

Fort heureusement, les efforts de mémoire que je fais en ce moment m'imposent un ordre chronologique, et je vais mettre sous vos yeux le récit de la fameuse journée pendant laquelle l'obélisque de Louqsor, présent du Pacha d'Egypte, fut élevé, grâce à l'extrême habileté de nos ingénieurs.

J'ignore absolument combien de personnes peuvent passer, chaque jour, sur cette belle place de la Concorde, dont le plan fut tracé en 1747, par le célèbre architecte Gabriel, mais je mets en fait, que sur le nombre de ces personnes, quel qu'il en soit, il y en a bien peu qui se demandent pourquoi ce monolithe, d'où il vient, comment il a été transporté à Paris, de quelle façon on a pu résoudre le grand et difficile problème de le planter là, si bien qu'il a l'air d'y avoir toujours été.

Je vais vous conter ce que je sais à cet égard ; car « j'y étais... telle chose m'advint » et j'y étais, parce que dans la semaine qui a précédé cet événement curieux, j'avais obtenu la place de second en vers latins, et que mon père, satisfait, m'avait dit : « Je t'y conduirai », ce qui voulait dire : « à l'inauguration ». C'était ma suprême ambition et ce fut l'une des vives impressions de ma jeunesse.

Sachez donc que, le 25 octobre 1836, dès la première heure du jour, il se produisit rue de Rivoli, rue Royale, dans les Champs-Elysées, sur les terrasses des Tuileries, en un mot dans toutes les voies donnant accès à la place de la Concorde, et sur cette place elle-même, un mouvement de curieux et de spectateurs tel qu'on n'en avait certainement jamais vu un semblable.

On ne l'évaluait pas à moins de deux cent mille personnes ; c'est qu'en effet il s'agissait de savoir si M. Lebas, ingénieur de la Marine, allait résoudre un très grand problème, celui d'ériger au centre de la place de la Concorde l'obélisque de Louqsor. C'était une entreprise fort audacieuse, et le succès rencontrait un assez grand nombre d'incrédules.

Cet immense bloc de pierre venait d'être transporté en France sous la direction de M. Lebas. Il avait été élevé longtemps avant l'époque où vivait Moïse, près du village actuel de Louqsor et marquait, avec un autre obélisque, l'entrée du Palais de Rhamsès II. Un navire avait été construit tout exprès dans les chantiers de Toulon pour aller le chercher en Egypte et l'amener en France.

Il y avait trois ans que les travaux nécessités par l'enlèvement de l'obélisque avaient commencé à Louqsor (1833), et depuis huit jours (1836) on annonçait enfin à la population parisienne que le moment de son installation à Paris était arrivé.

L'anxiété était grande car, comme l'a dit M. Lebas, un ordre mal compris, un amarrage mal fait, une pièce de bois viciée, un boulon tordu ou cassé, un frottement ou une résistance mal appréciés ; enfin mille accidents imprévus, pouvaient amener une catastrophe épouvantable ; l'obélisque brisé, c'était le discrédit que laisse toujours l'insuccès, c'était une atteinte portée au génie français, c'étaient des millions perdus, enfin c'étaient plus de cent ouvriers infailliblement écrasés par la chute de ce monolithe. « Aussi malgré la sécurité que m'inspiraient les « moyens d'exécution, a écrit M. Lebas dans sa narration de cet événement, j'ajoute que je ne pouvais, sans une sorte d'anxiété, penser à la grave « responsabilité qui pesait sur moi. »

Le temps était sombre, mais sans apparence de pluie, ce qui était fort important pour la réussite de l'entreprise.

Avant de procéder à la grande manœuvre, on plaça dans une cavité faite au centre de l'acrotère une boîte de cèdre contenant des monnaies d'or et d'argent ayant cours, plus deux médailles à l'effigie du Roi et portant cette inscription :

« Sous le règne de Louis-Philippe 1er, Roi des Français, M. de Gasparin étant Ministre de l'Intérieur, l'obélisque de Louqsor a été élevé sur son piédestal le 25 octobre 1836, par les soins de M. Apollinaire Lebas, Ingénieur de la Marine. »

A onze heures et demie, les artilleurs commencèrent, au son du clairon, une marche circulaire et cadencée ; alors la pointe de l'aiguille quitta le ber, s'éleva progressivement et décrivit un grand arc ascendant.

A midi, le Roi, la Reine et la famille Royale se montrèrent à l'Hôtel du Ministère de la Marine et vinrent se placer au balcon de cet hôtel, accueillis par de nombreux applaudissements.

Puis on vit alors l'obélisque continuant son évolution, s'élever majestueusement, sans secousse, sans bruit, comme un fardeau ordinaire et parcourir en moins de 40 minutes un autre tiers de son chemin.

Toute l'opération dura 3 heures 1/2, et il n'arriva aucun accident. Personne ne fut blessé, tout se passa conformément aux prévisions et aux résultats déduits de la théorie.

Pendant près de quatre heures, les 200,000 spectateurs restèrent debout sans que l'anxiété que chacun éprouvait se manifestât par le plus léger signe d'impatience ou de crainte.

Et, pendant ce temps, le chantier offrait le spectacle de trois corps spéciaux : les charpentiers, les marins et les artilleurs qui, obéissant à la voix de M. Lebas et se prêtant un mutuel appui, ne formaient plus qu'une unité pour coopérer au succès de la manœuvre.

Dès que l'opération fut finie, quatre de ces braves montèrent sur le sommet de l'obélisque et y attachèrent des drapeaux tricolores et des branches de laurier.

Alors l'enthousiasme fut général et les applaudissements dont le Roi avait donné le signal et les acclamations éclatèrent de toutes parts, et saluèrent l'ingénieur et ses braves auxiliaires.

On disait notamment que l'Angleterre voyait cette entreprise d'un mauvais œil ; on prétendait que les Anglais avaient engagé des sommes considérables dans de nombreux paris dont l'objet était toujours l'insuccès de M. Lebas ; on disait encore dans la foule ceci, que je cite textuellement : « Ces diables « d'Anglais nous en voudront toujours ! », à quoi un voisin ripostait : « L'Amiral de Rigny les a vigou- « reusement frottés ! »

Et le peuple, pour occuper ses loisirs et se sentant en bonne humeur patriotique, continuait ses discours dont la perfide Albion faisait tous les frais.

Pendant l'opération il se produisit un incident assez singulier pour être rapporté.

Les ouvriers avaient trouvé le matin entre la charpente et la pierre un assez grand nombre de scorpions qui s'y étaient logés.

Cette découverte excita la curiosité de tous les assistants. On sait que les scorpions, qui ne vivent que dans les pays chauds, sont fort nombreux en Egypte et que leur morsure est souvent grave, mais on n'en avait jamais vu dans le nord ni même dans le centre de la France.

On se demandait si l'obélisque qui allait populariser parmi nous la science des hiéroglyphes était destiné à acclimater aussi les scorpions sous notre ciel de France ? Quoi qu'il en doive être, les scorpions de Louqsor furent déposés, a-t-on dit, à la Mairie de l'arrondissement où ils attendirent que l'autorité eût décidé de leur sort ; j'ignore ce qui en est advenu.

Il y avait aussi une autre question qui ne semble pas avoir été résolue. M. Lebas avait dans sa poche un pistolet chargé. On a dit qu'en cas d'insuccès, il avait résolu de se donner la mort ; selon d'autres, tout simplement M. Lebas avait décidé qu'un coup de pistolet serait le signal du commencement des opérations. Je n'ai pas, au milieu d'un pareil concours de spectateurs, distingué, d'une manière certaine, s'il y avait un signal donné et cela par M. Lebas lui-même avec son pistolet, ce qui eût tranché la question ; mais je penche pour cette hypothèse.

Ajoutons, en terminant, que pendant la durée de l'opération, un orchestre avait fait entendre de temps à autre des fanfares empruntées à l'Opéra des *Mystères d'Isis*, de Mozart : ce qui donnait à la cérémonie une sorte de couleur locale assez piquante.

AFFAIRE BARBÈS

12 Mai 1839

Je crois vous avoir dit qu'une partie du règne de Louis-Philippe s'était passée en émeutes, en insurrec-

…ons et répressions. L'émotion causée par le drame épouvantable du boulevard du Temple (juillet 1835) commençait à peine à se calmer que la criminelle tentative de Barbès avait lieu (12 mai 1839).

En 1839, Armand Barbès, âgé seulement de 29 ans, avait déjà la réputation d'un révolutionnaire.

Il avait figuré dans le procès des insurgés d'avril 1834, avait fait cinq mois de détention à Sainte-Pélagie, et avait pris une part prépondérante à l'évasion des prisonniers de cet établissement.

Avec Martin Bernard et Blanqui il dirigeait *La Société des Saisons*, qui comprenait 1.000 à 1.200 adhérents.

Cette Société avait conçu un plan d'une audace extraordinaire ; provoquer une révolution dans Paris en s'emparant de la Préfecture de Police, de l'Hôtel de Ville et des principales administrations, de manière à jeter le désarroi dans le Gouvernement pendant le laps de temps nécessaire à la formation et à l'explosion d'un mouvement populaire.

On choisit pour le jour de l'exécution du complot le dimanche 12 mai 1839, et pour l'heure : 3 h. 1/2 de l'après-midi.

En effet, à cette date avaient lieu les courses du Champ de Mars qui devaient attirer les principaux chefs de l'Administration, et la plus grande partie des gardes nationaux (Ce sont ces courses qui ont lieu actuellement au bois de Boulogne). A l'heure de 3 h. 1/2 les soldats devaient être hors de leurs casernes. De plus, le mouvement annuel des changements de garnison était déjà commencé à Paris et devait nécessairement jeter quelque confusion dans la transmission et l'exécution des ordres.

En conséquence, le dimanche 12 mai 1839, vers

trois heures, plus de trois cents individus, vêtus presque tous de blouses et coiffés de casquettes, se présentaient rue Bourg-l'Abbé, n° 22, et enfonçaient la porte du magasin d'armes des frères Lepage, d'où ils enlevèrent environ cent cinquante fusils de chasse.

Ainsi armés, les insurgés descendent la rue des Arcis pour rejoindre les quais. Ils se divisent alors : les uns se dirigent sur le poste du Palais de Justice par le quai de Gesvres, le pont Notre-Dame et le quai aux Fleurs ; les autres marchent sur l'Hôtel de Ville par les quais et les petites rues qui débouchent sur la place de Grève.

La première bande se présente devant le poste du Palais de Justice qui n'a pas le temps de s'armer. Le lieutenant Drouineau, qui refuse de se rendre, est tué à bout portant ; plusieurs soldats sont également tués, d'autres blessés. Les insurgés se ruent sur la Préfecture de Police, les uns après avoir traversé la cour de la Sainte Chapelle, les autres suivant la petite rue Ste-Avoye et le quai. Mais déjà on a pu prendre quelques dispositions de défense et se barricader. Une décharge bien nourrie accueille les assaillants qui se retirent.

La seconde bande, pendant ce temps, s'était emparée du poste de la place du Châtelet et du poste de l'Hôtel de Ville.

Mais la Garde Municipale arrive, la Garde Nationale commence à se former.

Les insurgés élèvent des barricades et s'établissent fortement dans les quartiers St-Denis et St-Martin.

Le peuple bouge peu, et ne semble pas disposé à s'associer au mouvement, tandis que le Gouvernement fait preuve d'énergie et d'activité. Le maréchal Gérard prend le commandement de toutes les troupes de la garnison.

Aussi à 5 heures, l'insurrection a évacué les postes qu'elle avait enlevés dans un moment de surprise, et déjà elle a perdu également la première ligne de barricades destinée à couper les communications entre l'Hôtel de Ville et la Préfecture de Police.

A la même heure, le Roi passe en revue la Garde Nationale et les troupes de ligne rassemblées dans la cour du Carrousel. Accompagné de tous ses fils et du maréchal Gérard, il parcourt, à pied, les lignes au milieu d'acclamations enthousiastes.

A huit heures du soir, presque toutes les barricades étaient enlevées à la baïonnette, et l'insurrection était anéantie dès le lendemain matin, après quelques combats sur les barricades du Marché des Innocents et de St-Merry et une tentative sur l'Ecole Polytechnique.

Barbès, blessé à la tête et à la main, tout souillé de sang et de poudre, avait été arrêté le dimanche vers huit heures du soir, non loin de la barricade élevée rue Greneta. Il avait été transporté à St-Louis sous le nom de Durocher : mais son identité ayant été bientôt établie, il fut transféré à la Conciergerie.

Il comparut le 27 juin 1839 devant la Cour des Pairs qui le condamna, le 12 juillet, à la peine de mort.

Cette condamnation provoqua dans Paris une certaine agitation. Trois mille étudiants vinrent au Ministère de la Justice réclamer la grâce de Barbès. Une autre manifestation composée de commerçants, d'employés, d'ouvriers, voulut se rendre, dans le même but, au Palais Bourbon, et dut être dispersée par la force.

Victor Hugo intervint alors et sollicita la miséricorde du Roi dans les termes les plus touchants. Il faut laisser ici la parole à Mgr. le Duc d'Aumale, en se reportant à une notice remplie d'intérêt et d'émotion dont S. A. R. donna lecture à l'Académie française, dans sa séance du 18 mars 1897.

Barbès, auteur du crime, — a écrit le Prince, — fut condamné à mort par la Cour des Pairs. Le Conseil des Ministres insistait pour l'exécution. Le Roi ne pouvait se décider à suivre leur avis. Un dimanche après midi, j'étais dans le petit cabinet de ma mère qu'on appelait : « Le Scrivania », mon père entra tout en larmes ; il me tendit un papier. « Lis cela à ta mère ».
Et je lus :

> Par votre ange envolée, ainsi qu'une colombe,
> Par ce royal enfant, doux et frêle roseau,
> Grâce encore une fois ! grâce au nom de la tombe !
> Grâce au nom du berceau !
>
> VICTOR HUGO.

12 juillet, minuit.

Le Comte de Paris n'avait pas un an ; ma sœur Marie, l'artiste inspirée, venait de mourir.

Et le Prince ajoutait :

Toute la scène me revint en mémoire avec ses détails ; je revis la petite chambre, ma mère à son bureau, le Roi debout près d'elle, lorsqu'il y a peu de jours, en ouvrant une caisse contenant des papiers de mon père, mes yeux se fixèrent sur un dossier dont je connaissais l'existence, mais que je n'avais jamais vu, et d'instinct, dans un gros tas de feuilles entièrement couvertes de l'écriture de mon père, ma main alla chercher celle que je voulais, et je lus :
14 juillet 1839 ! — Un demi-siècle écoulé depuis le 14 juillet 1789 ! Barbès (Armand), 29 ans, condamné à mort par la Cour des Pairs, le 12 juillet 1839. Attentat contre la sûreté de l'Etat, et homicide volontaire avec préméditation. Contre l'avis du Conseil des Ministres, j'ai commué la peine de mort en celle des travaux perpétuels.

Et le 30 décembre 1839, en celle de la déportation (cette dernière phrase ajoutée par le Roi le 30 décembre).

M. le Duc d'Aumale continue ainsi dans le même document :

Est-ce le souvenir de la prise de la Bastille qui entraîna mon père ? Conservait-il un certain doute que les débats n'avaient pas complètement dissipé, sur la perpétration de l'homicide imputé à Barbès ? Il ne s'est pas expliqué. — Encore une fois, il avait fait grâce.

Je me permets d'exprimer la pensée, sans manquer, je l'espère, à la mémoire de Mgr le Duc d'Aumale, que la détermination du Roi, en faisant grâce à Barbès, ne doit être attribuée ni au souvenir de la prise de la Bastille, ni au doute sur la culpabilité de Barbès.

Je prends la liberté d'en appeler du Prince au Prince lui-même. En effet, Mgr le Duc d'Aumale, dans son admirable langage, racontant comment le Roi accomplissait sa grande tâche, a dit :

Tous les mouvements de son esprit ou de son âme, — que ce fût un souvenir de guerre ou de jeunesse, ou *une de ces joies de famille* que nul n'a su goûter comme lui, ou encore, hélas ! *une de ces douleurs* qui lui *perçaient le cœur*, toutes ses émotions, quelle qu'en fut l'origine, le ramenaient à la miséricorde.

Ici, en 1839, la joie de famille, c'était la naissance encore récente du Comte de Paris, la douleur qui venait de lui percer le cœur, c'était la mort de la Princesse Marie.

Telles étaient certainement les émotions qui, ce jour-là, avaient conduit le cœur et la plume du Roi *à la miséricorde*.

On a dit, avec raison, que le monument biographique élevé à la mémoire du père, par la piété du fils, ne nuirait pas à la mémoire du Roi Louis-Philippe. Pour le prouver, je veux continuer à me reporter aux documents mis par Mgr le Duc d'Aumale sous les yeux de l'Académie française. Si l'on savait en général que le Roi était essentiellement bon et humain, on ne savait pas avec quel soin scrupuleux, avec quelle conscience, Sa Majesté remplissait ce devoir.

> Chaque soir, mon père — dit Mgr le Duc d'Aumale — attendait que les derniers visiteurs eussent quitté le salon toujours ouvert de ma mère ; puis, après avoir écouté Ministres, Ambassadeurs, Pairs de France, Généraux, Préfets, souvent après avoir soutenu de longues et vives discussions, bataillé avec l'Europe ou l'opposition, quelles que fussent les angoisses de la politique extérieure, les difficultés de la politique intérieure, il rentrait dans son cabinet, et à la lueur de la lampe, il passait une partie de la nuit à dépouiller les dépêches, les rapports du jour, surtout ceux du Garde des Sceaux sur les condamnés à mort ; jamais il ne s'est couché sans avoir examiné, pesé, mis par écrit toutes ses remarques, les motifs de sa décision ou de son doute, s'il croyait devoir continuer l'examen, surtout s'il craignait de ne pouvoir sauver le condamné.
>
> . . . .
>
> On ne se figure pas aujourd'hui quelle résistance rencontrait l'exercice du droit de grâce, quelle fermeté, quelle force de logique et même quelle éloquence il fallut à mon père pour maintenir la seule prérogative que la Charte lui assurait personnellement (le roi a le droit de faire grâce et celui de commuer les peines, art. 58). Dans sa ténacité à défendre à outrance ce droit absolu et imprescriptible, il a engagé des luttes et livré des combats oratoires qui parfois ont failli provoquer des crises ministérielles. Sa persévérance a fait prévaloir une doctrine aujourd'hui si bien acceptée, qu'elle semble établie par une tradition ancienne : l'exécution de la sentence de mort est devenue l'exception ; on oublie que jadis c'était la règle : cet adoucissement des mœurs est l'œuvre et l'honneur de ce grand homme de bien, « le roi de plein jour », comme l'appelait Victor Hugo.

Lors de cette communication faite par lui à l'Académie française, Mgr le Duc d'Aumale donnait les détails les plus intéressants sur le mode de procéder du Roi dans l'accomplissement d'une mission si émouvante.

Le dossier du Roi se composait de 57 feuillets soigneusement enliassés et enveloppés, qui n'étaient vus de personne ; ils restaient déposés dans un des deux grands portefeuilles de maroquin noir fermés à clef, qui suivaient le Roi partout, et que le dévouement d'un vieux serviteur a pu soustraire au pillage du 24 février 1848 et aux investigations qui ont suivi cette triste journée.

Il y avait une note pour chacune des 2.277 sentences de mort prononcées sous le règne de Louis-Philippe depuis son avènement au mois d'août 1830, jusqu'au 24 février 1848.

40 feuillets ou mieux 80 pages de ces notes autographes du Roi réparties en 20 listes, sont consacrées aux 1.609 sentences à la suite desquelles le Roi eut le bonheur de pouvoir, selon l'antique formule : *préférer miséricorde à la rigueur des lois*, ci... 1.609

17 feuillets ou mieux 34 pages des mêmes notes autographes présentent en dix listes le résumé de 668 sentences de mort à la suite desquelles le Roi eut le regret de *laisser libre cours à Justice* ; ci.................................. 668

57 feuillets. Nombre des sentences............... 2.277

Ces 57 feuillets, grand format, étaient couverts au recto et au verso de notes autographes du Roi. L'écriture était très serrée, les lignes très rapprochées ; les notes étaient toutes distinctes, et généralement séparées par des barres.

Chaque note comprenait les noms, prénoms, âge, profession du ou des condamnés, la date de la condamnation, la désignation de la Cour d'Assises ou du Tribunal spécial, l'analyse des motifs de la sentence, le résumé plus ou moins développé des arguments présentés, de la discussion qu'ils soulevaient, les arguments nouveaux apportés par le Roi, enfin, la décision prise.

Quel travail ! Et ce travail s'étendit à 2.277 affaires !

Il m'a semblé que le rappel de l'affaire Barbès était une occasion de faire connaître comment ment le Roi Louis-Philippe avait compris et pratiqué l'exercice de sa prérogative royale et dans quels termes touchants Mgr le Duc d'Aumale avait rendu un pieux hommage à la mémoire de son auguste père.

PREMIÈRE CONDAMNATION DE FOUQUIER-TINVILLE

Avant de rapporter un fait peu connu de la vie de Fouquier-Tinville, la flétrissure énergique qui lui fut infligée par des hommes de cœur, ses anciens confrères, je tiens à dire d'où j'ai tiré mes renseignements.

Dès que je fus sorti du collège, mon père me présenta à son ami, M. Masson, Président honoraire de la Compagnie des avoués près le Tribunal de la Seine, qui demeurait quai des Orfèvres. Quand mon père y dînait, ce qui était assez fréquent, j'étais toujours invité, et quoique je fusse bien jeune, que M. Masson fût âgé et ses amis également, ces réunions m'intéressaient vivement, car souvent on y parlait de ceux des événements de la Révolution que ces Messieurs avaient connus, soit directement, soit indirectement.

M. Masson (Jean-Claude-Grégoire), dont je parle en ce moment, était le père de M. Masson (François-Alexandre-Nicolas) qui, après lui avoir succédé comme avoué au Tribunal de la Seine, fut tué pendant les journées de Juin 1848, à la barricade du Pont Saint-Michel ; et il était le grand-père de M. Frédéric Masson dont nous lisons aujourd'hui, avec un grand intérêt, les remarquables études historiques.

M. Masson avait été d'abord destiné au commerce ; il avait été pensionnaire chez un nommé Gommé, marchand de linons, rue St-Denis, très chaud partisan de la Montagne, qui était lié avec ses membres les plus influents. M. Masson, qui était doué d'une intelligence remarquable et d'une grande finesse, avait donc eu plus d'une occasion de voir de près les principaux acteurs de la Révolution et de les étudier.

Renonçant au commerce il avait été, de 1795 à 1805, défenseur officieux à Versailles, puis avoué à Paris, et dans ses dernières fonctions, il avait recueilli de nombreux détails sur les terroristes célèbres, notamment sur ceux qui avaient porté la robe.

Parmi ses anciens confrères dont le témoignage sur l'époque de la Terreur était le plus autorisé, il faut citer M. Pasté et M. Lot. Tous trois avaient été avoués au Tribunal de la Seine après le rétablissement de ces officiers ministériels en l'an VIII (1800). Il y a aujourd'hui un siècle ! M. Pasté était le fils d'un procureur au Châtelet auquel il avait succédé en

1785 ; M. Lot était le gendre de M. Berthereau, lequel, après avoir été, lui aussi, Procureur au Châtelet, était devenu Président du Tribunal de la Seine. Le gendre et le beau-père avaient connu particulièrement Fouquier-Tinville, soit au Châtelet avant la Révolution, soit pendant la Terreur. Mes renseignements sur Fouquier-Tinville me sont d'abord venus à compter de 1840, par les récits de M. Masson, le grand-père.

Je les ai encore puisés à une autre source. Mon père avait pour ami intime un avocat qui habita longtemps notre maison de famille et que je voyais constamment. C'était un érudit qui consacrait à des travaux historiques les loisirs que sa profession pouvait lui laisser. Il avait connu les personnes dont je viens de parler, les avait fait causer, et avait pris des notes fort précises sur ces conversations. Je dois beaucoup à ses entretiens comme à ses travaux, pour le récit qui va suivre.

Fouquier-Tinville et sa famille étaient de Picardie.

Avant la Révolution, ses opinions chaudement royalistes s'étaient manifestées jusque dans des vers à la louange du Roi. Il se nommait alors : Antoine-Quentin Fouquier de Tinville ; il avait succédé le 1er février 1774 comme procureur au Châtelet à Jean-Baptiste-Louis Cornillier.

Il existe dans les archives de la commune de Suresnes un registre in-folio, relié en velin, contenant les comptes des Marguilliers-Trésoriers de la Paroisse de Saint-Leufray de Suresnes, de 1766 à 1785 ; au folio 106, verso, dans un compte rendu le 26 décembre 1777, on lit : « Payé à M. Fouquier *de* Tin-
« ville, Procureur au Châtelet, la somme de 250
« livres, à compte des frais à lui dus par la Fabrique,
« suivant sa quittance, cy...... 250 livres...... » Et au

folio 140, verso, dans un compte rendu le 26 décembre 1779 : « Plus, avoir payé à M. Fouquier *de* Tin-
« ville, Procureur au Châtelet, la somme de 135
« livres 6 sols, pour solde de tout compte, pour les
« frais qui ont été cy-devant faits, selon sa quittance,
« cy...... 135¹ 6ˢ...... »

Aucun doute sur cette particule *de* Tinville n'est permis après la signature mise par lui, au bas de la pièce de vers écrite de sa main, adressée au Roi Louis XVI ; elle fut envoyée à l'abbé Aubert, écrivain très royaliste et fabuliste de la fin du XVIIIe siècle, avec prière de la publier dans un journal qu'il dirigeait. L'abbé Aubert jugea, et avec raison, les vers plus que médiocres, et ne les fit pas imprimer. Il les jeta dans un carton où il avait coutume de reléguer toutes les pièces inutiles et qu'il appelait : *Le Cimetière des Innocents*. En 1793, l'abbé Aubert exhuma les vers de Fouquier *de* Tinville ; il les portait toujours sur lui, comme une carte de sûreté, bien décidé à les lire devant le Tribunal révolutionnaire s'il y était traduit. C'est de M. Aubert lui-même que Delille a tenu cette pièce dont voici litéralement la teneur :
« Vers que l'on prie Messieurs les Rédacteurs du
« Journal d'insérer dans leur feuille :

> D'une profonde paix nous goûtions les douceurs
> Même au milieu des fureurs de la guerre :
> Louis sut, en tous temps, la donner à nos cœurs.
> En l'accordant à la fière Angleterre,
>   Louis admet ses ennemis
>   Au rang de ses enfants chéris.
>   Sous l'autorité paternelle
>   De ce Prince, ami de la Paix
> La France a pris une splendeur nouvelle
> Et notre amour égale ses bienfaits.
>
> FOUQUIER *de* TINVILLE.
Abonné.

Il est donc certain qu'avant la Révolution, personne n'eût pu soupçonner le rôle abominable que cet étrange poète devait jouer plus tard.

Il acheta successivement deux offices de Procureur au Châtelet, et fut obligé de les revendre pour payer ses dettes.

Pendant la gestion du second de ces offices, il avait manqué aux devoirs de sa profession, et de la probité la plus vulgaire ; pour cette raison, on refusa de lui donner l'investiture d'un troisième office dont il avait encore négocié l'acquisition.

L'ancien Procureur était dans une gêne extrême. Marié et ayant plusieurs enfants, il était sans ressources.

Le club des Jacobins était alors très influent, cette assemblée prenait sous sa protection et plaçait les gens qui venaient invoquer son patronage. Des amis de Fouquier l'engagèrent à se faire inscrire aux Jacobins pour avoir une place. Ce conseil le perdit : il se fit inscrire et fut attaché presque aussitôt au Tribunal révolutionnaire créé peu de temps après la mort de Louis XVI, il y devint bientôt : *Accusateur public*.

C'est dans ce poste qu'il acquit son horrible célébrité (1).

---

(1) Un de ses anciens confrères, M. Bligny, eut, durant la Terreur, le courage de continuer à le voir, essayant de l'apprivoiser et de sauver ainsi quelques-uns de ceux qu'il menaçait ; il allait le trouver, lui disant : « Il faut sauver telle ou telle personne », et presque toujours il réussit à faire jeter au feu les pièces d'une instruction commencée, ou à en faire ajourner indéfiniment l'examen. M. Berthereau et M. Lot, entre autres, tous deux ses anciens confrères au Châtelet, lui durent la vie. Le Comité Révolutionnnaire avait donné l'ordre de les arrêter ; Fouquier que ses anciennes opinions royalistes pouvaient rendre suspect, n'osait les sauver lui-même. Il fit agir un de ses cousins nommé Decaisne, jacobin comme lui, dont le patriotisme ne

On aurait pu croire que Fouquier avait conçu une haine profonde contre les confrères qui avaient refusé de lui rouvrir leurs rangs après l'y avoir admis deux fois. Il parut au contraire les avoir exceptés de ses violences, même après une sanglante injure qu'il reçut des plus notables d'entre eux. C'est ce que j'ai appelé plus haut : *Sa première condamnation*, que je dois maintenant raconter.

Des procureurs au Parlement et au Châtelet avaient fondé un dîner mensuel chez Legacque, fameux restaurateur dont l'établissement existait encore en 1814, et qui était adossé à la terrasse des Feuillants, sur l'emplacement actuel de la rue de Rivoli. Les principaux convives étaient MM. Pantin, frère du bâtonnier des avocats de Paris, redevenu avoué à Paris en 1800 ; Tripier aîné, dont les consultations étaient appréciées à l'égal de celles de son frère, l'illustre avocat ; Lacan aîné, procureur au Châtelet, puis avoué à Paris ; Lebon, procureur à l'élection de Paris ; de Vauvert, qui fut juge au Tribunal civil de la Seine, et d'autres encore. Cette société, dont les membres se sont renouvelés bien des fois, existait encore en 1842, lorsque M. Masson père, qui en faisait partie depuis trente-deux ans, racontait la scène dont il tenait les détails

pouvait être suspecté de personne, dont le verbe haut, la force athlétique et les allures de spadassin exerçaient un véritable ascendant sur les chefs des sections. Un jour, Decaisne entra brusquement au Comité révolutionnaire et frappant de son gourdin, avec fracas, la table autour de laquelle étaient assis les Membres du Comité : « Qu'est-ce que j'apprends, s'écrie-t-il ? On a donné l'ordre d'arrêter le citoyen Berthereau ! Qui donc a pu conseiller une pareille bévue ? C'est le meilleur citoyen du monde ! C'est un patriote dont je réponds. Le premier qui le toucherait aurait affaire à moi... J'entends que son nom soit, à l'instant, retranché de la liste des arrestations !... » Une supplique ainsi présentée devait réussir. Séance tenante, M. Berthereau et par surcroît M. Lot, furent rayés des **tables de proscription.**

des anciens qui en avaient été les acteurs et les témoins. C'était en 1794, la Terreur était à son comble, les anciens procureurs étaient chez Legacque selon leur usage, lorsque le dîner fut interrompu par l'apparition d'un homme à la vue duquel il se fit un profond silence ; c'était celui-là même que la Révolution avait ramassé sur le pavé, et qui, après avoir été l'instrument obscur des principaux révolutionnaires, les avait surpassés tous, c'était l'accusateur public attaché au Tribunal infâme, c'était Fouquier-Tinville déclarant à ses anciens confrères qu'il venait dîner et fraterniser avec eux.

Par un mouvement instinctif, chacun se pressa contre son voisin pour éviter de laisser vacante à ses côtés une place que le survenant eût pu occuper. Nul ne lui répondit. Il prit un siège cependant et se mit à table. Le silence de la stupeur fit bientôt place à l'indignation ; enhardis par l'unanimité de leurs sentiments, peut-être aussi par l'espèce d'indifférence avec laquelle chacun, à cette triste époque, prodiguait une vie à toute heure menacée, les procureurs cessèrent bientôt de se contraindre. Aux murmures, succéda l'expression d'un sentiment qui ne pouvait se contenir plus longtemps.

Fouquier-Tinville, dont tant d'autres hommes pouvaient à peine soutenir les regards, s'entendit reprocher en face les méfaits dont il s'était souillé dans ses fonctions de procureur ; son avilissement et les titres qu'il avait acquis à l'immortalité par ses crimes depuis qu'il s'était jeté dans les excès de la Révolution. On lui reprocha d'avoir, le 10 août, outragé dans son Palais le Roi qu'il avait autrefois adulé dans ses vers, d'avoir pris part aux égorgements du 2 septembre, de s'être élevé dans ses fonctions d'accusateur public au dernier terme de l'atrocité, d'avoir coopéré à la condamnation de M. Angrand d'Alleray, l'ancien lieutenant civil du Châtelet, l'homme bon, éclairé, respecté, aimé de tous, comme un père ; d'avoir surpassé, dans ses infâmes accusations contre une Reine malheureuse, ce que l'imagination la plus dépravée n'eût pu concevoir, et d'avoir révolté la nature en imputant à l'infortunée Marie-Antoinette, comme mère de famille, des crimes auxquels il ne pouvait croire lui-même.

Puis le massacre des Girondins, les ironies sanglantes adressées à ses victimes, la Place de la Révolution et la Porte Saint-Antoine, chaque jour, inondées de sang, la hache trop lente à son gré, remplacée dans les exécutions par la mitraille, tous ses crimes, en un mot, lui furent reprochés avec tant de véhémence et d'indignation, que ce tableau le fit frémir, et qu'il parut, un instant, avoir horreur de lui-même. Exalté par cette affreuse récapitulation, et par le morne silence du terroriste atterré, M. de Vauvert saisit Fouquier-Tinville au collet d'une main et s'empara, de l'autre, du couteau destiné à découper les mets servis sur la table ; il lui posa sur la gorge la pointe acérée de l'arme redoutable, s'écriant : « Misérable, je ne sais « qui m'empêche de purger la terre, en un instant, « d'un monstre tel que toi !... »

On arrêta le bras de de Vauvert, et Fouquier, sauvé par ceux dont il méditait peut-être la mort, fondit en larmes ! Il protesta que ce n'était point de dessein prémédité qu'il était entré dans la voie où il se trouvait engagé ; qu'en refusant de le laisser rentrer dans leur Communauté, les procureurs l'avaient jeté dans la misère et l'abjection ; que sa seule ressource avait été de s'attacher à la fortune de ceux qui avaient consenti à se servir de lui ; qu'ensuite, l'entraînement, l'enivrement s'en étaient mêlés, et qu'une fois sur cette pente il avait compris qu'il était perdu s'il cessait un seul jour de servir les fureurs de la Montagne et de répandre l'effroi autour de lui. Remis enfin de son émotion et de cette amende honorable, il s'éloigna.

A peine était-il sorti que ses anciens confrères firent un retour sur eux-mêmes et sur le parti qu'il pouvait leur faire. M. de Vauvert surtout était l'objet de la sollicitude de tous et des inquiétudes les plus vives. On ne doutait pas qu'il ne fût arrêté le soir même, et conduit le lendemain au supplice en vertu de l'une de ces sentences de mort signées d'avance où le nom des victimes restait seul à remplir (l'ami de mon père m'a dit en avoir vu) ; on le suppliait de se cacher : « Non ! répondit de Vauvert, il ne sera « pas dit que j'aurai reculé devant Fouquier-Tin- « ville...... Je ne fuirai pas, et ce soir, j'irai coucher « chez moi comme à l'ordinaire. »

On eut beau lui représenter que celui qu'il avait menacé d'un couteau pouvait, d'un seul mot, faire tomber sa tête : « Non ! répondit-il avec une nou- « velle énergie, non ! il n'osera pas. »

Je dois à la vérité de dire que M. de Vauvert, ni aucun des autres convives de ce banquet, ne furent l'objet d'une vengeance à laquelle ils étaient en droit de s'attendre. (1)

(1) Le Tribunal révolutionnaire tenait ses séances au Palais de Justice dans l'ancienne grand'chambre du Parlement où l'on entrait par la Salle des Pas Perdus, mais dont les dispositions avaient été changées : le Tribunal siégeait au fond de cette grand'chambre sur une seule ligne, sur l'estrade où fut placé, depuis la Restauration, le fauteuil royal. A la droite des ma-

TRANSLATION DES CENDRES DE NAPOLÉON DE SAINTE-HELÈNE A PARIS

Sorti du collège depuis deux ans à peine, j'étais bien jeune en 1840. J'avais de toutes choses une curiosité générale assez naturelle.

Si je m'intéressais à la conversation et aux récits de mon père et de ses amis, je m'intéressais encore plus aux faits, aux circonstances, aux événements contemporains ; en un mot, à tout ce qui constituait la vie de mon temps.

C'est alors qu'eut lieu la translation à Paris des restes de l'empereur Napoléon, qui fut certainement un des événements les plus considérables du règne de Louis-Philippe.

gistrats s'élevaient les gradins destinés aux accusés ; à leur gauche, en face des victimes, se plaçaient les jurés. L'accusateur public avait son siège et son bureau à la droite des juges, entre eux et les accusés. Enfin le public était en face des juges, à l'entrée et dans l'endroit le plus sombre de cette vaste pièce où siégèrent depuis, alternativement, la Section civile et la Section criminelle de la Cour de Cassation. C'est dans cette grand'chambre que Fouquier fit remplacer les bancs qui ne pouvaient recevoir que 18 ou 20 accusés, par des gradins en amphithéâtre, où il en pouvait faire asseoir 150, avec le dessein d'y faire condamner en une seule séance 160 prisonniers que l'on se contenta de diviser en trois fournées jugées et exécutées en trois jours. Bien des conseillers au Parlement furent condamnés dans cette même salle où ils avaient rendu leurs arrêts. Souvenir douloureux ! C'est là que la Reine fut accusée par Fouquier-Tinville et jugée. Mais, juste retour des choses d'ici-bas, c'est là que l'accusateur infâme, après avoir fait trembler tout le monde, jeté en prison dès le 14 thermidor an II (1ᵉʳ août 1794) après avoir subi de la part de ses anciens confrères la première condamnation qui fait l'objet de ce récit, comparut à son tour ; c'est de là qu'il partit pour aller, le 18 floréal an III (7 mai 1795), âgé de 48 ans, arroser de son sang l'échafaud sur lequel il avait fait couler celui de tant d'innocents.

Certes Napoléon s'était montré l'ennemi des Bourbons ; mais il avait été un homme de guerre incomparable, dont le génie, même dans la défaite, avait jeté un immense éclat sur nos armées, et la négociation diplomatique qui permit de faire cette translation était inspirée par un grand sentiment national et patriotique. C'est ce même sentiment, non un autre, qui animait le peuple le jour de la cérémonie ; et, si quelques politiques restés fidèles à la cause de l'Empire poursuivaient, dès cette époque, un but particulier et envisageaient comme possible une restauration bonapartiste, c'était une exception, et personne, même les fidèles dont je parle, ne soupçonnaient et n'auraient osé prédire que douze ans après l'Empire serait fait.

Pendant l'été de l'année 1840, le Roi Louis-Philippe entrant un jour, avec M. de Rémusat, alors Ministre de l'Intérieur, dans la chambre de Monseigneur le Prince de Joinville, qui était encore malade d'une violente rougeole, lui dit à l'improviste : « Join-« ville, tu vas partir pour Sainte-Hélène et en rap-« porter le cercueil de Napoléon. »

Et quelques jours après, le prince partait pour Toulon, muni de tous les ordres et instructions nécessaires, et reprenait le commandement de la *Belle Poule*, commandement que déjà il avait exercé.

Avec le Prince s'embarquait une mission composée surtout de ceux qui avaient été les compagnons dévoués de Napoléon, dans la mauvaise comme dans la bonne fortune : c'étaient les généraux Bertrand et Gourgaud, c'était M. de Las Cases. Parmi les autres passagers se trouvaient M. l'abbé Coquereau, le docteur Henri Guéneau de Mussy qui s'attacha, après

1848, avec tant de dévouement, à la famille d'Orléans, partagea son exil pendant le second Empire, et mourut il y a quelques années à Paris. Il s'y trouvait aussi tout naturellement quelques jeunes gens qui préludaient à la carrière de la marine et parmi eux, M. Bonie, alors jeune enseigne, qui, plus tard, devint mon beau-frère, et qui est aujourd'hui Vice-Amiral en retraite ; M. le Comte de Perthuis, ami de M. Bonie, etc.

Enfin, le Gouvernement avait adjoint au Prince de Joinville, pour le cas où les négociations avec les autorités anglaises de Sainte-Hélène deviendraient difficiles, ou au moins délicates, un jeune diplomate, le Comte Philippe de Rohan-Chabot (mort ambassadeur à Londres sous le titre de Comte de Jarnac).

La *Belle Poule* toucha dès les premiers jours à Cadix pour y prendre les dernières dépêches, puis relâcha à Ténériffe pour y faire de l'eau et des vivres.

Après Ténériffe, la traversée fut assez lente ; on avait alternativement des temps calmes, puis des orages, même des gros temps. Il fallut faire une nouvelle relâche à Bahia (Brésil).

Le Gouvernement avait exprimé le désir que la marche fût combinée autant que possible pour faire coïncider l'arrivée des cendres en Europe avec la fin de l'année, qui était à cette époque la date de l'ouverture des Chambres.

De Bahia, les voyageurs durent descendre très loin dans l'Atlantique Austral, avant de trouver des vents favorables.

Ils atteignirent enfin Sainte-Hélène, gros rocher noir, île volcanique en assez pauvre état. La grande affaire qui amenait Monseigneur le Prince de Joinville dans ces parages fut vite réglée entre lui et le Gouverneur général de Middlemore.

Les autorités locales exécutèrent les ordres du Gouvernement anglais avec beaucoup de précision ; et se chargèrent de l'exhumation et de la translation sur le territoire anglais, ce qui fut fait avec beaucoup de convenance. Mais le Prince demanda qu'avant d'être remis, le cercueil fût ouvert pour éviter qu'on embarquât un foyer d'infection ou une dépouille imaginaire.

Cette demande toute naturelle fut cependant repoussée par les Anglais et il se produisit alors un incident.

Le Gouverneur refusant l'ouverture préalable du cercueil, le Prince, qui avait des ordres formels, fit déclarer que s'il n'était pas obtempéré à sa demande, il repartirait comme il était venu.

Après des négociations assez longues, il fut décidé qu'on laisserait les compagnons de l'Empereur s'assurer que c'était bien lui, dont les restes allaient être ramenés en France. Alors commença en présence des Généraux Bertrand et Gourgaud, de MM. de Las Cases et de Montholon, et de M. Marchand, le fidèle valet de chambre, une opération longue et très pénible. On dut ouvrir quatre cercueils ! La difficulté était grande ; les ciseaux ne mordaient pas sur la pierre et s'émoussaient. On se décida à apporter une forge afin de chauffer les ciseaux qui devaient pénétrer le métal ; enfin, la dernière cloison fut enlevée, et le cadavre apparut rigide sous un linceul de satin blanc ; à ce moment même, l'air soufflant brusquement enleva de la tête aux pieds la légère couverture, et l'Empereur apparut si parfaitement conservé dans le calme et la paix du sommeil éternel, que les Anglais présents parurent terrifiés de cette apparition soudaine. Napoléon leur paraissait encore l'ennemi si redouté, et semblait avoir toujours le prestige du plus grand des capitaines.

L'identité constatée, on referma les cercueils et l'on forma le cortège pour se mettre en marche.

L'opération avait été non seulement pénible, mais fort longue. Le Prince de Joinville demeuré à bord, surpris et un peu inquiet du retard, envoya l'enseigne Touchard pour en rechercher la cause. (Touchard qui devint amiral et eut une glorieuse carrière fut le père de l'amiral Touchard, aujourd'hui en activité de service, et l'un de nos officiers généraux les plus distingués.)

Touchard arriva au moment même où s'achevait la constatation et où l'on allait se mettre en marche.

Ici, je me fais un devoir de reproduire textuellement le récit que Monseigneur le Prince de Joinville fait dans ses *Vieux Souvenirs* de la dernière scène qui fut si imposante :

« L'émotion commença à gagner tout le monde,
« dit le Prince, lorsqu'on vit le cercueil descendre
« lentement la montagne au bruit du canon, escorté
« par l'infanterie anglaise, les armes renversées, la
« musique jouant avec accompagnement du roule-
« ment sourd des tambours, cette belle marche fu-
« nèbre que les Anglais appellent *The dead March in
« Saul*, et qui n'est autre que le vieux chant : *Adeste
« Fideles* de la religion catholique. Le général Mid-
« dlemore, tombant de fatigue, me fit la remise du
« corps et le cercueil fut descendu dans la chaloupe
« de la *Belle Poule*, qui se mit alors en marche vers
« le bord. Le moment était très beau. A un magni-

« fique coucher de soleil succédait un crépuscule
« d'un calme profond ; les autorités et les troupes an-
« glaises se tenaient immobiles, rangées sur la plage
« pendant que le canon de nos vaisseaux faisait
« le salut royal. J'étais à l'arrière de ma chaloupe,
« sur laquelle flottait un superbe pavillon tricolore
« brodé par les dames de Sainte-Hélène. A mes côtés
« se trouvaient les généraux, les officiers supérieurs,
« MM. de Chabot, de Las Cazes ; mes meilleurs ga-
« biers, tout en blanc, le crêpe au bras, nu-tête
« comme nous, nageaient avec un silence et une pré-
« cision admirables. Nous nous avancions avec une
« lenteur majestueuse, escortés par les canots des
« états-majors. C'était très émouvant et il planait
« sur toute la scène un grand sentiment national.
  « Deux jours après nous mettions à la voile pour
« la France où nous arrivions après quarante et un
« jours de mer. »

A Cherbourg, la mission du prince était terminée ; mais il y trouva l'ordre de transborder le cercueil sur un bateau à vapeur et de le conduire ainsi, par la Seine, jusqu'à Paris. L'équipage de la *Belle Poule* et celui de la corvette la *Favorite* devaient faire escorte.
  Le *Moniteur Universel* du 4 décembre 1840 (qui était le journal officiel à cette époque) publia l'acte d'exhumation et de remise des restes de Napoléon, qui portait la date, à Sainte-Hélène, du 15 octobre 1840, et était signé pour la France, par MM. de Rohan-Chabot, secrétaire d'ambassade, commissaire délégué spécialement à cet effet, et pour l'Angleterre, par M. C. Corsan Alexander, capitaine du génie, député par le Gouverneur de Sainte-Hélène, et le Major Général Middlemore. Cet acte avait été également signé,

comme témoins, par MM. Bertrand, Gourgaud, de Las Cazes, Marchand, abbé Coquereau, Arthur Bertrand, Goyet, Charner, Dovet, Guillard.

Enfin, le procès-verbal du docteur Rémy Guillard était contresigné par le Comte de Rohan-Chabot. Il relatait les opérations de l'exhumation, de l'ouverture des quatre cercueils et de leur fermeture après constatation de l'état de conservation presque parfaite des restes mortels de l'Empereur, lesquels se sont trouvés renfermés dans plusieurs cercueils :

Un en fer blanc,
Un en bois d'acajou,
Un en bois d'ébène,
Un en bois de chêne.

Le 6 décembre intervint un arrêté de la municipalité de Cherbourg déterminant les mesures à prendre à l'occasion du retour de la *Belle Poule* et du transbordement du cercueil sur le bâtiment la *Normandie*.

Le 8 décembre, ce transbordement eut lieu, conformément au programme arrêté. Après quoi, les bâtiments composant le convoi funèbre, c'est-à-dire la *Normandie*, le *Courrier* et le *Véloce*, firent route pour le Havre, où ils arrivèrent le même jour, 8 décembre. Dès le lendemain, le convoi partit pour s'arrêter au Val de la Haie où le cercueil fut transbordé à bord du bateau à vapeur l'*Elbeuvien*, qui arriva à Rouen le 10 décembre, et de là à Courbevoie.

Le char qui devait transporter le cercueil de Courbevoie aux Invalides mesurait les proportions suivantes : hauteur 11 mètres, longueur 10 mètres, largeur 5 mètres. Il portait sur quatre roues massives et entièrement dorées; il se composait d'un soubassement à panneaux, encadrés dans des colonnettes à chapiteaux, et surmonté ensuite d'un mausolée ou sarcophage. Le socle revêtu jusqu'à terre d'une draperie de velours violet et or, parsemé d'abeilles, d'étoiles, avec des aigles brodés dans des couronnes et dans lequel devait se trouver renfermé le cercueil de l'empereur, était rehaussé d'un aigle à chaque angle de l'entablement ; l'avant-train et l'arrière-train de cet équipage de forme demi-circulaire et à plate-forme étaient décorés de quatre trophées de drapeaux : le mausolée, drapé comme le piédestal et décoré du manteau impérial, du sceptre et de la couronne, était supporté par quatorze figures représentant nos principales victoires. Tout le tour de la galerie du soubassement était brodé de guirlandes après lesquelles étaient attachées des couronnes d'immortelles. Le tout était recouvert d'un immense crêpe qui traînait jusqu'à terre. Le corbillard ainsi composé devait être traîné par seize chevaux panachés et couverts complètement de housses dorées aux armes de l'Empereur.

Il ne convient pas de reproduire ici les ordres du jour de tel ou tel fonctionnaire, des grands chefs militaires, ni les poésies des littérateurs inspirés, eux aussi, par le sentiment général.

Cependant, plus le grand jour approchait, et plus j'étais malheureux de songer que je n'aurais pas une place dans la cérémonie, soit à l'intérieur, soit à l'extérieur des Invalides. Je sortais du collège, j'avais fait tout mon temps, huit années d'internat au collège Saint-Louis (ancien collège d'Harcourt), et je pensais avec jalousie que je n'étais même pas de la Garde Nationale, dont tout le monde, à cette époque, faisait partie, et dont on parlait presque à l'exclusion de tout autre sujet de conversation. Ah !

si j'en avait fait partie, c'eût été bien différent !

Cette réflexion fut un trait de lumière. Si je ne pouvais pas être encore de la Garde Nationale, mon père, qui en faisait partie, se souciait médiocrement, surtout dans la saison où l'on était, d'assister à une pareille journée. Or, l'institution permettait à un père de se faire remplacer par son fils ; mon père y consentit. On me fit faire immédiatement, et par anticipation, un uniforme de grenadier, corps auquel ma taille me destinait ; et vingt-quatre heures après, le 15 décembre 1840, à 7 heures du matin, mon père me conduisit en costume place des Petits-Pères et me présenta à la 1re du 2me de la 3me (ce qui veut dire la 1re compagnie du 2me bataillon de la 3me légion). Je fus immédiatement incorporé et mon père se retira discrètement pour ne pas troubler par sa présence « l'émotion inséparable d'un premier « début ! »

Je dois vous dire que cette fameuse journée ne fut pas précisément celle que je rêvais. Ma compagnie avait l'ordre de se rendre, ainsi du reste que le surplus de la 3me légion, à la descente du pont de Courbevoie. Or, en allant de la place des Petits-Pères à l'extrémité de l'avenue de Neuilly je donnais à ma compagnie de nombreuses preuves d'une insigne maladresse ! Quand on n'a pas porté le bonnet à poil, on ignore le supplice d'une pareille coiffure. Pour éviter que cette pyramide oscillante ne versât soit à droite, soit à gauche, j'évitais tout mouvement un peu accentué, mais alors la pyramide me tombait sur les yeux.

D'autre part, j'avoue que je n'avais aucune dextérité pour changer le fusil d'épaule tout en marchant : enfin au bout de peu de temps le camarade qui m'emboîtait m'avait mis les talons en sang pour m'apprendre à marcher au pas. On nous plaça, comme je viens de le dire, à la descente du pont de Courbevoie, entre la route et la rivière. La brise qui soufflait à travers le fleuve venait nous frapper les reins, et jamais de ma vie, non, jamais ! je n'ai eu plus froid, ni même aussi froid. Mais il faut oublier ses misères personnelles pour dire que nous avions devant les yeux et que nous eûmes ensuite au moment du défilé le plus beau des spectacles.

La décoration dans Paris, c'est-à-dire dans la grande avenue de Neuilly et dans les Champs-Elysées, était admirable.

A l'Arc de Triomphe, sur la plate-forme, on voyait l'apothéose de Napoléon avec deux renommées à cheval, représentant la gloire et la grandeur.

Dans l'avenue des Champs-Elysées, 36 statues de distance en distance représentaient des victoires.

Au pont de la Concorde, à chaque angle s'élevait une colonne triomphale, surmontée d'un aigle et ornée à la base d'un bas-relief représentant les génies de la Guerre et de la Paix. Sur les piédestaux du milieu, huit statues représentaient la Prudence, la Force, la Justice, la Guerre, l'Agriculture, les Beaux-Arts, l'Eloquence et le Commerce. Sur le milieu du perron de la Chambre des Députés avait été placée une statue colossale de l'Immortalité.

A l'Esplanade des Invalides, depuis la grille de l'Hôtel jusqu'au quai d'Orsay, 32 statues décoraient l'avenue de chaque côté ; elles représentaient : Clovis, Charles-Martel, Philippe-Auguste, Charles V, Jeanne d'Arc, Louis XII, Bayard, Louis XIV, Turenne, Duguay-Trouin, Hoche, La Tour d'Auvergne, Kellermann, Ney, Jourdan, Lobau, Charlemagne, Hugues-

Capet, Louis IX, Charles VII, Duguesclin, François Ier, Henri IV, Condé, Vauban, Marceau, Desaix, Kléber, Lannes, Masséna, Mortier et Macdonald.

Des tentures décoraient la façade de l'hôtel et l'intérieur de l'église.

Il serait sans intérêt de reconstituer ici le merveilleux cortège qui, se formant au pont de Neuilly, se rendit à l'Hôtel des Invalides faisant ainsi un très long trajet au milieu d'une foule enthousiasmée. Il me suffira d'indiquer très sommairement les principaux éléments de ce cortège : des marins de la *Belle Poule* en grande tenue avaient débarqué le cercueil et l'avaient placé sur le char impérial qui stationnait dans un temple funèbre construit en face du lieu de débarquement où il avait été amené pendant la nuit. Après quoi, le cortège se mettant en marche était ainsi composé :

La Gendarmerie.
La Garde municipale à cheval.
Le Lieutenant général Dariule, commandant la Place de Paris.
La Garde municipale.
Les Sapeurs-Pompiers.
2 escadrons de cuirassiers.
Le lieutenant général Pajol, commandant la Division.
L'Ecole de Saint-Cyr.
L'Ecole Polytechnique.
L'Ecole d'application d'Etat-Major.
1 bataillon d'infanterie légère.
2 batteries d'artillerie.
7 compagnies du génie.
4 compagnies de sous-officiers vétérans.

2 escadrons de cuirassiers.

4 escadrons de la Garde Nationale à cheval sous la conduite du colonel comte de Montalivet.

Le Maréchal Gérard, commandant supérieur de la Garde Nationale de la Seine.

2 escadrons de la Garde Nationale à cheval.

1 carrosse dans lequel était M. l'abbé Coquereau, aumônier venant de Ste-Hélène.

Les officiers généraux de l'armée de terre et de mer.

La musique funèbre.

Le cheval de bataille.

Un peloton de 24 sous-officiers décorés.

La Commission de Ste-Hélène dans un carrosse attelé de 4 chevaux.

Un peloton de 34 sous-officiers décorés.

S. A. R. le Prince de Joinville et son Etat-Major.

Les 500 marins arrivés avec le corps de l'Empereur.

Le char **funèbre.**

Le Maréchal duc de Reggio, grand chancelier de la Légion d'honneur.

Le Maréchal Molitor, l'Amiral baron Roussin et le Général Bertrand, tenant chacun un cordon.

Les anciens aides de camp et officiers de la Maison de l'Empereur.

Les Préfets de la Seine et de Police.

Les membres du Conseil général.

Les Maires et Adjoints de Paris.

Les membres du Conseil municipal.

Les anciens militaires de la Garde Impériale

Puis la Garde Nationale et la troupe de ligne qui, formant la haie, suivaient immédiatement le cortège après avoir rompu alternativement de chaque côté; et c'est ce que je fis lorsque vint le tour de ma compagnie de se rabattre pour entrer dans la suite du cortège.

La marche en a été fort régulière. Le char est arrivé à une heure et demie à la grille des Invalides, où il s'est arrêté. Le cercueil a été descendu immédiatement par trente-six hommes du détachement de la marine royale et porté à bras jusqu'au porche élevé dans la cour Napoléon où l'attendait Mgr l'Archevêque de Paris assisté de tout son clergé. Les prières de l'eau bénite ayant été faites, trente-six sous-officiers de la Garde Nationale et de la ligne ont reçu des marins le cercueil impérial et l'ont porté dans l'église ; après l'avoir placé sous le catafalque, ce détachement est allé occuper l'estrade qui lui était réservée.

A deux heures, le clergé est allé recevoir le corps sous le porche drapé ; en ce moment, du haut de l'estrade placée au devant des orgues, les trombones et les contrebasses ont fait entendre une marche d'un double caractère funèbre et triomphal tout ensemble ; le canon retentissait au dehors. La Garde Nationale présentait les armes ; les invalides serraient les sabres à leurs épaules et le cercueil entrait porté par les marins de la garde.

Toutes les mesures avaient été prises avec autant de précision que d'habileté par l'illustre Maréchal Gérard, qui a conduit le cortège.

S. A. R. le Prince de Joinville a présenté le corps au Roi, en disant : « Sire, je vous présente le « corps de l'empereur Napoléon. » Le Roi a répondu en élevant la voix : « Je le reçois au nom de la « France. »

Le Général Atthalin portait sur un coussin l'épée de l'Empereur. Il l'a donnée au maréchal Soult qui l'a remise au Roi. S. M. s'est alors adressée au général Bertrand et lui a dit : « Général, je vous charge « de placer la glorieuse épée de l'Empereur sur son « cercueil. »

Le moment était solennel, l'émotion a été considérable ; les regards se portaient tour à tour vers le catafalque et vers les soldats mutilés qui avaient été une part de cette grande gloire. Les vieux officiers essuyaient des larmes, et l'attendrissement se mêlait à l'admiration.

Le *Kyrie* a bien soutenu cette impression de pieuse douleur ; des voix admirables ont exécuté la belle musique de Mozart : les chants s'élevaient avec un parfait ensemble et se prolongeaient au-dessus de la nef.

A quatre heures s'est terminé l'office. Les canons ont annoncé le départ du Roi, et la foule s'est écoulée en silence, emportant d'une pareille journée des souvenirs certainement ineffaçables.

Telle fut, mes chers enfants, cette grande cérémonie ; je vous en devais le récit.

Je rentrai chez moi à 5 heures, après que ma compagnie eût été réunie, rassemblée au bas des Champs-Elysées, et que nous fûmes autorisés à rompre les rangs. J'étais littéralement glacé ; il fallut vingt-quatre heures pour me réchauffer. Cette journée avait certainement un caractère tout à fait grandiose et patriotique, mais je l'aurais beaucoup plus et mieux appréciée si j'avais moins souffert. Il est juste cependant de dire que débuter de cette façon, dans la Garde Nationale, n'était pas ordinaire, ce fut ma consolation.

III

DIVERS ÉVÉNEMENTS ET ANECDOTES

1841 — 1862

1841. Fromentin, peintre et poète. — **1841.** Affaire Quénisset. — **1842.** Mort tragique du duc d'Orléans. **1848.** Les partis au lendemain de 848. — **1849.** Le prince Napoléon et Bou-Maza. — **1850.** Correspondance de Scribe en voyage. — **1855.** Mort de M. Paillet, avocat. — **1854-1855.** Anecdotes d'un collaborateur anonyme. — **1855.** Canrobert retour de Crimée. — **1859.** Bourbaki et l'un de ses turcos. — **1862.** Un mot de Mirès.

FROMENTIN PEINTRE ET POÈTE

Poésie inédite

Eugène Fromentin était né en 1820, à La Rochelle, et moi, en 1821, à Paris. Il était né artiste et n'avait jamais conçu d'autre but dans la vie que la culture des arts. Moi, j'étais voué à une carrière judiciaire par destination de père de famille. Rien ne nous rapprochait donc ; mais en 1841, peu après notre sortie du collège, nous nous rencontrâmes chez un membre du barreau de Paris, celui auquel j'ai fait, plus haut, allusion, en parlant de Fouquier-Tinville. Cet avocat qui demeurait dans notre maison de famille, rue du Sentier, et était pour mon père le meilleur des amis, était également lié avec le père de Fromentin. C'est à cet excellent homme que Fromentin expédié à Paris, seul, et bien jeune encore, avait été adressé ; c'est chez lui que presque chaque semaine je le rencontrais dans de modestes réunions, très peu nombreuses, mais fort cordiales.

L'avocat ne concevait pas de carrière supérieure à celle du barreau, et j'avoue que j'étais de son avis. Aussi voulait-il que Fromentin s'y destinât ; et comme pour faire un bon avocat, ajoutait-il, il faut qu'un jeune homme travaille, pendant plusieurs années, chez un avoué, il voulait absolument que Fromentin travaillât chez mon père. Fromentin d'abord résista ; mais comme il n'y avait pas un être ni meilleur ni plus doux, il se soumit, tout en ajoutant avec son calme imperturbable : « Je veux bien essayer, mais « je fais mes réserves ! »

J'eus la très bonne fortune, pendant cet « essai loyal », d'être assis chez mon père à côté de Fromentin et de contracter avec lui des liens de camaraderie tout à fait agréables.

Son travail consistait surtout à s'emparer soit d'une plume, soit d'un crayon, et de mettre sur le papier ses premiers essais. J'étais séparé de lui par un très gros code ; mais au risque d'être indiscret, je jetais les yeux sur son travail de l'autre côté de la frontière et j'en étais charmé.

Toutefois je dois avouer qu'il ne me rendit jamais ma politesse, et que jamais son regard ne se porta sur ce que j'écrivais. Fromentin produisait avec une facilité extraordinaire les plus jolies choses. Ses autres camarades et moi, nous l'y excitions, et alors prenant parfois le fusain, il couvrait les portes de ses productions ; quand il n'y avait plus de place à l'intérieur, il descendait dans la cour, s'attaquait aux dépendances de la propriété de mon grand-père, à la remise, à l'écurie, puis à un mur mitoyen, et continuait ses études qui nous amusaient beaucoup.

Il ne s'était pas encore écoulé une année, que Fromentin, prenant presque le ton d'un insurgé, déclara à son protecteur et à mon père qu'ayant couvert d'encre, de crayon, de craie et de fusain toutes les portes intérieures et extérieures de notre habitation, il ne pouvait plus continuer à travailler utilement rue du Sentier, et que le moment était décidément venu pour lui d'entrer dans un atelier. J'ajoute que pendant ce temps d'épreuve, le soir, chez l'ami commun, il avait risqué parfois la lecture d'un essai poétique.

Un certain soir, notamment, il nous lut une pièce qui nous enchanta. J'ai conservé cette pièce ; je ne crois pas qu'elle existe en d'autres mains que les miennes. Elle aura donc pour vous, mes chers enfants, le charme de l'inédit.

UNE IMPRESSION DE VOYAGE

J'avais vu près d'Amboise, en côtoyant la Loire,
Dans un doux lieu dont j'aime à garder la mémoire,
Près d'un mur de chapelle et d'une ogive à jour,
Un toit moderne pauvre, à l'abri d'une tour,
Qu'à son enclos aride, inculte, solitaire,
A son air recueilli, je crois un presbytère.
Et, lorsqu'au tintement cadencé du grelot,
Les chevaux emportaient la voiture au galop,
Moi, j'emportais de même au bruit de ma pensée
Pour l'achever plus loin, cette image esquissée.
Oh ! si Dieu, disais-je, avait dans ses desseins
Marqué mon front du signe immaculé des saints ;
Qu'élu dès mon enfance, aguerri loin du vice,
Il eût daigné m'admettre un jour à son service ;

Qu'après m'avoir mené boire au puits des douleurs,
Après avoir pétri mon âme avec mes pleurs,
Et m'avoir enseigné grâce à plus d'une épreuve,
A quelle eau d'amertume il est dit qu'on s'abreuve,
Comment, pourquoi chaque homme, hélas ! doit ici bas
Sur un calvaire obscur ensanglanter ses pas,
Il eût, du souffle ardent qui faisait les miracles,
Sur ma lèvre bénite animé ses oracles.
Enfin, si me mettant l'Evangile à la main,
Plus tard il m'avait dit : « Va-t'en par le chemin,
« Par le chemin ronceux où mes troupeaux vont paître,
« Rassemble-les, fais leur aimer la voix du maître ;
« Garde-les des sommets escarpés, des ravins
« Où l'ombre des bas lieux noircit les flots divins.
« Garde-les des cailloux mouvants où l'on trébuche
« Et des buissons d'épine où partout une embûche
« Déchire et fait saigner la toison des brebis, —
« Sois Prêtre ! » Alors, j'irais prenant mes blancs habits,
Mon aube apostolique, oh ! j'irais, répétais-je,
Athlète aux reins serrés, nu-tête et sans cortège,
N'ayant pour ornement qu'une étole de lin,
Arraché du foyer paternel, orphelin,
Parmi les artisans, mes frères, j'irais vivre,
Partager leurs travaux, leur apprendre mon livre ;
Pauvre, simple, j'irais où Dieu m'aurait conduit,
N'importe en quel endroit me cherchant un réduit,
Bien loin du monde, au fond d'une campagne obscure,
Rallier mes agneaux à l'entour de ma cure.
Tu le vois, mon ami, c'était un rêve encor,
De ceux que nous laissons s'ébattre au soleil d'or,
Voltigeans, diaprés, dont le réseau chatoie
Sous le mobile éclair que le ciel leur envoie.
Te l'avouerai-je ? Un autre, ascétique et plus fort,
Rêve une âpre vertu, l'**austé**rité, l'effort,
Des nuits d'incertitude à **passer** sur un livre,
Les combats qu'à l'esprit **révolté** la foi livre,
Sublime ambition ! **l'autre un** cloître, un grabat,
Un martyre éclatant, l'autre un épiscopat :
Pour moi, faible et plus tendre, hélas ! ce qui m'attire,
Ce n'est ni mitre d'or, ni palme de martyre,
Mais ce charme d'aller pensif, irrésolu,
Sous la beauté visible aspirer l'absolu.
Moi-même aussi, partout où je trouve en ma route
Un peu d'éclat, j'adore un peu d'ombre, je doute.
Que nous resterait-il si Dieu voilant nos yeux
Nous ôtait son image et nous fermait les cieux ?

D'abord, j'aime à choisir un logis bien modeste
Dont la paix, le silence et l'aspect humble atteste
La maison du plus pauvre aux yeux de l'étranger.
Je voudrais que la porte ouvrît sur un verger
Garni d'espaliers, clos de murs en pierres sèches,
Où le vent de l'hiver a fait couler des brèches
Et qu'un chien aux longs poils, paisible, inoffensif,
Garde pendant la nuit. couché sous un massif.
La barrière en tout temps d'ailleurs demeure ouverte ;
On entre : la façade apparaît blanche et verte.
Deux pieds de clématite et de vigne ont poussé
Sur le perron rustique ; et leur thyrse enlacé
Comme un double serpent grimpant sous les broussailles
S'attache en nœud flexible aux contours des murailles,
Court d'un étage à l'autre en guirlande, et roulé,
S'orne d'un pourpre jaune aux fleurs d'argent mêlé.
Le portique où le dôme épais d'un vaste lierre
Courbé pour abriter la porte hospitalière
Découpe, en s'agitant au souffle du midi,
De l'ombre et des rayons sur le seuil attiédi,
S'abaisse, et donne accès sous un frêle vestibule.
Un liseron d'azur suspend sa campanule
Sur le cintre, aux deux bras d'une croix en granit,
Du bord de la corniche où l'herbe cache un nid,
Jusqu'au sommet du toit rouge et miné par l'âge.
L'aube a-t-elle éveillé les oiseaux du village,
Qu'on les voit tous s'abattre empressés d'accourir,
Bruyants, glanant de tuile en tuile et, pour nourrir
Ou loger leur famille au creux des cheminées,
Se disputant du bec un brin de graminées.
Un lichen y végète effilé, chevelu.
La mousse y garde l'eau du ciel quand il a plu,
Pour que l'abeille avide ou la mouche épuisée
Y puisse en plein midi boire un peu de rosée.
Je peuple tout cela d'habitans familiers,
D'insectes bourdonnant par essaims, par milliers ;
Un couple apprivoisé de pigeons y roucoule
A la fin des beaux soirs où son amour s'écoule ;
Tout vit, tout aime, et tout adore autour de moi :
L'été dans chaque fleur y fait germer la foi,
Bourgeonner l'espérance, éclater la prière,
Le ciel ardent ou pâle y darde sa lumière ;
Et de ce petit monde ailé, fleuri, chantant,
Religieux, l'aurore à son réveil entend
Monter, pour expliquer la strophe indéfinie
La voix grave d'un prêtre à l'*Angelus* unie !

Voilà donc, si le ciel eût comblé mon désir,
Quel presbytère aimé j'aurais voulu choisir.
Quoi de plus, mon ami ? la paix, la solitude ;
Chaque matin l'office, après dîner, l'étude :
Un enfant qu'on baptise, un couple qu'on unit,
Un pécheur qu'on absout, un cercueil qu'on bénit ;
Un moissonneur chargé, dont la gerbe est trop lourde,
Qu'on aide, un pèlerin dont on remplit la gourde :
Un pauvre à qui l'on donne l'aumône, et le soir
Un passant fatigué qu'on invite à s'asseoir ;
Un ami qu'on convoque à de simples agapes,
Pour la Pâque un autel à parer de ses nappes
Et de bouquets la veille amassés dans les champs ;
Un cœur qui s'ouvre au vôtre en des aveux touchans ;
L'Evangile écouté le soir sous les feuillées,
Après la moisson faite ou les sombres veillées
Qu'en automne on prolonge attardé près du feu ;
Plus d'une âme ignorante à diriger vers Dieu,
D'un malade expirant à soigner ; plus d'un doute
A redresser ; d'un mal à pardonner sans doute !...
Enfin, quand l'âge aurait exaucé tous mes vœux,
Dégarni mon front chauve et blanchi mes cheveux,
A l'époque où déjà mon riant presbytère
Reverdirait encor, prêt à quitter la terre,
J'irais, l'âme aspirant à des étés meilleurs,
Quand Dieu m'aurait dit : Viens ! finir mon rêve ailleurs.

Lorsque plus tard, en 1857, le peintre déjà fameux, l'auteur admiré de plusieurs toiles pleines de couleur et de vie, publia le volume intitulé : *Un été dans le Sahara*, ce fut un cri d'étonnement dans le public. Il eût été moins surpris, si, comme nous, il avait connu ses premiers essais littéraires. On sait que les livres suivants de Fromentin : *Une année dans le Sahel*, *Dominique*, *Les Maîtres d'autrefois*, l'ont placé au premier rang des écrivains de ce siècle. Arrivé à la fin de sa vie, cet admirable artiste, je le sais, dit un jour à sa fille, l'excellente Madame Billotte : « Ma chère enfant, si tu entends dire parfois « que j'ai été un peintre, tu ne diras rien, tu gar-

« deras simplement le silence. Mais si tu entends
« exprimer ce sentiment que j'ai été un écrivain,
« alors je crois que tu pourras dire : « Oui, c'est vrai,
« mon père était un écrivain ! » Telle était l'opinion
de Fromentin sur lui-même.

Je ne rappellerai pas ici les qualités de l'homme, sa distinction, sa bonté, sa modestie, le charme de sa personne. Je n'ai voulu que mentionner l'heure, de si douce mémoire pour moi, où sa jeunesse a traversé la mienne.

AFFAIRE QUÉNISSET ET AUTRES

Le 13 septembre 1841, le 17e léger, de retour d'Afrique où il avait séjourné sept ans et où il s'était illustré par les victoires de Constantine, de Tlemcen, des Portes de fer, etc..., faisait son entrée dans Paris.

Il pénétra dans la ville, à une heure moins un quart, par la barrière du Trône, et défila dans l'ordre suivant :

Un peloton de cavalerie ;
Le Général Darriule et son état-major ;
Les officiers d'infanterie à pied et à cheval ;
Les sapeurs du 17e ;
Les tambours et la musique ;
Le Prince Royal ;
Le Duc d'Aumale, colonel du régiment ;
Le Duc de Nemours et le Colonel Levaillant ;
Le régiment dans sa tenue d'Afrique : capote re-

levée en pointe par derrière, le pantalon rouge ramassé dans les guêtres blanches, la cartouchière sur le ventre, la casquette rouge en tête.

Venait ensuite la garde municipale.

Quatre cent mille personnes, a-t-on dit, s'étaient portées à la rencontre du régiment ; la rue Saint-Antoine, notamment, regorgeait de monde, tous les ouvriers ayant quitté leurs ateliers.

Depuis quelques jours, des troubles s'étaient produits dans Paris ; la veille encore, des rassemblements s'étaient formés sur la place du Châtelet, et l'on avait chanté la *Marseillaise*, en agitant des drapeaux rouges. Aussi, le Préfet de Police avait fait échelonner des gardes municipaux sur toute la ligne que le 17e léger devait parcourir.

Le régiment avait suivi, au milieu d'acclamations enthousiastes, la première partie de son chemin, lorsqu'au moment où il défilait à la hauteur de la rue Traversière, dans la rue du Faubourg-Saint-Antoine, un homme, posté en face les magasins de nouveautés du « Vampire », tira sur le Duc d'Aumale qui, sur son cheval arabe dont la longue crinière balayait le sol, chevauchait un peu en avant des princes, ses frères ; c'était un coup de pistolet qui frappa le cheval du lieutenant-colonel Vaillant, puis le cheval du général Schneider.

Il se produisit une vive émotion. Les carabiniers de la 1re compagnie, qui se trouvaient le plus près des princes, voulaient charger la foule. Le Duc d'Aumale les retint.

Puis, après un arrêt insignifiant, le régiment reprit sa marche, défila sur les boulevards, parvint à 2 heures 10 dans la cour des Tuileries, où il fut passé en revue par le Roi, et se remit en route pour Neuilly. Deux jours après, Monseigneur le Duc d'Aumale écrivait : « On m'a salué d'un coup de pistolet pour mon « arrivée à Paris, je ne m'en plains pas. Mon orgueil « en a même été plus flatté que de toutes les ova- « tions qu'on m'a faites. On ne cherche à tuer que « ceux qui en valent la peine. »

Cependant l'assassin, sur lequel s'étaient élancés plusieurs ouvriers, avait été arrêté par le garde municipal Eloppe. C'était un homme de taille moyenne, aux cheveux châtains très clairs, aux sourcils blonds, comme décolorés, barbe rare en collier, nez busqué, petit et cicatrisé, yeux gris roux. Il avait opposé une vive résistance ; et, interrogé, déclara se nommer Jean-Nicolas Papart, scieur de long, né à Rouilly (Vosges) et être âgé de 27 ans.

Après avoir essayé de nier son crime, il entra bientôt dans la voie des aveux. La vérité, c'est qu'il se nommait François Quénisset, né à Selle (Haute-Saône). Il habitait rue Popincourt, 58, avec une fille Leplâtre, dont il avait eu un enfant, alors âgé de deux mois. Fils d'un garde-forestier, il s'était engagé de bonne heure, avait servi au 15e régiment d'infanterie légère.

A la suite d'actes d insubordination, à l'égard d'un caporal, il avait été condamné à cinq ans de fers, s'était évadé des ateliers du Roi, à Belle-Croix, en 1837, avait alors changé de nom, et était venu habiter à Paris.

Sombre et taciturne, ulcéré de ne pouvoir épouser sa maîtresse, parce qu'il eût fallu déclarer son véritable nom, il s'était laissé affilier à la société des Ouvriers égalitaires, avait prêté une oreille complaisante à leurs revendications furibondes. On lui avait mis le pistolet à la main, et il avait tiré comme il avait juré de le faire, sur un des membres de la famille royale, espérant ainsi amener une révolution, telles furent ses explications.

Les révélations de Quénisset amenèrent de multiples arrestations. Il fut traduit devant la Cour des Pairs avec :

Jean-Marie Boucheron, scieur de long, 36 ans ;
Colombier, marchand de vin, 43 ans ;
Launois, monteur en cuivre, 33 ans ;
Jarrasse, dit Jean-Marie, ébéniste, 33 ans.
Brazier, dit Just, menuisier, 32 ans ;
Doggio, dit Martin, serrurier, 32 ans ;
Mallet, cordonnier, 37 ans :
Martin, ébéniste, 25 ans ;
Petit, dit Auguste, ébéniste, 31 ans ;
Fougeray, ébéniste, 24 ans ;
Dupoty, rédacteur en chef du journal *Le Peuple* ;
Bouzer, ébéniste, 34 ans ;
Prioul, ouvrier en fauteuils ;
Considère, marchand de vin, 34 ans ;
Bazin, dit Napoléon, garçon de cuisine, 29 ans ;
Et autres.

Le Procureur Général du Roi, M. Hébert, déposa l'acte d'accusation le 21 novembre 1841.

Le 9 décembre il prononçait son réquisitoire, ainsi que l'Avocat Général Boucly.

Les accusés furent défendus par les plus célèbres avocats du temps.

Aucun fait saillant ne se dégagea des débats de cette affaire.

Le 23 décembre 1841, la Cour des Pairs condamnait :

A la peine de mort :
Quénisset ;
Colombier ;
Brazier.

A la déportation :
Petit, dit Auguste ;
Jarrasse, dit Jean-Marie.

A 15 ans de détention :
A. Boggio, dit Martin ;
Mallet.

A 10 ans de détention :
Boucheron ;
Launois, dit Chasseur.

A 5 ans de détention :
Dupoty
et Bazin, dit Napoléon.

Le 8 janvier 1842, le Roi commua la peine de mort en déportation à l'égard de Quénisset, en travaux forcés à perpétuité, à l'égard de Colombier et Brazier.

MORT TRAGIQUE DU DUC D'ORLÉANS

Au mois de juillet 1842, le duc d'Orléans (Ferdinand-Philippe-Louis-Charles-Henri, duc de Chartres, puis duc d'Orléans, fils aîné du roi Louis-Philippe et de Marie-Amélie des Deux-Siciles, né à Palerme en 1810), devait se rendre à Saint-Omer ; un camp venait d'être formé aux environs de cette ville.

Le 13 juillet, à onze heures du matin, le Prince quitta les Tuileries pour aller faire ses adieux à la famille royale qui se trouvait à Neuilly ; il occupait seul une voiture légère attelée de deux chevaux menés en Daumont.

Au moment où la voiture, après avoir parcouru les Champs-Elysées, suivait la route de Neuilly et passait auprès du Chemin de la Révolte, en face de la Porte Maillot, le Prince s'aperçut que le postillon retenait avec peine ses chevaux qui commençaient à prendre une allure désordonnée.

Il se lève, se penche en avant, et crie : « Vos chevaux s'emportent. » Au même instant, le Prince est projeté et tombe la tête la première sur le pavé. Avait-il voulu sauter hors de la voiture ? Avait-il été précipité par un cahot ? On ne le sut pas.

Le duc d'Orléans évanoui est relevé par un ouvrier allemand, un gendarme et quelques passants. On le transporte dans une maison voisine. C'était une très petite boutique d'épicier marchand de vins, peinte en rouge, qui portait le n° 4 sur le chemin de la Révolte, en face des écuries de Lord Seymour.

L'épicier, nommé Lecordier, descend de sa chambre deux matelas sur lesquels on étend le malheureux prince, dans l'arrière-boutique ; de tous côtés on cherche des médecins. Le docteur Pasquier, médecin particulier du Prince, arrive rapidement ; le duc d'Orléans avait repris ses sens et avait prononcé en allemand quelques mots inintelligibles, probablement destinés à Madame la duchesse d'Orléans, princesse de Saxe-Cobourg. Mais un instant après, il retombait dans le coma et entrait en agonie.

Cependant la nouvelle de l'accident est arrivée à Neuilly, le Roi, la Reine, la princesse Adélaïde, sœur du Roi, la princesse Clémentine, fille de Leurs Majestés, partent à pied en toute hâte. Leurs équipages les rejoignent et les transportent rapidement au lieu de la catastrophe. Le duc d'Aumale qui était à Courbevoie, à la tête de son régiment (le 17e léger), se jette dans un cabriolet qui se brise en chemin et fait le reste du trajet à pied. Le duc de Montpensier, la duchesse de Nemours, arrivent à leur tour, et toute la famille Royale se trouve ainsi réunie dans l'étroite pièce où gisait le duc d'Orléans, pièce à peine éclairée par une croisée délabrée, s'ouvrant à coulisses sur une triste cour, meublée d'un poêle en faïence, d'une table recouverte de toile cirée et de quelques ustensiles de cuisine.

Quelle scène navrante ! Agenouillées auprès des matelas, la Reine et les princesses pleurent et prient. Le Roi, debout, immobile, a les yeux fixés sur le visage décoloré de son fils et fait des efforts suprêmes pour ne pas se laisser abattre par une telle épreuve ! Au dehors, une foule éperdue, consternée, grossit à chaque minute. A quatre heures 1/2, le duc d'Orléans expire sans avoir repris connaissance.

Le Roi entraîne alors la reine Marie-Amélie dans la première pièce (la boutique de l'épicier), où s'étaient entassés les Ministres et les Maréchaux.

On se précipite aux pieds de la Reine qui dit, en sanglotant : « Quel malheur pour notre famille ! Quel affreux malheur aussi pour la France ! ». Les pleurs et les gémissements redoublent. Le Roi serre la main du maréchal Gérard dont le rude visage est sillonné de larmes.

A cinq heures la porte de la maison funèbre s'ouvre ; la foule se découvre en silence, et le triste cortège défile entre une haie formée par une compagnie du 17° (infanterie légère) mandée en hâte de Courbevoie.

Le Lieutenant-Général Athalin ouvre la marche, précédant la civière close de rideaux blancs, où gît le duc d'Orléans et qui est portée par quatre sous-officiers. Derrière le corps suivent, à pied, le Roi, la Reine, les Princesses, les Princes, les Maréchaux, les Ministres. Le cortège suit l'avenue de Sablonville, franchit la vieille route de Neuilly, entre dans le parc Royal, le traverse dans toute sa longueur et s'arrête à la chapelle du château, où le corps est déposé.

Il est impossible de décrire la consternation de Paris durant la soirée et le lendemain de cette mort tragique. Jamais la ville n'avait présenté une physionomie plus accablée, plus lugubre. Les théâtres avaient fait relâche spontanément ; les préparatifs des fêtes de juillet, déjà très avancés, avaient été contremandés. Tout avait pris un air de deuil.

Sur la route de Neuilly c'était une file ininterrompue de voitures qui toutes s'arrêtaient sur le lieu de la catastrophe.

La maisonnette à un étage qui avait abrité les derniers moments du Prince fut fermée le lendemain de sa mort : achetée au propriétaire, elle fut démolie et remplacée par une chapelle sous l'invocation de Saint-Ferdinand.

C'est là que les Princes d'Orléans font faire périodiquement les services religieux commémoratifs des deuils qui ont atteint leur famille.

LES PARTIS AU LENDEMAIN DE 1848

Le lendemain du 24 février 1848, en voyant Paris tout entier occupé et gardé par le peuple en armes, les classes supérieures éprouvèrent une grande inquiétude. On craignait des désordres et des actes de violence, il n'en fut rien.

Ces vainqueurs redoutés semblaient plus embarrassés que les vaincus. Le Gouvernement provisoire ne trouva pas d'opposition à son établissement. Les grands Corps de l'Etat, les hauts fonctionnaires, la magistrature, le clergé, les hommes les plus marquants, les journaux de toutes les nuances ne discutèrent pas le nouveau régime.

A vrai dire on se ralliait ainsi par nécessité, car les pouvoirs étaient à terre et la multitude jouissant d'une liberté absolue, on ne pouvait que témoigner de la reconnaissance aux hommes qui ne reculaient pas devant la tâche de rétablir l'ordre.

Le clergé surtout manifesta une satisfaction qui parut un peu extraordinaire, voire excessive. Il bénit tous les arbres de la liberté qu'on voulut bien lui désigner, chanta de bon cœur le « Domine Salvam » et fit imprimer dans un journal connu pour ses doctrines religieuses, une note portant que *La République était une notification de la Providence.*

Ce n'était pas que le clergé abandonnât son vieux rêve du trône et de l'autel, mais il n'oubliait pas la politique du Gouvernement de juillet au sujet de la liberté d'enseignement.

A cette époque (1848), étant en villégiature chez

des amis et assistant un certain dimanche à la grand' messe paroissiale de la Commune, je fus témoin du fait suivant : La messe était sur le point de finir ; au moment voulu, le chantre principal oubliant un instant que le changement du gouvernement l'obligeait à modifier la formule habituelle, entonna d'une voix stridente le « Domine Salvum... », puis se rappelant soudain que la Royauté étant tombée, sa phrase ne pouvait aboutir, il resta coi. Fort heureusement le prêtre à l'autel avait senti le danger : il se retourna vivement, et lui souffla : « Fac Rempublicam... ». Et l'artiste local jeta en l'air un formidable : « Fac Rempublicam ». La situation était sauvée ; la syntaxe latine seule avait souffert !

Ce qu'il y a de sûr, c'est que peu de jours après le 24 février 1848, on put constater une situation extrêmement rare dans notre pays : il y eut un moment où les hommes de tous les partis parlèrent la même langue, où tous se targuèrent de faire à l'intérêt général le sacrifice de leurs préférences.

Quant à la population parisienne, elle était occupée à la lecture et au commentaire des journaux, et se répandait dans les clubs.

C'était la conséquence inévitable d'une révolution faite au nom du droit de réunion, et de la liberté de la presse.

Des journaux de toutes nuances avaient été créés, et, joints aux journaux préexistants, se répandaient partout dans une proportion incroyable. Qu'ils défendissent ou attaquassent les idées nouvelles, ils préconisaient les systèmes les plus étranges, car il n'y eut jamais autant de sauveurs de la patrie et de professeurs de panacées infaillibles. Quelques organes comme *l'Atelier* et le *National* conquirent une influence considérable en des milieux divers. Les murailles se couvraient d'affiches de toutes couleurs où s'étalaient les propositions les plus bizarres.

Il y avait des clubs dans tous les quartiers. On en compta à Paris jusqu'à trois cents : Hangars, manèges, magasins à louer, salles de bal, salles de concerts, locaux disponibles, tous se transformaient le soir en réunions où s'écrasait le bon public parisien, avide de distractions et amateur de harangues pimentées de quelques scandales.

Blanqui, établi au Conservatoire de musique, avait une galerie de curieux, de curieuses aussi, appartenant à tous les mondes. Désireux de l'entendre, j'y allai un soir. Il avait un réel talent de parole et parfois des mouvements de véritable éloquence. Je me rappelle une de ses échappées que voici : il se plaignait d'être méconnu, attaqué même insulté et s'écria en faisant de grands gestes : « Quand je rencontre la calomnie je la méprise, je la dédaigne, « puis je secoue mon habit et je passe. » Sur ce, tonnerre d'applaudissements.

Les gens du monde se risquaient parfois dans ces réunions du Conservatoire, ils s'habillaient modestement, avec le chapeau mou, et se glissaient furtivement dans les loges. Ou bien, on allait écouter Barbès au club de la Révolution, Raspail au club des Amis du Peuple, ou Cabet, rue Saint-Honoré. Les Phalanstériens faisaient salle comble ; les étudiants menaient grand tapage au club de la Sorbonne. Les femmes, sous la présidence de la citoyenne Niboyet, installées dans les caves des Galeries Bonne-Nouvelle, péroraient passionnément, à la grande joie des loustics, contre les « Patriarcaux », les sauvages et les hommes « qui ne sont que des barbares » et préconisaient le mariage *à l'essai*. Il n'est pas jusqu'aux habituées de Saint-Lazare, mises en liberté le soir même du 24 février, qui n'eussent eu l'idée bizarre de former un corps d'amazones : « Les Vésuviennes », dont tout le monde se gaussait.

Enfin, on ne pouvait descendre dans la rue, sans y rencontrer de longues files d'hommes, de femmes, d'enfants, se tenant par la main et marchant, précédés de tambours, enseignes déployées, vers l'Hôtel de Ville pour y déposer, dans des corbeilles ornées de rubans et de fleurs, « le tribut volontaire d'un peuple libre. » C'était une perpétuelle mascarade de soldats étranges sous leurs uniformes improvisés, de gardes mobiles aux pantalons frangés, de gardes nationaux disparaissant sous des képis colossaux, de membres du Gouvernement sanglés d'écharpes flamboyantes, de montagnards aux brassards rouges, de gardiens de la paix aux chapeaux pointus, allant, venant, s'agitant, hurlant, pérorant dans un cadre d'illuminations perpétuelles ; car il suffisait qu'une dizaine de gamins réclamât « des lampions » pour que le bourgeois s'empressât d'en allumer.

Epoque singulière où les illusions les plus fantastiques se donnaient librement carrière, où les mots de concorde et de fraternité semblaient avoir un sens et où l'enthousiasme coulait de source !

Sous cette effervescence, il est très difficile de saisir une vue exacte des partis. Pourtant il semblerait que le premier fonctionnement du suffrage universel (23 avril 1848) dût fournir sur ce point des renseignements précis.

Mais à dire vrai, à mesure que la date des élections approche, toutes les nuances se fondent les unes dans les autres : il n'y a plus, à la fin, ni légitimistes, ni orléanistes, ni bonapartistes, ni cléricaux, seulement des républicains de la veille et des républicains du lendemain. Ces deux étiquettes sont assez vagues.

Trouverons-nous des indications plus satisfaisantes dans le résultat des votes pour l'Assemblée Constituante ? Nullement, car l'Assemblée renferma des députés de toutes nuances et de tous états, et notamment tous les anciens chefs de la bourgeoisie censitaire.

Il faut aller jusqu'au mois d'août pour commencer à apercevoir un certain classement dans les opinions multiples qui partagèrent bientôt les Français et détruisirent ces naïves illusions de concorde qui les avaient unis durant de courts instants.

On distinguait alors :

1° Un clan de légitimistes qui avait gagné beaucoup de terrain dans les élections municipales, qui possédait dans l'Assemblée environ 130 membres, qui agissait de concert avec l'ancienne opposition dynastique pour consolider la République comme le seul palladium possible pour la protection de l'ancienne société, mais un palladium provisoire, cette forme de gouvernement étant, dans la conviction intime de ces hommes, impraticable en France.

2° Un noyau bonapartiste important, surtout parce qu'il représentait une opinion populaire dans les campagnes.

3° Les socialistes et communistes qui eussent été forts, s'ils n'avaient été séparés en deux tronçons ennemis : les révolutionnaires de la vieille école et les socialistes proprement dits, différant les uns des autres si profondément qu'il leur fut impossible de marcher d'accord.

4° Un parti religieux nombreux et puissant qui avait bénéficié de la terreur que les théories socialistes inspiraient aux propriétaires, et d'un retour général d'une grande partie de la nation vers les idées religieuses.

Au point de vue purement parlementaire, l'existence de trois réunions précise encore ces divisions.

La réunion de la rue de Poitiers comprit la fraction la plus modérée de l'Assemblée, et de beaucoup la plus nombreuse, mais sans pourtant former, à elle seule, la majorité.

La réunion du Palais National réunit les purs républicains d'opinions avancées, mais hostiles à la République rouge.

Celle de la rue Taitbout fut le lieu de réunion des Montagnards, c'est-à-dire des révolutionnaires et des socialistes.

On ne saurait mieux terminer cette simple esquisse nécessairement un peu vague, de la société, au lendemain des journées de Février que par cette phrase caractéristique de Tocqueville :

« Il y a eu des révolutionnaires plus méchants
« que ceux de 1848, mais je ne pense pas qu'il y en
« ait jamais eu de plus sots : ils ne surent ni se ser-
« vir du suffrage universel, ni s'en passer. S'ils
« avaient fait les élections dès le lendemain du
« 24 février, alors que les hautes classes étaient
« étourdies du coup qu'elles venaient de recevoir,
« et quand le peuple était plutôt étonné que mécon-
« tent, ils auraient obtenu peut-être une assemblée
« suivant leur cœur ; s'ils avaient hardiment saisi
« la dictature, ils auraient pu la tenir quelque temps
« dans leurs mains. »

Le théâtre est, dit-on, le miroir des mœurs, des usages contemporains. Il devait donc porter l'empreinte de la Révolution de 1848. On sait ce qu'en style dramatique on appelle une revue. S'agit-il de rappeler quelque événement de l'année qui a ému l'opinion publique, de fronder quelque acte du pouvoir, de critiquer quelque abus, l'auteur qui a le don de la scène introduit tous ces faits saisis sur le vif dans une pièce de circonstance, sans visées ambitieuses, et d'une gaieté facile. Le Parisien, né malin, est très friand de ces sortes d'ouvrages et nombre de revues ont eu d'éclatants succès. L'année 1848 fournissait une ample matière à une pièce de ce genre, et MM. de Leuven et Brunswick, qui comptaient parmi les auteurs les plus spirituels de l'époque, durent en avoir tout d'abord l'idée. Mais, après réflexion faite, ils trouvèrent sans doute que pour faire la satire de cette année où rien ne restait debout, où chaque jour amenait quelque nouveau bouleversement, quelque proposition folle, une pièce ne suffisait pas et ils eurent la conception originale que voici : ils créèrent un ouvrage qui était pour ainsi dire permanent et qu'ils appelèrent avec un réel bonheur d'expression : *La foire aux idées*.

Voici quel était leur mode de procéder. Ces deux hommes d'esprit, toujours aux aguets, saisissaient au vol et notaient tout ce qui était nouveau, étrange, bizarre, subversif, enfin tout ce qui était révolutionnaire, et ils le faisaient passer successivement sous leur férule. Leur ouvrage, au lieu d'être composé d'une pièce unique, comprenant tout ce qu'ils avaient observé, qu'ils auraient appelée *une revue*, leur pièce, dis-je, se compose de quatre numéros, c'est-à-dire de quatre pièces différentes réunies dans le même cadre.

Ces quatre numéros furent représentés successivement sur le théâtre du Vaudeville. La 1re de ces pièces a dû être donnée à la fin du mois de décembre 1848. Je ne puis pas préciser parce que ce premier numéro est complètement épuisé et qu'il est impossible de le retrouver ; la 2e pièce a été jouée en 3 actes, le 22 mars 1849 ; la 3e en 3 actes, le 23 juin 1849 ; la 4e pièce, également en 3 actes, a été jouée le 13 octobre 1849.

Ces ouvrages, écrits avec une audace tout aristophanesque, avec une verve étincelante, ont obtenu un prodigieux succès.

LE PRINCE LOUIS-NAPOLÉON ET BOU-MAZA

Voici deux noms qui doivent être bien étonnés de se rencontrer sur la même feuille de papier, et leur rapprochement est sans doute aussi pour le lecteur un sujet d'étonnement, un point d'interrogation ; c'est à ce point d'interrogation que je dois répondre, en vous priant de bien remarquer que mon récit est daté de 1849.

Le nom de Bou-Maza se rattache à la partie militaire du règne de Louis-Philippe en Algérie ; celui du Prince Louis-Napoléon à sa partie politique.

Je me contenterai de résumer sommairement ce qu'ont été, sous le règne de Louis-Philippe, ces deux personnages si différents, et de montrer l'étrange circonstance qui vient de me faire rencontrer leurs deux noms dans une même lettre.

Je rappelle d'abord quelques traits de la curieuse physionomie de celui qu'en 1848 et dans les années suivantes on appelait le Prince Louis-Napoléon.

Louis-Napoléon, entièrement élevé par les soins de sa mère, eut une adolescence errante et agitée. Rêveur et très porté aux théories socialistes, en même temps avide d'action et grisé par la légende napoléonienne, il s'affilie au carbonarisme, conspire dans les Romagnes (1831), est expulsé de Paris à cause de ses intrigues bonapartistes qui inquiétèrent Casimir-Périer, président du Conseil des Ministres de Louis-Philippe ; se lie avec les chefs de l'insurrection polonaise, publie des brochures politiques, et le 30 octobre 1836, de complicité avec Mme Eléonore Gordon et avec M. de Persigny, essaie de soulever la garnison de Strasbourg. Cette entreprise avorte piteusement. La Reine Hortense vient à Paris, se jette aux pieds de Louis-Philippe, pleure et obtient la grâce de son fils qu'elle embarque pour l'Amérique.

Néanmoins la propagande bonapartiste faisait son chemin ; le 6 août 1840, croyant le moment favorable, Louis-Napoléon débarquait à Boulogne. Affublé du fameux petit chapeau de Napoléon Ier, l'épée d'Austerlitz à la main, escorté d'un aigle apprivoisé qui décrivait autour de sa tête des courbes savantes, il essaie de soulever le 42e de ligne.

Arrêté et traduit devant la Cour des Pairs, il est condamné à un emprisonnement perpétuel et *enfermé dans la Citadelle de Ham*.

Il réussit à s'évader le 25 mai 1846 sous les vêtements de l'ouvrier Badinguet, s'installe à Londres et revient à Paris dès le début de la Révolution de 1848 ; dès lors, sa fortune est faite : il est nommé représentant à la Constituante par plusieurs départements et il est élu Président de la République le 10 décembre 1848 à une immense majorié. On sait comment il passa de la Présidence de la République à l'Empire.

Quant à Bou-Maza, il est presque ignoré de la génération actuelle. *L'Homme à la chèvre*, comme on l'appelait, fut cependant un agitateur redoutable et il tint un moment nos armes en échec en Algérie, dans la province d'Oran.

Ces mots : *L'Homme à la chèvre*, sont la traduction de deux mots arabes. Bou-Maza n'est donc qu'un surnom. Le nom véritable du personnage est demeuré inconnu. On ne sait d'ailleurs pas davantage pourquoi on l'avait surnommé *l'Homme à la chèvre*. Comme il avait commencé à attirer l'attention de ses compatriotes en faisant le saint, c'est-à-dire en affectant une dévotion excessive et un dénuement rigoureux, on peut supposer qu'il se faisait accompagner dans ses tournées par une chèvre.

La plus grande obscurité entoure ses origines. Il est assez probable qu'il avait servi sous Abd-el-Kader. En tous cas, il était affilié à l'une de ces puissantes et mystérieuses confréries religieuses qui étendaient leur pouvoir occulte sur toute l'Afrique du Nord et sur une partie du Sahara. En 1845, sous le nom de Mohammed ben Abdallah, Bou-Maza se proclame *madhi*. Grâce au mot d'ordre donné par les congrégations, il groupe autour de lui toutes les populations du Dahra et attaque Tenès et Orléansville. Repoussé, non sans efforts, il soulève les tribus de l'Ouarsenis ; complètement défait le 11 juin 1845, il disparaît pendant un an, noue des relations avec Abd-el-Kader réfugié au Maroc, reparaît tout à coup en septembre 1846, soulève les régions de la Mina et du Dahra et pousse trois pointes audacieuses à Mostaganem, à Tenès, à Orléansville. Battu sur tous les points, il se retire dans le Sahara. Mais personne ne veut plus croire à sa mission providentielle, et découragé, il se livre au commandant supérieur d'Orléansville, le 13 avril 1847.

Bou-Maza fut d'abord interné à Paris, mais il chercha à s'évader en 1848 et fut alors *emprisonné à Ham*, dans la cellule qu'avait occupée Louis-Napoléon après la tentative de Boulogne.

Je viens de mettre en scène mes deux personnages. Cette présentation était nécessaire avant de placer sous vos yeux une lettre privée dans laquelle il est question de tous les deux.

Un de mes oncles faisait régulièrement chaque année des voyages en France et à l'étranger pour des affaires qui exigeaient ces déplacements.

Un jour de l'année 1849, il fut obligé d'aller à Saint-Quentin. Comme il était très bon fils, il écrivait fréquemment à sa mère.

Voici une lettre en date à Saint-Quentin du *4 février 1849*, dont il m'a paru assez curieux de vous donner copie.

Cette lettre est bien du 4 février 1849 et authentique ; car à cette époque nous n'avions pas encore l'avantage et la sûreté des enveloppes. On pliait sa lettre en deux, en trois ou en quatre ; le timbre, par conséquent venait frapper non pas une enveloppe, mais la lettre elle-même et l'on avait ainsi ce qu'on appelle la date certaine. C'est le cas de la lettre que j'ai sous les yeux. au moment même où j'en transcris la copie

Voici cette lettre :

Saint-Quentin, 4 février 1849.

Ma bonne mère,

. . . .
. . . .
. . . .

Hier, je suis allé à Ham pour visiter la sucrerie. Cela n'a employé qu'une partie de ma matinée. L'autre a été consacrée à la visite du Château et de la Tour, visite qui m'a été facilitée et rendue agréable par l'adjoint du Maire.

Il n'y a en ce moment qu'un seul prisonnier au Château ; c'est l'arabe Bou-Maza, avec qui j'ai passé une heure tant dans sa chambre qu'en promenade sur les glacis. Ce prisonnier paraît fort triste et affecté de son sort ; il espère que le Président de la République va le tirer de là, mais ledit Président se contentera peut-être de s'en être tiré lui-même.

Singulier exemple des vicissitudes politiques ! Il y a deux ans, Bou-Maza, après s'être en 1847 rendu à la France, jouissait encore d'une liberté relative avant sa tentative d'évasion de 1848, et Louis-Napoléon était alors prisonnier au Château de Ham. Aujourd'hui, Louis-Napoléon trône... c'est-à-dire (j'en demande pardon à la République), demeure à l'Elysée, et Bou-Maza a pris sa place dans la même cellule que le Prince occupait à Ham !... La suite prochainement, comme dit la caricature.

Au surplus, Bou-Maza est un arabe fort laid, sale, et costumé à la française, il a une tournure abominable ; on dit qu'il a fait couper bien des têtes de Français. Soit ! Mais qu'il ait fait tourner des têtes de françaises, c'est ce qui paraît inconcevable, quand on voit cet homme chaffouin aux traits fauves, au regard indéfinissable ! !...

Je viens de lire ta lettre d'hier ; je vois avec plaisir que vous êtes sages à Paris. Continuez de même bien longtemps ; on m'a donné une carte d'introduction au Cercle du Commerce, où je trouve tous les journaux ; aussi je me tiens bien au courant.

Je vous embrasse tous bien tendrement.

F... B...

Quand Louis-Napoléon fut devenu empereur, il gracia Bou-Maza.

Confraternité de cellule !

CORRESPONDANCE DE SCRIBE EN VOYAGE

I - 1850. — Scribe et Halévy, collaborateurs en 1850 du roi Louis-Philippe pour un opéra. — II - 1851.— Impressions de voyage à Nice. — III - 1852. — Impressions de voyage à Rome. — IV - 1859. — Réponse à une solliciteuse.

A M. Mahérault

Londres, 26 mai 1850

. . . .

Notre directeur nous loge, nous éclaire, nous fournit de meubles, nous donne tous les soirs une avant-scène à l'Opéra ou à d'autres théâtres, selon notre caprice. Il nous permet seulement de nous nourrir, excepté les jours où il nous donne à dîner, et ces jours-là, c'est une magnificence flatteuse à la fois et insolente pour la France. Il nous fait dîner avec des lords, des ambassadeurs, des ducs, des membres du Parlement. En revanche, les autres jours nous tenons table ouverte et nous recevons les artistes, nos compatriotes : Eugène Lami, Dubuffe, Régnier ; la magistrature même, Berthelin qui vient d'arriver et qui dîne et déjeune chaque jour avec nous. Nous avons même, pour soutenir la France et résister à l'Angleterre pris une voiture au mois, avec un cocher et un groom ; démonstration patriotique qui charme nos femmes, mais qui ne nous empêche pas d'être enfoncés. La promenade d'Hyde-Park est ce que j'ai vu de plus éblouissant, de plus étourdissant ; et réunit, l'un portant l'autre, les plus jolis chevaux et les plus jolies femmes de l'Angleterre. Rien ne ressemble à cela chez nous, et je suis revenu charmé et humilié.

. . . .

La presse nous fait des coquetteries, les ambassadeurs nous font des visites. Celui de Russie, le baron de Brunow, est charmant, aimable, spirituel. Nous avons fait alliance avec lui pour tâcher de faire contrepoids à la puissance anglaise *(déjà l'alliance russe!)*. Nous nous sommes entendus avec lui pour empêcher la guerre de peur qu'on ne le rappelât à Saint-Pétersbourg avant la première représentation de la *Tempête*, ce qui l'aurait désolé. Aussi c'est à nos efforts réunis que nous devons l'apparence de paix qui règne en ce moment.

En arrivant ici, j'avais trouvé la carte de Christian Dumas. Deux jours après, j'ai reçu une invitation du Roi d'aller avec Halévy dîner à Claremont. Ah ! quel beau et triste séjour ! comme c'est vert et monotone..., monotone comme l'exil, et que notre pauvre Roi m'a paru changé ! C'est à peine si je l'aurais reconnu sans la Reine qui se tenait près de lui, l'entourant de ses soins, comme sa famille de ses respects. Ils étaient tous là, excepté le duc et la duchesse de Montpensier, tous princes et princesses avec leurs enfants à côté d'eux, à cette immense table de famille où il n'y avait guère d'étrangers qu'Halévy et moi, et encore quand je dis étrangers, on nous a reçus et fêtés comme des amis, des enfants de la maison, tant ils semblaient tous heureux de voir des Français et de pouvoir parler de Paris, de musique, de spectacle, d'autres choses enfin que de la politique qui les attriste. La Reine surtout tâche de l'éloigner de la pensée du Roi qui y revient toujours. Aussi cette pauvre Reine était-elle ravie parce que, depuis quelques jours, le Roi qui, comme tu le sais, aurait été un homme très remarquable dans tous les genres, avait eu l'idée d'un grand opéra qu'il voulait me soumettre, dont il voulait causer avec moi. Et après dîner, dans ce grand salon de Claremont, le Roi nous a tenus, Halévy et moi, assis dans un coin, près d'une heure, et il nous a expliqué, développé son sujet où il y avait de fort belles choses, de beaux caractères, du spectacle et des situations très musicales; mais il y manquait une pièce et surtout un dénouement. J'ai proposé quelques idées que le Roi a adoptées, en renonçant aux siennes avec une grande abnégation. Depuis ce moment, il ne rêve qu'à notre pièce, à ce que m'a dit la Duchesse d'Orléans chez laquelle j'ai dîné quelques jours après. Et s'il n'était pas parti pour Saint-Léonard, la Reine m'aurait prié d'aller de temps en temps passer une matinée à Claremont pour parler au Roi de ce sujet qui lui plaît tant, et qui l'aurait, pour quelques instants, distrait de tous les autres. Mais j'ai bien promis que je ne partirais pas sans aller faire une visite d'adieu à mon illustre collaborateur. Et moi qui ai eu tant de collaborateurs, sans compter mon ami Mahérault, je ne m'attendais pas que le dernier serait de tous le plus célèbre et probablement le plus malheureux.

Eugène SCRIBE.

A M. Mahérault

Nice, 12 décembre 1851.

. . . .

Nous avons couché le soir à Fréjus, et le lendemain lundi, 1er décembre, à Nice. Et bien nous en a pris, car, deux jours plus tard, on commençait à arrêter dans le Var la diligence, et surtout les voitures de poste ; et la nôtre, avec quatre chevaux attelés, le clic-clac du postillon et deux domestiques sur le siège, sentait l'aristo d'une lieue à la ronde. Nous avons trouvé ici l'ancien directeur de l'Opéra, Léon Pillet, actuellement Consul de France, et qui, oubliant nos anciennes discussions théâtrales, s'est montré fort gracieux et fort obligeant.

Le premier soin était de nous loger ; car il y a ici tant d'étrangers que toutes les maisons particulières sont louées, tous les hôtels remplis. Enfin, nous avons trouvé à l'hôtel du Paradis un appartement complet dans une admirable situation, à l'extrémité de la ville, au bord de la mer, six croisées de face en plein midi et nous découvrons devant nous la mer à l'infini, à gauche le phare de Villefranche, à droite celui d'Antibes ! C'est la France qu'on est toujours bien aise d'apercevoir dans le lointain, ne fût-ce que pour les amis qu'on y a laissés. La température est magnifique et invraisemblable. Depuis douze jours, un soleil éblouissant et ardent comme au mois de juin en France.

. . . .

Je suis devenu si paresseux qu'une plume et un

encrier font sur moi l'effet d'un verre d'eau sur un hydrophobe. La journée s'écoule si vite et sans le moindre travail possible que je ne conçois pas maintenant comment j'ai pu trouver, pendant trente années, le moyen de travailler autant.

. . . .

Chaque jour nous offre des points de vue charmants, des lieux pittoresques à visiter, soit dans la montagne, soit aux bords de la mer. De quelque côté que l'on se retourne, on aperçoit toujours la mer, les montagnes, la ville de Nice, des forêts d'oliviers et d'orangers. Et cette vue qui est toujours la même, se varie toujours à l'infini, comme les levers et les couchers de soleil qui offrent chaque jour de l'année de nouveaux effets.

A trois heures, je vais aux salons de Visconti, cabinet de lecture, salon de conversation, et promenade en plein air dans un fort joli jardin. On trouve là-bas tous les journaux, tous les livres, enfin tous les Français habitants de Nice. A quatre heures et demie, je rentre me chauffer, me reposer et dormir un quart d'heure, comme le prélat de Boileau qui

Muni d'un ample déjeuner,
Dormant d'un léger somme, attendait le dîner.

EUGÈNE SCRIBE.

A M. Mahérault

Rome, 14 février 1852.

. . . .

Tu comprends bien que je n'ai pas un instant la pensée de te décrire tous les monuments que je viens de t'indiquer, qui se touchent presque tous, que l'on parcourt des yeux en une demi-heure et qu'il faudrait des livres entiers pour t'analyser. Ces livres sont faits. Ce que je puis te dire, ce sont les sensations que j'ai éprouvées à cette première matinée, sensations dont, à mon âge, je ne me croyais plus capable. Tous ces vieux chefs-d'œuvre m'inspiraient non pas seulement surprise et admiration, mais comme une joie folle et imprévue. Toutes ces ruines m'avaient rajeuni. Je me voyais sur les bancs du collège, en sixième, traduisant le *de viris illustribus Romæ*, ou plus tard le *Tite-Live*, et plus tard encore le *Tacite*. Toute cette Rome antique que j'avais lue, étudiée, récitée comme une leçon, je la voyais se dresser devant moi, debout et vivante. Toutes ces histoires, toutes ces fables peut-être qui n'avaient existé pour moi que sur le papier, existaient à cette heure sur le sol, sur cette terre que les héros de nos classes avaient foulée, et que je foulais aussi. Et comme depuis ma sortie de Sainte-Barbe et du Lycée Napoléon je ne m'étais guère occupé, dans le monde dramatique où je passais ma vie, de mes premières études, ni des souvenirs romains de ma jeunesse, c'étaient comme autant de camarades de collège que je retrouvais après cinquante ans d'absence et de séparation. Voilà ce qui me rendait si joyeux, voilà ce qui me faisait rêver courir tout enivré sur ces ruines, avec un entraînement juvénile dont ma femme s'étonnait et que moi seul pouvais comprendre.

Eugène SCRIBE.

A une Solliciteuse

Paris, 13 mars 1859.

Madame,

Je n'ai pas le crédit que vous me supposez. Je l'avais autrefois, je ne l'ai plus maintenant.

Dans la situation littéraire actuelle, que vous ne connaissez pas, je le vois, j'ai grand'peine à faire admettre par les administrations théâtrales un ouvrage de moi. Tous les journaux, si vous en lisez quelques-uns, vous diraient les clameurs qui s'élèvent contre un vieillard qui après quarante ans de travaux ose encore travailler. C'est à qui lui criera : « Tu es mort ! Va-t'en te faire enterrer ! »

Ils ont probablement raison et c'est ce que j'ai de mieux à faire. C'est vous dire que loin d'être utile à votre protégé, mon appui lui nuirait infiniment, et dans son intérêt même je dois m'abstenir de lire l'opéra-comique-féerie dont vous me parlez et qui provient de la succession de son père. Quant au temps et à la force nécessaires pour y travailler, je ne les ai plus, et je crois vous donner un bon conseil en vous engageant à vous adresser à quelque jeune confrère actif, laborieux et dévoué, comme je l'étais jadis.

Mon dévouement, il est vrai, m'avait peu réussi ; car parmi les collaborateurs dont j'avais presque entièrement refait, corrigé et fait jouer les ouvrages, bien peu m'en ont gardé la moindre reconnaissance ; beaucoup d'autres ont souvent laissé dire, répété eux-mêmes et imprimé que je n'étais pour rien dans ces ouvrages et que je n'y avais mis que mon nom.

Je l'ai su, je ne m'en suis jamais plaint, mais je me suis promis que je ne recommencerais plus.

Veuillez agréer, Madame, l'expression de mon profond respect.

Eugène SCRIBE.

MORT DE M. PAILLET, AVOCAT

Le Tribunal de la Seine a été saisi récemment d'un procès relatif à la succession de M. Adolphe d'Ennery, le célèbre auteur dramatique (1899).

Je n'ai rien à dire ici de ce procès ; il a été jugé conformément à la volonté testamentaire du défunt, et il semblait difficile qu'il en fût autrement, eu égard aux circonstances de l'affaire, qui furent longuement expliquées au Tribunal.

Mais, comme on peut presque dire que tout se tient dans la vie, ou qu'au moins une foule de circonstances se rencontrent qui paraissent avoir des affinités, ma pensée, en présence du nom du testateur, s'est reportée sur un des jours les plus douloureux de ma vie.

J'ai eu pendant un très grand nombre d'années les relations les plus agréables avec M. Paillet, avocat, l'un des hommes qui ont le plus illustré le Barreau français.

Ces rapports étaient fréquents et généralement avaient pour objet des affaires qui, soit au point de vue du droit, soit au point de vue des circonstances et des faits, présentaient le plus vif intérêt.

Le 16 novembre 1855, je me trouvais, comme presque tous les jours, au Palais de Justice, et je causais avec M. Paillet précisément des affaires qui, à cette époque, nous mettaient en rapport.

La première Chambre du Tribunal à laquelle les affaires de M. Paillet l'appelaient habituellement donnait généralement deux audiences, comme aujourd'hui du reste, une première, jusqu'à deux heures, suivie d'une interruption, et une seconde audience qui se prolongeait jusqu'à la fin de la journée.

M. Paillet avait eu, ce jour-là, une matinée assez libre, dégagée de préoccupations, ce qui nous avait permis de causer assez longuement. Nous nous promenions en attendant la seconde audience du Tribunal ; on vint annoncer l'ouverture.

Alors M. Paillet prit congé de moi en me disant :
« Il faut que je vous quitte, je vais m'engager à la
« seconde audience de la première Chambre.

— « Vous y avez probablement une affaire impor-
« tante ?

— « Oui, me répondit-il, je vais plaider pour d'En-
« nery, notre grand dramaturge, qui a un procès in-
« téressant. »

Je ne connaissais pas M. d'Ennery à ce moment ; c'est là et ce jour-là que je le vis pour la première fois.

Après avoir quitté M. Paillet et être resté encore quelques instants au Palais de Justice, j'entrai à la première Chambre pour entendre un instant l'affaire de M. d'Ennery plaidée par Paillet : c'était une double attraction.

J'étais à peine entré dans la salle, que tout à coup

je vois un grand trouble ; l'avocat ne parle plus. Le magistrat qui présidait l'audience dit vivement : « L'audience est suspendue. » Je m'approche de la barre, et j'aperçois mon éminent ami M. Paillet renversé, soutenu par ses voisins qui étaient des confrères. Il venait d'être à l'instant même frappé d'une attaque d'apoplexie, que rien assurément n'aurait pu faire prévoir, lorsque, peu d'instants avant, je me promenais avec lui, et que sa conversation me paraissait plus libre que jamais.

Aidé de quelques amis, nous transportâmes le malade dans une petite pièce proche qu'on appelait a cette époque la « parlotte » parce que, dans les intervalles d'audience, quelques membres du barreau allaient s'y asseoir et s'y reposer en devisant de choses et d'autres.

Pendant qu'on installait M. Paillet, je me rendis en hâte dans le cabinet de M. Debelleyme, président du Tribunal, qui, ayant vu le pauvre malade, me dit : « Il faut faire prévenir au plus vite Mme Paillet. »

Tandis qu'on se rendait en toute hâte rue Thérèse, où était le domicile de M. Paillet, le médecin du Palais, qu'on avait envoyé chercher, jugeait l'état irrémédiable.

Pourtant il voulut tenter une saignée ; je m'installai sur un petit canapé qui était dans la pièce dont je viens de parler, j'étendis les bras, on mit le malade sur ma poitrine pour lui faire un appui et un oreiller. C'est dans cette position que le docteur le saigna. Il jaillit un sang noir dont le caractère et les symptômes ne purent que confirmer les prévisions du médecin.

Nous composâmes alors un triste cortège ; Paillet respirait encore ; on l'étendit sur un brancard ; on l'enveloppa de tentures pour le soustraire à la curiosité du public, et c'est ainsi que nous allâmes du Palais à la rue Thérèse.

Quand nous arrivâmes au domicile, la malheureuse Mme Paillet était dans l'escalier, retenue par des amis qui à grand'peine l'empêchaient de descendre dans la rue.

Il était alors environ 6 heures, c'était le 16 novembre 1855. L'illustre avocat, qui était né le 17 novembre 1796, succombait le soir même, à 10 heures.

Quelques heures après, on lisait dans son testament ces tristes lignes si singulièrement prophétiques :

« Je succomberai à la Barre, et ma robe sera mon
« linceul. »

ANECDOTES D'UN COLLABORATEUR ANONYME

J'ai un ami *dont la première manière* a été d'être officier de marine ; puis il a fait campagne en Afrique. Enfin, ayant quitté le service, il est entré dans l'industrie, dans la grande industrie, où il a conquis par son mérite et ses grandes facultés une situation importante.

A une époque où j'avais la bonne fortune de le voir plus souvent, j'avais grand plaisir à le faire causer sur son passé, sur les épreuves de son ancienne existence, et quand le récit portait sur quelque anecdote piquante, je ne me contentais pas d'écouter ; je lui disais : « Mettez-moi donc cela sur le papier », et voici comment il devient ici mon collaborateur anonyme, car il ne m'a pas autorisé à le nommer ; et je sais que si je le faisais, je blesserais sa modestie.

1854-1855. — Guerre de Crimée. — Conséquence imprévue de la guerre de Crimée

Au commenceemnt de la guerre de Crimée, nous étions en Océanie. Nous naviguions depuis 11 mois sans aucune nouvelle de l'Europe.

Au moment où nous avions quitté la Chine, les journaux parlaient d'une grosse crise en Orient, d'une querelle sérieuse entre les Russes et le *Malade* (de Constantinople). En France, on s'attendait à la guerre, mais on ne savait au juste qui serait contre nous ou avec nous.

Nos vivres étaient épuisés et il fallait absolument nous ravitailler. Beaucoup de nos matelots étaient malades du scorbut, et quelques officiers étaient également atteints de ce mal, résultat inévitable de l'alimentation que nous subissions depuis tant de mois. Nous n'avions plus que de l'eau-de-vie, des biscuits moisis, du lard salé abominable et... c'est tout.

Plusieurs d'entre nous étaient de vrais squelettes, tous étaient plus ou moins épuisés par les fatigues et les privations de tous genres que nous avions supportées.

Le commandant se décida à entrer à Sydney.

Un peu avant de pénétrer dans la rade, il fit faire le branle-bas de combat et charger les canons à boulet.

A l'honneur de notre race, grâce aussi à l'admirable exemple que nos chefs nous donnaient toujours, tous ces fantômes se réveillèrent au son des tambours et des clairons.

Les yeux de ces braves gens indiquaient qu'ils feraient leur devoir jusqu'au bout.

Une fois le branle-bas terminé, notre commandant, un de ces gentilshommes qui ont toujours été, à toutes les époques de notre histoire, au premier rang les jours de danger, nous fit un petit discours se résumant ainsi :

« Mes enfants, nous ne savons pas si nous sommes
« en paix ou en guerre avec les Anglais. Nous allons
« entrer dans la rade de Sydney parce que nous n'a-
« vons plus de vivres ; vous ne le savez que trop.
« Nous avons arboré notre pavillon, et si les forts nous
« saluent avec des boulets, nous combattrons tant
« que nous n'aurons pas épuisé nos munitions. C'est
« entendu, je compte sur vous. »

A ce moment, le second du navire s'avança vers le commandant, et prononça ces belles et simples paroles.

« Commandant, au nom de l'Etat-Major et de tout
« l'équipage, je dois vous dire que nous sommes
« charmés de votre résolution. »

Une heure après, nous passions le goulet de la rade sous les canons silencieux des forts, et nous étions entourés de canots chargés de charmantes femmes, d'enfants, d'hommes enthousiasmés, et criant « Vive la France ! » La Ville de Sydney venait de recevoir le courrier de Londres apportant la nouvelle de la bataille d'Inkermann.

Une réception triomphale, « bon souper, bon gîte »

et... onze mois de solde : quels souvenirs pour un pauvre diable d'aspirant !

Souvenir d'un enseigne de vaisseau
(Du même auteur anonyme)

Il y a 47 ans environ, j'étais de quart sur une frégate mouillée en rade d'Hienguène (Nouvelle-Calédonie). Il faisait calme plat, et une légère brume estompait la côte et rendait plus grâcieux encore ses grands cocotiers. La chaleur était étouffante. Il était 10 heures du matin, heure du déjeûner des officiers à bord des navires de guerre.

Tout à coup, un timonier de garde sur la dunette vint me prévenir qu'une pirogue se dirigeait vers la frégate. Le Père Montrosier était à bord de cette pirogue et semblait fort agité. Je fis immédiatement prévenir le commandant.

Le Père Montrosier était un intrépide missionnaire, qui vivait depuis dix ans au milieu des abominables anthropophages d'Hienguène. C'était un entomologiste distingué ; il parlait tous les baragouins de la Polynésie ; sa science, son intrépidité surtout, nous charmaient, et notre commandant l'adorait.

Celui-ci était à sa toilette quand le timonier vint le prévenir de l'approche de la pirogue et de l'agitation du cher missionnaire.

Le commandant mit aussitôt sa casquette de capitaine de vaisseau sur sa tête, et s'élança sur le pont, en chemise, en pantalon soutenu par de larges bretelles à couleurs voyantes, et c'est tout.

Ainsi affublé, avec son gros ventre, le bon commandant avait l'air de Sancho Pança. Mais quand il était sur son banc de quart, en tenue, il rappelait le Bailly de Suffren et ne faisait pas rire du tout.

Voici la *gracieuse conversation*, — comme dit Cervantès dans Don Quichotte, — qui s'engagea entre le missionnaire et le commandement.

« Eh bien, Père Montrosier, qu'est-il donc arrivé ?
— « Un affreux malheur ! une abomination !!
— « Quoi donc ? quoi donc ? »

Le Père atteignait alors le pont de la frégate.
« Le chef Kaï-Kaï a mangé sa belle-sœur !!
— « Pas possible ! ce n'est que cela ! » dit le commandant ; et, prenant le missionnaire par le bras : « Allons déjeuner », dit-il avec une admirable tranquillité.

Une corvée en Nouvelle-Calédonie, lors de la prise de possession de cette île

(Du même auteur anonyme)

Vers 11 heures du soir, j'étais couché dans ma cabine, essayant de dormir, malgré la chaleur et les attaques incessantes d'une nuée de moustiques.

Entre un timonier : « Lieutenant, le comman-
« dant demande l'officier de corvée. »

« C'est bien moi. — Dites au commandant que
« je vais m'habiller.

« Me voici, commandant.
— « Ah ! c'est vous, mon ami qui êtes de corvée ?
— « Oui, commandant.

« On va armer le grand canot. Vous trouverez
« quinze hommes sur le pont, dont un second maître
« et deux quartiers-maîtres, munis de sabres et de pis
« tolets ; vous en prendrez également.

« Oui, commandant.

— « **Vous** vous rendrez à la baie de Pom'bo. Cette canaille de John vous conduira à la case du Roi.

— « Oui, commandant.

« C'est un récalcitrant. Vous le ferez prisonnier. S'il résiste ou essaye de s'échapper, vous le tuerez.

— « Oui, commandant.

— « Allez, mon ami. »

Une heure après, le grand canot débarquait à Pom'bo, notre bande nocturne et silencieuse. John, un affreux bandit, un ancien négrier qui se disait Américain et pilote dans les mers de corail qui entourent la Nouvelle-Calédonie, nous conduisit tout droit à la case du Roi.

Après l'avoir fait entourer par mes matelots, j'entrai dans ce palais, semblable à une ruche d'abeilles, mais sale, puante, où l'on ne pouvait pénétrer qu'en rampant. John me suivait avec une bougie qu'il venait d'allumer. Nous ne tardâmes pas à apercevoir les pieds de Sa Majesté qui cherchait à s'évader en passant entre le sol et la paille de sa case. Les matelots placés à l'extérieur s'en saisirent. Il ne fit aucune résistance, car, comme tous ses compatriotes, la nuit lui causait une terreur superstitieuse.

Nous le transportâmes à bord sans autre incident.

Ce grand et vilain singe était parfaitement nu. Il avait froid, et je lui fis cadeau d'un vieux gilet d'uniforme qu'il revêtit avec plaisir. Un bon verre d'eau-de-vie le mit en état d'être présenté au commandant. Il était déjà grand jour. A la vue de Sa Majesté et de son gilet, le bon commandant partit d'un éclat de rire, et pour compléter cette scène, lui plaça sur la tête un vieux gibus, et attacha à son épaule un de ces anciens sabres de la Garde nationale, retenus par un large baudrier que nous admirâmes si souvent, du temps de Louis-Philippe. Sa Majesté était ravie.

A 3 heures, on battit le rappel pour la compagnie de débarquement et la section d'obusiers de montagne, traînés par des matelots. J'avais l'honneur de commander cette section.

Nous voilà partis pour Pom'bo, avec le chef de cette tribu et ce sacripant de John qui ne cessait de baragouiner avec son ami, et de se moquer de sa tenue. Sa Majesté avait bien déjeuné et bu considérablement d'eau-de-vie.

Une fois à terre, et nous rangés en bataille, un grand palabre s'ouvrit entre le Roi et John. Ce dernier voulait, sans succès, obliger Sa Majesté à mettre sa croix au bout d'un grand papier qu'il tenait à la main. Cette scène fort drôle, durait depuis quelques minutes quand le commandant, impatienté des tergiversations du Roi, dit à John : « Flanque-lui un « coup de pied quelque part ; encore un ; encore un ; « encore un......... »

A la longue, Sa Majesté vaincue et résignée fit sa croix. On hissa nos chères couleurs et nous saluâmes la France de 101 coups d'obusiers.

Après quoi, le commandant nous pria de déposer nos signatures sur le terrible papier de John, au bas d'une phrase ainsi rédigée :

« Nous, soussignés, déclarons que c'est librement « et sans nulle contrainte que le Roi de Pom'bo s'est « placé sous la souveraineté de l'Empereur des « Français. »

Et voilà comment finit la comédie. Nous étions éreintés, mal nourris, dévorés par des insectes de bien des genres. Mais nous étions jeunes et de si bonne humeur, que plus jamais aucun de nous ne rît de si bon cœur.

MORALE : L'excellent John, le persuasif John fut pendu quelque temps après à Sydney. Il avait vendu un chef de tribu à son voisin, et ce dernier l'avait mangé !! C'était, en vérité, pousser la plaisanterie trop loin.

CANROBERT RETOUR DE CRIMÉE

Je me rappelle comme si c'était hier la grande émotion produite à Paris, par la guerre qui eut lieu entre la France et la Russie, avec un modeste concours de la part de l'Angleterre (1). C'était en 1854, il y a donc de cela 46 ans ! Que de faits accomplis depuis cette époque ! Que de changements survenus !

L'armée française avait embarqué pour la Crimée ; elle se composait de trois divisions. Le Maréchal de Saint-Arnaud en avait le commandement supérieur, le Général Bosquet était le chef de la 1re de ces divisions, à Canrobert était échu la seconde, Forez commandait la troisième.

A l'Alma qu'il s'agissait de tourner et d'escalader, le Maréchal de Saint-Arnaud avait fait des prodiges. Il avait à soutenir deux luttes, celle contre une armée étrangère qui n'était ni la plus difficile, ni la plus redoutable ; l'autre contre la maladie qui le

(1) On a vraiment un plaisir particulier à rappeler aujourd'hui que pendant les armistices, pendant même les simples suspensions d'armes, ce n'étaient pas les Français et les Anglais qui camaradaient quoiqu'ils fussent alliés et fissent la guerre ensemble.

minait. Il avait voulu être à cheval, en personne à la tête de ses troupes. Pour gravir l'Alma, il s'était fait soutenir sous les bras par deux dragons qui faisaient l'ascension à côté de lui.

Il avait ordonné à la mort de l'attendre ; mais la bataille finie, et, le succès acquis, la mort avait réclamé ses droits, elle s'était emparée de sa proie, et Canrobert était devenu général en chef.

Le Général Canrobert possédait au suprême degré le talent de soutenir le moral des hommes. Sa parole un peu emphatique mais surtout généreuse produisait une grande impression, et puis... et puis... il avait une immense bonté et beaucoup de pitié, et le soldat ne l'ignorait pas.

Cependant Canrobert était dévoré d'inquiétudes et de perplexités. Il était aux prises avec des influences contradictoires. 1° L'Empereur avait des idées personnelles et les formulait. 2° Les deux Etats-Majors, français et anglais, avaient aussi les leurs et parfois eux aussi ils n'étaient pas d'accord.

Le Général Niel écrivait à l'Empereur : « L'assaut « est si difficile, si périlleux pour l'armée que le « moment venu on hésite ; la vérité est que dans « ce prétendu siège on poursuit un but qu'on n'ose « pas atteindre quand on s'en rapproche et qu'il n'y « a de solution que dans l'investissement de la ville »: Fort bien, mais les Anglais, et notamment Lord Raglan, s'y refusaient absolument. Le chef de l'armée anglaise voulait continuer les opérations du siège et faire l'expédition de Kertch. Canrobert, au contraire, suivant les instructions de France et sa propre inspiration, voulait se porter sur la rive de la Tchernaïa afin d'attaquer l'armée de secours et de couper ainsi les communications de la ville assiégée avec l'intérieur du pays.

En présence d'une telle situation, le Général Canrobert, à la date du 16 mai 1855, adressa à l'Empereur cette dépêche :

« Crimée, 16 mai, dix heures du matin. — Ma
« santé et mon esprit fatigués par une tension cons-
« tante ne me permettent plus de porter le fardeau
« d'une immense responsabilité. Mon devoir envers
« mon souverain et mon pays me force à vous de-
« mander de remettre au Général Pélissier, chef
« habile et d'une grande expérience, la lettre de
« commandement que j'ai pour lui. L'armée que je
« lui laisserai est intacte, aguerrie, ardente et con-
« fiante. Je supplie l'Empereur de m'y laisser une
« place de combattant à la tête d'une simple divi-
« sion. »

Ainsi Canrobert, après avoir exercé le commandement pendant près d'une année, avait résolu de s'en démettre. Son désir fut réalisé, et le Général Pélissier lui succéda ; puis après avoir servi un certain temps sous les ordres de Pélissier, donnant ainsi une grande preuve de sa bien touchante abnégation, Canrobert revint en France.

Le 14 août 1855, l'*Indus* faisait son entrée dans le port de Marseille et Canrobert débarquait au milieu des acclamations. Le 16, il était à Paris et l'on raconte que l'Impératrice s'avança vers lui, la main tendue, en lui disant : « Je vous félicite, Géné-
« ral, au nom de toutes les mères, vous avez su mé-
« nager le sang de nos soldats. » Le bâton de maréchal lui fut donné l'année suivante, mais il reçut sa

plus belle récompense le jour où les régiments firent leur entrée solennelle dans Paris.

Le 29 décembre 1855, l'Empereur arriva sur la place de la Bastille où les troupes de Crimée étaient massées. Canrobert était avec les officiers généraux qui escortaient le souverain. Après avoir harangué les soldats, Napoléon III se tourna vers Canrobert et lui dit : « Allez-vous mettre à la tête de cette armée « que vous avez conservée à la France. »

Canrobert précédant la glorieuse colonne fut acclamé par la foule, de la Bastille à la place Vendôme, recevant lui et ses soldats des bouquets et des couronnes.

Ce retour triomphal n'était-il pas l'inestimable prix de son dévouement et de sa sublime abnégation ?

A l'époque où Canrobert était arrivé à Paris, un soir, à l'Opéra, Fleury alors colonel des guides me dit :

« Vous savez que Canrobert est arrivé il y a quel- « ques jours, retour de Crimée. Il dîne demain avec « nous. Faites-moi l'amitié de venir ; cela sera « certainement intéressant. »

Fleury était devenu mon cousin par alliance. C'était un des hommes les plus aimables et les meilleurs que l'on pût rencontrer. Chargé par Napoléon III, à la fin de la guerre d'Italie, d'une mission spéciale auprès de l'Empereur d'Autriche, puis, ambassadeur auprès de l'Empereur de Russie, il a montré dans ces deux circonstances une grande finesse d'esprit et des qualités supérieures.

Le lendemain à l'heure dite, je me rendais à l'invitation. Très peu de convives ; dix couverts, en un mot, une réunion tout intime.

Après le silence de la première heure, Canrobert,

sur l'invitation du maître de la maison, voulut bien nous raconter les circonstances dans lesquelles il avait quitté le commandement en Crimée.

« J'étais, nous dit-il, depuis environ un an devant
« Sébastopol. Ce n'est pas que Sébastopol fût
« imprenable, l'événement a bien prouvé le con-
« traire ; mais, il fallait se résigner à faire tuer dix
« mille hommes, de propos délibéré, pour traverser
« l'espace qui nous séparait des défenses de la ville.
« Je ne pouvais pas m'y résoudre, c'était plus fort
« que moi. Mon Dieu ! Je sais bien ce que c'est
« que la guerre. Il y a longtemps que je la fais.
« Hélas ! J'ai vu tuer et fait tuer moi-même bien du
« monde, mais cela dans ces batailles rangées, dans
« ces luttes ardentes, dans ces combats qui vont sou-
« vent jusqu'au corps à corps. Là, au contraire, il
« fallait verser des flots de sang froidement, sans
« pouvoir atteindre l'ennemi ni ses ouvrages de dé-
« fense. Oui, je vous le dis franchement, je ne
« pouvais pas. »

Nous étions très émus de cet aveu si touchant du grand capitaine qui nous a montré depuis, devant Metz, ce qu'il était et pouvait faire. Fleury qui avait été longtemps en Algérie avec lui le connaissait mieux que personne et savait tout ce qu'il valait. Il lui dit alors : « Il y a quelque chose que vous ne m'avez pas encore dit et que mes amis et moi serions bien curieux de savoir. »

« Comment s'est effectuée la remise du comman-
« dement par vous à Pélissier ? »

« Ah ! mon Dieu ! Ce fut bien simple, répondit
« Canrobert. Un jour, quand mon parti fut bien
« pris, je fis donner à Pélissier l'ordre de venir me

« trouver sous ma tente et là s'engagea entre
« lui et moi une explication que je puis parfai-
« tement vous dire sans manquer à aucune conve-
« nance, sans commettre aucune indiscrétion :

« Pélissier n'était pas un homme avec lequel il y
« eût à prendre des détours ni à employer des ména-
« gements. Je lui dis donc simplement :

« Mon cher Pélissier, je quitte l'armée et je vais
« vous remettre le commandement. »

A cette révélation subite Pélissier éprouva une commotion presque violente, tant il se montra tout à la fois étonné et sincèrement ému ! Il répondit aussitôt : « Jamais ! Vous n'y pensez pas ! C'est im-
« possible ! D'ailleurs, vous n'en avez pas le droit.

— « Pardon ; vous êtes dans l'erreur, et **vous devez**
« bien penser que je ne suis point un homme en
« pareille matière à faire une chose illégale et à vous
« compremettre avec moi. Sachez donc que j'ai
« dans ma poche un pli. Il est cacheté ; mais
« je sais ce qu'il contient. Et ce document,
« prévoyant le cas de ma mort, de ma maladie ou
« de ma démission, dit que le commandement en pa-
« reil cas vous appartiendra. Je me démets, ce
« dont j'ai le droit et je vous transmets tous les pou-
« voirs dont je suis revêtu. »

Mais Pélissier ne voulait pas accepter mon explication ; il répondit qu'il refusait, qu'il ne se laisserait pas contraindre, que j'étais adoré du soldat, que j'avais beaucoup plus de chances que lui d'aboutir, que l'intérêt de la France me commandait de rester à mon poste.

Nos explications contradictoires se prolongèrent et Pélissier apportait une telle énergie dans sa résistance que j'en fus vraiment ému et que je lui dis, sous l'empire du sentiment que j'éprouvais :

« Mais, mon cher Pélissier, auriez-vous peur de « la responsabilité ? Est-ce pour ce motif que vous « me mettez dans une position aussi terrible ? Alors, sur ce simple soupçon, sur la supposition que je pouvais le croire capable d'hésitation dans une affaire où l'honneur de la France et le sort de la patrie pouvaient être engagés, il se recula vivement, s'arcbouta sur une de ses jambes, et se cambrant, me jeta plutôt qu'il ne me dit ces mots avec une énergie extraordinaire : « Oh ! Non ! »

A l'instant même je sentis que j'avais gagné la partie ; l'homme qui venait de prendre cette attitude et de pousser un pareil cri s'était livré ; je lui criai à mon tour : « Allons donc ! Embrassons-nous et « qu'une pareille scène finisse tout de suite. »

« Mes amis, ajouta Canrobert, vous savez le reste. « Cette explication avec Pélissier fut certainement « une des émotions les plus violentes de ma vie « entière. »

Aucun des convives du Colonel Fleury n'en douta, car ce récit nous avait profondément émus.

Quelle scène ! Quelle simplicité ! Quelle grandeur !

LE GÉNÉRAL BOURBAKI ET L'UN DE SES TURCOS

A l'occasion de mes souvenirs, j'ai parlé de quelques-uns de nos officiers généraux les plus brilfants, de Canrobert, de Pélissier par exemple ; pourquoi, mes chers enfants, ne vous raconterais-je pas une scène bien saisissante qui eut lieu un jour entre le général Bourbaki et un de ses turcos ?

Je n'ai pas l'intention d'écrire la vie militaire de Bourbaki, pas plus que je n'ai écrit celle de Canrobert ou celle de Pélissier. En rêvant, je laisse aller mon souvenir dans le passé, et quand il se présente à mon esprit un fait, une idée, un mot, je les cueille au passage de ma rêverie, et je les consigne, seule manière d'écrire l'histoire pour amuser ses enfants. Cependant, sans faire en quoi que ce soit une biographie, je puis bien résumer à grands traits les prodigieux services rendus par le Général Bourbaki.

Bourbaki, né en 1816 d'une famille d'origine grecque naturalisée française, avait fait ses débuts en Algérie, dans le corps des zouaves. Dès le début de sa carrière, il avait été noté comme un jeune officier d'une haute intelligence et d'une très grande bravoure. Le jour de l'Alma, il avait arraché à Saint-Arnaud ce cri d'admiration : « C'est un Bayard que cet homme-là ; il est magnifique à la tête de ses zouaves : on est bien fier de commander à des officiers et à des soldats comme ceux-là. » A Inkermann encore, il recevait de chaleureuses félicitations du commandant en chef de l'armée anglaise, pour avoir culbuté une forte colonne russe qui allait prendre nos alliés en flanc. A l'assaut de Sébastopol, enfin, il enlevait avec sa vigueur accoutumée la courtine reliant Malakoff au Petit-Redan, mais tombait devant la deuxième enceinte, frappé par un éclat d'obus en pleine poitrine. Puis à peine remis, il courait en Algérie où la rude campagne de Kabylie lui valait en 1857 de nouvelles citations à l'ordre du jour et les étoiles de divisionnaire.

Le courage héroïque de Bourbaki l'avait rendu populaire dans l'armée, et, il y a 40 ou 50 ans environ, l'armée d'Afrique chantait souvent avec accompagnement de tambours et de clairons, une chanson faite en l'honneur de celui qui était alors le colonel du 1er régiment de turcos, le brave Bourbaki. En voici le refrain :

Ce chic exquis
Par les turcos acquis,
Ils le doivent à qui ?
A Bourbaki
A Bourbaki
Ou je ne sais à qui.

C'est ici, mes chers enfants, que se place mon **anecdote.**

Après la guerre d'Italie, Bourbaki fut nommé Général de la division de Grenoble.

Au dessert d'un banquet donné en son honneur, les officiers de la garnison ayant chanté le fameux refrain des turcos, le Général se mit alors à leur parler, non sans émotion, de ses chers turcos, et, tout en faisant leur éloge, il dit que ces braves tirailleurs indigènes étaient souvent nerveux, capricieux, et par suite, pas toujours faciles à manier ; et, à l'appui de cette appréciation, il fit un récit que je tiens d'un de mes amis, lequel était au banquet, et avait qualité pour y être au premier rang, puisqu'il appartenait à l'armée où il avait eu de brillants états de services.

« Au moment de monter à l'assaut de Zatcha (Bordj
« fortifié d'une oasis du sud de l'Algérie), une cer-
« taine agitation s'était manifestée dans les tran-

« chées occupées par les turcos. Ils avaient l'atti-
« tude de collégiens mécontents de leur pion et qui
« vont faire un mauvais coup. En effet, quand le
« signal de l'assaut fut donné, les turcos ne bougè-
« rent pas. J'étais alors, dit Bourbaki, tout près d'un
« grand gaillard de Kabyle à figure d'oiseau de proie
« qui avait tout l'air d'un récalcitrant enragé, d'un
« des meneurs. Après l'avoir traité de *lâche*, je
« lui fianquai une gifle bien appliquée. En moins
« de temps que je ne saurais en mettre pour le racon-
« ter, ce terrible soldat retroussa la manche de sa veste,
« mordit son bras furieusement et en enleva un mor-
« ceau avec ses blanches dents de sauvage ; puis il
« mit dans ma main ce morceau de chair sanglante :
« Ah ! dit-il, moi, lâche ! ! tiens, garde ça, tu vas
« voir, toi, si je suis lâche. »
« D'un bond, il sortit alors de la tranchée et s'é-
« lança vers la brèche en poussant un de ces rugis-
« sements féroces que l'on n'oublie plus quand on
« l'a une fois entendu, et il entraîna tous ses ca-
« marades avec lui. Je n'ai jamais pu savoir
« pourquoi mes turcos nous avaient joué le méchant
« tour de ne pas sortir de la tranchée au signal
« donné. C'était peut-être pour une niaiserie, pour
« quelque maladresse de l'un de nous autres offi-
« ciers. Mais sans le trait de mon brave sauvage, ce
« caprice pouvait avoir les plus graves conséquences.»

Ainsi parla le Général Bourbaki et je n'ai pas besoin de dire que ses auditeurs étaient émus et silencieux. Enfin, l'un des convives, rompant le silence,
demanda au Général ce qu'il avait fait de ce brave
soldat, et il répondit simplement : « Je l'ai fait ca-
« poral. »

UN MOT DE MIRÈS

Ce nom : Mirès ! ces mots : affaire Mirès ; qui firent tant de bruit il y a plus de 40 ans, ne disent rien à la génération présente. Je dois donc à mes lecteurs quelques explications.

M. Mirès fut pendant le second empire un des hommes les plus actifs, les plus intelligents qu'on pût rencontrer. Né à Bordeaux, il était venu à Paris sans ressources. On a dit que c'était un génie financier. Il y a là une exagération choquante, et il serait vraiment ridicule de donner à un homme comme celui dont je m'occupe, la qualification réservée jusqu'à ce jour à des personnages tels que le Comte Mollien, le Baron Louis, etc., etc.

Ce qu'il y a de sûr, c'est que Mirès avait de grandes facultés, et concevait avec hardiesse des opérations considérables. Un des premiers, il comprit tous les avantages qu'un homme habile pouvait espérer de l'emploi judicieux de la publicité des journaux appliquée à des spéculations. Il avait, en 1848, acheté le *Journal des Chemins de fer*, et créé un organe appelé le *Conseiller du Peuple*, auquel il sut donner une extension considérable en s'assurant la collaboration de M. de Lamartine.

En 1851, il achetait deux journaux : *Le Pays* et le *Constitutionnel*. Directeur de la *Caisse des Actions réunies*, qui s'appela ensuite la *Caisse des Chemins de fer*, il entreprit de très grandes affaires ; je cite de mémoire : la reconstruction de divers quartiers dans Marseille ; la reconstitution de certains quartiers de Paris, notamment de celui de Chaillot ; les chemins romains ; un emprunt ottoman, etc.

Tout semblait lui réussir ; des résultats étaient acquis ; ses actionnaires touchaient des dividendes. Il était porté aux nues par ceux auxquels il inspirait une confiance aveugle ; d'autres se réservaient. Mais un jour, une descente de justice eut lieu dans ses bureaux. Il fut traduit devant le Tribunal de police correctionnelle sous la prévention d'escroquerie, d'abus de confiance et de répartition de dividendes fictifs et condamné à cinq ans de prison.

Il protesta avec une grande énergie et entama une campagne acharnée contre ses accusateurs. Obligé de subir sa peine, il ne se considéra pas comme vaincu, et quoique enfermé, il commandait toujours, dirigeait la résistance et inspirait ses amis, ses conseils, ses défenseurs.

Il avait interjeté appel ; la Cour de Paris confirma la décision des premiers juges. Le 29 août 1861, Mirès se pourvut en cassation. Le 28 décembre 1861, la Chambre criminelle annula l'arrêt de la Cour de Paris pour vice de forme, et renvoya l'affaire devant la Cour de Douai.

Comment se posait la question lorsque la Cour de Douai qui en fut assez émue, apprit que la Cour de Cassation lui renvoyait le financier Mirès ?

J'avais des souvenirs assez précis ; cependant, en présence des questions fort délicates que soulevait cette affaire, j'ai pensé que le mieux pour moi, comme narrateur, était de consulter les Mémoires de M. Pinard qui étant, à cette époque, Procureur général à Douai, avait eu à instruire l'affaire et à prendre la parole.

L'opinion publique, et la presse, a écrit M. Pinard, s'occupaient beaucoup de Mirès. Le Tribunal de la Seine et la Cour de Paris l'avaient condamné pour des faits qualifiés : « escroquerie et abus de confiance ». La Cour de Cassation avait trouvé un vice de forme dans l'arrêt de Paris.

Si on consentait à écarter certains faits plus ou moins dolosifs qui pouvaient ne pas paraître tomber sous le coup de la loi, on pouvait en retenir certains autres ; celui qui parut le plus sérieux, était la vente fictive d'un grand nombre de titres dont Mirès avait disposé depuis longtemps à des cours élevés et qu'il liquidait le 3 mai 1859, au moment de la guerre d'Italie, à des prix très inférieurs, au compte des clients. La différence entre les deux prix aurait constitué pour Mirès un bénéfice considérable. Néanmoins Mirès gagna son procès devant la Cour de Douai (1).

J'ai souvent entendu exprimer l'avis que la poursuite avait été mal engagée, et que le résultat eût pu être différent si on l'avait commencée avec le concours de la partie civile, tandis qu'en fait, dans le cas particulier, le Ministère public s'était trouvé un peu isolé et n'avait pas eu, pour lui venir en aide, le représentant des intérêts privés.

L'arrêt de Douai avait été rendu le samedi 21 avril 1862, à une heure tardive.

---

(1) A Paris, la Chambre des Appels Correctionnels avait condamné Mirès sur tous les points, en formulant, à l'occasion des faits relevés contre lui sur la fongibilité des titres une théorie juridique qui était vivement contestée.

Ce fut la raison pour laquelle M. le Garde des Sceaux, usant des pouvoirs exceptionnels que lui donnait l'art. 445 du Code d'Instruction Criminelle, se pourvut contre la sentance de la Cour de Douai, *dans l'intérêt de la loi*.

Le bénéfice de l'acquittement restait acquis au prévenu, mais l'arrêt déféré à la Cour Suprême fut cassé par elle, le 28 juin 1862.

Le lendemain dimanche, il y avait des courses au Bois de Boulogne. On sait combien ces réunions étaient déjà à cette époque nombreuses, brillantes, animées et par leurs paris et par la gaîté et l'entrain de tous ceux qui aimaient à s'y rendre.

Une première course d'abord eut lieu. Les chevaux qui venaient de la fournir étaient rentrés, après que le nom du vainqueur avait été, selon l'usage, affiché en haut du poteau, et l'on attendait les chevaux de la course suivante. Je précise parce que j'y étais, et que j'ai assisté ce jour-là à un des spectacles les plus curieux que l'on puisse imaginer.

C'est à ce moment même qu'une clameur immense éclate tout à coup : « Mirès est acquitté ». La nouvelle arrivée de Douai venait d'être publiée à Paris ; — on la jetait à la foule ; elle était répétée, colportée, commentée.

Deux groupes se formèrent instantanément : celui des amateurs de chevaux et des parieurs qui réclamaient la continuation des courses, et qui, fort indifférents à l'acquittement de Mirès, étaient exaspérés d'une diversion qui retardait leur plaisir. L'autre groupe, au contraire, se subdivisait : les uns applaudissaient à l'acquittement de Mirès, les autres le blâmaient ; et sur cette piste occupée par la société la plus élégante de Paris, on entendait discuter pour ou contre Mirès, avec une passion inouïe, et dans une langue essentiellement juridique.

Enfin les juges des courses qui étaient sur leur terrain durent intervenir avec l'autorité qui leur appartenait pour achever le programme.

Ceci dit, j'arrive à ce que j'ai appelé : un mot de Mirès.

Quelques semaines après l'arrêt de la Cour de Douai,

j'étais allé un samedi aux Italiens, et je me dirigeais vers le boulevard pour rentrer chez moi à pied, lorsqu'au milieu de la rue de Choiseul, je me trouvai en face de Mirès qui tenait à la main, comme toujours, non pas une canne, mais une badine, et qui, selon sa coutume aussi, l'agitait vivement en se parlant à lui-même ; j'avais eu avec lui quelques contacts d'affaires à l'occasion de ses grandes entreprises ; il leva la tête, me reconnut : « Ah ! d'où « venez-vous ?

— « Je sors des Italiens, soirée superbe. Je « rentre chez moi. »

— « Et moi, dit-il, je viens *de la Comédie* (pour rien au monde, il aurait dit : « du Théâtre-Français »).

— « Je suis allé écouter un acte ! !

« Et tenez, je suis bien aise de vous rencontrer « parce que je viens d'entendre un mot qui m'a fait « éprouver une des grandes jouissances de ma vie.

— « Je vous écoute. »

Il reprend :

— « **Vous savez qu'après-demain** lundi j'ouvre « ma Banque des Etats, rue Auber (c'était une nou- « velle entreprise). Ma souscription sera ouverte et « fermée le même jour ; le succès est certain. Mes « fidèles ne m'abandonneront jamais. Ce sera le « digne couronnement de l'arrêt de la Cour de « Douai. En voulez-vous la preuve ? Tout à l'heure, « au moment même où je quittais ma stalle et où je « me disposais à partir, Suzanne (c'était alors l'ou- « vreuse de droite, à l'orchestre), Suzanne, en me « passant mon paletot, m'a glissé dans l'oreille ces « mots qui m'ont été au cœur : « Monsieur Mirès, à

« lundi, dès l'ouverture de la souscription ; nous
« nous apprêtons. »

Et il ajouta en me serrant le bras très fort, et avec une grande animation :

L'amour du peuple me console de tout !

Je me crois dispensé de toute réflexion.

IV

BEAUX-ARTS — THÉATRE
1830 — 1848

REVUE RÉTROSPECTIVE

BEAUX-ARTS

Je suis arrivé, mes chers enfants, à une période de ma vie dont je n'ai rien à dégager qui puisse vous intéresser. Voulez-vous pour un moment vous reporter aux belles années de ma jeunesse, à l'époque où je commençais à aller dans le monde et à jouir des agréments de la vie de Paris. Nous allons jeter un coup d'œil sur ce qu'étaient les beaux-arts et le théâtre de 1830 à 1848. Il est bien entendu que je procéderai au hasard des souvenirs, sans méthode, sans programme défini, en notant au caprice de la mémoire des choses vues, lues ou entendues.

Écrivains — Artistes

Jamais société ne fut plus brillante, plus cultivée, plus éprise des choses de l'esprit que la haute société parisienne depuis 1815 jusqu'en 1848. Ceux auxquels il a été donné de connaître ce milieu éclairé et charmant ont vraiment goûté « la douceur de vivre », n'en déplaise à M. de Talleyrand. Dans les salons blancs ou tricolores les littérateurs se pressaient à côté des artistes. Faut-il rappeler parmi les écrivains et les poètes, Châteaubriand, Lamartine, V. Hugo, Musset, Alf. de Vigny, Alexandre Dumas ? Faut-il citer parmi les émules de David, de Géricault, le baron Gros, le baron Gérard qui terminaient leur glorieuse carrière, Ingres, Delacroix, Gudin, Devéria qui avait donné « La Naissance de Henri IV », Horace Vernet, Paul Delaroche que la mort d'Elisabeth et Edith sur le champ de bataille d'Hastings avaient rendu célèbre en un jour ? d'autres qui devaient grandir et devenir illustres : Corot, Decamps, Marilhat, etc., etc., se partageaient l'attention d'un public qui ne demandait qu'à admirer.

Charlet, Béranger

La grandeur, la noblesse, l'extrême délicatesse qui caractérisent toutes les œuvres de ces glorieuses années se retrouvent jusque dans la caricature ; et la figure de Charlet nous apparaît rayonnante de patriotisme, de sensibilité, de haute philosophie et de tendresse, dissimulée sous une brusquerie qui est un charme de plus.

Pourquoi, au moment même où je commence à parler de Charlet, pourquoi le nom de Béranger vient-il se placer sous ma plume ? Je vais le dire, et reviendrai ensuite à Charlet.

On a souvent comparé Béranger à Charlet ; le rapprochement s'explique, car tous deux ont souvent puisé aux mêmes sources, se sont inspirés des mêmes idées et ont saisi les mêmes types.

Béranger mort en 1857 a été, en réalité, un des chansonniers les plus merveilleux du XIXe siècle. C'est sans contredit celui qui a le plus occupé l'opinion publique.

Né dans une condition modeste, petit-fils d'un tailleur, il fut d'abord apprenti chez un imprimeur, puis commis chez son frère qui faisait une sorte de Banque. Déjà pendant ses premiers travaux il se livrait à la poésie (épopées, idylles, comédies). Lorsque, par la protection d'Arnault, il fut entré dans les bureaux de l'Université, il se mit à cultiver le genre qui devait le rendre célèbre, genre nouveau qui étend le domaine de la chanson, tour à tour sourit à Lisette, attaque l'ancien régime et célèbre les gloires de la République et de l'Empire.

Poursuivi et condamné à plusieurs reprises pendant la Restauration, il devint extrêmement populaire ; une amende importante à laquelle il avait été condamné fut payée par souscriptions. Après 1830, il traita surtout des sujets philosophiques.

Je ne puis pas dire que j'aie connu Béranger au vrai sens du mot ; mais dans mon enfance et ma première jeunesse je l'a vu souvent.

Ma mère était liée très intimement avec une nièce de Mme Davillier, qui demeurait chez sa tante pendant la Restauration et pendant quelques années du Gouvernement de Juillet.

Mme Davillier, femme distinguée et fort connue à Paris, avait un salon politique et littéraire, surtout littéraire ; on y voyait fréquemment Béranger, Benjamin Constant, de Jouy, Mérimée, etc., etc. Très seuvent, quand ma mère allait chez Mme Davillier voir son amie, elle m'emmenait avec elle ; et lors de notre rentrée, ma mère me disait : « As-tu « bien regardé M. Béranger ? C'est un homme « célèbre ! »

Résurrection de Béranger — Camille Doucet

Je viens de dire que Béranger était mort en 1857 seulement. Mais une première fois ses amis crurent l'avoir perdu ; Camille Doucet racontait très spirituellement l'effet produit par cette fausse nouvelle.

C'était en 1836, Camille Doucet se rendant un soir au Théâtre-Français pour y voir jouer « Le Manteau » d'Andrieux, par Mlle Mars, vint se heurter devant l'hôtel de Cluny, rue des Mathurins-Saint-Jacques (aujourd'hui rue du Sommerard), à un groupe de jeunes gens fort agités.

— Ah ! lui dit l'un d'eux ; vous savez la nouvelle ?
— Non !
— Béranger......
— Eh bien ! Béranger ?
— Il est mort !
— Béranger ! pas possible !!
— Si fait, on vient de me le dire chez Vachette.
— Béranger ! mort !

La nouvelle circulait partout.

Le lendemain, on parlait déjà d'une émeute, le surlendemain d'une Révolution.

Telle était bien la note de l'époque ; mais la nouvelle était fausse.

O Chemins de fer ! ô télégraphe ! ô téléphone ! où étiez-vous ? Vous n'étiez pas nés. Vous ne pouviez donc rassurer promptement le Quartier-Latin qui était fort ému. Il fallut que M. Lebrun, l'aimable auteur de « Marie Stuart » fit exprès le voyage de Fontainebleau (car c'était alors un petit voyage) et vint déclarer au retour que Béranger se portait à merveille, n'ayant pas même été malade.

Quelle occasion pour le jeune Camille Doucet, candidat aux lettres ! Il prend la plume, se réjouit d'abord de la résurrection de l'illustre chansonnier ; puis il l'invite à chanter encore pour toutes sortes de bonnes raisons, résumées dans ces couplets :

> Au peuple heureux, chante un refrain bachique
> Sans oublier tes frères en prison ;
> La Liberté veut son dernier cantique,
> Le gueux attend sa dernière chanson.
> Sous les verrous, sous les toits, sous la treille
> Chacun se plaint de Béranger qui dort ;
> Mais au printemps le rossignol s'éveille
> Barde sacré, tu vas chanter encor !
> Viens déjeuner à mon cinquième étage,
> Tu trouveras Lisette au rendez-vous ;
> Comme autrefois frétillante et volage,
> Fredonnant sa chanson sur mes genoux
> Elle suspend son châle à ma fenêtre.
> Et maintenant, vieil ami, sans effort,
> A son amour, tu peux la reconnaître.
> Barde sacré, tu vas chanter encor !

Camille Doucet avoua depuis qu'il s'était vanté et que son embarras eût été grand si Béranger, le prenant au mot, fût venu se présenter à son cinquième étage, où il n'eût trouvé ni Lisette ni déjeuner.

Alexandre Dumas et la Lisette de Béranger

Le lecteur, aujourd'hui, doit être un peu étonné de ce coup d'œil jeté sur la vie d'un étudiant de 1830. c'est-à-dire sur un milieu qui est tellement ancien.

que que je place ici : « Hélas ! a dit ce merveilleux
« observateur, tout est destiné à changer, et tout
« change ; où est Lisette, aujourd'hui ? Elle n'existe
« plus ! Il n'y a plus de Lisette ; Il n'y a plus
« de grenier où l'on soit bien à vingt ans ! Il n'y
« a plus de réséda. Lisette demeure aujourd'hui
« au premier étage. Elle achète ses meubles chez
« Mombro ; elle prend ses fleurs chez Bayon ; elle a
« une voiture et un groom qui porte des lettres sans
« orthographe à des messieurs sans esprit. »

Mais l'esprit de Dumas et ses très justes et fines observations sur toute une époque disparue ne peuvent pas nous priver de la délicate et spirituelle réponse que Béranger, qui aimait la jeunesse, fit à Camille Doucet :

que tout ce qui le composait a disparu. Alexandre Dumas fils, bien avant moi, a fait, un jour, la remar-

Grand merci, Monsieur, de votre très jolie chanson ; je l'ai chantée avec bien du plaisir, tout en pensant que vous oubliez mon âge, puisque vous m'invitiez à chanter encore. C'est à vous autres, jeunes gens, qu'il appartient de célébrer la saison nouvelle ; le vieux rossignol a perdu la voix ; d'ailleurs n'avez-vous pas entendu M. Scribe déclarer que la chanson était bien morte. C'est à l'Académie qu'il en a prononcé l'oraison funèbre. Pour la ressusciter (je parle de la chanson, et non de l'Académie, je vous prie de le croire), il faudrait un miracle, et ce n'est pas à mon âge que les miracles s'opèrent. Tentez-le, jeunes gens, vous autres à qui tant d'espérances sont données. Vous avez déjà mes bénédictions, mais vous en recueillerez bien d'autres. Il fut un temps que ma voix consolait les exilés et les captifs. Hélas ! il y a encore des captifs et des exilés ; chantez pour eux et ils vous béniront comme ils m'ont béni autrefois.

C'est la plus douce des gloires, si ce n'est la plus belle, et vous me prouvez, Monsieur, que vous y pouvez prétendre, par la satisfaction que vos couplets m'ont fait éprouver au fond de ma solitude.

Adieu, Monsieur, le vieux chansonnier vous assure de sa

gratitude et vous souhaite beaucoup de chansons aussi jolies que celle que vous lui adressez.

A vous de cœur.

BÉRANGER.

Fontainebleau, 23 février 1836.

Revenons à Charlet

Je me suis un peu égaré ; je ne le regrette point, car on ne perd son temps ni avec Béranger, ni avec Alexandre Dumas, ni avec mon excellent ami Camille Doucet, de si regrettée et affectueuse mémoire. Mais ceci dit, je reviens maintenant à Charlet, et je m'arrête volontiers sur la physionomie de cet artiste puissant qui n'a pas, à mon avis, la réputation qu'il mérite.

Ses troupiers, ses enfants, ses ouvriers, font revivre des années brillantes et héroïques.

Pendant ces années, le génie de Charlet s'est répandu dans ses compositions à larges traits, de facture simple, qui personnifient aussi l'artiste au grand cœur, à l'âme noble et désintéressée.

Ce fils de la Révolution était né, nous dit-il (1), « d'un dragon de la République qui ne lui a laissé « pour toute fortune qu'une culotte de peau, et une « paire de bottes un peu fatiguées par les campa- « gnes de Sambre-et-Meuse ; et il ajoute qu' « il n'a « pu acquérir ni rentes sur le Grand-Livre, ni pro- « priétés foncières avec le décompte de linge et de « chaussures à lui fait à titre d'héritage et qui s'est « monté à neuf francs 75 centimes ! »

Cerveau d'artiste, âme de plébéien, élevé dans l'a-

(1) Lettre à M. Vitet.

doration sans réserve de l'Empereur, dont il faisait son Dieu, Charlet avait l'horreur des *Gouvernements bourgeois*, et la Restauration et le Gouvernement de Juillet lui inspirèrent un profond dédain.

Comme Béranger, il entretint le culte de son idole, augmenta le nombre de ses fidèles, popularisa par ses dessins, dont beaucoup sont des chefs-d'œuvre, les types héroïques de ces armées légendaires que les nombreux mémoires publiés récemment font paraître plus grandes encore, par le recul des années et le souvenir cuisant des derniers désastres.

Ses dessins préparèrent la Révolution de 1830 aussi bien que les articles d'Armand Carrel et de M. Thiers. Il mettait dans la bouche des enfants les menaces qui grondaient dans son âme mécontente : « Si les mieux habillés veut toujours être les généraux, « je leur z'y fiche des calottes », dit un gamin déguenillé qui joue aux Tuileries avec d'autres enfants élégamment vêtus.

« Avec sa fraîche de blouse y n'sait jamais ses le« çons, il a toujours des billets de contentement. « Il est riche. V'la la malice ! », dit un autre ga« min, en désignant à la sortie de l'école un cama« rade mieux habillé que lui. »

Le grand cœur de l'artiste, son âme pleine d'une haute philosophie se révèlent dans des compositions admirables et dans des légendes dont beaucoup sont passées en proverbe : « La vie, c'est une garde qu'il « faut monter proprement et descendre sans tache ! »

« Fourberie et lâcheté sont deux herbes qui ne « prendront jamais en France.»

« Classe moyenne, fil et coton : classe forte, fer « et acier.»

« Ne donnons rien à nos amis, si nous voulons que
« leur reconnaissance soit égale à nos bienfaits. »

« Ceux à qui on donne, faut pas les éveiller.»

Cet esprit philosophique se manifeste pleinement dans la lettre suivante adressée à son ami le colonel de La Combe (1), qui a sauvé de l'oubli plusieurs pièces de cette suggestive et remarquable correspondance.

« ......En fouillant dans mes cartons, je voyais
« l'autre jour un projet de lithographie qui est resté
« au fond du panier et qui a rapport à ceci : Ce
« sont des gamins ; l'un dit : Dieu est partout, il est
« dans tout, même dans les bonbons que nous man-
« geons. L'autre s'écrie : même dans les amandes
« amères ?
« — Y n'va pas dans ceusses-là ! répond le petit
« gamin. »
« J'ai gardé cette idée, il ne faut pas jouer avec
« certains tisons. »

Charlet recherchait la société des soldats, des ouvriers, des gens du peuple. Il les suivait là où ils sont le plus *eux-mêmes*, simples et naturels, au cabaret. Notons en passant que ce que le peuple buvait chez les marchands de vin en ce temps-là ne ressemblait en rien à ces poisons néfastes qui de nos jours ruinent la santé et la raison de tant de malheureux.

Le vin étant bon et sain, l'ivresse était gaie et les compagnons accidentels de l'artiste lui fournissaient la matière de ses observations fines, profondément hu-

(1) *Charlet, sa vie, ses œuvres.*

maines, et son esprit habillait de mots souvent admirables, des pensées de haute sagesse et d'une morale impeccable.

« Pourquoi ne vous voit-on jamais. Charlet ? — « lui dit un jour le baron Gérard ?

« — Parce que vous ne venez pas chez les mar-
« chands de vins, lui répondit l'artiste. »

Je ne quitterai pas Charlet sans donner de lui une admirable lettre. Charlet était un des examinateurs de l'Ecole Polytechnique. Un de ses amis, qui cependant, devait bien le connaître, eut l'imprudence de lui recommander un candidat. Voici la belle réponse qui lui fut adressée

Nous rendons des arrêts et non pas des services !

« Mon cher M..., dites à M..., que c'est un excel-
« lent homme que j'aime de tout mon cœur ainsi que
« sa bonne famille ; mais invitez-le à garder sa note.
« Je ne sais pas les noms de ceux dont le Conseil
« me charge d'examiner le travail ; si ce fatal zéro
« est mérité, c'est un arrêt de mort ; et, je vous le
« jure, je condamnerais mon fils ; je suis inexorable ;
« aussi pour m'éviter tout mouvement de sensibilité,
« je me suis fait la loi de ne pas regarder le nom du
« justiciable.
« S'il était possible de faire parvenir des notes et
« d'émouvoir les examinateurs. l'Ecole n'existerait
« plus depuis longtemps Il faut la transmettre pure
« à nos petits enfants.

« *Signé :* CHARLET. »

Daumier, Gavarni Cham, Granville

Des dessins de Charlet aux caricatures la transition est facile. C'est que la caricature n'est pas seulement une représentation grotesque des hommes ou des choses qui ne vise qu'à faire rire. La caricature, la vraie, cache sous des dehors plaisants une leçon de philosophie, elle peut devenir une arme politique redoutable. Un grand caricaturiste n'est pas seulement un amuseur ; c'est un artiste doublé d'un penseur qui sait observer les mœurs, les coutumes, les vertus et les vices, surtout les vices. Eh bien ! notre siècle aura été particulièrement fertile en grands artistes de ce genre. Faut-il rappeler ceux que j'ai eu le plaisir d'admirer, depuis que je suis arrivé à l'âge d'homme ?

Daumier, Gavarni, Cham, et Granville qui a fait merveille en montrant les puissants sous la forme d'animaux ; et je parlerai plus loin des caricaturistes de l'époque actuelle.

On a dit, avec raison, surtout en faisant allusion à l'époque moderne, « qu'un artiste fait une carica-
« ture comme un causeur fait un mot pour résu-
« mer une situation, éclaircir une idée, déterminer
« une attitude. Le mot outrepasse ordinaire-
« ment la chose, en quelque manière, et cependant
« mieux qu'un long discours, il la caractérise, il
« vise non à faire rire par la satire, mais à frapper
« par la vérité. »

Je n'ai rien à ajouter à un hommage rendu au talent en termes aussi parfaits.

On peut certainement comparer avec intérêt l'œuvre de Charlet à celle de Gavarni.

Voulez-vous quelques souvenirs de Gavarni ? En voici :

« C'que c'est que d'nous », disait un chiffonnier en regardant un chien mort.

Une chiffonnière contemple avec attendrissement un chiffonnier étendu ivre-mort, au coin d'une borne et dit avec un sentiment indéfinissable : « C't'Adolphe ! « l'ai-je assez aimé ! ! »

Un loqueteux, chapeau effondré, pantalon trop court et effiloché, paletot sans forme, souliers crevés, barbe hirsute, les mains dans les poches, et au-dessus comme légende :

« Ne lui parlez pas des bourgeois ! »

Et en opposition avec ceci l'artiste nous représente un bourgeois, un arrivé, gros, gras, heureux de vivre avec la croyance que toutes choses ont été arrangées pour sa prospérité personnelle.

Ce personnage est bien installé dans un fauteuil et l'impitoyable caricaturiste écrit au-dessous du portrait :

« Ne lui parlez pas des artistes ! »

Henri Monnier

Je ne me pardonnerais pas d'oublier Henri Monnier, car l'auteur du « Roman chez la Portière » et des « Scènes Populaires » a été, tout à la fois, homme de lettres, caricaturiste, acteur même, et fort amusant sous toutes ses formes.

Dans la « Famille improvisée » jouée au théâtre des Variétés, il était vraiment incomparable, quand

le nez surmonté de lunettes d'or, vêtu d'un habit trop large, le cou pris dans le haut faux-col de l'époque il représentait ce bourgeois dont il avait créé le type : « M. Joseph Prudhomme, professeur d'écri-
« ture, assermenté près les Cours et Tribunaux, élève
« de Brard et Saint-Omer ! »

En collaboration avec deux hommes de beaucoup d'esprit, Alphonse Royer et Gustave Vaëz, il fit un jour une pièce en cinq actes qui s'appelait « Grandeur et décadence de M. Joseph Prudhomme » et qui obtint un succès considérable.

C'est dans cette pièce qu'on entendit ces mots demeurés célèbres : « Ce sabre est le plus beau jour de
« ma vie. »

Et encore : « Je me mets à la tête de vos institu-
« tions pour les défendre et au besoin pour les com-
« battre (1). »

Caran d'Ache, Forain.

Si je jette maintenant les yeux autour de moi, je vois que l'art de la caricature n'a pas dégénéré, j'admire Caran d'Ache, ce merveilleux dessinateur, j'admire Forain !

Si vous voulez avoir un jugement définitif sur ce grand artiste, il faut le demander à un penseur, à un intellectuel, un vrai, à un lettré ; voici ce qu'en a dit

---

(1) Labiche songeait à M. Joseph Prudhomme quand il mettait cette phrase dans la bouche d'un de ses personnages :

« C'est l'ambition qui a perdu Bonaparte ; s'il était resté toute sa vie capitaine d'artillerie, il serait encore aujourd'hui sur le trône !

Et un autre artiste qui, dans la pièce était l'interlocuteur du premier répondait : « Il faut néanmoins dans la vie savoir ce que l'on veut ; si le même Bonaparte avait donné de meilleures instructions à Grouchy la veille de Waterloo, il serait peut-être encore aujourd'hui capitaine d'artillerie ! »

M. Jules Lemaître pour annoncer simplement l'exposition alors prochaine des originaux de la plupart des dessins de Forain.

« Le satirique chez lui vaut le dessinateur, et au
« surplus, ses légendes ne font qu'un avec ses fi-
« gures. Il a des mots d'un « ramassé » surprenant,
« des « raccourcis » de dialogue qui égalent ceux
« des plus puissants auteurs dramatiques, et qui ré-
« sument une situation, un caractère, un état d'âme
« public, une absurdité sociale. »

On a dit aussi de Forain, à cause de sa vigueur pénétrante qu'il avait « du chirurgien ».

Quand on a nommé tous ces illustres artistes, et j'en passe de fort distingués, on peut conclure que la caricature, peinture des mœurs d'une époque, arme de combat, est une branche de l'art, qui aura fait vraiment honneur à notre époque.

1830-1848 — THÉATRE

L'Opéra et ses artistes

La Révolution de 1830 n'avait pas arrêté l'essor des lettres et des arts, et vainqueurs et vaincus se retrouvaient aux expositions de peinture, dans la salle de l'Opéra, et dans celle des Italiens, pour y applaudir les merveilleux artistes dont le souvenir fait encore tressaillir les derniers survivants (devenus bien rares) de cette belle époque, véritable renaissance.

On connait cette boutade d'un humoriste :

A l'Opéra la Française ouvre les yeux, et va entendre la musique pour ses épaules.

L'Allemande ouvre les oreilles et y va pour son plaisir.
L'Italienne ouvre son cœur et y va pour son attentif.
L'Anglaise ouvre la bouche et y va pour son argent.

Je puis assurer et aucun de mes contemporains ne me démentira, qu'à cette époque les Parisiennes n'allaient pas à l'Opéra pour y faire contempler leurs épaules, ni les Parisiens pour les lorgner. Les uns et les autres s'y rendaient pour entendre les chefs-d'œuvre qui s'y succédaient : « Robert le Diable », la « Juive », les « Huguenots », la « Favorite », et pour applaudir leurs admirables interprètes : Nourrit, Duprez, Baroilhet, Levasseur, Mmes Falcon, Damoreau, Stolz. Le succès de *Robert le Diable* (1851) fut considérable, malgré la critique acerbe du plus impitoyable des railleurs, Henri Heine qui a dit « qu'avec cette œuvre Meyerbeer avait mis le fantastique à la portée des bourgeois de la rue Saint-Denis. »

Cette façon cruelle de diminuer la valeur d'un très bel opéra n'en arrêta pas la vogue, et Nourrit, Levasseur, Mme Damoreau, Mme Dorus-Gras et Mlle Taglioni dans le ballet des Nonnes, réunirent dans l'admiration la plus enthousiaste tout ce que la politique, l'art, la poésie, le journalisme, le roman, comptaient d'illustrations. Si les murs de la salle s'étaient écroulés un de ces soirs-là, la France intellectuelle pendant plusieurs années, aurait cessé de vivre.

Mlle Falcon.

Les débuts éclatants de Mlle Falcon (1832), dans le rôle d'Alice, ajoutèrent encore à la vogue de l'ouvrage. Je viens d'écrire le nom de « la Falcon ! » Comment ne pas s'y arrêter ?

Après avoir débuté dans « Robert » en 1832, elle

créa la « Juive » en 1834, en 1836, le rôle de Valentine dans les « Huguenots » ; mais peu après, une affection de la voix la mit dans la nécessité de quitter subitement le théâtre. Elle n'y était restée que cinq ans !

Se croyant guérie, elle revint quelques années après à Paris ; on organisa une soirée à son bénéfice, la salle était comble. Elle entre en scène, elle est couverte d'applaudissements ; mais quand elle ouvre la bouche, la voix s'arrête dans sa gorge, elle ne peut que fondre en larmes. Quel désastre ! C'est alors, écrivit Jouvin « que le public de l'Opéra assista aux « funérailles de sa cantatrice favorite. »

Le salon de Mme Orfila

Une autre épreuve, décisive, hélas ! acheva de ruiner les espérances de la cantatrice et de ses admirateurs. Elle eut lieu chez M. et Mme Orfila.

Les vieux Parisiens ont connu les merveilleuses soirées que donnaient M. et Mme Orfila.

Mme Orfila, qui était une admirable maîtresse de maison, possédait l'art difficile de composer chacune de ses réceptions, de façon à les rendre toujours très agréables pour ceux qui y étaient conviés ; elle avait l'art, plus difficile encore, de faire venir chez elle les plus grands artistes de Paris, en ménageant, grâce à un tact exquis, les amours propres, les petites rivalités, les susceptibilités ; c'est ainsi qu'on était appelé à applaudir dans ses salons Rubini, Mario, Mme Grisi, Mlle Falcon, Mlle Taglioni, Mlle Emma Livry. Quelques jours après la cruelle déception, dont je viens de parler, Mlle Falcon vint à une de ces soirées.

Vivement sollicitée de chanter, elle se défendit d'abord, rappelant avec modestie le terrible avertissement qu'elle venait de recevoir, mais, sans s'arrêter à ses excuses, on la pria de plus en plus : le public est toujours impitoyable pour ses idoles ; et comme cette insistance se produisait dans les termes les plus flatteurs, et qu'elle était la bonté même, elle céda, attaqua la « Juive » qui était son rôle favori (acte 2, scène V) et se tira merveilleusement du début de la romance :

> Il va venir... il va venir !
> Et d'effroi je me sens frémir !
> D'une sombre et triste pensée
> Mon âme, hélas ! est oppressée.

Mais au moment où elle arrivait à la phrase musicale :

> « Et cependant il va venir ! »

elle s'arrêta subitement, ne pouvant plus proférer un son, et fit tristement des signes d'impuissance.

L'impression générale fut extrêmement pénible, plus encore que je ne puis le faire comprendre ; on avait des larmes dans les yeux. Quant à elle, elle supporta l'épreuve avec une bonne grâce et une simplicité extrêmes.

S'approchant un peu de son public, elle se contenta de dire ces mots : « Vous voyez bien... Je vous avais prévenus... » Et alors en présence d'un si touchant exemple de résignation, le salon tout entier se leva et elle fut couverte de plus d'applaudissement qu'elle n'en avait jamais eu, même aux jours de ses plus grands succès.

La Juive

Malgré mon jeune âge, j'assistais par droit de famille à l'une des premières représentations de *la Juive* (en 1835). Il m'en est resté une très vive impression, que j'ai retrouvée bien souvent, depuis cette époque. J'ai gardé aussi le souvenir d'un détail qui me frappa vivement alors. On disait, on affirmait que la mise en scène de *la Juive* avait coûté plus de cent mille francs, ce qui était énorme pour l'époque. Avant de livrer ces pages à l'impression, j'ai voulu vérifier le fait ; le distingué directeur actuel de l'Opéra, M. Gailhard, a bien voulu satisfaire ma curiosité et la vôtre. Je donne ici le résultat de la recherche :

La Juive. — Exercice 1834-1835.

Dépenses diverses : Costumes, armures, bijoux, accessoires, etc.		69.171 »
Décorations : MM. Séchan et Feuchères :		
1er acte, 1re décoration	9.300 »	
2e acte, 2e décoration	3.461 »	
4e acte, 4e décoration	5.250 »	
5e acte, 5e décoration	540 »	
6e décoration	14.745 »	
	33.296 »	
Dépenses ordonnées par M. Véron.	2.691 60	
Repeint 4 plafonds et 6 châssis . .	120 »	
	36.107 60	
Règlement.		29.316 »
Décorations : MM. Philastre et Cambon :		
3e acte	10.090 »	
Règlement.	9.540 »	
A déduire 8 %.	73 20	
	8.776 80	8.776 80
Total.		107.263 80

Il n'est pas exagéré de dire que cette même mise en scène, faite aujourd'hui, au taux de l'époque actuelle, coûterait environ 300.000 francs.

Les Italiens - Les Artistes

Aux Italiens, même enthousiasme qu'à l'Opéra, avec Garcia, — Rubini, — Pellegrini, — Lablache, — Mmes Pasta, — Damoreau-Cinti, — Cruvelli, — Naldi, — Monbelli, — Sontag. — Grisi, — Borghi-Mamo, — Malibran !

Mme Malibran

Mme Malibran, quel nom ! et quels souvenirs ! J'y pensais encore tout récemment en lisant M. de Pontmartin qui mit, un jour, dans la bouche d'un de ses personnages le saisissant récit d'une de ces enivrantes soirées du théâtre Italien :

« Le 22 février 1828 un jeudi, dit le personnage
« de M. de Pontmartin, j'entrai chez ma tante à
« six heures. Tu tombes bien, me dit-elle, on donne
« « Othello ». Garcia joue le More, Bordogni Rodrigo, Zuchelli Elmiro, et Desdemona, c'est la Malibran !

« Ma tante avait été dès sa jeunesse musicienne
« de premier ordre. La Malibran ! Je ne la connaissais pas encore, et pourtant ce nom me fit tressaillir. On ne sait pas, on ne peut pas savoir ce
« que fut la Malibran pour les hommes qui ont eu
« 20 ans sous la Restauration On aurait pu lui dire,
« en lui montrant le parterre et l'orchestre, ce que
« le Duc de Brissac disait à la Reine Marie-Antoinette
« du haut du balcon de Versailles : « Votre Majesté

« a là des milliers d'amants prêts à se faire tuer
« pour elle. »

« Nous avons tous été amoureux de Mme Malibran,
« même moi qui étais alors amoureux d'une autre.
« Notre romantisme qui ne pouvait s'arranger de
« l'acte de naissance de Mlle Mars et ne connaissait
« pas encore Mme Dorval, se personnifia avec ivresse
« dans cette poétique créature qui nous rendait
« Shakespeare à travers Rossini, et élevait jusqu'au
« pathétique le plus sublime les niaiseries mélodra-
« matiques de la Gazza-Ladra.

« J'ai vu des étudiants déjeuner, pendant un mois,
« d'une flûte d'un sou pour amasser les trois francs
« soixante centimes que coûtait à cette époque le
« billet de parterre, et aller entendre leur chère idole
« dans Desdemona.

« On prenait la queue sur la place Favart à deux
« heures de l'après-midi, on battait la semelle pour
« se réchauffer ; les plus sérieux de la bande es-
« sayaient de lire Cromwell ou la Chronique du temps
« de Charles IX ; de joyeux quolibets s'échangeaient
« entre les premiers arrivés et les retardataires ; nous
« étions gais, enthousiastes, jeunes comme le prin-
« temps, pauvres comme des rats d'église, insou-
« ciants comme des précurseurs de cette bohême qui
« n'était pas encore inventée ; dans nos chambrettes
« on aurait pu voir fixée au mur par deux épingles
« une assez mauvaise lithographie de Grevedon re-
« présentant *notre cantatrice*. Ses yeux fendus en
« amandes, noyés dans une langueur passionnée, lé-
« gèrement relevés sur les tempes que laissait à dé-
« couvert la coiffure à la chinoise ; son beau front
« dont on devinait la chaude pâleur, sa bouche un peu
« grande, écrin refermé sur deux rangées de perles,

« prêtes à étinceler au feu de la rampe, au rayon de
« la mélodie, voilà le thème : nos souvenirs y ajou-
« taient des trésors de passion et de rêverie !

. . . .

« Bientôt, nous entrions dans la loge de ma tante.
« Ce qu'était le Théâtre Italien à cette époque, les
« sexagénaires tels que vous et moi pourraient seuls
« le dire.

« Presque tous les grands noms de France étaient
« inscrits sur la liste d'abonnement ; les loges avaient
« une porte ouverte sur le faubourg Saint-Germain.
« A l'orchestre, des hommes politiques, des Pairs,
« des Députés, des artistes illustres : Rossini et La-
« martine à 30 ans ; au parterre, de jeunes et ardents
« dilettantes dont la plupart sont devenus célèbres.

« Pourtant les premières scènes d' « Othello » me
« laissèrent froid.

« Tout à coup, le machiniste siffla ; le Palais des
« Doges se replia vers les frises, et fut remplacé par
« la chambre de Desdemona.

« Les applaudissements retentirent, Mme Malibran
« entrait en scène ! Elle portait le costume vénitien
« du XVIe siècle ; jamais le type de la grande artiste
« et celui de la grande dame ne se combinèrent
« avec plus de séduction, de poésie et d'éclat. Avant
« qu'elle eût chanté, j'étais subjugué. Puis cette voix
« au timbre d'or, ce visage au regard de flammes,
« produisirent sur moi un de ces innombrables phé-
« nomènes dont ma vie est remplie, et qui me jettent
« sans cesse hors de la réalité. »

. . . .

Et, en effet, notre impressionnable spectateur ressemble à un aliéné ; il mord le velours de la loge, il croit que tout ce qui se passe sous ses yeux est une réalité, il voit étinceler le poignard du More et couler le sang de la victime ; il pleure Mme Malibran, il inquiète sa tante !

Mais je m'arrête ici, car je veux laisser la charmante et spirituelle fantaisie de M. de Pontmartin reprendre ses droits. Quant à moi, j'ai voulu seulement en détacher la partie vraie, le tableau vivant de ce qu'étaient une soirée au Théâtre Italien et Mme Malibran.

Je n'ai plus maintenant qu'à renvoyer le lecteur aux vers immortels d'Alfred de Musset pleurant « Maria Félicia ».

A LA MALIBRAN

Stances, octobre 1836.

. . . .

Recevant d'âge en âge une nouvelle vie,
Ainsi s'en vont à Dieu les gloires d'autrefois ;
Ainsi le vaste écho de la voix du génie
Devient du genre humain l'universelle voix.
Et de toi, morte hier, de toi, pauvre Marie
Au fond d'une chapelle il nous reste une croix !

Une croix et l'oubli, la nuit et le silence !
Ecoutez, c'est le vent, c'est l'Océan immense,
C'est un pêcheur qui chante au bord du grand chemin.
Et de tant de beauté, de gloire et d'espérance,
De tant d'accords si doux d'un instrument divin
Pas un faible soupir, pas un écho lointain.

Une croix, et ton nom écrit sur une pierre,
Non ! pas même le tien, mais celui d'un époux,
Voilà ce qu'après toi tu laisses sur la terre.
Et ceux qui t'iront voir à ta maison dernière,
N'y trouvant pas le nom qui fut aimé de nous
Ne sauront, pour prier, où poser les genoux.

. . . .

Rossini

Reprenant la suite de mes souvenirs, je rencontre Rossini ! Rossini dont la verve, le génie abondant et facile, créait des chefs-d'œuvre, que la mode actuelle, tournée vers les brumes du Nord, dédaigne, mais vers lesquels reviendra le *goût latin*, Rossini avait donné et nos merveilleux artistes avaient interprété avec un art incomparable, le *Barbier*, le *Siège de Corinthe*, *Sémiramis*, *la Gazza-Ladra*, *la Cenerentola*, *Moïse*, le *Comte Ory*, *Tancrède*.

Guillaume Tell était venu en 1829 mettre le comble à la gloire du grand musicien. La magnifique voix de Duprez put vaincre les dernières hésitations d'un public accoutumé jusque-là aux mélodies légères, à la grâce facile et féconde d'un génie qui voulait être compris sans efforts, et accepté sans peine.

Guillaume Tell paraissait alors une œuvre grandiose et forte qui unissait à la richesse harmonique inspirée par Beethoven et Mozart, dieux suprêmes dont Rossini était le prêtre le plus fervent, la clarté et le génie dramatique français. Cette aspiration à porter la musique sur les sommets élevés où la pensée philosophique conduit le rêve ne fut pas acceptée sans résistance, et Berlioz qui, lui aussi, luttait pour germaniser son art, a pu écrire dans sa correspondance (août 1829) ces lignes amères, produit d'un cerveau malade, exaspéré par la colère : « Guillaume-« Tell ! c'est un ouvrage qui n'est pas absurdement « écrit, où il n'y a pas de crescendo et un peu moins « de grosse caisse, voilà tout. Du reste, point de « véritables sentiments, toujours de l'habitude. du « savoir faire, du maniement du public. »

Point de sentiments !

Où était donc son cœur pendant qu'Arnold chantait : « O Mathilde, idole de mon âme... » ou encore : « Ces jours qu'ils ont osé proscrire, je ne les ai pas défendus ! » La colère et la rancune de Berlioz étaient d'autant plus injustes que *Guillaume Tell* prépara le public à accepter les compositions superbes, mais souvent inégales, du plus nerveux des compositeurs, et en 1831 le Conservatoire donnait devant un auditoire d'élite toujours le même, celui qui faisait et consacrait les réputations, la *Symphonie fantastique* inspirée par les œuvres de Shakespeare, dont les beautés lui furent révélées par les acteurs anglais qui vinrent à l'Odéon en 1827.

Beethoven et Mozart

On sait l'admiration de Rossini pour Beethoven et Mozart. S'il vénérait le grand symphoniste, il adorait l'auteur de Don Juan, voici ce qu'il écrivit au-dessous d'un portrait de Mozart, dont il fit cadeau à un jeune homme qu'il affectionnait : « Voici le « portrait du plus grand compositeur qui ait jamais « existé, pour l'abondance, la variété, la grâce des « idées. Dans ma jeunesse, il fut mon adoration, « dans mon âge mûr mon désespoir ; et maintenant, « il est la consolation de ma vieillesse. Conservez « toujours devant vos yeux l'image d'un des plus « nobles exemplaires de la nature humaine, et « puisse-t-il vous rappeler quelquefois votre vieil « ami !

« ROSSINI. »

Ici se place un mot qui complétera l'expression du sentiment de Rossini pour Mozart :

Un soir, dans l'appartement qu'il occupait alors sur le boulevard, rue de la Chaussée-d'Antin, n° 2, quelques amis étaient réunis autour du maître.

La conversation roulait sur le mérite respectif de ceux qu'on peut appeler *les grands maîtres*, et quelqu'un dit alors tout à coup, par une pente naturelle de l'esprit : « Quel est le premier ? »

Suit un moment de silence et d'hésitation.

Une voix dit : « Beethoven ».

Nouveau silence. Une autre voix : « Eh bien ! et Mozart ? »

Rossini reprend vivement :

« Beethoven est le plus grand, mais Mozart est le
« seul ! »

Chenavard affirmait que telle était la forme donnée par Rossini, à son jugement sur Mozart, et il doit faire autorité, car il était l'ami intime de Rossini.

Il y a aussi sur cette scène une autre version ; mais la différence porte uniquement sur la forme. Voici en quoi consisterait la variante.

Rossini aurait dit :

« Beethoven, c'est le Diou de la Mousique, et *Mo-*
« *zart, c'est la Mousique ! !* »

Pour combien d'entre nous dont la jeunesse heureuse fut bercée par les adorables mélodies de ces œuvres enchanteresses, ne reste-t-il pas, lui aussi, le maître de Pesaro, la consolation et la douceur de la vie qui s'achève, et quand on donne l'immortel « Barbier », vous pourriez voir bien des têtes blanches écouter avec ravissement les acteurs modernes et entendre dans le lointain de leurs souvenirs attendris ces chanteurs admirables, gloire et enivrement de ces années uniques dont le souvenir domine tant de choses disparues.

Je n'ai pas encore écrit le nom de Gounod, de Gounod l'enchanteur, mon camarade d'enfance et mon ami, parce qu'il vint un peu plus tard, et que je me propose de lui consacrer quelques lignes.

La Comédie, le Vaudeville. — Scribe, Bayard et leurs collaborateurs

Je n'ai pas l'intention, mes chers enfants, de vous faire l'histoire du théâtre en ce siècle. Je veux simplement causer avec vous des auteurs, des pièces et des acteurs qui, au temps de ma jeunesse, jouissaient de la faveur du public. Je laisserai même de côté la tragédie et le drame. Assez d'autres ont conté avant moi la grandeur et la décadence du drame romantique depuis la bataille d'*Hernani* jusqu'à l'insuccès des *Burgraves* et l'apparition de la *Lucrèce* de Ponsard. Je vous parlerai uniquement de la comédie et du vaudeville.

Sous l'Empire et sous la Restauration, Picard, Collin d'Harleville, Alexandre Duval, Etienne avaient diverti honnêtement le public, soit en vers, soit en prose et lui avaient parfois fait entendre des vérités salutaires présentées avec une grâce et une gaîté charmantes. Mais, depuis 1820, l'auteur favori, celui qui, par ses œuvres faciles, aimables, ingénieuses, sut le mieux amuser et charmer ses contemporains, ce fut Eugène Scribe.

J'ai longuement parlé de lui, au point de vue familial, et comme pupille de M. Bonnet; ici, je le rencontre comme auteur dramatique, d'un talent incontestable, et comme véritable créateur d'un théâtre.

L'imagination féconde de cet aimable auteur lui fournit la matière de plus de 300 pièces qui amusèrent non seulement la France, mais l'Europe, mais le monde entier. M. Jacques Ampère nous en fournit un témoignage ; l'illustre voyageur raconte ainsi comment il entendit une comédie de Scribe à Stockholm :

« J'entrai au théâtre ; on donnait une imitation
« suédoise d'une imitation allemande d'un vaude-
« ville de Paris ; dans toute l'Allemagne, j'ai trouvé
« ainsi les théâtres encombrés de nos petites pièces.
« Les couplets de M. Scribe retentissent d'écho en
« écho, depuis le boulevard Bonne-Nouvelle jusqu'au
« pied des Alpes Scandinaves. Traduits, commentés,
« modifiés par le génie des différents peuples, ils
« vont, comme par ricochet, amuser l'Allemagne, le
« Danemark, la Suède, la Russie, quand ici le public
« et peut-être l'auteur lui-même les ont déjà ou-
« bliés. En voyageant à la suite d'un de ces vaude-
« villes, on ferait le tour de l'Europe et quelques
« dix-huit mois après le départ, on arriverait avec
« lui à Stockholm. »

(Fragment d'un voyage dans le Nord.)

On a appelé Scribe *le prince du vaudeville*. Il a en effet composé plus de 150 de ces jolies comédies avec couplets qui ont fait la fortune du théâtre de Madame (Le Gymnase).

Dans ces œuvres, sa verve facile ne se préoccupait que d'amuser pendant quelques heures un public qui aimait la gaîté communicative, l'émotion discrète, les traits fins, les situations délicates, les dénouements heureux. On allait à ce théâtre pour sourire, pour chercher des émotions douces, et l'on savait gré à l'auteur de la peine qu'il prenait pour arracher ses contemporains aux préoccupations et aux tristesses de l'heure présente. En même temps, il écrivait pour le Théâtre Français de grandes et belles comédies : *Bertrand et Raton*, le *Verre d'eau* qui appartiennent au genre de la comédie historique, *Une Chaîne*, son plus bel ouvrage peut-être, qui est une étude de mœurs curieusement observée, fortement rendue, *la Camaraderie*, *la Calomnie*. Enfin à l'Opéra, à l'Opéra-Comique, l'ingéniosité de ses livrets servait le génie de Meyerbeer, d'Halévy, de Boïeldieu, d'Auber. A l'Opéra, *la Muette*, *Robert le Diable*, *la Juive*, *les Huguenots*, *la Favorite*, *le Prophète*, *l'Africaine*. A l'Opéra-Comique, *la Dame Blanche*, *le Maçon*, *Fra Diavolo*, *le Châlet*, *le Domino Noir*, *les Diamants de la Couronne*, *l'Ambassadrice*, *l'Etoile du Nord*.

Scribe a obtenu seul d'éclatants succès. Mais pour suffire à un pareil labeur, il dut recourir à des collaborateurs. Il en eut beaucoup, mais non pas tout un atelier, comme on l'a dit plaisamment et méchamment.

Son collaborateur le plus cher, celui avec lequel il travaillait le plus volontiers fut son neveu Bayard, dont l'esprit ingénieux et primesautier doublait, complétait le sien de la manière la plus heureuse. Ces deux talents se fondaient si bien l'un dans l'autre qu'on ne savait qui méritait le plus d'éloges pour l'invention et la combinaison dramatiques, ou l'élégance spirituelle de *l'écriture*, comme on dirait aujourd'hui.

Bayard eut, du reste, seul ou avec d'autres collaborateurs, des succès éclatants, par exemple : *Le Mari à la Campagne*, — *Un Ménage Parisien*, — *Le*

Père de la Débutante, — La Reine de 16 ans, — Le Gamin de Paris, — La Fille de l'Avare, — Les Enfants de Troupe, — Un Fils de Famille, — Les Fées de Paris, — Le Mari de la Dame de Chœurs, — Frétillon, — Les premières armes de Richelieu, — Le Vicomte de Létorières, la Fille du Régiment, les Gants Jaunes.

Au nombre des principaux collaborateurs de Scribe et de Bayard il faut d'abord nommer Dupin, déjà connu lorsque Scribe entra dans la carrière. Il était le très proche parent de ces Dupin qui ont fait tant d'honneur à la magistrature, au barreau, à l'Institut. Quand leur mère fut inhumée à Varzy (Nièvre), on grava sur sa tombe cette inscription : « Ci-gît, la « mère des Trois Dupin. »

Quant à l'auteur dramatique, il est mort il y a seulement quelques années, âgé de plus de 90 ans ; je n'ai pas besoin de dire qu'il était le doyen du corps.

Je mentionne aussi de Rougemont, collaborateur de Scribe pour une pièce dont le titre était : *Avant, pendant et après.*

Et encore Germain Delavigne, frère de Casimir Delavigne. Les Delavigne avaient fait leurs études au collège Henri IV où Scribe, qui était de Sainte-Barbe, se retrouvait avec eux (Sainte-Barbe envoyait alors ses élèves suivre les classes du collège Henri IV).

Melesville, qui fit avec Scribe *Valérie*, admirable création de Mlle Mars. Legouvé, collaborateur de Scribe pour *Bataille de Dames* et *Adrienne Lecouvreur*, un des triomphes de Rachel.

Varner, souvent associé avec succès à Scribe et à Bayard (il avait fait la campagne de Russie, celle de 1812, où il eut les deux pieds gelés, ce qui ne l'empêcha pas de prolonger son existence, car je l'ai bien connu).

Mazères, beau-frère de Empis, dont la carrière dramatique fut interrompue pendant le Gouvernement de Juillet qui en fit un Préfet et qui reprit le théâtre, lorsque la Révolution de 1848 lui rendit sa liberté.

Dumanoir et de Biéville, qui eurent les plus grands succès dans leur collaboration avec Bayard.

Théaulon, collaborateur de Bayard dans *Le Père de la Débutante*.

Charles Potron, également collaborateur de Bayard, esprit fin, distingué.

Duvert et Lauzanne, une personnalité en deux auteurs qui ont travaillé surtout pour l'acteur Arnal et ont remporté de brillants succès : *L'Homme blasé, Riche d'amour, Le Supplice de Tantale, A la Bastille*.

Puis, avec des fortunes diverses : Michel Masson, de Courcy, Dupaty, Roger, Sauvage, Anicet Bourgeois, d'Ennery, Lockroy, Chabot, Francis Cornu, Duport. Vanderbruk, G. Lemoine, Arvers, Rosier.

Je ne serais vraiment pas juste si, après avoir donné ces indications générales sur un certain nombre d'auteurs et sur leurs œuvres, je ne mentionnais pas les artistes qui ont été les interprètes tout à fait remarquables des rôles qui leur étaient confiés.

Aux Français : Ligier, Beauvallet, Firmin, Samson, Got, Delaunay Monrose, Geffroy, Regnier, Provost, Menjaud, Maillart, Mlle Rachel, Mme Allan, Mlle Mars, Mlle Leverd, Mlle Anaïs, Mme Plessy, Augustine et Madeleine Brohan, Mme Ricquier, Mme Favart, Mlle Dose, Mlle Mante, Mlle Fix.

A l'Opéra : Nourrit, Duprez, Levasseur, Roger, Alexis Dupont, Faure, Belval, Mme Cinti-Damoreau, Mlle Taglioni, Mlle Falcon, Mme Stolz, Mme Viardot

A l'Opéra-Comique : Ponchard, Mocker, Couderc, Hermann-Léon, Sainte-Foix, Bataille, Mme Boulanger, Mme Crader, Mme Damoreau.

Au Gymnase : Bouffé, Vernet, Lafontaine, Lesueur, Mme Rose Chéri.

Au Vaudeville : Arnal.

Au Palais-Royal : Mlle Dejazet, Achard, Ravel, Sainville, Levassor, et bien d'autres encore.

Je cite seulement ceux qui sont en ce moment présents à mon esprit, et sans aucun sentiment d'exclusion pour les autres.

Je m'arrête, car les nomenclatures sont ingrates pour celui qui les écrit et surtout pour ceux qui les lisent.

D'ailleurs je n'ai voulu parler que d'une période du théâtre, pendant ce siècle, de celle qui a fait l'enchantement de ma jeunesse.

Scribe est rencontré un jour par un ami qui lui demande s'il fait quelque chose en ce moment ; — il avait toujours du travail sur le chantier.

Réponse de Scribe : « J'achève un opéra-comique. »

« Ah ! quelle bonne fortune — je vais alors vous
« demander une audience pour une dame de ma fa-
« mille qui serait heureuse d'avoir à mettre en mu-
« sique un de vos ouvrages. »

Scribe un peu méfiant, répond lestement :

« Je suis désolé, mais j'en ai parlé ce matin même
« à Boïeldieu. »

Ce n'était pas exact, mais il fallait se mettre en règle ; et Scribe se rend en toute hâte chez Boïeldieu auquel tout d'abord il n'avait pas songé. C'est à cette circonstance que nous devons : « *La Dame Blanche*, « par Scribe et Boïeldieu », opéra-comique représenté en 1825, admirablement chanté par Ponchard et Madame Boulanger, et qui a charmé tant de générations.

Scribe donna au Gymnase, en 1828, une comédie-vaudeville en 2 actes dont le titre était *Malvina* et qui eut un grand succès. Le personnage principal avait une nièce dont, en 1814, au moment de l'invasion, il avait cru devoir se séparer pour ne lui laisser courir aucun danger à une époque aussi agitée. Il l'avait envoyée en Angleterre, elle eut la mauvaise fortune d'y rencontrer un intrigant qui avait malheureusement produit sur la jeune fille une vive impression et qui lui avait arraché une promesse de mariage, puis il l'avait suivie en France quand elle revint chez son oncle ; il commençait même à duper celui-ci, lorsque heureusement tout fut découvert ; c'était la pièce.

A l'une des représentations, une loge était occupée par une mère et une fille qui se trouvaient placées dans une situation analogue, la fille désirait un mariage dont la mère ne voulait pas.

Cette pièce était si admirablement faite et jouée avec tant de talent qu'en sortant de la représentation, la mère et la fille s'embrassèrent en pleurant.

Scribe avait obtenu ce à quoi la mère n'avait pu arriver.

La vie de théâtre est remplie de circonstances imprévues, et parfois aussi, elle obtient des résultats inespérés ; en voici un nouvel exemple.

On se rappelle cette charmante pièce de Bayard *un Ménage parisien*.

Quelques jours après la première représentation, le maire d'un arrondissement de Paris, qui, à cette époque, était le deuxième, voit entrer chez lui un visiteur fort ému qui lui fait cette déclaration :

« J'ai dans la société parisienne une situation « des plus fausses ; mon ménage n'est pas régulier, « mais personne ne s'en doute ; la dernière pièce du « Théâtre Français nous a révolutionnés. Nous vou- « lons, Monsieur le Maire, nous voulons, Madame et « moi régulariser notre situation, car l'existence que « nous menons est un véritable supplice. Je viens « donc vous demander un grand service, celui de « nous marier aussi secrètement que possible, et en « simplifiant toutes les formalités. »

Peu de temps après, les deux personnes contractaient mariage. Je tiens le récit du maire lui-même qui présida à leur union. C'est ce qu'on peut appeler le vrai triomphe d'un auteur dramatique.

V

ÇA ET LA

Moyens de transport avant le temps actuel. — 1870. Suite de l'incident du 27 juillet 1830. — 1871. Commencement et fin de la Commune, fin de l'incident du 27 julllet 1830. — 1871. Le comte de Montalivet. — 1872. La loi du 29 décembre 1872. — 1878. L'Opéra en 1878. — 1879. Gounod intime. — 1879. M. Léon Say et la Banque de France. — 1880. M. Jules Simon et l'article 7.

MODES DE TRANSPORT

Avant de reprendre le cours de mes souvenirs dans l'ordre chronologique, j'ai essayé de vous rappeler, mes chers enfants, ce qu'étaient les beaux-arts et le théâtre à l'époque de ma jeunesse ; je voudrais également vous montrer ce qu'étaient alors les moyens de transport.

En parcourant récemment la 3ᵉ page d'un journal, j'y lus cette annonce : « La voiture de demain. His- « toire de l'automobilisme, par John Grand-Car- « teret. »

Il m'a semblé alors qu'il n'était pas sans intérêt d'opposer les voitures d'hier à la voiture de demain. On verra d'autant mieux par là les merveilleux progrès réalisés pendant notre siècle en matière de transport et de locomotion. Cherchons d'abord quelles étaient à diverses époques les voitures mises à la disposition des Parisiens.

Je ne remonterai pas au déluge, ni même aux charrettes traînées par des bœufs dont parle Eginhard.

Je n'insisterai pas davantage sur les *Vinaigrettes*, sorte de chaise à porteurs montée sur deux roues avec un brancard dans lequel s'attelait un homme.

(Cette voiture tirait son nom de sa ressemblance avec les roulettes des Vinaigriers.)

Sous Louis XIII, Pascal qui avait déjà inventé la « Brouette » et le « Haquet », imagina une sorte de voiture qui donne un peu l'idée de ce que devaient être plus tard nos omnibus. Il demanda à l'autorité un privilège et des facilités qu'il n'obtint pas. Trois membres de la noblesse reprirent l'affaire en mains, et se transformèrent en entrepreneurs de transports. Colbert leur accorda le droit d'établir des calèches publiques moyennant cinq sols par personne, avec interdiction d'y recevoir *aucuns pages, soldats, ou hommes de métier*.

La Ville revêtit les cochers de sa livrée, et fit peindre ses armes sur ces voitures. Néanmoins, le public demeurait assez récalcitrant, et l'on raconte qu'un jour à Saint-Germain, Louis XIV fit monter Mme de Montespan dans une de ces calèches, et la conduisit lui-même, pour encourager le public à y monter également.

Le Duc d'Enghien imita cet exemple et traversa Paris en cocher. Dès lors ce mode de transport fit fortune. Les trois nobles auxquels je viens de faire allusion augmentèrent d'un sou le prix des places et réalisèrent, dit-on, des sommes considérables.

Cependant les Parisiens se lassèrent de ces pseudocalèches, et elles furent remplacées par un essai de cabriolets.

En tout cas, voici quels étaient les véhicules, mis à la disposition du public, au commencement de ce

(Je ne parle pas bien entendu des voitures des particuliers toujours acceptables, sous quelque régime que ce fût ; je parle des voitures occupant les places publiques pour le grand profit de la population parisienne.)

1° Il y avait sur les places et dans certaines rues ou espaces, de grands fiacres bien sales, bien lourds, traînés par de très mauvais chevaux, conduits par de tristes cochers, garnis à l'intérieur de faux utrecht jaune ; je ne crois pas avoir à dire qu'il n'y avait sous les pieds aucun tapis ; mais pendant l'hiver — et encore fallait-il qu'il fît très froid, — le voyageur trouvait de la paille, au lieu des boules d'eau chaude d'aujourd'hui.

2° Egalement, sur les voies publiques, il y avait de place en place, des cabriolets portant un gros numéro, traînés par un cheval généralement détestable dont l'allure était inférieure à celle du piéton, cheval conduit par un cocher maussade, à côté duquel il fallait se placer et qui aimait à entamer la conversation, en se réservant toujours le choix du sujet.

3° Il y avait enfin certains cabriolets sensiblement supérieurs aux précédents, se distinguant par un petit numéro et qu'on appelait : «Cabriolets de régie». Voici en quoi ils différaient des autres véhicules. Un spéculateur faisait faire quelques cabriolets assez propres et y attelait d'assez bons chevaux. (Il habitait généralement hors des murs avec ses cabriolets et ses chevaux par ce que le loyer était meilleur marché).

Il louait dans le centre de Paris, spécialement dans les quartiers d'affaires, un passage de porte cochère avec faculté de faire stationner ses voitures dans la cour, et de les faire passer successivement sous la porte cochère, sauf à payer une redevance.

Ce cabriolet dit : « de régie » était assez confortable ; le cheval meilleur, le cocher plus discret ; il avait la convenance de ne parler que s'il y était convié par son client.

Aujourd'hui, tout cela est bien changé; le cabriolet à gros numéro a disparu, malgré la résistance héroïque de celui qui portait le *n° 2* et qui, pendant un très grand nombre d'années, a persisté, seul de son espèce, à stationner sur les places publiques et à s'offrir aux Parisiens qui ne le prenaient jamais et s'amusaient beaucoup de sa tenacité.

Les cabriolets à petit numéro, dits « de régie », les fiacres, les indignes fiacres de mon enfance ont également disparu. Ces modes insuffisants de transport ont été remplacés par des voitures de place dont il ne semble pas qu'il y ait à se plaindre, puis par des voitures de cercles, le tout chauffé pendant l'hiver, puis enfin par des victorias pour la belle saison ; puis par des tramways et des omnibus sur toutes les lignes, par des bateaux sur la Seine.

Et je ne parle pas, comme moyens de locomotion des bicyclettes, des voitures automobiles, des voitures munies de roues caoutchoutées ou de pneumatiques. Enfin, on annonce que la Compagnie des Omnibus doit soumettre au Conseil municipal un projet qui consisterait à transformer, partout où cela serait possible, les lignes d'omnibus en tramways, et à appliquer à ces tramways, la traction mécanique. Quant aux lignes d'omnibus qu'on ne pourrait pas transformer, on les ferait desservir par des voitures automobiles.

Ainsi, Parisiens d'aujourd'hui, ne vous plaignez pas et veuillez en croire un Parisien d'autrefois, quand il vous dit que vous êtes comblés !

Ceci dit, mes chers enfants, si nous voulons sortir de Paris, nous constatons que pour traverser la France dans tous les sens, pour gagner nos frontières de quelque côté que ce soit, ou entreprendre un voyage à l'étranger, nous avons une organisation admirable de voies ferrées et cependant, n'entend-on pas tous les jours des doléances de ce genre :

« Le train a été en retard ; c'est abominable ! Nous
« avons failli ne pas avoir de places ! Il y avait tant
« de voyageurs qu'on a dû dédoubler le grand
« Express ! Nous n'avons pu prendre que le second,
« ce qui nous a fait arriver un quart d'heure plus
« tard ! Il est vraiment inouï que ces compagnies
« ne puissent pas arriver à temps, à l'heure exacte,
« à l'heure indiquée par elles-mêmes ; c'est le bou-
« leversement de toutes les affaires ! »

Je ne me donne pas le mandat de répondre à toutes ces réclamations, le plus souvent si peu justifiées ; je voudrais simplement rappeler aux réclamants, sous quel régime vivaient en matière de transports, les voyageurs d'il y a environ cinquante ans !

La France était sillonnée par les grandes routes de terre du premier empire qui étaient une magnifique création.

Sur ces routes, il se trouvait de distance en distance, en général, de trois en trois lieues en moyenne (aujourd'hui on dirait tous les 10 ou 12 kilomètres) un établissement dénommé : *Poste aux Chevaux*. Ces établissements étaient l'objet d'un droit d'exploitation concédé à un particulier qui recevait un brevet et s'appelait *Maître de Poste*. Sous sa responsabilité personnelle, il établissait une maison de poste où il installait le nombre de chevaux qu'il jugeait lui être nécessaire pour faire conduire les voyageurs de toute sorte jusqu'au relais suivant.

Quelles étaient les voitures qui s'adressaient à ces maîtres de poste ?

Les diligences,

Les malles-poste,

Les voitures des particuliers.

C'est ce qu'il faut maintenant vous expliquer.

Deux grandes entreprises de diligences s'étaient en quelque sorte, partagé le sol de la France. Je laisse de côté, bien entendu, les petites voitures locales exploitant tels ou tels départements ou arrondissements ; je parle des Compagnies qui conduisaient les voyageurs au bout de la France :

La Compagnie des Messageries générales, la Compagnie des Messageries Royales, ayant leur siège principal à Paris, l'une, rue du Bouloi et rue Coq-Héron. L'autre, rue Montmartre, avec sortie par la rue Joquelet (1).

---

(1) Ces deux entreprises, appelées : diligences, étaient en pleine possession de l'exploitation des grandes voies de communication en France, lorsque certains capitalistes et industriels pensant qu'il y avait place pour une troisième société, formèrent une Compagnie qui fut dénommée : *Messageries françaises*. Ils firent tout ce qui était nécessaire pour en assurer le succès : grande installation à Paris, rue Montmartre, là où furent depuis « Les Magasins de la Ville de Paris » et où se trouve aujourd'hui la

Les voitures de ces deux entreprises étaient faites absolument sur le même modèle :

Un coupé, trois places ;
Intérieur, six places ;
La rotonde, six ou huit places ;
Impériale (banquette installée tout en haut de la voiture), trois places.

Le conducteur représentant la compagnie, maître et directeur de cette maison ambulante, était assis en tête de la banquette dénommée : Impériale ; c'était le personnage important, tenant les écritures, recevant le prix des places, payant le postillon à chaque relais, faisant arrêter la diligence à tel ou tel hôtel pour les repas, faisant au besoin la police.

Je dis : le postillon, parce que pendant ma première jeunesse, celui que nous appelons aujourd'hui cocher, était vraiment *postillon* ; car il montait à cheval sur le premier cheval à gauche que, pour cette raison, on nommait « le porteur », et de là, il con-

---

rue d'Uzès, près du boulevard ; — relations dans toutes nos grandes villes ; — traités avec des relayeurs sur toutes les lignes pour assurer la circulation de leurs voitures.

J'ai assisté à l'inauguration, c'est à dire au départ de la première des voitures de cette troisième entreprise, un soir à 7 heures. Le conducteur et le postillon étaient ornés de fleurs ; grande était la curiosité dans Paris, et surtout dans le quartier de la rue Montmartre.

Mais les Messageries générales et les Messageries Royales, se coalisèrent contre les Messageries françaises. Je me borne à indiquer la question :

L'association formée entre les Messageries générales et les Messageries Royales, pour lutter contre les Messageries françaises constituait-elle une coalition prévue et punie par l'art. 419 du Code pénal ?

Le procès dura plusieurs années, fut porté devant toutes les juridictions ; les Messageries françaises furent déboutées de leurs conclusions, et les deux autres Compagnies continuèrent à exploiter leur monopole de fait.

duisait les quatre ou les cinq chevaux de la diligence. Ce n'était pas une tâche facile; il y fallait un homme fort, habile, prudent, enfin réunissant beaucoup de qualités; depuis, on a pensé, et avec raison, qu'il était très hasardeux de faire ainsi conduire une si grande et lourde voiture par un homme à cheval, et pendant les vingt ou trente dernières années du règne des diligences, le cocher, quoique toujours habillé en postillon, montait s'asseoir sur un petit siège généralement placé entre l'impériale et les chevaux ; de là, l'homme étant assis, conduisait à grandes guides, avec une bien plus grande sûreté.

Ceci dit, voyons comment se faisait l'exploitation de ces diligences.

A chaque relais, en vertu de traités, le maître de poste leur fournissait les chevaux nécessaires.

Dans quelles conditions v voyageait-on? Que ceux qui se plaignent des chemins de fer s'instruisent !

Voici une lettre de famille écrite par un de mes oncles, qui venait d'être nommé sous-préfet, à mon grand-père. (M. Ferdinand Bonnet, ci-dessus nommé dans le chapitre de la famille maternelle.) La lettre est écrite, bien entendu, sans enveloppe, suivant l'usage de cette époque, et timbrée de la poste, à Nancy, le 20 mai 1830 :

Nancy, jeudi, 11 heures du matin.

Me voici arrivé à Nancy, mon cher père, un peu fatigué, mais fort bien portant. Notre voyage a été heureux, mais bien lent, quoique les routes soient magnifiques. Au lieu de faire le trajet en *38 heures*, comme on m'en avait flatté, nous en avons mis *50 !*

Partis de Paris, à 8 heures mardi, nous sommes arrivés aujourd'hui jeudi à 10 heures du matin — deux jours et deux nuits bien complètes. Voici la narration succinte de mon voyage. Le premier jour, dîner à Meaux à une heure après-midi ; station d'une heure ; le lendemain à 7 heures du matin, arrivée à Châlons — déjeuner — station de trois quarts d'heure. Hier soir à 8 heures, dîner à Bar-le-Duc. Station d'une grande heure et demie. Aujourd'hui, à 10 heures du matin, arrivée à Nancy ; voiture excellente, coupé extrêmement commode. Bonne société dans le dit coupé, médiocre dans l'intérieur, affreuse dans la rotonde. Avec moi, un ancien militaire fort honnête et fort complaisant.

Aussitôt arrivé, je me suis enquis d'une place pour Epinal. *Impossible de partir avant demain quatre heures du matin* ; cela me contrarie. Je crains que mon Préfet ne m'accuse de négligence ; mais comment faire ? *Il n'y a pas d'autre voiture publique suspendue d'ici à Epinal ;* je vais donc voir Nancy qui me paraît une fort belle ville, régulière, très aérée. . . . .
. . . .

Il y avait bien une autre manière de voyager quand on était seul ou en très petit nombre ; c'était de prendre la Malle-poste, c'est-à-dire le courrier spécial qui transportait les lettres, et qui acceptait des voyageurs en petit nombre, par exemple un, deux ou trois, quand la construction de la voiture s'y prêtait ; la Malle-poste en effet, était ou un coupé ou un briska, ou ce qu'on appellerait aujourd'hui, un petit landau.

C'était un amusement pour les Parisiens d'aller assister chaque jour vers six heures, rue Jean-Jacques-Rousseau au départ des malles. Ces voitures avec le conducteur qui allait en prendre charge, et avec le postillon qui allait faire le premier relais, étaient rangées dans une vaste cour disposée en arrière qui dépendait de l'hôtel des Postes. Dans la grande cour dite du départ, se trouvaient le ou les voyageurs et les parents qui venaient les embarquer. C'était un événement.

Lorsque le moment solennel était arrivé, un homme de service, à ce préposé, appelait successivement les voitures dites Malles-poste en les désignant par le lieu de leur destination :

Calais, Bordeaux, Lyon, etc., et à l'appel de chaque nom, les parents et amis des voyageurs se jetaient dans leurs bras, leur adressant leurs adieux et les regardaient une dernière fois monter dans la voiture. — On fait moins de cérémonie aujourd'hui, même quand on part pour l'Amérique ou les Indes. — Malgré l'étroitesse de la cour, le nombre des personnes présentes, l'exiguïté de la rue et de toutes celles de ce quartier, tout cela se faisait avec un ordre et une rapidité incroyables.

Etait-on bien dans ce genre de véhicule ? Admirablement, si nous en croyons cette lettre de famille :

Paris, dimanche soir, 18 septembre 1842.

Me voici revenu à Paris, ma chère mère ; j'y suis arrivé ce matin, à quatre heures, en malle-poste.

C'est vraiment un voyage de grand seigneur. J'étais seul dans une excellente et spacieuse voiture où trois personnes de ma taille seraient à l'aise (Or, ce voyageur avait cinq pieds, onze pouces !). Cinq et quelquefois six chevaux pour me conduire ; mes relais préparés partout ; trois lieues et demie à l'heure ; et derrière ma voiture, un homme en veste galonnée d'argent qui m'ouvrait ou me tenait la portière, quand je voulais descendre. Ajoute à cela, un excellent souper à Nancy, un bon dîner à Vitry- le Français : il n'y a pas de Rothschild qui, dans sa propre voiture. puisse voyager avec tant d'agrément, de rapidité et d'aisance de tous genres. . . . .
. . . .

Ce voyageur était enthousiasmé qu'on lui fît faire trois lieues et demie à l'heure (c'est-à-dire 14 kilomètres). Ainsi le summum à cette époque (car la malle faisait toujours le summum du possible), c'était 14 kilomètres à l'heure ; et on se plaint aujourd'hui de nos chemins de fer !

En dehors des diligences et des malles-poste, il existait un autre mode de voyage, certainement plus coûteux, mais commode pour une famille un peu nombreuse ; je veux parler de ce qu'on appelait : les « voyages en poste ».

Ils consistaient à prendre une voiture particulière que l'on faisait desservir par les relais de poste ordinaires ; ainsi les relais de poste, espacés sur les grandes routes, devaient avoir les chevaux nécessaires, non seulement pour les services des diligences et des malles-poste, mais aussi pour les voitures des particuliers.

Supposons que vous partiez en poste de Paris pour aller à Lyon par la Bourgogne, le postillon qui, appartenant à la poste de Paris, vous avait amené de Paris à Charenton (premier relais), y dételait ses chevaux et les remmenait à Paris. A Charenton, un nouveau postillon attelait des chevaux frais à votre voiture, et vous conduisait à Villeneuve-St-Georges (2ᵉ relais), et l'on arrivait ainsi, de relais en relais, jusqu'à Lyon, soit en voyageant jours et nuits, soit en couchant chaque soir dans un hôtel d'une des villes que vous traversiez.

Ne croyez pas que ce mode de voyage fût ennuyeux. D'abord, on voyait le pays infiniment mieux ; puis, il y avait des incidents, on avait parfois la bonne fortune d'une côte à monter à pied, ce qui était une distraction et un repos ; souvent, on croisait en route une voiture allant dans l'autre sens, en vertu d'une convention tacite et permanente, les deux postillons s'arrêtaient instantanément, et se tournant chacun vers la famille qu'il conduisait, sollicitait la permission de changer. A quoi le voyageur répondait invariablement : « Faites... mais faites vite » ; et chacun de ces deux postillons, avait ainsi la bonne chance de rentrer plus vite à son domicile.

Le mode de paiement à chaque relais était très simple. Supposons une voiture attelée de deux chevaux, conduisant une famille de quatre personnes, cette famille devait au postillon, en arrivant au relais :

1° Deux *grands* chevaux (on appelait ainsi les chevaux qui étaient attelés et pour lesquels on donnait tant par kilomètre.)

2° Comme il y avait quatre voyageurs, on payait en outre ce qu'on appelait : « deux *petits* chevaux », c'est-à-dire deux chevaux non attelés, deux chevaux fictifs qui coûtaient naturellement un peu moins que les « grands chevaux ».

3° Enfin, on payait au postillon pour *les guides* (c'était l'expression consacrée) tant par kilomètre.

Pour éviter à chaque relais le paiement intégral, embarrassant faute de monnaie, les postillons se payaient les soldes entre eux ; ainsi, par exemple, je suppose que le voyageur fût débiteur de 18 francs au moment où le relais venait d'être parcouru. Il donnait 20 francs (au lieu de 18) et le postillon qui recevait les 20 francs disait au nouveau postillon arrivant avec de nouveaux chevaux : « Deux grands « chevaux et deux petits ; quarante sous de payés. » Ce qui voulait dire : « Je te dois quarante sous que « je viens de recevoir pour toi en avance sur ce

« qu'on te devra, donc, il y a *quarante* sous de
« payés. »

Supposons l'hypothèse contraire, c'est-à-dire que le voyageur arrivant au relais fût débiteur de vingt francs et n'en donnât que quinze, le postillon descendant disait au nouveau postillon : « Deux grands « chevaux et deux petits ; cinq francs à rapporter. » Ce qui voulait dire : « Le voyageur en réglant avec « toi, en plus de ce qu'il te devra, te donnera cinq « francs dont tu me tiendras compte, que tu me rap-« porteras. »

Et quand le postillon descendant de cheval avait reçu ses guides, calculées à un bon taux, il ne manquait jamais d'ajouter : « Sarvez ben ces Messieurs ! » Ce qui était significatif pour le nouveau postillon qui allait vous conduire au relais suivant.

Je dois donner ici un détail important : il était expressément défendu de se dépasser sur la route.

En voici la raison : les maîtres de poste n'ayant qu'un nombre de chevaux limité, les voyageurs étaient parfois obligés d'attendre un peu au relais, que des chevaux déjà sortis fussent rentrés ; or, si on avait pu se faire concurrence en excitant son propre postillon par une large rémunération, on eût ainsi provoqué sur la route, une lutte de vitesse, qui eût pu devenir dangereuse.

De là, la règle du premier occupant, c'est-à-dire de l'obligation de garder son rang.

Toutefois, sans dépasser le précédent voyageur, on pouvait se créer un droit de passer avant lui. Voici comment : on prenait un courrier ; ce courrier était un postillon sans voiture qui, pressant son cheval, allait en avant, faire préparer et retenir dans chaque relais de poste, les chevaux destinés à la voiture à laquelle il se rattachait.

Au moyen de ce procédé, on trouvait des chevaux préparés à l'avance et garnis qu'on attelait à la voiture avec une grande célérité. Aussi, pour éviter toute perte de temps, certains voyageurs prenaient pendant toute la durée du voyage un courrier chargé d'assurer à chaque relais un rapide changement de chevaux. Mais c'était une assez grande dépense qui augmentait notablement les frais du voyage.

Si j'ai insisté sur les avantages relatifs des voyages en poste, qu'on ne croie pas que je les regrette. Ils auraient aujourd'hui le plus grave des défauts. Une lettre de famille en fera foi.

M. Bonnet, à la fin de sa vie, allait tous les ans au Mont-Dore pour sa santé.

Voici ce que l'un de ses fils lui écrivait le 11 août 1830 :

« Si je calcule bien, mon cher papa, vous avez « dû et devez coucher :

« Hier, à Cosne ;
« Aujourd'hui, à Moulins ;
« Demain, à Clermont ;
« Vendredi, au Mont-Dore. »

. . . .

Ainsi quatre journées de voyage avec l'obligation de coucher en route dans trois villes différentes où l'on rencontrait plutôt des auberges que des hôtels.

Et l'on va maintenant au Mont-Dore en neuf heures et demie !

Mais aujourd'hui nous vivons dans une sorte d'état fébrile qui nous fait méconnaître les avantages du présent. Un spirituel vaudevilliste, par le dialogue suivant, a fait une charmante critique de notre état d'esprit, de notre façon d'être :

— Où allez-vous donc ?
— Laissez-moi, je suis très pressé.
— Soit ! mais dites-moi au moins où vous allez ?
— Je n'en sais rien ! Mais il faut absolument que j'y sois à trois heures !

En réalité, nous sommes des ingrats. Rien dans le passé ne présentait ni les facilités, ni le confort, ni la célérité des voyages d'aujourd'hui. Rien, au temps des fiacres que nous avons connus dans notre enfance ne permettait de prévoir les tramways et le métropolitain ; rien, au temps des lourdes et lentes diligences ne permettait de prévoir les trains express qui portent le Parisien en une journée aux frontières de la France.

SUITE DE L'INCIDENT DU 27 JUILLET 1830, RELATIF

AU CABRIOLET DE MON PÈRE

J'ai dit dans un volume : « Notes et Souvenirs » publié en 1895-1896, comment en 1870-71 la Ville de Paris avait été administrée pendant le siège qu'elle eut à subir ; je me borne à le rappeler ici par une mention générale.

Chacun des vingt arrondissements de Paris, était

géré par un maire et trois adjoints, soit quatre personnes par arrondissement.

Ces mairies avaient une indépendance relative, au moins au point de vue de l'exécution, et il était indispensable qu'il en fût ainsi, surtout à une époque aussi profondément troublée.

Mais il existait toujours un lien nécessaire avec l'administration supérieure, tout particulièrement avec le Ministère du Commerce et avec l'Hôtel de Ville.

Chaque mairie correspondait presque tous les jours, avec le Ministère du Commerce pour la question alimentaire qui était naturellement, la première de toutes.

D'autre part, il n'y avait plus de Préfet de la Seine ; mais, comme rappel du passé, un Maire de Paris, et cette fonction avait été attribuée à M. Jules Ferry.

Celui-ci avait pensé, et avec raison, que pour éviter des correspondances trop multipliées, et pour prendre le sentiment de la population, il était bon qu'il y eût à l'Hôtel de Ville sous sa présidence, une réunion de tous les maires et adjoints ; bien entendu, ils ne venaient pas tous, cela eût fait 80 personnes, et plus une réunion est nombreuse, moins on peut aboutir à un travail utile.

Il se présentait assez généralement deux personnes par arrondissement, soit en moyenne 40 par réunion ; c'était bien assez. Les mairies de Paris avaient été constituées au lendemain même du 4 septembre 1870, par arrêté du Gouvernement de la Défense nationale, puis, après la tentative de Blanqui du 31 octobre 1870, que j'ai racontée dans le volume précité, le Gouvernement de la Défense nationale avait résolu d'aller devant le suffrage universel pour reconstituer les mairies, et donner ainsi plus d'autorité aux municipalités. Ces élections nouvelles avaient été fixées au 6 novembre 1870 ; c'est ce jour-là, qu'après avoir décliné toute candidature à la mairie, je fus nommé premier adjoint au maire du 8ᵉ arrondissement.

Le maire était M. Hippolyte Carnot, ancien ministre de l'Instruction Publique en 1848, père de M. Sadi-Carnot qui devait être Président de la République, quelques années après, et mourir, victime à Lyon d'un épouvantable attentat.

M. Hippolyte Carnot était le meilleur des hommes, le mieux intentionné. J'ai vécu côte à côte avec lui depuis le 6 novembre 1870 jusqu'à la fin du mois de janvier 1871 ; il voulait bien se confier à moi pour la plupart des services de la mairie ; et notamment il m'avait délégué pour représenter, chaque semaine, le 8ᵉ arrondissement dans les réunions présidées par M. Jules Ferry. Or je voyais arriver, à ces séances, l'homme pour lequel mon père avait été indulgent en 1829, et qui lui avait témoigné sa reconnaissance le 27 juillet 1830, rue Montmartre, en face le passage du Saumon, en le dégageant d'une assez mauvaise aventure, lorsqu'il tentait de venir, en cabriolet, me chercher au collège Saint-Louis.

Ainsi, 40 ans s'étaient écoulés depuis 1829 et 1830, c'est-à-dire tout le gouvernement du roi Louis-Philippe, tout le gouvernement du Second Empire ! Et voilà que tout à coup, après ces 40 ans passés sans aucun lien, sans aucune relation possible entre nous, sans aucun rapprochement dans le passé, ni dans le présent, sans nous être jamais vus, nous nous trouvions, lui et moi, convoqués comme membres de la même réunion, assis autour de la même table, moi, représentant un arrondissement très conservateur, lui, un des arrondissements les plus avancés, appelés à délibérer en commun, et à voter sur les mêmes questions, sur les mêmes intérêts.

Nous ne nous étions jamais vus ! Mais nous nous connaissions. Il savait mon nom, mais ignorait ma vie qui, jusque là, avait toujours été étrangère à la politique. Moi je connaissais son nom et même sa vie, car mon père, au foyer de la famille, nous avait parlé de lui avec une peine réelle, lorsqu'il voyait son nom figurer dans quelque complot ou conspiration.

Nous nous connaissions donc, mais par une entente tacite, nous nous ignorions et devions nous ignorer !

L'armistice fut signé à la fin du mois de janvier 1871 ; le siège prit fin ; l'Administration de la Ville de Paris fut réorganisée ; les mesures trop exceptionnelles disparurent, chacun des membres de la réunion de l'Hôtel de Ville rentra dans sa mairie. Je n'eus donc plus l'occasion de rencontrer le collègue auquel je viens de faire allusion, ni même d'en entendre parler jusqu'au jour où deux de ses amis, vinrent m'entretenir de sa fin tragique. C'est ce que j'expliquerai plus loin, mais il faut d'abord que je dise ici quelques mots de la Commune dont je rencontre le sinistre souvenir sur mon passage.

COMMENCEMENT ET FIN DE LA COMMUNE

18 Mars 1871
Commencement de la Commune

Je ne me propose pas d'écrire l'histoire de cette terrible et honteuse époque de la Commune ; j'en veux seulement rappeler le commencement et la fin.

Dans mon volume de « Notes et Souvenirs » j'ai raconté la tentative d'insurrection qui, pendant le siège de Paris, eut lieu le 31 octobre 1870 à l'Hôtel de Ville, et qui était fomentée par Blanqui et autres. On sait, pour l'avoir vu, ou pour l'avoir lu, dans tous les journaux et documents de l'époque, combien cette tentative était grave, et combien le Gouvernement de la Défense et la Garde Nationale, eurent de peine à l'étouffer.

Le 18 mars éclatait l'insurrection qui était le prélude de la Commune.

M. Ernest Picard, Ministre de l'Intérieur partait pour Versailles, obéissant aux ordres de M. Thiers. M. Calmon, sous-secrétaire d'Etat qui remplaçait le Ministre, était lui-même appelé à se replier sur Versailles « avec tout son personnel ». Mais il hésitait beaucoup, alléguant (il me le dit à moi-même), que, quitter le ministère de l'Intérieur, clef de voûte de l'Administration, c'était abandonner du même coup les autres ministères et par conséquent livrer Paris tout entier à l'insurrection.

Revenant au ministère à midi, j'y entrai en même

temps que deux des principaux Banquiers de Paris. Pendant que nous échangions nos impressions avec M. Calmon, celui-ci nous dit : « Tenez : voici « la carte de l'Amiral Saisset » ; l'Amiral avait écrit au-dessous de son nom les mots suivants : « qui se met à la disposition du Gouvernement » au même moment le neveu de l'Amiral entra dans la pièce où nous étions.

Il pouvait y avoir là une chance de salut ou tout au moins un concours bien utile. L'Amiral était populaire ; il avait vaillamment pris part à la défense de Paris comme commandant d'un secteur. Il avait eu l'affreux malheur de perdre son fils unique, tué dans les derniers jours du siège par un boulet ennemi. Si l'Amiral acceptait le poste de Général en chef de la Garde Nationale, le bruit de sa nomination répandu immédiatement dans Paris, pourrait contenir les insurgés, décider les bons citoyens à se lever et à se grouper autour d'un chef autorisé.

Nous nous rendîmes donc tous quatre (les deux banquiers, le neveu de M. Saisset et moi) chez l'Amiral, rue de Ponthieu ; il n'y était pas.

A peine étions-nous descendus que nous apprîmes dans la rue, les nouvelles les plus graves. L'insurrection sortant de sa réserve apparente s'étendait dans tout Paris ; en l'absence de tout obstacle, sachant que les membres du Gouvernement étaient tous partis, elle s'affirmait de plus en plus.

Je pus, par la rue de Miromesnil, tourner le Ministère et gagner rue d'Anjou, la Mairie qui n'était encore ni envahie ni menacée, puis je me rendis chez M. Calmon qui venait de m'envoyer chercher. Il montait en voiture chez lui rue de la Pépinière, se rendait décidément à Versailles et m'offrait de me substituer à lui. Je lui fis remarquer que nous n'avions ce droit ni l'un ni l'autre, et que, si l'on pouvait tenter quelque effort de résistance, je prendrais sur moi de le faire sans avoir besoin pour cela d'un mandat ou d'une substitution.

Ceci se passait le samedi 18 mars vers 1 heure. Le jour même et dans la nuit du 18 au 19, j'envoyai convoquer à domicile celles des compagnies de la Garde Nationale de mon arrondissement sur lesquelles je pensais pouvoir compter, en leur enjoignant de se rendre immédiatement à l'Elysée pour couvrir le Ministère de l'Intérieur. C'était la seule mesure qui, dans un pareil moment, pût encore présenter quelques chances d'aboutir ; mais le lendemain matin, dimanche 19 mars, je constatai, avec douleur, que sur les 4.000 hommes que j'espérais pouvoir réunir comme dernier effort, 220 seulement s'étaient rendus à l'Elysée.

Ces braves gens y restèrent toute la journée du dimanche 19 mars. Trois fois, pendant cette journée, les insurgés étaient venus pour les remplacer, et toujours, ils avaient refusé de livrer le Palais. Le capitaine Walther, ayant eu le soin de dissimuler son petit nombre d'hommes, avait répondu fort habilement : « Je ne me laisserai pas relever par une garde « *plus faible* que la mienne ». Mais je ne pouvais demander l'impossible ni au capitaine ni à ses hommes. Ils s'en allaient successivement. Le soir une vingtaine d'entre eux, qui étaient demeurés jusque là à leur poste, furent bien obligés de céder à la force brutale représentée par un millier de gardes nationaux dissidents, et ils durent se retirer vers 7 heures. Les insurgés leur présentèrent les armes puis ils rentrèrent à la mairie où je les félicitai de leur attitude si ferme.

Lorsque j'ai rendu compte de ce fait, dans mon volume de 1895-96 j'exprimais le regret de ne pouvoir livrer les noms de ces courageux citoyens. Aujourd'hui, mieux informé, je suis heureux de donner exactement cette liste :

Walther, capitaine.
Barthomieu, capitaine.
Trouille, lieutenant.
Bell, sous-lieutenant.
Harold de Montjoyeux, sergent.
Reynier, caporal.
Libmann .... garde.
Delaborde .... —
Guillaume Guizot ... —
Mallet .... —
Paul Denormandie... —
Mesnard .... —
Vogues de Raissac ... —
De Chazon .... —
Manet .... —
Desuire .... —
Tripier .... —
Dondel .... —
Rhoné .... —

Leur chef, le capitaine Walther s'était enrôlé pendant le siège de Paris, dans les bataillons de marche. Le 31 octobre il avait très bien fait son devoir, aussi était-il recherché par ceux des partisans de la Commune appartenant au 8° Arrondissement qui le connaissaient bien.

Ses hommes avaient regagné leurs foyers, mais lui, le capitaine était resté à la mairie ; succombant à une grande fatigue il s'y était endormi et ne se réveilla que vers minuit.

Dans l'intervalle, c'est-à-dire de 7 heures à minuit, les choses s'étaient encore aggravées ; quelques délégués de la Commune étaient venus s'installer rue d'Anjou. Ouvrant les yeux, le capitaine vit devant lui un homme armé, assis sur une chaise, et lui dit : « Que faites-vous là ? »

L'homme répondit : « Je vous garde au nom « du Comité central, je vous déclare prisonnier. « Vous êtes bien le capitaine Walther ; vous avez « voulu faire écharper, le 31 octobre, ceux des « hommes de votre compagnie qui sont partisans de « la Commune. Eh bien ! maintenant, la Commune « gouverne ; ne bougez pas ; j'ai une cartouche « dans mon chassepot ». Et ce disant, il arma son « fusil.

Le capitaine fut promené ensuite de poste en poste, puis, mené à l'Hôtel de Ville. Pendant ce pénible trajet, un des hommes lui disait : « Vous vous rappe- « lez ce que vous m'avez dit au 31 octobre d'un air « si méchant ». — Un autre ajoutait : « On va à la « Préfecture, puis à Mazas, de là à Vincennes, puis « dans le fossé ! »

Mais le capitaine imperturbable répondit : « Vous « ne me ferez pas peur ». Et comme son interlocuteur reprenait : « Reconnaissez-vous la Commune « maintenant ? « Non » répondit le capitaine.

Après quelques heures de ce supplice, on le conduisit à la Préfecture de Police. Là un lieutenant après interrogatoire dit : « Faites un billet d'écrou, « qu'on le mette au secret, et que mes ordres soient « exécutés ponctuellement. Rendez votre sabre ! »

Mis dans la cellule n° 8, il y passa toute la journée du 20 mars. Désireux de le compromettre, on voulut le faire parler sur la mort du Général Clément Thomas. Mais le capitaine garda un silence obstiné, et fut enfin, le 21 mars, mis en liberté.

Ayant ainsi échappé à une mort qui semblait bien probable, le capitaine Walther ne songea qu'à organiser la résistance dans tout le quartier du boulevard de la Madeleine et de l'Opéra. Malheureusement tous les efforts faits de divers côtés furent infructueux ; et il fallut subir la domination de la Commune à Paris pendant plus de deux mois.

21 Mai 1871. — Fin de la Commune.

Rappelons maintenant comment elle prit fin.

Le dimanche 21 mai, à 3 heures, nous apprîmes tout à coup à Versailles qu'à la suite d'incidents qui ont été partout racontés, l'armée venait de commencer à reprendre possession de Paris. Mais ce n'était pas une opération simple.

Le Ministre Ernest Picard, Jules Ferry, maire de Paris et moi, nous causions tous trois le 22 mai sur la place d'Armes, à midi, lorsque Jules Ferry me dit subitement : « L'armée a commencé hier à pénétrer « dans Paris ; allons-y : je vous réinstallerai « officiellement dans votre mairie. » Deux de mes amis (dont l'un était représentant de l'Orne à l'Assemblée Nationale) demandèrent à nous accompagner.

Ernest Picard, comme Ministre de l'Intérieur avait approuvé notre résolution et ajouté : « Si vous ne « trouvez pas une voiture voulant marcher, je ferai « faire une réquisition. »

Un instant après, un cocher conduisant une mauvaise voiture découverte à quatre roues, traînée par un cheval encore plus mauvais que la voiture, emmenait péniblement vers Paris, Jules Ferry, mes deux amis et moi, et nous déposait à proximité d'Auteuil et de Passy. Il ne fallait pas songer à faire un pas de plus en voiture, car nous étions au milieu des décombres dans la localité dite : « Le Point du Jour » entièrement démolie ; il n'y avait plus une maison debout ; nous avions sous les yeux les désastres causés sur ce point, par les deux sièges que la Ville de Paris venait de subir successivement.

Nous traversâmes donc rapidement à pied Auteuil, Passy, puis la grande route de Neuilly et l'avenue du Roule, ce qui nous mit en haut du faubourg Saint-Honoré, puisque le but de l'expédition était ma réinstallation rue d'Anjou, dans la mairie du 8e Arrondissement.

Quand je recommencerais vingt fois le récit du spectacle que nous avions sous les yeux, je ne réussirais jamais à faire comprendre notre stupeur, notre douleur. Il est impossible, quand on ne l'a pas vu, de se rendre compte de l'état de ce quartier. Pas une créature humaine, pas une voiture, pas un chien, pas un bruit quelconque. Nos pas résonnaient comme dans une cité morte dont nous semblions être les survivants. Notre impression était absolument celle que nous aurions éprouvée, si nous nous étions trou-

...tout à coup, et seuls, absolument seuls, au cimetière du Père-Lachaise. Nous semblions être dans une ville ayant jadis existé, dont les maisons étaient restées debout, mais dans lesquelles il n'y avait plus ni une trace, ni le moindre symptôme de vie humaine. La plus grande partie des habitants du faubourg Saint-Honoré était depuis longtemps partie. Ceux qui ne s'étaient pas éloignés, étaient enfermés dans leurs appartements, et depuis 24 heures déjà, attendaient le moment où, le bruit de la mitraille cessant, ils pourraient sortir de leur prison.

Nous considérions, avec stupeur, ce spectacle muet, ce complet anéantissement d'un des plus beaux quartiers de Paris, lorsqu'un capitaine d'infanterie, M. Frayssinaud, fils de M. Frayssinaud, Conseiller à la Cour de Paris, qui était posté avec sa compagnie, près du Parc Monceau, et qui faisait une tournée, fort surpris de nous voir, vint nous demander d'où nous pouvions bien sortir.

« Nous venons reprendre possession de la mairie
« du 8° Arrondissement.

— « Je ne puis vous laisser aller seuls, il faut que
« je vous dirige ».

Nous descendîmes le faubourg Saint-Honoré ; un par un, en nous faufilant à droite, le long des hôtels qui bordent ce côté.

On connaît le trajet : place Beauvau, rue des Saussaies, rue Montalivet ; nous aboutîmes à une maison rue d'Aguesseau qui appartenait alors à Richard Wallace.

Il ne fallait pas songer à aller chercher la rue d'Anjou, car on se battait encore boulevard Malesherbes et rue Royale, et les troupes faisaient le siège d'une barricade formidable élevée à l'entrée de la rue de Rivoli.

La maison de la rue d'Aguesseau devant laquelle nous étions, touche par derrière à une petite cour dépendant de la mairie de la rue d'Anjou.

La troupe avait, la veille, pénétré par un soupirail, puis, percé le mur séparatif des deux propriétés et établi une communication avec la mairie.

C'est en rampant à terre, comme les soldats l'avaient fait, que nous arrivâmes au milieu de la mairie, par un chemin que je ne prenais certainement pas d'ordinaire pour aller remplir mes fonctions municipales ; nous étions dans la place.

Un triste spectacle nous y attendait. Partout de la paille, des débris de charcuterie, des papiers lacérés, et dans l'ancien poste de la Garde Nationale, aujourd'hui occupé par un poste de police, trois cadavres de chasseurs à pied. Dans le petit bureau du receveur, des tiroirs ouverts et des registres foulés aux pieds.

Ce n'était plus le morne silence qui régnait sur les hauteurs du faubourg Saint-Honoré où nous venions de passer quelques instants auparavant et d'où nous entendions seulement l'écho lointain et affaibli de la lutte. Ici, au contraire, au cœur du quartier, c'était le bruit, c'était la vie, mais la vie qui nous apportait la mort, car la bataille était proche et à chaque instant, on nous amenait des tués et des mourants. La mairie était remplie de lits de camp. La veille, elle était encore occupée par une compagnie d'un bataillon de fédérés : l'odeur y était nauséaabonde. Notre premier soin fut d'organiser un poste pour fournir les patrouilles de la première nuit, puis de faire une distribution de brassards frappés du timbre de la mairie, pour assurer la libre circulation des citoyens de bonne volonté, qui, à mesure que leurs demeures se trouvaient dégagées, venaient nous offrir leurs services.

Le lendemain, la position s'était améliorée ; l'insurrection était refoulée jusqu'à la place Vendôme. Je fis appeler un entrepreneur avec lequel je passai un contrat pour débarrasser immédiatement l'arrondissement de toutes les barricades et des obstacles pouvant encore s'y trouver.

Les gardes nationaux dévoués à l'ordre, reparurent. J'organisai des postes et des rondes fréquentes.

Lorsque deux mois auparavant, j'avais quitté Paris, j'avais laissé le courageux capitaine Walther et ses gardes nationaux expulsés de l'Elysée, attendant le moment de leur revanche. Au jour de ma rentrée à la mairie ils furent les premiers à venir se grouper autour de moi ne demandant qu'à accomplir de nouveau leur devoir.

Il y eut, en effet, plusieurs jours pendant lesquels la Garde Nationale et l'armée se trouvèrent nécessairement mêlées dans un effort commun, pour le triomphe de l'ordre et de la civilisation. Les insurgés se défendaient pied à pied avec une rare énergie, avec la force que donne le désespoir ; il fallait donc lutter par le fer contre le fer, il fallait qu'à cette heure si importante et qui allait être décisive, l'action de l'armée et de la Garde Nationale fussent communes, il fallait la fraternité des armes et des citoyens, et c'est ce qui fut compris par tous ; en voici une preuve manifeste, c'est la dépêche que le lieutenant colonel, sous-chef d'Etat-major général Saget expédiait du quartier général du 1er corps, commandé par le général de Ladmirault.

ARMÉE DE VERSAILLES
1ᵉʳ CORPS
ÉTAT-MAJOR GÉNÉRAL

Rueil, le 21 mai 1871.

Quartier général du 1ᵉʳ Corps, Général de Ladmirault.

CORPS DE GARDE DES GARDES DU 3ᵉ BATAILLON, DERRIÈRE LA BATTERIE Nº 1

Laissez passer M. Walther, Capitaine au 3ᵉ bataillon de la Garde nationale, rejoignant l'Etat-Major de la Garde nationale du 8ᵉ arrondissement, réuni au 1ᵉʳ corps.

Le Lieutenant-Colonel Sous-Chef d'Etat-Major Général,

Signé : SAGET.

Il fallait, en outre, défendre la Ville de Paris et ses monuments contre les incendies et les incendiaires.

Le résultat de la lutte contre les hommes n'était pas douteux ; mais pouvait-on dire, avec certitude, qu'on arriverait à temps pour circonscrire les incendies et pour sauver les monuments qui déjà commençaient à être la proie des flammes. J'ai vu ces horreurs d'aussi près que possible, car chaque jour je parcourais mon quartier, et les quartiers voisins et surtout la rue de Rivoli, la rue Royale, la place Vendôme. C'est là en effet qu'était engagée une partie terrible.

La rue Royale était en feu, le Ministère des Finances vomissait dans l'espace des torrents d'étincelles et de papiers en feu, le Ministère de la Marine était menacé.

Je dois citer ici particulièrement M. le Baron d'Avril, Commandant supérieur de la Garde nationale du 8ᵉ arrondissement qui, pendant cette lutte contre les hommes et contre le feu, eut une conduite au-dessus de tout éloge, et le Chef d'escadron d'Etat-Major de Lesterpt, mort récemment, qui, lui aussi, se dévoua sans calcul.

Je donne précisément le texte d'un ordre adressé par le Commandant d'Avril au Capitaine Walther pour que celui-ci mît à la disposition du Commandant de Lesterpt, des hommes destinés à être envoyés au Ministère des Finances.

ORDRE

M. le Capitaine Walther

Mettez à la disposition du Commandant Lesterpt, les hommes du 3ᵉ et du 221ᵉ bataillons dont vous pouvez disposer.

24 mars 1871.

Signé : A. D'AVRIL.

Envoyez ces hommes rue de Castiglione, devant le Ministère des Finances, sous la conduite d'un officier. — On y trouvera M. de Lesterpt.

Le lendemain, 25 mai, le danger était de plus en

plus grand. Voici en effet une dépêche de M. de Lesterpt.

MINISTÈRE DES FINANCES

Monsieur le Chef de poste, je vous prie de m'envoyer 25 hommes dévoués ; avec leur concours, on pourra sauver une partie du Ministère des Finances.

Le Chef d'Escadron d'Etat-Major,

Signé : LESTERPT.

S'adresser 4, rue de Castiglione.

Le 31 mai, on touchait au dénouement de cette lutte épouvantable. Le Ministère des Finances n'avait pu être sauvé. Il en était de même, hélas ! de beaucoup d'autres monuments. Dès lors, il fallait simplifier l'action militaire, la centraliser entre les mains de l'armée. La Garde nationale avait fait tout ce qu'elle pouvait ; elle avait donné un concours bien courageux et bien utile ; mais il fallait maintenant, que, pour atteindre le but définitif, il n'y eût plus qu'une force unique, que l'armée, maîtresse absolue, amenât à la solution depuis si longtemps espérée, la Ville de Paris et ses habitants. C'est ce que constate une dépêche du Baron d'Avril qui fut envoyée par celui-ci au Capitaine Walther, après une conférence que j'eus moi-même avec le Général de Ladmirault qui s'était installé avec son Etat-Major à l'Elysée.

GARDE NATIONALE DE LA SEINE   Paris, 31 mai 1871

8ᵉ SUBDIVISION
Rue d'Anjou-Saint-Honoré
nº 11

ᵉ BATAILLON

Par suite d'entente avec l'autorité militaire, les postes de sûreté et de réserve, cesseront d'être occupés par la Garde nationale.

Veuillez en donner avis aux Chefs de poste appartenant au 3ᵉ bataillon.

Les armes déposées dans les postes devront être rapportées à la mairie.

Je suis chargé par le Maire-adjoint, M. Denormandie, de faire remercier les gardes nationaux pour le zèle avec lequel ils ont concouru au maintien de l'ordre et à l'extinction des incendies.

Le Commandant Supérieur du VIIIᵉ arrondissement,

Signé : D'AVRIL.

Monsieur le Capitaine Walther, du 3ᵉ bataillon.

Ici, je m'arrête. Je ne me suis pas proposé de donner dans ces pages un véritable développement à mes souvenirs du second siège de Paris. (J'ai parlé de cette période avec plus de détails dans mon volume de 1895.) J'ai voulu, seulement, pour répondre au désir de quelques-uns de mes concitoyens du 8ᵉ arrondissement, faire, d'une façon un peu plus complète que précédemment, la narration de ceux des faits de cette triste époque qui les intéressaient plus particulièrement.

On ne sera pas surpris si j'ajoute que, par décret de M. le Président de la République en date du 4 février 1872, rendu sur la proposition du Ministre de l'Intérieur, M. Walther, ancien militaire, ex-Capitaine au 3ᵉ bataillon de la Garde nationale du 8ᵉ arrondissement, a été nommé chevalier de la Légion d'honneur, pour avoir commandé le bataillon, par intérim, et avoir donné un concours énergique et dévoué pendant le siège et l'insurrection, et s'être particulièrement distingué à l'incendie du Ministère des Finances.

FIN DE L'INCIDENT DU 27 JUILLET 1830.

Le drame de la Commune avait pris fin.

J'avais été nommé député de la Seine le 2 juillet 1871.

Un jour, vers midi, je vis entrer dans mon cabinet, deux personnes dont l'une m'était inconnue ; l'autre avait fait partie de l'une des municipalités de Paris pendant le siège ; nous nous connaissions ; celui-ci me présenta son ami, et l'entretien commença en ces termes :

« Monsieur Denormandie, me dit celui que je con« naissais, nous étions les amis de M. X..., tué ré« cemment pour la défense de la Commune, pendant

« le cours de cette lutte effroyable qui a désolé et
« ensanglanté la Ville de Paris. »

Ici, je m'inclinai comme expression d'un sentiment de condoléance ; celui des deux qui portait la parole, reprit alors :

« Non seulement nous éprouvons un grand chagrin
« personnel, mais notre ami laisse une sœur profon-
« dément respectable, avec laquelle il demeurait,
« qui avait pour lui un véritable culte, et dont la
« douleur est inconsolable. »

Je ne pus que m'incliner de nouveau.
Il continua ainsi :

« Mais, Monsieur, ce qui nous afflige le plus, et
« sa sœur et nous, c'est que de mauvais bruits, cer-
« tainement calomnieux, circulent dans notre milieu
« politique. On ose dire que M. votre père, chez
« lequel X... travaillait en 1829, aurait eu de graves
« sujets de mécontentement à son égard ; nous ve-
« nons vous demander de nous dire la vérité. »

— « Messieurs, je ne sais absolument rien des
« bruits dont vous me parlez. — S'ils existent, je les
« regrette beaucoup, et je crois superflu de vous dire
« que j'y suis absolument étranger. »

Ils eurent l'obligeance de me répondre qu'ils en étaient convaincus.

Et comme je n'ajoutais rien, l'ami reprit assez vivement : « Tout cela n'est-ce pas, est tout à fait
« calomnieux ? »

— « Messieurs, je l'ignore absolument. En 1829,
« j'avais huit ans ; vous m'accorderez bien que je ne

« puis rien savoir de ce qui a pu se passer dans le
« cabinet de mon père à cette époque.

— « Alors, vous pourriez attester... ?

« — Je n'attesterai rien, par la raison que quand on
« ignore, on ne peut attester ni affirmativement,
« ni négativement. »

— « Vous savez bien, cependant, que l'ami dont
« nous parlons, a travaillé chez M. votre père ?

— Oui, Messieurs !

« Et, en dehors de ce fait, vous ne savez rien ?

— « Je sais que le 27 juillet 1830, mon père, ve-
« nant, en cabriolet, me chercher au collège à cause
« des événements, a été arrêté rue Montmartre, et qu'il
« aurait passé peut-être un mauvais moment, si votre
« ami, qui était le chef de ce groupe d'insurgés,
« n'était venu à son secours.

— « Alors, Monsieur, puisque vous vous rappelez
« si bien ce qui a eu lieu en 1830, comment ignorez-
« vous ce qui aurait eu lieu en 1829, et comment ne
« pouvez-vous pas nous donner l'attestation que nous
« désirons ?

— « Cela, Messieurs, est cependant très facile à
« expliquer.

« Mon père parla quelquefois au foyer de la fa-
« mille, et avec une véritable reconnaissance, du
« grand service que votre ami lui avait rendu en
« 1830, mais il ne parlait que de cela. Je n'ai pas
« autre chose à vous dire, parce que je n'en sais pas
« plus long, et que mon père ne disait rien de plus. »

Ils n'insistèrent pas, et nous nous séparâmes dans
les termes de la plus grande courtoisie.

Ainsi finit cette singulière histoire qui peut se résumer ainsi :

1829. Mon père mécontent d'un jeune collaborateur, se sépare de lui.

27 juillet 1830. Ce jeune homme, chef d'un groupe d'insurgés, reconnaît mon père dont le cabriolet était entouré par ses hommes ; il s'avance ; donne verbalement à mon père un certificat de civisme, puis ordonne à ses soldats de s'éloigner, ce qui permet à mon père, de venir me chercher au collège.

6 novembre 1870. — Le jeune homme de 1829 et moi, sommes tous deux, nommés membres de deux des municipalités parisiennes, et à ce titre, nous allons tous deux, siéger chaque semaine, à l'Hôtel de Ville, dans l'intérêt de Paris assiégé.

Dans cette réunion, il représente un arrondissement d'opinions très avancées, moi, au contraire, un arrondissement conservateur.

Mai 1871. — La Commune est agonisante ; la semaine que l'histoire a appelée « *la Semaine sanglante* » commence le dimanche 21 mai par l'entrée des troupes dans Paris.

Mai 1871. — Le malheureux homme de 1829 meurt tragiquement pendant le cours de cette semaine.

Juillet 1871. — Je suis interpellé par deux de ses amis auxquels je ne puis que raconter ce que je viens de dire.

M. LE COMTE DE MONTALIVET

Non seulement M. le Comte de Montalivet qui avait joué un si grand rôle sous le Gouvernement de Juillet était intéressant à entendre sur toutes questions, mais il était attachant au plus haut point. Sa mémoire merveilleuse lui avait permis de conserver le souvenir de tous les hommes avec lesquels il avait été en relations et de toutes les grandes affaires auxquelles il avait été mêlé ; et quand j'écoutais cet admirable conteur, c'était un tableau d'histoire tout entier qu'il faisait passer sous mes yeux. Je conserve à sa mémoire un véritable culte.

Ce nom de Montalivet porté avec tant d'éclat et d'honneur par deux générations d'hommes d'Etat fait partie intégrante de l'histoire de la première moitié du XIX° siècle, et évoque un monde de souvenirs chez les hommes de mon temps, dont l'enfance et la jeunesse ont vibré des échos du premier Empire, et dont l'âge mûr a connu la prospérité, puis la chute de la monarchie parlementaire.

J'ai dit, en rendant compte du procès des Ministres du Roi Charles X, qu'il m'avait été donné de voir et d'écouter souvent le comte Camille de Montalivet. Je voudrais fixer ici quelques traits de cette noble figure, une des plus attachantes que j'aie rencontrées dans ma longue carrière. Ceux qui ne connaissent M. de Montalivet que par le portrait de Bonnat (maintenant au Musée de Versailles), ne peuvent se figurer ce qu'était il y a 50 ans le brillant pair de France et ministre, séduisant au physique et au moral. avec sa taille élancée, l'élégance de ses manières, son exquise urbanité et la grâce de son esprit qui faisaient de lui un des types accomplis de l'ancienne société française.

Seul fils survivant du laborieux et intègre Ministre de Napoléon Ier, pair de France à 23 ans par droit d'hérédité, après avoir passé par l'Ecole Polytechnique et l'Ecole des Ponts et Chaussées ; ministre de l'Intérieur à 29 ans, M. de Montalivet a été associé dès son entrée dans la vie publique aux plus grands événements, et il s'est constamment montré à la hauteur des plus lourdes tâches. Il l'a bien prouvé en acceptant le pouvoir en 1830, à cette époque si troublée, si difficile, si périlleuse. Il avait résisté tout d'abord aux instances réitérées de M. Laffitte et de ses amis, et n'avait cédé qu'aux sollicitations personnelles du Roi Louis-Philippe qui l'avait emporté, en faisant directement appel à son dévouement et à son courage : « C'est à une responsabilité que je vous « convie », lui avait-il dit. « Ne voulez-vous pas « m'aider à sauver les ministres de Charles X ? »

Un mois plus tard, le jeune ministre justifiait pleinement la confiance du Roi, en prenant hardiment dans de telles circonstances l'initiative et la responsabilité des mesures énergiques et promptes qui pouvaient seules empêcher une effusion de sang, et en se mettant lui-même à cheval, à la tête de l'escorte qui conduisit à Vincennes, dans sa propre voiture, aux glaces déjà brisées par l'émeute, les ministres de Charles X, quelques heures avant que la Cour des Pairs eût rendu son arrêt. On peut dire que ce jour-là, il sauva la monarchie parlementaire naissante du plus grand péril qu'elle ait couru peut-être, pendant les 18 années de son existence.

J'ai entendu raconter par M. de Montalivet avec l'entrain et la vivacité qu'il savait donner à ses récits, ce brillant épisode de sa vie publique, et je me souviens qu'il y ajoutait un épilogue intéressant à rappeler, parce qu'il peint bien les caractères des personnages en cause.

C'était en 1831, sous le Ministère de Casimir-Périer qui avait donné à M. de Montalivet le portefeuille de l'Instruction Publique. Les Ministres étaient en conseil, sous la présidence du Roi. Depuis quelques instants, Casimir-Périer fixait obstinément M. de Montalivet et sa figure se rembrunissait. Il finit par lui demander, avec sa brusquerie accoutumée, pourquoi il ne portait pas la croix, ajoutant qu'il était fâcheux qu'un ministre parût dédaigner cette distinction honorifique en s'abstenant d'en porter les insignes. « Mais, lui répondit très simplement M. de « Montalivet, je ne suis pas décoré ! » Alors Casimir-Périer, s'adressant au Roi, s'écrie non sans véhémence : « Comment Sire ! Montalivet n'est pas dé-« coré ! En vérité, si c'est ainsi que Votre Majesté « récompense des services comme ceux qu'il vous a « rendus, je ne saurais, comme Président du Conseil, « m'associer à une telle politique. Il importe « que cette injustice soit promptement réparée. » Le Roi n'eut pas de peine à apaiser le Président du Conseil en lui donnant l'assurance qu'il n'avait péché que par omission et qu'en réalité, ni lui, ni M. de Montalivet n'avaient pensé à cette récompense. Elle fut d'ailleurs conférée aussitôt au jeune Ministre, et Casimir-Périer eut ainsi toute satisfaction.

Mais quoique la situation de M. de Montalivet fût déjà supérieure à cette modeste distinction, cette généreuse indignation manifestée par l'éminent homme d'Etat, n'est-elle pas un précieux témoignage de l'importance du service rendu par M. de Montalivet à la monarchie, dans cette mémorable journée du 21 décembre 1830 ?

Puisque j'en suis aux anecdotes, qu'il me soit permis d'en conter une autre que je tiens également de M. le Comte de Montalivet.

Je ne fais pas ici œuvre d'historien et je me borne à écrire au hasard de mes souvenirs, ce que j'ai vu et entendu. Je ne suis donc pas astreint à l'enchaînement chronologique, et il m'est loisible de revenir en arrière, quand ma pensée m'y entraîne. C'était peut-être du reste, vers cette même époque, que M. Thiers et M. de Montalivet, alors tous deux jeunes hommes, à peine entrés dans la vie publique, se promenaient dans le jardin du Luxembourg en agitant, dans leur entretien, les graves problèmes de la vie politique et sociale. Tout à coup, M. Thiers interrompant la conversation, et achevant sans doute à haute voix une réflexion qui venait de mûrir dans son esprit, dit à son interlocuteur avec un accent de passion contenue : « Ne pensez-vous pas, mon cher « comte, qu'il serait beau d'avoir un jour quelques « lignes dans une histoire universelle de Bossuet ? »

M. de Montalivet fut très frappé de cette apostrophe assez significative, mais il n'était pas mû, quant à lui, par cette sorte d'ambition d'ailleurs très légitime.

Un désintéressement absolu au service d'un patriotisme éclairé, le culte passionné de la justice et de la vérité, une inébranlable conviction qui n'excluait pas la modération dans les jugements, et le respect de toutes les opinions sincères, la fidélité inaltérable aux amitiés et aux souvenirs, une générosité de sentiments qui ne s'est jamais démentie, le courage sous toutes ses formes, un entier et constant dévouement à la chose publique, la tenacité dans le dessein et la résolution énergique dans l'action, un attachement invincible aux deux grandes causes de l'ordre et de la liberté qu'il n'a jamais séparées dans sa pensée, tels ont été en toutes circonstances, les principes dirigeants et les seuls mobiles déterminants de cette belle existence admirable dans son harmonieuse unité.

Après avoir fait partie, presque sans interruption, des Ministères qui s'étaient succédé depuis 1830, M. de Montalivet fut appelé, par la confiante amitié du Roi Louis-Philippe, aux fonctions délicates et absorbantes d'intendant général de la Liste civile. Il attacha ainsi son nom à la création du Musée de Versailles, à l'agrandissement du Louvre et à la restauration des palais de Fontainebleau, de Pau et de Saint-Cloud. Ce fut là, pendant huit années, une sorte de Ministère intime occupé par un confident d'élite auquel une parfaite justesse d'esprit, la mesure et le tact dans le maniement des hommes, la sincérité et l'indépendance alliées au dévouement et à la fidélité, donnaient une remarquable autorité.

Libéral et clairvoyant, il avait aperçu de bonne heure, les dangers que faisait courir à la monarchie l'entêtement bien intentionné, mais aveugle, du parti doctrinaire, alors au pouvoir ; et si ses avis avaient prévalu, la Révolution de 1848 eût pu être évitée.

Elle éclate, cette funeste Révolution qui a surpris les contemporains, et c'est encore M. de Montalivet, colonel de la Garde Nationale à cheval qui, donnant une nouvelle preuve de son courageux sang-froid et de son dévouement sans phrases, prend spontanément la tête du détachement qui accompagne le Roi déchu. Il protège ainsi la personne du Roi, dans des conjonctures aussi graves que celles où il s'employait, dix-huit ans auparavant, avec une si heureuse témérité, à sauver la Royauté.

Après 1848, il ne jugea pas que sa tâche fût encore accomplie. Fidèle à ses affections, il conserva toute son activité pleine d'abnégation à plaider ouvertement la cause et les intérêts de la famille Royale, et en 1851, il répondit aux accusations iniques dont Louis-Philippe était l'objet par un livre très documenté intitulé : « Le Roi Louis-Philippe et la Liste Civile » dont la simplicité voulue n'exclut pas l'éloquence persuasive et la chaleur de conviction. Un an plus tard, il se joignit aux exécuteurs testamentaires du Roi pour flétrir dans de courageuses protestations les décrets spoliateurs du 22 janvier 1852.

Sous l'Empire, il se tint à l'écart des affaires publiques, retiré dans son beau château de Lagrange (en Berry), souvent assailli de cruelles souffrances physiques, mais conservant toujours son entière liberté d'esprit, une admirable résignation et le goût de l'étude de la littérature, des beaux livres et des arts. Il ne se départit qu'une fois durant cette trop longue période de son silence plein de dignité, et ce fut encore pour défendre la monarchie parlementaire.

Dans une circonstance mémorable, en 1862, M. Rouher avait eu l'imprudence d'accuser à la tribune, la monarchie de Juillet d'avoir été stérile, de n'avoir rien produit. « Rien, ou 18 années de régime « parlementaire » fut une réponse foudroyante à cette allégation. Ce livre plein de faits et de chiffres est écrit avec une spontanéité, une verve entraînante qui révèlent bien l'esprit de justice, la droiture et la vivacité presque impétueuse de son auteur. A le lire, il semble qu'on entende ce causeur incomparable qu'était M. de Montalivet et qu'on retrouve l'ardeur qui brillait dans ses yeux comme une flamme, et qui rendait sa parole si vibrante, sa démonstration si persuasive.

Et cependant, même dans le mouvement de légitime indignation qu'a inspiré cette réponse retentissante, il ne se départit pas un instant de cette exquise urbanité et de cette modération de langage qui étaient un des charmes de ce noble esprit.

Je ne résiste pas à l'attrait de citer ce passage où je le retrouve tout entier : « Soyons justes, écrivait-« il, soyons justes non seulement pour goûter les « jouissances réservées à l'étude dans les régions se-« reines de l'impartialité historique, mais aussi pour « pacifier les esprits que nous avons la noble ambi-« tion de rallier à nos idées. »

Ce que souffrit cet ardent patriote pendant la guerre de 1870 et l'abominable insurrection de 1871, ceux qui l'ont connu et approché à cette époque, peuvent en témoigner. Toutefois, il ne se laissait pas aller au découragement, même aux heures les plus sombres.

Son âme généreuse a toujours refusé, comme il l'a si bien dit lui-même, « de s'en prendre aux idées libé-« rales des erreurs de la liberté ». Confiant malgré tout dans la vitalité et les destinées de son pays, il s'efforça pendant les dernières années de sa vie de faire entendre la voix de la sagesse et de l'expérience, et il publia diverses lettres dont on se rappelle le simple et noble langage. On y retrouve l'accent de la jeunesse et l'entraînement de la conviction raisonnée.

Il savait parler et écrire, et tout de lui, était entendu, écouté avec déférence.

Il fut, comme l'a si bien dit M. de Mazade « constitutionnel et libéral sous la République, « comme il avait vécu constitutionnel et libéral sous « la monarchie. »

Elu en 1879 sénateur inamovible par une manifestation imposante et toute spontanée des membres de la Chambre Haute, il ne rentra cependant pas dans ce palais du Luxembourg où il avait siégé comme Pair de France, au début de sa carrière. La maladie l'immobilisait sur son fauteuil, mais jamais infirme n'eut une résignation plus souriante, et c'était merveille de voir cet esprit si vivant et si lucide galvaniser ce corps affaibli par la souffrance.

Les dernières années de sa vie s'écoulèrent ainsi paisibles, sereines et honorées au milieu des siens dans cet « heureux coin de terre » qu'il a décrit de façon si exquise.

Son château de Lagrange d'un beau style Louis XIII donnait bien l'impression de calme, d'apaisement et de grandeur harmonieuse qui se dégageait de ses entretiens. Il exerçait autour de lui une bienfaisante influence qui lui avait entièrement conquis la population de la contrée. Son autorité patriarcale, tempérée par une extrême bienveillance et par les effusions d'une profonde tendresse pour les siens, prévalait sans conteste comme une sorte de royauté domestique universellement acceptée. Accessible à tous, il était l'ami, le conseiller, l'arbitre et le protecteur discret des paysans des villages avoisinant ses terres.

Aussi, lorsqu'il mourut en 1880, à l'âge de 79 ans, ce fut, dans la contrée, une affliction véritable et un deuil général. Par sa volonté expresse, il n'y eut à ses obsèques, ni députation officielle, ni corps de troupe, ni discours, ni cortège d'apparat et cet ancien Pair de France, Sénateur, cet ancien Ministre, Grand croix de la Légion-d'honneur, membre de l'Institut, ne fut accompagné au petit cimetière de son village de Saint-Bouize (en dehors de ses enfants et petits-enfants et de quelques amis) que par son curé et la foule des paysans accourus spontanément de tous côtés pour rendre un dernier hommage à celui qui avait su se faire aimer d'eux, et qui avait combattu le bon combat du socialisme pratiqué bien avant que ce mot servît d'étiquette à de si détestables doctrines. Et combien c' empressement de toute une population était plus imposant dans sa touchante manifestation que toute la pompe officielle des funérailles solennelles auxquelles ont droit les grands dignitaires !

Ceux qui ont assisté à ces obsèques magnifiquement simples ont conservé une salutaire et ineffaçable impression. Ils ont compris que la mort chrétienne de cet homme de bien était un exemple et une leçon comme sa vie entière, et ils ont trouvé bien juste le mot de ce paysan si profond dans sa simplicité : « Comme on voit bien ici qu'il était vraiment « *grand !* »

LOI QUI ABROGEA LES DÉCRETS DU 22 JANVIER 1852

CONCERNANT

LES BIENS DE LA FAMILLE D'ORLÉANS

Au moment où je me reporte à mes divers souvenirs, j'ai le devoir de m'arrêter à la loi du 29 décembre 1872, qui fut un acte de profonde justice, et honora grandement l'Assemblée Nationale.

Lorsqu'en 1830 Louis-Philippe devint Roi des Français, sa fortune provenait de deux sources :

1° La succession de Louis-Philippe-Joseph son père,

2° La succession de sa mère, Madame la Duchesse d'Orléans, fille du Duc de Penthièvre.

La succession paternelle se composait de deux sortes de biens tout à fait distincts :

1. — Les biens d'apanage,
2. — Les biens patrimoniaux.

Les biens d'apanage avaient été concédés par Louis XIV à son frère Philippe, pour prix de sa renonciation aux successions de Louis XIII et d'Anne d'Autriche, leurs auteurs communs.

Confisqués pendant la Révolution, les biens dits apanagers, avaient été rendus au Duc d'Orléans par les ordonnances royales des 18 mai et 7 octobre 1814 qui furent confirmées par la loi du 15 janvier 1825.

Les autres étaient des biens privés provenant au

Duc d'Orléans soit de son père, soit de sa mère, et cela, soit par des acquisitions faites à des tiers, soit par des rachats aux enchères de propriétés qui avaient fait partie de la succession bénéficiaire de son père.

Cette opération de rachats de certains biens avait été faite avant 1830 par Louis-Philippe, soit seul, soit conjointement avec Madame la Princesse Adélaïde, sa sœur.

En montant sur le trône, Louis-Philippe devait perdre et perdit ses droits sur les biens apanagers, qui firent retour au domaine de l'Etat ; ils étaient importants ; leur produit s'élevait à la somme d'environ 2.500.000 francs par an.

Le 7 août 1830, le Duc d'Orléans n'était pas encore Roi, mais il allait le devenir. Par une prévision toute naturelle de père de famille, il disposa, par une donation entre vifs, au profit de ses enfants, de ses biens patrimoniaux ; dans cette donation, ne fut naturellement comprise aucune parcelle de propriétés ayant fait partie de l'apanage.

Le 9 août, le Duc d'Orléans ayant adhéré, en présence des deux Chambres réunies, à la Charte modifiée soumise à son acceptation, était proclamé Roi des Français.

Un point important restait à régler ; c'était la constitution de la Liste Civile du nouveau règne. Dans la discussion à laquelle donna lieu le projet de loi présenté à ce sujet, on examina la question de savoir si le Roi aurait un domaine privé. Sous l'ancienne Monarchie, il était de droit public, en France, que, à l'avénement du Prince Royal à la couronne, tous les biens qui lui appartenaient étaient réunis *de plein droit et à l'instant même* au domaine de l'Etat. C'est ce qu'on appelait : « Le Sainct et politique Mariage ».

Ce principe, qui était la conséquence logique de l'ancienne organisation politique de la France, devait-il être appliqué à la Monarchie essentiellement contractuelle qui venait d'être fondée en 1830 ?

Les deux Chambres repoussèrent presque unanimement l'application à la royauté nouvelle du principe de dévolution, parce qu'il était lié exclusivement au principe de la légitimité.

En conséquence, et à la suite de ces discussions, il intervint le 2 mars 1832 une loi qui déclarait réunis à la dotation immobilière de la Liste Civile, les biens de toute nature qui avaient composé l'apanage d'Orléans constitué par les édits de 1661, 1672 et 1692, et qui, par l'avénement du Roi, avaient fait retour à l'Etat. Cette loi déclarait également que ces biens étaient, comme les biens apanagers, inaliénables, *la jouissance seule appartenait au Prince*.

Et la dite loi contenait encore les dispositions suivantes :

ART. 22. — Le Roi conservera la propriété des biens qui lui appartenaient avant son avénement au trône ; ces biens ou ceux qu'il acquerra, à titre gratuit ou onéreux, pendant son règne, composeront son domaine privé.

ART. 23. — Le Roi peut disposer de son domaine privé soit par actes entre vifs, soit par testament, sans être assujetti aux dispositions du Code Civil qui limitent la quotité disponible.

ART. 24. — Les propriétés du domaine privé seront, sauf l'exception portée à l'article précédent, soumises à toutes les lois qui régissent toutes les autres propriétés. Elles seront cadastrées et imposées.

Par cette loi, le contrat intervenu entre Louis-

Philippe et les deux Chambres était consommé, et les conditions en étaient définitivement réglées.

C'est ce qu'il importait de rappeler.

Ainsi, les apanages venaient de l'Etat ; ils avaient fait retour à l'Etat ; mais la fortune propre, privée du Duc d'Orléans, ne venant pas de l'Etat, et ne devant pas y revenir, le Prince en avait valablement disposé en faveur de ses enfants, avant d'accepter la couronne.

Aussi l'opinion publique fut-elle vivement émue lorsqu'en 1852, au lendemain du jour où Louis Napoléon avait pris le pouvoir, on vit paraître deux décrets relatifs aux biens de la famille d'Orléans.

L'un de ces deux décrets interdisait aux Membres de la famille d'Orléans, à leurs époux, épouses et descendants, la possession d'aucuns biens en France, et leur enjoignait de vendre d'une manière définitive dans le délai d'un an tous ceux qui leur appartenaient, dans l'étendue du territoire de la République.

Cette mesure de rigueur était assurément dommageable, puisque les ventes devaient être réalisées dans un bref délai. Mais le prix était réservé aux propriétaires ; et il faut reconnaître d'ailleurs que cette prohibition n'était que l'imitation des rigueurs pratiquées par les précédents régimes.

L'autre décret, au contraire, avait un tout autre caractère ; il déclarait que les biens dont Louis-Philippe avait fait donation à ses enfants par l'acte authentique du 7 août 1830 seraient restitués au domaine de l'Etat en vertu, disait faussement le décret, du principe de dévolution de notre ancien droit public qui voulait que le domaine privé de l'héritier du trône fut réuni, lors de son avénement, au domaine de l'Etat

Enlever à des donataires qui en avaient été saisis 22 ans auparavant, une fortune patrimoniale reçue de leur père par un contrat irrévocable, c'était dépouiller les Princes d'une propriété qui leur appartenait incontestablement ; c'était faire à la Monarchie de 1830 une fausse application du principe de l'ancienne Monarchie ; à supposer même qu'il pût y avoir une question, c'était la résoudre arbitrairement, au mépris du pouvoir judiciaire, qui seul pouvait en connaître.

Les exécuteurs testamentaires du Roi Louis-Philippe prirent immédiatement l'initiative d'une énergique protestation.

Ils étaient au nombre de cinq, — je rappelle leurs noms :

Duc de Montmorency,
Dupin,
Laplagne-Barris,
Comte de Montalivet,
Scribe.

Cette protestation, datée du 26 janvier, vint donc, avec la haute autorité qui appartenait aux signataires, et avec la plus grande promptitude, se placer comme une première réponse au décret.

Je n'entends pas la reproduire ici textuellement ; j'en donne seulement l'analyse.

Les exécuteurs testamentaires du Roi Louis-Philippe ne pouvaient cacher leur surprise de voir invoquer dans le décret le principe ancien de la dévolution à l'Etat des biens privés du Prince qui était monté sur le trône en 1830.

Il serait facile de montrer, disait la protestation, que dans l'ancien droit lui-même, ce principe de la dévolution n'était considéré que comme une émanation de la féodalité, alors qu'il n'y avait pas de domaine de l'Etat distinct du domaine de la Couronne ; et on rappelait que l'Empereur Napoléon lui-même l'avait formellement repoussé par le senatus-consulte du 30 janvier 1810 (Titre III, articles 48 et 49).

On ajoutait que le Roi Charles X l'avait écarté, en fait, au moyen d'une donation consentie en faveur de son fils puîné, frère du Prince, qui était alors son héritier présomptif.

D'ailleurs, ces considérations ne seraient-elles pas surabondantes, alors que l'ancien droit monarchique ne pouvait être sérieusement invoqué contre le Prince qui recevait la Couronne, non pas conformément, mais *contrairement* à l'ancien droit ?

Le Roi Louis-Philippe n'a pas été l'héritier du Roi Charles X ; les lois de l'ancienne Monarchie ne peuvent s'appliquer à une Monarchie nouvelle, à une constitution nouvelle, à une liste civile nouvelle, devant amener des conséquences nouvelles dans les lois comme dans les régimes et dans l'avenir du pays. Ainsi, le 7 août 1830, Louis-Philippe, abandonnant à ses enfants leur patrimoine héréditaire, ne faisait aucune fraude à une loi qui ne lui était pas applicable.

Même en l'absence de toute donation, le principe ancien de la dévolution eût dû rester lettre morte. A plus forte raison, quand on devait se rappeler que le Duc d'Orléans n'avait accepté la couronne en 1830 qu'à cette condition.

Il était manifeste que la donation du 7 août prouvait la volonté absolue du Prince de maintenir la propriété de son domaine privé entre les mains de sa famille.

L'article 22 de la loi du 2 mars 1832 avait reconnu au Roi le droit de conserver la propriété des biens qui lui appartenaient avant son avénement au trône. Cette loi a reconnu que les principes de droit publics invoqués par le décret du 22 janvier 1852 n'étaient pas applicables à la position toute spéciale du Duc d'Orléans, et qu'à aucun moment, il n'y avait eu dévolution à l'Etat des biens compris dans la donation.

La loi du 2 mars 1832 a été déclarative du droit préexistant, comme l'eût été un jugement qui serait intervenu sur une prétention analogue du domaine de l'Etat.

La Révolution de 1848 aurait suffi à elle seule pour détruire les effets de ce prétendu retour au domaine de l'Etat alors même qu'il aurait eu lieu en 1830.

Le Gouvernement provisoire de 1848 avait tellement le sentiment de cette situation, qu'il s'était borné à une mesure de séquestre, et qu'il a lui-même respecté et reconnu la donation du 7 août 1830.

La question a été soulevée en 1848 par M. Jules Favre devant l'Assemblée Constituante ; M. Berryer a été le rapporteur de cette proposition. Elle a été rejetée à l'unanimité, et son auteur lui-même n'a pas essayé de la soutenir à la Tribune.

Plus tard, l'Assemblée Législative a autorisé le feu Roi à consentir un emprunt qui a été hypothéqué sur les biens compris dans la donation.

En 1850, une commission de l'Assemblée a proposé de lever le séquestre qui pesait sur les biens de la donation, afin de les restituer à son propriétaire.

Ainsi, à toutes les époques, et après des débats solennels, la propriété de la famille d'Orléans a été toujours reconnue.

Le décret ne porte pas seulement atteinte aux droits du chef de la famille ; il renverse en outre tous les pactes intervenus soit entre les membres divers de cette famille, soit avec des tiers.

Des avantages en avancement d'hoirie ont eu lieu au profit de certains enfants du Roi ; des dots ont été constituées par huit contrats de mariage ; des traités diplomatiques sont intervenus à cet égard avec huit puissances étrangères ; plusieurs des enfants du Roi l'ont prédécédé ; ils sont eux-même représentés par des héritiers mineurs, les uns français, les autres étrangers ; quelques-uns des biens de la donation ont été vendus, les autres ont été affectés à l'Emprunt ; en conséquence : droits héréditaires, droits des princes étrangers, droits des mineurs, droits des tiers, le décret s'attaque à tout, renverse tout.

Il y a plus ! en brisant le testament du Roi, le décret fausse encore celui de Madame Adélaïde, sa sœur, parce que le Roi et Madame avaient combiné leurs dispositions testamentaires. Les conséquences de ces mesures seraient donc détruites, et c'est en se plaçant à ce point de vue de l'exécution testamentaire confiée à leurs soins, que les éminents signataires faisaient la protestation qui vient d'être analysée. Et ils protestaient en outre, en terminant, contre les énonciations tout à fait erronées du décret, notamment au sujet de la fortune de la famille d'Orléans.

Une si importante protestation, malgré l'autorité du document, ne fit pas hésiter un instant l'auteur du décret ; en effet, la confiscation fut très promptement suivie d'une main mise sur les domaines de Monceau et de Neuilly, c'est-à-dire sur ce qui était à Paris, sous la main même de l'Etat.

A ces actes de violence, les Princes répondirent immédiatement par une énergique protestation ; c'était la lutte elle-même qui s'engageait et qui devait avoir tout naturellement pour conséquence de porter l'affaire devant les tribunaux, seuls juges de la question de propriété si audacieusement soulevée.

Le Prince-Président avait proclamé que Louis Philippe s'était rendu coupable d'une fraude honteuse envers le Trésor Public, en faisant donation de ses biens à ses enfants, disait le décret. Or, l'avénement du Duc d'Orléans au trône, ainsi qu'on vient de le faire remarquer, était la négation directe du principe invoqué. Conséquemment, c'était bien là une véritable question de propriété. Aussi les membres de la famille d'Orléans, enfants et petits-enfants du feu Roi Louis Philippe, après avoir protesté par les voies légales, contre la violation de leurs droits (avril 1852) formèrent immédiatement devant le Tribunal de la Seine une demande tendant à faire juger qu'ils étaient propriétaires des domaines de Monceau et de Neuilly, et que la mesure administrative dont ces domaines venaient d'être l'objet, était la négation de leur droit de propriété.

L'administration des domaines de l'Etat se fit représenter par l'organe seul du Ministère public qui opposa l'incompétence du Tribunal civil.

Ce mode de défense soulevait donc, avant tout, le point de savoir si la question n'était pas une véritable question de propriété, et si, par conséquent, le Tribunal, malgré les conclusions du Ministère public opposant l'incompétence, ne devait pas se déclarer compétent et retenir l'affaire pour la juger au fond.

C'est sur cette thèse d'incompétence ou de compétence que le débat s'engagea.

Mais il n'était pas possible que, les parties se trouvant en présence, le fond de l'affaire ne prît pas nécessairement une grande place dans le débat. C'est ce qui eut lieu.

M. Paillet plaida le premier pour les Princes d'Orléans et fit un exposé magistral des éléments et des origines de leur fortune, et de ses transmissions successives.

Sa plaidoirie fut un chef-d'œuvre de clarté et de forte argumentation.

Le Ministère public soutint l'incompétence du Tribunal, par la raison qu'il ne s'agissait pas d'une question de propriété dans les conditions où ces questions sont ordinairement portées devant les tribunaux civils, mais d'une question de « haut gouvernement » tranchée par un décret rendu par le Prince Président pendant une période dictatoriale, et qui. en tout cas, ne pouvait être examinée et jugée que par les tribunaux administratifs.

Berryer, qui se présentait également pour les Princes, s'était réservé de répondre au Ministère public, et c'est ce qu'il fit avec une élévation de pensée et de sentiments qu'il est bien rare d'atteindre.

Dans mon volume de » Notes et Souvenirs », j'ai parlé de Berryer, orateur parlementaire, et à ce sujet j'ai cité son admirable discours de 1851. Parlant aussi de Berryer avocat, j'ai cité la cause dont je m'occupe actuellement, qui restera certainement une des plus importantes des annales judiciaires du xixe siècle, une de celles qui auront eu le plus grand retentissement, et dans laquelle les avocats auront montré le plus de talent.

Malgré cela, — et sauf à me rendre coupable de répétitions, puisque je retrace simplement et aussi rapidement que possible sans aucune prétention, quelques impressions personnelles, quelques souvenirs, — je ne puis me défendre de mentionner une merveilleuse inspiration qui, à la fin de cette plaidoirie de 1852, fit le plus grand effet sur le Tribunal et aussi sur l'auditoire.

Debout, agité par la responsabilité d'une pareille défense, Berryer parlait avec une grande animation, allant d'un bout à l'autre de la barre, dans le petit espace réservé à l'avocat qui plaide ; tout à coup, se tournant très vivement, plus vivement qu'il ne l'avait fait encore, il aperçoit de sa place même, par l'une des fenêtres de la salle d'audience, la Sainte Chapelle. Une admirable inspiration s'empare de lui. Joignant les deux mains, il les tend dans la direction de la fenêtre, semble appeler la Sainte Chapelle en témoignage, et s'écrie d'une voix forte, mais tremblante d'émotion :

« Ah ! murailles sacrées, qui depuis tant de siècles
« écoulés, assistez au grand œuvre de la Justice, ah !
« certes vous n'avez jamais vu un pareil spectacle :
« le droit méconnu, la propriété violée, et par celui
« au nom de qui la Justice se rend en France !... »

Personne ne se permit d'applaudir, car toutes les démonstrations sont sévèrement interdites dans les enceintes judiciaires ; mais l'auditoire, composé de l'élite de la société parisienne, était frémissant. La plupart des hommes se levèrent ; dévorant l'orateur du regard, ils semblaient emportés par lui vers les régions supérieures où il venait d'élever le débat.

L'impression était telle que l'un des magistrats (le vice-président), ne pouvant se contenir, dit assez haut pour être entendu des personnes assises au premier rang : « Dieu, que c'est beau ! » J'en étais, c'est un témoin qui parle en ce moment.

J'ai appartenu pendant 40 ans à la vie judiciaire, mais jamais je n'ai passé une semblable journée.

L'audience avait été ouverte à 11 heures par M. le Président Debelleyme ; les débats furent terminés vers 4 heures ; après quoi, le Tribunal se retira pour délibérer. Une heure après environ, il reprit séance et prononça un jugement nettement et fortement motivé, par lequel, sans avoir égard aux conclusions du Ministère public, il se déclarait compétent. C'était un vendredi ; le soir, M. le Président Debelleyme, qui était à l'Opéra, étant venu pendant un entr'acte au foyer, y fut l'objet d'une manifestation très flatteuse.

Le Garde des sceaux fit élever le conflit pour dessaisir les tribunaux civils ; l'affaire fut portée devant le Conseil d'Etat qui sanctionna la doctrine du décret, à une voix de majorité, a-t-on dit. La confiscation reçut son exécution.

Ce fut une grande iniquité, et certainement, il y eut en France à ce moment un mouvement général de réprobation ; les victimes de cette mesure ne pouvaient qu'attendre l'arrivée d'un Gouvernement réparateur.

Celui de M. Thiers eut l'honneur de prendre l'initiative de cette réparation et présenta un projet de loi ; une commission fut nommée pour en faire l'étude.

M. Robert de Massy, l'un des membres les plus distingués de l'Assemblée Nationale, membre de la commission, en fut nommé rapporteur. Et le rapport très complet, très documenté, débutait par une phrase qui exprimait fort bien l'esprit de la loi.

« Le President de la République, disait M. le Rapporteur a nettement précisé le caractère et la portée du projet de loi relatif aux biens de la famille d'Orléans, en déclarant, dans l'exposé des motifs, que ce projet, étranger à toute préoccupation politique, n'est qu'un hommage rendu au droit fondamental de la propriété individuelle et l'œuvre d'un Gouvernement honnête, s'adressant à une assemblée d'honnêtes gens. »

Après le récit que je viens de faire de tout le passé, je n'ai certes pas à raconter ce que fut la discussion ; il est facile de le pressentir. Il me suffira donc certainement d'analyser les points principaux de l'argumentation du rapporteur qui disait par exemple qu'en réalité la dévolution avait cessé d'avoir sa raison d'être quand, en 1790, le domaine de la couronne fut séparé du domaine de l'Etat, et quand, par la constitution d'une liste civile, le patrimoine du Roi fut limité ; elle fut néanmoins maintenue par la puissance de la tradition, tant que dura la légitimité.

Le rapporteur ne manqua pas de faire remarquer, en outre, que la République de 1848 n'avait pas cessé de reconnaître que les biens compris dans la donation du 7 août 1830 appartenaient aux membres de la famille d'Orléans, et que, dans un rapport du 9 mars 1848, le Ministre des Finances, M. Garnier-Pagès, avait déclaré que les biens de la liste civile avaient fait retour au domaine de l'Etat, mais que le domaine privé n'était pas compris dans cette mesure, que ce domaine privé restait provisoirement sous le séquestre ordonné par le décret du 26 février, — mais seulement à titre provisoire.

Le rapporteur rappelait aussi qu'une donation semblable à celle du 7 août 1830 avait été faite par le Comte d'Artois à son fils puîné le Duc de Berry, le 9 novembre 1819.

A l'avénement du Comte d'Artois, et sous cette royauté traditionnelle de la Restauration soumise au principe de la dévolution, cette donation fut néanmoins respectée ; sa validité a été consacrée par la loi du 8 août 1834, dont l'art. 3 est ainsi conçu :

« L'usufruit réservé par Charles X dans la donation
« authentique du 9 novembre 1819 par lui consentie
« à son fils le Duc de Berry, ne fait pas partie du
« domaine de l'Etat ; en conséquence, l'Administra-
« tion des Domaines comptera à qui de droit les
« revenus perçus par elle. »

Cet exemple, disait le rapporteur, n'autorisait-il pas le Duc d'Orléans, surtout sous un régime tout opposé, à transmettre à ses enfants des biens personnels et sur lesquels l'Etat n'avait jamais dû compter, et cela, avant de consentir à lier la destinée de toute sa famille à ce régime nouveau qu'une révolution faisait naître, et qu'une révolution devait emporter ?

Il a semblé à la Commission, disait encore le rapporteur, que la réparation offerte ne pouvait susciter aucune controverse, — ce qui est proposé étant purement et simplement de rendre à autrui ce qui appartient à autrui, de ne pas conserver dans les mains de l'Etat ce qui n'a jamais été à l'Etat « sans
« néanmoins mettre à la charge de la France épuisée
« par les effroyables désastres qu'elle doit à l'Em-
« pire, la réparation entière d'un acte qu'elle ré-
« pudie. »

Et le rapport ajoutait : « qu'on le comprenne bien ;
« il ne s'agit pas d'indemniser la famille d'Orléans
« d'une spoliation dont la responsabilité pèse tout
« entière sur son auteur ; il s'agit de délaisser ce
« qui est à elle, non de lui fournir l'équivalent de
« ce qui a été consommé et dissipé. »

Toute l'économie du projet de loi se résumait en ces quelques mots : Restitution des immeubles invendus, consolidation et sécurité pour les possesseurs des biens aliénés, acceptation des faits accomplis, libération définitive de l'Etat vis-à-vis de la famille d'Orléans.

Et le rapporteur avait raison d'être aussi net, aussi précis ; c'était la meilleure réponse à faire à certaines objections qui avaient été faites, à des doutes qui avaient été émis.

J'aurais fini, si je n'avais le devoir de rappeler que, dans cette discussion de 1872, M. Bocher fut incomparable ; en le disant, je n'apprends rien à ceux qui l'ont entendu, malheureusement trop rarement, ni à ceux qui l'ont lu ; et cependant il hésitait à parler ! ! D'abord, il faut bien que je le rappelle, M. Bocher, qui fut à tous les points de vue un merveilleux orateur, hésitait toujours à parler, non que cette hésitation cachât un calcul, ni une coquetterie ; c'était la timidité de ceux qui éprouvent une réelle souffrance, au moment de prendre la parole dans une grande assemblée.

En outre, il éprouvait ce jour-là un trouble plus grand que de coutume. C'est qu'il ne s'agissait alors ni de l'impôt sur le sel ou sur les boissons, ni de la question des bouilleurs de crû, ni de l'espèce chevaline chère à la plaine de Caen ! Il s'agissait de bien autre chose !

Le Roi Louis-Philippe était accusé d'avoir fait une fraude honteuse au Trésor français, et les Princes, ses enfants, avaient été spoliés de leur fortune personnelle, la plus incontestable que l'on puisse imaginer. Or cette cause pour M. Bocher, serviteur dévoué de la famille royale pendant sa vie entière, ami de tous les Princes, elle était sienne !

En 1852, M. Bocher avait fait remettre à un certain nombre de personnes une brochure justificative du droit de la famille d'Orléans. Il avait été poursuivi sous l'inculpation d'être « un colporteur » ; il avait dû quitter alors son domicile, être enfermé à la Conciergerie, y rester plusieurs semaines ; il avait été condamné en première instance, s'était pourvu en appel, et lorsque l'affaire vint devant la Cour, il avait présenté lui-même aux magistrats quelques observations qui, mieux que tout, et de la façon la plus touchante, avaient fait connaître l'état de son cœur et de son esprit.

J'y relève ces quelques mots :

. . . .

« M. l'avocat général trouve mon dévouement ex-
« cessif ; hélas ! il me semble à moi bien insuffisant
« pour ceux auxquels je le consacre. Mais quel qu'il
« soit, quand le dévouement ne se donne qu'à
« l'absence et au malheur, quand il ne demande
« rien au pouvoir du jour, quand on ne s'en glorifie
« que lorsqu'il peut y avoir quelque péril à le faire,
« quand enfin il a pour effet d'amener à cette barre
« celui qui s'en est rendu coupable, peut-être
« mérite-t-il, même quand on le veut punir, qu'on
« en parle au moins avec plus d'égards. » *(Sensation.,*

Et à la fin :

« Ai-je contrevenu aux dispositions de l'article 283
« du code pénal d'après lequel tout écrit, pour être
« distribué régulièrement, doit porter l'indication
« des noms de l'auteur ou de l'imprimeur ? J'en
« doute encore, car ceux que j'ai distribués portaient
« des noms suffisamment connus ; deux entre autres,
« Louis et François d'Orléans, élevant la voix pour
« la première fois depuis quatre ans du fond de leur
« exil, non pour troubler le repos de leur patrie,
« mais pour protéger la tombe de leur père.

« C'est à la Cour de prononcer ! Quelle que soit
« sa décision je m'y incline d'avance sans vouloir
« m'en plaindre, et permettez-moi d'ajouter, sans
« pouvoir en souffrir *(mouvement)*, car lorsqu'on est
« soumis, comme je le suis, à de si douloureuses
« épreuves, lorsqu'on est depuis tant de jours, non
« pour soi-même, mais pour d'autres, aux prises
« avec l'arbitraire et la violence, lorsqu'on a souffert
« si cruellement dans ce qu'on aime, dans ce qu'on
« honore, rien ne peut ajouter à l'amertume dont le
« cœur est rempli. Et maintenant, ce qui me viendra
« de vous, Messieurs, vous qui êtes la justice régu-
« lière de mon pays, sera pour moi un objet de res-
« pect et peut-être une consolation. » *(Rumeurs ap-
probatives et sympathiques dans l'auditoire.)*

Donc, en décembre 1872, cette même question ouverte depuis janvier 1852, c'est-à-dire depuis vingt ans, venait pour être résolue définitivement par l'Assemblée Nationale.

Et voilà pourquoi, cher lecteur, voilà pourquoi M. Bocher hésitait à parler ; cette grande cause revenait cette fois devant les représentants de la Nation.

elle revenait pour la réparation ; pour M. Bocher, membre de l'Assemblée, cette cause était vraiment sienne, plus que pour qui que ce fut.

Serait-il par hasard suspect à quelques-uns de ses collègues ? Cette hypothèse inadmissible pouvait cependant se présenter à son esprit.

S'il se décidait à parler, dirait-il bien tout ce qui était à dire ?

Ses amis n'en doutaient pas. Mais lui, plus que jamais, pouvait ne pas partager leur confiance. Fort heureusement il se décida à aborder la tribune.

Il parla dans deux séances successives, et avec le plus grand succès. Je me borne à donner ici deux passages dans lesquels il avait abordé d'une façon magistrale un des côtés historiques de la question :

« Les apanages, dans le principe, dit M. Bocher, n'étaient pas autre chose que le partage même de la monarchie, le partage des grands fiefs dont elle se composait ; plus tard, et lorsque la couronne, qui était le chef dominant, fut devenu indivisible, commençant ainsi à fonder l'unité nationale, les apanages, au lieu d'être un démembrement de la Couronne, un démembrement de l'Etat, ne furent plus formés que de domaines concédés temporairement et reversibles. L'apanage, en un mot, c'était la dot des enfants puînés du Roi ou de ses frères ; c'était leur légitime, ou la représentation de cette légitime dans la succession du père ; et il était bien juste de les « apanager », c'est-à-dire de les indemniser ainsi, puisque tout le patrimoine de l'auteur commun devait être, par le fait même de son avénement au trône, réuni au domaine de l'Etat. Sans cela, il serait arrivé que les frères du Roi et les puînés auraient été complètement dépouillés. Les apanages n'étaient donc pas, je le répète, un don gratuit, mais en réalité, une sorte de restitution partielle de ce que l'Etat recevait par l'effet de la dévolution, une compensation pour la part qui, dans l'hérédité du père de famille, aurait dû revenir naturellement à ses fils cadets. »

. . . .
. . . .

« Eh bien, cet apanage dont je viens de retracer l'origine et l'histoire, que la première Révolution avait d'abord respecté, qui, en 1814, fut restitué ; qui, en 1825, fut consacré, est resté dans les mains du Duc d'Orléans jusqu'en 1830 ; tout le monde sait, — et il n'est pas besoin de le rappeler, — comment il avait été par lui administré, enrichi, agrandi.

« Mais le 9 août, le règne de Louis-Philippe commença ; ce jour-là l'apanage réuni à la couronne a passé irrévocablement du domaine de la Maison d'Orléans dans le domaine de l'Etat ; il a été perdu pour le Roi et ses enfants parce qu'il montait sur le trône, et lorsque le trône lui a été enlevé, l'apanage ne lui a pas été rendu. »

Après M. Bocher, on entendit M. Laurier. Laurier était avocat, avait été secrétaire de Crémieux, était depuis longtemps lié avec Gambetta et avec les amis de celui-ci. Je dis qu'il était avocat, mais j'aurais peut-être de la peine à justifier cette affirmation ; il avait certainement un domicile, vivait régulièrement, honorablement ; mais je ne suis pas bien sûr que dans cet appartement il y eût une pièce appelée cabinet, avec bureau, tables, bibliothèque ; ici j'exagère un peu, car, instruit et lettré, il avait certainement une bibliothèque ; mais cette bibliothèque ne devait pas contenir tous les livres indispensables à un avocat.

Ce n'était certes pas un noctambule, mais c'était un ambulant ; le matin il ne restait jamais chez lui, à la fin de la journée il n'y était pas non plus ; c'est là ce qui me fait douter de l'existence d'un vrai cabinet dans son appartement.

Il s'était fait une spécialité des questions financières ; ses amis le savaient bien, puisqu'il avait été choisi pendant le Siège de Paris pour aller à Londres négocier l'Emprunt Morgan.

Cette circonstance lui avait donné une notoriété, et lui avait créé des relations ; tous les jours il passait dans plusieurs maisons de banque : là on le tenait au courant du marché, et en échange on lui demandait des avis sur les questions contentieuses qui pouvaient se présenter dans ces maisons ; on le goûtait beaucoup pour la netteté de son esprit, et pour son jugement, qui était très sûr ; il nous fit toucher du doigt cette qualité dans l'affaire dont je rends compte en ce moment.

Répondant à M. Pascal Duprat, il traita en quelques mots la question avec un sentiment juridique des plus remarquables ; il sut dire et prouver que dans quelques critiques dirigées contre la proposition de loi, on s'égarait. Ramener le débat à la question de propriété qui était véritablement la seule en cause, il jeta sur la discussion une lumière incontestable, qui aurait achevé de décider le vote s'il avait été douteux.

Je cite seulement quelques passages de son discours qui répondent bien à la pensée que je viens d'exprimer :

« On ne peut pas suivre, disait M. Laurier, M. Pascal Duprat dans la discussion à laquelle il s'est livré pour établir l'illégitimité de la fortune des Princes d'Orléans ; si les allégations de M. Pascal Duprat étaient exactes, — et c'est là la première contradiction de son discours — l'Empereur Napoléon III aurait parfaitement agi en les dépouillant de ce qui ne leur appartenait pas. *(C'est cela ! Très bien !)*

« Voilà la première contradiction.

« Il y en a une seconde, et ici j'en appelle à tous les jurisconsultes de l'Assemblée, je leur demande s'il est possible de trouver au monde rien de plus contradictoire que de dire, d'une part : les Princes d'Orléans ont été spoliés et les décrets qui les dépouillent sont abolis ; et, d'autre part : ils iront redemander leurs biens aux tribunaux.

« Qu'est-ce que cela veut dire ?

« Est-ce que ces deux termes ne hurlent pas de se trouver accouplés ? *(Très bien. — Applaudissements.)*

« Messieurs, je le répète, je ne pense pas que la politique, telle que je la comprends, puisse trouver sa place dans une question qui est une question de propriété. *(Très bien.)*

« Le deuxième paragraphe de l'amendement de M. Pascal Duprat est ainsi conçu :

« Les membres de la famille d'Orléans devront s'adresser aux tribunaux compétents pour être réintégrés... »

« Mais il n'y a pas de tribunaux compétents. Lorsque les Princes ont été dépouillés, quelle était leur situation ? Qu'est-ce que vous devez vouloir ?

Les remettre dans le même et semblable état où ils étaient avant le décret. *(Très bien.)*

« Avant le décret, ils étaient en possession... *(C'est cela !)*

M. *Gent.* — Non, non !

M. *Laurier.* — Comment, Messieurs, ils n'étaient pas en possession ? Ils avaient si bien la possession, qu'il a fallu un décret pour les en dépouiller. *(C'est évident !)*

« Mon argumentation est absolument juridique ; ils étaient en possesion, et alors quelle est la règle ?

« J'admets, par hypothèse, qu'il y ait matière à une discussion de propriété entre les Princes d'Orléans et l'Etat. Et pourquoi donc voulez-vous faire cette faveur à l'Etat de le nantir, de lui attribuer la possession même provisoire ?

« Pourquoi voulez-vous le placer dans une situation telle, que les Princes d'Orléans soient mis en demeure de l'attaquer, tandis que c'est lui qui doit les attaquer et les expulser de leur propriété, s'il y a lieu ?

« Vous n'en avez pas le droit. Le droit crie contre une pareille iniquité, qui est le bouleversement de tous les principes, le renversement de la propriété. Les Princes d'Orléans étaient en possession, il faut les y remettre. *(Oui, oui. Très bien !)*

« On me dit qu'il y avait un décret ? Non, il n'y avait pas de décret, il y avait simplement un acte de séquestre. *(Très bien !)*

« Cet acte émane du Gouvernement provisoire de 1848, agissant dans la plénitude de son pouvoir législatif ; ici, j'en appelle au membre du Gouvernement provisoire qui est sur ces bancs et qui fut mon maître,

M. Crémieux. Ce que, dans la plénitude de sa puissance législative, le Gouvernement provisoire a fait, dans la plénitude de votre souveraineté, vous pouvez le défaire.

« Mais les Princes d'Orléans n'ont pas à aller devant les tribunaux revendiquer leur possession, leur état antérieur au séquestre. Je demande pour eux l'application du droit, ce qui est dû à tout le monde ; je demande qu'on leur rende justice, comme on la rendrait à un simple charbonnier qui se trouverait dans une situation pareille. Il serait dans son droit et vous lui rendriez ses biens purement et simplement. Il n'y a pas autre chose à faire avec les Princes d'Orléans.

« Qu'on n'intervertisse pas les rôles, et qu'on ne leur dise pas d'attaquer l'Etat. Si l'Etat a des droits contre les Princes d'Orléans, c'est à lui de les faire valoir, leur laissant le bénéfice de la situation qui leur appartient devant la justice. L'Etat devra les traiter comme des plaideurs ordinaires, c'est-à-dire comme des défendeurs ; il leur dira, comme le disait tout à l'heure mon honorable collègue M. Pascal Duprat : « Votre propriété est illégitime » ; et il la revendiquera contre eux.

« Mais c'est la première fois que j'entends cette thèse du propriétaire, du possesseur, obligé de revendiquer sa propriété contre celui qui l'a dépouillé. *(Très bien !)* Agir autrement, ce serait nier le droit dans ce qu'il a de plus incontesté, de plus élémentaire, et jamais cela ne s'est vu. A travers nos discordes, il y a une chose qui avait été hors de doute, hors de contestation ; le droit commun, le Code. C'est au nom de ce petit livre que je voterai contre l'amendement de M. Pascal Duprat. *(Applaudissements.)* »

C'était la lumière même. La loi fut votée. En voici le texte :

LOI DU 29 DÉCEMBRE 1872
qui abroge les décrets du 22 janvier 1852 concernant les biens de la famille d'Orléans.

Article premier. — Les décrets du 22 janvier 1852 concernant les biens de la famille d'Orléans sont et demeurent abrogés.

Art. 2. — Les biens, meubles et immeubles saisis par l'Etat en vertu des dits décrets, et non aliénés à ce jour, seront immédiatement rendus à leurs propriétaires.

Les prix non payés des biens et coupes de bois vendus et les annuités non échues représentatives des actions des canaux d'Orléans, du Loing et de Briare, seront également restitués avec jouissance des intérêts qu'ils peuvent produire, à partir du 1er janvier 1872.

Art. 3. — Conformément à la renonciation offerte par les héritiers du Roi Louis-Philippe avant la présentation de la présente loi, et réalisée depuis, aucunes répétitions ne pourront être exercées contre l'Etat, soit par suite de l'exécution des décrets du 22 janvier 1852, soit pour toute autre cause antérieure à ces décrets.

Toute réclamation de l'Etat contre ces mêmes héritiers est pareillement considérée comme éteinte et non avenue.

Art. 4. — Aucune action ne pourra être dirigée contre les acquéreurs des biens vendus par l'Etat en exécution des décrets abrogés, ni contre leurs ayants-cause.

Art. 5. — Tous les actes par lesquels les Princes d'Orléans seront mis en possession, soit par suite de restitution de l'Etat, soit par suite de reventes opérées dans le délai d'un an par les particuliers acquéreurs des biens dont la vente a été imposée par les dits décrets, ne seront soumis qu'à un droit fixe d'enregistrement.

Le 29 décembre était un samedi.

Le lendemain matin, dimanche 30 décembre, je

passais boulevard des Capucines vers 10 heures du matin ; j'y rencontre Laurier ; j'avais bien envie de ne pas m'arrêter, car il faisait extrêmement froid ; mais réflexion faite, je l'aborde ; d'abord Laurier avait tant d'esprit et était toujours de si bonne humeur en toutes circonstances, qu'il y avait véritablement plaisir et profit à le tenir.

Donc, je lui dis : « Monsieur Laurier, je suis heureux de vous féliciter non seulement de votre vote d'hier dont je ne doutais pas, mais de votre discours...

Lui. — Il n'y a pas de quoi...

Moi. — Mais si, vous avez fait un acte de courage.

Lui. — De courage, c'est bien le moins qu'on dise son sentiment !

M*** ...... de la République Française, avait fait sur moi hier soir, après la séance, un article *salé*, où on me représentait comme ayant été corrompu par les Princes, et comme ayant reçu de M. le Duc d'Aumale *un fameux sac !* Mais Gambetta, qui est toujours un ami, a bâtonné l'article et me l'a envoyé ce matin...

Moi. — Fort bien, mais je ne retire rien de mon appréciation.

Et sur ce, nous nous séparâmes. Décidément il faisait trop froid.

L'OPÉRA EN 1878

Lorsque le Gouvernement se trouva placé par les circonstances, en face de la question relative au mode de gestion du nouvel Opéra, le Ministre des Beaux-Arts résolut de prendre l'avis de la Commission des Théâtres ; j'en faisais partie depuis 1871.

Peut-être, puis-je, à ce titre me permettre d'entretenir mes lecteurs de la question qui nous fut soumise.

Je rappelle d'abord quelques faits :

Le 27 octobre 1871, M. Halanzier avait été nommé Directeur de l'Opéra pour une période de 8 années qui devait finir le 31 octobre 1879. Deux ans s'étaient à peine écoulés depuis sa prise de possession, lorsque dans la nuit du 28 au 29 octobre 1873, la salle de la rue Le Peletier fut incendiée.

A ce moment le nouvel Opéra n'était pas encore achevé. On pressa les travaux et, en attendant, M. Halanzier transporta son exploitation à la salle Ventadour, où l'on vit dès lors l'Opéra français alterner avec l'Opéra italien. Cette combinaison fort incommode, mais imposée par la nécessité, dura jusqu'au 31 décembre 1874.

Pendant ce temps, et grâce à la prodigieuse activité de M. Charles Garnier, le palais construit par ses soins avait été mis en état de recevoir M. Halanzier et son personnel. Le 5 janvier 1875, le nouvel Opéra était enfin inauguré ; avec quel éclat ! personne ne l'a oublié.

Au milieu de toutes ces vicissitudes, le temps avait

manqué au Ministre des Beaux-Arts pour déterminer les règles qui présideraient dorénavant à l'administration du théâtre agrandi et transformé. On laissa donc aller les choses d'après les errements antérieurs, en s'en remettant pour le surplus au savoir-faire consommé du directeur en exercice.

Quelques années se passèrent ainsi. Mais, peu à peu, on approchait de l'expiration du privilège de M. Halanzier. Dans les derniers mois de 1878, on constata qu'il restait à peine le temps matériel strictement nécessaire pour étudier et arrêter les bases d'une nouvelle organisation.

Il s'agissait de savoir comment l'Opéra serait régi à l'avenir. Continuerait-on les traditions du régime impérial, en faisant exploiter le théâtre pour le compte de l'Etat ? Ou bien l'abandonnerait-on à l'industrie privée ?

Telle fut la question qu'en novembre 1878 le Ministre des Beaux-Arts porta devant la Commission des Théâtres, en l'invitant à l'étudier.

Ce n'était un secret pour personne que, dans les trois ou quatre dernières années, la direction de l'Opéra avait réalisé des bénéfices considérables. Depuis que le monument de M Charles Garnier était ouvert au public, on s'y précipitait à l'envi.

La construction et la décoration de l'édifice avaient coûté des sommes fabuleuses ; on en avait célébré à l'avance les merveilles. Toute la population parisienne, puis des milliers de voyageurs venant de la France et de l'étranger attirés par les descriptions enthousiastes des journaux, avaient tour à tour admiré ce féerique décor.

Puis, comme si la fortune eût voulu réserver toutes ses faveurs au nouveau théâtre, au moment où la curiosité publique commençait à s'épuiser, l'Exposition Universelle de 1878 avait amené à l'Opéra, pendant six mois, une clientèle innombrable, insatiable, constamment renouvelée, qui apportait avec elle des recettes sans précédent.

Mais il était clair que cette heureuse période allait prendre fin avec la clôture de l'Exposition. Les visiteurs qui avaient afflué à Paris venaient de quitter la capitale et n'y reviendraient pas de sitôt. Les recettes de l'Opéra devaient par conséquent fléchir. On entrait dans la période des « vaches maigres ».

Je donne ces indications parce que, en présence des charges quotidiennes effrayantes qu'entraînait l'exploitation du théâtre dans sa nouvelle demeure, la question des recettes dominait tout ; elle était le premier souci de la Commission.

Celle-ci, après quelques débats préliminaires, chargea une sous-commission, dont je fis partie, et dont je devins le rapporteur, de procéder à une étude des divers systèmes qui pourraient être adoptés pour l'administration de l'Opéra. Nous devions nous réunir sous la présidence de M. Eugène Guillaume, alors Directeur des Beaux-Arts, c'est dire que la conduite de nos travaux était en bonnes mains.

Notre première séance eut lieu le 18 novembre 1878. Nous reconnûmes promptement qu'il était indispensable de procéder à une enquête préparatoire en recueillant les avis d'un certain nombre d'hommes autorisés. Trois personnes surtout nous parurent spécialement qualifiées pour une semblable consultation : M. Halanzier, directeur en exercice, le Baron Haussmann, ancien Préfet de la Seine et l'illustre maître Charles Gounod.

Quiconque a été mêlé à des enquêtes judiciaires,

administratives ou parlementaires, sait qu'on se heurte toujours en pareil cas à une difficulté qui tient à la nature même des choses. Celui qui fait l'enquête, magistrat, fonctionnaire ou commission, est, en général, plein de son sujet. Il y a réfléchi, il le connaît, il ne s'attarde pas et se hâte vers le but. L'état d'esprit du témoin est tout différent. Assez ordinairement, il ignore ce qu'on attend de lui. Il n'est ni préparé, ni documenté. S'agit-il d'une question d'administration à élucider, comme c'était le cas pour l'affaire de l'Opéra, le témoin ne l'a pas étudiée avant d'avoir à s'expliquer. Son opinion n'est point faite ou n'est pas étayée par des recherches précises. Aussi les premières questions le surprennent-elles, et au lieu d'y répondre, il se réfugie dans des digressions ou dans le récit de souvenirs tout personnels. Il faut beaucoup de ménagements et une certaine habileté pour l'amener sur le véritable terrain de discussion.

A cette première question : Etes-vous partisan de l'exploitation par l'Etat ou de l'exploitation par l'industrie privée, M. Halanzier répondit qu'il avait été successivement directeur à Strasbourg, à Marseille, à Lyon, à Paris ; que partout il avait réussi, parce qu'il avait toujours travaillé, beaucoup travaillé ; et à ce propos, il conta plusieurs anecdotes. Puis revenant sur ses pas, il nous entretint de sa méthode, que nous connaissions bien. Elle tenait en quelques mots qu'il s'est appropriés : « une main « de fer gantée de velours ».

M. le Président profita d'un silence pour rappeler à notre interlocuteur la question posée.

« Parfaitement, reprit M. Halanzier, on me repro« che de n'être pas un directeur artiste. Mon Dieu !

« ce n'est peut-être pas à moi de faire mon apologie,
« cependant je puis dire que j'ai assez le sentiment
« des choses artistiques pour faire un bon directeur
« d'Opéra ; et puis il me semble que je sais mon mé-
« tier d'administrateur ; mon expérience profession-
« nelle...... » Nous nous empressâmes de rendre
hommage à l'expérience professionnelle de M. Halanzier, non moins qu'à l'agrément de ses souvenirs
directoriaux et après quelques nouveaux détours, il
promit d'aborder la vraie question.

En quelques mots d'une extrême précision, comme
en savent trouver les hommes rompus aux affaires,
le directeur de l'Opéra nous fit à peu près cette déclaration : « L'Etat fait un métier de dupe ; quand
« l'entreprise donne des bénéfices c'est l'impre-
« sario qui en profite ; quand il y a perte, c'est
« l'Etat qui paie, car il ne peut laisser impayé un
« passif contracté à l'occasion de l'exploitation du
« Théâtre *national* de l'Opéra ; on ne se rend pas
« bien compte, poursuivit M. Halanzier de la diffi-
« culté de diriger un théâtre qui joue *toute* l'année
« sans aucune interruption ». Le directeur nous parla
ensuite de la peine qu'il éprouvait à recruter de bons
artistes, de l'insuffisance des études au Conservatoire, des exigences de son personnel, surtout des
étoiles qu'il qualifiait de fléau de l'art dramatique ;
il parla aussi de la discipline si nécessaire dans un
théâtre, des ouvrages qu'il avait montés et de ceux
qu'il avait repris, de la mise en scène, du prix des
places, et nous dit que sa situation devant la Commission était un peu délicate, parce qu'en réalité il
s'agissait de sa succession ! Je ne dois pas oublier
de mentionner encore que M. Halanzier nous parla
aussi de réformes indispensables à faire au Conser-

vatoire pour faciliter et améliorer le recrutement des théâtres lyriques.

Le Président ne put obtenir de lui une réponse plus nette et plus décisive.

Nous attendions avec une certaine impatience la déposition de M. le baron Haussmann. Il commença par dire qu'il ne savait pas trop pourquoi il avait été appelé dans une réunion dont les membres étaient si capables de trouver eux-mêmes une solution ; à moins cependant, que ce ne fût comme amateur ; il ne déclinait donc pas l'invitation qui lui avait été faite, il se croyait en mesure d'y répondre, non plus comme Préfet, puisqu'il n'en avait plus le titre, mais comme dilettante.

Le Président lui répondit que s'il n'exerçait plus ses anciennes fonctions, il avait été un administrateur éminent et que sa grande expérience pouvait être très utile à la Commission. Il n'était pas besoin de tracer un cadre à un homme comme lui, il saurait mieux que personne ce qu'il devait dire.

Ce petit incident nous ayant mis en coquetterie avec le baron Haussmann, il nous fit connaître tout d'abord ses griefs personnels contre le nouvel Opéra et nous dit :

« Permettez-moi d'abord un souvenir. C'était, si
« je ne me trompe, en 1862, l'Empereur m'avait ma-
« nifesté le désir de voir le plan des alentours du
« nouvel Opéra que mon ami M. Davioud, architecte
« si distingué, élaborait sous mon inspiration. Au
« jour indiqué, j'apporte aux Tuileries un énorme
« rouleau de papier grand aigle. On y voyait le tracé
« de l'édifice que Charles Garnier commençait à
« construire, les alignements des rues avoisinantes

« et la superbe place circulaire que j'avais fait mé-
« nager autour du monument. J'étais très fier de
« cette place. L'Empereur qui avait souvent un
« crayon à la main en usa ce jour-là d'une façon
« pénible pour moi. Je crois même pouvoir dire que
« Sa Majesté en abusa. Le Prince réduisit de moitié
« l'espace que, d'accord avec Davioud, j'avais ré-
« servé autour des constructions. Il fallut s'incliner ;
« mais cet incident a eu des suites regrettables. La
« place actuelle de l'Opéra est mesquine ; elle est
« étroite, elle est ingrate. Les soirs où l'Opéra ne joue
« pas, la lumière y fait absolument défaut. Cepen-
« dant, malgré mes regrets, je ne saurais m'en pren-
« dre à la mémoire d'un souverain à qui j'étais pro-
« fondément attaché. La responsabilité de sa décision
« doit retomber tout entière sur des influences
« occultes qui s'agitaient autour de lui dans l'intérêt
« des constructeurs du bâtiment appelé depuis. le
« « Grand Hôtel ».

Assurément ce récit nous intéressait, mais notre excellent Président fit observer, avec sa douceur ordinaire, qu'après avoir donné carrière à l'expression d'un sentiment si légitime, M. le Baron Haussmann voudrait sans doute formuler son opinion sur le meilleur régime à appliquer à l'Opéra, ce qui était la vraie question.

M. Haussmann s'y prêta de bonne grâce. Voici le résumé de ses observations : l'Opéra est une institution nationale et il n'y a pas plus de raisons pour la mettre en entreprise que le Conservatoire et l'Ecole des Beaux-Arts. A la vérité si on ne la met pas en entreprise, il faut la mettre en régie, et il reconnaît que cette hypothèse ne manque pas de présenter des difficultés. Il se rend bien compte que, dans ce cas, des influences diverses viendraient gêner souvent l'exploitation de l'Opéra ; le Directeur n'aurait pas toujours son indépendance, il faudrait donc trouver un moyen terme ; ce serait d'instituer un Conseil d'Administration dans le genre de ceux des Compagnies de Chemins de fer ; ainsi toutes les décisions mauvaises se trouveraient arrêtées par la collectivité des administrateurs ; ce serait une combinaison à essayer et il terminait en disant que l'entreprise **privée lui répugnait absolument.**

Nous avions mis dans la déposition de Gounod beaucoup d'espérances. A la vérité, il nous **déclara** d'abord que, dans sa pensée, l'Opéra était un vaisseau beaucoup trop grand, et il en faisait comprendre les inconvénients : quel que soit le talent d'un artiste, disait-il, quelle que soit l'attention du spectateur, il faut qu'il puisse s'établir une relation directe entre celui qui doit charmer et celui qu'il s'agit d'émouvoir et de séduire ; il faut que la distance qui les sépare ne soit pas un obstacle au but qu'on se propose. Quand on me consulte avant d'aller à l'Opéra, je réponds : « Prenez un télescope pour voir ce qui « se passe dans le fond, et si votre oreille est un peu « paresseuse, allez-y avec un ami auquel vous « pourrez de temps à autre faire cette question : « qu'est-ce qu'il a dit ? »

Mais après cette spirituelle boutade, Gounod fit une très intéressante déclaration.

Il a étudié la question au point de vue de l'art ; tout est à faire pour rétablir le niveau de l'Opéra. Une des causes de décadence est l'insuffisance des interprètes provenant de l'insuffisance de leur éducation artistique ; les interprètes sont, en général, des prix du Conservatoire, ils ont appris des scènes, des fragments, mais la pratique de leur art leur est inconnue ; ils ne savent ni un rôle ni une œuvre, ils passent sans transition du Conservatoire sur nos premières scènes ; ce qui manque, c'est un lieu de transition, un stage, une sorte d'école d'application comme est l'Odéon pour le Théâtre Français ; il faudrait un théâtre intermédiaire qui préparerait à l'Opéra et à l'Opéra-Comique ; cette école d'application servirait à révéler non seulement des artistes, mais des compositeurs et des chefs d'orchestre.

Les théâtres subventionnés ne doivent pas subir le mauvais goût ; ils doivent être les gardiens vigilants de la belle langue parlée ou écrite ; et Gounod ne connaît pas une plus belle langue que la langue française ; il souffre cruellement quand il entend certains artistes qui la rendent méconnaissable, inintelligible.

On devrait laisser aux compositeurs la faculté de conduire leurs œuvres s'ils le désirent et s'ils en sont capables ; eux seuls peuvent indiquer et faire exécuter les nuances de leurs partitions. Dans un autre ordre d'idées, une réforme essentielle à faire, ce serait d'avancer le proscénium de l'Opéra de un mètre ou deux ; on y gagnerait cent pour cent comme acoustique ; le chant serait dans la salle et non dehors. En résumé, c'est le système qu'il faut **changer** pour réformer l'Opéra.

Ainsi parla Gounod, et tous les membres de la sous-commission qui venaient d'entendre des observations si justes avec un vif plaisir, attendaient la vraie réponse à faire à la vraie question. Aussi M. le Président toujours préoccupé de son difficile devoir et voulant donner à cette déclaration un caractère de précision et un lien étroit avec notre question, demanda au grand maître si, dans sa pensée, pour arriver à la réforme qu'il désirait, le système de la régie était préférable au système de l'entreprise privée. Gounod répondit que l'un et l'autre avaient de bons et de mauvais côtés ; si l'on abandonnait le sort de l'Opéra à un homme, il ferait ce que son tempérament lui conseillerait de faire. Voulait-on faire de l'Opéra un musée musical, alors il ne fallait pas le livrer aux caprices, aux tentations d'une personne qui essaierait de faire fortune.

L'administration, aux risques et périls du directeur, présentait de grands avantages et de grands inconvénients : de grands avantages, si le directeur était éclairé ; de grands inconvénients, s'il ne l'était pas. C'était l'homme qui était tout.

Ces diverses dépositions entendues furent suivies d'observations sur le résultat négatif de l'enquête. La question posée était très nette : sera-ce l'ancien système continué, c'est-à-dire l'intervention de l'Etat ? Ou l'Opéra sera-t-il abandonné à l'industrie privée ?

Nous n'avions pas de réponse ferme à cette question si simple, si claire.

Il nous fallait cependant, malgré ce réel embarras, arrêter nos idées, et saisir la Commission générale d'une conclusion.

Ce que j'ai donc de mieux à faire maintenant, c'est de dire quelle fut l'économie du rapport, ou pour parler plus exactement, les conclusions dans lesquelles le rapporteur s'efforça de condenser les questions à résoudre.

L'Opéra nouveau existe depuis quatre ans, disait le rapport ; les charges et frais de toute nature qui le grèvent chaque jour sont extrêmement considérables. Malgré le chiffre énorme de ces charges, les recettes ont été depuis plusieurs années assez élevées pour les couvrir, et donner en outre des bénéfices ; mais ces recettes sont particulièrement dues à un ensemble de causes exceptionnelles. Les principales de ces causes sont : la curiosité de voir le nouvel édifice et l'Exposition Universelle. Ces causes n'existent plus. Par suite, les recettes que va faire l'Opéra auront désormais une cause naturelle et un caractère normal. Que seront-elles ? Suffiront-elles pour couvrir les charges ? Y aura-t-il en outre des bénéfices ? Personne ne peut encore le savoir. Il faut environ plusieurs années pour faire cette expérience.

Aussi, il n'est pas question aujourd'hui, ajoutait le rapport, de donner à l'Opéra un régime définitif ; car s'il s'agissait par exemple d'une entreprise privée, l'Etat ne saurait pas ce qu'il concède, et l'entrepreneur ne saurait pas l'importance exacte de ce qui lui serait concédé. Tout au contraire, il s'agit pour procéder sagement, d'ajourner une décision définitive, jusqu'au moment où on aura, par le fait de l'expérience, les éléments sérieux d'une solution. Aussi, disait encore le rapport, si nous avons examiné théoriquement trois systèmes, ce n'était pas au point de vue de l'adoption de tel ou tel de ces systèmes, mais pour que le Ministre puisse apprécier par lequel il conviendrait de faire exploiter provisoirement le nouvel Opéra pendant quelques années d'expérimentation.

Ces trois systèmes sont :

1° La régie pure et simple ;

2° L'entreprise privée ;

3° Un système mixte consistant en une régie au nom de l'Etat, par un Directeur assisté d'un conseil d'administration et avec quelques autres conditions accessoires ; et c'est ce troisième système que la majorité de la sous-commission recommandait à la commission générale qui l'adopta.

Ici, j'ai à faire un aveu, toujours pénible pour un rapporteur : aucune de nos conclusions ne fut adoptée par le Gouvernement. Le système de la régie pour le compte de l'Etat a été écarté à raison des éventualités financières et nous n'étions qu'en 1878. Que serait-ce aujourd'hui ? Le système de l'entreprise privée pure et simple n'a pas été admis par les raisons diverses que ses adversaires avaient formulées. Enfin le système mixte, dont nous avions la simplicité d'être assez fiers, n'a pas rencontré faveur.

On eut recours à l'organisation actuelle qui pourrait être considérée comme un quatrième système ; désireux d'en assurer la durée, on eut la prudence de le qualifier de provisoire et le calcul fut bon, puisqu'au bout de vingt ans, il est encore en vigueur.

Pendant ces vingt années, l'Opéra a eu successivement les directions : Vaucorbeil-Ritt, — Bertrand seul, — puis Bertrand et Gailhard, — puis Gailhard seul. Le système est simple : l'Opéra est dirigé par un directeur qui exploite avec un capital commanditaire; il a accepté un certain nombre de stipulations que la Direction des Beaux-Arts a jugé nécessaires, mais l'Etat ne courant aucun risque, demeure naturellement étranger à tout partage dans les bénéfices.

Si les travaux de la Commission des Théâtres, pour

constituer d'abord un régime provisoire et ensuite un régime définitif, n'ont pas abouti, ils n'ont pas été sans résultat. Lorsque j'ai analysé les déclarations qui nous ont été faites, on a pu voir, en effet, que les idées émises notamment par Gounod, sur des réformes à faire, avaient un grand intérêt au point de vue artistique ; et ce qui le prouve bien, c'est qu'aujourd'hui elles sont reprises par l'opinion à l'occasion du Conservatoire.

Sans vouloir critiquer rétrospectivement quoi que ce soit, je dois dire qu'à cette époque de 1878, les membres de la Commission et les personnes entendues, ont été généralement d'avis que l'Opéra n'était pas à la hauteur du rôle qui lui incombe.

Ainsi on nous a dit souvent qu'il devrait être une grande institution d'Etat, qu'il devait conserver, entretenir et transmettre à ceux qui nous suivront la grande et vraie tradition lyrique et qu'il manquait, au moins en partie à une si noble mission. En recherchant les motifs de son affaiblissement, on a été généralement d'avis que la cause principale en était dans l'insuffisance des interprètes, dans l'insuffisance de leur préparation, d'où on tirait naturellement la conséquence qu'il y aurait nécessité absolue de développer cette éducation et de la compléter ; ce qu'il faut réformer, disait-on, c'est donc moins l'Opéra lui-même que les études qui conduisent à l'Opéra et qui sont insuffisantes.

L'enseignement du Conservatoire est excellent, mais il est théorique, et pour peu qu'un élève semble avoir quelques dispositions, on l'amène sans transition sur notre plus grande scène, alors qu'autrefois on mettait dix années environ pour les études premières ; on oublie que rien ne s'improvise ; que pour arriver il faut parcourir le chemin et qu'on ne peut pas impunément supprimer deux grandes lois : celle du travail et celle du temps, sans lesquelles rien de solide ne se fonde. Et on en arrivait à conclure qu'il faudrait créer une sorte d'école d'application qui servirait à révéler et à former des artistes.

En procédant ainsi, ajoutait-on, on formerait de véritables artistes, des interprètes dignes de ce nom, et l'on arriverait à faire de l'Opéra, comme nous le disait Gounod, « une sorte de musée musical où « on représenterait avec honneur des œuvres d'hon-« neur. »

Ce n'est pas seulement le monde musical qui gagnerait à une création de cette nature, ce serait tout le monde, car il faudrait aussi refaire l'éducation du public, et pour cela le temps est également nécessaire ; si un artiste ne peut pas s'improviser homme de talent, l'auditeur ne peut pas s'improviser davantage homme de goût ; le sentiment artistique est une culture, le goût a ses formes, ses règles, ses traditions ; pour tout cela il faut du temps et beaucoup de temps.

Il nous semblait enfin qu'il y avait à chercher et à mettre en pratique toute une série de mesures destinées à rétablir et à maintenir un niveau supérieur d'exécution.

C'est cet ensemble de réformes, grandes et petites, qui permettrait de relever le sentiment de l'art à l'Opéra et dans le public lui-même, et de donner à cette grande institution une vie nouvelle qui rappellerait sa vie passée.

Alors seulement, quand ces réformes auraient été accomplies, on pourrait véritablement se rendre compte de ce que peut être l'Opéra nouveau, de son exploitation, de son succès, de son crédit, des moyens par lesquels il doit attirer le public et le retenir et se constituer une existence propre, libre, assurée, digne et indépendante des causes accidentelles qui, jusqu'à présent, l'on fait vivre avec plus ou moins de succès, et d'une façon un peu aléatoire.

Telles sont les considérations, disions-nous, qu'on peut faire valoir, lorsqu'on étudie la question des réformes à faire à l'Opéra, au point de vue de l'art. Elles se ramènent, en réalité, à deux idées principales :

1° La prolongation du stage au Conservatoire en modifiant, à cet effet, l'organisation de l'établissement, afin de pouvoir garder les élèves davantage. et de mûrir leur éducation ;

2° La création d'un théâtre dit *d'application*, théâtre qui serait pour les élèves l'occasion de se livrer à de véritables essais, et de subir dans un cadre bien moins intimidant que celui de l'Opéra, la terrible épreuve de la rampe.

Ayant, en 1878, recueilli tout ce qui, dans la Commission des Théâtres, a été dit sur ces intéressantes questions, j'ai pensé que je pouvais peut-être, avec utilité, faire connaître ici le sentiment des hommes si autorisés, dont j'ai eu la bonne fortune d'être le collègue, et dont je ne suis ici aujourd'hui que le très modeste interprète.

En résumé, le débat sur le mode de gestion de l'Opéra a été plus ou moins résolu par le provisoire, qui, selon la coutume de notre pays, étant provisoire, semble prendre par les années qui s'écoulent, un caractère assez définitif ; tandis que l'autre question, la question artistique, celle de la réforme du Conservatoire, est toujours entière ; elle n'a été résolue ni définitivement, ni même provisoirement ; elle est à l'ordre du jour.

GOUNOD INTIME

Gounod sortait du collège alors que j'y entrais ; nous n'avons donc pas été condisciples à proprement parler ; il avait trois ou quatre ans de plus que moi. Au collège, cette distance d'âge est énorme, dans la suite de l'existence elle n'est rien. Nous nous rattachions à la même maison universitaire ; on trinquait ensemble dans les dîners annuels ; nos mères se connaissaient. Nous avions non pas seulement des camarades, mais des amis communs qui étaient des intimes de l'un et de l'autre, et quoique nous ayons, dans la vie, suivi des voies absolument différentes, le tutoiement avait survécu à tout ; nous étions toujours restés des proches ; et quand nous n'aurions pas eu ces nombreuses raisons pour nous sentir les coudes, Gounod avait tant de qualités, tant de charme, tant de bonté ; il exerçait une telle attraction, que quand il s'approchait de moi, je me sentais comme enveloppé ; et certes, je n'étais pas le seul à subir cette impression vraiment magique.

Vous comprenez que je ne viens pas faire un article sur « le grand maître » : je n'aurais pour cela ni titre, ni autorité. Si vous voulez savoir comment on parle d'un tel homme, reportez-vous au jour de ses funérailles ; rendez-vous par la pensée à l'église de la

Madeleine ; tout Paris était là. Quand je dis : *tout Paris*, je ne vise pas le « Tout-Paris » mondain, simplement curieux, le Tout-Paris des premières, le Tout-Paris des journaux. Non ! le Tout-Paris qui, ce jour-là, se réunit en haut du perron aussitôt après la messe sur les marches de l'église, c'étaient les maîtres venant rendre leurs derniers hommages à un chef vénéré, c'étaient les artistes qui avaient vécu de sa vie, et pour lesquels il avait tant fait en leur enseignant leur art, en créant des chefs-d'œuvre à interpréter ; c'étaient ses nombreux amis en larmes. Or, ce Tout-Paris entendit ce jour-là de la bouche d'un autre maître, un maître de la parole, M. Poincarré, alors Ministre des Beaux-Arts, la plus belle oraison funèbre que vous puissiez imaginer ; car tous ceux qui y étaient, en éprouvèrent un véritable adoucissement à leur douleur ; ils entendirent aussi d'autres orateurs également bien inspirés, puis quelques heures après, des écrivains d'une haute distinction, ont rappelé cette vie de travail, d'épreuves, de triomphes. Il y avait tant à dire sur un maître qui avait tout à la fois, étrange contraste ! tant d'originalité et de simplicité.

Aujourd'hui dans certaines revues et dans certains cénacles, il est de mode de médire de Gounod, comme d'ailleurs de Massenet, de Meyerbeer et de Rossini. Laissons faire ces « obscurs blasphémateurs », et comme le bon, le vrai public, continuons à admirer, à applaudir *Faust*, *Mireille* et *Roméo*. Je parlais tout à l'heure des épreuves que Gounod eut à subir au début de sa carrière. Il avait déjà donné *Sapho* et la *Nonne Sanglante* à l'Opéra, le *Médecin malgré lui* à l'Opéra-Comique, et le public avait accueilli froidement ces ouvrages. *Faust* lui-même, qui devait rendre son nom populaire n'obtint pas à la première représentation un succès décisif. Seule, l'incomparable artiste qui personnifiait Marguerite, comme elle personnifia Juliette et Mireille, Mme Carvalho, remporta un triomphe incontesté.

Dix ans plus tard, l'œuvre acceptée et acclamée partout et par tous, en France et à l'étranger, entrait de haute lutte à l'Opéra avec un immense succès. C'est aujourd'hui de tous les opéras le plus souvent représenté.

Vous savez tout cela mieux que moi, mes chers enfants, comme aussi tout ce qui se rattache à la carrière de ce grand génie.

D'autre part, à l'occasion de mon article sur l'*Opéra en 1878*, j'ai montré Gounod appelé comme témoin, devant la sous-commission des Théâtres, et dans cette affaire toute administrative, mettant en relief, avec sa grande supériorité, un point de vue artistique. Je voudrais aujourd'hui vous montrer un Gounod plus intime, par exemple, le Gounod d'imagination ardente, concevant une idée, puis une image qui lui représente son idée, puis jetant en l'air un mot, un seul mot étrange, toujours original, souvent bizarre qui traduisait le tout, et que souvent on ne comprenait pas parce que l'on n'avait ni conçu l'idée, ni trouvé l'image.

J'étais un jour, avec lui, au Trocadéro pour entendre Nilsson dans un magnifique concert. Jamais peut-être cette admirable artiste ne remporta un plus grand succès. Dans l'entr'acte, Gounod me prend vivement par le bras, m'entraîne tout en me disant :
« La connais-tu ? Non ! Eh bien, je vais te présenter,
« tu vas voir, tu vas l'entendre, elle a tout pour elle ;
« malgré son grand talent, une simplicité absolue,

« et un charme, une bonté, une grâce, elle est ado-
« rable ! »

Je fus bientôt convaincu que cet éloge enthousiaste n'était pas exagéré ! Puis comme nous regagnions nos places, Gounod, pendant le trajet, me glisse ces mots dans l'oreille :

— C'est une ondine !
— Tu dis ?
— Je répète que c'est une ondine ! »

Pour son imagination poétique, la délicieuse cantatrice, fille du Nord, avait conservé dans notre monde sublunaire les séductions et les grâces fluides de ces génies des eaux ; pour Gounod, elle appartenait à un pays merveilleux dans lequel il la faisait vivre et respirer, mêlant ainsi l'irréel aux choses visibles, pour les embellir, les poétiser, et se laisser entraîner par elles dans ces régions du rêve où il trouvait les chants délicieux qui nous ravissent encore.

Tout Gounod est dans ce petit incident.

Je me suis demandé souvent si Gounod n'avait pas laissé des mémoires, ou au moins des notes.

La communication suivante autorise au moins le doute.

En 1873, Gounod résidait momentanément à Londres. Deux Françaises infiniment respectables qui s'y trouvaient en même temps furent mises en rapport avec lui. Il recevait de temps à autre, il accueillait ceux de ses compatriotes qui le connaissaient ; on faisait de la musique, et quelle musique ! Gounod qui témoignait beaucoup de sympathie à l'une des deux dames auxquelles je fais allusion, lui dit un jour : « Seriez-vous par hasard curieuse, chère ma-
« dame, de lire mes Mémoires ? Les voici ; parcourez-

« les si cela vous intéresse. Je vais vous les laisser
« en toute confiance pendant quelques jours. »

Et cette dame y lut un certain passage avec tant d'admiration et de plaisir, qu'elle se fit autoriser par Gounod, à en prendre copie.

C'est cette copie arrivée jusqu'à moi, qu'à mon tour, je me permets de vous donner ici :

Extrait des Mémoires de Gounod (*inédit*).

Le succès doit être un résultat et ne doit pas être un but. Faire du succès un but c'est spéculer, c'est de l'agiotage, c'est de l'usurpation, c'est de l'idolâtrie, c'est dérober à son profit l'hommage dû à l'Idéal lui seul, c'est vouloir faire dire et entendre dire qu'on est un *grand homme*, c'est-à-dire aussi *dieu* qu'un homme puisse l'être.

Il n'y a pas de *grand homme* : il y a des hommes dans lesquels ont été répandus à plus ou moins grande puissance des dons divins. Rien de ce qui est grand dans l'homme ne vient de lui, ne lui appartient en propre ; c'est pourquoi la vanité peut se rencontrer dans le *talent*, mais on ne la rencontrera jamais dans le *génie*. Le génie est une candeur, le génie est une croyance ; il a toujours l'âge d'un enfant parce qu'il en a l'abandon.

Vous ne trouverez jamais de véritable grandeur chez les hommes dont l'enfant a complètement disparu. Je me rappelle un vers admirable d'un poète lyonnais Joséphin Soulary. Il décrit des sites qui l'ont profondément impressionné dans son enfance, et après s'être demandé pourquoi, devenu homme, il n'a pas retrouvé la même vivacité d'impressions, d'émotions en présence des mêmes objets il répond :

« ......C'est que je n'avais plus,
« Ma grande âme d'enfant dans mon corps si petit. »

A mesure que l'enfant disparaît, l'homme se referme, il se dessèche, soustrait aux rayons et à la rosée bienfaisante de l'Idéal. C'est ce qu'enseigne l'Evangile, quand il dit que le royaume des cieux est pour les petits enfants et pour ceux qui leur ressemblent.

Voici une autre anecdote qui montrera Gounod au milieu de ses amis, s'abandonnant, se livrant en toute sincérité au culte de son art.

Je dînais un jour, avec lui dans une maison amie, en très petit comité ; dix convives seulement, condition nécessaire pour que la conversation demeure générale, circonstance indispensable pour le véritable charme de ces réunions.

On venait de rentrer au salon, et Gounod qui ne voyait autour de lui que des amis, alla se mettre très simplement et de lui-même au piano. Nous l'entourons. Tout à coup il s'arrête, prononce le nom de Beethoven, dont il se rappelle qu'une statuette est près de lui ; il lui adresse une sorte de prière, une invocation : « O toi...! » et préludant à l'adagio d'une des grandes symphonies : « Mes amis, nous
« dit-il, suivez-moi, écoutons-le... »

Puis cédant à l'entraînement du souvenir et commentant la pensée du maître, il ajoute : « Vous le
« voyez !... peu à peu, il nous quitte... il fuit main-
« tenant le bruit et l'éclat, nous allons bientôt le
« perdre : dans un instant vous l'entendrez à peine ;
« tenez ! il traverse les nuages, il va disparaître...
« il a disparu...! »

Et à ce moment, Gounod caressait le clavier avec une légèreté de mains sans pareille ; nous restions suspendus devant cet étrange spectacle.

« Mais !... rassurez-vous, reprend Gounod ; il
« ne nous a pas abandonnés ; ... je le revois ; il tra-
« verse de nouveau la voûte céleste ; il nous revient,
« le voici, il est au milieu de nous ! il partage nos
« intérêts, nos sentiments, nos passions. »

Et pendant cette scène étrange, vraiment incroyable, Gounod, les yeux fixés vers le ciel, prononçait des phrases entrecoupées par l'émotion ; une discrète harmonie ponctuait son extase: Je n'oublierai jamais ce spectacle d'une réunion absolument captivée, craignant le réveil du grand artiste hypnotisé, pour ainsi dire, par une vision de l'au-delà. Gounod à ce moment était bien affranchi de tout lien terrestre. Nous avions peur de le réveiller. L'homme qui peut donner de pareilles sensations est certes, un artiste incomparable.

Gounod était un admirateur enthousiaste de « Don Juan ». Pour lui, ce merveilleux opéra était un « chef-d'œuvre incomparable et immortel » et il l'aimait à ce point, qu'il y consacra tout un livre.

Le compositeur de Faust se demandait si quelque populaire que fût « Don Juan », et bien qu'on le mît hors de discussion, il était compris comme il convenait, admiré et aimé comme il devait l'être ; et il en doutait.

« La partition de « Don Juan », écrivait-il, « a exercé sur toute ma vie l'influence d'une révé-
« lation ; elle a été, elle est restée pour moi une
« sorte d'incarnation de l'impeccabilité dramatique
« et musicale ; je la tiens pour une œuvre sans
« tache, d'une perfection sans intermittence, et ce
« commentaire n'est que l'humble témoignage de ma
« vénération et de ma reconnaissance pour le génie
« à qui je dois les joies les plus pures et les plus
« immuables de ma vie de musicien.

« Il y a dans l'histoire, certains hommes qui
« semblent destinés à marquer dans leur sphère le
« point au-delà duquel on ne peut plus s'élever :
« tels Phidias dans l'art de la sculpture, Molière dans

« celui de la comédie ; Mozart est un de ces hommes,
« Don Juan est un sommet. »

Arsène Houssaye raconte en ces termes une dernière rencontre qu'il fit de Gounod :

« C'était pour moi une vraie fête de rencontrer
« Gounod ; nous nous embrassions avec la joie du
« cœur, comme on embrasserait sa jeunesse. La dernière
« fois que j'eus cette bonne fortune, c'était
« avenue de Wagram, très peu de temps avant sa
« mort. Nous nous croisions en victoria, les chevaux
« s'arrêtèrent ; nous sautâmes sur le pavé et ce
« fut encore un fraternel embrassement « Bonjour,
« ma jeunesse, dis-je à Gounod, avec un battement de
« cœur — Oui ! me répondit-il, avec un sourire mélancolique,
« bonjour notre jeunesse ! »

Cette rencontre est touchante et me rappelle une autre rencontre dont je fus le témoin, de deux musiciens fameux.

C'était à la première représentation de « Falstaff » que Verdi avait donné à l'Opéra-Comique. Verdi était dans la loge de Carvalho, je m'y trouvais également. Après le premier acte, Ambroise Thomas qui était dans la salle, fut très empressé d'apporter son compliment à Verdi. Il entre dans la loge. Verdi, en l'apercevant, se lève comme s'il avait été mû par un ressort.

Et ces deux hommes célèbres se jettent avec une grande émotion dans les bras l'un de l'autre et on entend simultanément ces deux mots échangés.

— Ah ! mon cher Thomas !
— Ah ! mon cher Verdi !

Ces mots étaient bien simples, et cependant envoyant s'embrasser ces deux hommes si grands par le talent, il n'y eut personne qui ne se sentit ému au fond du cœur.

Gounod n'avait pas seulement l'imagination tendre et exaltée ; il avait un fond de gaieté, et riait souvent aux éclats, en donnant un tour plaisant à certaines de ses compositions. Je n'en veux pour preuve que « la Marche funèbre d'une Marionnette » qu'il avait composée à Londres en 1873.

Elle existe, elle est dans le commerce ; on peut se la procurer chez son éditeur ; j'en donne ici un échantillon. Cette marche a été, par lui, dédiée à Madame Viguier ; il l'annota lui-même de la façon la plus comique.

Tels sont, mes chers enfants, les quelques souvenirs qui me reviennent sur le grand artiste ; « j'en passe, et des meilleurs ». Le temps et la mémoire me manquent pour constituer un véritable récit, une véritable étude sur le cher et inoubliable Gounod.

(La Marionnette est cassée !!!!)
Adagio
(Murmures de regrets de la troupe.)
ff
Cortège
etc etc
plusieurs des principaux personnages de la troupe s'arrêtent pour se rafraîchir.)
f
p
tour à la maison.)
etc etc etc.
p
etc etc.

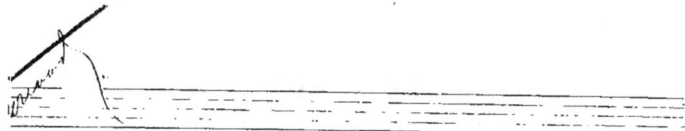

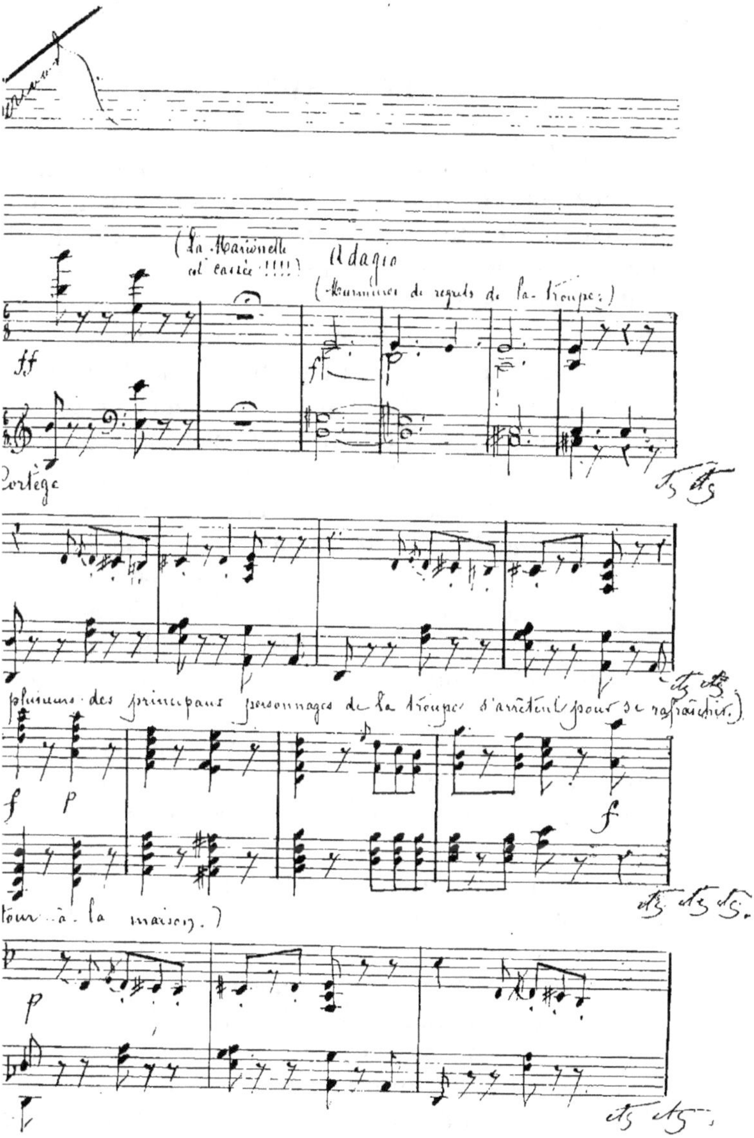

M. LÉON SAY ET LA BANQUE DE FRANCE

M. Léon Say fut depuis 1871, l'un des hommes considérables de notre pays. Tróp jeune sous le Gouvernement de Juillet pour y avoir joué un rôle, il n'avait pas de passé politique proprement dit.

Pendant le second Empire, de 1850 à 1870, il avait vécu et travaillé dans la grande maison du « Journal des Débats » dont il faisait partie, d'abord par droit de naissance, et ensuite par droit de conquête. Il y avait fait l'étude de toutes les questions économiques auxquelles sa famille devait son illustration, et pour lesquelles il était merveilleusement doué ; il a bien montré depuis quelles aptitudes variées il possédait, car il a été tout ce qu'un homme public peut être : Préfet de la Seine, Député de Seine-et-Oise et ensuite des Basses-Pyrénées ; plusieurs fois Ministre. Ambassadeur en Angleterre, Sénateur, Président du Sénat, Membre de l'Académie des Sciences Morales et Politiques, Membre de l'Académie Française, etc., etc., il a été partout égal à ce que le Gouvernement de son pays lui demandait et attendait de lui.

M. Léon Say était un « débatter » à la façon anglaise, un merveilleux diseur, un causeur rempli de charme ; son discours était toujours une conversation fine, pleine d'agrément et de clarté ; le mot et l'anecdote y abondaient ainsi que l'esprit ; à la tribune, il était à l'aise comme dans un salon : il possédait toujours son sujet, le traitait sans aucune hésitation, n'avait pas plus d'émotion que dans son fauteuil. Ne causant à ses auditeurs ni une fatigue, ni un ennui, il ne donnait jamais à ses amis la moindre inquiétude ; quand il était descendu de la tribune, on l'écoutait encore.

M. Thiers qui l'appréciait à sa juste valeur avait pour lui, une très grande affection.

Je connaissais fort peu M. Léon Say quand la guerre éclata ; je l'avais simplement rencontré dans quelques salons.

Pendant le Siège de Paris, M. d'Eichthal me présenta à lui. Ce fut le point de départ de relations toujours bienveillantes à mon égard, même affectueuses, et il me donna un jour une telle preuve de sa confiance et de ses sentiments, que je suis très heureux d'en dire les circonstances.

Le mercredi, 15 janvier 1879, à une époque où le Sénat était encore à Versailles, M. Léon Say, Ministre des Finances m'avertit qu'il désire me parler, et m'emmène derrière la salle de nos séances, dans un petit dégagement où deux personnes pouvaient tenir difficilement. Le Ministre semblait vraiment avoir fait ce choix pour m'ôter toute idée d'évasion.

Après m'avoir fait asseoir à côté de lui, il me dit à brûle-pourpoint :

Voulez-vous être gouverneur de la Banque de France, en remplacement de Rouland ?

— Non !

— Comment non ! Ah ! par exemple, vous êtes un singulier personnage. Il y a deux ans, je vous propose le Crédit Foncier ; vous me répondez : Non !

Je me suis incliné devant vos raisons. Cette fois je vous propose la Banque de France et vous me dites encore : Non !

Et cette fois, pourquoi Non ! je vous prie ?

— Parce que je suis tout à fait étranger à la matière donc absolument incompétent, et que je ne veux pas me rendre ridicule.

— Le poste ne peut pas rester vacant plus longtemps, et j'insiste.

— Pourquoi vous adressez-vous à moi ? Vous en connaissez qui sont plus qualifiés (et je lui indiquai alors deux ou trois de mes collègues que je considérais comme ayant une expérience réelle des questions financières).

— C'est possible, reprend le Ministre ; mais j'estime que vous défendriez mieux, et plus énergiquement, les intérêts de la Banque s'ils étaient, un jour, menacés.

— Mon cher Ministre, je suis très touché de votre offre, elle me flatte infiniment, mais je persiste dans mon refus.

— Vous n'avez donc pas reçu une visite ?

— Quelle visite, devais-je recevoir ? j'en reçois tous les jours !

N'équivoquons pas ! je vous demande si vous avez reçu *une visite*, ce qu'on appelle *une visite ?*

— Je n'ai pas reçu de visite d'un caractère particulier.

— Eh bien ! soit, vous en recevrez une, c'est la seule chose que j'aie à vous dire quant à présent.

Le lendemain jeudi, 16 janvier, à 10 heures du matin, à mon grand étonnement, je voyais entrer chez moi une délégation du Conseil de régence de la Banque de France composée de : Le baron Alphonse de Rothschild, le baron Hottinguer et M. Demachy. C'était la visite qui m'avait été annoncée la veille ; il est bien certain que ce n'était pas une visite ordinaire.

Ces Messieurs, que je connaissais et dont j'avais l'honneur d'être connu, me renouvellent l'offre de la veille, faite cette fois, au nom de l'unanimité du Conseil de Régence, ajoutant qu'ils sont d'accord à cet égard avec le Ministre des Finances et avec M. le Président de la République (qui était alors le maréchal de Mac-Mahon).

Très touché des ouvertures réitérées dont je suis l'objet, et dont je sens tout le prix, je demande néanmoins la permission de ne pas faire une réponse immédiate. J'exprimai le désir de réfléchir pendant un délai de vingt-quatre heures qui me fut accordé ; puis, obligé de prévoir, ne fût-ce qu'éventuellement, l'hypothèse d'une réponse affirmative, je sollicitai la faculté, le cas échéant, de ne pas quitter ma maison, ma mère fort âgée vivant avec moi et avec les miens ; ce qui me fut accordé également.

Le vendredi 17 janvier, à 9 heures du soir, le Ministre me fit demander la réponse, je la donnai : c'était mon acceptation. Par un second courrier, M. Léon Say, le soir même, voulut bien m'expédier ce billet trop précieux pour n'avoir pas été conservé.

Mon cher collègue,

Vous rendez un grand service au Gouvernement, à la Banque, au pays, en acceptant, et, pour ma part, je vous remercie avec effusion. . . . .
. . . .

Signé : LÉON SAY.

Et le lendemain samedi, 18 janvier 1879, ma nomination comme Gouverneur de la Banque de France paraissait au *Journal Officiel*.

M. JULES SIMON ET L'ARTICLE 7

De tous les lieutenants de M. Thiers, celui pour lequel il semblait avoir le goût le plus prononcé, était peut-être M. Jules Simon ; Jules Simon ! Quel nom ! Quelle carrière ! Quelle vie de travail et de luttes ! L'existence de M. Jules Simon est certainement une des plus curieuses que l'histoire devra enregistrer.

Venu à Paris dès sa première jeunesse, il est rapidement un des élèves les plus brillants de M. Cousin ; il le supplée à la Sorbonne avec un grand éclat ; en 1848, il est élu député des Côtes-du-Nord ; en 1849, membre du Conseil d'Etat ; en 1851, au mois de décembre, son cours dont il était devenu le titulaire, est suspendu pour cause politique ; en 1863, il est nommé député de la Seine ; en 1869, député de la Gironde.

C'est cette même année 1869, pendant le cours de l'été, que je le vis pour la première fois ; j'avais été invité à dîner chez un de mes amis à Courbevoie ; M. Jules Simon était au nombre des convives. Comme tout le monde, je connaissais son nom et un peu sa vie ; je me fis présenter à lui.

Après le dîner, la plupart des hommes allèrent jouer au billard. J'en profitai pour rechercher l'occasion de rester dans un petit salon avec M. Jules Simon, et je passai une soirée charmante dans laquelle je me plus singulièrement à écouter un des hommes les plus intéressants qu'on pût rencontrer. Environ un an après, en 1870, il devenait membre du Gouvernement de la Défense Nationale. Le 30 janvier 1871, il luttait à Bordeaux contre Gambetta. Puis, M. Thiers devenait chef du Gouvernement, et nommait M. Jules Simon, Ministre de l'Instruction publique, des Cultes et des Beaux-Arts.

C'est à cette époque que je vis M. Jules Simon pour la seconde fois, en 1871, à Versailles. Le siège de Paris était terminé, l'armistice avait été signé. Le 18 mars et jours suivants, la Commune avait pris successivement possession de tout Paris. Je ne reviens pas sur cette épouvantable catastrophe. Expulsé de la Mairie du 8e arrondissement, j'avais réussi à quitter Paris le vendredi 24 mars 1871, à 8 heures du soir ; j'étais réfugié à Versailles chez un ami, rue des Réservoirs, et j'errais comme un pauvre exilé lorsque, dans une de mes promenades, je me trouvai tout à coup en face de M. Jules Simon ; je ne l'avais pas vu depuis notre rencontre à Courbevoie. Ministre de M. Thiers, il suivait avec une bien grande anxiété les événements. Sachant par les journaux que j'avais été recherché pour mes protestations contre les événements du 18 mars, affichées dans mon arrondissement, il me demanda sur les horribles journées que j'avais passées récemment à Paris, ce que j'avais vu. La conversation s'engagea ; je ne pourrais reproduire l'état d'esprit de mon interlocuteur, l'impression que lui causaient les événements, le pressentiment qu'il avait très nettement de tout ce qui allait se passer pendant un temps plus ou moins long ;

l'expression de sa figure était plus douloureuse que je ne puis le faire comprendre ; déjà depuis plusieurs mois, il portait le deuil de la patrie envahie, occupée, et il voyait maintenant Paris, la capitale de la civilisation, aux mains des barbares.

Quelques mois après, le 2 juillet 1871, j'étais nommé député de la Seine à l'Assemblée Nationale, j'y devenais le collègue de M. Jules Simon et, depuis cette époque, je n'ai jamais cessé d'entretenir avec lui les meilleures relations, d'abord à l'Assemblée et ensuite au Sénat.

Je ne fais pas plus de politique ici que dans mon livre de 1895-1896 ; je me borne à noter ceux de mes souvenirs qui ne se rattachent pas au volume déjà publié.

Quelques années après que la Constitution eut été votée, on commença à voir poindre certains symptômes des difficultés futures ; le Centre Gauche à cette époque se laissait peu à peu entraîner à la suite des autres groupes de la Gauche, du moins ce fut l'impression de quelques-uns de mes amis et la mienne ; nous en étions fort préoccupés. M. Jules Simon pensait absolument comme nous. C'est à ce moment que nous prîmes l'habitude de nous voir fréquemment et de nous réunir chez lui.

M. Thiers disait volontiers : « Simon est l'homme *de mon Gouvernement* qui a le plus de ressources », et cette appréciation était fort exacte. Déjà M. Simon avait pris part aux plus importantes discussions législatives lorsqu'il fut nommé sénateur par l'Assemblée Nationale et, peu après, membre de l'Académie Française ; c'est-à-dire *inamovible* et *immortel*.

A la fin de l'année 1876, il fut Ministre de l'Intérieur et chargé de former un cabinet. Mais le

16 mai 1877, il reçut la fameuse lettre du Maréchal blâmant son attitude dans la discussion de la loi sur la presse ; on sait le reste.

Jules Simon avait été désigné pour aller représenter l'Académie Française au centenaire de Lamartine. Il y prononça un discours d'une grande profondeur, soutenu par l'éclat d'une forme extraordinairement belle. Jamais peut-être, il n'avait mieux pensé, jamais il n'avait mieux parlé. L'enthousiasme de l'auditoire était indescriptible et une dame, ne pouvant contenir son admiration s'était écriée : *Mais c'est un faux vieillard !*

Le lendemain, devant un auditoire plus restreint, sollicité instamment de prendre encore la parole avant de rentrer à Paris, il fit une profession de foi très spiritualiste avec une telle élévation de pensée, qu'un prêtre, ne pouvant contenir son émotion, marcha droit vers l'orateur, lui prit vivement les deux mains et se mit à crier en les secouant : « Voilà un « Monsieur qui ira tout droit au ciel ! » Je vous laisse à penser si le cri de la dame et celui de l'ecclésiastique eurent du succès !

Un homme d'Etat anglais a dit : « J'ai entendu dans « ma vie mille discours ; il n'y en a pas trois qui « aient changé mon opinion, et il n'y en a pas un « qui ait changé mon vote. »

Si un orateur pouvait faire changer une opinion et un vote, assurément, c'eût été M. Jules Simon. Tel était le charme incomparable de sa parole !

On se plaisait à le dire philosophe, moraliste, littérateur, professeur, journaliste ; on avait raison, il était bien tout cela.

Mais il avait fait son choix et il avait dit bien souvent à moi et à quelques-uns de mes amis avec les-

quels il avait coutume de causer : « Pourquoi donc
« me faites-vous des compliments que je ne mérite
« pas ? Pourquoi me donnez-vous des qualifications
« qui ne sont pas miennes ? Vous avez tort, et
« puisque vous m'obligez ainsi à m'expliquer, je
« vais vous donner franchement mon opinion sur
« moi-même : Je suis un journaliste, surtout un
« journaliste ! La lutte des idées, la bataille de la
« vie par la plume, voilà ce qui me plaît, voilà ce
« qui est le plus approprié à ma nature, à mon ca-
« ractère, à mon tempérament. Donnez-moi un
« journal pour la production et la propagation de
« tout ce que je pense, et vous m'aurez rendu le plus
« heureux des hommes ! »

A quoi je lui répondais quelquefois quand il
s'adressait à moi : « Oui, vous êtes un journaliste !
« et un merveilleux journaliste, comme vous êtes
« tout ce qu'on a dit, c'est-à-dire un homme abso-
« lument supérieur dans tout ce que vous avez entre-
« pris ; mais, si j'étais interrogé sur cette question,
« je répondrais très nettement et avec une convic-
« tion absolue : M. Jules Simon est *surtout* un ora-
« teur. »

J'ai entendu Jules Simon bien souvent, mais je
n'ai jamais, je crois, tant admiré son grand talent
que dans la discussion de l'article 7. A mon sens, c'est
surtout dans cette circonstance qu'il montra à quel
point son talent était composé de grâce et de simplicité, et en même temps d'énergie et de force.

Mais je parle de l'article 7 comme si tout le monde
le connaissait, comme s'il était d'hier, comme si plus
de vingt années ne s'étaient pas écoulées depuis le
jour où on le discutait. Il faut donc que je fasse un
peu l'éducation de mon lecteur.

L'article 7 faisait partie d'un projet de loi sur l'enseignement supérieur, et il disait ceci :

« Nul n'est admis à participer à l'enseignement
« public ou libre, ou à diriger un établissement de
« quelque ordre que ce soit, s'il appartient à une
« congrégation religieuse non autorisée. »

La Chambre vota cet article le 9 juillet 1879 par 347 voix contre 143. M. Jules Ferry, Ministre de l'Instruction publique, apporta immédiatement la loi devant le Sénat, et il avait certainement l'espoir et la confiance de faire ratifier cette décision par la Haute Assemblée.

Cependant, la Commission sénatoriale se prononça contre l'article 7, et, comme cette décision irrita singulièrement le Ministre, il mena dans toute la France une campagne non seulement active, mais violente contre le sentiment ainsi exprimé par la Commission du Sénat.

On provoqua l'opinion d'un grand nombre de Conseils généraux ; les uns furent *pour*, les autres furent *contre* ; d'autres, comme il arrive toujours, n'osant être ni pour ni contre, proposèrent des tempéraments, des modifications, des transactions. C'était ce qu'on peut appeler « La Veillée des Armes » et quand les travaux législatifs reprirent, la bataille s'engagea.

Vous avez déjà compris, mes chers enfants, que je ne viens pas ici traiter la question, je vous en ai déjà prévenu tout à l'heure. Je veux seulement mettre en relief la situation des deux athlètes ; et, quand je dis « athlètes », c'est comme si je prononçais leurs noms, cela veut dire : Jules Ferry et Jules Simon.

Il est impossible d'imaginer deux hommes plus différents : Jules Ferry, âpre, dur, parfois violent, était un impulsif, et était tout d'une pièce. Jules Simon, bon, doux, simple, ingénieux, patient, rempli de grâce, se servait avec un art infini de ses merveilleuses facultés.

Jules Ferry avait parlé pendant toute la séance du 5 mars 1880, et il n'était encore qu'au cœur de sa discussion. Le lendemain 6 mars, qui était un samedi, la séance s'ouvrit par conséquent dans les conditions d'une rude bataille déjà engagée ; on était fort animé de part et d'autre. Plusieurs jours avant un grand débat parlementaire, on discute à l'avance, on échange ses idées, on pèse les chances, on suppute le résultat possible ; mais le samedi 6 mars, nous n'en étions plus à cette phase préalable, les opinions étaient faites, au moins en grande partie, on allait en venir aux mains ; pas d'escarmouches ; les armes étaient chargées, les témoins, qui allaient devenir des juges, étaient tous à leur poste.

M. le Président donna le signal en prononçant ces mots :

« L'ordre du jour appelle la suite de la première
« délibération sur le projet de loi relatif à la liberté
« de l'enseignement supérieur.
« La parole est à M. le Ministre de l'Instruction
« publique pour continuer son discours. »

Et le Ministre Jules Ferry, montant à la tribune, prit immédiatement la parole et prononça un second discours pour faire suite à celui de la veille ; il le fit avec cette forme qui lui était propre : rudesse, énergie, vigueur et avec un incontestable talent.

Pour que je fasse bien comprendre sans entrer dans le débat, comment et pourquoi la lutte était si violente, il me suffira de mettre sous vos yeux la dernière phrase de ce second discours prononcé par Jules Ferry le 6 mars, et qui était le complément et la suite de celui prononcé la veille :

« . . . .

« Et c'est pour cela, dit le Ministre en forçant
« la note, en élevant la voix, que nous vous con-
« vions à soutenir avec nous le combat qui est le
« combat de l'heure présente, qui est vraiment le
« combat de tous ceux qui procèdent de la Révolu-
« tion française, de tous ceux qui ont recueilli son
« héritage, de tous ceux qui révèrent ses principes
« et qui se consacrent à son service, de tous ceux
« qui croient que nous avons de grands devoirs vis-
« à-vis des générations qui nous ont précédés comme
« vis-à-vis des générations futures, et que le premier
« de ces devoirs, c'est d'arracher aux contempteurs
« de la société moderne, de l'ordre social et poli-
« tique dans lequel nous vivons, l'âme de la jeu-
« nesse. »

Puis, après avoir fait et ainsi formulé cette déclaration de guerre, le Ministre descendit de la tribune.

Ici se passa une scène presque indescriptible ! Une partie du Sénat applaudit le Ministre et cela en criant à pleins poumons : « A lundi ! A lundi ! A lundi ! L'autre partie du Sénat cria de toutes ses forces : « Simon ! Simon ! Simon ! » Ce qui voulait dire de la part des uns : « On va lever la séance dès
« aujourd'hui (il était 5 heures 1|2). Jules Simon
« ne répondra donc que lundi et, par conséquent, le

« discours que Jules Ferry vient de prononcer au-
« jourd'hui sera, demain matin dimanche, imprimé
« sans aucune réfutation dans tous les journaux de
« France » et, de l'autre côté, la résistance voulait
dire : « Pas de remise, à lundi, tout de suite une ré-
« ponse de Jules Simon, ne fût-elle que de quelques
« mots, mais il faut immédiatement une protesta-
« tion ! »

J'étais assis derrière Jules Simon. Tous ceux qui le soutenaient dans cette bataille suprême étaient groupés autour de lui. Les droites et le centre marchaient résolument en rangs serrés, comme à une bataille que l'on sait capitale ; en réalité, en ce moment au moins, la Sénat paraissait divisé à peu près par moitié.

Jules Simon n'avait pendant toute la discussion de Jules Ferry ni dit un mot, ni fait une interruption, ni manifesté en quoi que ce fût : c'était sa tenue ordinaire, sa coutume ; il était un adversaire d'une correction absolue. Immobile à sa place, il paraissait endormi, étranger à tout ce qui se passait, et je n'exagère pas, si je dis que pendant dix minutes on n'entendait dans le Sénat que ces deux cris : d'un côté « à lundi, à lundi » et de l'autre : « Simon ! Simon ! »

Si je vous dis que Jules Simon semblait endormi vous pensez bien qu'il ne l'était pas du tout. Pendant le discours de Jules Ferry, il n'avait pas dit un mot, il n'avait pas pris une note, mais son attention était complète ; chaque argument lancé par l'ennemi se plaçait dans son cerveau qui était un véritable casier. Enfin, cet homme immobile, cet *agonisant* fait un geste qui indique que sortant de sa torpeur, il va probablement se lever. Et alors tous les amis et partisans de s'écrier : « Ah ! Ah ! Simon !

Simon ! » Je renonce à vous dire comment ce jour-là surtout Simon aborda ce petit escalier intérieur qui sépare toujours le Parlement par le milieu. Il nous sembla qu'il mettait presque un siècle à descendre chaque marche, et il paraissait si troublé, si hésitant, si malheureux, que nous nous demandions s'il n'allait pas, une fois en bas, s'évader par la droite ou par la gauche au lieu de monter à la tribune.

Enfin, le moment décisif est arrivé, et il devient certain qu'il a choisi la tribune. Et il en monte les degrés aussi lentement qu'il a descendu l'escalier, tandis que les bravos de ses partisans retentissent de toutes parts.

Et maintenant, mes chers enfants, comme je ne veux pas un seul instant vous laisser suspecter notre merveilleux orateur, comme je ne veux pas vous laisser croire à une comédie de sa part, je vais vous révéler la vérité. Il était brisé par une séance qui avait été pour lui une grande fatigue, puisque pendant trois heures de suite il avait écouté, suivi et emmagasiné toute l'argumentation d'un adversaire redoutable. Or, il ne voulait pas à 5 heures 1|2 faire un discours en réponse au précédent ; mais comprenant cependant la nécessité absolue pour le pays de pousser au moins un cri, et de faire entendre une protestation, notre orateur préparait sous cet engourdissement apparent une riposte qui ne permît ni à son adversaire, ni aux journaux de celui-ci, de triompher trop bruyamment, et qui serait une sorte de préface au grand discours qu'il prononcerait le lundi.

Peut-on vous rendre ce qui s'est passé à ce moment ? Peut-on vous faire comprendre comment, en quelques minutes, M. Jules Simon réussit à se faire entendre, à se faire écouter et à produire par quelques paroles une profonde impression. C'est cependant ce qui eut lieu.

Voici ses premiers mots :

« On me dit de prendre la parole, je le veux bien.
« J'étais venu avec la pensée de discuter à fond
« l'article 7 et de le discuter (je l'avoue et je vous
« en préviens) un peu longuement. *(Très bien! Très*
« *bien !)* C'est l'article 7 que je comptais discuter. »
(Puis tout à coup, cet homme accablé, fatigué, qu'on
entendait à peine, se redresse et crie avec une voix
dont on ne pouvait le croire capable ces quelques
mots.) « Ce n'est plus l'article 7 que j'ai à présent
« devant moi, c'est un système entier de **gouverne-**
« **ment.** » Ces derniers mots furent prononcés avec
une telle émotion, un tel sentiment de la situation,
qu'à l'instant même il fut couvert d'applaudissements
énergiques et répétés à la droite et dans les centres,
et suivis d'une longue agitation.

Et alors l'orateur, reprenant la parole avec la même animation, le même sentiment, le même organe, ajoute ceci :

« Je me demande en vérité, en présence de la si-
« tuation des esprits dans le Sénat, si je puis dis-
« cuter autre chose que la question de savoir si la
« liberté existera ou si elle n'existera pas. . . . .
« . . . .

« Je me demande si vous qui aimez comme nous
« la Révolution, non pas certes la Révolution de
« 1793, car pour celle-là je pense que vous la re-
« pousserez comme nous, mais la Révolution de
« 1789, je me demande, je le répète si, voulant sou-

« tenir ses traditions, vous n'en retranchez pas une
« qui s'appelle la liberté de l'enseignement et la li-
« berté de la pensée.

« Votre réquisitoire a embrassé des doctrines profes-
« sées dans des collèges, des doctrines professées dans
« l'enseignement supérieur, des doctrines professées
« dans des journaux, des doctrines professées dans
« des écrits périodiques, des doctrines professées
« dans des livres ; et vous nous avez dit que rien de
« tout cela ne pouvait être toléré, et c'est pour
« aboutir à chasser de l'enseignement une trentaine
« de congrégations et quelques milliers de religieux,
« que vous venez ainsi mettre la société aux prises
« avec la plus terrible des questions qui puissent
« l'agiter. Et vous vous appelez un gouvernement
« d'apaisement, un gouvernement de liberté. Jugez
« de ce que vous faites en France par l'état où vous
« mettez le Sénat.

« . . . .

« Vous faites ce qu'ont fait de tous temps les gou-
« vernements qui n'ont pas le sentiment de la liberté.
« Vous croyez, par la proscription, venir à bout des
« doctrines. Eh bien, non ! On ne vient pas à bout
« des doctrines par la proscription ; il faut combattre
« les doctrines en les discutant. . . . .
« . . . . »

Cette protestation était, à chaque phrase, presque
à chaque mot, saluée et même hachée par des
applaudissements d'une rare énergie dans une grande
moitié du Sénat. L'émotion était grande ; c'était une
de ces émotions qui remuent un Parlement, qui le
dominent, qui l'entraînent.

En 30 ans de vie parlementaire, j'ai rarement vu une pareille action oratoire, une semblable influence, et il avait suffi à l'admirable orateur de quelques mots pour montrer la question, la faire saisir, pour en faire comprendre toutes les conséquences possibles.

Puis à la fin :

« Messieurs, je n'ai pas pu me dispenser, en mon-
« tant à la tribune, de laisser sortir en quelque sorte
« de mon âme, les sentiments qu'y avait accumulés
« cette longue démonstration si semblable à toutes
« celles que j'ai entendues sous d'autres régimes
« contre la liberté de l'enseignement et contre la li-
« berté de la presse.

« Mais à présent, Messieurs, ce n'est plus d'une
« protestation qu'il s'agit. Je vais entrer dans les dé-
« tails de la discussion de l'article 7. Ma protestation
« pourra revenir à la fin, elle n'en sera que plus for-
« tement motivée. »

Sur ce, tous les sénateurs, cette fois, tous sans exception, crièrent : « A lundi ! A lundi ! »

Et la séance fut levée. Le but de l'orateur et de ses amis avait été atteint ! Il avait simplement poussé un cri ! Mais quel cri ! Quel effet produit, et quelles conséquences.

Le lundi, notre orateur prononçait un admirable discours, et le Sénat repoussait l'article 7.

Cette intervention de Jules Simon dans le débat de l'article 7, où il apporta aux conservateurs, aux libéraux, aux croyants, l'appui de son talent encore grandi par les convictions d'un spiritualisme dont son âme était tout imprégnée, me remet en mémoire un superbe passage du discours prononcé par M. Rousse à l'Académie Française, le 16 décembre 1886, en réponse à M. Léon Say remplaçant Edmond About, qui était mort avant sa réception solennelle en séance publique.

M. Rousse, faisant allusion aux opinions d'Edmond About, montrait que la vie et les événements qui passent se chargent d'adoucir les plus farouches et de modifier les idées des plus intransigeants.

. . . .

« Si pour l'honneur des lettres, il avait plus long-
« temps vécu, About serait devenu moins sévère. En
« regardant plus près de lui, — ses derniers écrits en
« font foi — il commençait à sentir que, religieux ou
« laïques, tous les fanatismes se valent, et ne font
« avec le temps que changer de pays et de nom. Ce
« n'est plus en Turquie qu'on violente les chrétiens,
« ce n'est plus au Vatican qu'on persécute les juifs ;
« et tous les petits Mortara ne sont pas à Rome !
« Mais laissons cela, et voyez, Monsieur, quels
« changements légitimes les années apportent avec
« elles dans ces grands esprits ardents et sincères.
« Il y a vingt ans, Edmond About publiait *La Ques-
« tion Romaine* et se moquait, sans pitié, des princes
« de l'Eglise. C'est aussi le temps où il écrivait que
« s'il était le maître « il n'hésiterait pas à raser
« l'Institut et à décapiter son horrible dôme. » Eh
« bien ! vu de plus près, l'Institut lui a semblé moins
« choquant et le dôme lui-même moins horrible.
« Lorsque la mort nous l'a pris, ce terrible rail-
« leur allait occuper sa place dans le palais du car-
« dinal Mazarin, au-dessous du portrait du cardinal
« de Richelieu. C'est un évêque qui, le jour de son

« élection a proclamé son nom parmi nous, et il au-
« rait été harangué à la place où vous êtes par un
« pauvre avocat qui a eu cette rare fortune de dé-
« fendre un jour les jésuites au nom de la liberté ! »

C'est aussi au nom de la liberté que Jules Simon, qui l'avait toujours servie avec passion, combattit M. Jules Ferry et donna une fois de plus à ses amis et même à ses adversaires l'occasion d'admirer ce qu'une âme courageuse peut mettre au service des grandes idées, de talent, de fermeté et d'enthousiasme.

VI

ENCORE ÇA ET LA

1881. La Banque de France et la Conférence monétaire. — 1881. Les suites d'une faute. — 1881. Retrait d'emploi. — 1882. Un mot de Mgr Czacki. — 1883. Conversation avec le baron Haussmann. — 1883. Port-Royal. - 1887. Le Pape et M. Léon Say. — 1889. La spéculation sur les cuivres et le Comptoir d'Escompte.

LA BANQUE DE FRANCE
ET LA CONFÉRENCE MONÉTAIRE INTERNATIONALE

Je ne songe nullement à écrire l'histoire de la Banque de France, elle est dans toutes les mains. Lorsque récemment encore, le Parlement a dû discuter le renouvellement du Privilège et les conditions dans lesquelles on pouvait le faire, il a été prononcé sur cette institution dans les deux Assemblées, des discours remarquables, très complets et dont on n'a certainement pas perdu le souvenir.

Mais pendant que j'étais Gouverneur de la Banque, j'ai eu à m'occuper spécialement d'une affaire d'un intérêt exceptionnel ; je veux parler de la Conférence Monétaire Internationale de 1881 ; c'est là seulement ce dont je veux vous entretenir.

J'ai eu dans cette Conférence, où j'étais l'un des

représentants de la France, l'occasion de traiter et d'entendre traiter de grandes questions. Aussi j'ai pensé que, sans discuter le fond de ces questions, je pouvais peut-être, d'une façon intéressante, vous parler de cette Conférence et des hommes qui y siégeaient.

La Conférence monétaire internationale de 1881 n'était pas la première de la série : à deux reprises déjà, les délégués des principaux Etats civilisés s'étaient réunis à Paris pour rechercher les moyens d'unifier les divers systèmes monétaires du monde et pour établir un rapport fixe de valeur entre les deux étalons, c'est-à-dire entre l'or et l'argent. C'est en 1867, à l'occasion de notre seconde Exposition Universelle, que la plus ancienne de ces conférences avait été tenue à Paris, sous la présidence d'honneur du Prince Napoléon et sous la présidence effective de M. de Parieu. Obéissant à l'impulsion des économistes libre-échangistes, alors tout-puissants, la Conférence s'était prononcée pour l'adoption de l'or comme étalon international unique et pour la démonétisation de l'argent. Diverses circonstances retardèrent, puis empêchèrent la réalisation de ce plan : la France, liée par ses arrangements particuliers avec l'Union latine, ne pouvait donner une suite immédiate au vœu du Congrès monétaire, dont la réalisation l'aurait, d'ailleurs, privée de la moitié de son encaisse métallique ; puis la guerre éclata, et avec elle s'évanouirent pour longtemps tous les rêves d'union internationale.

L'Allemagne victorieuse se crut de taille à effectuer, à elle seule, la réforme monétaire devant laquelle hésitait l'Europe ; au lendemain de la signature du traité de Francfort elle décrétait le monométallisme-or ; elle comptait sur nos milliards pour faciliter l'opération.

Le « chancelier de fer », alors à l'apogée de sa puissance, voyait, d'ailleurs, dans cette réforme un moyen d'affirmer par un signe sensible l'unité de l'Empire naissant en remplaçant par ses nouvelles monnaies à l'effigie de Guillaume Ier les anciennes pièces frappées au coin des divers Etats confédérés. la Suède suivit bientôt l'exemple de l'Allemagne, puis la Norvège. Mais il ne suffisait pas au Gouvernement prussien de retirer de la circulation les thalers antérieurs à 1871 ; il fallait les démonétiser en fait et, dans ce but, il les dirigeait par grandes masses sur les hôtels des monnaies de l'Union latine, surtout sur la Monnaie de Bruxelles ; il les échangeait de la sorte contre l'or français ou contre celui de nos alliés monétaires, ne nous laissant à la place qu'un métal déprécié par suite de sa démonétisation même. A ce jeu nous aurions promptement perdu tout notre or. Il fallait mettre un terme à cette politique.

C'est ce que fit l'Union latine, d'abord en limitant, puis en suspendant la frappe de l'argent pour compte des particuliers.

Cette mesure, que certains bimétallistes intransigeants reprochent aujourd'hui au Gouvernement d'alors, était aussi légitime qu'indispensable ; mais elle eut pour conséquence inévitable d'accentuer encore la baisse du métal argent déjà précipitée par la démonétisation allemande et par la production croissante des mines d'argent aux Etats-Unis. Le rapport de valeur entre les deux métaux, sur le marché de Londres, n'avait subi, depuis le commencement du siècle, que des variations pour ainsi dire imperceptibles : de 1845 à 1873, il avait oscillé entre le maximum de 1 à 15,93 et le minimum de 1 à 15,21 : ce qui veut dire qu'un gramme d'or valait, dans le premier cas, autant que 15,93 grammes d'argent et, dans le second cas, autant que 15,21 grammes. En 1873, le cours moyen de l'argent n'était encore que de 1 à 15,93. Mais en 1874, il tombait à 1 : 16,16 et en 1876, il était à 1 : 17,80. Cette dépréciation rapide alarma tous les Etats détenteurs de grandes quantités de métal blanc, en première ligne, la France et les Etats-Unis qui, de concert, convoquèrent toutes les nations du monde à une conférence monétaire siégeant à Paris, en 1878, à l'occasion de l'Exposition Universelle.

Les délibérations de cette grande réunion furent brillantes et prolongées, mais stériles. Le danger de la baisse de l'argent y fut unanimement constaté, la nécessité d'y mettre un terme fut non moins hautement reconnue ; mais ce fut tout. Il fut impossible de se mettre d'accord sur les remèdes, et l'on s'ajourna *sine die* en remettant à des jours meilleurs la reprise des négociations. C'est hélas ! ce qui arrive souvent aux conférences internationales et même, dit-on, à d'autres assemblées.

Trois ans après, le moment fut jugé plus favorable à une nouvelle étude du problème, et ce fut encore à Paris, sur l'invitation collective des deux Gouvernements français et américain, que la conférence internationale se réunit. C'est à celle-ci que je fus appelé à prendre part, comme Gouverneur de la Banque de France et Délégué du Gouvernement Français.

En me reportant par la pensée à ce Congrès et à ses travaux, j'éprouve une sensation qui n'est pas dénuée de charme ; je me sens, pour ainsi dire, rajeunir d'une vingtaine d'années. Il semble que, depuis cette époque, le temps n'ait pas marché, tant les discussions d'alors présentent d'analogie avec les discussions d'aujourd'hui ! Entre monométallistes et bimétallistes, le débat reste engagé du moins en théorie dans des termes identiques ; le problème est le même, les solutions n'ont pas plus varié que les arguments ; même unanimité à reconnaître les inconvénients de la baisse du métal argent, même bonne volonté affirmée par tous les Etats, et aussi, malheureusement, jusqu'ici, même impuissance à prendre d'un commun accord une résolution vraiment efficace. Il n'y a qu'une seule chose qui ait changé : c'est la situation monétaire ; en se prolongeant, la crise s'est singulièrement aggravée. En 1878, on s'inquiétait de ce que l'argent était tombé à 1 : 17,96 ; en 1881, il n'était plus qu'à 1 : 18,06 et l'alarme était grande. Aujourd'hui il est au-dessous de 1 : 36, de 1 : 40 même et l'on est plus loin que jamais de la solution !

Cela dit, il me faut revenir aux conférences de 1881 : ouvertes au printemps, elles furent coupées, pour ainsi dire, en deux actes. Le premier dura du milieu d'avril au milieu de mai ; puis, après une interruption de six semaines afin de permettre aux délégués d'en référer à leurs gouvernements, les séances reprirent le 30 juin pour se terminer définitivement le 8 juillet. Elles se tenaient au Ministère des Affaires Etrangères, dans la grande salle des fêtes qui occupe le rez-de-chaussée de l'hôtel du Ministre et donne sur le quai d'Orsay. Il eût été difficile de rêver pour une réunion internationale un cadre plus vaste, plus riche, plus somptueux.

Le Ministre était alors M. Barthélemy Saint-Hilaire, philosophe, et de plus célibataire. C'est dire qu'il donnait peu de fêtes et n'usait guère des grands appartements de réception ; aussi avait-il libéralement abandonné à la conférence tous les salons d'apparat. La belle galerie donnant sur le jardin servait de salle des pas-perdus à Messieurs les Délégués. Le salon de la rotonde était réservé aux commissions, la salle à manger était occupée en permanence par un splendide buffet. Je doute que la France ait jamais mieux fait les choses pour recevoir des délégués étrangers.

Une énorme table en fer à cheval, couverte du traditionnel tapis vert, occupait la salle entière des conférences. Tout autour se trouvaient confortablement installés, dans de vastes fauteuils, les commissaires des divers Etats. Il y en avait une quarantaine, presque une académie.

L'élément diplomatique y était, comme de raison, largement représenté : il y apportait sa note courtoise, tempérée, prudente, son expérience des négociations, son habitude et son amour de la transaction. Toutefois il n'était point dominant. Plusieurs savants éminents siégeaient autour du tapis vert et quelques membres de divers parlements figuraient parmi les délégués ; mais, pour la plupart, ceux-ci appartenaient au monde de la banque et de la finance : les débats ne pouvaient qu'y gagner au point de vue de leur portée pratique et de leur solidité.

Le sommet du fer à cheval était tout entier occupé par les représentants de la France et des Etats-Unis siégeant côte-à-côte : cette place leur revenait de droit, la conférence étant convoquée conjointement par les deux Républiques. Au fauteuil de la présidence, M. Barthélemy Saint-Hilaire n'avait fait que paraître pour inaugurer les travaux de la réunion, souhaiter la bienvenue aux délégués étrangers et signaler l'importance ainsi que l'antiquité de la question, déjà traitée par son maître Aristote.

Le président effectif, choisi par la conférence elle-même, était M. Magnin, Ministre des Finances ; nul n'était mieux qualifié pour diriger les débats.

Il avait à sa gauche les autres membres de la délégation française, et au premier rang, parmi ceux-ci, un vieillard ferme et droit comme un jeune homme, au front large et puissant, au regard profond, limpide et lumineux, à la voix pleine et sonore, à la physionomie à la fois énergique et calme : c'était le grand savant, l'illustre chimiste J. B. Dumas, membre de l'Académie française et secrétaire perpétuel de l'Académie des Sciences.

Son tranquille et bienveillant sourire semblait planer au-dessus des discussions parfois assez passionnées, bien que toujours courtoises, qui s'engageaient à chaque séance. Il parlait peu et sobrement. On ne peut regretter qu'une chose, c'est qu'il n'ait pas pris plus souvent la parole, car on ne résistait guère à un tel orateur traitant un pareil sujet.

Appelé à figurer dans ce Congrès comme Gouverneur de la Banque de France, je siégeais à côté de M. J. B. Dumas.

Après moi, venait M. Henri Cernuschi qui formait avec M. Dumas le plus singulier des contrastes. Il avait été l'inspirateur de la Conférence, on peut dire qu'il en fut l'âme ; mais peut-être aussi devrait-on ajouter que, parfois, il en fut un peu le dissolvant. Italien d'origine, naturalisé français, il avait gardé de son premier pays la fougue passionnée ; mais il ne possédait pas, comme la plupart de ses compatriotes, la souplesse, l'art des transactions, le goût et le génie des « combinazioni ». Doué d'une science profonde, d'une activité infatigable, d'une parole heurtée, mais forte, brillante, enflammée, il possédait comme pas un les données du problème monétaire, il excellait à les exposer ainsi qu'à en dégager la solution. Mais son esprit absolu, ses convictions ardentes n'admettaient pas la contradiction ; à peine tolérait-il la discussion. Il cherchait moins à persuader qu'à imposer son opinion comme on impose un théorème par la puissance de la dialectique et la force de l'évidence. Il était l'orateur le plus dogmatique, mais le moins diplomatique de nous tous ; à coup sûr, le bimétallisme était pour lui une religion, et le 1 : 15 1/2 une sorte de dogme. Quand il se levait pour confesser sa foi, quand il formulait de sa voix forte, chaude, les aphorismes tranchants et les axiomes monétaires sur lesquels il aimait à s'appuyer, quand il jetait sur ses contradicteurs ses regards étincelants, ou lorsqu'il agitait sur ses épaules les boucles luxuriantes de ses cheveux grisonnants, on eût dit une sorte de Moïse bimétalliste descendant du Sinaï et rapportant les tables de la loi monétaire.

En dépit de quelques petits travers, sensibles seulement dans une réunion diplomatique, M. Cernuschi avait la foi qui transporte les montagnes, et cette foi lui a permis de contribuer plus que personne aux progrès de la cause bimétalliste.

Les délégués des Etats-Unis siégeaient à côté de ceux de la France et à droite de M. Magnin. Ils étaient au nombre de quatre, tous remarquables à des titres divers, tous occupant ou ayant occupé dans leur pays une situation considérable. Le doyen et le chef de la délégation était M. Evarts, ancien secrétaire d'Etat, puritain du Massachusetts, qui n'avait d'un peu anguleux que les traits de son visage ; car son caractère affable, la dignité de sa vie et de son attitude, l'étendue de sa science monétaire faisaient aimer et respecter de tous ce patriarche bostonien que sa famille entière avait accompagné en Europe. Malheureusement, il ne pouvait s'exprimer qu'en anglais, et ses discours, dont la traduction fut plus tard insérée dans les procès-verbaux de la Conférence, se trouvaient, au moment même où il les prononçait, perdus pour un bon nombre de ses collègues. Il en fut de même pour ceux de M. Thurman et de M. Howe, tous deux sénateurs de l'Ouest, qui exposèrent les vues des Etats-Unis en matière monétaire avec toute l'ampleur et toute la force habituelles aux orateurs américains.

Mais la perle de la délégation des Etats-Unis était son plus jeune membre, M. Dana Horton, qu'une mort prématurée a dernièrement frappé. Il eût été difficile de rencontrer une figure plus originale, plus séduisante que celle de ce yankee à la fois vigoureux et aimable, dont le nom mi-partie anglo-saxon et espagnol correspondait bien à sa nature complexe. Avec sa large face d'étudiant allemand, avec son apparence de joyeux vivant, il était cependant la distinction même. A la verve, à la souplesse, à la vivacité d'esprit, à l'aménité méridionales, il joignait le jugement ferme, le sens pratique, la rigueur de raisonnement et la science solide qui sont, en général, l'apanage des hommes du Nord. Il avait fait ses études en Allemagne et connaissait la France comme un Français. Ajoutons qu'il maniait notre langue comme un Parisien pur sang. Il instruisait, il persuadait ; mais il savait aussi amuser et plaire : c'était un véritable charmeur. Il n'y avait pas de diplomate plus consommé dans toute la conférence ; il n'y avait pas non plus de travailleur plus acharné, toujours sur la brêche, toujours prompt à la riposte, toujours prêt soit à prononcer un discours de fond, soit à retorquer en quelques mots l'argumentation d'un adversaire, soit à fournir sur la question monétaire les renseignements statistiques les plus complets et les plus décisifs, soit à trouver une formule heureuse qui permît de tourner les difficultés et de rallier les suffrages. C'était le plus fidèle auxiliaire, le collaborateur le plus assidu de M. Cernuschi, mais avec quelle différence dans les procédés comme dans les résultats ! S'il n'a pas réussi à réaliser l'accord de ses collègues à la Conférence de 1881, c'est que l'entente complète était vraiment impossible à cette époque.

Je viens de dire que M. Dana Horton était mort il y a quelques années, donc prématurément, car il était jeune encore ; ce fut pour moi une véritable peine. Chaque année il venait en Europe, et chaque année il venait me voir ; quelquefois aussi nous correspondions.

Je donne à sa mémoire, non seulement une pensée sympathique, mais un affectueux souvenir et l'expression d'un vif regret.

Tout ce que je viens de dire de M. Dana Horton, je pourrais le dire aussi de notre collègue italien, M. Luzzatti. Les autres délégués de l'Italie, M. Seismit Doda, M. Simonelli, le Comte Rusconi tinrent chacun dans la conférence une place honorable ; quant à M. Luzzatti, il en fut l'une des lumières. Sa renommée de science et d'habileté est trop bien établie pour qu'il soit besoin d'insister, mais ce que l'on connaît moins et ce qu'il faut surtout mettre en relief, c'est l'urbanité charmante, l'enjouement, la bonne humeur de ce savant aimable, la merveilleuse clarté avec laquelle il exposait et discutait les questions les plus ardues, le tour original et spirituel qu'il savait donner à ses arguments. Il n'y eut jamais de professeur moins pédantesque, ni d'économiste moins gourmé, et plus d'un parmi nous aurait voulu prolonger indéfiniment nos travaux pour écouter plus longtemps cette sirène. Je rappelle ici avec un vif plaisir que M. Luzzatti a été nommé récemment membre de l'Institut de France.

Je serais impardonnable d'oublier, parmi les partisans du métal blanc, deux de nos plus sympathiques collègues, M. Vrolik et M. Pierson, tous deux représentants des Pays-Bas : le premier, ancien ministre des Finances, était l'un de nos doyens ; mais il avait conservé tout le feu, toute l'amabilité de la jeunesse, et nous eûmes en lui le plus sympathique des vice-présidents. Le second, à la fois professeur et membre du conseil de direction de la Banque des Pays-Bas, joignait à une science économique des plus sûres toute l'expérience technique d'un financier de profession. Tous deux prononcèrent des discours excellents ; M. Vrolik, par sa verve primesautière, par son animation, par la vivacité de ses critiques à l'adresse du monométallisme, obtint le plus franc et le plus légitime succès.

La cause bimétalliste avait, on le voit, de nombreux et brillants défenseurs ; mais le monométallisme comptait, lui aussi, d'éloquents et habiles avocats. C'étaient les délégués de la Suisse : M. Kern, ministre de la Confédération, que toute la société parisienne d'alors respectait et aimait ; c'était son Conseiller et futur successeur, le très distingué M. Lardy, pour qui le Tout-Paris d'aujourd'hui professe les mêmes sentiments ; enfin un banquier bâlois, M. Burckhardt-Bischoff, qui était un maître dans les questions monétaires et qui, par sa parole solide et puissante, semblait pulvériser les arguments de ses adversaires.

C'était encore le délégué suédois, M. Försell, qui, dans un français parfois un peu scandinave et avec un accent des plus prononcés, maniait cependant l'ironie comme un pur Parisien ; c'était surtout le vénérable et docte représentant de la Norvège, M. Broch, correspondant de l'Institut et ancien ministre dans son pays. Cet aimable vieillard, à l'aspect patriarcal, était l'un des plus aimés de nos collègues. Il le méritait assurément, car il était la bonté même. Physionomie, parole, accent, tout en lui respirait la loyauté, la franchise, la bienveillance, la modération, le respect des autres et de lui-même. Ajoutons qu'il était aussi savant que bon : non seulement il excellait à exposer, à condenser avec une rare vigueur les arguments que l'on peut faire valoir en faveur du monométallisme ; mais encore, sur toutes les questions se rattachant au problème du double ou du simple étalon monétaire, il était armé des renseignements statistiques les plus complets, les plus sûrs, les plus nouveaux, les plus probants. Il en avait, pour ainsi dire, les poches bourrées, et les contributions qu'il a ainsi apportées à l'œuvre de la conférence, avec une modestie qui en doublait le prix, resteront peut-être le résultat le plus durable et le plus utile des travaux de celle-ci. J'ajoute qu'il fréquentait assidûment les salons parisiens et y était accueilli comme il le méritait.

J'ai gardé pour la fin le plus redoutable des contradicteurs de la délégation française : M. Pirmez, le premier délégué de la Belgique. Celui-là était le chef incontesté des monométallistes dans la conférence. On ne pouvait mieux connaître son sujet, ni le traiter avec une science, avec un tact plus consommés. Homme d'Etat remarquable, orateur de premier ordre, rompu de vieille date aux luttes parlementaires, M. Pirmez savait admirablement tempérer son éloquence et la ramener au diapason des discussions diplomatiques. Que l'on partageât ou non son opinion, que l'on fût pour le métal jaune ou pour les deux métaux, on ne pouvait l'entendre sans être sous le charme. Logique rigoureuse, chaleur pénétrante et communicative, mouvement oratoire, ordre et précision dans les arguments, pureté irréprochable de la langue avec une certaine familiarité pittoresque qui réveillait et soutenait l'attention, bonhomie persuasive, accent profond de conviction et de vérité : rien ne manquait à la parole aussi souple que puissante de cet inoubliable collègue. Il excellait à manier l'ironie sans blesser personne, à enserrer, à enlacer ses contradicteurs dans les détours savants d'une démonstration en apparence irréfutable. Il nous entraînait ou nous ébranlait tous par sa logique éloquente, il nous charmait par sa bonne grâce, par son esprit, par son inaltérable courtoisie. Nous n'étions pas tous de son avis ; mais nous étions tous ses amis.

Je préviens mes lecteurs que j'avais l'honneur et le plaisir d'être le collègue de M. Pirmez dans une affaire industrielle dont les conseils se tiennent en Belgique ; mais que, dans l'appréciation que je viens de faire de cet homme éminent, mort il y a quelques années, il ne s'est glissé sous ma plume aucune complaisance, et que je craindrais plutôt d'être resté, dans mon jugement, au-dessous de la vérité.

Les plus redoutables adversaires du bimétallisme n'étaient pourtant, il faut le dire, ni M. Pirmez, ni les autres orateurs favorables à l'étalon d'or unique ; la cause bimétalliste avait à redouter plus encore ses adversaires muets, qui étaient le délégué de l'Allemagne, M. le baron de Thielmann, et celui de l'Angleterre, M. Fremantle, directeur de la monnaie de Londres. Ceux-là ne prononçaient pas de discours ; ils lisaient à la Conférence de simples déclarations, au nom de leurs gouvernements ; et ces déclarations avaient une importance capitale, car c'était d'elles que dépendait le succès ou l'insuccès des travaux poursuivis en commun.

Si tous s'accordaient, en effet, à déclarer désirable la réhabilitation de l'argent par la reprise de la frappe libre de ce métal, chacun également (à la seule exception de M. Cernuschi), reconnaissait que cette reprise serait dangereuse, impraticable même, sans le concours de l'Angleterre et de l'Allemagne, de l'une d'elles tout au moins.

Or, que nous offrait l'Allemagne ? Que nous offrait l'Angleterre ? Toutes deux proclamaient bien haut leur désir de voir l'argent reprendre de sa valeur ; toutes deux exhortaient vivement *les autres Etats* à rouvrir leurs hôtels des monnaies à la libre frappe de l'argent ; mais elles se refusaient à le faire *pour leur propre compte.* Elles n'offraient que des palliatifs : le relèvement du titre des monnaies divisionnaires, le remplacement des pièces d'or de 10 et de 5 francs, de 10 shillings, de 10 et de 5 marcs par des pièces d'argent de même valeur ; enfin, la Banque d'Angleterre se déclarait, comme naguère encore, du reste, prête à user de la faculté que lui confère l'Acte de 1864 pour faire entrer l'argent jusqu'à concurrence du quart dans la composition de son encaisse métallique.

C'était là tout ce que le délégué britannique était autorisé à promettre. Il avait, il est vrai, à côté de lui deux collègues, deux compatriotes qui auraient vivement désiré lui arracher quelques concessions un peu plus sérieuses ; ces collègues s'appelaient sir Lewis Mallet et Lord Reay. Le premier, secrétaire d'Etat aux Indes, déjà fort gravement atteint par le mal qui devait l'emporter, était le type accompli du *gentleman* flegmatique, mais aimable et distingué. Quant à Lord Reay, il n'avait, pour ainsi dire, rien d'Anglais. Son nom de famille est Baron Mackay (Donald-James).

Il avait été naturalisé sujet britannique en 1877.

Le titre était resté exclusivement écossais jusqu'en 1881, mais à cette époque, il avait été élevé à la pairie du Royaume-Uni, sous le même titre de Baron Reay, ce qui lui avait donné le droit de siéger à la Chambre des Lords. Il était surtout Français d'esprit et de manières. Egalement apte aux études littéraires et aux affaires politiques, il a pris une part considérable au gouvernement de l'Inde et il s'est fait connaître dans toute l'Europe savante par de remarquables travaux d'érudition ; à la Conférence monétaire, son esprit ouvert, large et original, sa distinction de grand seigneur lui avaient concilié d'universelles sympathies.

Les intérêts de l'Inde étaient et sont encore trop intimement liés à la réhabilitation de l'argent pour que les deux délégués indiens ne fussent pas les partisans déclarés du bimétalisme. Mais ce que l'Angleterre indienne demandait, l'Angleterre européenne croyait devoir le refuser, et M. Fremantle, tout comme le baron de Thielmann, demeurait, avec une courtoisie inflexible, cantonné dans les limites étroites de ses instructions. Les très aimables délégués de l'Autriche-Hongrie et de la Russie, M. le Comte de Kuefstein et M. de Thœrner ne pouvaient, dans ces conditions, que garder, eux aussi, la plus prudente réserve ; et ainsi se prolongeait, de séance en séance, cette situation vraiment singulière : d'une part, l'Angleterre et l'Allemagne conseillant *aux autres Etats* la reprise du monnayage illimité de l'argent, et, d'autre part, cette mesure désirée par presque tout le monde, se trouvant subordonnée au concours de cette même Angleterre et de cette même Allemagne qui le refusaient obstinément.

On ne pouvait cependant tourner indéfiniment dans ce cercle vicieux. Après avoir pris acte des déclarations des divers délégués et constaté les dispositions unanimes des puissances en faveur d'un relèvement du cours de l'argent, la conférence passa la main à la diplomatie et s'ajourna au 12 avril 1882, c'est-à-dire presque à un an. Il faut croire que la diplomatie manqua de zèle ou de foi ; toujours est-il que la date du 12 avril passa sans réunion et que la question monétaire ne fut plus reprise dans une conférence qu'en 1892, à la Haye ; on sait avec quel insuccès. Verrons-nous une nouvelle conférence se réunir dans un avenir plus ou moins rapproché ? Sera-t-elle plus heureuse que les précédentes ? Je le souhaite, mais je ne saurais rien présager ; je n'ai aucun goût pour le rôle de prophète ; et, d'ailleurs, formuler des conjectures, ne serait-ce pas sortir du cadre de ces simples notes ?

Le souvenir consacré à notre conférence monétaire serait absolument incomplet si je ne disais que nous avions l'heureuse fortune d'avoir pour secrétaire M. René Lavollée, consul général, qui était encore à cette époque attaché au Ministère des Affaires Etrangères, et dont la compétence n'a d'égale que l'amabilité. Il avait lui-même pour assistant, M. Bruwaert, jeune diplomate aussi obligeant que distingué, aujourd'hui ministre plénipotentiaire, chargé de notre consulat général à New-York.

LES SUITES D'UNE FAUTE

Quoique mes relations avec la Comédie soient très anciennes et fort suivies, je vous préviens que ce petit article n'a aucun rapport avec : *Les Suites d'une Faute*, drame en cinq actes de MM. Arnould et Fournier, représenté le 17 avril 1838 sur le théâtre de l'Odéon par les comédiens du Théâtre Français.

Dans certains quartiers de Paris, notamment dans la partie centrale, on entend depuis longtemps et surtout en ce moment pousser ce cri : « Sauvons le Palais-Royal ! » Comme je suis né dans ce quartier, et que j'y ai passé une grande partie de ma vie, je suis en mesure d'attester que le Palais-Royal est réellement bien malade, que son état est très grave et que si l'on ne se presse pas, les médecins arriveront trop tard !

Cependant, il y a environ vingt ans, le Palais-Royal déjà malade a failli être sauvé, et je puis d'autant mieux l'attester, qu'à l'époque dont je parle, j'avais eu l'honneur d'être appelé en consultation.

J'étais en 1881, Gouverneur de la Banque de France, lorsqu'en cette qualité, j'eus à négocier avec

M. Hérold, alors Préfet de la Seine, et avec le Directeur des Travaux de Paris, l'éminent M. Alphand, si universellement apprécié et estimé, une combinaison qui eût pu être à la convenance de la Ville de Paris et de la Banque de France, et sauver en même temps le Palais-Royal déjà bien délaissé à cette époque.

L'Hôtel de la Banque de France ne pouvait plus suffire à ses nombreux et importants services.

Le Gouvernement de la Banque proposa à M. le Préfet, de supprimer la rue Radziwill, en expropriant l'îlot de maisons compris entre cette rue et la rue de Valois, depuis la rue Baillif jusqu'à la rue des Petits-Champs, et de céder à la Banque pour l'agrandissement de son hôtel, le sol de la rue Radziwill et celui de l'îlot exproprié.

La Ville de Paris se montra disposée à faciliter cette opération. Mais le Préfet fit remarquer que pour dégager les abords des nouvelles constructions, que la Banque ferait édifier sur la rue de Valois, il serait nécessaire d'exécuter au moins partiellement un projet que la Ville avait conçu en vue d'améliorer les abords du Palais-Royal, du côté de la rue Vivienne.

Il est superflu d'expliquer plus complètement ce projet; je vais d'ailleurs le faire comprendre, en poursuivant cet exposé.

En effet, les négociations de la Banque et du Préfet semblant pouvoir aboutir, les négociateurs se mirent d'accord, au mois de novembre 1881, sur les bases d'une convention dont je vais simplement indiquer les lignes principales dans la mesure suffisante, pour en faire comprendre la portée.

Il aurait été procédé par la Ville de Paris, au déclassement de la rue Radziwill et à l'élargissement de la rue de Valois, après acquisition par la Ville, et par voie d'expropriation pour cause d'utilité publique, de l'îlot d'immeubles situé en bordure des rues Radziwill et de Valois, entre la rue Baillif et la rue des Petits-Champs, jusques et y compris l'immeuble portant le n° 1 de la rue des Petits-Champs et le n° 2 de la rue de Beaujolais.

La Ville de Paris aurait cédé à la Banque pour l'agrandissement de son hôtel, les terrains à provenir de l'îlot exproprié et de la rue Radziwill déclassée, à l'exception d'une bande de 4 mètres de largeur qui serait restée à la Ville pour l'élargissement de la rue de Valois ;

La Banque aurait payé à la Ville : 1° la surface provenant des expropriations, réunie à son hôtel, au prorata de la dépense totale nécessitée par l'expropriation de l'îlot d'immeubles ci-dessus indiqué y compris les frais accessoires ;

2° Le sol de la rue Radziwill qui aurait été englobé dans le périmètre du nouvel hôtel, au prix de 1.600 francs par mètre superficiel.

La Banque aurait versé à la Ville de Paris, à titre d'avance, sans intérêt, les sommes nécessaires à la réalisation de l'opération indiquée plus haut, sauf règlement de compte après l'expropriation, au prorata de la dépense totale.

Il aurait été établi à cet effet, un compte de dépenses à la charge respective des parties contractantes, et celle des deux parties qui se serait trouvée débitrice envers l'autre, se serait libérée sans intérêt, dans le délai d'un an.

La Banque aurait fourni en outre à la Ville de Paris, les fonds nécessaires à l'opération du dégagement des abords du Palais-Royal, la dite opération comprenant l'expropriation des îlots situés entre les rues de Beaujolais et des Petits-Champs, et l'exécution des travaux.

La somme ainsi avancée par la Banque lui aurait été remboursée par la Ville de Paris, dans un délai maximum de trente années, en annuités calculées sur la base d'un intérêt de 2 %, la Ville de Paris conservant d'ailleurs la faculté de se libérer par anticipation, en totalité, ou en partie.

La réalisation de cet accord eût été assurément bien désirable pour les deux parties contractantes, et je ne serai certainement démenti par personne si je dis que c'eût été le salut du Palais-Royal.

La Ville de Paris en a décidé autrement ; le fait est certainement très regrettable.

Bien des années se sont écoulées depuis cette époque ; la maladie du Palais-Royal n'a fait que s'aggraver pendant ce laps de temps ; si vous en doutez, allez faire le tour de ses galeries. Rappelez-vous ce qu'était particulièrement cet immense commerce de bijouterie qui avait pour principale clientèle nos départements et l'étranger, ces brillants magasins, qui le soir, étincelant de lumière, attiraient tant de curieux.

Les boutiques ont été envahies par des marchands d'habits, puis par des teintureries ; bref, les galeries sans animation le jour, le soir mal éclairées, désertes, présentent un aspect lamentable.

Je n'ai plus aujourd'hui ni qualité, ni compétence pour donner une consultation. S'il est trop tard pour recourir aux moyens sur lesquels j'avais eu l'honneur de délibérer, qu'on les utilise ou qu'on les modifie, ou qu'on en trouve d'autres ; mais, quelle que soit la solution proposée, qu'on l'adopte et qu'on l'applique sans retard ; sinon aucune boutique ne subsistera, aucun commerce ne résistera, et l'on n'entendra plus crier : « Sauvons le Palais-Royal », mais : « Le Palais-Royal est mort », et l'heure des démolisseurs aura sonné.

RETRAIT D'EMPLOI

Ces notes, mes chers enfants, vous sont spécialement destinées en raison de leur caractère personnel et familiale, et ce chapitre qui traite des circonstances dans lesquelles je fus amené à quitter le poste de Gouverneur de la Banque de France, n'est qu'une confidence faite par un père à ses enfants. Vous avez vu plus haut que lorsque cette distinction vint me trouver, personne n'en fut plus surpris que moi, que tout d'abord je la refusai et que je fus l'objet d'une vive insistance dans les termes les plus flatteurs, qui me décidèrent à accepter.

Environ trois ans après, au mois de novembre 1881, le bruit courut que j'avais donné ma démission ; je ne m'en préoccupai pas autrement, les journaux reproduisant souvent des bruits sans aucun fondement ; mes amis d'ailleurs, voulurent bien spontanément affirmer que le fait était complètement inexact.

On dit souvent qu'il n'y a pas de fumée sans feu ; le bruit que l'on avait fait courir de ma démission de Gouverneur de la Banque était une fumée qui cachait un feu bien réel. Je n'ai pas donné ma démission. On s'est privé de mes services. Vous avez été destitué, dira-t-on ! Destitué, on ne l'est pas sans une raison sérieuse, et il m'importe beaucoup, mes enfants, de vous donner ici la preuve que votre père n'a pas été l'objet d'une semblable mesure.

Le mercredi 16 novembre 1881, à 10 heures du soir, je montais l'escalier de l'Opéra ; je dois vous dire tout d'abord, et j'aurais dû commencer par là, que le *Grand Ministère* gouvernait la France depuis 24 heures. (Voir *Journal Officiel* du 15 novembre 1881). Il faut aussi que je vous dise que le jour même de la nomination du Grand Ministère, à 5 heures du soir, j'avais été voir le nouveau Ministre des Finances qui était naturellement mon grand chef. Ceci se passait le mardi 15 novembre. Ce ministre était M. A... T... ; nous nous connaissions peu, mais enfin nous nous connaissions. Il fut très aimable, me reçut à merveille. Je lui dis entre autres choses que j'étais à sa disposition, et que quand il aurait le désir de s'entretenir avec moi, je m'empresserais de répondre à son appel. Il parut très sensible à ma démarche qui d'ailleurs n'était que le strict accomplissement de mon devoir comme fonctionnaire ; il m'en remercia très sincèrement. Il est certain pour moi, qu'à ce moment, sa disposition était bonne, je ne peux pas le mettre en doute.

Donc le mercredi 16 novembre à 10 heures du soir, je montais l'escalier de l'Opéra pour aller y achever ma soirée, lorsqu'au milieu de cet escalier je croisai un journaliste qui s'arrêta avec l'intention manifeste de me parler, et qui, après m'avoir dit quelques mots très vagues et d'une banalité absolue

sur le nouveau ministère, ajouta : « Il y a une chose
« qui nous ennuie un peu, c'est que nous serons peut-
« être obligés de nous séparer de vous ».

Je lui répondis simplement : « Vous me surprenez. »

Alors il reprit vivement : « Je ne vous affirme
« pas la chose, je vous dis seulement que c'est une
« éventualité ».

« Si ce que vous supposez, lui dis-je, se réalise,
« mon déménagement ne sera pas long, je n'ai
« apporté à la Banque que mon chapeau ».

J'avoue que je n'attachai aucune importance à l'avertissement de ce journaliste.

Cependant le lendemain jeudi 17 novembre, à la première heure, je reçus un billet du Ministre des Finances me priant d'aller le voir à cinq heures.

Ce même jour M. le baron Alphonse de Rothschild entrait dans mon cabinet à onze heures et venait m'annoncer que le Ministre le convoquait pour l'heure de midi ; il me demandait ce que cela voulait dire.

Je lui répondis : « M. le baron c'est pour vous annoncer que je suis destitué.

Le baron très ému reprit : « Vous dites ?... Comment, mais c'est impossible !

— « Je suis très touché de ce que vous me dites,
« mais cela est ainsi. Je viens de recevoir moi-même,
« ce matin un billet par lequel le Ministre me con-
« voque pour cinq heures. La chose est très claire.
« On n'a pas voulu m'exécuter sans vous en donner
« avis. Vous recevrez cet avis à midi, et moi, à cinq
« heures. »

Le Conseil de Régence de la Banque, délibérant le même jour, résolut d'envoyer une délégation auprès de M. Gambetta. Le chef du Grand Ministère répondit qu'il ferait tout ce qui dépendrait de lui pour éviter la mesure, ajoutant qu'il ne savait pas que la chose eût tant d'importance, qu'il ignorait notamment qu'en 1830, en 1848, en 1870, on se fût abstenu de changer le Gouverneur de la Banque de France, ce qui évidemment, disait-il, était reconnaître l'intérêt de la permanence du titulaire.

Mais pendant que M. le baron de Rothschild et ses honorables collègues voulaient bien faire cette démarche, le Ministre de son côté s'empressait de se rendre chez le Président de la République, et de prendre la signature de M. Grévy. Le fait était consommé.

A cinq heures, heure qui m'avait été indiquée par le Ministre, et encore bien que je susse tout ce qui venait de se passer, je me présentais chez le Ministre, comme c'était mon devoir, puisque j'avais été appelé.

On m'annonça ; le Ministre vint à moi, jusqu'à la porte même de son cabinet, me tendit les deux mains, et me dit avec une réelle émotion :

— « Vous savez probablement pourquoi je vous ai fait appeler ?

— Oui, Monsieur le Ministre.

Et il ajouta, avec une émotion qui ne faisait qu'augmenter :

« Nous en sommes très malheureux !

Je lui répondis : « Monsieur le Ministre, je vous re-
« mercie de l'expression de ce sentiment ; mais je
« ne suis nullement ému, tandis que je vous vois
« tout à fait troublé et j'en suis vraiment touché.
« Je vous en prie, reprenez votre siège. » Et alors,

le conduisant par la main, parce qu'il ne me lâchait toujours pas, je le dirigeai vers son fauteuil comme pour lui faire les honneurs de son propre cabinet.

Cette entrevue entre le Ministre et l'agent destitué par lui, avait déjà un caractère assez exceptionnel, mais ce caractère ne fit que s'accentuer encore davantage.

— Voyons, Monsieur Denormandie, asseyez-vous, et causons un peu, tous les deux, je vous prie.

— Très volontiers, Monsieur le Ministre.

— Puisque j'ai le plaisir de vous voir encore quelques instants, me dit-il, je voudrais bien profiter de votre bonne visite pour vous questionner sur un point qui m'a souvent troublé quand je songeais à ces matières financières.

Vous avez à la Banque de France en or et en argent, une encaisse considérable qui augmente ou diminue selon les circonstances. Je crois bien avoir compris qu'il y a des moments où la Banque est obligée de défendre son encaisse et spécialement son or.

— Oui, Monsieur le Ministre, cela est vrai ; et il se présente souvent des situations dans lesquelles la conduite à tenir est embarrassante et délicate.

— Fort bien ! Mais dites-moi, je vous prie, quels sont les différents procédés auxquels on a alors recours ?

— Très volontiers, Monsieur le Ministre ! Et je lui fis alors une petite conférence qu'il écouta avec beaucoup d'intérêt ; après quoi il me dit tout à coup avec une grande bonhomie : « Quel dommage que nous « soyons obligés de nous séparer de vous ! »

J'ai eu peur un instant que le Ministre ne me fît ainsi une série de questions qui auraient pu prolonger singulièrement notre entrevue. Mais quittant tout à coup le terrain de la Banque et parlant alors comme économiste, il me demanda quelle était mon opinion sur le point de savoir si l'Etat ne pourrait pas utilement être un jour substitué aux Compagnies pour l'exploitation des voies ferrées.

J'avais une opinion tellement arrêtée sur cette question que je ne pus pas me contenir, et que je lui dis avec une grande vivacité : « ce serait, Mon-
« sieur le Ministre, une mesure désastreuse à tous
« les points de vue. Ce serait un coup terrible porté
« à la grande industrie des chemins de fer ; une
« grave atteinte pour les finances publiques ; et je ne
« saurais assez vous mettre en garde contre une
« pareille théorie, si toutefois vous étiez disposé
« à l'admettre. »

Quoiqu'il ne fût pas du tout de mon avis, le Ministre me dit très obligeamment : « Mon Dieu ! qu'il
« est donc fâcheux que nous soyons obligés de nous
« séparer de vous ! »

Sur ce, et comme je redoutais la continuation de l'interrogatoire, je me levai et pris congé, pensant avoir fait tout ce qui était convenable, dans la situation un peu délicate où je me trouvais.

Mais ce qui m'importe le plus de vous dire sur ce sujet, c'est que le jeudi 24 novembre 1881, M. le Baron A. de Rothschild, en sa qualité de doyen du Conseil de Régence de la Banque, fit au Conseil une proposition conçue en ces termes :

Il propose qu'il soit nommé une délégation des membres du Conseil qui aura pour mission de se rendre auprès de M. Denormandie, à l'effet de lui exprimer les vifs regrets que son éloignement de la Banque cause au Conseil, et en même temps de le remercier pour les importants services qu'il a rendus à l'Institution et au public pendant sa trop courte gestion.

Le Conseil est d'avis que cette délégation soit formée des trois plus anciens Régents présents et du plus ancien Censeur. La délégation se trouve composée de :

MM. le baron de Rothschild,
Davillier,
Denière.
Moreau.

Dans sa séance du jeudi 1ᵉʳ décembre 1881, M. le Baron de Rothschild rendit compte au Conseil général de la Banque de France de la mission dont lui et ses éminents collègues avaient été chargés et le fit dans ces termes :

La délégation a exprimé à l'ancien Gouverneur de la Banque les regrets que le Conseil a ressentis en le voyant s'éloigner de la direction de notre premier établissement de crédit, où ses lumières, sa grande entente des affaires et son dévouement s'étaient si bien manifestés par les utiles améliorations qu'il y avait introduites à la grande satisfaction du monde financier. La délégation a ajouté à l'expression de ces regrets, celle de la fidélité du Conseil dans les sentiments d'affectueuse sympathie que lui avaient inspirés les qualités personnelles de son ancien Président.
M. Denormandie a été très touché de la démarche faite auprès de lui par la délégation du Conseil général ; il l'a priée, en termes émus, d'être son interprète auprès du Conseil, et de lui exprimer sa profonde reconnaissance et ses remerciements.

Ainsi, mes chers enfants, de ma conférence avec M. le Ministre des Finances et des deux délibérations du Conseil de Régence de la Banque de France que je viens de reproduire, il résulte bien clairement que si vous étiez un jour ou l'autre, interrogés à ce sujet, vous pourrez répondre que je n'ai pas été destitué.

et c'est pourquoi ce petit chapitre de mes souvenirs a été par moi intitulé : *Retrait d'emploi.*

Mais pourquoi : Retrait d'emploi ?

Réponse : Parce que, comme on dit aujourd'hui, j'avais cessé de plaire.

Et pourquoi avais-je cessé de plaire ?

Je vous dirai franchement que je me le suis demandé. On aime bien à connaître ces choses-là, et voilà à quoi je suis arrivé :

Il paraît, d'après quelques renseignements qui me sont parvenus, qu'en votant contre l'article 7, j'avais commis une faute impardonnable ; ma qualité de fonctionnaire, disait-on, m'obligeant à voter toujours comme le Gouvernement. C'est là une chose que je n'aurais jamais crue, si plusieurs personnes n'a-avaient pris le soin de me l'affirmer.

Voilà donc une première raison, la raison purement politique.

Il y en a peut-être d'autres.

Un député qu'il ne me convient pas de nommer, et qui appartenait au groupe le plus avancé, avait pris sous sa protection un de mes agents, non pas du personnel de la Banque, mais un homme occupé dans les services accessoires, dont nous n'étions pas satisfaits, et dont j'avais cru nécessaire de me séparer. J'avais agi avec beaucoup de ménagements en prévenant cet agent à l'avance, et en lui accordant six mois de traitement. Son protecteur voulait absolument que je le reprisse. Je m'y suis refusé et je ne pouvais faire autrement.

Un autre député voulait que dans une ville de province j'ôtasse à un officier ministériel la clientèle de la Banque, pour la donner à un agent électoral de ce député. Je n'ai pas besoin de dire que je m'y suis énergiquement refusé.

Je crois savoir que ces deux députés ont agi beaucoup sur les membres du grand Ministère.

UN MOT DE MONSEIGNEUR CZACKI
NONCE DU PAPE A PARIS

Au mois de juin 1896, on apprit assez subitement que S. S. le Pape Léon XIII venait de créer cardinal Monseigneur Ferrata, Nonce à Paris.

Cette promotion fut accueillie par le monde parisien avec plaisir parce que le nouveau Cardinal y trouvait la juste récompense de ses éminents services, mais en même temps avec regret parce qu'elle impliquait son départ pour une époque qui pouvait n'être pas éloignée.

Mgr Ferrata n'avait pas souhaité le poste de Paris, il semblait même qu'il en eût conçu une certaine appréhension, et ce sentiment, il le traduisait comme toujours avec une extrême modestie ; et en disant souvent : « La tâche est trop difficile ».

Certainement la tâche du Nonce à Paris est épineuse, et Mgr Ferrata le savait mieux que personne puisque, avant d'être appelé à la nonciature de Bruxelles, il avait rempli à la nonciature de Paris, au temps de Mgr Czacki, les importantes fonctions d'Auditeur.

Mais ce n'est pas pour essayer un portrait de Mgr Ferrata que je me suis permis de placer ici son nom :

j'ai voulu seulement par ces quelques mots, saluer avec un bien vif regret, le départ d'un prince de l'Eglise avec lequel les hasards de la vie publique avaient créé pour moi, des rapports dont je conserve le souvenir le plus respectueux et le plus reconnaissant.

C'est à la nonciature, sous le règne de Mgr Czacki que j'avais fait la connaissance de Mgr Ferrata, et puisque j'ai prononcé le nom de Mgr Czacki, je vais dire dans quelles circonstances je fus appelé à le connaître.

Un certain jour, sans qu'aucune raison particulière pût me faire présager cet honneur, j'avais reçu une invitation à dîner à la nonciature chez Mgr Czacki, et j'y avais trouvé quelques membres du Parlement, surtout du Sénat.

Des questions religieuses importantes étaient pendantes devant les Chambres à ce moment, et l'invitation fut bien facilement et promptement expliquée pour les convives. Il était clair que Son Excellence le Nonce, n'était pas fâché de pressentir un peu quelques membres de la Chambre Haute sur les questions pendantes, sur l'état de nos esprits, sur les chances que pouvait présenter telle ou telle solution. Ce dîner fut le point de départ de certaines relations avec Son Excellence, non pas que ces relations fussent absolument directes, personnelles et fréquentes ; je veux dire seulement, qu'à cette époque, j'allais assez souvent dans les salons officiels, que j'avais l'honneur d'y rencontrer S. E. le Nonce, et que dans ces occasions, c'était une bonne fortune pour moi, quand il voulait bien engager une conversation qui était toujours remplie d'intérêt.

Je me rappelle particulièrement un mot, je pour

rais même dire une petite scène qui se passa entre S. E. et moi, chez un membre de la Chambre. Nous étions dans un petit salon, un peu éloigné du mouvement de la réception.

Nous causions d'une des questions du jour ; elle était évidemment importante, car le Nonce me dit subitement et même avec une grande vivacité : « C'est plus qu'un crime, c'est une faute ».

La phrase est si connue qu'elle ne pouvait me surprendre ; mais j'avoue que tombant de la bouche du Nonce, elle me causa un petit mouvement de surprise dont je ne fus pas maître.

Et je regardai Son Excellence en souriant d'une façon qui semblait un peu interrogative.

Le Nonce alors, nullement blessé, mais appuyant vivement la main sur mon bras, me dit : « Je vous « répète, cher Monsieur, que c'est une faute, que « parfois une faute est plus qu'un crime, et je ne « vois rien dans les textes sacrés qui s'oppose à ce « que je m'exprime ainsi. »

Ce : « *je ne vois rien dans les textes sacrés* », dit vivement et très sérieusement, m'amusa beaucoup, et je n'ai jamais perdu le souvenir de cet incident.

CONVERSATION AVEC LE BARON HAUSSMANN

Il y a un assez grand nombre d'années déjà, j'avais été invité à une réception donnée dans une des opulentes maisons de Paris. Je m'y rendis vers dix heures et demie, pensant faire une part suffisante aux mœurs du jour qui ont, depuis longtemps condamné les habitudes de ma jeunesse ; quatre ou cinq personnes seulement étaient arrivées. Fort heureusement pour moi, M. le Baron Haussmann entra presque au même moment ; j'étais un peu sa ressource ; il était beaucoup la mienne, ainsi que vous l'allez voir. Après avoir fait tous deux nos politesses aux maîtres de la maison, nous étions libres de nous consacrer l'un à l'autre ; c'est ce que nous fîmes.

Je n'avais jamais eu avec M. Haussmann de relations particulières, mais seulement quelques contacts fugitifs, d'abord lorsqu'il était Préfet de la Seine, puis après la guerre ; mais nous nous connaissions suffisamment pour nous aborder. Il s'approche et me dit : « Je crains que nous ne soyons un peu « en avance. » — Et moi j'en suis sûr, on va dire « que nous sommes vieux jeu ; mais, Monsieur le « Baron, cela vous est fort indifférent et à moi « aussi. »

Sur ce, il sourit aimablement, m'emmène dans un petit salon où nous étions seuls, et, en homme qui connait son monde et qui a une très bonne mémoire, il entame la conversation par le département de l'Yonne auquel il savait que je me rattachais par M. Bonnet, mon grand-père maternel.

— Allez-vous toujours dans l'Yonne ?

— Monsieur le Baron, j'y vais seulement pendant les mois d'août et de septembre ; d'abord parce que je suis très parisien et ensuite, parce que j'ai toujours beaucoup d'occupations à Paris.

— Vous n'ignorez pas que j'ai été Préfet de l'Yonne ?

— Personne dans le département ne l'a oublié.

— C'est un département important et assez intéressant.

— Vos souvenirs, Monsieur le Baron, sont exacts ; mais, s'il est permis de me placer pour un instant à un point de vue administratif, je crois savoir que c'est un département assez difficile à administrer.

— Vous avez raison, mais comme je travaillais beaucoup, car j'ai toujours eu la passion du travail, je ne m'y ennuyais pas un seul instant. A cinq ou six heures dans la belle saison, quand les affaires étaient finies et que mon courrier était signé, je montais à cheval, je prenais par la grande route de Paris, je la suivais jusqu'au pont de pierre et là, tournant à droite et allant jusqu'au hameau de Sommeville, je suivais la propriété de votre grand-père, je descendais jusqu'à Monéteau et je revenais à Auxerre par le bord de l'eau.

— C'est en effet une charmante promenade, Monsieur le Baron, mais très circonscrite et vous deviez en faire de plus longues, de plus intéressantes.

— Oui, quand j'en avais le loisir, ou que je faisais l'école buissonnière. La propriété est-elle à vous ?

— Non, Monsieur le Baron, elle est à ma sœur.

Je suivais ce charmant interlocuteur, et tout en l'écoutant et en lui faisant mes brèves réponses, je me disais : Mais pourquoi M. Haussmann se met-il à me parler ainsi de l'Yonne, de la ville d'Auxerre, de Sommeville, de mon grand-père, de ma famille, etc. ? lorsque tout à coup il me dit subitement : « J'étais encore à Auxerre le **2 décembre 1851**. »

Ah ! bon ! Nous y voilà, pensai-je. Tout ce qu'il vient de dire était une préface, un avant-propos. Et en effet, à partir de ce moment, mon interlocuteur continuant à parler, je me gardai bien de l'interrompre et je me plus à écouter un des plus charmants conteurs que l'on pût rencontrer.

Au mois de novembre 1851, j'étais encore préfet de l'Yonne, continua M. Haussmann, et mon rêve pour le moment où je quitterais Auxerre, c'était d'avoir en mains une préfecture très importante afin de faire sur un grand terrain l'application de mes vues administratives. Le Gouvernement du Président et le Président lui-même m'avaient pressenti pour Lyon. Cette perspective me souriait infiniment. Il y avait là, en effet, pour un préfet jeune encore et actif, plusieurs questions bien intéressantes : d'abord la nécessité absolue de maintenir l'ordre le plus complet dans la seconde ville de France, ville considérable et très industrieuse ; puis la nécessité également de résoudre les questions sociales et politiques soulevées par la Révolution du 24 février 1848 et qui depuis plus de trois ans causaient dans le pays d'incessantes agitations. Les choses en étaient là, en ce qui me concerne, lorsque je fus tout à coup prévenu, au mois de novembre 1851 qu'il y avait changement d'idée à mon sujet et qu'on se proposait de m'envoyer à Bordeaux.

Je pris aisément mon parti de cette modification. Bordeaux était aussi une grande ville, la Gironde était un département plus facile à gouverner que le Rhône, j'en fus quitte pour changer immédiatement la nature de mes travaux préparatoires qui ne pouvaient plus être les mêmes ; mais je n'étais qu'au commencement de mes surprises. Le Ministre de l'Intérieur, au moment où l'on venait de me prévenir que ce serait probablement Bordeaux au lieu de Lyon, le Ministre de l'Intérieur, dis-je, me fit demander par une voie tout à fait sûre si je voulais être Préfet de Police et si on pouvait compter sur moi, j'avoue que j'eus la naïveté de ne pas comprendre ; cela tient peut-être à ce que je vivais en province. A Paris j'aurais compris, à Auxerre, non. Et je répondis que je ne voulais nullement être Préfet de Police, que j'avais la passion des fonctions administratives et que je faisais les recherches et études préalables nécessaires pour aller à Bordeaux, si telle était toujours la pensée du Gouvernement.

Après cet incident, ma nomination à Bordeaux parut décidément prendre de la consistance, car le nouveau Ministre de l'Intérieur, M. de Thorigny, m'écrivit qu'il fallait me préparer à partir pour Bordeaux au moment même où j'en recevrais l'ordre.

Je compris que ce que j'avais de mieux à faire c'était d'aller au plus tôt à Paris pour supprimer des correspondances qui ne pouvaient être qu'une perte de temps et pour m'entendre directement et verbalement avec mon nouveau Ministre, et cette résolution prise, je partis pour Paris le 1er décembre. Ce soir-là, le Prince Président recevait à l'Elysée : je me fis un devoir de m'y rendre.

La réunion était très nombreuse. Le Président très entouré. Je m'approchai du groupe dont il était le centre pour saisir une occasion de le saluer. Le Prince, comprenant ma pensée, écarta les personnes qui l'entouraient, s'approcha de moi, et me dit rapidement et à voix basse : « Je ne puis « pas vous dire maintenant pourquoi je vous envoie

« à Bordeaux, mais vous êtes avec nous ? » Je m'inclinai « Allez demain matin de très bonne heure « d'aussi bonne heure que possible, trouver le Ministre de l'Intérieur pour recevoir vos instructions « et partir. Allez-y même avant le jour, continua le « Prince ; ce sera encore mieux. »

Je commençai à comprendre que probablement de grands événements se préparaient, ceux-là sans doute auxquels il avait été quelquefois fait allusion. Mais on ne me les faisait pas connaître et je me gardai bien de les demander. Il y a dans la vie des circonstances où il vaut mieux ne rien savoir ; celà n'empêche pas de faire ce qu'on attend de vous.

Quelques minutes après, toujours à l'Elysée, le 1ᵉʳ décembre 1851, je rencontrai M. de Royer, Procureur général à la Cour de Paris, qui voulut bien me présenter à M. de Thorigny, mon nouveau Ministre de l'Intérieur que je ne connaissais pas encore. Ce Ministre pensant que je m'approchais pour le remercier de la Préfecture de Bordeaux, me dit, avant même que j'aie pu ouvrir la bouche : « Vous « deviez aller à Lyon, mais le Prince a jugé que « vous lui seriez plus utile à Bordeaux. »

Je répondis à M. de Thorigny : « Son Altesse a « daigné me le dire, mais elle m'a bien recommandé « d'aller demain matin, Monsieur le Ministre, de très « bonne heure au Ministère, pour prendre les instructions spéciales que vous auriez à me donner. »

— Mais je n'en ai aucune, s'écria le malheureux Ministre, personnage inconscient qui, évidemment, n'était pas « dans l'affaire », et je repris :

« L'ordre du Prince est formel, j'aurai l'honneur

« de me présenter au Ministère, demain matin à la
« première heure. »

Et, en effet, le lendemain, à cinq heures du matin, quittant un hôtel de la rue Caumartin dans lequel j'étais descendu, je gagnai la place de la Concorde pour me rendre au Ministère de l'Intérieur qui, à cette époque, était rue de Grenelle. Je me trouvai sur la place au milieu de nombreuses troupes qui allaient et venaient dans tous les sens. On n'avait plus de confidences à me faire : le fait était significatif, surtout à une pareille heure.

Rue de Grenelle, le Ministère était en pleine activité, tout était éclairé et lorsque je me présentai au perron, demandant à parler au Ministre, le chef des huissiers me demanda à quel Ministre je voulais parler. « Croyez-vous que je viens ici pour vous de-
« mander le Ministre de la Marine ». L'homme reprit : « Mais, Monsieur le Préfet, je sais bien que
« vous venez demander le Ministre de l'Intérieur,
« mais je dois vous dire que nous en avons changé
« déjà deux fois pendant la nuit.

— Ah ! Monsieur de Thorigny n'est donc plus Ministre.

— Non, Monsieur le Préfet.

— Eh bien ! lequel est-ce en ce moment ?

— C'est M. le Comte de Morny.

— Eh bien ! annoncez-moi.

Et M. de Morny venant à moi, me dit, sans aucune explication préalable et avec son flegme ordinaire : « Vous êtes avec nous ? »

Il semblait qu'ils se fussent donné le mot pour me faire la même question dans les mêmes termes.

Je lui répondis :

« Je ne sais pas ce que vous voulez faire, vous ne « m'avez pas fait vos confidences ; mais, j'appar- « tiens au Prince. Disposez de moi sans réserve.

Alors M. de Morny entra avec moi dans quelques explications précises sur ce qui allait se passer à Paris et ensuite sur ce qu'on attendrait de moi à Bordeaux.

Quelques heures après je partis pour aller prendre possession de mon nouveau poste.

Après ce curieux récit qui était la constatation du fait historique que l'on connait, nous échangeâmes, M. Haussmann et moi, quelques observations. L'heure avait marché. Il était onze heures et demie du soir. Les *hommes d'aujourd'hui* commençaient à arriver. Les *hommes d'autrefois* n'avaient plus qu'à se retirer. C'est ce que nous fîmes immédiatement, M. Haussmann et moi.

Et descendant l'escalier de notre hôte, nous ne pûmes nous empêcher de rire de bien bon cœur. Il semblait qu'il fût venu pour faire une petite conférence, et moi, pour l'entendre.

Avant de me quitter, il ajouta : « Je publierai cela « et beaucoup d'autres choses. »

N'ayant pas encore de lecteurs puisque l'ouvrage n'était pas encore imprimé, il s'était essayé sur moi, par un récit partiel.

Quelques mois après cette soirée, M. Haussmann commençait la publication de ses mémoires ; j'y retrouvai, avec beaucoup plus de développement, ce que je viens de raconter.

Pendant que M. Haussmann était Préfet, je ne sais plus dans quelle ville, mais peu importe, il eut un bien joli mot ; cela lui arrivait souvent.

Des troubles avaient eu lieu dans un de ses arrondissements, on avait dû faire intervenir les magistrats administratifs et judiciaires et la force armée. L'affaire terminée, les rapports furent envoyés au Préfet qui fut péniblement impressionné ; ces documents étaient unanimes à déclarer que le Sous-Préfet avait été au-dessous de sa tâche et n'avait pas été vu là où son devoir l'appelait.

Lettre fort irritée du Préfet qui écrivit à son subordonné :

« Vous devriez savoir, Monsieur, qu'on n'offre pas plus de surface aux balles devant que derrière. »

Je n'aurais certes pas déplu à M. Hausmann en lui montrant que je connaissais son mot, mais que voulez-vous ? lorsque je me le rappelai, mon interlocuteur était déjà sur le trottoir ; je n'avais même pas eu l'esprit de l'escalier ; il était trop tard, pour lui procurer ce petit plaisir d'amour propre.

PORT-ROYAL

Pendant bien longtemps, je fus chaque année, amené dans la vallée d'Orsay par une affectueuse relation de famille.

Le pays est enchanteur ; je n'ai rien à apprendre

à ce sujet aux Parisiens qui le connaissent bien, et il a l'avantage de n'être pas « envahi ».

Durant le séjour que j'y fis avec des parents et des amis, au mois de juin 1883, nous résolûmes de pousser nos excursions jusqu'à la vallée de Chevreuse, pour y rechercher les restes de Port-Royal.

Nous nous faisions un plaisir de cette excursion, et chacun, pendant le trajet, faisait appel à sa mémoire, évoquait ses lectures et ses impressions.

Hélas ! je n'ose pas dire que ce fut une déception ! Et cependant, quel morne aspect ! quel néant ! quel vide ! C'était un coin de terre, comme tant d'autres, dans une vallée solitaire.

Le gardien (qui n'a rien à garder) nous dit bien ce qui était ici, ce qui était là, mais il ne nous montra rien.

Toutefois, ce brave homme voulant gagner sa journée, appela notre attention sur un petit arbre qu'il nous dit être le noyer planté par Pascal, sur une masure qu'il appelait *La Ferme*, enfin sur une petite tour ronde qu'il dénommait *Le Colombier*.

De l'ancienne abbaye, des anciens bâtiments d'habitation, de l'ancienne église, il ne reste rien ; rien que quelques fondations, quelques tronçons brisés, quelques fragments de chapiteaux.

Si nous n'avions pas su où nous étions, rien ne nous l'eût dit, tant l'absence de tout signe, de tout souvenir est absolue !

Aussi ne faut-il faire de cette excursion que le but d'une promenade dans une admirable contrée dont le paysage est vraiment délicieux, autrefois « affreux et sauvage » disent les anciennes descriptions. Il se peut qu'en l'an 1204, époque de la fondation du monastère, par Mathilde de Garlande, femme de Mathieu Ier, de Montmorency-Marly, la végétation luxuriante qui couvrait le pays lui ait donné l'aspect rébarbatif et sévère que signalent les vieux chroniqueurs ; mais depuis plusieurs siècles, les beautés naturelles de ces sites pittoresques rendus accessibles par des routes bien tracées, font de ce pays charmant un des endroits les plus agréables à visiter pour le promeneur qui s'intéresse aux beautés de la nature ; mais il n'y faut pas chercher, parce qu'il n'y en a plus trace, ce que le temps, les choses et les gens ont édifié, modifié ou détruit, dans ces lieux qui furent grands, et par ceux qui les habitèrent, et par l'injustice de la disgrâce dans laquelle ils tombèrent et des persécutions qu'ils subirent *pour la gloire de Dieu*.

Il ne reste plus rien de l'époque des grands solitaires, il ne reste aucun des témoins des hautes vertus pratiquées par ces âmes d'élite qui ne vivaient qu'en pensant à l'éternité.

Un jeune ami qui était avec nous, très pénétré de la tristesse de ces choses mortes à tout jamais, laissa dans sa chambre, le lendemain matin, en prenant congé de son hôtesse et en signe d'adieu reconnaissant quelques vers qui résumaient bien ce qu'avaient été nos pensées pendant cette vision d'une époque où tout fut grand : les caractères, les actes, les sacrifices, même les fautes.

Ces vers furent pour nous une consolation :

Plus rien ! Silence et nuit : la solitude est pleine
De la sérénité des calmes firmaments.
Parfois un souffle ailé passe, odorante haleine,
Des grands bois assoupis, sous les grands cieux dormants.

Et dire que c'est là, dans ces nuits de Chevreuse.
Parmi les noirs massifs de ces arbres épais,
Que ton âme, ô Pascal, a promené fiévreuse
Tant d'agitation, à travers tant de paix !

Ainsi l'homme, au milieu du calme heureux des choses,
Erre toujours mordu d'un aiguillon vainqueur,
Et le vent de la nuit que parfument les roses,
Peut rafraîchir les champs, sans consoler le cœur.

Le 30 juin, 1883.

Je cite ces vers, avec d'autant plus de plaisir, que l'auteur a tenu ce qu'il promettait : il est un écrivain très distingué et donne fréquemment dans les revues et les journaux, en des matières diverses, des études très appréciées.

LE PAPE ET M. LÉON SAY

Le 7 mai 1887, j'allai voir M. Léon Say qui venait de faire avec Mme Say un voyage en Italie.

Habitué à trouver toujours chez eux, le plus aimable accueil, j'étais très pressé d'aller saluer leur retour ; je savais qu'ils avaient demandé et obtenu du Saint-Père une audience privée, et le récit de leur voyage était d'autant plus piquant qu'ils appartenaient tous deux à la religion réformée. J'étais certain néanmoins qu'ils avaient été fort bien accueillis.

M. Léon Say voulut bien me rendre compte de sa visite au Saint-Père, et j'ai pensé que c'était là une de ces circonstances qu'il est intéressant de noter ; c'est ce que je fis le jour même en rentrant chez moi, et c'est la note ainsi prise, que je vais reproduire ici.

M. et Mme Léon Say étaient seuls avec le Saint-Père. Quand ils furent entrés, le Pape occupait son siège ordinaire et il y avait à droite et à gauche deux fauteuils libres qui les attendaient.

Mme Léon Say a été invitée à prendre le fauteuil à droite du Saint-Père et M. Léon Say l'autre siège.

Sa Sainteté a parlé presque constamment pendant une grande demi-heure :

« Vous êtes, Madame, a-t-il dit à Madame Léon Say, vous êtes née Bertin, et vous, Monsieur, vous êtes un grand économiste, je suis charmé de vous recevoir.

J'aurai peut-être l'occasion en causant avec vous, de vous exprimer des idées et des sentiments qui sont quelquefois travestis soit par la presse, soit par l'opinion publique.

Je ne pense pas vous déplaire, Monsieur Say, en vous disant que j'aime la liberté et qu'elle ne me fait pas peur.

Je n'ai aucune prévention contre les peuples qui sont en République ou contre ce système de gouvernement.

Ainsi, par exemple, j'ai d'excellents rapports avec les Etats-Unis d'Amérique et j'y ai fait des choses que je crois très utiles.

Autrefois, j'ai occupé le poste de nonce à Bruxelles.

J'appréciais beaucoup la haute valeur du Roi Léopold Ier.

Vous connaissez le régime politique de ce pays et ses alternatives entre deux grands partis.

Quand le Roi Léopold avait un gros embarras, il m'appelait auprès de lui et il me disait : « Monsieur le Nonce « (c'est ainsi qu'il m'appelait), Monsieur le Nonce, il faut « que vous m'aidiez à sortir d'affaire : dites bien à Rome « que j'honore et que je respecte profondément le catholi- « cisme et les idées religieuses. Il ne faut donc pas qu'on se préoccupe de ce que la politique peut exiger de moi. » Le Roi ajoutait : « Dites cela surtout à vos évêques. »

Et, en effet, je le disais selon sa recommandation à mes Evêques et nous venions ainsi en aide à S. M.

Ce Roi était un homme tout à fait supérieur.

Je ne sais pas trop pourquoi on a dit et répété beaucoup que j'avais fait de la politique avec M. de Bismarck.

Je ne m'occupe pas de politique.

J'ai simplement fait, avec M. de Bismarck, des choses que j'ai considérées comme utiles pour l'accomplissement de ma grande mission. »

De temps à autre, M. Léon Say disait un mot ou

faisait une réflexion ; mais c'était plutôt un monologue, une sorte de conférence faite par le Pape, ou pour parler encore plus exactement, une déclaration de principes.

L'audience a duré une demi-heure.

M. et Mme Say en sont sortis charmés et vivement intéressés.

En rentrant chez moi, je me suis empressé, ainsi que je le dis plus haut, d'écrire comme *memento*, ce qu'on vient de lire. Je me permets d'y mettre des guillemets, parce que les paroles sont textuellement celles que rapportées m'a M. Léon Say, approuvées du reste par Madame Say, présente à ma visite.

On peut en déduire que dès 1887, le Saint-Père, en faisant allusion à son attitude avec la Belgique, avec les Etats-Unis et M. de Bismarck, soit comme Nonce, soit depuis qu'il occupe la chaire de Saint-Pierre, le Saint-Père, dis-je, a bien montré la constante unité de ses vues et l'esprit essentiellement politique qui a inspiré ses remarquables encycliques.

LA SPÉCULATION SUR LES CUIVRES
ET LE COMPTOIR D'E-COMPTE
(1887-1889)

On sait que le but poursuivi par la Société des Métaux (Secrétan) était d'accaparer, ou du moins de syndiquer la production du cuivre du monde entier, et de transporter à Paris ce marché dont la Bourse de Londres avait toujours eu le monopole.

A ces fins, la Société des Métaux, avec l'appui du Syndicat qu'elle avait constitué pour cet objet, achetait sans désemparer tout le cuivre produit par les mines, avec lesquelles elle avait passé des contrats leur assurant l'écoulement d'une production qu'on s'efforçait toutefois de limiter à des montants déterminés. C'est ainsi qu'en novembre et décembre 1887, les cours du cuivre ont atteint le prix de £ 85.

Il est clair que la Société des Métaux ne pouvait, avec ses seules ressources, faire face à des opérations aussi importantes ; elle avait donc conclu des arrangements avec le Comptoir d'Escompte de Paris, qui lui consentait des avances sur warrants payés à Londres.

Le Comptoir levait les cuivres achetés à Londres, payait les warrants et débitait la Société des Métaux. Mais, à son tour, le Comptoir, ne pouvant affecter à lui seul des sommes aussi considérables, à l'opération, réescomptait les warrants à une grande maison de banque qui avançait 40 £ par tonne, de sorte que le Comptoir restait à découvert pour le surplus du prix. On avait donné à cette différence le nom de « supergage ».

Une partie du cuivre acheté à Londres était warrantée dans des docks en France, et les warrants ainsi francisés étaient négociés à la Banque de France, qui les escomptait à des taux qui se sont successivement abaissés de £ 52 à £ 40 par tonne (taux du 4 mars 1889).

En outre de cette opération d'avance en compte-courant, la Direction du Comptoir, avait, avec l'autorisation de son Conseil d'Administration, garanti, jusqu'à concurrence de 20 millions de francs, l'exécution des contrats passés entre la Société des Métaux et les Mines américaines, pour l'achat de leur production.

Une opération de cette envergure devait fatalement aboutir à un désastre, attendu que la production du cuivre augmentait constamment en raison directe de l'élévation des cours du métal, conséquence inéluctable du drainage pratiqué par la Société des Métaux.

Aussi, dès les derniers mois de l'année 1888, les financiers prudents et avisés qui connaissaient le fond des choses, prévoyaient une catastrophe prochaine.

A l'origine, il faut bien le dire, l'opération du Comptoir était normale, et faite, au point de vue légal, dans des conditions très régulières. Seulement il est certain que les hommes qui la dirigeaient se sont laissé entraîner au-delà de toute mesure. Les risques sont arrivés, on ne pouvait plus conjurer le péril, et, même avant la catastrophe finale, le désastre était facile à prévoir.

C'est à ce moment, quand la situation était grave, très grave, mais ne semblait pas encore complètement perdue, que j'ai eu l'occasion de me rendre un jour à la Banque de Paris et des Pays-Bas, pour conférer avec mon ami M. Joubert au sujet d'une affaire industrielle dont j'étais et suis encore le président, affaire dont le développement exigeait une augmentation de capital. C'était précisément de cela que je venais entretenir la Banque de Paris, qui, comme moi, était dans cette affaire.

Nous traitons d'abord, Joubert et moi, de l'objet spécial de ma visite, et puis, au moment de nous séparer, je lui dis à peu près ceci :

« Je suis préoccupé pour vous, de cette affaire des

« Cuivres et de la tournure qu'elle semble prendre.
« Je sais que vous en avez des ennuis ; je sais aussi
« que vous êtes allé, par pur dévouement, faire deux
« voyages successifs à Londres et je n'ignore pas
« qu'on a paru exploiter contre vous cette démarche
« désintéressée. Dites-moi donc un peu, vous qui
« connaissez bien le fond des choses, comment cette
« affaire *se terminera*. »

Il me répond alors, et je vais citer textuellement :

« Voici, mon cher ami, comment cette triste af-
« faire *se terminera* : Hentsch, Président du Conseil,
« se retirera ; Denfert sautera ; nous sauverons le
« Comptoir... et vous en serez le Président. »

J'avoue que ces paroles ne produisirent pas d'abord sur moi, le moindre effet : je n'y attachai aucune importance, mais, chose bien extraordinaire ! moins de six mois après, cette sorte de prophétie se réalisait ; M. Hentsch se retirait, M. Denfert mettait fin à ses jours. Sur l'énergique initiative du Ministre des Finances, M. Rouvier, et par suite d'un consortium de 52 maisons de banque, je devenais président du Comptoir National d'Escompte qui succédait à l'ancien Comptoir.

Joubert était un homme d'affaires consommé, et de grande intelligence ; il avait non seulement une grande honnêteté, mais beaucoup de délicatesse, il était très serviable parce qu'il était la bonté même.

Il m'a paru assez piquant de faire connaître le singulier esprit prophétique avec lequel Joubert, dans cette affaire des Cuivres, avait prévu la suite des choses.

VII

SOUVENIRS DU THÉATRE FRANÇAIS

La législation du Théâtre. — Une répétition de Talma chez **M. Bonnet.** - **M.** et **M**^{me} **Talma** jugés par une étrangère. — **Les entrées de M. Denormandie père.** — **Impressions personnelles.** — **La Russie. Musset** et **M**^{me} **Allan.** — « **Le Chandelier** ». — Le procès de **M. Got et la Comédie Française.** — L'ambulance du Théâtre pendant le siège de Paris. — Décision arbitrale entre la Comédie Française et M. Coquelin. — **Les premières représentations.** — Encore le foyer des artistes. — **Le petit guignol.** — **Gounod au Théâtre Français.** — **M. Emile Perrin.** — **Le sifflet au théâtre.** — **L'incendie du Théâtre.**

LA LÉGISLATION DU THÉATRE

Je veux parler très simplement de quelques souvenirs du Théâtre Français ; car je ne saurais prétendre écrire l'histoire de cette illustre maison.

Trois de mes ascendants ont fait successivement partie du Conseil de la Comédie Française, moi également ; mon fils en est aujourd'hui ; il est donc naturel que je me place surtout au point de vue juridique, et que je présente une analyse de la législation qui régit ce théâtre, législation composée d'éléments nombreux et variés ; leur coexistence même est assez étrange pour qu'il soit intéressant d'en parler.

Qui a fondé, en réalité, le Théâtre Français ? Ce n'est pas un Directeur, parce que ce ne fut jamais une entreprise particulière, c'est Louis XIV qui, par une lettre de cachet du 21 octobre 1680, ordonna la réunion des deux troupes de comédiens alors établis à l'hôtel de Bourgogne et rue Guénégaud, c'est-à-dire la troupe Royale et la troupe de Molière à laquelle on avait réuni les principaux acteurs du théâtre du Marais.

Le Roi imposa aux comédiens à la date du 3 janvier 1681, un acte de société, non pas pour créer entre eux une association civile ou commerciale, mais un lien sous l'autorité expresse du Gouvernement. Il importe de noter dès à présent, cette haute intervention administrative dont nous retrouverons l'inspiration dans tous les documents ultérieurs relatifs à ce théâtre. Ainsi, et dès à présent, j'ajoute que Louis XV par arrêt du Conseil du 18 juin 1757 fit un réglement pour la Comédie Française ; et également, je souligne intentionnellement qu'aux termes de ce réglement, un artiste pouvait se retirer après vingt années révolues ; mais que d'autre part, même après vingt ans, l'autorité pouvait encore retenir un artiste pendant dix ans de plus. A cette époque, l'Administration du théâtre appartenait aux quatre premiers gentilshommes de la Chambre du Roi. L'article 39 de ce même arrêt de réglement imposa aux comédiens de faire un acte de société qui intervint le 11 juin 1758 et qui fut confirmé par un arrêt du Conseil du 12 janvier 1759.

Le 13 janvier 1791, pour entrer dans l'esprit de l'époque, on déclare que les Théâtres sont libres ; mais deux ans après, en 1793, toujours pour entrer dans l'esprit de l'époque, le théâtre est fermé par arrêté du Comité de Salut Public ; puis les acteurs et actrices qui avaient donné des preuves d'incivisme et représenté des pièces antipatriotiques, étaient mis en prison ; quelques-uns y restèrent fort longtemps.

Les premières tentatives faites pour la reconstitution du Théâtre, datent du Consulat. La première tentative fut un arrêté Consulaire du 6 frimaire, an XI, aux termes duquel la Comédie Française était placée sous la surveillance et la direction du Préfet du Palais. Et le 28 nivôse, an XI, M. de Rémusat qui avait ce titre et cette fonction, décida qu'un acte serait passé entre les comédiens, ce qui eut lieu le 27 germinal an XII, (17 avril 1804). Mais avant d'analyser cet acte qui, en réalité, est le premier de la véritable législation du Théâtre, je m'arrête un instant pour dire que M. Bonnet dont j'ai entretenu le lecteur dans quelques uns des chapitres précédents, et qui devait être mon grand père maternel, faisait dès cette époque, partie du jeune barreau ; il y avait déjà une situation connue et appréciée. Les Comédiens français décidèrent de s'adresser à lui, et de faire appel à ses lumières pour le soin de leurs intérêts.

M. Bonnet avait toujours conservé la lettre qui contenait l'expression de leur confiance ; en voici le texte :

10 prairial, an VII.

Les Comédiens français réunis en Société au Théâtre de la République osent espérer, Citoyen, que vous voudrez bien les aider de vos lumières, comme membre de leur Conseil.

En agréant l'hommage de leur confiance, ils se flattent

encore que vous leur accorderez la double faveur d'accepter l'entrée à leur théâtre, pour Madame votre épouse et pour vous.

       Salut et Fraternité.

Le Citoyen Bonnet.

Suivent les signatures des artistes. Je me permets d'y ajouter, d'après les documents du Théâtre, une appréciation de leur carrière professionnelle :

La Rochelle, acteur comique, excellent dans la grande livrée ; mort en 1807.

Dazincourt (Joseph, J.-B. Albouy) [de Marseille]. Excellent comique ; mort en 1809.

Fleury (Marie-Anne), tragédienne ; retirée en 1807, morte en 1818 près de Choisy-le-Roi, à Orly, dont son mari, le Dr Chevetel, était maire.

Dugazon (J.-B. Henry) [de Marseille]. Excellent comique, mort en 1809 ; ancien Jacobin.

Florence (R.-J. Billot La Ferrière), acteur médiocre, mais utile et zélé. Se retira en 1804 et mourut en 1816.

Veuve Suin (Marie-Denise Vriot), femme du chanteur Nicolas Suin ; tint avec succès l'emploi des duègnes et s'employa avec activité aux affaires de la Société ; retirée en 1804, elle mourut en 1817.

François Talma (1763-1826). Ce nom se passe de tout commentaire.

Caumont (Thomas) [de Rouen], tenait, avec talent, l'emploi des financiers. Retiré en 1809, il mourut en 1811.

C'est peu d'années après, c'est-à-dire à la date du 27 germinal, an XII que les Comédiens firent un acte qui, passé devant notaire à cette date, constituait le fait d'une société « entre MM. et Mmes les Comédiens « Français. »

Je n'ai pas à reproduire ici le texte même de cet

acte. Je veux seulement en faire connaître quelques dispositions essentielles, et aussi celles qui, par la suite, ont pu donner lieu à des difficultés juridiques.

Les Comédiens Français comparants au dit acte, ont déclaré qu'ils s'associaient « pour l'exploitation « du Théâtre Français, à Paris. »

Après quoi, on ajoutait « que la Société avait com- « mencé à compter du 1er pluviôse, an XI, et que sa « durée *serait illimitée.* »

Je mentionne cette disposition parce que précisément à diverses époques, et notamment, lors du procès intenté par M. Got, et dont je parlerai plus loin, on a contesté la légalité de cette disposition, on a prétendu que c'était là *un vœu perpétuel*, et que les vœux perpétuels sont interdits.

La Société devait être purement commanditaire « sous l'autorité expresse du Gouvernement. »

On a souvent invoqué ce texte : « sous l'autorité « expresse du Gouvernement » pour faire remarquer que la pensée originaire était une intervention du Gouvernement qui ne semblait pas pouvoir être contestée.

Comme je ne fais ici qu'une analyse sommaire, je me borne à ajouter que l'article 12 de cet acte, a donné lieu à des difficultés. En voici le texte :

Après vingt ans de service seulement, tout sociétaire prendra sa retraite, à moins que le Gouvernement et le Comité d'administration n'en décident autrement.

Or, il est arrivé que des sociétaires, au bout de vingt années de service, ont prétendu avoir le droit absolu de se retirer.

Mais, d'un autre côté, on le leur a contesté, en faisant remarquer que le texte de l'article 12, avait certainement voulu laisser le Gouvernement maître de retenir les sociétaires même après les vingt ans écoulés. Et dans cette hypothèse, on concluait que le Gouvernement pouvait retenir le sociétaire pendant dix ans de plus, c'est-à-dire pendant trente années au total, mais alors au maximum.

Ce droit a toujours été ainsi revendiqué pour le Gouvernement quel qu'il fût.

Je n'ai pas d'autres dispositions à souligner particulièrement dans la convention de l'an XII, si ce n'est cependant les articles 51, 52 et 53 qui organisent un Conseil de la Société, et qui font connaître les signataires de cet acte si important, puisqu'il est le premier acte constitutif de la Société actuelle.

Art. 51. — Il y aura un Conseil de la Société.

Art. 52.— Le Conseil sera composé de jurisconsultes, avocats, notaires et avoués.

Art. 53 et dernier. — La Société nomme par les présentes, pour composer son Conseil, savoir :

MM. Delamalle
De Sèze
Bellart } Anciens jurisconsultes.
Bonnet
Denormandie

Hua, notaire.

Decormeille, avoué au Tribunal d'Appel de Paris.

Duvergier
Gomel
Ces deux derniers avoués au Tribunal de première instance de Paris.

Ce, fait en présence de : François-René Mahérault, Commissaire du Gouvernement près le Théâtre Français, demeurant à Paris, à l'École Centrale du Panthéon, division du même nom.

Et encore en présence, et de l'avis de M. Gaspard-Gilbert

— 440 —

Delamalle, demeurant à Paris, rue des Capucines, 2, division de la Place Vendôme.

Raymond *de Sèze*, demeurant à Paris, rue des Quatre-Fils, au Marais, n° 17, division du Temple.

Nicolas-François *Bellart*, demeurant à Paris, rue du Grand-Chantier, n° 8, même division.

Louis-Ferdinand *Bonnet*, demeurant à Paris, rue du Sentier, n° 34, division de Brutus.

Claude-Ernest *Denormandie*, demeurant à Paris, rue Michel-Lecomte, division des Gravilliers.

Ces derniers, tous anciens jurisconsultes.

Vincent *Gallien Decormeille*, avoué au Tribunal d'Appel, demeurant à Paris, rue Michel-Lecomte, même division.

Isaac-Benjamin *Duvergier*, demeurant à Paris, Cul de Sac du Doyenné, division des Tuileries.

Jean-Baptiste *Gomel*, demeurant rue des Petits-Champs.

Et pour l'exécution des présentes, lesdits sociétaires font élection de domicile en leur salle d'assemblée, au Théâtre Français, rue de la Loi, auxquels lieux ils consentent la validité de tous actes et exploits de justice et nonobstant changement de demeure, promettant, obligeant, renonçant.

En 1820, M. Bonnet (Louis-Ferdinand), l'un des anciens jurisconsultes ci-dessus dénommés donnait sa fille au fils de M. Denormandie (Claude-Ernest), autre ancien jurisconsulte, également ci-dessus dénommé.

Je suis né de ce mariage en 1821, et voilà comment il se fait que mes deux futurs grands-pères, MM. Bonnet et Denormandie ont été tous deux, en l'an XII, les co-signataires de l'acte constitutif de la Comédie Française.

Ici, je rencontre un autre acte qui a plus de notoriété encore que le premier; il est plus jeune, et c'est celui qu'on cite le plus habituellement : c'est le fameux décret de Moscou, qui fut signé au milieu des neiges de la Russie.

Il n'est pas sans intérêt d'en reproduire le titre :

DÉCRET IMPÉRIAL

SUR

La Surveillance, l'Organisation, l'Administration la Comptabilité, la Police et la Discipline du Théâtre Français

Au quartier impérial de Moscou, le 15 octobre 1812.

Napoléon, Empereur des Français, Roi d'Italie, Protecteur de la Confédération du Rhin, Médiateur de la Confédération suisse, etc., etc.

Sur le rapport de notre Ministre de l'Intérieur.

Notre Conseil d'Etat entendu, Nous avons décrété et décrétons ce qui suit :

. . . . , ,
. . . . , ,

On ne sera pas surpris d'apprendre que l'Empereur Napoléon prenant la plume pour signer ce décret à Moscou, ait tout d'abord déclaré que le Théâtre Français continuerait d'être placé sous la surveillance et la direction du Surintendant de ses spectacles, qu'un Commissaire spécial serait chargé de transmettre aux Comédiens, les ordres du Surintendant, et que ce Commissaire aurait à faire exécuter tous les règlements et les ordres de service du Surintendant.

En faisant cette remarque, je veux indiquer tout d'abord ici, la continuation du caractère donné au premier acte, en un mot, l'intervention administrative la plus complète.

La question que j'ai soulignée plus haut, se trouve de nouveau résolue par l'article 12 de ce décret. Il est ainsi conçu :

> Tout sociétaire qui sera reçu, contractera l'engagement de jouer pendant vingt ans, et, après vingt ans de services non interrompus, il pourra prendre sa retraite, *à moins que le surintendant ne juge à propos de le retenir.*

Ce décret de Moscou confirme implicitement l'éventualité du service d'un sociétaire, même après vingt ans révolus.

> ART. 13. — Le sociétaire, qui se retirera après vingt ans, aura droit : 1° à une pension viagère de deux mille francs sur les fonds affectés au Théâtre Français par le décret du 13 messidor an X. 2° A une pension de pareille somme sur les fonds de la Société dont il est parlé à l'article 8.

> ART. 14. — Si le surintendant juge convenable de prolonger le service d'un sociétaire *au delà de vingt ans*, il sera ajouté, quand il se retirera, cent francs de plus par an à chacune des pensions dont il est parlé à l'article précédent.

Rien dans les autres dispositions du décret de Moscou ne mérite qu'on s'y arrête, sauf cependant les articles 82 et 85 dont voici le texte :

> ART. 82. — Lorsqu'un sujet après dix années de service aura réitéré pendant une année la demande de sa retraite et qu'il déclarera qu'il est dans l'intention de ne plus jouer sur aucun théâtre, ni français, ni étranger, sa retraite ne pourra lui être refusée ; mais il n'aura droit à aucune pension, ni à retirer sa part du fonds annuel de cinquante mille francs.

Art. 85. — Tout sujet retiré du Théâtre Français ne pourra reparaître sur aucun théâtre, soit de Paris, soit des départements, sans la permission du surintendant.

Décret de M. le Président de la République, en date à l'Elysée National du 27 avril 1850, contresigné par M. Baroche, comme Ministre de l'Intérieur.

J'espère ne manquer de respect à personne, si je dis qu'une législation qui se compose tout à la fois de la Convention de germinal, an XII, du décret impérial de Moscou, du décret du Président de la République de 1850, et d'un autre décret signé de Napoléon, Empereur, auquel je vais arriver et qui est du 19 novembre 1859, est certainement une législation qui, tout d'abord, peut paraître bien étrange ; et cependant, malgré cette apparence de contradictions, elle a fonctionné et fonctionne encore aujourd'hui, sans trop de heurts ni de difficulté, grâce au bon vouloir de tous.

Le décret de 1850 qui est du régime républicain, respecte malgré cela, les dispositions principales du décret de 1812. Il est vrai que s'il appartient au régime républicain, il est signé Napoléon !. Comme je veux aller vite et que j'ai toujours peur de fatiguer le lecteur qui a la faculté de se reporter aux textes eux-mêmes, je me borne, pour celui-là, à signaler l'article 14 de ce décret qui est ainsi conçu :

Tout sociétaire qui, après vingt années de services, n'aura pas été, en vertu de l'article 14 du décret du 15 octobre 1812, mis en demeure de continuer à jouer sur le Théâtre Français, sera libre de jouer sur les théâtres des départements. Il ne pourra jouer sur les théâtres de Paris qu'avec l'autorisation du Ministre de l'Intérieur, et sauf interruption du payement de sa pension de retraite pendant la durée des engagements qu'il aura contractés sur ces théâtres.

J'ai souligné plus haut la question qui a été soulevée, de savoir si un sociétaire pourrait être contraint de jouer plus de vingt ans. Le décret de 1850, ne modifie pas, ne rapporte pas sur ce point, l'acte de germinal, an XII, ni le décret de 1812. Conséquemment, ils doivent continuer à recevoir leur exécution.

Cependant ce décret (articles 13 et 14) semble avoir voulu apporter une sorte de tempérament aux textes précédents, en donnant dans quelques circonstances, certains avantages aux sociétaires après vingt ans de services.

Quant au dernier décret, celui du 19 novembre 1859, il est signé *Napoléon III*, *Empereur*, et contresigné par M. Achille Fould, comme Ministre d'Etat.

Il ne semble pas apporter de modifications notables aux autres documents.

UNE RÉPÉTITION DE TALMA CHEZ M. BONNET

M. Bonnet goûtait singulièrement le grand talent de Talma, et pour l'entendre, il usait fréquemment de ses entrées, je crois pouvoir dire, d'autre part, que Talma appréciait également beaucoup M. Bonnet.

De cet échange de sympathie, étaient nées des relations dont l'occasion était recherchée de part et d'autre.

M. Bonnet demandait souvent à Talma le secret de son art. Il était curieux de savoir comment Talma arrivait à produire tel ou tel effet dans une de ces scènes où il excellait à entraîner une salle entière ;

et Talma, quand il avait un doute, demandait parfois conseil à M. Bonnet. Il désirait savoir comment lui, le grand orateur du barreau, interpréterait telle pensée d'un auteur et la rendrait de manière à frapper le public.

Rien, mes chers enfants, ne vous fera mieux comprendre ce que je viens de dire, que le récit d'une petite anecdote qui va trouver ici sa place.

J'ai parlé plus haut de la maison de la rue du Sentier, achetée par mon grand-père, en 1797, et qui, depuis lors, était restée la demeure familiale.

M. Bonnet habitait un corps de bâtiment ,formant hôtel entre cour et jardin, dans le fond de la propriété. Mais il existait sur la rue, un autre corps de bâtiment, qui rejoignait le premier ; et le cabinet de M. Bonnet se trouvait au point de jonction entre ces deux corps de logis.

J'entre dans ces détails parce que l'incident dont je vais parler s'expliquera tout naturellement.

Dans le bâtiment sur la rue, habitait M. Picot, ami intime de M. Bonnet, qui était son locataire et son plus proche voisin ; c'était le grand-père de mon excellent ami, M. Georges Picot, aujourd'hui Secrétaire perpétuel de l'Académie des Sciences morales et politiques.

Un jour, — c'était en 1820, — la maison fut mise en émoi, et le souvenir de l'alarme fut tellement vif qu'elle a été racontée bien souvent à M. Georges Picot dont au besoin, j'invoquerais ici le témoignage, par ses parents et grands parents, et à moi-même par les miens. Ce jour-là, au milieu du calme d'une maison toujours paisible, on entendit un cri terrible, un de ces cris déchirants qui percent les cloisons et retentissent d'étage en étage.

Etait-ce un appel désespéré ? Un crime peut-être... On se précipite ; Mᵐᵉ Bonnet, ses jeunes enfants, M. et Mᵐᵉ Picot, tous se rencontrent dans l'antichambre et dans le cabinet de M. Bonnet, d'où le cri avait semblé partir.

Que s'est-il donc passé ? On trouve M. Bonnet calme, seul avec un visiteur aussi tranquille que lui. D'un geste, M. Bonnet rassure les siens et ses amis : « Ce n'est rien, dit-il, vous avez tort de vous émouvoir « ainsi ; nous causions, Talma et moi » ; et du doigt, il montrait son interlocuteur qui était en effet le grand artiste. « Il vient d'être admirable, ajouta-t-il, « je vous raconterai la scène qu'il a jouée devant « moi. »

Et le soir même, dans une de ces réunions quotidiennes où l'on se groupait autour du chef et de l'ami si vénéré et si affectionné, voici ce qui fut raconté ; les souvenirs de M. Georges Picot et les miens, sont absolument conformes à ce sujet.

« Talma, vous ne l'ignorez pas, dit M. Bonnet, « vient quelquefois me voir ; je l'admire sur la « scène ; je tiens en haute estime son jugement litté- « raire. Il lui arrive parfois de me consulter sur tel « ou tel de ses rôles. Vous savez qu'en ce moment, « on répète au Théâtre Français, une tragédie de « M. Lebrun, consacrée à *Marie Stuart*. Talma « joue le rôle de Leicester. Il y a depuis quelques « jours, une discussion avec l'auteur ; au 5ᵉ acte, « Leicester est en scène, seul avec un confident ; il « vient de faire ses adieux à l'infortunée reine qui « est livrée au bourreau. A l'instant du supplice, il « doit dire deux ou trois vers pour peindre sa dou- « leur. Talma demandait à M. Lebrun de les sup-

« primer. Il soutenait qu'à cette heure d'angoisse,
« ces vers, quelque beaux qu'ils pussent être, étaient
« choquants ; que la passion, comme la douleur, n'ad-
« mettait qu'une expression, se traduisant par un
« cri. Et c'est précisément ce cri que Talma a poussé
« aujourd'hui devant moi, parce qu'il venait me faire
« juge de la question. C'est ce cri qui m'a fait fré-
« mir, et qui vous a tous émus ; car il a retenti,
« m'a-t-on dit, dans toute la maison. »

« Voici le texte qui se trouve à la fin du 5ᵉ acte

Faut-il que mon oreille écoute dans ces lieux,
Les terribles apprêts que repoussent mes yeux ?
Où fuir ? J'entends la voix qui lui lit la sentence ;
On l'exhorte ; elle parle, elle impose silence.
Oui j'entends les sanglots de ses femmes en pleurs,
Mais je n'entends plus rien, on se tait !

« Talma a prononcé ces derniers mots avec une
« angoisse croissante ; puis après s'être arrêté un
« moment ; tout à coup, en proie à une émotion dé-
« chirante, il a poussé un grand cri ..... « Ah ! je
« meurs ! »

Or c'est précisément ce cri que Talma tenait absolument à pousser ; et, ajouta M. Bonnet, il cherchait
avec moi si l'effet ne serait pas considérable. L'événement lui a donné raison.

Tel est l'incident curieux qui s'était passé dans la
maison de la rue du Sentier.

L'auteur se rendit aux raisons du grand tragédien,
et supprimant à sa demande, les vers qui faisaient
longueur, ajouta le fameux : « Ah ! je meurs ! » qui
avait révolutionné notre maison.

J'ai voulu, au moment où j'écris ces lignes, m'assurer si le fait était bien exact. Je me suis transporté
au Théâtre Français ; et là, l'aimable et intelligent

archiviste, M. Monval, a bien voulu me montrer le manuscrit ; j'ai constaté qu'en effet, à un certain endroit, on avait ajouté entre les lignes le mot : « Ah ! » qui était le cri demandé par Talma, et qui ne se trouvait pas à l'origine dans le texte.

M. ET Mme TALMA JUGÉS PAR UNE ÉTRANGÈRE

Je viens de parler de Talma, à l'occasion de l'incident qui a eu lieu rue du Sentier, dans la maison de mon grand-père.

Le nom de Talma est célèbre. Il est resté dans toutes les mémoires. Sa femme, aujourd'hui moins connue, avait beaucoup de talent. Une étrangère nous dira l'impression qu'elle avait éprouvée après avoir entendu le mari et la femme. Cette étrangère était Mlle Maria Edgeworth. Sa correspondance a été imprimée dans un petit volume intitulé : *Lettres Intimes*. Ces lettres sont remplies d'intérêt.

Maria Edgeworth était venue en France avec son père d'abord en 1802, ensuite en 1820 ; puis ils avaient voyagé en France, en Belgique, en Suisse et s'étaient arrêtés notamment à Bruxelles.

Voici ce qu'on lit dans le livre auquel je viens de faire allusion :

« Nous vîmes à Bruxelles, dit Mlle Edgeworth, deux
« des meilleurs acteurs de Paris, *M. et Mme Talma* :
« on jouait « Andromaque », de Racine, imitée en
« anglais sous le nom de « La Mère affligée ».

« Mme Talma remplissait le rôle d'Andromaque, et
« son mari, celui d'Oreste. Tous les deux ont été
« admirables.

« Je n'avais auparavant aucune idée d'un jeu pa-
« reil, et mon père qui a vu Garick, Siddons, Yates
« et Lekain, dit qu'il n'a jamais entendu quelqu'un
« de supérieur à Mme Talma. Nous avions lu la pièce
« le matin ; excellente précaution ; autrement, la
« manière de déclamer en France, étant pour nous,
« chose tout à fait nouvelle, m'aurait empêchée de
« comprendre.

« Seulement, il y avait une Hermione dont la dic-
« tion était extravagante, et dont la ceinture trop
« serrée faisait haleter la poitrine comme le soufflet
« d'une cornemuse, lorsque posant ses mains sur son
« cœur, elle voulait exprimer quelque chose qui avait
« l'intention d'être de la passion ; il y avait aussi
« un pitoyable Pyrrhus et un vieux Phénix dont je
« pensais, à tout moment, voir tomber par terre, la
« perruque blanche...... »

Vous voyez, mes chers enfants, que cette étrangère ne manquait pas d'esprit, et qu'elle avait le tour assez original.

LES ENTRÉES DE M. DENORMANDIE PÈRE

1821. — Mon grand-père paternel, M. Denormandie (Claude-Ernest) était décédé en 1815 ; dès 1821, les Comédiens faisaient bon accueil à mon père, à l'occasion du transfert d'un droit d'entrée, et cela, en termes particulièrement aimables.

Voici la réponse qu'ils lui adressèrent :

Monsieur,

En nous empressant d'accéder à la demande de Madame votre mère et à la vôtre ; en consentant avec plaisir à ce que ses entrées vous soient transmises, nous avons cédé, sans doute, d'abord au désir de prouver combien nous honorons la mémoire de feu M. Denormandie, et combien la recommandation de M. Bonnet a de poids sur nous.

Nous vous prions cependant, Monsieur, de croire que votre considération personnelle et l'intérêt que vous accorde Monsieur le Procureur Général ont influé aussi sur notre détermination que tant de titres devaient rendre aussi prompte qu'unanime, et qu'il nous serait agréable de revoir un jour dans le Conseil, un nom déjà précieux pour nous, par de longs services rendus à la Comédie Française.

Nous avons l'honneur d'être avec la plus parfaite considération, Monsieur, vos très humbles et très obéissants serviteurs,

Paris, le 6 avril 1821.

Les Comédiens français ordinaires du Roi :

(Je vais mentionner ici leurs noms, avec appréciation, d'après des documents du théâtre, de leur carrière professionnelle.)

ARMAND (A.-B. Roussel), de Versailles, jeune premier, très distingué ; prit sa retraite en 1830, et mourut en 1852.

Mlle MARS. Ce nom n'a besoin d'aucun commentaire. Née en 1779, décédée en 1847.

SAINT-FAL (Etienne Meynier), avait débuté à 30 ans, en 1782, retiré en 1834, mort en 1835.

CARTIGNY (cl. ch.). Excellent valet de comédie ; retiré en 1831, mort en 1852.

DE VIGNY (A.-G.-Le Chauve). Bon financier, retiré en 1829, mort en 1830.

DESMOUSSEAUX (F.-A. Saillot, de Dormanse). Médiocre acteur, mais administrateur habile, et connu surtout par sa femme, excellente duègne, et qui était la fille de Baptiste aîné.

MICHELOT (P.-M.-M. Théodore). Premier rôle, estimé ; excellent professeur qui fut un des maîtres de Mlle Rachel. Retiré en 1831, mort en 1856.

1822. — Quand je suis, comme je le fais en ce moment l'ordre chronologique, je passe successivement de mon grand-père maternel à mon grand-père paternel, et réciproquement.

C'est ainsi que j'ai constaté leu. double présence dans l'acte constitutif du Théâtre français.

C'est ainsi qu'en 1820, je viens de trouver mon grand-père maternel, M. Bonnet, faisant du théâtre avec Talma.

C'est ainsi que je viens de voir évoquer, dans une lettre du 6 avril 1821, adressée à mon père, la mémoire de mon grand-père paternel.

Ceci dit, je vais maintenant revenir de nouveau à mon grand-père maternel en citant un billet aussi original que spirituel adressé par Talma à M. Bonnet, le 27 janvier 1822.

Voici dans quelles circonstances :

L'Empereur Napoléon était mort le 6 mai 1821. M. de Jouy, aussitôt après cet événement, fit pour le Théâtre Français une tragédie dont la première représentation eut lieu le 27 décembre 1821.

Cette tragédie avait pour titre « Sylla ». Talma qui jouait le rôle principal, s'était attaché à se donner la physionomie d'un empereur romain, et rappelait d'une manière frappante Napoléon.

La belle statue de David d'Angers représente Talma dans ce rôle.

Vous allez voir combien Talma s'identifiait à son rôle puisqu'il signait sa lettre à mon grand'père du nom du personnage.

Mon cher Cicéron, je me rendrai chez vous, le VI des Calendes de février, vers la Ve heure du jour, ou, dans la langue des barbares, dimanche 27 janvier, vers les 11 heures du matin.

Cura ut valeas, te amamus.

L.-C. SYLLA.

A M. Bonnet, rue du Sentier, 14

IMPRESSIONS PERSONNELLES

1851. — Je suis devenu en 1851 le titulaire de l'office de mon père. A ce titre, j'ai été, depuis cette époque, membre du Conseil de la Comédie Française.

Je vais donc me reporter maintenant à des souvenirs personnels.

La génération à laquelle j'appartiens était passionnée pour l'ancien répertoire, pour les chefs-d'œuvre de Molière, de Racine et de Corneille. Nous allions applaudir Ligier et Beauvallet qui, au moment où je sortais du collège (dès 1840) étaient en grande faveur. Beauvallet, avec sa voix de basse profonde, Ligier, avec sa diction martelée, étaient deux artistes qui ont laissé au Théâtre Français de bien honorables souvenirs. Mais sans rien retirer de ces éloges, j'ajoute que Geffroy nous charmait particulièrement. Il avait un jeu nerveux qui impressionnait vivement ; c'était un comédien éminent qui, en dehors de son talent si dramatique dans le répertoire moderne, cachait modestement un véritable mérite de peintre. Il a su doter le foyer des artistes de deux importants tableaux représentant l'un, le personnel de la maison de Molière, l'autre la même compagnie à vingt ans de distance. Hommage délicat du présent au passé où le peintre se dissimule modestement dans l'un des groupes. Dans l'un de ces tableaux, on voit, au centre, Mlle Mars ; M. Samson en marquis de La Seiglière, Samson, ce maître de bien dire, d'une science incomparable dans les nuances et dans l'art de ménager les effets ; puis Rachel en péplum, incomparable dans tous ses rôles tragiques, admirable aussi dans Adrienne Lecouvreur, dont le souvenir évoque l'inoubliable récitation des « Deux Pigeons », puis Provost, merveilleux dans le rôle du père (dans le Gendre de M. Poirier), lorsque la pièce qui d'abord avait été portée au Gymnase, vint plus tard au Théâtre Français ; Bressant, qui trouva après Berton père, dans le reprise du rôle du marquis de Presles, l'occasion d'un succès si personnel ; puis Mme Plessy et Mmes Favart, Fix, Dubois, Jouassain ; enfin quelques autres astres dont les artistes du temps présent, si brillants qu'ils soient, n'ont pas pour nous, affaibli l'éclat.

Je viens de prononcer le nom de Rachel. Quelle émotion produite parmi nous par les débuts si troublants de l'incomparable tragédienne, par ce talent moitié d'étude, et il faut bien ajouter, moitié sauvage, comme l'a écrit Théophile Gautier !

Quelle fête c'était pour nous, lorsque l'affiche nous

promettait ou « Phèdre », ou la « Camille », d'Horace, ou l' « Emilie de Cinna » ou l' « Hermione », d'Andromaque !

Je n'ai jamais rencontré M{^{lle}} Rachel dans un salon, mais plus heureux que moi, un de mes jeunes amis, secrétaire d'un avocat distingué, a eu la rare fortune d'approcher la déesse et d'être admis dans son joli hôtel de la rue Trudon (aujourd'hui disparue). Il s'agissait, je crois, de soumettre à la grande artiste, un projet de transaction ; car M{^{lle}} Rachel, disons-le en passant, n'était pas toujours facile dans ses rapports avec les directeurs de province.

Mon jeune ami n'avait pu entendre de près, cette voix très impressionnante au théâtre, sans en être vivement ému et il gardait de cette entrevue un souvenir ineffaçable si j'en juge par sa persistante émotion, lorsqu'il racontait cette visite.

Grand amateur de théâtre, ayant un vrai culte pour la maison de Molière, je n'ai pas besoin de dire avec quel empressement je profitais de mes entrées dans la maison pour me familiariser avec les chefs-d'œuvre qu'on y représente et leurs meilleurs interprètes. Aussi, et pour ne parler que du passé, ai-je singulièrement apprécié les incomparables artistes dont j'ai déjà rappelé les noms, auxquels j'ajoute bien entendu Régnier, et dans le lointain de mes souvenirs de jeunesse, Menjaud, Firmin, Monrose père, déjà sur leur déclin, mais dont les noms restent pour moi comme ceints d'une véritable auréole artistique.

Je n'ai pu qu'entrevoir M{^{lle}} Mars. Je l'ai entendue dans « Marie ou les Trois Epoques ». Par contre, j'ai assisté aux débuts de M{^{lle}} Doze, artiste vraiment exquise, son élève et son amie.

Je m'en voudrais d'oublier parmi les artistes alors

les plus aimées la reine des soubrettes, la mordante Augustine Brohan, que sa vue tenait trop souvent éloignée de la scène. Mais aussi, quelle joie, lorsque l'affiche annonçait qu'on allait revoir la Nicole au rire perlé du *Bourgeois Gentilhomme*, la Dorine de *Tartuffe*, la Lisette des *Jeux de l'Amour et du Hasard*, sans parler de la Lisette du *Légataire Universel*, de la Toinette du *Malade Imaginaire* et de la Suzanne du *Mariage de Figaro*! Autant de fêtes pour l'oreille et pour les yeux.

Parmi les représentations de cette époque qui m'ont le plus vivement frappé, je note au courant de la plume une reprise du *Chatterton* de M. de Vigny, dans laquelle Geffroy consentit à jouer un rôle d'abord destiné à l'acteur Rouvière, pour faire cortège à Mme Plessy, qui s'essayait dans le répertoire romantique ; une reprise éclatante de *Bertrand et Raton*, de Scribe, où Samson et Régnier firent merveille, celui-ci dans un rôle tout à fait infime ; la première représentation des *Contes de la Reine de Navarre*, où Mme Madeleine Brohan, sortant du Conservatoire, fit un début sensationnel ; enfin l'apparition des délicieux proverbes de Musset.

On comprend qu'il ne s'agit ici dans ce retour vers le passé que de simples souvenirs et de rapides annotations qui n'ont d'autre mérite que leur sincérité. Ni critique, ni historien, je suis simplement un vieil amateur, un habitué, un ami de la maison, qui cause des impressions de sa jeunesse et prend plaisir à se remémorer ces belles soirées que ménageaient aux amateurs les administrateurs de cette époque, MM. Arsène Houssaye et Empis, dont MM. Ed. Thierry, Emile Perrin et J. Claretie se sont montrés les dignes successeurs.

LA RUSSIE, MUSSET ET Mme ALLAN

Il est difficile de se reporter à ce passé du Théâtre Français, sans songer aux fréquents voyages que faisaient en Russie les artistes de la Comédie Française. Chacun sait que la haute société russe a toujours témoigné une grande bienveillance à nos artistes, un goût très vif pour nos œuvres dramatiques.

Une anecdote racontée avec beaucoup de charme par M. Paul de Musset montre que c'est peut-être à la Russie que nous devons d'applaudir sur la scène du Théâtre Français le répertoire d'Alfred de Musset.

Mme Allan, dont le talent a été si apprécié, et qui a laissé un nom, jouait en Russie avec une grande faveur depuis environ quinze ans. Elle était admise dans la plus haute société russe ; elle y avait pris tout à fait le ton des femmes du grand monde.

Un jour, à Pétersbourg, on lui conseilla d'aller dans un petit théâtre voir jouer une pièce dans laquelle un très joli rôle de femme paraissait pouvoir lui convenir. Mme Allan va à ce théâtre voit la pièce russe, en est charmée, et en demande une traduction française afin de la jouer devant la Cour. Or cette pièce, était le « Caprice » d'Alfred de Musset ! On avertit Mme Allan que la pièce russe dont le mérite l'avait tant frappée n'était elle-même qu'une traduction. Le volume qui contenait le « Caprice » courait les rues de Saint-Pétersbourg. On en donna un exemplaire à Mme Allan, et la pièce fut jouée devant l'Empereur Nicolas qui la trouva charmante.

Le *Caprice* nous revint ainsi par la Russie dont on a dit que Mme Allan l'avait rapporté dans son manchon. On sait qu'à sa suite, les autres ouvrages d'Alfred de Musset vinrent peu à peu **enrichir le répertoire** de notre première scène française.

« LE CHANDELIER »

C'est vers 1840 qu'Alfred de Musset écrivit le « Chandelier » qui prit place dans son volume de théâtre, théâtre de fantaisie, fait pour le livre, sans aucune préoccupation de la scène. L'auteur avouait lui-même qu'il n'avait pas les qualités d'un auteur dramatique et que son humeur ne s'accommodait guère des contraintes du genre.

M. Duquesnel qui, de temps à autre, nous donne sur le théâtre des articles pleins d'intérêt, a exprimé le sentiment que j'indique ; et à ce sujet il s'est demandé comment un théâtre de forme exquise, d'une originalité si personnelle, d'un charme si poétique, d'une mélancolie si touchante et presque maladive, comment ce théâtre s'était peu à peu échappé du volume pour s'éclairer aux feux de la rampe.

On le sait parce que je viens de raconter au sujet du « Caprice ». Voyons le « Chandelier ».

La première représentation du « Chandelier » remonte au 10 août 1848 ; elle se fit dans un singulier théâtre, et dans les plus détestables conditions. M. Hostein qui dirigeait le Théâtre Historique du boulevard du Temple, après l'avoir repris d'Alexandre Dumas père, ne sachant quelle pièce jouer, s'avisa du *Chandelier* en attendant que d'Ennery lui apportât un drame.

La réussite fut médiocre ; la pièce ne fut pas comprise ; elle avait l'inconvénient grave, bien qu'elle eût alors douze tableaux, de ne pas faire un spectacle suffisant, à une époque où le public en voulait « pour son argent ».

La distribution du *Chandelier* était d'ailleurs assez faible, et il était difficile de prétendre à un succès.

Aussi, la vraie première représentation du *Chandelier* date seulement du 29 août 1850, lorsque Arsène Houssaye monta la pièce resserrée et mise au point par l'auteur à qui il donna une superbe distribution : les principaux rôles étaient tenus par Samson, Mme Allan et Brindeau qui s'était fait une spécialité du répertoire d'Alfred de Musset.

Brindeau jouait le Capitaine Clavaroche ; il avait fait le Colonel de Chavigny dans le *Caprice*. Quant à Fortunio, ce ne fut pas un travesti comme au Théâtre Historique. Le rôle fut joué, et admirablement joué par un jeune comédien de 24 ans, passionné, ému, charmant, dont la voix pénétrante allait au cœur. Il venait de l'Odéon, où il avait eu déjà de grands succès ; il s'appelait tout simplement : *Delaunay* ! On sait quelle fut sa carrière.

En 1850, quand on représenta *Le Chandelier* à la Comédie, Alfred de Musset avait environ 40 ans ; il était donc jeune encore, mais éprouvé par les fatigues, les chagrins et les soucis que l'on sait : il paraissait déjà vieux, il parlait à peine, se tenait dans les coins, s'effaçait volontairement. Il n'en conservait pas moins une allure aristocratique.

Il avait été convenu pendant les répétitions que Fortunio chanterait sa chanson, ainsi que dans le *Mariage de Figaro*, Chérubin chante la sienne. Il y avait à cette époque, au Théâtre Français, un tout petit orchestre qui saluait modestement les levers de rideau. Le chef qui le dirigeait n'était autre que Jacques Offenbach. Quel début modeste ! Quoi qu'il en soit, c'est Offenbach qui écrivit la musique de la chanson :

> Si vous croyez que je vais dire
> Qui j'ose aimer ;
> Je ne saurais pour un empire,
> Vous la nommer.

Il y eut, plus tard, en 1872, sous le règne de M. Perrin, une seconde reprise du *Chandelier* avec une distribution nouvelle : Thiron, Bressant, Madeleine Brohan et Delaunay, jeune encore, qui jouait Fortunio comme à la création, avec vingt-deux ans de plus, mais on ne s'en apercevait pas.

LE PROCÈS DE M. GOT
CONTRE LA COMÉDIE FRANÇAISE

J'ai fait plus haut allusion au procès de M. Got contre la Comédie française ; le moment est venu d'en parler.

M. Got qui fut assurément un des artistes les plus éminents du Théâtre Français, eut malheureusement un désaccord avec la Comédie au sujet de l'exécution du contrat de l'an XII et des divers décrets que j'ai analysés et qui constituent l'ensemble de la législation du théâtre. Ce désaccord ne prit la forme d'un procès qu'en 1865 ; mais dès avant cette époque, et notamment depuis 1855, le désaccord existait. Toutefois il n'est pas possible d'imaginer plus de convenance, de politesse et même de courtoisie dans les escarmouches qui précédèrent la bataille définitive.

En 1855, M. Got adressait à M. Arsène Houssaye, alors administrateur du Théâtre Français, une lettre officielle qui était un commencement de déclaration de guerre. M. Got s'y plaignait avec une certaine amertume de la portée que la Comédie donnait au contrat de l'an XII et aux divers décrets. Il y discutait le droit revendiqué pour le « Surintendant » (aujourd'hui le Ministre) de retenir un artiste même après vingt ans révolus. Il y commentait la façon de calculer les états de service. Mais M. Arsène Houssaye qui n'admettait pas un seul instant la possibilité de voir s'éloigner du théâtre un homme comme M. Got, lui répondit très aimablement et avec beaucoup de finesse : « Mon cher Got, soyez sans inquié-
« tude, tout s'arrangera ; vous êtes de ceux que l'a-
« venir se charge toujours de dédommager.

« A vous.

« *Signé* : A. HOUSSAYE. »

Mais M. Got n'abandonnait pas sa situation de belligérant ; quelques-uns de ses camarades, quelques-uns de ses amis, se plaignaient en son nom que tous les soirs, dans une salle vide ou à peu près, une comédie, plus ou moins gaie, vînt prendre ses ébats. L'affiche annonçait bien la chose, mais personne ne s'en inquiétait ; Rachel était morte, et la vraie comédie n'était pas encore née pour le Théâtre Français.

C'est sous l'empire de ces sentiments que M. Got se décida à adresser à M. Arsène Houssaye une nouvelle lettre dont je ne donne que le commencement et la fin, parce qu'il faut être sobre :

Monsieur,

J'ai l'honneur de vous adresser ma démission de sociétaire et d'artiste de la Comédie Française et vous prie de la communiquer officiellement au Comité et au Ministère d'Etat. En échange de douze années de services sincères, je ne demande que ma liberté pure et simple. . . . . .
. . . .

Je sais quels hasards je vais courir... Que voulez-vous ?... Je suis le sous-officier, occupé dans les bureaux, qui rend ses galons pour avoir droit de faire campagne. Mais encore une fois, je ne suis pas un ingrat, je n'accuse personne, je n'en veux à personne, et j'aimerai toujours malgré tout, cette maison qui m'a élevé, parce qu'elle est honorée et honorable au fond pour les artistes, et bonne et sûre. Si je m'en retire, c'est pour me retremper aux sources vives et me dérober aux effets inévitables de l'inaction.

Veuillez agréer, Monsieur, ...
. . . .

Edmond GOT.

M. Arsène Houssaye répondit :

Monsieur, le Comité a entendu la lecture de votre lettre avec un vif regret. Le Comité a eu trop à se louer de vous jusqu'ici pour ne pas vouloir vous garder longtemps encore.
Vous avez signé avec la Comédie, un contrat qui vous lie à elle et qu'elle ne veut pas déchirer. Le Comité, avant d'entendre la lecture de votre lettre, avait d'une seule voix augmenté d'un douzième votre allocation annuelle... Ceci doit vous prouver l'estime qu'il fait de vous ; quant à moi, vous savez que mon plus grand désir est de mettre dans leur vraie lumière tous les talents de la Comédie.
Agréez. . . .

Arsène HOUSSAYE.

Dans le pli contenant cette lettre officielle, M. Arsène Houssaye avait eu le soin de glisser un billet privé dont voici le texte :

Mon cher Got, vous savez que l'air officiel de cette lettre est tout administratif. Ce n'est pas ainsi que je vous parlerai quand je vous verrai, j'ai beaucoup de bonnes choses à vous dire.

A vous.

Arsène HOUSSAYE.

Malgré la courtoisie de cette première passe d'armes, M. Got, au mois de juillet 1856 renouvelait sa démission entre les mains de M. Empis, successeur d'Arsène Houssaye.

M. Empis, ancien Directeur des Domaines de la liste civile du Roi Louis-Philippe, ce qui ne l'empêchait pas d'être un homme de lettres et un Académicien de beaucoup de mérite, continua à avoir à l'égard de M. Got les meilleurs procédés, mais il ne se démit en quoi que ce soit de ses droits ni de ses devoirs d'Administrateur Général.

Les choses se prolongèrent ainsi pendant un certain temps. Il y eut des incidents divers ; M. Got obtint certaines satisfactions d'amour-propre, mais il demeurait toujours mécontent. En réalité, il n'obtenait pas ce qu'il voulait. Je n'entre pas, bien entendu, dans les détails de cette situation. Je voulais seulement faire connaître à grands traits, ce procès de M. Got qui a été une cause d'émotion pour la Comédie et pour ses différents administrateurs parce qu'il mettait en question la validité de quelques-unes des dispositions de certains actes constitutifs de la Comédie française.

En 1861, M. Got prit une situation plus agressive. Il adressa une longue lettre à M. Thierry qui était devenu Administrateur général du théâtre. Il refit l'énonciation de ses griefs principaux, et cette fois, il pria l'Administrateur de faire part au Ministre très officiellement, de sa protestation, à moins qu'on ne lui donnât enfin la satisfaction qu'il demandait ; et la dernière ligne était celle-ci : « Travailleur cons-« ciencieux depuis 1844, je veux être libre à comp-« ter de 1864, parce que c'est mon droit. »

Nous allons voir par la réponse de M. Thierry qu'aucun des Administrateurs du Théâtre Français n'aura manqué dans cette lutte, ni aux égards dus à un contradicteur comme M. Got, ni à la défense habile de la situation dont ils avaient la charge.

Voici cette réponse :

Cher Monsieur Got,

Je n'ai pas encore présenté votre lettre à Monsieur le Ministre et voici pourquoi j'hésite à le faire, c'est que vous n'en pouvez recueillir aucun résultat heureux. Vous me chargez de plaider votre cause auprès de M. Fould ; mais vous savez ce que je pense de votre cause, et ne fussé-je ici qu'un avocat, on n'accepte pas volontiers les causes perdues d'avance.

Et M. Thierry ajoute, après avoir argumenté :

Le décret de 1812 est contre vous, vous l'invoquez afin d'être libre dans quatre ans, et c'est ce qui vous lie ; laissez-vous donc lier de bonne grâce, lier à un art que vous aimez, lier à un théâtre au-dessus duquel il n'y en a pas d'autre, à ses succès, à ses joies, et à la célébrité. Voilà ce que je vous réponds et si Monsieur le Ministre me fait l'honneur de me consulter, c'est ce que je lui répondrai à lui-même. Voulez-vous maintenant que je lui communique votre lettre, je le ferai, mais à regret, obligé de vous desservir comme administrateur lorsque je serais heureux de vous servir.

En ami,

Ed. THIERRY.

M. Got attendit encore pendant quatre ans parce qu'il ne voulait pas compromettre ni entraver le succès de *Maître Guérin*. Enfin au bout de quatre ans, c'est-à-dire au mois de juin 1865 il adressa sa démission officielle et définitive au Comité.

M. Thierry répondit le 4 juillet 1865 en refusant la démission. Cet échange de correspondances qui, cette fois, constituait une véritable rupture, causa une certaine émotion dans le monde des théâtres, et même dans les régions officielles.

Mais personne ne pouvait empêcher M. Got qui avait tant tardé, de suivre enfin son procès.

Toutefois il voulut encore faire un appel à ses camarades. Sa lettre était écrite aux Sociétaires réunis en Assemblée générale ; elle était du 16 novembre 1865.

Je relève dans cette lettre un seul passage qui est le mot de l'affaire :

« Qu'on me donne ma liberté et ma retraite aux-
« quelles j'ai droit en mon âme et conscience, et à
« cette condition, je me désiste de ma demande en
« dissolution de la Société. »

Le Secrétaire de la Comédie, M. Verteuil, répondit :
« que les pouvoirs de l'Assemblée générale définis
« par les décrets, ne lui permettaient pas de résou-
« dre la question que M. Got avait voulu soumettre

« à son appréciation ; que néanmoins, si l'Assemblée
« générale pouvait avoir à formuler une opinion,
« cette opinion serait identiquement celle que le
« Comité a cru devoir exprimer précédemment et
« que l'Assemblée générale approuve sans réserve. »

En dehors de cette délibération officielle, quelques-uns des camarades de M. Got lui firent des réponses ; les unes très bienveillantes, d'autres amicales, d'autres même affectueuses ; d'autres enfin semblaient n'avoir pas bien compris la question.

Ces circonstances n'ont plus d'intérêt ; cependant il y a une des réponses que je ne résiste pas au plaisir de citer. C'est celle de Mlle Clémentine Jouassain, du 14 novembre 1865 :

Mon cher Camarade,

Je suis la plus humble des Sociétaires de la Comédie, et la question que vous me posez intéresse un bien gros débat. Vous savez quelle est d'ordinaire la destinée des petits au milieu des querelles des grands. Veuillez donc m'excuser d'entendre aussi peu de chose à ce qui se passe si fort au-dessus de moi. Tout ce que je comprends bien, ce sont les sentiments que vous devront toujours ceux qui ont eu l'honneur de partager avec vous le Sociétariat, et je vous prie d'en agréer ici la vive expression avec l'assurance de tout mon attachement.

Signé : CLÉMENTINE JOUASSAIN.

Il est impossible assurément de donner plus de charme et plus de grâce à une réponse, ni de montrer plus d'habileté à ne rien répondre.

C'est ainsi que pendant toute cette affaire qui a duré fort longtemps, jamais on n'a cessé de constater la bonne grâce, l'aménité, la courtoisie, et pourquoi n'ajouterais-je pas, l'habileté témoignée de part et d'autre.

Je n'ai plus qu'une chose à dire :

Au nom des Sociétaires qui avaient été mis personnellement en cause, on déclara que les Sociétaires ne se croyaient pas le droit de discuter le fond, et que le Tribunal leur semblait incompétent.

L'Administrateur du théâtre rappelait que l'art. 4 du décret organique de 1850 déclare que l'Administrateur général doit exercer tant en demandant qu'en défendant toutes les actions et tous les droits des comédiens.

Sous peine d'abdication, il se déclarait obligé de prendre en mains la cause de la Comédie ; et en effet, il était intervenu, et maintenant son intervention, il revendiquait les droits de l'autorité administrative et concluait à l'incompétence du Tribunal civil.

Tout ceci expliqué, il faut maintenant, en terminant, reprendre les points qui divisaient la Comédie et M. Got.

M. Got demandait la dissolution de la Société constitutive du Théâtre-Français. — Les actes principaux représentant la législation du théâtre, sont :

1° L'acte de Germinal an XII.
2° Le Décret de 1812.
3° Le Décret de 1850.
4° Le Décret de 1859.

M. Got disait : L'acte de Germinal an XII est un acte qui n'a plus de raison d'être. Aux termes de cet acte, le Surintendant (aujourd'hui le Ministre) aurait le droit de retenir un Sociétaire s'il le jugeait à propas, même après vingt ans de services non interrompus.

« Ceci, disait M. Got, est inadmissible d'au-
« tant plus que l'acte déclare très nettement que la
« Société a été déclarée faite pour un temps illimité,
« ce qui est radicalement nul, ce qui est contraire
« au Code. »

M. Got discutait ensuite les décrets de 1812, de 1850 et de 1859 comme portant une véritable atteinte à l'indépendance et à la liberté des artistes ; et par ces motifs, M. Got demandait au Tribunal civil de mettre fin à l'existence de la Société, d'en prononcer la dissolution, d'en ordonner la liquidation et par conséquent, de mettre à néant et de faire disparaître la Comédie française.

On lui répondait : « Les moyens invoqués n'ont rien
« de juridique ; vous demandez la dissolution d'une
« Société dont les affaires sont en bon état. On ne
« peut pas dissoudre une Société pour cause de pros-
« périté. »

Personne n'a jamais prétendu que les Comédiens en se soumettant aux actes constitutifs du Théâtre Français, faisaient des vœux éternels. Après vingt ans, trente ans au plus, ils peuvent sortir de l'association. Quand l'art. 2 déclare que la durée de la Société est illimitée, il déclare seulement que tous ceux qui deviendront Sociétaires, à quelque époque que ce soit, seront tenus de mettre en commun les fruits de l'exploitation. La Comédie française n'est pas une Société ; elle n'est pas une entreprise particulière ; c'est une administration publique, elle fonctionne non pas seulement sous l'influence de l'acte de Germinal an XII, mais également sous le régime administratif des décrets de 1812, de 1850 et de 1859. L'acte de Germinal lui-même est un acte dans lequel se manifeste à chaque ligne l'action du Gouvernement et son intervention dans de nombreux cas.

Cet acte de Germinal a été rapproché des décrets. Les décrets ont été quand ils sont intervenus, soudés à l'acte de Germinal. Le tout constitue un ensemble administratif. En réalité, l'Etat a la haute main sur l'institution. Il donne la salle, il subventionne et il administre d'une manière absolue sur beaucoup de points.

Il n'est donc pas possible de prétendre appliquer à cette situation le droit commun, le droit ordinaire des Sociétés ; dissoudre l'acte de l'an XII, ce serait frapper une partie de l'ensemble administratif, ce serait toucher aux décrets qui sont devenus une grande partie de ce tout indivisible. En un mot, ce serait contraire au grand principe de la séparation des pouvoirs. En conséquence, par ces raisons, et par toutes autres qui furent données dans la discussion, on opposait à M. Got l'incompétence du Tribunal civil.

M. l'Avocat Impérial fut de cet avis. En examinant, dit-il, le caractère de ces différents actes, on arrive à cette conclusion que la Société n'est pas une Société de droit commun.

Le Tribunal adoptant les conclusions du Ministère public, se déclara incompétent.

Ce qui fait que M. Got continuant à donner au théâtre la collaboration d'un de ses plus éminents Sociétaires, lui rendit les plus grands services jusqu'à l'époque toujours regrettée de sa retraite définitive.

L'AMBULANCE DU THÉATRE FRANCAIS

pendant le siège de Paris (1870-1871)

Hélas ! mes souvenirs viennent de me ramener à 1870, de douloureuse mémoire. J'ai raconté ailleurs (1) qu'à la fin de juillet, un soir à l'Opéra, au 3ᵉ acte de *la Muette*, après le beau chant « Amour sacré de la patrie », un même cri emplit toute la salle : « la Marseillaise ! » Alors Emile de Girardin se leva, le visage enflammé, se pencha sur le bord de sa loge et tendant le bras avec le ton du commandement, s'écria de sa voix claire et perçante : « Debout ! Debout ! » et la salle entière lui obéit.

Ceci se passait en juillet ; et nul ne songeait alors que Paris pût être assiégé. Les salles de spectacle se remplissaient encore de spectateurs qui, le rideau tombé, réclamaient l'hymne national et entonnaient en chœur le refrain. Mais bientôt les mauvaises nouvelles se succédant, les théâtres furent désertés, et peu à peu fermèrent leurs portes. Lorsque le 7 septembre 1870, on se décida à enlever l'affiche du Théâtre Français, la location avait donné, la veille, 30 francs, et le chiffre annoncé pour ce jour était de 7 francs !

C'est que depuis le désastre de Sedan (3 septembre) l'ennemi se rapprochait tous les jours de la capitale. Le 9, on le signalait à Laon et à Montmirail, le 11 à Meaux, le 15 à Corbeil, le 16, la ligne d'Orléans était coupée entre Athis et Ablon, le 17, le dernier train parti de Paris, était attaqué devant Choisy, et toutes

---

(1) *Notes et Souvenirs*, page 77.

les routes se couvraient d'Allemands. Enfin, le 19 septembre, on apprenait officiellement que les dernières voies ferrées qui rattachaient Paris à la France et à l'Europe venaient d'être coupées et que la capitale était abandonnée à elle-même.

Dès ce moment, si la question alimentaire prit la première place dans les préocupations publiques, le cœur des Parisiens s'émut à la pensée de ceux qui allaient exposer leur vie et verser leur sang pour la défense de la capitale, et des ambulances furent créées de toutes parts. Les unes furent organisées sous la direction de l'Administration, les autres par des sociétés ou des associations qui rivalisèrent de zèle ; d'autres enfin par de généreux particuliers qui ouvrirent leurs maisons, leurs appartements, et prodiguèrent avec un dévouement admirable leurs soins aux blessés.

Parmi ces demeures hospitalières, il faut citer le Théâtre Français. Dès le jour où les représentations furent suspendues, Mesdames Brohan, Favart, Jouassain, patronnèrent chaleureusement l'idée d'y installer une ambulance. Mme Madeleine Brohan offrit un lit, Mme Favart trois lits, Madame Jouassain des draps. Tel fut le point de départ de cette entreprise charitable qui allait rendre de si grands services.

Le lendemain on décida que les sociétaires donneraient chacun quarante francs pour l'organisation de l'ambulance ; dès le lendemain aussi, le Comte Serrurier qui, d'une façon générale, était à la tête du service des ambulances parisiennes, accepta celle du Théâtre Français, et autorisa l'Administrateur de la maison à prendre le drapeau de la Société internationale. Puis on rédigea une lettre circulaire pour faire appel à la générosité publique ; les dames sociétaires se partagèrent les visites utiles à faire pour provoquer les dons, et bientôt les dons affluèrent sous des formes diverses.

Dès le début, le docteur Coqueret venait se mettre à la disposition du Théâtre Français pour le service médical. Dès le 10 septembre, neuf médecins et trois chirurgiens étaient à la disposition de l'ambulance ainsi que des infirmiers et des religieuses hospitalières, et M. l'abbé Chautrain, deuxième vicaire de Saint-Roch, voulait bien accepter les fonctions d'aumônier.

L'Administrateur général du Théâtre Français, M. Ed. Thierry, qui exerçait ces fonctions depuis la fin de l'année 1859, et qui a pris sa retraite seulement en juillet 1871, avait soin de consigner dans son agenda ce qui se passait chaque jour à la Comédie française.

Ces notes bien intéressantes ont été publiées plus tard chez Tresse et Stock sous le titre de : *La Comédie Française pendant les deux sièges*. On y verra, en ce qui concerne l'ambulance, quels obstacles elle rencontra dans son fonctionnement malgré le zèle et le bon vouloir de tous ; combien les approvisionnements de nourriture et de combustibles lui furent difficiles, quelle émotion on ressentait à l'arrivée de nouveaux blessés, quelle tristesse, quand, malgré les soins les plus attentifs et les plus délicats, on avait le malheur de les perdre.

Les dames artistes furent admirables de vaillance et de dévouement. Souvent elles passaient de l'infirmerie sur le théâtre, car il y eut quelques représentations données surtout pendant le jour. Théophile Gautier dans ses *Tablettes du siège* nous a laissé un tableau pittoresque et frappant de ce qu'était la Comédie Française à cette époque, et d'une de ces matinées :

« Des blessés, quelques-uns près de mourir, gisaient dans le foyer transformé en ambulance pendant une représentation donnée au bénéfice de l'héroïque cité de Châteaudun. Dans la grande avant-scène, précédemment loge impériale, les blessés convalescents de l'ambulance assistaient au spectacle, et tous les yeux se tournaient de leur côté avec attendrissement. Il y avait là des bras en écharpe, des mains et des têtes entourées de linges. Mais celui qui fixait le plus l'attention, c'était un jeune homme, la figure traversée par une large bandelette ; il avait l'air d'un de ces Touaregs du Sahara qui voilent leur figure jusqu'aux yeux, comme des femmes. Il avait une balle logée dans la face, ce qui ne l'empêchait pas d'être très attentif aux larmes d'Andromaque (Mlle Favart) et aux fureurs d'Hermione (Mme Agar). Tous ces braves garçons, relevés à peine de leur lit de souffrance, semblaient heureux de cette distraction, et ceux qui avaient deux mains applaudissaient aux bons endroits avec cette naïveté de sentiment qui ne se trompe jamais.

« Les internes et les infirmiers occupaient, au bout d'un couloir, la petite salle du buffet. La cuisine était placée au rez-de-chaussée, et les charmantes sociétaires de la Comédie, venant à leur tour de garde, y chercher un bouillon ou apprêter une portion de convalescent, s'y trouvaient en collaboration avec des religieuses hospitalières.

« Rien de plus convenable, et de plus décent que les rapports des comédiennes et des religieuses. Les artistes de la Comédie Française sont de vraies dames.

et elles ont pour ces saintes filles la vénération qui leur est due et qu'elles méritent si bien ». Et un peu plus loin : « Nous ne retrouvions plus notre route. Des corridors, des escaliers, des passages avaient été barrés pour séparer l'ambulance du théâtre, et nous fûmes obligé de demander notre chemin à une sœur qui nous remit avec beaucoup d'obligeance dans la bonne voie et nous accompagna jusqu'à la dernière porte ». Un feuilletoniste ayant pour Ariane, à travers le dédale du Théâtre Français, une bonne sœur hospitalière, n'était-ce pas là, comme on dit souvent, un signe des temps ?

Les indications que je viens de donner sur l'ambulance seraient incomplètes, si je ne disais que ceux des amis du Théâtre Français qui se trouvaient à Paris lorsque la maison de Molière fut convertie en ambulance, ont eu la bonne fortune de trouver quelquefois le soir, un asile charmant dans une des pièces faisant partie de l'Administration.

Cette réunion était tenue chaque soir par l'Administrateur M. Thierry qui avait habituellement à côté de lui, pour l'aider à recevoir, M. Guillard, lequel était un peu tout au Théâtre Français, qui lisait les ouvrages, s'occupait de l'Administration, surveillait les répétitions, donnait officieusement son avis dans les cas difficiles, et jouait véritablement **le rôle de Sous-Administrateur.**

A côté de M. Thierry et de **M. Guillard,** prenaient place les Dames artistes qui, dans **la journée,** avaient été de garde à l'ambulance et qui terminaient là leur service de 24 heures.

Les habitués peu nombreux de ces réunions étaient des auteurs, des hommes de lettres, des artistes de la Comédie, des amis de la maison dont j'étais.

J'y rencontrais souvent l'excellent Lavoix avec qui j'étais lié de grande amitié, et nous aimions à nous y donner rendez-vous.

Il est superflu de dire que ces soirées n'étaient pas gaies, qu'on n'y causait guère que des malheurs présents, qu'on s'y communiquait les nouvelles trop souvent alarmantes. Malgré tout, c'était une distraction qui avait bien son prix.

On se retirait de bonne heure ; alors que faire, pour achever la soirée ?

Lavoix et moi, nous nous reconduisions réciproquement ; il m'accompagnait boulevard Haussmann et moi je le ramenais ensuite rue Colbert où il demeurait.

Je terminerai par une indication qui finira tristement ce chapitre. L'ambulance eut la grande douleur de voir succomber deux jeunes gens auxquels elle avait donné asile, qu'elle avait entourés des soins les plus délicats.

L'un était un jeune Breton séparé de tous les siens ; l'autre appartenait déjà à la Comédie par sa famille, et par ses propres services personnels puisqu'il était l'un des pensionnaires du théâtre.

Lorsqu'on eut le grand chagrin de perdre ces deux intéressants blessés, et de les conduire à leur dernière demeure, M. Edouard Thierry ne manqua pas dans ces deux douloureuses circonstances de montrer tout à la fois et son cœur et son talent.

Je donnerai ci-après dans les annexes les deux discours qu'il a prononcé sur la tombe de ces jeunes gens.

Décision arbitrale entre la Comédie Française et M. Coquelin

Un matin du mois de mai 1880, M. Perrin, membre

de l'Institut, Administrateur général de la **Comédie** Française, se présenta dans mon cabinet à la Banque de France et m'annonça qu'il venait me demander un grand service.

Il s'agissait, me dit-il, d'une promesse faite par M. Coquelin d'aller à Londres, pour y jouer avec Mme Sarah Bernhardt, et ajouta que M. Coquelin s'était engagé sans son autorisation, et avant les événements qui rendaient sa présence à Londres impossible, en même temps que Mme Sarah Bernhardt, celle-ci étant alors une artiste transfuge.

M. Perrin me dit encore qu'il ne voulait pas avoir de débats judiciaires à ce sujet, avec M. Coquelin ; qu'il lui avait proposé de s'en remettre à la décision de deux arbitres ; qu'il était en outre disposé à lui donner une compensation afin que M. Coquelin n'eût pas à souffrir un dommage matériel, mais qu'il lui était absolument impossible de donner l'autorisation.

Je répondis à M. Perrin que je serais toujours heureux et empressé de lui rendre service ainsi qu'à la Comédie Française, mais qu'étant en ce moment Gouverneur de la Banque de France, il m'était assez difficile d'accepter une mission de cette nature.

M. Perrin, qui avait probablement pressenti l'objection, s'empressa de m'annoncer que l'arbitre de M. Coquelin serait M. Gambetta, ancien avocat, alors Président de la Chambre des Députés, qui, interrogé à ce sujet, avait répondu qu'il acceptait de représenter M. Coquelin, et qu'il serait heureux d'être arbitre avec moi.

En présence de cette déclaration, j'acceptai d'être l'arbitre de la Comédie Française.

M. Perrin, pour me mettre au courant de la situation, me raconta qu'à plusieurs reprises déjà, il avait eu dans le cours de son administration, des difficultés avec divers artistes sur cette question des absences.

En conséquence, avant l'incident du jour, il lui avait paru utile, le 1ᵉʳ avril 1880, de faire relire devant son Comité le procès-verbal d'une séance qui avait eu lieu le 12 avril 1878 et qui, précisément, avait pour objet : « les inconvénients que présentaient les « excursions faites pendant la clôture annuelle et « réglementaire de la Comédie, par un groupe de « sociétaires et de pensionnaires assez nombreux pour « pouvoir être considérés comme une émanation « directe de la Société. »

Le Comité, a l'unanimité moins une voix, avait exprimé le désir que ces faits ne se reproduisissent plus.

Et cependant, pendant la clôture du 25 au 28 mars 1880 des artistes de la Comédie Française étaient allés donner des représentations à Bruxelles et à La Haye, et aujourd'hui M. Coquelin réclamait presque comme un droit, l'autorisation de s'en aller à Londres.

Telles sont les circonstances que je devais tout d'abord exposer ici.

Un arbitrage dans les termes légaux ordinaires se compose :

1° D'un compromis, c'est-à-dire d'un acte qui a pour objet d'établir les points de difficultés et les questions à résoudre.

2° De notes et conclusions remises par les parties aux arbitres, au sujet de leurs prétentions respectives.

3° D'une sentence arbitrale que les arbitres, ou l'un d'eux, déposent en général au greffe du Tribunal, et que, le cas échéant, l'une des parties fait notifier à son contradicteur, ce qui d'ailleurs n'est pas toujours nécessaire.

Dans l'affaire dont il s'agissait, il nous parut inutile, à M. Gambetta et à moi, de recourir à ces formes solennelles ; on voulait seulement de part et d'autre faire arbitrer officieusement, par deux personnes ayant la confiance des intéressés, la difficulté qui s'était élevée.

M. Gambetta avait reçu les explications de M. Coquelin, et moi, celles de M. Perrin.

En conséquence, le lundi 24 mai 1880, à neuf heures du matin, je me rendis à la Présidence de la Chambre des Députés pour conférer avec M. Gambetta, du différend soumis à notre appréciation.

M. Gambetta et moi, nous entendîmes M. Coquelin, puis nous délibérâmes ; après quoi nous avons formulé ainsi les questions qui se présentaient à nous, et les solutions dont elles nous parurent susceptibles.

I. — En principe, les artistes ne peuvent s'absenter.

Il est superflu de rappeler les motifs de cette interdiction.

Il est inadmissible en effet que les sociétaires de la Comédie Française après avoir reçu des encouragements sur la subvention, puissent aller porter au dehors le talent acquis ou développé sur la scène française.

Ces absences, autrefois, n'avaient jamais lieu.

Aujourd'hui et après les habitudes prises, elles sont peut-être difficiles à interdire d'une façon absolue.

Mais l'Administrateur doit être et rester seul juge des exceptions.

Et appréciant le cas particulier, nous avons tous deux, M. Gambetta et moi, approuvé le refus de l'Administrateur de consentir le départ pour Londres de M. Coquelin.

M. Perrin peut d'autant moins donner l'autorisation dans la circonstance actuelle, qu'il s'agirait pour M. Coquelin d'aller retrouver Mme Sarah-Bernhardt, laquelle a quitté son poste et rompu ses engagements sociaux. A la vérité, M. Coquelin dit que sa présence à Londres, à côté de Mme Sarah-Bernhardt, serait sans aucune conséquence. Ceci pourrait s'admettre d'un artiste sans notoriété, mais non quand il s'agit d'un homme qui a, au théâtre, la haute situation de M. Coquelin, et qui exerce son art, non seulement avec talent, mais avec un éclat exceptionnel.

M. Coquelin ne peut aller porter à une artiste qui a abandonné le théâtre, l'appui moral qu'elle trouverait dans sa collaboration.

II. — M. Coquelin n'a pas pris d'engagement valable. Sans doute, il est un très galant homme et s'il était libre, il tiendrait immédiatement la parole qu'il a pu échanger.

Mais cette parole, comme toutes celles données en pareil cas, est nécessairement subordonnée au consentement de l'Administrateur, aux convenances de la Comédie, et aux nécessités de la grande maison dont l'Administrateur a la haute direction et la responsabilité.

Tous les Directeurs de théâtres étrangers sans exception, connaissent cette situation, et ils savent que jusqu'au dernier moment ils ne peuvent jamais compter d'une manière absolue sur tel ou tel artiste

Si, par hasard, M. Coquelin était contre toute prévision recherché par le Directeur du Théâtre de Londres pour manquements à de prétendus engage ments, M. l'Administrateur du Théâtre devrait intervenir pour l'aider à s'en défendre et pour le couvrir.

III. — M. Coquelin se montre très affecté de ce refus qui lui est pénible.

Les arbitres ont voulu faire la part de la vive contrariété qu'il en éprouve, et en conséquence, munis des pleins pouvoirs qui leur ont été donnés, ils décident qu'en outre du congé qu'il a déjà pris, M. l'Administrateur lui donnera ultérieurement un nouveau congé d'un mois dont il sera nécessairement maître de fixer l'époque eu égard aux convenances du Théâtre.

Tel est le résumé exact et textuel de ce qui fut décidé entre M. Gambetta et moi, décision qui mit fin à l'incident.

LES PREMIÈRES REPRÉSENTATIONS

Les premières représentations ont toujours été recherchées des Parisiens, et une grande « première » au Théâtre Français a toujours été considérée comme un événement littéraire : y assister est un privilège. Il me semble cependant que depuis une vingtaine d'années, ces solennités n'ont plus le même attrait qu'autrefois.

N'allez pas croire que je veuille rabaisser les auteurs et les artistes d'aujourd'hui au profit de ceux d'autrefois, quoique alors les auteurs s'appelassent Scribe, Legouvé, Alexandre Dumas père, Emile Augier, Pailleron, Alexandre Dumas fils, Sardou, Labiche, Meilhac ; les interprètes : Samson, Provost,

Geffroy, Régnier, Got, Bressant, Delaunay, les deux Brohan, Mme Plessy, Mlle Favart, Mlle Emilie Dubois, Mme Nathalie, Mlle Reichemberg. Non, je ne suis pas de ces vieillards moroses, dont parle Lesage, qui prétendent que les pêches étaient plus grosses au temps de leur jeunesse.

Je crois avoir trouvé la vraie explication. Jadis, quand le travail des répétitions terminé, l'affiche annonçait une pièce nouvelle, le public en ignorait tout, jusqu'au lever du rideau, tout, sauf le nom de l'auteur et des interprètes. Aussi, le grand jour arrivé, quelle curiosité, quelle attente ! Aujourd'hui, telle est l'indiscrétion des journaux, que le public connaît plusieurs jours à l'avance et le sujet de la pièce nouvelle et les scènes à effet. Que dis-je ? Il sait même quelles toilettes porteront les actrices et de quels couturiers elles sont « signées ». Ajoutez à cela la répétition générale, qui se donne devant une salle comble, un jour au moins avant la représentation définitive, et vous ne serez pas surpris qu'une œuvre ainsi déflorée en partie, n'excite pas cette impatiente curiosité que nous ressentions autrefois.

Quoi qu'il en soit, la Comédie Française, le soir d'une première représentation, est toujours le rendez-vous du « Tout-Paris artistique et mondain », comme disent les journaux, et la physionomie de la salle ainsi composée est curieuse à étudier.

Durant les deux premiers actes, consacrés en général à l'exposition (les grandes pièces ont le plus souvent quatre ou cinq actes), les spectateurs écoutent attentifs, sans trop échanger leurs impressions ; pendant les entr'actes, ils restent à leurs places, lorgnant les loges, ou se désignent entre voisins tel ou tel personnage connu.

Mais après le troisième acte, qui est le point culminant de la soirée, la toile n'est pas tombée que presque tous les hommes quittent leur place ; un grand nombre d'entre eux se précipitent dans le corridor des premières ; ce sont surtout des lettrés, des écrivains, des journalistes. On cherche à surprendre le sentiment de ceux qui, parmi ces derniers, font autorité.

Autrefois, dans ma jeunesse, le point de mire de la curiosité, c'était Jules Janin ; « le gros Janin » qui allait toujours s'installer à l'angle du corridor des premières et du foyer du public. On l'entourait beaucoup ; mais il était très circonspect et ne laissait pas même entrevoir ce que serait son feuilleton du lundi.

Janin avait une grande instruction, ainsi que chacun de ses articles en apportait la preuve. Il avait un style très original, très particulier, et qu'on a quelquefois parodié avec succès. En résumé, c'était incontestablement un homme de talent. Malheureusement dans sa vie d'homme de lettres, il commit une faute de goût. S'étant marié « sur le tard », il fit au sujet de son propre mariage un article intitulé « Le Critique marié » qui fut jugé assez sévèrement.

Après lui, brillèrent successivement dans le compte rendu analytique, Paul de Saint-Victor, Th. Gautier, Weiss, de la Pommeraye, Aug. Vitu, M. Jules Lemaître, M. Fouquier, M. Faguet, Sarcey. Ce dernier, un des amis les plus fervents et les plus éclairés de la maison de Molière, avait une grande connaissance du théâtre. Ses feuilletons faisaient autorité et avaient beaucoup d'action sur l'opinion publique. Aussi, dans les couloirs était-il toujours le centre d'un groupe fort animé, tandis que les passants dressaient l'oreille pour surprendre quelques mots de sa conversation.

Voici donc un premier groupe de spectateurs qui, après le troisième acte, cherche à s'éclairer sur le sentiment de la presse.

Mais il y a aussi parmi les hommes qui ont quitté leur place après le troisième acte un second groupe qui a beaucoup plus de curiosité pour les artistes que pour l'opinion du critique, groupe qui va droit à la porte de communication, la franchit sans difficulté, parce que l'huissier connaît tous ceux qui passent là sous ses yeux, et qui vont envahir le foyer des artistes. Ce groupe se compose de quelques hommes politiques, ministres de la veille, du jour, peut-être du lendemain ; mais aussi de diplomates français et étrangers, d'ambassadeurs et de ministres plénipotentiaires, tous très curieux de nos premières. Ces hommes publics se mêlent très simplement, presque familièrement aux artistes « qui sont de la pièce » et aussi à ceux qui n'en sont pas, et qui sont venus féliciter leurs camarades.

Je vous assure, mes chers enfants, que rien à ce moment n'est plus piquant que ce public spécial, trié sur le volet, qui remplit tout à coup le foyer des artistes, et qui se compose de personnages si divers.

J'y ai vu bien souvent, surtout de 1871 à 1880, le Prince Orloff, Ambassadeur de Russie ; le Prince de Hohenlohe, Ambassadeur d'Allemagne ; le Baron Beyens, Ministre de Belgique, l'un des plus assidus et des plus fidèles. A côté de ces Princes, de ces Diplomates étrangers, on voyait des artistes en costumes ; d'autres sans costumes. On entendait des conversations vives, animées, très simples. On saisissait au vol quelques mots sur les travaux de la

Commission relative à la délimitation du Danube, ou à celle des frontières d'Espagne ; puis au milieu de ce cliquetis international, un des causeurs revenait subitement avec éloge à l'artiste qui avait supérieurement débité sa tirade du trois !

Mais bientôt, il faut se séparer ; l'huissier implacable dans l'exécution de sa consigne se présente à la porte du foyer et crie, d'un ton qui ne comporte pas de réplique : « Allons, Messieurs, vite en place « pour le quatre ! »

Les foyers, les couloirs se vident et la représentation continue.

A l'une de ces représentations, celle de la *Princesse de Bagdad*, je reçus d'Alexandre Dumas une mission assez embarrassante, je ne dirai pas désagréable, mais délicate. J'étais avec lui, dans la loge de l'Administrateur. Après le second acte (la pièce n'en a que trois), il me dit, tout bas : « Rendez-« moi donc le service de monter là-haut, pour voir « un peu ce qu'ils disent. » Ma mission était donc de me rendre auprès du premier des deux groupes dont je viens de parler pour tâcher d'obtenir quelques impressions.

L'ouvrage eut certainement du succès, puisque 44 représentations successives ont été données du 31 janvier au 11 octobre 1881, et la pièce a été reprise au Gymnase par Mme J. Hading. Mais la première impression n'était pas franchement bonne.

Je fus donc obligé d'apporter au brillant auteur une certaine réserve dans ma réponse et j'ajouterai qu'il prit la chose très philosophiquement.

J'ai fréquemment rencontré Alexandre Dumas fils, et je l'ai toujours trouvé fort aimable.

J'eus notamment à une certaine époque la bonne

fortune de passer avec lui une saison à Plombières. Il y était logé en face de mon hôtel.

Chaque jour, nous nous promenions et causions beaucoup ; je vous affirme que cette saison m'a fait le plus grand bien.

C'est dans une de ces promenades qu'il me raconta, au sujet de son père, une anecdote que je veux vous dire à mon tour.

« Le Père Dumas, me dit-il (c'est toujours ainsi
« qu'il nommait son père), quelques jours après ma
« sortie du collège, me demande tout à coup :

« Alexandre, veux-tu venir demain à l'Ambigu
« avec moi, j'ai une répétition générale ?
« Je ne me fis pas prier, et le lendemain, j'étais
« à l'orchestre, à côté de mon père.
« Je ne sais plus trop si la pièce était bonne, mais
« je m'amusais beaucoup, et les trois premiers actes
« me parurent marcher à merveille. Cependant je
« fus assez surpris de constater que, au quatrième
« acte, « le Père Dumas » était un peu agité. Il se
« remuait, donnait des signes d'impatience et ne me
« disait rien ; il était visiblement très mécontent. A
« la fin du quatrième acte, il s'élance sur la scène
« par le petit escalier de communication, et l'ayant
« suivi, je ne suis pas peu surpris de l'entendre crier
« avec humeur et sur le ton du commandement :

« Monsieur le Directeur, faites appeler le pom-
« pier.
« Le pompier très intrigué s'avance, et le colloque
« suivant s'engage :

« Pompier, vous étiez là dans la coulisse de droite
« pendant les trois premiers actes ?

« — Oui, Monsieur.

« — Pourquoi êtes-vous parti pendant le quatrième, « et pourquoi avez-vous été vous mettre au fond du « théâtre ?

« — Mais... Monsieur...

« Il n'y a pas de : Mais... Monsieur..., répondez « tout de suite à ma question.

« — Parce que..... ça m'em...nuyait.

« — Directeur, rendez-moi à l'instant mon manus-« crit du quatrième, et il le déchira séance tenante, en « ajoutant : « Vous comprenez que le pompier s'étant « en...nuyé au quatrième, l'affaire est jugée. Je vous « apporterai demain un nouveau quatrième acte. »

ENCORE LE FOYER DES ARTISTES

Je viens de parler du foyer des artistes à l'occasion des premières représentations ; mais ce foyer n'était pas fréquenté seulement ces jours-là, il l'était aussi les jours ordinaires, non pas, il est vrai, par des personnages politiques, diplomates français et étrangers, mais par des abonnés de vieille date, par des habitués, par des hommes de lettres ou des artistes ; tous possédaient ce qu'on appelait : *la Communication*, c'est-à-dire le droit d'aller directement dans les dépendances de la scène, et de là, dans le grand salon carré sorte de musée, orné de nombreux tableaux et objets d'art, qui s'appelle : « Le Foyer des Artistes ».

C'est là, c'est dans ce foyer, lorsqu'il était visité seulement par les amis de la maison qu'on passait des soirées singulièrement agréables, où régnait toujours le meilleur ton, où jamais aucune convenance n'était oubliée, et où, chaque soir, il se dépensait infiniment d'esprit. Je ne serai pas démenti si j'affirme que c'était la maison qui fournissait la meilleure part de cet esprit.

Comment se trouvait-on réuni ? Il n'y avait bien entendu ni invitation, ni jour fixé, ni entente préalable. Quand on se trouvait le soir, au théâtre parmi les spectateurs, on venait de la salle pour aller passer quelques instants dans ce foyer ; si l'on n'assistait pas à la représentation, on venait souvent tout exprès du dehors. Je crois superflu de dire que tous les habitués de ce foyer se connaissaient ; il n'y avait ni présentations à faire, ni gêne, ni contrainte, ni embarras.

Parfois, si la société était un peu nombreuse, elle se partageait en groupes ; et chaque groupe avait sa conversation. Quelquefois aussi, quand la réunion était plus intime, la conversation devenait générale. Alors que d'observations originales et piquantes ! Que de mots trouvés ! Que de récits légèrement contés ! Quelle fête pour les oreilles et pour l'esprit !

Ne sortant plus le soir, je donne à mon récit la forme du passé puisque j'ai le vif regret de ne plus jouir de ces *honnêtes* distractions qui avaient un charme si particulier.

En était-il ainsi dans les autres théâtres ? Pouvait-on dire qu'on allait ou qu'on était allé au foyer des artistes ? Assurément non ! Car sans offenser aucune autre salle, je n'hésite pas à dire que le foyer des artistes au Théâtre Français est unique dans son genre.

Même à l'Opéra, il n'y a pas de foyer des artistes. Certes, l'Opéra est une grande et importante maison ; les habitués, les abonnés, les amis se rendent volontiers au foyer de la danse ; on y rencontre assurément des causeurs brillants, le malheur, c'est qu'ils ne peuvent y causer.

M. Gaston Jollivet, dont le très agréable talent est bien connu, a tenté un jour de faire comprendre pourquoi. Il a dit qu'entrant à l'Opéra, au foyer de la danse, on y essaye une conversation, ce qui est assez difficile, parce qu'on y est *vaguement présenté* à des ballerines qui, entre deux demandes et deux réponses sur le temps qu'il fait, tapotent sur leurs jupes, histoire de se faire, sinon la main, du moins le pied, lèvent sans discontinuer le dit pied à la hauteur du nez ; et l'attention que ces demoiselles mettent à ces rencontres du point culminant et de leur orteil, nuit évidemment beaucoup à l'entretien, et la conversation ne tarde pas à tomber.

Dans ce cas, ajoute M. Jollivet, on cherche à se rattraper avec les chanteuses ; mais elles sont là quelques-unes qui tiennent leur bouche hermétiquement close, soit avec des mouchoirs, soit avec des tampons de laine pour éviter de prendre un rhume !

Donc à l'Opéra, pas de foyer d'artistes, pas de salon, pas de conversation possible.

Un de mes amis étant un soir aux Variétés y rencontre l'un des commanditaires de ce Théâtre, qui lui propose de le mener au foyer des artistes. Hélas ! C'était la pièce de tout le monde. Certes on pouvait y avoir de l'esprit autant qu'ailleurs, mais voici cependant la scène à laquelle assista mon ami.

Baron, l'amusant comédien qui était si drôle sur

la scène. Baron se permettait de plaisanter M. Dupin, le doyen des auteurs, et il lui disait :

« Père Dupin ! je suis Républicain, vous, vous êtes « Royaliste. Prenez garde, Père Dupin ! En 1793, « nous vous avons manqué, mais à la prochaine, on « ne vous ratera pas ».

Cette plaisanterie faite à un vieillard et au doyen des auteurs était de très mauvais goût.

Personne, au foyer des Français, ne se serait permis d'incartades de ce genre ! !

Il n'y a donc de foyer des artistes ni à l'Opéra, ni dans les autres théâtres, il n'en est qu'un seul : celui du Théâtre Français. C'est aujourd'hui un des rares salons où l'on cause, et ceci est tout à l'honneur des artistes distingués, hommes et femmes, qui composent la maison de Molière.

Voici précisément qu'aujourd'hui même vient de s'éteindre une femme charmante, de grand talent, fort spirituelle, d'une rare intelligence, qui a peut-être le plus contribué au charme et à l'attrait du foyer des artistes.

Nommer Madeleine Brohan c'est rappeler une dynastie dont, hélas ! elle est la dernière.

Au moment où je commençais à aller au théâtre, j'ai vu jouer Mme Suzanne Brohan qui appartint, à cette époque, successivement, au Vaudeville et au Théâtre Français. J'étais alors bien jeune, et mes souvenirs manquent de précision ; j'ai au contraire beaucoup connu et applaudi ses deux filles, Augustine et Madeleine Brohan.

Augustine avait un grand et incontestable talent ; elle fut pendant trente ans le type le plus accompli de la vraie soubrette. Son esprit est resté légendaire, mais c'était un esprit vif, caustique, mordant, témoin ce mot qui a été rappelé dans les journaux récemment, à l'occasion de la mort de sa sœur ; quelqu'un avait dit devant elle : « C'était au commencement du monde. »

Elle jette la riposte suivante : « Je n'y étais pas, « mais voyez madame Allan ! ! »

L'esprit de Madeleine Brohan était plus charitable ; enfin elle a mérité que tout le monde, sans aucune exception, l'appelât : « La bonne Madeleine. »

Elle avait débuté dans les *Contes de la Reine de Navarre*, important ouvrage de Scribe et de Legouvé. J'assistais à la première représentation. Il n'y eut qu'une voix dans la salle et dans la presse pour vanter les promesses de son talent, l'éclat et le charme de sa beauté. Je n'ai pas souvenir qu'une autre artiste ait obtenu, lors de son début, un pareil succès.

Le règne de Madeleine Brohan, car ce fut un véritable règne, dura de 1850 à 1885. Pendant ces nombreuses années, elle tint à la Comédie Française tout à la fois le répertoire classique et le répertoire moderne ; elle eut la sagesse de se retirer, sans attendre comme elle le disait modestement, que le public se retirât d'elle.

Dans ces dernières années, lorsqu'elle prit l'emploi des douairières, elle représenta toujours avec une rare supériorité une grande dame dans son salon.

Qui jouera jamais, comme elle, la Duchesse de Réville dans *le Monde où l'on s'ennuie*, ou la Marquise dans le *Marquis de Villemer* ?

Entre tant de qualités éminentes, celle peut-être que la comédienne possédait au plus haut degré, c'était le naturel.

Rappelons à ce sujet une petite anecdote. Elle jouait à Fontainebleau le *Chandelier*, avec sa nièce, la charmante Samary, enlevée si prématurément.

Samary faisait le rôle de Marthon, Madeleine Brohan jouait le rôle de Jacqueline, avec une telle simplicité, avec un naturel si complet, si réussi, que Samary, oubliant tout à fait son texte et son rôle, répondit à une question de Jacqueline, par un « *Oui, ma tante* », absolument comme dans la vie. On ne pouvait faire un plus bel éloge de la comédienne.

La presse a cité un si grand nombre de mots des Brohan, qu'on ne peut guère que les répéter. On connaît la riposte charmante de Madeleine au Maréchal Canrobert. Celui-ci entre un soir de première représentation au foyer du théâtre. Madeleine Brohan et ses camarades paraissant fort troublées, le Maréchal leur demande le motif de leur émotion.

« C'est que nous avons peur, Monsieur le Maréchal, « avoue franchement l'un des artistes.

« — Peur ? riposte le Maréchal, qu'est-ce que si-« gnifie ce mot-là ?

« — Picard, dit alors vivement Mme Madeleine Bro-« han, en se tournant vers l'huissier, Picard, allez vite « chercher à la bibliothèque le dictionnaire de l'Aca-« démie, à la lettre P, afin d'apprendre à M. le « Maréchal Canrobert un mot qu'il ne connait « pas ! »

Voici une autre anecdote que je tiens directement de M. Charles Edmond, au moment même où il venait d'être l'interlocuteur de la spirituelle artiste. Il y a de cela quinze ou vingt ans, elle rencontre Charles Edmond, rue de Rivoli :

— Qu'avez-vous donc ? lui dit celui-ci. Vous semblez très contente.

— On le serait à moins. J'arrive de Fontenay, je suis allée voir ma mère. Eh bien, elle se porte à merveille, et voilà pourquoi vous me voyez si heureuse.

— Quel âge a donc votre mère ?

— Quatre-vingt-sept ans !

— Eh bien ! ma chère amie, il faut que je vous dise un bruit qui court à son sujet. On m'a affirmé hier qu'elle allait épouser le père Chevreul qui vient d'avoir ses cent années... Faut-il vous adresser mes félicitations ?

Et elle de répondre avec le plus grand sang-froid :

— Mon Dieu, je dois avouer qu'il en a été question.

— Vous voyez bien ce que je vous disais.

— Mais, que voulez-vous ! J'aime mieux vous dire tout de suite la vérité : *les Parents n'ont pas voulu !* »

LE PETIT GUIGNOL

J'allais oublier, mes chers enfants, de vous parler du « Petit Guignol ».

Il existe au Théâtre Français un petit lieu de retraite créé dans un coin de la scène, derrière les coulisses (côté droit de l'acteur).

Cette pièce est fermée par une façon de cartonnage qui imite très bien les théâtres de marionnettes des Champs-Elysées ; et c'est pour cela qu'un jour, quelqu'un a eu l'idée de baptiser cette retraite : le « Petit Guignol ! »

Il y a là une planche ; sur cette planche, de la poudre, des pommades, des flacons et différents objets de toilette qui permettent à un artiste, homme ou femme, de venir en sortant de scène et avant d'y rentrer, rajuster sa tenue et se mettre en état de reparaître devant le public.

C'est aussi un lieu de repos, au moins momentané ; car dans cette petite maisonnette sont deux petits bancs dont chacun contient la place de trois personnes ; et lorsque ces deux bancs n'étaient pas occupés par les artistes, du moins en totalité, il y a quelques années encore, les amis de la maison dont j'ai parlé tout à l'heure, ceux qui avaient la communication particulière, spécialement autorisée, venaient dans cette dépendance de la scène, et parfois prenaient place sur un des deux petits bancs, pour féliciter les artistes et échanger quelques conversations.

C'était une distraction fort agréable et pour les artistes, et pour les visiteurs.

Mais on en a abusé comme on abuse de toutes choses : les visiteurs prirent la fâcheuse habitude de causer un peu haut, au point de troubler les acteurs en scène et même de distraire le public.

L'Administrateur, il y a environ dix ou douze ans, trouvant qu'il y avait là un abus, fit défense aux huissiers de laisser entrer les personnes qui venaient ainsi sur le théâtre. La permission de communiquer fut réduite au droit de venir dans le foyer des artistes, mais non sur la scène, et dans les coulisses.

Un soir, au début de cette mesure, j'arrivais là comme à l'ordinaire, lorsqu'un huissier me dit :

— Pardon, Monsieur, on n'entre pas......

— Comment, on n'entre pas ?

— Non, Monsieur, Monsieur l'Administrateur l'a défendu.

— Depuis quand ?

— Depuis ces jours-ci.

— Mais pourquoi, encore une fois ?

— Parce qu'on y faisait trop de bruit.

Alors un peu contrarié, je répondis :

— Mais vous ne savez donc pas que je viens ici depuis l'an XII !

Et l'huissier positivement suffoqué :

— Ah ! Monsieur, c'est différent, je vous demande bien pardon, je ne savais pas......

Et j'entrai !

Néanmoins, ce succès ne me grisa pas et je compris que je ne devais pas risquer une seconde fois semblable plaisanterie.

Cette réplique, mes chers enfants, m'avait été inspirée par une anecdote dont Lekain fut le héros. La voici :

Lekain, vous le savez, était ce grand artiste qui

fut véritablement l'honneur du théâtre au XVIIIᵉ siècle.

Sa carrière dramatique dura de 1750 à 1778 et, circonstance assez curieuse, il mourut le jour même où Voltaire rentrait à Paris, ce qui, je crois, était le 6 février 1778.

Lekain, un jour de liberté, avait quitté Paris et se promenait armé d'un fusil dans la plaine Saint-Denis. Il paraît qu'alors on y trouvait du gibier. Il entend tout à coup une voix rude qui l'interpelle et lui dit : Monsieur, de quel droit chassez-vous ?

Il fait semblant de ne pas entendre et continue sa marche.

L'autre le suit, en accélérant le pas :

— Monsieur,...... de quel droit ?......

Et Lekain, qui n'avait pas de port d'arme, accélérant aussi le pas, cherchant à échapper à son persécuteur.

Pour la troisième fois, et beaucoup plus vivement, il entend ce cri :

— De quel droit ? De quel droit ?

Alors Lekain se retournant brusquement et fixant le garde avec une majesté tragique :

Du droit qu'un esprit vaste et ferme en ses desseins,
A sur l'esprit grossier des vulgaires humains...

Et le garde-champêtre de reprendre :

— Ah, Monsieur !... C'est différent... Je ne savais pas..

Croyez bien, mes chers enfants, que c'est le souvenir de Lekain qui m'a soufflé ma réponse à l'huissier du Théâtre Français.

GOUNOD AU THÉATRE FRANÇAIS

Le 5 mai 1887, j'étais au Théâtre Français avec Gounod ; après avoir entendu *La nuit d'octobre* nous allâmes au foyer des Artistes pour féliciter les interprètes. Il y avait là quelques habitués, et ceux des comédiens qui, un instant après, allaient jouer le *Barbier de Séville*.

Tenir Gounod était une bonne fortune ; on le supplia de se mettre au piano. Il le fit avec sa bonne grâce ordinaire, et proposa, ce qui fut accepté avec enthousiasme, de chanter la ballade de : *La Glu* de Richepin dont il avait composé la musique.

Je vous remets les paroles sous les yeux :

    Y avait un'fois un pauv'gas
        Et lon lan laire
        Et lon lan là
    Y avait un'fois un pauv'gas,
     Qu'aimait cell'qui n'l'aimait pas.

    Ell'lui dit : Apport'moi d'main,
        Et lon lan laire
        Et lon lan la
    Ell'lui dit : Apport'moi d'main,
    L'cœur de ta mèr'pour mon chien.

    Va chez sa mère et la tue,
        Et lon lan laire
        Et lon lan la
    Va chez sa mère et la tue,
    Lui prit l'cœur et s'en courut.

    Comme il courait, il tomba,
        Et lon lan laire
        Et lon lan la
    Comme il courait, il tomba,
    Et par terre, l'cœur roula.

Et pendant que l'cœur roulait,
　　Et lon lan laire
　　Et lon lan la
Et pendant que l'cœur roulait,
Entendit l'cœur qui parlait.

Et l'cœur disait en pleurant,
　　Et lon lan laire
　　Et lon lan la
Et l'cœur disait en pleurant,
T'es-tu fait mal, mon enfant ?

Il est impossible de dire tout ce que Gounod mit de tendresse et de douleur dans son exécution ; quand il acheva de chanter, des larmes étaient dans tous les yeux ; personne ne bougeait et le silence ne fut rompu que par ces mots : Encore, encore !

« Je veux bien, mais quoi ? »

Quelqu'un dit : « du Mozart ! »

M. Mounet-Sully répondit avec un peu d'insistance et en homme très convaincu : « Beethoven ! Beethoven ! » Mais l'Illustre Maître qui tenait pour Mozart répondit à M. Mounet-Sully :

« Si vous voulez bien m'entendre, j'espère vous convertir. »

Après tant d'années écoulées, je ne pourrais dire ce qu'il choisit dans Mozart, mais il fut incomparable. Il nous disait à mesure ce qu'il éprouvait, et nous admirions tout : sa phrase, son chant, son commentaire.

M. Mounet-Sully, si bien fait pour comprendre tout ce qui est beau dans tous les arts, suivait Gounod sans l'abandonner un instant ; il le dévorait des yeux ; puis il nous dit :

« Ah ! Messieurs, quand j'entends une semblable

« musique, interprétée et commentée par un pareil
« maître, quand j'entends ces divins accents, je me
« sens serré à la gorge jusqu'à rendre l'âme. »

Et pendant que nous goûtions ce plaisir suprême, on jouait *Le Barbier* à deux pas de nous, sans que personne songeât à cet autre chef-d'œuvre.

Le régisseur de la scène lui-même, oubliant sa fonction, était resté là, lorsque l'avertisseur vint à la porte du foyer crier d'une voix implacable : « En scène pour le deux ! »

Il fallut se séparer. Je crois bien que ce soir là, *pendant le deux*, il y eut beaucoup de distraction des deux côtés du rideau !

M. ÉMILE PERRIN

J'ai dit que j'avais toujours eu les meilleures relations avec les différents administrateurs du Théâtre Français, mais avec Perrin ces rapports ont été plus intimes ; cela tenait à des circonstances toutes personnelles dont il ne convient pas de parler ici. Il m'a toujours manifesté des sentiments dont je fus d'autant plus touché, que cet excellent homme si fin, si distingué, ne se prodiguait pas.

Personne, au théâtre, ne se serait permis de dire: *Perrin ;* il était *Monsieur Perrin.*

On le trouvait toujours sérieux, même froid. Cependant un jour je le vis rire de bien bon cœur, et le cas était si exceptionnel, que je me le rappelle encore. M. le baron Taylor lui ayant demandé un petit service, M. Perrin s'était empressé de le lui rendre. A cette époque, M. le Baron Taylor pouvait avoir environ 90 ans ; il est mort peu de temps après ; M. Perrin en avait 60.

M. le Baron Taylor, malgré son grand âge, vint au théâtre disant qu'il avait tenu à remercier lui-même M. Perrin, et il le lui répéta plusieurs fois de suite avec tant d'insistance que M. Perrin un peu gêné de cette manifestation de sentiments qu'il trouvait excessifs, mais très reconnaissant de la peine prise par le Baron Taylor, lui reprocha de s'être déplacé pour si peu de chose.

Le Baron. — Non ! Monsieur ! C'était un grand service à me rendre.

M. Perrin. — Je vous assure que non, et vraiment, vous m'embarrassez.

Et comme le Baron insistait toujours et se confondait en éloges, « Je vous en prie, lui dit M. Perrin, restons-en là ; vous direz tout cela sur ma tombe.

Alors *Le Baron Taylor*, avec une résolution énergique et convaincue :

« Oui Monsieur, je le dirai ! ! »

M. Perrin que j'avais l'occasion de voir quelques heures après, me raconta ce colloque ; il riait encore de la sûreté, de la confiance avec lesquelles le Baron lui avait répondu, malgré ses 90 ans : *Oui Monsieur, je le dirai !*

J'ai de M. Perrin un autre souvenir, mais, hélas ! il n'est pas de même nature.

Tout le monde se rappelle (je parle du monde des arts et des théâtres) que M. Perrin n'est pas parti de ce monde simplement, facilement ; il avait eu à subir une maladie cruelle et prolongée qui lui causait les plus grandes souffrances.

Cette maladie de M. Perrin fut terrible ; elle commença vers le mois d'octobre 1884 et dura jusqu'au mois de juillet 1885.

M. Perrin éprouvait dans la tête des douleurs intolérables parce qu'il y avait des abcès, et cet état morbide se manifestait par des pertes de sang qui sortaient par le nez, la bouche, les oreilles.

J'ai entendu dire qu'une affection semblable avait été dans le passé éprouvée par des membres de sa famille.

Je crois bien me rappeler, et d'ailleurs après informations prises, qu'une triste visite que je lui fis eut lieu en juin ou juillet 1885.

En effet, pendant le cours de cette maladie, j'allais souvent prendre des nouvelles. Sa santé exigeait un repos absolu, les siens seuls pouvaient le voir et encore, avec beaucoup de ménagements. Comme il suivait très bien tout ce qui se passait autour de lui, on le tenait au courant des visites de ses amis.

Un jour que sa nièce, Madame du Locle, m'avait signalé parmi les visiteurs assidus, M. Perrin exprima le désir de me voir quand je reviendrais, ce qui eut lieu très peu de temps après.

En franchissant le seuil de sa chambre, je fus saisi d'une grande émotion, car au premier coup d'œil, je constatai le très grand changement qui s'était opéré dans sa personne.

« Entrez », dit-il alors pour m'engager à m'avancer ; sa voix était très basse, très faible. Il était étendu dans un grand fauteuil mais complètement habillé, et avec ce soin et cette correction dont il ne se départait jamais.

Un fauteuil était disposé en face de celui qu'il occupait ; il me fit signe de m'y asseoir. J'hésitais un peu à parler, craignant de le fatiguer. Nous étions donc là vis-à-vis l'un de l'autre, tristes et silencieux...... Mais il avait encore plus de forces physiques et morales que je ne le supposais. Ce fut lui qui rompit le premier ce douloureux silence, il avança sa main, je m'empressai de lui donner la mienne, et à ce moment, il fit un effort pour se redresser afin d'être plus près de moi. Puis après avoir échangé quelques mots :

« Mon ami, dit-il, vous pensez comme moi n'est-ce pas ? » Je m'inclinai en signe d'assentiment.

Il reprit alors :

« La vie éternelle ? » Je m'inclinai de nouveau.

Il continua :

« L'immortalité de l'âme ? »

Je répondis alors avec l'émotion qui du cœur montait à ma gorge en la serrant :

« Assurément, oui. »

Il y avait eu là un suprême effort, car il retomba dans sa première attitude au fond du fauteuil. Puis ses yeux se fermèrent, et il demeura anéanti et brisé ; l'effort avait dépassé ses forces.

Je m'avançai alors vers lui en prenant sa main dans la mienne, puis je la laissai retomber sans prononcer une parole. C'est ainsi que nous nous séparâmes sous l'impression des mots échangés dans ce moment suprême, c'est-à-dire avec la certitude réciproque du revoir éternel qui réunira dans la lumière et dans la paix tous les gens de bonne volonté.

Quelques jours après, il s'éteignait doucement.

LE SIFFLET AU THÉATRE

A-t-on le droit de siffler au théâtre ? Il semble que ce droit soit la conséquence du billet payé.

« C'est un droit qu'à la porte on achète en entrant », dit un vers fameux, et l'origine de ce mode d'improbation remonterait au siècle de Louis XIV, s'il fallait en croire la sanglante épigramme de Racine :

> « Mais quand sifflets prirent commencement,
> C'est (j'y jouais, j'en suis témoin fidèle),
> C'est à l'Aspar du sieur de Fontenelle. »

Quoi qu'il en soit, le public n'use plus guère de ce droit, sinon en province, au moment des débuts. Mais à Paris, ce genre de manifestation est devenu extrêmement rare dans les grands théâtres. Je sais bien que de temps en temps, sur les scènes de drame, un coup de sifflet ponctue telle phrase du traître. Mais n'allez pas croire que ce signe de désapprobation s'adresse à l'auteur ou à l'interprète ; c'est la scélératesse du personnage, ce sont ses maximes qui excitent l'indignation du spectateur, de sorte que le coup de sifflet est un hommage rendu à la vertu, et au talent de l'acteur.

Toutefois deux grands théâtres, nos deux premières scènes littéraires, l'Odéon et le Théâtre Français, ont retenti de véritables tempêtes de sifflets dans la seconde moitié du XIXe siècle.

Vous connaissez le nom d'Edmond About. Le 3 janvier 1862, il fit représenter à l'Odéon un drame en cinq actes, intitulé *Gaëtana*. Représenter n'est pas le mot juste ; car, quelque méritants que fussent les efforts des artistes de talent qui l'interprétaient, on n'entendit pas un traître mot de leurs rôles.

L'auteur à cette époque n'était pas *persona grata* auprès de la jeunesse des écoles ; et une cabale formidable avait été organisée de longue main contre sa pièce.

M. Edmond About s'était bien aperçu, pendant les répétitions, de certains signes d'hostilité. Il eut le tort de n'en pas tenir compte et de croire que la police viendrait facilement à bout de ceux qui protesteraient. Ce fut de sa part une grande illusion.

Un grand nombre de jeunes gens furent arrêtés. M. Edmond About alla demander leur liberté et l'obtint, — générosité perdue ; la cabale continuait et allait jusqu'à la violence.

Chaque soir la place de l'Odéon et toute cette partie du quartier latin étaient en combustion.

On finit par comprendre que la lutte était impossible ; le courage et l'héroïsme des acteurs ne put tenir au delà de quatre représentations, je veux dire quatre tentatives de représentations.

Nous ajouterons que si la pièce était médiocre, c'est moins l'auteur que l'homme qui fut visé par ces manifestations. Des motifs politiques avaient causé cette échauffourée.

L'autre exemple que j'ai à vous citer, est relatif à *Henriette Maréchal*, drame en trois actes de MM. Edmond et Jules de Goncourt, qui fut représenté au Théâtre Français le 5 décembre 1865.

J'assistais à la première représentation, c'est donc un témoignage personnel que j'apporte ici ; je suis même retourné à la seconde.

La première représentation fut une véritable bataille ; ici, la raison de cette violente protestation était la pièce elle-même à laquelle on reprochait de se développer comme un vaudeville et de se terminer en mélodrame. Le tumulte fut tel que lorsque l'ouvrage prit fin il ne fut même pas possible de nommer les auteurs.

Mais comme la pièce auparavant avait été jouée chez Mme la Princesse Mathilde qui s'intéressait aux auteurs, on peut penser que la politique ne fut pas entièrement étrangère à l'événement.

En tout cas, il fallut bien que les auteurs et le Théâtre renonçassent à continuer une lutte qui, chaque soir, se terminait par des violences.

Je ne me rappelle plus exactement combien on fit de tentatives, mais il n'a pas été possible de les prolonger.

Je pourrais encore citer les premières représentations à la Comédie Française de *Daniel Rochat* et de *Thermidor*, de V. Sardou, où toujours, pour des raisons politiques, une minorité de spectateurs essaya de troubler le spectacle.

Mais ces bruyantes manifestations sont rares. Encore sont-elles amenées le plus souvent moins par la faiblesse de l'œuvre représentée ou l'insuffisance d'un interprète que par des causes étrangères au théâtre. Le public, plus courtois aujourd'hui qu'autrefois, se contente de témoigner sa désapprobation ou son ennui, par sa froideur, par ses bâillements, ou par de légers murmures. On sifflait, avons-nous dit, au temps du grand Roi, mais parfois le siffleur payait cher sa manifestation. Témoin ce petit billet portant la date du 17 septembre 1696 et adressé par Poutchartrain à La Reynie :

Le Roi m'ordonne de vous écrire de faire mettre en liberté

le nommé Caraque, boucher, s'il n'est détenu pour autre cause que celle d'avoir sifflé à la Comédie.

Sa détention de trois semaines avec une réprimande que vous lui ferez, le rendront sage.

INCENDIE DU THÉATRE FRANÇAIS

J'achevais de réunir les quelques souvenirs que j'avais pu conserver du Théâtre Français, lorsqu'il y a quelques jours, j'ai été, comme tout le monde, bien péniblement impressionné en apprenant subitement, en plein jour, à midi, que le feu était au Théâtre Français.

Tous, Français et étrangers, ont été frappés de stupeur et ont éprouvé une profonde et bien sincère douleur.

Nous ne savons encore ni les causes, ni la portée réelle d'un pareil événement, si ce n'est qu'il a déjà causé la mort tragique d'une jeune pensionnaire du théâtre, que plusieurs personnes ont été blessées, que de grands dommages matériels sont inévitables.

Et il nous faut encore remercier la Providence, car le fait aurait pu avoir des conséquences beaucoup plus graves.

On allait jouer *Bajazet* en matinée ; quelques artistes étaient déjà présents ; la représentation allait commencer moins d'une heure après. Vingt personnes environ étaient déjà en ligne pour prendre leurs places ; on frémit en songeant au désastre qui aurait pu se produire si la salle avait été déjà remplie, et la pensée alors se reporte vers l'incendie de l'Opéra de la rue Lepeletier, vers celui de l'Opéra-Comique, et vers celui du Bazar de la Charité.

Je causais précisément de tout cela hier même avec un de mes amis, un vrai lettré, un habitué de la Comédie Française qui a eu ces jours-ci (le 15 mars), l'occasion de pénétrer dans cette illustre maison, aujourd'hui, maison de deuil !

J'ai été si frappé, je dirai plus, si profondément impressionné du récit qu'il m'a fait, que renonçant à écrire moi-même quelques lignes sur cet affreux malheur, je me suis empressé d'appeler à mon aide, mon excellent ami, M. Edouard Maneuvrier, et de lui demander de vouloir bien me mettre par écrit, pour mes enfants, la narration de son triste pèlerinage ; il a bien voulu le faire, et je suis heureux de mettre cette note sous les yeux du lecteur.

Paris, le 15 mars 1900.

Cher Monsieur Denormandie,

Je viens de faire une visite pieuse à « ce qui fut » la Comédie française. Comme vous m'avez dit que depuis plus de *Cent ans,* vous aimiez cette illustre maison par vos ancêtres et par vous-même, vous ne serez peut-être pas indifférent au récit du dernier, du tragique spectacle qu'elle m'a donné ce matin.

Le feu est un terrible amateur de théâtres ; il a ses entrées partout : c'est comme une clause fatale du cahier des charges. Cette fois, il voulait voir : « Bajazet » en matinée ; s'il n'était pas, fort heureusement, arrivé une heure trop tôt, il nous renouvelait l'horreur de l'Opéra-Comique.

Je pénètre par l'escalier de l'Administration, rue Saint-Honoré. Au premier abord, l'aspect est celui, non d'une maison qui a brûlé, mais d'une maison qu'on déménage. C'est un peu moins lamentable, un peu, pas beaucoup. Les choses paraissent avoir moins souffert de l'incendie que du zèle des sauveteurs. Le vestibule, le grand escalier, sont encombrés de débris informes ; les foyers du public ont eu leurs parquets abîmés par l'eau, non par le feu. Le plafond est intact ; la pendule ne s'est pas arrêtée ; le cabinet de M. Claretie, les bureaux n'ont plus ni tentures, ni tableaux ; des cartonniers éventrés inondent le sol de paperasses ; dans tous les coins, des chiffons, des boîtes de fard, forment d'indescriptibles entassements avec des accessoires, des cartons, des défroques de tous genres. Les bustes et les statues ont quitté leurs socles de marbre : Voltaire, est parti avec George Sand, Talma avec Rachel. L'héroïque Rotrou a sauvé le tendre Racine. Marivaux et Musset, les Dumas et Gautier, natures essentiellement nerveuses, ont dû se ranger derrière le grand Corneille, et Molière a quitté le dernier sa maison en détresse. Où sont-ils allés ? Je ne sais. On les retrouvera, sans doute, dans quelque bosquet des Champs-Elysées conversant avec les « âmes heureuses » sur l'instabilité des choses humaines et sur l'éternité des choses divines, seules vraiment assurées contre l'incendie. . . . .

Mais voici que tout à coup, traversant le couloir des « premières », je m'arrête confondu devant un trou béant, sur la salle et la scène. C'est effrayant ! Quatre murs immenses se dressent jusqu'à la toiture, et c'est tout. Figurez-vous un puits, un abîme gigantesque, et tout au fond, un horrible entassement de poutres carbonisées et de ferrailles tordues. De tout ce luxe, de toutes ces élégances, de ces meubles et de ces étoffes, de ces dorures, de ces tentures, de ces peintures, de ces sculptures, de ces lustres, de ces girandoles, il ne reste pas un lambeau, rien, absolument rien. Seul, entre la scène et la salle, à demi descendu, le rideau de fer, la précaution inutile subsiste comme une ironique leçon. Et dire que cet horrible effondrement a été l'œuvre de quelques minutes ! De quel étrange amour faut-il que nous aimions le théâtre pour nous exposer si souvent et si allègrement à de pareils dangers ! Oui, c'est pour nous donner la joie de nous arracher quelques instants à nous-mêmes, c'est pour avoir le plaisir d'oublier la vie que nous bravons la mort, et quelle mort !

Les grands degrés de pierre qui desservent les étages supérieurs sont entièrement écroulés ; mais le petit escalier de service qui monte aux loges des acteurs n'a presque pas souffert. C'est par là que tous ont fui, tous, sauf cette infortunée Henriot. Voici le couloir où on l'a retrouvée morte. Son fidèle ami, son petit chien, mort à côté d'elle, non pas brûlée, mais asphyxiée, et tellement tuméfiée et défigurée que son médecin seul a pu la reconnaître ! Quelle fin pour cette charmante créature qui ne vivait que pour paraître belle !

Je parcours les trois étages de loges, et je ne puis m'expliquer les inexplicables caprices du feu, consumant cette chambre, épargnant la voisine. Pourquoi les flammes ont-elles entièrement dévoré la jolie loge dorée de Mlle Marsy ? Pourquoi chez Albert Lambert n'ont-elles respecté qu'un faux-col, et chez Falconnier, que le secrétaire aux 25.000 francs ? Pourquoi ont-elles à peine touché la loge de Mme Dudlay et celle de Mme Amel, et, à peine aussi, celle de la pauvre Henriot ? Pourquoi n'ont-elles pas même effleuré les Mounet, Worms, Baretta, Bartet, etc. ?

. . . . . . « Ce sont des choses rudes
« Il faut pour les comprendre, avoir fait ses études. »

Faut-il donc croire qu'il existe de secrètes affinités entre les personnes et les choses, et qu'il y a plus que des métaphores dans ces expressions si répandues dans le vocabulaire des théâtres : « Un tel est de bois ! » — « Une telle est de glace ! » — « Cet autre brûle les planches », etc.

Je plaisante et j'ai tort, puisque le fléau a atteint quelque chose de plus précieux que les millions votés par les Chambres. La maison de Molière renaîtra de ses cendres, c'est une ère, une pièce nouvelle qui a commencé le 8 mars 1900. Souhaitons-lui toujours le succès, puisque tout doit finir, une jolie et heureuse fin de comédie et non un horrible dénouement de tragédie comme celui-ci.

Adieu, cher Monsieur Denormandie ; excusez la longueur de ma narration, je n'ai pas le temps de la faire plus courte.

Je suis très respectueusement à vous.

Ed. MANEUVRIER.

VIII

S. A. R. Mgr LE DUC D'AUMALE

Les premières années de jeunesse et les premières années de l'exil. — Constitution d'un conseil au Palais-Royal. — Visites en Angleterre pendant le premier exil. — Visite au prince pendant sa résidence en Belgique. — Les princes à l'Assemblée nationale. — Visite en Angleterre pendant le second exil (Confidences au sujet de la donation de Chantilly) — La donation de Chantilly. — Séjour à Bruxelles. — Les déjeuners à Chantilly après le retour en France. — Le dîner Bixio. — Les obsèques du duc d'Aumale à la Madeleine.

LES PREMIÈRES ANNÉES DE JEUNESSE

ET LES

PREMIÈRES ANNÉES D'EXIL

Près de trois années se sont déjà écoulées depuis la mort de Monseigneur le Duc d'Aumale. Un tel événement devait produire et a produit une impression profonde, et l'émotion publique s'est manifestée par de nombreux et remarquables écrits. Les divers aspects de cette grande figure, si riche et si multiple dans sa belle unité morale, ont été décrits par des hommes très compétents et admirablement informés. Que dire, en effet, « du soldat » après les beaux récits de Camille Rousset, après le Commandant Grandin, et après l'auteur de la curieuse et si intéressante brochure sur le Duc d'Aumale, *Prince, Soldat, grand Seigneur*. Que dire « du Politique » après Ernest Daudet, lequel a si excellemment parlé de ce fils de Roi, qui sut toujours rester fils de Roi, aussi bien dans les tristesses de l'exil et la simple vie de citoyen de la République, que dans le faste des Tuileries ? Que dire de l'historien, de l'érudit, de l'écrivain après ses illustres confrères de l'Institut, après M. Mézières et M. Guillaume, après mon éminent ami M. Georges Picot ? Que dire enfin du chrétien, du français, en un mot de « l'homme » après l'admirable éloge funèbre du Cardinal Perraud, après la biographie de M. Macon, si pénétrante, si touchante et qui, par l'intimité des sentiments et des détails, par la forte et élégante simplicité du style, trahit à chaque ligne un collaborateur, un confident qui a longtemps vécu de la vie du Prince, et s'est comme nourri de sa pensée.

Certes, je n'ai pas la téméraire prétention de refaire, en quoi que ce soit, ce qui a été déjà si bien fait. Mais le Prince m'ayant fait le grand honneur de me recevoir fréquemment et m'ayant donné un bien précieux témoignage d'estime et de confiance, en me mettant au nombre des mandataires chargés d'exécuter la donation de Chantilly, la grande pensée de sa vie, on s'intéressera peut-être aux quelques souvenirs que j'ai gardés de ces relations. Il me semble que rien n'est indifférent, venant d'un tel homme, rien surtout de ce qui peut contribuer à peindre ce caractère, à ajouter quelques traits au portrait de ce bel exemplaire d'humanité que les petits aussi bien que les grands peuvent trouver profit à imiter.

— 510 —

Je n'ai personnellement connu le Prince, ni pendant son adolescence, alors qu'il conquérait ses diplômes universitaires et préparait en lui le futur Académicien, ni pendant sa jeunesse, alors qu'il gagnait à la pointe de l'épée sur les champs de bataille de l'Algérie, cette gloire militaire et ces grades dont il n'admit jamais qu'aucun pouvoir fût en droit de le dépouiller.

Pendant que sous la direction de M. Cuvillier-Fleury, il faisait de très brillantes études au Collège Henri IV, je n'étais qu'un obscur interne de Saint-Louis. Comme tous mes camarades, je ne connaissais le Prince que pour le voir, avec admiration, galoper superbe et vigoureux, suivi d'un simple groom, le long des Champs-Elysées et se rendant à Neuilly.

Pour applaudir avec ardeur à ses succès au Concours général, nous étions tous très fiers, même les républicains, de pouvoir nous dire camarades d'un fils de Roi. Nous l'aimions tous, sans le connaître. Qu'aurions-nous fait si nous l'eussions connu !

Nous frémissions tous d'indignation quand les journaux de l'opposition annonçaient gravement qu'un compétiteur du Prince, pris de coliques, n'avait pu venir composer, et insinuaient que le Gouvernement l'avait fait empoisonner, afin d'assurer, même par le crime, le succès du Royal écolier !

Je raconte ceci en passant et en ajoutant comme dans la chanson :

> Car dans ce temps-là,
> C'était déjà comme ça !

Et j'ajoute pour bien montrer que ceci n'est pas le fruit de l'imagination, mais le récit d'un fait, j'ajoute que le concurrent du Prince dont les journaux avaient fait une victime, était M. Auguste Prus, que je connais, qui est un ancien Consul général fort distingué, qu'il vit encore, et que malgré le prétendu poison d'autrefois, il a aujourd'hui quatre-vingts ans et se porte à merveille !

On a souvent conté que le Duc d'Aumale, après avoir été rayé des cadres de l'armée, ayant consenti à être le témoin d'un mariage, sur l'imprimé administratif où on l'invitait à indiquer sa profession, écrivit à côté de son nom : *Henri d'Orléans, Soldat.* Telle était, en effet, la définition qu'il aimait à donner de lui-même, et bien souvent, je l'ai entendu, terminant un de ces récits militaires où il excellait, s'écrier avec une joyeuse fierté : « Chartres et moi, « nous sommes deux cocardiers. »

Je n'avais pas davantage l'honneur de connaître personnellement ce noble cocardier, pendant le temps où il gagnait glorieusement ses éperons et illustrait sa cocarde ; mais du fond de mon cabinet où je m'initiais aux mystères du Code civil et des autres codes, et où je me préparais à la défense de la veuve et de l'orphelin, j'applaudissais passionnément comme tous les anciens camarades de Saint-Louis, de Henri IV, de Louis-le-Grand, de Charlemagne, etc., lorsque la Renommée aux cent bouches nous apprenait chaque jour de brillants exploits de l'ancien lauréat d'Henri IV.

Quelle carrière ! à seize ans, capitaine : le grade consacré par de justes examens, mais mieux encore, par le baptême du feu reçu au combat de l'Effroum (avril 1840) ; par l'assaut du col de Mouzaïa, avec une citation à l'ordre du jour.

Je m'arrête ici un instant, avant de continuer la nomenclature des services militaires du jeune Prince ;

je m'arrête pour lui laisser la parole ; car il a raconté son départ de France avec son frère et avec M. Cuvillier-Fleury, et parlé à cette occasion de M. le Duc d'Orléans, dans les termes du patriotisme le plus touchant, le plus élevé :

« Au mois de mars 1840 — a écrit M. le duc d'Aumale — le duc d'Orléans partait pour l'Afrique, il proposa à Fleury de l'emmener, moins peut-être pour s'assurer le précieux concours de son talent, que par une délicate attention pour ses sentiments. J'accompagnais mon frère ; c'était ma première campagne. Pendant l'expérience que marquèrent les glorieux épisodes du col de Mouzaïa et du bois des Oliviers, Fleury, resté à Alger, ouvrait, lisait, analysait, rédigeait les dépêches, les notes, les lettres ; il avait toute la confiance de mon frère. Et pourtant, il ne connaissait pas ce que moi, je connaissais l'ayant vu tracer, phrase par phrase, l'admirable testament écrit à la Préfecture maritime de Toulon pendant quelques heures d'un violent mistral qui retardait l'embarquement, car le duc d'Orléans initiait de bonne heure ses frères à sa pensée, comme il comptait les associer à son œuvre, voyant en eux des auxiliaires peut-être utiles, jamais dangereux. Secondé par toutes les grâces de l'esprit et les délicatesses du cœur, son mérite supérieur s'imposait sans qu'il eût à faire sentir le poids de l'autorité que le rang lui conférait. Esprit ferme et sagace, mesuré et brillant, nourri des plus solides études ; nature généreuse et chevaleresque, mais nullement chimérique ; brûlant de cette passion de la France qui inspirait Henri IV, réchauffait la froideur de Louis XIII, animait la solennité de Louis XIV ; profondément dévoué à la patrie, à sa prospérité, à ses libertés, à sa grandeur et à sa gloire ; connaissant et comprenant la France moderne ; partageant ses aspirations, résolu à la seconder dans sa marche en avant sans la précipiter dans les témérités fatales ; avec l'ardent désir, la volonté de l'élever, de la maintenir à la hauteur de son glorieux passé !

. . . .

Je ne pouvais pas laisser ignorer à mes lecteurs cette belle appréciation par M. le Duc d'Aumale, de la haute valeur de son frère le Duc d'Orléans.

Et maintenant, je reprends l'indication des services militaires du jeune Prince ; son frère qui était son général, en avait fait à dix-sept ans son aide de camp.

Le jeune Prince, à dix neuf ans, était colonel du glorieux 17ᵉ léger qu'il ramenait lui-même, d'étape en étape, jusqu'à Paris, aux acclamations de la France entière, recevant impassible et sans broncher le coup de feu de Quénisset. (Affaire du faubourg Saint-Antoine.) Faut-il rappeler à vingt-et-un ans, l'éclatant fait d'armes de la prise de La Smalah ! Et parmi ces actions héroïques, quelles paroles héroïques devant l'armée de l'Emir et quelle fière réponse à Yusuf ! « Je ne suis pas d'une race où on « recule. Chargeons ! » Et cette lettre d'une émotion si chevaleresque, si française au Ministre de la Guerre, rendant compte des adieux d'Abd-el-Kader, ce redoutable adversaire s'avouant vaincu, et venant présenter lui-même au Prince *le cheval de soumission*. Il disait, ce vaincu : « Je t'amène ma « jument, ma bonne jument. C'est la seule qui « me reste. Dieu l'a voulu ! Dieu l'a voulu ! »

Et le vainqueur, ce jeune général de vingt ans, écrivait au Ministre de la Guerre :

Abd-el-Kader vient de me faire ses adieux ; je ne puis cacher l'émotion que me fit éprouver la dignité et la simplicité de cet homme qui a joué un si grand rôle, et qui vient d'essuyer un si grand revers. Pas une plainte, pas une parole de regret. Il n'a eu de paroles que pour me recommander ceux qui l'avaient servi, et pour m'assurer qu'il ne songerait plus qu'au repos.

Gaston de Foix, Condé, Hoche, Marceau, Kléber, Desaix, tous ces vainqueurs de 20 ans devaient ainsi parler de leurs ennemis abattus. Cette audace dans l'action, cette générosité dans le succès, cette élévation de vues dans le conseil, ne sont-elles pas la marque des véritables chefs de guerre ? N'est-elle pas la source de cette autorité qu'en dehors de sa naissance, assurait le respect et l'obéissance des soldats et des officiers à ce Lieutenant Général, à ce Gouverneur Général de l'Algérie qui n'avait pas 25 ans ?

Quelles destinées ne lui étaient pas promises !

N'était-il pas le héros qui devait asseoir sur des bases solides la royauté des d'Orléans et unir dans une solide unité l'ancienne France à la France nouvelle... Hélas ! le coup de foudre de 1848 faucha toutes ces espérances.

On sait quelle noble réponse fit le Prince à ceux qui lui reprochaient de n'avoir pas rétabli son père sur le trône à la tête de ses régiments d'Afrique :

> L'homme de bien a le devoir de protester contre l'acte tyrannique qui, dans sa personne, atteint le public. Il a le devoir de résister et de lutter même si, au péril de sa vie, il peut mettre un terme à l'oppression de tous ; mais il n'a pas le droit de troubler sa patrie, de la déchirer, d'y porter la guerre pour venger une injure personnelle.

Rien de plus noble, de plus touchant et de plus juste que cette déclaration de principes ; dans les veines de ce prince coulait le sang d'un héros, mais non pas d'un factieux... La France admira cette sublime résignation, elle s'en souviendra toujours.

Le lendemain même du jour où l'exil commençait, M. le Duc d'Aumale chercha à occuper les loisirs que lui imposaient son patriotisme et la Providence. Ne pouvant plus être soldat, il voulut être savant, artiste, amateur éclairé et délicat, il fut tout cela et à un degré éminent.

Nul ne s'étonnera du prestige, de l'influence que

ce prince sut conquérir très rapidement sur la Société anglaise.

Il parvint en peu de temps à parler couramment l'anglais et il lui arriva souvent de présider les séances d'une Société littéraire ou de quelque Comice agricole. Je cite, pour donner un exemple de la souplesse merveilleuse de son esprit, le speach charmant qu'il prononça un jour dans une de ces réunions :

> Je n'ai pas le droit d'employer le langage dont un loyal Anglais userait en pareille occurrence, mais j'ose dire que personne n'a plus de respect que moi pour Sa Majesté la Reine, plus de dévouement sincère pour sa personne ; je vois dans votre Reine la personnification de vos libres et nobles institutions ; la souveraine d'un pays qui est et qui, je l'espère, restera l'allié et l'ami de mon pays, d'une nation qui donne asile à tous les exilés sans leur imposer aucune condition humiliante, sans leur rien demander, si ce n'est de respecter les lois qui les protègent ; j'admire aussi dans votre Reine, la plus accomplie des femmes, car j'ai eu plus d'une fois moi-même l'occasion d'observer, le dirai-je, de sentir aussi cette tendresse, cette suprême délicatesse de cœur dont elle a donné tant de preuves.

Disraëli qui avait l'honneur et la bonne fortune de lui répondre, traduisit avec bonheur les sentiments de l'auditoire en parlant en termes émus « de ce noble pays que le Prince avait quitté avec douleur, mais avec honneur. »

> Heureux — ajoutait-il — le Prince qui, sans avoir commis une faute personnelle, banni des palais et des camps, peut trouver une consolation dans les livres et une noble occupation dans les riches domaines de la science et de l'art.
> Heureux le Prince qui, dans un pays étranger, tout en se mêlant aux autres hommes sur le pied de l'égalité, se distingue toujours par la supériorité de son esprit et de sa nature !
> Heureux le Prince qui, dans de pareilles circonstances, peut, dans le royaume des lettres, conquérir des provinces

qu'il ne saurait perdre et défier le mauvais destin des dynasties !

Le Prince méritait un pareil « partner » ; il méritait surtout l'éloge exquis que lui adressait le plus lettré, le plus fin, le plus sympathique des Anglais du siècle.

CONSTITUTION D'UN CONSEIL AU PALAIS-ROYAL

VISITES EN ANGLETERRE PENDANT LE PREMIER EXIL

Les conséquences des décisions prises par Louis XVIII en 1814 en ce qui touche la famille d'Orléans, avait été de mettre le Duc d'Orléans et sa sœur madame la Princesse Adélaïde en mesure de se reporter au passé, et de liquider activement et passivement les successions de Philippe Egalité, père du Duc d'Orléans et de madame la Duchesse d'Orléans sa femme, fille du Duc de Penthièvre.

Cette liquidation était difficile ; il fallait porter la lumière dans l'obscur fouillis des événements qui se rattachaient à l'époque révolutionnaire.

Pour atteindre ce but, le Duc d'Orléans créa un Conseil qui se réunissait toutes les semaines au Palais Royal sous la présidence personnelle du Prince, Conseil dont mon père faisait partie.

Les travaux considérables de ce Conseil commencés en 1815 ne purent guère être conduits à bonne fin que vers 1830. Je n'avais alors que neuf ans ; mais mon père qui causait beaucoup devant moi, racontait souvent les curieux incidents de cette laborieuse collaboration.

Je n'eus aucun rapport personnel avec les Princes avant 1848. C'est lors de leur premier exil, en 1851 que, voyageant en Angleterre, j'allai, muni d'une recommandation de mon père, présenter mes devoirs à la Famille Royale. Et ce fut dans ce voyage que je vis pour la première fois M. le Duc d'Aumale.

Ce ne fut que pour accomplir ces devoirs de haute convenance que je renouvelai ces visites, chaque fois qu'un deuil nouveau frappait la famille d'Orléans, notamment, lors de la mort de la Reine, et lors de celle de la Duchesse d'Orléans.

M. le Duc d'Aumale voulait bien alors causer avec moi, très obligeamment, il me fit l'honneur de me recevoir à Twickenham du vivant de Madame la Duchesse d'Aumale.

J'avais des amis qui avaient été ses camarades à Henri IV ; le Prince savait les très anciens rapports de mon père avec le Roi. Ces souvenirs de famille, ces affections communes, nous apportaient toujours d'intéressants sujets de conversations et m'attiraient l'entière bienveillance du Prince.

Certes, je ne pouvais prétendre à l'honneur d'être un Cocardier, mais j'étais parisien et même un peu boulevardier, ceci dit dans la bonne acception du mot ; c'étaient là deux titres dont le Prince, essentiellement parisien, voulait bien tenir compte. J'aimais passionnément le théâtre, comme presque tous les hommes de la génération de 1840. Cette passion, les Princes d'Orléans et en particulier le Duc d'Aumale, la partageaient avec nous : encore d'inépuisables motifs de causerie. Veut-on un échantillon du ton plaisant et de la liberté charmante de ces entretiens ? Un jour, oserai-je le dire, le Prince découvre que j'avais environ six mois de plus que lui, et lui aussitôt de triompher et de me dire que j'étais « Le Vieux ! » et qu'il n'oublierait jamais que c'était lui qui me devait le respect !

Lors de l'un de ces voyages en Angleterre, le Prince avait retenu à dîner à Twickenham quelques-uns des Français qui étaient venus le saluer ; j'avais l'honneur d'être au nombre des convives ; après le dîner, Madame la Duchesse d'Aumale se retira dans son appartement particulier, avec les dames venues de Paris ; le Prince alors nous emmena dans un des salons de sa résidence, on se groupa autour de lui ; je vois encore d'ici la réunion ; tout en s'appuyant sur un des montants de ce salon ainsi qu'il avait l'habitude de le faire en pareil cas, comme pour prendre un point d'appui, il se mit à causer de diverses choses, quand l'un des visiteurs fit au Prince une question que le ton et le sujet de la conversation justifiaient parfaitement.

Le Prince partit alors sur ce sujet qui lui était familier, et nous fit, séance tenante, sans même réfléchir un seul instant, une grande conférence sur les armes de guerre usitées en France depuis le moyen-âge, jusqu'à nos jours. Les détails techniques qu'il nous donna d'abondance révélaient une érudition militaire consommée et une connaissance approfondie d'un sujet dont il corrigeait l'aridité, comme en se jouant, par l'ampleur des vues comme aussi par cette verve, cet entrain, ce bonheur d'expressions qui donnaient tant d'intérêt et de couleur à ses récits.

Le lendemain je me permis de dire au Prince combien nous avions été surpris, charmés et instruits par son entretien de la veille, et je repris, dans une causerie particulière avec lui, les idées principales qui avaient été par lui traitées dans la soirée de la veille, puis, très impressionné de ce que j'avais entendu la veille et ce jour même ; je pris quelques notes pour venir au secours de ma mémoire. C'est ce qui va me permettre de résumer aujourd'hui les principales phases du merveilleux récit que nous avions entendu.

Remontant au XIIIe siècle, le Prince nous avait fait tout d'abord un tableau pittoresque et vivant de la bataille de Bouvines, mettant en ligne les chevaux caparaçonnés des gentilshommes, couverts de leurs pesantes armures, les abritant de pied en cap, et les hommes d'armes, archers, arbalétriers, piquiers maniant l'arc, l'arbalète, la flèche, l'épée à deux mains, la lance, l'épieu ou bâton ferré, la hache d'armes, la massue et même le maillet.

Il nous avait décrit ensuite la transformation à travers les siècles de ces armes primitives, depuis la hallebarde et la voulge (sorte d'épieu) qui firent merveille au siège d'Orléans jusqu'à l'arquebuse à l'escopette et au mousquet. Et voici, à la fin du XVIIe siècle, les fusiliers du Roi et les grenadiers, tous armés du fusil et de la baïonnette à douille, dont l'invention est attribuée à Vauban.

Vous pensez bien que l'artillerie ne fut pas omise dans cette revue rétrospective : bombardes ou coulevrines, fauconneaux, mangonneaux, défilèrent lourdement pour faire place au canon, à l'obusier, au mortier, et enfin, aux grosses et petites pièces modernes si maniables, malgré leur portée et leurs effets : chaque étape de la civilisation étant marquée, hélas ! par un progrès dans l'art de détruire !

J'aurais mauvaise grâce après tant d'années écoulées, à tenter de reproduire par le menu ce brillant et savant historique des engins de combat. Je ne suis pas d'ailleurs expérimenté en ces matières ; mais je me souviens bien que le Prince nous tint pendant près de deux heures sous le charme de sa parole vibrante et colorée. C'était comme une évocation de nos gloires militaires et une fanfare guerrière où retentissaient les noms sonores des grandes batailles : Ravenne, Cerisoles, Ivry, Rocroi, où s'illustra le Duc d'Anguien, le grand aïeul du Duc d'Aumale, épris comme lui des magnificences du domaine de Chantilly, puis Valmy et Jemmapes où le jeune Duc de Chartres, préludait à la royauté en exerçant son commandement avec une sereine intrépidité, et l'épopée Impériale, enfin la conquête de l'Algérie à laquelle le valeureux officier que nous écoutions, prit la brillante part que l'on sait, avec les chasseurs d'Orléans.

Quels souvenirs réconfortants pour des cœurs français !

En terminant, je viens d'évoquer le souvenir de la conquête de l'Algérie et des chasseurs d'Orléans. A ce sujet je me rappelle une charmante lettre de M. Doudan, écrite le lendemain d'un dîner qui avait eu lieu chez le Duc Victor de Broglie ; cette lettre est datée de Paris, du 10 avril 1840.

M. Thiers dînait ici lundi — écrit M. Doudan — il a parlé sur l'Afrique avec une vivacité qui a charmé, Albert entre autres, disant que c'était le seul instinct un peu désintéressé, un peu héroïque qui restât au pays, montrant cet atlas comme une sorte de séminaire guerrier où se formaient aux périls, à la vigilance, au sang-froid, tous les officiers de notre armée, démontrant par tous ses souvenirs militaires qu'il n'y avait pas de meilleures troupes que celles qui avaient combattu longtemps la cavalerie légère ; on voyait alors dans son discours les Arabes descendre bride abattue toutes les collines de l'Afrique et l'infanterie française immobile, dissiper cet orage qui vient des montagnes avec des feux réguliers. Puis les souvenirs de l'armée d'Egypte et les sabres recourbés et les turbans des Mameluks et les noms d'Héliopolis et des Pyramides, et la légion romaine contre les cavaliers Numides. M. d'Haubersaërt n'avait pas l'air ému le moins du monde, et il persistait, malgré les journées d'Héliopolis et du Thabor, à compter sur ses doigts combien nous avons de soldats en Afrique, combien nous en avons perdu depuis dix ans par la fièvre, combien dans les routes de Constantine et de Mascara.

Et M. Thiers ramenait contre lui, avec une sorte de furie française, toutes les armées invincibles formées en Afrique avec leurs beaux étendards déchirés dans les batailles, sous ce brillant soleil et tout le chœur des âmes héroïques formées par la guerre. Et M. Duvergier reprenait que cette école militaire était formée sur un bien grand pied...... M. de Canonville écoutait tout ce tumulte en silence et, après le départ de M. le Président du Conseil (M. Thiers), il me dit : « C'est singulier, je ne suis pas de son avis, mais ce petit homme me rappelle pourtant la manière et le geste et la vivacité de paroles de l'Empereur les jours où il n'était pas très raisonnable.

Assurément l'auteur de la lettre, M. Doudan, a voulu y mettre et y a mis une pointe de malice à l'adresse de M. Thiers, dont celui-ci, s'il était là, serait le premier à rire. Ce que je retiens de cette lettre, c'est le récit imagé de nos luttes en Algérie auxquelles M. le Duc d'Aumale avait pris une si grande part, dès sa première jeunesse.

VISITE AU PRINCE EN 1862

PENDANT SA RÉSIDENCE EN BELGIQUE

Mes visites à la famille d'Orléans pendant l'exil en Angleterre ont été rares. Je m'imposais beaucoup de réserve, et je ne franchissais le détroit que lorsqu'un devoir de haute convenance justifiait ma visite.

Une fois cependant, je me permis de me départir de cette règle de discrétion. C'était en septembre 1862, je résidais en Belgique pendant les vacances, chez un de mes parents, grand industriel, Directeur général et administrateur de la Société des mines et fonderies de zinc de la Vieille Montagne dont le siège social est à Angleur, près Liège.

Apprenant que Mgr le Duc d'Aumale se trouvait en villégiature avec sa famille, à Spa, et qu'il recevait volontiers les Français connus ou inconnus qui désiraient lui présenter leurs hommages, je me rendis auprès de lui.

Avec son affabilité ordinaire, le Prince voulut bien me retenir toute la journée. J'ai déjà dit qu'il aimait beaucoup causer avec un Français, avec un Parisien de Paris, de cette France dont il gardait si fidèlement le culte dans son cœur ; il se plaisait à prolonger ces conversations qui lui faisaient oublier, pour quelques moments, l'inoubliable douleur de l'exil.

Encouragé par cet accueil si charmant dans sa bonne grâce à la fois familière et princière, je me permis de conseiller au prince, de venir avec ses deux fils, visiter les usines de la Vieille Montagne, ne doutant pas que cette excursion n'instruisît le Prince de Condé et n'amusât aussi le jeune Duc de Guise. Le Duc d'Aumale, comme son aïeul le Roi Henri « ce bon camarade », était à la fois un vaillant soldat et un père tendre. La perspective de procurer à ses enfants un plaisir doublé d'un enseignement le tentait toujours. Il voulut bien accepter l'invitation que je lui transmettais respectueusement de la part de mon parent.

Au jour dit, dès huit heures du matin, les nobles visiteurs arrivaient à Angleur.

M. de Sinçay, homme de la plus rare distinction, commença par donner sur les principes généraux de l'industrie du zinc, sur les procédés métallurgiques, sur la nature et la provenance des matières premières, sur les usages et les applications du métal, des renseignements qui furent écoutés avec une attention aussi éveillée qu'intelligente.

L'originalité profonde de la Société de la Vieille Montagne a toujours consisté dans la perfection de ses institutions ouvrières. Cédant à l'inspiration généreuse et clairvoyante de son Directeur Général, favorisée d'ailleurs par la prospérité des affaires, le Conseil d'Administration avait alors devancé de plus de trente années le progrès des institutions patronales.

M. de Sinçay, de sa voix chaude et sympathique, expliquait aux princes comment les ouvriers de la Vieille Montagne, par le moyen de primes spéciales, indépendantes du salaire fixe, et proportionnées aux résultats du travail propre de chaque équipe, se trouvaient, tous associés en fait, aux bénéfices généraux de la Société. Il disait comment, une fois admis dans les cadres, mineurs, fondeurs, lamineurs, quel que fût leur genre de travail, leur âge, leur nationalité, ne devaient plus craindre, leur vie durant, ni l'abandon, ni le dénûment, ni pour eux, ni pour leurs familles ; il disait : les malades soignés gratuitement, recevant des indemnités pour nourrir la femme et les enfants pendant les journées de chômage, les infirmes, les vieillards, les veuves, les orphelins recueillis, protégés, pensionnés... Il montrait les effets excellents de cette sollicitude : meilleure qualité du travail, éveil des sentiments de solidarité, la société respectée comme une bonne mère, les engagements beaucoup plus stables, jamais aucune grève dans aucun établissement, etc., etc.

Le Prince de Condé avait dix-huit ans, il achevait ses études classiques. Cette sorte de leçon vivante et pratique d'économie sociale lui causait visiblement une impression profonde : il l'écoutait avec une sorte de ferveur. Son père le dévorait des yeux, très joyeux et très fier, et il y avait de quoi. Les questions que posait le jeune Prince, les éclaircissements qu'il demandait, sa physionomie, son accent, tout révélait en lui, en même temps qu'une sagacité et une maturité précoces, la générosité du cœur et la sûreté du jugement, on pouvait dès lors pressentir la hauteur de cette âme qui allait refuser un trône pour ne pas renoncer à l'honneur d'être catholique et français.

Qui sait, si le récit de cette conversation, fidèlement rapportée au Comte de Paris, ce cousin si respecté et si cher, qui était, comme on sait, pour le Prince de Condé, un véritable confident et comme un frère aîné, ne fut pas le point de départ de ces belles études sociales qui se révélèrent au monde, quelques années plus tard, par le livre fameux sur les « Trades Unions » de l'Angleterre.

Après la conférence, visite de l'usine, d'autant plus

intéressante et profitable. Les grands parcs à minerais, blendes et calamines, venant des quatre coins de l'Europe, Suède, Allemagne, Sardaigne, Espagne, etc.; les ateliers de broyage si ingénieusement aménagés pour épargner aux poumons des ouvriers l'envahissement des poussières ; la fabrication mécanique des longs creusets pour la réduction du métal ; les vastes halles éternellement flambantes de lueurs bleuâtres et verdâtres comme la gigantesque officine de quelque alchimiste sorcier ; le tirage et le coulage du métal, tous les appareils curieux, toutes les opérations intéressantes examinées avec soin, par des esprits qui aimaient à se rendre compte et savaient le faire, et toujours, planant au-dessus de toutes choses, la sainte préoccupation de la patrie absente : « Cette « belle industrie n'existe donc pas en France ? Ne « pourrait-on pas l'y introduire ? »

Après le déjeuner, Mgr le Duc d'Aumale, le jeune Prince de Condé, mon cousin et moi, nous montons à cheval et nous parcourons en amont d'Angleur, la pittoresque et verdoyante vallée de l'Ourthe jusqu'à Tilff. C'est là dans un autre vaste établissement que se lamine le métal brut fabriqué à la fonderie. Nouvelle visite ; cette fois, c'est la question commerciale des débouchés qui est plus particulièrement traitée, et toujours avec le même soin et la même curiosité intelligente.

M. le Duc de Guise, qui avait alors huit ans seulement, était venu en voiture avec les dames nous retrouver à Tilff. Evidemment les questions industrielles l'intéressaient moins qu'elles ne nous intéressaient nous-mêmes. Ses impressions se lisaient clairement sur sa physionomie toute pétillante de malicieuse espièglerie ; il s'agitait, et laissait voir que la promenade en voiture avec les dames ne lui plaisait qu'à moitié.

Aussi quand on rentra au logis, résolu à frapper un grand coup, il tire tout à coup de sa veste une paire de sous-pieds, et il se met à les agiter de façon à ce qu'on ne puisse pas se méprendre sur son désir. Rien de plus drôle et de plus amusant que cette silencieuse et significative pantomime.

Fort heureusement, il y avait à l'écurie un poney ; on le fit avancer. Le jeune Prince ne fut pas long à l'enfourcher. Une pelouse circulaire s'étend devant la maison ; c'est comme la piste d'un cirque. Le Duc d'Aumale montant alors dans un pavillon qui semblait avoir été posé là tout exprès, et la chambrière à la main, commande à son jeune fils tous les exercices du manège.

Spectacle à la fois touchant et charmant. Le Prince avait autant de plaisir à suivre et à diriger lui-même les exercices équestres de son second fils qu'il avait eu le matin, de bonheur et de fierté à constater les succès intellectuels de son fils aîné.

Hélas ! pourquoi faut-il que de si belles espérances aient été déçues, et que des destinées qui promettaient d'être si belles, ne se soient pas accomplies ?

Quatre ans plus tard, le 24 mai 1866, le Prince de Condé succombait à Sydney d'une fièvre typhoïde, au cours d'un voyage autour du monde.

Le Duc d'Aumale se rendait à Londres, quand il vit arriver son médecin et ami, Guéneau de Mussy, le visage bouleversé.

— Cher ami !... Qu'avez-vous ?... Un malheur vous est arrivé ?...

— Non, pas à moi, Monseigneur... C'est vous qui êtes frappé ! **Condé !**...

— Vous avez des nouvelles ?..

— Courage, Monseigneur.

Et le pauvre père assommé, les mains appuyées en avant à la muraille, sanglotait amèrement. Il perdait, comme il l'a dit, « son meilleur, son plus cher ami ».

« J'ai la foi, — écrivait-il, — que son âme noble « et pure est retournée au ciel, où celle de ma mère « l'a précédée de si peu ; puissé-je les y retrouver « un jour ! »

On sait que cette cruelle épreuve ne fut pas la dernière pour le malheureux père. Le Duc de Guise, après avoir failli périr en 1869 à la chasse, mourait à son tour, en janvier 1872, enlevé à dix-huit ans par une fièvre cérébrale.

Depuis ces douloureux événements, j'ai eu l'honneur de voir bien souvent M. le Duc d'Aumale ; je l'ai vu en Angleterre, en Belgique, à Paris, et surtout à Chantilly ; mais par une sorte d'entente tacite de nos cœurs, jamais aucun de nous deux n'évoqua cette rencontre en Belgique.

Et pourtant, nous ne l'avions oubliée ni lui, ni moi. Mais de certains souvenirs de l'âme, il faut dire comme du vase fameux chanté par le poète : « N'y « touchez pas, il est brisé ! ! »

LES PRINCES A L'ASSEMBLÉE NATIONALE

Au début même de la guerre, les Princes d'Orléans avaient sollicité l'autorisation de servir ; leurs offres furent repoussées par le Corps législatif en 1870, puis par le Gouvernement de la défense nationale. Et, cependant, ils étaient surtout animés d'une passion patriotique.

Un devoir bien pénible après la guerre de 1870 attendait M. le Duc d'Aumale ; c'était la présidence du Conseil de Guerre chargé de juger le Maréchal Bazaine. On sait avec quelle supériorité et même avec quelle science ces débats furent dirigés par le Prince qui avait été, a-t-on dit, « frappé de la pauvreté in- « tellectuelle et morale du Maréchal ».

Elu membre de l'Assemblée nationale (ainsi que son frère le Prince de Joinville), le Duc d'Aumale n'y avait paru que fort peu ; un jour cependant, il saisit avec un grand bonheur d'expression l'occasion de rendre un éclatant hommage au drapeau tricolore (« ce drapeau chéri »). — Ce sont les expressions mêmes dont le Prince se servit à la tribune. Mis peu de temps après à la tête du 7e corps d'armée, à Besançon, ayant eu la douleur de perdre tous les siens, il n'eut plus qu'une passion : « servir la France ».

Comme au temps de sa jeunesse, il se renferma exclusivement dans son rôle de soldat, il s'y consacra avec une constante ardeur ; et lorsqu'en 1875 on put conjurer un grand danger qui menaçait la France, on peut bien dire que probablement l'influence personnelle du Duc d'Aumale n'y fut pas étrangère.

Mais, hélas ! le malheureux Prince n'avait pas encore épuisé toute la coupe d'amertume, c'est à cette époque (juillet 1886) qu'il éprouva tout d'abord une grande douleur privée, la perte de son ancien maître et ami, M. Cuvillier-Fleury ; il l'a raconté lui-même, en termes bien touchants :

Aux premiers jours de juillet 1886, j'entrais dans la petite maison de Passy ; l'aveugle sommeillait, affaissé sur son fauteuil. Le son de ma voix l'avertit de ma présence, il causa avec entrain, et revint bien vite à son thème favori, la mémoire de Louis-Philippe « ce grand Prince », s'écria-t-il, que Thiers appelait « Le Roi patriote » et Victor Hugo « Le Roi de plein jour ». Il sut maintenir les libertés de la nation et garder ses frontières. Il a légué à la France des lois justes et observées, une prospérité saine, l'apaisement des haines de classes, le respect de l'Europe, l'Algérie conquise, et l'admirable armée qui dort dans les tranchées de Sébastopol.

...... Et le bon vieillard cherchait à rouvrir ses yeux depuis longtemps fermés à la lumière. Son teint se colorait ; il m'embrassa avec effusion.

C'est la dernière fois que je le vis. Quelques jours plus tard, je retournais en exil, Fleury survécut quinze mois à ce coup qui, lui aussi, l'avait frappé au cœur.

Le Prince retournait en exil ; et cependant il avait toujours maintenu ses troupes dans le meilleur état, il s'était complètement abstenu de se mêler aux luttes politiques : pourquoi donc lui retirer son commandement, puis le mettre en *non activité*, peine disciplinaire qui ne s'applique qu'aux soldats qui ont failli à l'honneur ? Pourquoi, en 1886, le Gouvernement à la tête duquel était alors le Président Grévy, prit-il une mesure inique par laquelle le Duc d'Aumale et les Princes de sa maison étaient rayés des cadres de l'armée française, comme s'ils avaient manqué à leurs devoirs ? Le Prince n'avait plus le droit de se dire soldat ! La mesure, cette fois, était comble. C'est alors que la douleur et l'indignation lui dictèrent sa lettre au Président de la République, qui se termine ainsi :

. . . .

. . . .

Doyen de l'Etat-major général, ayant rempli en paix comme en guerre les plus hautes fonctions qu'un soldat peut exercer, il m'appartient de vous rappeler que les grades militaires sont au-dessus de votre atteinte.

Et je reste,

Le général Henri d'Orléans,

Duc D'AUMALE.

Cette lettre est du 11 juillet 1886 ; elle eut pour réponse un décret du 13 juillet qui exilait le Prince.

VISITE EN ANGLETERRE

PENDANT LE SECOND EXIL

(CONFIDENCES AU SUJET DE LA DONATION DE CHANTILLY)

Je crois intéressant, mes chers enfants, de vous raconter comment j'eus de M. le Duc d'Aumale lui-même la confidence de sa résolution relative à Chantilly.

J'étais en Angleterre, à Tumbridge, en juillet 1886, au moment où venait de commencer le nouvel exil des Princes, et j'y rendais visite à Monseigneur le Comte de Paris et à sa famille, lorsque le matin, après déjeuner, M. le Comte de Paris me dit : « Mon oncle « Aumale, qui est à Londres, sait que vous êtes ici ; « je crois qu'il a le désir de vous voir et de causer « avec vous. Il va venir dans quelques instants ; je « vous propose d'aller au devant de lui, à la gare « du chemin de fer. »

Et j'y accompagnai le Prince ; M. le Duc de Chartres et mon fils étaient avec nous.

Peu d'instants après, le Duc d'Aumale arrivait, et nous rentrions au domicile que le Comte et la Comtesse de Paris avaient momentanément adopté.

La famille réunie, on causa d'une façon générale, avec beaucoup de convenance et de réserve, des affaires de France.

Au bout d'une heure environ, M. le Comte de Paris dit au Duc d'Aumale :

— Mon oncle, vous êtes peut-être fatigué ; si vous voulez vous reposer avant de retourner à Londres, nous allons nous retirer.

Le duc d'Aumale répondit :

« Je ne suis pas fatigué, et je ne suis pas pressé
« de retourner à Londres : néanmoins, j'accepte ton
« offre ; mais tu vas me laisser M. Denormandie.

Tout le monde se rendit dans l'appartement personnel à Mme la Comtesse de Paris, et je restai seul avec M. le Duc d'Aumale qui me dit :

« Vous connaissez Chantilly ; vous savez que j'ai
« voulu créer et que j'y ai créé, en effet, une grande
« unité territoriale et une grande unité artistique ;
« vous savez quelle est ma triste situation, puisque
« j'ai perdu tous les miens. Certes, mes neveux,
« nièces et leurs descendants me sont très chers, je
« les aime beaucoup ; mais je connais le Code, et je
« sais qu'après moi, si je ne prenais pas les dispo-
« sitions nécessaires pour la conservation de ce que
« j'ai fait, tout mon avoir serait divisé et partagé
« entre mes très nombreux collatéraux majeurs et
« mineurs, français et étrangers ; ma résolution est
« prise irrévocablement ; je ne vous consulte pas,
« je vous l'annonce. »

Et alors le Prince, se servant à peu près des expressions qu'il devait employer plus tard dans les actes, me dit : « J'ai fait choix d'un corps illustre « qui est immuable, que je crois destiné à vivre, « dont je ne veux pas supposer la disparition, qui « s'appelle l'Institut de France et auquel je veux « donner Chantilly. »

Le Prince ajouta quelques explications, et nous causâmes des moyens d'exécution, comme aussi des diverses questions que pouvait soulever l'accomplissement de son projet.

Je répondis aux questions que le Prince me fit l'honneur de m'adresser.

Tout ce que je pourrais en dire serait indiscret et d'ailleurs n'aurait plus d'intérêt, la donation étant depuis plusieurs années un fait accompli.

Le Prince leva la séance ; le moment était venu pour lui de retourner à Londres ; nous le reconduisîmes à la gare, et le lendemain, mon fils et moi, nous rentrions en France.

Il se passa, à compter de ce moment, environ un mois pendant lequel je n'entendis parler de rien, temps pendant lequel, tout naturellement, je gardai un silence absolu sur la confidence que le Prince avait bien voulu me faire.

LA DONATION DE CHANTILLY

Le 29 août 1886 M. Bocher, M. Rousse, membre de l'Académie française et moi, nous reçûmes une lettre collective datée de Wood Norton, propriété de M. le Duc d'Aumale en Angleterre.

Cette lettre était le commencement de la mise à exécution du projet du Prince.

Elle nous révélait que dès 1884, le Prince, avait, en procédant sous la forme testamentaire, résolu et libellé sa libéralité pour l'Institut.

Lorsque le Prince prenait la plume pour nous écrire la lettre du 29 août 1886, dont je vais rappeler les termes, c'était peu après le jour où il venait d'être frappé d'un nouvel exil.

Le Prince, malgré cette circonstance, n'eut pas un seul instant l'idée de modifier sa résolution de 1884 ; au contraire, il décida d'abandonner la forme testamentaire toujours révocable et d'y substituer une donation entre vifs qui allait consommer définitivement la libéralité.

La résolution du Prince a été discutée ; on a dit que ses héritiers l'avaient ignorée ; je ne le crois pas. Lorsqu'en juillet 1886, en Angleterre, M. le Comte de Paris m'annonçait la visite de son oncle, M. le Duc d'Aumale, ajoutant que le Prince avait le désir de me parler, il est bien certain que M. le Comte de Paris savait ce dont j'allais être entretenu.

Enfin, dans la lettre du 29 août 1886, le Prince a écrit : *d'accord avec mes héritiers.*

M. Bocher était bien qualifié pour faire à l'Institut la première communication tant en son nom qu'au nom de M. Rousse et au mien ; en conséquence, le 30 septembre 1886, à deux heures et demie de l'après-midi, M. Bocher se rendit à l'Institut où il demanda M. Zeller, qui était alors Président de la Commission administrative des cinq classes de l'Institut, pour lui faire la communication des intentions de Monseigneur le Duc d'Aumale.

M. Zeller étant absent, M. Bocher se présenta chez

M. Camille Doucet, premier Vice-Président de cette Commission et qui, par conséquent, avait qualité pour le recevoir.

M. Bocher lui laissa copie des pièces suivantes :

Paris, 29 septembre 1886.

Monsieur le Président,

Nous avons l'honneur de vous donner communication d'une lettre qui nous a été adressée par Mgr le duc d'Aumale.

Nous joignons à cette lettre un extrait, certifié par Mᵉ Fontana, notaire à Paris, du testament olographe qui s'y trouve mentionné.

Nous nous tenons à la disposition de la Commission administrative de l'Institut pour réaliser, d'accord avec elle, la donation dont il s'agit, et pour remplir ainsi la mission que Mgr le duc d'Aumale nous a fait l'honneur de nous confier.

Veuillez agréer, Monsieur le Président, l'hommage de notre haute considération.

Ed. Bocher.
Denormandie.
Edmond Rousse.

Wood Norton, 29 août 1886.

A Messieurs Bocher, sénateur.
Denormandie, sénateur.
Rousse, de l'Académie française.

Messieurs et chers amis,

Désirant assurer la destination que, d'accord avec mes héritiers, je réserve aux château et domaine de Chantilly, je veux accomplir dès aujourd'hui une résolution qui pourrait être, après ma mort, entravée par des difficultés de détail, faciles à aplanir de mon vivant.

En conséquence, j'ai invité Mᵉ Fontana, notaire à Paris,

à ouvrir le pli qui renferme mon testament olographe en date du 3 juin 1884, et je l'ai chargé de vous remettre une copie authentique des paragraphes de ce testament qui concernent le domaine de Chantilly, ainsi que la copie des codicilles ajoutés depuis, et qui se rattachent au même objet.

Je fais appel à votre amitié, à vos lumières, et je demande votre concours pour que les dispositions contenues dans ces actes puissent recevoir actuellement leur exécution, sous réserve de l'usufruit que j'entends conserver, non pas seulement pour jouir, le cas échéant, de l'usage et de l'habitation, mais pour terminer certaines parties encore inachevées de l'œuvre que j'ai entreprise, réduire les frais d'administration, enfin, dans l'intérêt des communes et des indigents du voisinage.

Je vous donne à cet effet les pouvoirs les plus étendus, même celui de modifier les dispositions accessoires qui ne vous paraîtraient pas conciliables avec l'objet principal que j'ai en vue.

Je vous prie de vous faire assister par Me Limbourg, avocat, qui a ma confiance, et qui est au courant de mes intentions.

Recevez, messieurs et chers amis, l'assurance de mes plus affectueux sentiments.

Signé : H. D'ORLEANS.

D'un testament en la forme olographe portant la date du 3 juin 1884 et déposé chez Me Fontana, notaire à Paris, par S. A. R. Mgr le Duc d'Aumale, le même jour, il a été extrait littéralement ce qui suit par moi, notaire à Paris soussigné H. E. Fontana.

§ 6. Voulant conserver à la France le domaine de Chantilly dans son intégrité, avec ses bois, ses pelouses, ses eaux, ses édifices et tout ce qu'ils contiennent, trophées, tableaux, livres, objets d'art, — tout cet ensemble qui forme comme un monument complet et varié de l'art français dans toutes ses branches, et de l'histoire de ma patrie à des époques de gloire, — j'ai résolu d'en confier le dépôt à un corps illustre, qui m'a fait l'honneur de m'appeler dans ses rangs à un double titre, et qui, sans se soustraire aux transformations inévitables des sociétés, échappe à l'esprit de faction comme aux secousses trop brusques, conservant son indépendance au milieu des fluctuations politiques ;

En conséquence, je donne et lègue à l'Institut de France, qui en disposera dans les conditions ci-après déterminées, le Domaine de Chantilly tel qu'il existera au jour de mon décès, avec la bibliothèque et les autres collections artistiques ou historiques que j'y ai formées, les meubles meublants, statues, trophées d'armes, etc....

Le présent legs est fait à la charge par le légataire de conserver au domaine entier son caractère, et, spécialement, de n'apporter aucun changement dans l'architecture extérieure ou intérieure du château, des pavillons d'Enghien et de Sylvie, du Jeu de Paume et des trois petites chapelles ; de conserver à la chapelle du château sa destination, avec le matériel qui lui est affecté, et les objets d'art ou autres qu'elle renferme ; de veiller sur le dépôt des cœurs des Condés qui y sont recueillis, et d'y faire célébrer la messe les dimanches et jours de fête, ainsi que les jours anniversaires dont la liste sera donnée à mes exécuteurs testamentaires ; de conserver également le caractère et la destination des parcs, jardins, canaux et rivières, ainsi que la distribution générale des forêts, étangs et fontaines, et d'entretenir le tout en se conformant aux règles générales ci-dessus tracées, et en y donnant tous les soins d'un bon père de famille.

Pour faciliter à l'Institut l'administration du présent legs, je l'autorise à aliéner, s'il le juge convenable, toutes les parties du domaine qui sont situées à...... En dehors de ces exceptions, le reste du domaine ne pourra, en aucun cas, être aliéné ou hypothéqué par le légataire, qui devra, au contraire, le conserver libre et franc de toutes charges de son chef, afin d'employer les revenus comme je l'indiquerai ci-après. Les produits des aliénations ainsi autorisées ne pourront être affectés qu'à l'acquit des charges du présent legs ou de celles grevant la propriété elle-même, ou à des placements en rentes sur l'Etat ou en obligations de Chemins de fer ayant un intérêt garanti par lui.

Indépendamment des conditions générales que je viens de déterminer, le présent legs est fait aux charges suivantes . . . .

. . . .

Ces diverses charges acquittées, l'Institut emploiera l'excédant des revenus et l'intérêt des capitaux produits par les aliénations qu'il aurait faites dans les limites ci-dessus déterminées :

1° A entretenir en parfait état les bâtiments, parcs, jardins et collections . . . .

2° Dans la proportion qu'il déterminera, à l'acquisition d'objets d'art de tous genres, livres anciens ou modernes, destinés à enrichir ou compléter les collections (sans qu'il puisse faire, à cet égard, aucune aliénation, soit par échange ou autrement) ;

3° A la création de pensions et d'allocations viagères en faveur des hommes de lettres ou des artistes indigents ;

4° A la fondation de prix destinés à encourager ceux qui se vouent à la carrière des lettres, des sciences ou des arts.

Il prendra, d'ailleurs, les dispositions nécessaires pour que les galeries et collections de Chantilly soient, sous le nom de « Musée Condé », ouvertes au public au moins deux fois par semaine pendant six mois de l'année, et pour qu'en tous temps les étudiants, les hommes de lettres et les artistes puissent y trouver les facilités de travail et de recherches dont ils auraient besoin...

Pour extrait conforme :

Paris, ce 28 septembre 1886.

Signé : FONTANA.

D'un codicille fait en la forme olographe au Nouvion en Thiérache le 14 juillet 1886 et déposé à M⁰ Fontana le 19 juillet même mois, il a été extrait littéralement ce qui suit par le notaire soussigné :

Dans le cas où tout ou partie des objets mobiliers compris dans le legs que, sous le § 6 de mon testament, j'ai fait à l'Institut de France auraient été déplacés, mes exécuteurs testamentaires devront veiller à ce que ces objets soient réintégrés à Chantilly, pour que la disposition qui les concerne reçoive son entière exécution.

Fait et écrit en entier de ma main, au Nouvion en Thiérache (Aisne), le quatorze juillet mil huit cent quatre-vingt-six.

Signé : H. D'ORLEANS.

Pour extrait conforme :
Paris, ce 28 septembre 1886.

Signé : FONTANA.

Après la lecture de ces documents, M. Camille Doucet convoqua les secrétaires perpétuels des cinq classes de l'Institut.

MM. Jules Simon, Delaborde, Wallon, Joseph Bertrand assistaient à cette réunion en même temps que M. Camille Doucet. Vu l'heure avancée, M. Vulpian n'avait pu être prévenu en temps opportun.

Les secrétaires perpétuels décidèrent que la Commission centrale administrative de l'Institut serait immédiatement convoquée ; ce qui eut lieu.

Voici le procès verbal qui fut rédigé à l'issue de cette réunion :

Les cinq secrétaires perpétuels ayant été spécialement convoqués, le Président de l'Institut leur donne connaissance de diverses dispositions testamentaires prises en faveur de l'Institut par M. le duc d'Aumale.

Je n'ai pas à parler ici des différentes questions qui ont pu être examinées au sein de la Commission de l'Institut, lorsque la pensée du Prince lui fut communiquée.

L'Assemblée générale de l'Institut ayant tenu séance le 6 octobre 1886, apprit alors que M. le Duc d'Aumale voulant conserver à la France le Domaine de Chantilly, léguait ce magnifique domaine à l'Institut, à la charge de le conserver avec le musée et la bibliothèque qu'il renferme, de les mettre à la disposition du public et d'en employer les revenus, déduction faite des charges d'entretien, à accroître les collections, à donner des pensions aux hommes de lettres, aux savants et aux artistes indigents, à encourager par des prix les jeunes gens qui se vouent à la carrière des lettres, sciences et arts.

Enfin l'Institut apprit dès le même jour 6 octobre 1886 que ce legs allait être transformé en une donation entre vifs, par l'organe des mandataires que M. le Duc d'Aumale avait désignés.

Et l'Institut ayant tenu sa séance générale le 27 octobre 1886, M. Aucoc, au nom et comme secrétaire de la Commission administrative centrale, annonça à la réunion que le legs de M. le Duc d'Aumale était devenu une donation entre vifs, désormais irrévocable dès le 25 octobre, et concluait ainsi :

Messieurs, votre Commission administrative centrale vous propose d'accepter provisoirement la donation et de demander au Gouvernement l'autorisation de l'accepter définitivement.

En apportant l'acte que nous venons d'apprécier devant vous, l'honorable mandataire du duc d'Aumale, M. Bocher, nous disait qu'il se félicitait de concourir à la réalisation d'une libéralité digne du pays auquel elle est offerte, digne du Prince fondateur et de sa famille qui est complètement d'accord avec lui, digne du Corps illustre qui va en être le dépositaire. Nous nous sommes associés à ces sentiments, et nous pouvons ajouter, en votre nom, que l'Institut de France est aussi fier qu'il est reconnaissant d'avoir été choisi pour conserver ce précieux dépôt.

Tout ceci rappelé, je n'ai plus maintenant qu'à faire mention de l'acte de donation par lequel fut réalisée la grande pensée de l'auguste bienfaiteur.

Cet acte de donation avait été passé le 25 octobre 1886, devant Mes Fontana et Lanquest, notaires à Paris, par MM. Bocher, Denormandie et Rousse, agissant tous trois, au nom et comme mandataires de Monseigneur Henri-Eugène-Philippe-Louis d'Orléans, Duc d'Aumale, Général de Division, membre de l'Institut, Grand-Croix de la Légion d'honneur, domicilié de droit à Paris, rue de Varenne, 59, et résidant à Wood-Norton (Angleterre).

Et ce, aux termes de la procuration qu'il leur avait collectivement donnée, suivant acte passé devant le Consul général de France, à Londres, le 21 octobre 1886.

Le Prince, en faisant cette donation, se réservait l'usufruit des biens meubles et immeubles qu'il donnait à l'Institut.

Cette réserve bien légitime n'était pas motivée uniquement par le désir de jouir encore de ces collections que le Prince avait réunies avec tant de goût et de passion artistique, non plus par le besoin de consulter encore ses précieuses archives d'où le Prince, comme l'avait si bien rappelé M. Aucoq, a tiré les principaux éléments des premiers volumes de sa belle histoire des Princes de Condé ; non, ce n'étaient pas là les seuls motifs. En effet, M. le Duc d'Aumale, en faisant sa réserve d'usufruit, tenait surtout à compléter l'œuvre de Chantilly, et se proposait des dépenses considérables pour achever les bâtiments.

L'Assemblée générale de l'Institut, dans sa séance du 27 octobre, délibérant sur le rapport présenté par M. Léon Aucoc, décida d'accepter provisoirement la donation, et de demander au Gouvernement l'autorisation de l'accepter définitivement.

C'est alors que le 20 décembre 1886, M. le Président de la République, le Conseil d'Etat entendu, décréta que l'Institut de France était autorisé à accepter aux clauses, charges et conditions imposées, la donation entre vifs et irrévocable à lui faite par M. le Duc d'Aumale.

Le 29 décembre 1886, l'Institut de France représenté par MM. :

Zeller, Président de l'Institut de France, Président de l'Académie des Sciences morales et politiques, officier de la Légion d'honneur ;

Jules Simon, Membre de l'Académie française, Secrétaire perpétuel de l'Académie des Sciences morales et politiques, Secrétaire du Bureau de l'Institut de France, Sénateur, chevalier de la Légion d'honneur ;

Jules Barthélemy, Saint-Hilaire, président de la Commission centrale administrative de l'Institut de France, Sénateur, chevalier de la Légion d'honneur ; commandeur de la Légion d'honneur.

Et M. Léon Aucoc, Membre de l'Académie des Sciences morales et politiques, Secrétaire de la Commission centrale administrative de l'Institut, commandeur de la Légion d'honneur.

Tous quatre délégués par l'Institut de France,

Ont, par acte passé devant Mes Fontana et Guérin, notaires à Paris.

Déclaré accepter purement et simplement, au nom de l'Institut de France, les donations immobilière et mobilière de M. le Duc d'Aumale et obliger l'Institut de France à l'exécution de toutes les clauses et conditions contenues dans les actes.

L'Institut était donc entré en possession des biens donnés en 1886 sous la réserve d'usufruit faite par le Prince, c'est-à-dire de l'ensemble du Domaine, du Château et d'une partie du Musée. Mais il faut ajouter ici que le Prince en 1888 avait fait un legs qui complétait la donation de 1886.

Enfin le Prince étant décédé, ses exécuteurs testamentaires ont fait à l'Institut, les 29 et 30 janvier 1898, la délivrance des objets d'art, des manuscrits, des livres et autres objets mobiliers qui n'étaient pas compris dans l'inventaire annexé à la donation.

L'Institut a, en effet, deux titres de propriété : la donation entre vifs de 1886 et plusieurs codicilles ajoutés au testament ; le premier acte, c'est-à-dire la donation ne suffisait pas pour atteindre complètement le but que se proposait le Prince ; le Domaine et le Château avaient pu par une simple mention dans l'acte de donation, être valablement transmis à l'Institut, mais il n'en était pas de même pour les objets d'art, livres, manuscrits, meubles et autres objets mobiliers qui ont été légués dans le testament fait par le Prince en 1888, ce qui a complété la donation de 1886.

Il est triste de dire que malgré la consommation des différents actes constitutifs de la donation, la rentrée du Prince en France ne fut pas immédiate. Son exil dura encore quelques années.

SÉJOUR A BRUXELLES

Le séjour en Angleterre eût été douloureux parce qu'il aurait rendu les communications bien souvent difficiles avec le Prince, aussi vint-il se fixer à Bruxelles vers la fin de l'année 1886. Il importait beaucoup en effet à l'auguste exilé, de faciliter à ses confrères de l'Institut et à ses amis, les moyens d'arriver à lui aisément.

Chaque semaine, le Prince recevait des visites. On allait ou déjeuner ou dîner à Bruxelles avec le Prince, et, dans ce dernier cas, on assistait au spectacle, le Prince ayant sa loge dans les principaux théâtres de Bruxelles.

Je ne peux assez dire avec quelle bienveillance le Prince accueillait les uns et les autres, avec quel intérêt il nous interrogeait sur Paris. On sentait à ses questions combien ce nouvel exil, venant après celui qui déjà l'avait tenu hors de France depuis 1848 jusqu'en 1871, lui était douloureux, insupportable, combien il aspirait à rentrer en France.

Un soir que j'avais dîné chez le Prince, et qu'il m'avait emmené au théâtre, il voulut bien me reconduire dans sa voiture, à mon hôtel. Il faisait un temps épouvantable, il tombait de la neige glacée en grande abondance et il me dit avec son extrême bonté : « Je « ne veux pas courir la chance de vous laisser sur « le pavé par un pareil temps ». Et au moment où, arrivé à mon hôtel, je prenais définitivement congé de lui, il me dit :

« Je voudrais bien, demain matin, vous faire la « conduite, mais je ne le puis, je suis trop malheureux

« quand je vais à cette gare : c'est plus fort que
« moi ! »

Enfin un décret présidentiel intervint le 9 mars 1889.

Il est ainsi conçu :

Le décret en date du 13 juillet 1886, interdisant le territoire de la République Française à M. Henri d'Orléans, duc d'Aumale, est et demeure rapporté.

Le Ministre de l'Intérieur est chargé de l'exécution du présent décret.

CARNOT.

Paris, le 7 mars 1889

Le Ministre de l'Intérieur,

CONSTANS.

LES DÉJEUNERS A CHANTILLY

APRÈS LE RETOUR EN FRANCE

Le Duc d'Aumale était un maître de maison incomparable. Etre invité à Chantilly n'était pas seulement une distinction flatteuse : c'était une fête pour l'intelligence.

Depuis que le Prince avait vu son second exil prendre fin, il avait la coutume de convier à déjeuner, le dimanche, ses amis de l'Institut, de l'armée, du monde. Presque chaque dimanche, pendant quelques mois, un voyageur ayant à prendre le chemin de fer du Nord entre 10 et 11 heures du matin, aurait pu voir un certain nombre de personnes se saluant, se reconnaissant et échangeant ce simple mot : « Chantilly ? — Oui ! et vous ? — Moi aussi ! »

On arrivait à Chantilly entre 11 h. 1/2 et midi ; on trouvait à la gare, selon le nombre des voyageurs quatre ou cinq voitures menant rapidement les invités à leur destination.

Arrivés au château, après avoir monté ce magnifique escalier qui est une merveille d'art, on trouvait le Prince qui, venu au devant de ses convives, leur faisait le plus charmant accueil, avec cette simplicité et cette bonne grâce dont il avait le secret.

Les personnes attachées à Monseigneur le Duc d'Aumale l'aidaient à faire les honneurs.

Un quart d'heure après on entendait annoncer : « Monseigneur est servi ». Le Prince alors s'avançait le premier, invitait les deux dames les plus qualifiées à se placer à ses côtés, et les autres convives prenaient place conformément aux indications des cartes.

Tout le monde sait que M. le Duc d'Aumale était un merveilleux causeur. Lorsque la réunion n'était pas trop nombreuse, il se plaisait à raconter les épisodes de sa vie d'Afrique, et quand, autour de la table, se trouvaient d'anciens camarades de l'armée c'était un feu roulant d'histoires, d'anecdotes, de récits, toujours intéressants, amusants, mouvementés ; le Prince ne laissait jamais tomber la conversation. Par un mot jeté à tel ou tel de ses convives, il la soutenait, l'entraînait et la laissait toujours vibrante et animée.

Après le déjeuner, tout le monde passait dans le Musée : j'appelle ainsi le très grand salon dans lequel se trouvaient, de tous côtés, les merveilleux tableaux appartenant à la résidence de Chantilly.

Puis on continuait la promenade dans les autres

pièces, et, à chaque instant, le Prince s'arrêtait pour donner une indication ou des explications. En un mot, c'était un commentaire historique, militaire, artistique, du plus haut intérêt.

Il aimait surtout à s'arrêter devant le tableau représentant la bataille de Rocroy, et détaillait d'une façon saisissante, tel ou tel épisode de cette grande journée.

Puis c'étaient de longues stations devant des vitrines contenant une foule de médaillons, de portraits de famille, d'objets d'art. On ne peut s'imaginer de pareilles richesses quand on n'a pas vu, ni l'intérêt qui s'y attache, quand on n'a pas entendu.

Vous comprenez bien, mes chers enfants, qu'un pareil spectacle offert par le Prince à ses invités, n'allait pas sans une grande fatigue ; aussi au bout de deux heures environ, tout le monde venait sous la direction du Prince, prendre place à l'extrémité de la bibliothèque, il s'y installait dans un fauteuil, devant une grande table ; sur son indication, les dames s'asseyaient en général à sa droite et à sa gauche, les hommes restaient debout au second plan, et Mgr le Duc d'Aumale donnait alors quelques explications générales sur la composition de sa bibliothèque et spécialement sur les acquisitions tout à fait rares et exceptionnelles qu'il avait pu faire en dernier lieu.

Le Prince était extrêmement fier, et avec raison, d'avoir réussi à acquérir ainsi pour Chantilly, et en réalité pour la France, des choses rares et aussi absolument belles.

Mais il est 3 heures ; la discrétion oblige les invités à faire le simulacre de la retraite ; d'ailleurs au même moment, les personnes de la maison indiquent avec beaucoup de réserve et de discrétion aux visiteurs que l'heure du départ du train est proche ; les voitures sont avancées et les invités y montent pour regagner la gare de Chantilly et Paris, emportant un souvenir inoubliable des merveilles qu'il leur avait été donné de contempler et de leur royal amphitryon.

LE DINER BIXIO

Mgr le Duc d'Aumale faisait partie du dîner Bixio. Nous l'avions très respectueusement sollicité, et avec une bonne grâce extrême, il s'était empressé d'accepter dans les termes les plus aimables. Mais bien des lecteurs vont dire : Qu'est-ce donc que le dîner Bixio? Vous, mes chers enfants, vous le savez déjà ; cependant je vais vous le rappeler.

Le dîner Bixio a été fondé en 1849 par le père du Bixio actuel. C'était à cette époque un dîner politique ; aujourd'hui c'est un dîner sans caractère, si ce n'est cependant que des hommes de lettres en assez grand nombre, éminents et même illustres, en font partie.

Le nombre réglementaire des convives est de 20.

Presque tous sont des membres de l'Institut ou appartenant aux sciences, aux lettres, aux arts ou à la vie publique.

La constitution de cette société est purement verbale, comme la plus grande partie de la législation anglaise. En effet nous vivons sur des usages, des habitudes, des coutumes, des traditions ; rien n'est écrit, nous les connaissons bien et n'y manquons jamais. Par exemple nous savons que nous ne devons pas être plus de 20, que, pour faire partie de notre Société, il faut être nommé à l'unanimité. Le siège social est en ce moment au Café Anglais. Comme cette maison est un restaurant, on vote avec des haricots ! Il faut donc, pour être nommé au siège vacant, avoir obtenu lors du vote 19 haricots blancs. Pour le refus, on se sert de haricots noirs.

La pièce du Café Anglais dans laquelle se réunit la Société est : « Le Grand Seize ». Ne vous effarouchez pas, aucun de nous n'est assez jeune, et cela depuis longtemps déjà, pour que l'usage que l'on fait souvent de cette pièce puisse nous compromettre.

J'ajoute qu'en dehors de la question d'âge, la respectabilité notoire est le meilleur de nos garants. Il n'y a pas de président, ni de vice-président, ni de place affectée. On s'asseoit lorsqu'on arrive à l'une des places encore vacantes. Il n'y a pas de fauteuil même pour les Académiciens, ce sont de simples chaises.

Quand Mgr le Duc d'Aumale nous a fait le grand honneur d'accepter, il a subi la loi commune ; seulement je n'ai pas besoin de dire qu'on ne dînait jamais sans qu'il fût arrivé, que, comme tous les Princes, il était très exact, et que, par une marque de déférence toute naturelle, la place du milieu restait vide tant qu'il n'était pas arrivé !

Assez généralement et avec l'assentiment unanime, M. Gaston Boissier, Secrétaire perpétuel de l'Académie Française et M. Gérôme, membre de l'Académie des Beaux-Arts et très ancien ami particulier du Prince allaient se mettre à ses côtés.

Le dîner Bixio commence très exactement à 7 h. 1/2. Autrefois, on se mettait à table à 7 heures. Mais une majorité importante, pour des convenances personnelles, a demandé cette modification de nos statuts, et cette révision de la constitution s'est accomplie le plus pacifiquement du monde. Bel exemple donné aux autres assemblées ! Nous nous sommes limités à l'heure de 7 h. 1/2, parce que plusieurs de nos convives sont des hommes de théâtre, et qu'il fallait leur laisser la latitude d'aller achever leur soirée à tel ou tel spectacle.

J'oubliais de dire que le dîner Bixio a lieu le premier vendredi de chaque mois. Ainsi, par exemple, ceux qui, comme Mgr le Duc d'Aumale allaient assez régulièrement à l'Opéra ou au Théâtre Français, sortaient de table assez tôt pour y trouver l'agrément d'une fin de soirée.

Celui qui tient la plume en ce moment, n'étant entré dans cette charmante réunion que pour écouter, n'éprouve aucun embarras à vous parler de la conversation qu'on y entend sur tous les sujets, de l'esprit qui s'y dépense, du feu roulant de mots, d'anecdotes qui se succèdent avec un entrain, une verve dont on n'a pas l'idée.

Chacun, suivant la nature de ses occupations, et la place qu'il tient dans la société, apporte avec sa note personnelle la physionomie du milieu dans lequel il vit.

Mgr le Duc d'Aumale s'amusait beaucoup de la liberté, souvent très grande, des propos tenus autour de lui et des jugements portés sur les hommes et sur les choses. Observant la plus grande réserve, il ne prenait la parole que pour exposer des considérations militaires d'un caractère général ou rappeler des souvenirs personnels de ses campagnes d'Afrique. Je renonce à dire quelle séduction il exerçait sur tous par le charme de sa simplicité, par sa bonhomie si fine et si communicative. Jamais le *je* et le *moi* qui, depuis Pascal, n'ont pas cessé d'être haïssables, n'intervenaient dans ses récits. Mais tous savaient que dans ces scènes glorieuses dont il se faisait le narrateur, il avait eu la place d'honneur, conquise par sa bravoure, par l'audace de sa jeunesse généreuse, par son ardent amour du drapeau.

Les artistes nous apportent les gais échos des ateliers et de ce monde courageux et vaillant qui se console par la bonne humeur de l'infidélité ou des erreurs de la fortune.

Les écrivains, les auteurs dramatiques, les musiciens parlent des œuvres de l'esprit, opéras, livres, pièces de théâtre, du mouvement qui les modifie, de l'opinion, du goût et des exigences du public qui les orientent dans tel ou tel sens. Ceux qui écrivent pour le théâtre, vivant dans un monde spécial qui intéresse vivement la curiosité publique, ont un fond inépuisable d'anecdotes dont on ne se lasse jamais. Voilà, mes chers enfants, ce que c'est qu'un dîner Bixio.

LES OBSÈQUES DU DUC D'AUMALE

A LA MADELEINE

C'est à l'Eglise de la Madeleine qu'a eu lieu la Cérémonie funèbre, quelques jours après le décès de Mgr le Duc d'Aumale.

Rien ne peut donner l'idée tout à la fois de la simplicité et de la grandeur de cette cérémonie.

Après l'absoute, vingt hommes ont transporté le cercueil sur le palier des degrés que l'on doit franchir lorsqu'on est en bas sur la place pour monter jusqu'à l'Eglise. C'est à ce moment que la cérémonie a revêtu un caractère des plus imposants.

Le Prince dominait et semblait, dans son cercueil, commander toute la cérémonie, ou plutôt, comme on l'a dit alors avec un grand bonheur d'expression : « Le Prince passe sa dernière revue ».

En effet, les Princes de la famille d'Orléans étaient placés à gauche du cercueil, et derrière eux, s'étaient groupés tous les Académiciens.

A droite se trouvaient :

Le Général Tournier, les Représentants des maisons souveraines, les Ministres, les membres du Corps diplomatique, un grand nombre de généraux en uniforme, et les exécuteurs testamentaires du Prince.

Alors le Général Baron de Sancy, du sabre et par un geste large et martial, a salué le corps, et le défilé a commencé au son de la belle marche de Sambre-et-Meuse.

Ce défilé a été admirablement exécuté : c'était bien la revue, la dernière Revue !

Quand le défilé fut terminé, le Général de Sancy a salué de nouveau, et la dislocation des troupes a été commandée.

Puis les Princes descendus au bas de l'Eglise sont venus se placer à la porte du caveau dans lequel le Prince allait être momentanément déposé, et toutes les personnes présentes sont venues les saluer.

L'émotion était telle qu'on ne pouvait parler ; tous

les yeux étaient remplis de larmes. Les uns songeaient au prince héritier de nos rois qui avait su en toutes circonstances, en tous lieux, conserver son rang, sa place, sans renier jamais ses idées, ses opinions, son libéralisme. Les autres, au protecteur éclairé des lettres et des arts, à l'historien des Princes de Condé, qui, condamné à un exil injuste, dotait la France de la merveille de Chantilly. Les autres se remémorant le courage indomptable du Prince, ses brillantes campagnes d'Afrique, sa connaissance approfondie de l'art de la guerre, déploraient la perte du chef qui aurait pu ramener la victoire sous nos drapeaux et devenir un des ouvriers de la revanche. Tous pleuraient le Français qui avait toujours eu dans le cœur, suivant la parole de son aïeul Henri IV « la violente amour » de son pays ; et ils faisaient l'application à notre Prince des belles paroles de Montecuculli apprenant la mort de Turenne : « Il est mort un homme qui faisait honneur à l'homme ».

ANNEXES

M. BONNET, AVOCAT

La biographie de M. Bonnet, pour être complète, eût dû comporter la reproduction des principales affaires auxquelles il a donné le concours de son talent. Mais alors j'aurais excédé les proportions nécessairement restreintes de ce volume. J'ai donc recours à un chapitre d'annexes dans lequel je vais surtout présenter une analyse de l'affaire du Général Moreau, et ensuite plus sommairement, une indication de certaines autres affaires curieuses ou intéressantes, soit à cause de la qualité des personnes, soit à raison des questions à résoudre.

Pour ce chapitre, comme je l'ai déjà fait pour la biographie, je demanderai le plus précieux concours aux souvenirs du barreau de mon oncle, M. J. Bonnet.

M. BONNET
ET LA DÉFENSE DU GÉNÉRAL MOREAU

Le plus considérable des procès que M. Bonnet eut à plaider fut l'affaire du général Moreau.

M. Bellart était le Conseil intime de la famille du Général. Lorsqu'il fut question de choisir un défenseur pour Moreau, mis en accusation, M. Bellart témoigna le regret que l'état de sa santé ne lui permît pas de plaider. Toutefois, sa pensée ne s'arrêta pas tout d'abord sur M. Bonnet, il en désigna un autre qui demanda deux jours pour réfléchir. Ses réflexions l'amenèrent à un refus. M. Tourton, banquier, était l'ami de la famille Moreau ; il pressentit M. Bonnet. Celui-ci accepta sans hésiter ; le soir même il fut choisi.

Le Consulat touchait à sa fin, la France se reposait de

la Révolution ; elle semblait se préparer à l'Empire, ou plutôt un homme exceptionnel, devant lequel tous les autres disparaissaient, la préparait à l'Empire ; c'était la conquête de la France avant la conquête de l'Europe.

Il n'est pas téméraire de dire que le grand nom de Moreau si souvent vainqueur, inquiétait Bonaparte.

Le 15 février 1804 Moreau est arrêté ; le 23, Pichegru subit le même sort. Le 9 mars, c'est le tour de Georges Cadoudal ; le 15, le duc d'Enghien est enlevé à Ettenheim ; le 21, il est fusillé ; le 6 avril on annonce que Pichegru s'est étranglé dans la prison du Temple ; le 18 mai, Napoléon est proclamé Empereur ; le même jour, 18 mai, à Saint-Cloud, le Sénat vient saluer Joséphine Beauharnais du titre d'Impératrice ; le 28 mai, le procès de Moreau commence !

A peine Moreau avait-il été arrêté qu'un Sénatus Consulte avait suspendu le jury, et déféré le jugement des attentats contre la vie du Premier Consul à un Tribunal politique.

Il est bon de faire connaître par un document authentique où était l'accusé lorsque M. Bonnet fut chargé de prendre en mains sa défense. Il avait été arrêté sur une grande route et jeté au Temple dans un cachot !

Voici le texte même du procès-verbal d'arrestation :

AFFAIRE MOREAU

N° 136-7

Procès-verbal d'arrestation de Moreau.

EXTRAIT des minutes au Greffe du Tribunal criminel et spécial du département de la Seine, séant au Palais de Justice, à Paris :

L'an douze de la République, le vingt-cinq pluviôse, à neuf heures du matin.

Nous, Chef d'escadron, Commandant par intérim de la légion d'élite, nous nous sommes rendus accompagnés du citoyen Rocheceuil, adjudant de la légion et d'un détachement, dans une maison n° neuf-cent-vingt-deux située rue d'Anjou, faubourg Saint-Honoré, à l'effet d'arrêter le Général Moreau, d'après l'ordre du Grand juge Ministre de la Justice, qui nous a été transmis par le Général Moncey.

Arrivés à la dite maison nous avons frappé, on nous a ouvert et répondu que le Général Moreau était absent. Nous nous en sommes assurés par une recherche exacte, accompagnés de deux individus, l'un s'est dit le frère du Général Moreau, et l'autre son Secrétaire, et une dame se disant sa belle-mère, lesquels nous ont assuré que le dit Général Moreau était à Gros-Bois.

Nous avons de suite donné l'ordre au citoyen Rocheceuil de faire, conjointement avec un officier de paix, une perquisition des papiers, objets suspects existants dans la dite maison, de les réunir et renvoyer de suite au Grand juge, Ministre de la Justice.

Nous nous sommes de suite rendus avec une partie de notre détachement sur la route de Gros-Bois par Charenton, nous avons envoyé en avant de notre détachement deux gendarmes qui connaissaient le Général Moreau et qui avaient ordre d'examiner les voitures : ils l'ont reconnu dans une de ces voitures, et nous l'ont désigné de suite.

Nous avons fait arrêter la voiture et interpellé l'individu qui était dedans, lequel nous a répondu se nommer Moreau.

Sur ce, nous lui avons donné connaissance de l'ordre que nous avions de l'arrêter, et l'avons conduit au Temple, où nous l'avons fait écrouer et avons tiré un reçu du concierge que nous avons remis au Conseiller d'Etat Réal.

De tout quoi, nous avons dressé le présent procès-verbal les jour, mois et an que ci-dessus.

Ainsi signé : HENRY.

Délivré pour copie conforme par moi, Greffier soussigné.

(Signature illisible)

A cette époque, comme aujourd'hui, un avocat ne pouvait pénétrer dans la prison d'un accusé sans une permission de l'autorité judiciaire. C'est ce qu'on appelle le « permis de communiquer ».

Il fallait donc que M. Bonnet fût autorisé à se rendre au Temple et à y voir son client, c'est ce qui lui fut accordé, et je dois le reconnaître, avec la facilité de le voir librement et tous les jours.

Voici le texte de la permission :

MAISON D'ARRÊT DU TEMPLE ET DE JUSTICE	Cour de Justice Criminelle
Monsieur BONNET	RÉCÉPISSÉ DE PERMISSION
Vu le 23 Prairial	N° 44 /· Tous les Jours
	LIBERTÉ ÉGALITÉ

Paris, le 22 Prairial an 12 de la République française, une et indivisible.

Le Procureur Général de Sa Majesté l'Empereur, autorise le concierge de la maison d'arrêt du Temple, à laisser communiquer tous les jours M. Bonnet, avocat, avec le *Général Moreau*, détenu.

e Procureur Général,

Signé : GÉRARD.

Pour copie conforme . l'original,

Signé : FAUCONNIER, Concierge.

NOTA : Les Porteurs de permission sont avertis qu'ils doivent se retirer avant la fin du jour.

Avant que les débats pussent s'ouvrir, avant d'en arriver au grand jour de la discussion publique et contradictoire, le Général Moreau voulut jeter un cri de protestation et de défense personnelle et c'est ce qu'il fit sous la forme d'une lettre beaucoup trop longue pour que je la donne ici ; j'en consigne simplement le commencement et la fin.

COUR DE JUSTICE CRIMINELLE DU DÉPARTEMENT DE LA SEINE

Extrait des minutes et liasses du Greffe du Tribunal criminel spécial du département de la Seine séant au Palais de Justice, à Paris.

LETTRE DU GÉNÉRAL MOREAU AU PREMIER CONSUL

Le Général Moreau au Général Bonaparte Premier Consul de la République Française.

Au Temple, le 17 ventôse an XII de la République.

Voilà bientôt un mois que je suis détenu comme complice de Georges et de Pichegru, et je suis peut-être destiné à venir me disculper devant les Tribunaux du crime d'attentat à la sûreté de l'Etat et du Chef du Gouvernement.

J'étais loin de m'attendre, après avoir traversé la Révolution et la guerre exempt du moindre reproche d'incivisme et d'ambition, et surtout quand à la tête de grandes armées victorieuses, où j'aurais eu les moyens de les satisfaire, que ce serait au moment où vivant en simple particulier, occupé de ma famille, et voyant un très petit nombre d'amis, qu'on puisse m'accuser d'une pareille folie. Nul doute que mes anciennes liaisons avec le Général Pichegru ne soient les motifs de cette accusation.

. . . .

Si j'obtiens, Général, toute votre attention, alors je ne doute plus de votre justice.

J'attendrai votre décision sur mon sort, avec le calme de l'innocence, mais non sans l'inquiétude de voir triompher les ennemis qu'attire toujours la célébrité.

Je suis avec respect, le Général *Moreau*.

Au Temple, le dix-sept ventôse an douze de la République.

Signée et paraphée :

MOREAU, THURIOT et BARE.

Le procès du Général Moreau est certainement une des affaires les plus extraordinaires, une des plus curieuses qui soient dans les annales judiciaires du XIXe siècle. Je n'entends pas donner ici la plaidoirie de M. Bonnet, à la reproduction de laquelle il faudrait consacrer un volume : je veux seulement dire quelques mots de cette grande cause.

Cette défense du Général Moreau est restée l'événement de la vie de M. Bonnet. Son succès fut éclatant ; le nier, ce serait nier la tradition du barreau, ce serait presque nier l'histoire ; tout y prêtait : le client, l'avocat, la cause, le temps, l'opinion. C'est ainsi qu'en parlait M. Os. Pinard, avocat très distingué, auteur d'un ouvrage sur le Barreau, depuis, Conseiller à la Cour de Paris, dont j'ai parlé plus haut dans la biographie de M. Bonnet. La cause eût été facile, même pour un avocat moins habile, moins éloquent que M. Bonnet. Qu'on songe à ce qu'était alors Moreau : l'illustre Général de cette armée du Rhin qui avait donné l'exemple de toutes les vertus guerrières, mêlé dans des intrigues ténébreuses contre lesquelles son passé aurait suffi à le défendre, poursuivi par un pouvoir excessif et jaloux, ressemblait à une de ces victimes immolées dans tous les temps ou à l'ingratitude des masses ou à d'odieuses rivalités.

A aucune époque il n'a été difficile de défendre un général victorieux ; il devait être moins malaisé de défendre le Général Moreau qu'aucun autre ; ses triomphes étaient de la veille ; la gloire, l'opinion publique, la droiture, tout le protégeait ; on pouvait s'en fier à M. Bonnet pour le surplus.

Et en effet, j'ai sous la main une note destinée à préparer la plaidoirie, note entièrement de la main de M. Bonnet. Il a étudié son affaire, il l'a pour ainsi dire vécue ; il veut s'en bien rendre compte pour juger sainement le chemin que la plaidoirie dvra suivre ; il formule dans un ordre très logique que lui dictent les faits et les circonstances, ce qui fait sa conviction et ce qui doit constituer la base de la défense, la trame, en un mot, qui doit permettre de réduire à néant l'accusation.

Voici cette note qui est entièrement de la main du défenseur.

RÉSUMÉ ÉVIDENT DU PROCÈS

On peut diviser l'acte d'accusation, les déclarations des accusés, les témoignages et les preuves de tout genre dont il est parlé au procès, ainsi qu'il suit :

1° La conspiration du 18 fructidor et ce qui l'a précédée.

2° Les relations qu'on prétend avoir été entretenues entre Pichegru et Moreau par les intermédiaires David et Lajolais.

3° Les bruits qui ont couru à Londres que Moreau était du parti des ennemis du Gouvernement, qu'il était disposé à les seconder, qu'il aiderait le rétablissement des Bourbons, qu'il disposait de l'armée, etc., etc.

4° L'arrivée de Pichegru à Paris, ses entrevues avec Moreau, les propositions faites, le refus formel de Moreau, la supposition qu'il aurait voulu qu'on travaillât pour lui seul, etc., etc. C'est là le point le plus important.

5° Toute l'intrigue, la correspondance et la conspiration de M. Dracke. Ce point est entièrement étranger au Général.

6° Les projets particuliers de quelques individus, de quelques énergumènes qui ont parlé à Londres, annoncé l'intention d'assassiner le Premier Consul, et qui paraissent être venus en France avec le projet, peut-être, de l'exécuter. Ce point est encore absolument étranger au Général ; il n'est pas même nommé dans les discours grossiers et atroces de ces scélérats, rapportés par plusieurs témoins.

7° Enfin le grief élevé contre le Général d'avoir au moins su la conspiration et de ne l'avoir pas dénoncée au Gouvernement.

Il faut parcourir ceux de ces divers points qui peuvent intéresser le Général et tâcher d'établir la vérité, le résultat sincère des faits.

Tel est ce curieux document.

C'est l'analyse faite par l'avocat de cette incroyable accusation.

C'est le mode de discussion qu'il impose à son esprit, ce sont les grandes lignes de sa plaidoirie ; et lorsque l'heure vient, il engage la bataille contre l'accusation.

Moreau n'avait pas dénoncé Pichegru, disait-il, mais il avait, le 5 messidor an IV, battu le Général Wurmser ; il avait, le 12 messidor an IV, passé le Rhin malgré les Autrichiens ; il avait pris le fort de Kehl ; il avait fait prisonnier le Prince de Furstenberg ; il avait gagné la bataille de Renchin. Ainsi se déroulaient tous les triomphes de Moreau.

A un moment de sa plaidoirie, M. Bonnet venait de diriger une attaque contre le Directoire ; le *Président* l'interrompt vivement : « Ce que vous dites là est dangereux ; « Pichegru n'avait pas le droit, bien que dans son système « le Directoire fut une mauvaise institution ; il n'avait pas « le droit de le trahir. . . . . .

Le *Procureur Général:* « Ce ne sont pas les Gouverne-« ments qu'il faut voir, c'est toujours la patrie ; et toutes « les fois qu'on s'écarte de l'intérêt de la patrie, on manque « à son devoir et on est un traître. »

M. Bonnet : « Monsieur le Procureur Général, permettez-
« moi de vous le dire, Moreau a assez bien prouvé qu'il n'était
« pas un traître à la patrie. aucun de nous n'a fait à cet
« égard des preuves aussi sublimes. Ni vous, ni moi, n'avons
« dirigé les plans de campagne de l'an IV ; ni vous, ni moi
« n'avons battu en tant de rencontres les ennemis de notre
« pays ; ni vous, ni moi, etc. . . . .

Suit un magnifique tableau des grandes journées de Moreau, dont le souvenir seul, dans une bouche éloquente, devait remuer les soldats qui lui portaient les armes et les vieux compagnons de ses dangers accourus à ces débats et qui s'indignaient de l'accusation comme d'un outrage. Lecourbe, un de ses plus fidèles lieutenants, y avait amené son fils enfant, pour le rendre témoin d'une des grandes injustices du sort ; il associait l'innocence de son fils à sa propre douleur : « Mon enfant, lui disait-il, en le prenant
« dans ses bras, salue ton Général. »

Les paroles de M. Bonnet étaient prononcées devant un public qui était tout entier acquis à la cause des accusés. Elles étaient adressées à des hommes dans lesquels l'opinion ne pouvait se décider à voir des juges parce qu'il ne semblait pas qu'ils pussent en avoir l'impartialité.

Moreau parla. Son discours était de lui. Ses avocats n'eurent à en retrancher, raconte M. Bonnet, que quelques phrases inutiles suivant eux à sa défense. Il y a dans ce discours un peu d'emphase comme le voulait le ton de l'époque ; mais on y constate aussi une grandeur simple où se retrouve le soldat courageux, sage, modeste. Il disait :

« J'étais voué à l'étude des lois au commencement de
« cette révolution qui devait fonder la liberté du peuple
« français. Elle changea la destination de ma vie. Je la
« vouai aux armes. Je n'allai pas me placer parmi les
« soldats de la liberté par ambition. J'embrassai l'état
« militaire par respect pour les droits de la nation : je
« devins guerrier parce que j'étais citoyen. Je portai ce
« caractère sous les drapeaux ; je l'y ai toujours conservé, —
« plus j'aimai la liberté, plus je fus soumis à la discipline. »

On lui avait fait un crime de la liberté de ses discours, il répondait :

« Pouvais-je donc croire que cette liberté fût un crime
« chez un peuple qui avait tant de fois décrété celle de la
« pensée, celle de la parole, celle de la presse et qui en
« avait joui même sous les Rois. »

Il terminait ainsi :

« Je proteste à la face du ciel et des hommes de l'inno-
« cence et de l'intégrité de ma conduite ; vous savez vos
« devoirs, la France vous écoute, l'Europe vous contemple,
« et la postérité vous attend. »

Moreau, fils d'un avocat de Rennes avait été lui-même destiné au barreau. On vient de voir qu'il y a fait allusion par les communications écrites dont M. Bonnet a laissé la trace.

Moreau domina le débat ; sur le banc des accusés il conservait la dignité du vainqueur : « De combien est votre « traitement ? » lui demandait le Président. — Je vous « prie, répondit Moreau, ne mettons pas en balance mes « services avec mon traitement. »

L'assassinat du duc d'Enghien, la mort de Pichegru dans sa prison, la persistance du Ministère public à demander la tête de Moreau, entouraient de circonstances sinistres la défense présentée devant des juges, dont plusieurs pouvaient être fort suspects.

Bonaparte avait soustrait la cause au jury dont il se méfiait. M. Bonnet ne montra jamais plus d'aplomb et de liberté d'esprit. Sa réponse si piquante à l'interruption du Procureur Général indiquée plus haut, en fait foi. Il plaida en homme convaincu que la raison doit finir par avoir raison ; et toujours opposant sous des formes diverses les exploits de Moreau à l'accusation dont on voulait le noircir, il fit toucher du doigt, dans une adroite et éloquente péroraison, l'absurdité du système qui présentait son client comme un grand coupable.

De nombreuses années s'étaient écoulées depuis le procès du Général Moreau, et avec ces années, des révolutions, des guerres, des changements de gouvernement, enfin les faits les plus nombreux, les plus graves, les plus importants de notre histoire moderne, lorsque le 10 décembre 1884, c'est-à-dire 80 ans environ après ce procès, un de mes meilleurs amis, membre de l'Institut, un des hommes les plus distingués de notre temps, dont le grand-père était l'ami intime du mien et qui toute sa vie lui aussi avait entendu parler de la défense du Général Moreau, m'écrivit cet aimable billet :

« Voici des notes de police relatives à l'affaire Moreau
« copiées aux archives de la Préfecture ; elles ont donc
« un caractère authentique. Quand on songe que l'agent,

« qui les a écrites, était animé contre Moreau, qu'il savait
« plaire à ses chefs en leur parlant de l'insuccès de la
« défense, chaque expression prend une valeur particu-
« lière.

« Je suis heureux de compléter votre dossier de famille en
« souvenir de l'amitié qui depuis mon grand-père nous lie
« à vous tous. »

Signé : GEORGES PICOT.

Or, ce que cet ami m'envoyait, c'était la copie textuelle des notes que des agents secrets de la Préfecture adressaient successivement au Préfet de Police pendant le cours de ces débats, et particulièrement pendant la plaidoirie de M. Bonnet.

On connaît la transaction ridicule intervenue dans la Chambre du Conseil ; Moreau, selon l'expression de Napoléon, fut condamné, « *comme un voleur de mouchoirs* », à deux ans de détention.

Après le jugement, Bonaparte, qui eût été fort embarrassé de conserver Moreau deux ans en prison, dicta à Savary, une note ainsi conçue :

Le général Moreau n'a que trois partis à prendre : ou reprendre son rang dans l'armée, ou se retirer à Grosbois ou s'exiler aux Etats-Unis.

Moreau écrivit en marge : Je ne reprendrai pas mon rang dans l'armée, je serais trahi. Je ne me retirerai pas à Grosbois, je serais espionné. J'aime mieux subir mon jugement que quitter ma patrie.

Bonaparte, par un nouvel acte arbitraire fit enlever Moreau du Temple le lendemain matin sous la surveillance d'un officier de gendarmerie.

M. Os. Pinard avait beaucoup réfléchi sur cette grande affaire au point de vue de l'art de l'orateur, ses études sur le Barreau l'y conduisaient tout naturellement ; il se demandait si M. Bonnet, dans une cause pareille avait été tout ce qu'il pouvait et devait être. C'était en effet une grande cause que celle-là. La place publique et l'éloquence des anciens n'y auraient pas été de trop ; où est leur émotion ? où est leur philosophie ? où est leur élévation ? où est leur art de remuer les âmes en rattachant les intérêts privés aux intérêts généraux ? — Voilà ce que M. Os. Pinard s'était dit, ce qu'il avait demandé à M. Bonnet lui-même qui lui répondit ; et cette réponse ne sera pas un des documents les moins intéressants de ce procès.

M. Bonnet écrivait donc à M. Os. Pinard

Pour défendre le général Moreau, il fallait quelque courage alors : il fallait aussi quelque prudence pour le faire avec succès.

Vous savez quelle haine mortelle lui portait le tout puissant Empereur. Vous savez qu'au milieu de son immense gloire il avait la petitesse d'être jaloux de celle du vainqueur d'Hohenlinden et qu'il voulait sa perte. Je puis me rendre ce témoignage que, dans cette œuvre difficile, j'ai pensé beaucoup plus au client qu'à moi, beaucoup plus à sauver sa tête qu'à acquérir pour moi un titre de gloire.

Maintenant vous pourrez, en y réfléchissant, reconnaître qu'il ne pouvait pas être question dans l'affaire, d'emprunter de l'intérêt à l'intérêt des questions historiques qui s'y rattachaient, bien moins encore d'examiner ou même de seconder les émotions populaires qui protégeaient Moreau.

Ah ! sans doute, il y avait des mots bien faciles à dire pour celui qui avait été une des gloires de la France et qui, seuls, devaient suffire à sa défense ! Eh ! mon Dieu, ces mots-là, ils étaient faciles à trouver, comme vous le dites ; ces mots-là, les élans oratoires, j'en étais oppressé, il fallait les réprimer. Le salut de l'illustre client était à ce prix. Sa tête aurait répondu du moindre effort qui n'aurait pas été emprisonné dans une discussion logique et purement judiciaire.

Moi-même j'étais environné d'un conseil d'amis du général, la plupart bretons comme lui, qui ne pensaient qu'au salut de leur ami, et qui recommandaient avec raison, comme seul moyen d'y parvenir, le développement unique de ces moyens judiciaires. En un mot, nous ne voulions que son salut et nous l'avons obtenu.

Vous en parlez bien à votre aise, Messieurs, du régime actuel, sous lequel tout, à moins d'une licence intolérable, est sans danger pour le client et pour l'avocat ! Mais reculez de trente ans ; posez-vous comme nous l'étions et jugez-nous. Oui, si je n'avais pas fait abnégation de moi-même, si j'avais risqué quelques-uns de ces élans propres à animer, à enlever les auditeurs et le public, on m'ôtait la parole, ou bien on décidait la condamnation de l'accusé.

Quant à la situation de mon âme, en ce moment, vous pouvez en juger par cette réponse, que vous voulez bien appeler sublime... Ce n'est pas ma volonté qui laissa échapper le bouillonnement intérieur qui me travaillait. Ce fut la provocation imprudente du magistrat qui, par une téméraire interruption vainquit les efforts que je faisais pour me réduire à des raisonnements.

Voulez-vous savoir, Monsieur, le danger qu'aurait couru Moreau, si on eût fait quelque imprudent éclat dans la défense ?

Un ou deux jours après ma plaidoirie, on agita dans le Conseil privé de l'Empereur la question de savoir si cette plaidoirie et quelques autres circonstances ne devaient pas motiver contre les avocats une mesure de rigueur.

Bonaparte voulut faire arrêter ces audacieux qui employaient, disait-il, pour sauver un grand coupable, des moyens propres à troubler l'ordre public. Cependant, quelques membres du Conseil, et notamment l'archi-chancelier, M. Cambacérès et M. Dubois, alors préfet de police, firent des représentations fondées sur ce qu'il fallait accorder à la défense une certaine liberté, dont nous n'avions guère excédé les limites tolérées. On révoqua la mesure de l'arrestation ; il fut résolu qu'on lui substituerait une réprimande vigoureuse accompagnée de la menace bien prononcée de quelque mesure plus sévère.

Nous fûmes, en conséquence, mandés, mon confrère et ami Bellart, qui avait fait une consultation, et moi, chez le grand juge (j'ai encore l'invitation), et là l'excellent M. Regnier, bien plus embarrassé que ceux qu'il faisait comparaître, nous fit d'un ton très grave, mais très poli, au nom de S. M. l'Empereur, une verte semonce pour le passé et une injonction d'être, pour notre sûreté, très circonspects à l'avenir. »

Mais ceci ne pouvait suffire à l'irascible Empereur.

Ce maître impérieux et implacable faisait peu de temps après cette époque des efforts persévérants contre la majorité de son Conseil d'Etat pour faire supprimer dans le projet de code criminel l'institution du jury.

Un avocat général à la Cour de Cassation, magistrat de haute valeur, s'est beaucoup occupé de cette question tout récemment dans une audience solennelle. On lit dans son fort beau discours les passages suivants :

En février 1804, Paris apprend avec stupeur l'arrestation du général Moreau ; bientôt la police s'empare de Pichegru et enfin de Georges Cadoudal. Aussitôt un Sénatus-Consulte suspend, pour deux années, les fonctions du jury dans le département de la Seine et il semble qu'à ce signal toute notion de justice est aussi suspendue dans l'âme irritée de Napoléon. Plus de loi désormais ! le voilà comme au temps de Nivôse, seul sur sa chaise curule. . . . .
. . . . ,

Le 6 juin 1804, le discours de l'Empereur est un violent réquisitoire ; il parle du procès Moreau ; il s'indigne contre les avocats, *les accuse avec tant d'insistance qu'on pourrait croire que c'est pour les maudire qu'il a assemblé le Conseil...*

Cette appréciation donnée aujourd'hui par un éminent magistrat du temps actuel méritait bien d'être ici rapportée.

NOTES DE POLICE RECUEILLIES PENDANT LA PLAIDOIRIE DU DÉFENSEUR
ET ENVOYÉES AU PRÉFET PENDANT L'AUDIENCE MÊME

AFFAIRE DE LA CONSPIRATION
16 Prairial, an XII

Séance du matin.

Moreau a parlé à l'ouverture de la séance avant que son défenseur prenne la parole. Il a fait le récit de sa vie privée et militaire. Quand il a eu fini de parler, on a applaudi par un trépignement de pieds.

Dans le cours de son discours, le défenseur a été arrêté par le Président, au sujet de ce qu'il disait du Grand Juge, c'est-à-dire que n'étant pas nécessaire de citer le Grand Juge au procès, il a invité le défenseur à s'abstenir d'en parler.

Le défenseur a cité un article de l'interrogatoire fait à Rolland par le juge instructeur, où le juge dit à Rolland que s'il ne déclare pas tout ce qu'il sait au sujet des complices de la conjuration, alors au lieu de le regarder comme leur confident, on le regardera comme leur adhérent.

La lecture de cet article a fait impression sur le public. On a trouvé, ainsi que le défenseur l'a dit, que cette manière d'interroger avait nécessité la réponse de Rolland contre Moreau : en cas qu'il le chargeât, il ne serait regardé que comme confident, en cas contraire il serait complice.

Le défenseur a dit aussi que Rolland avait joui de toutes facilités depuis son arrestation, qu'il avait vu ses amis, reçu des lettres, qu'il était sorti seul sans gendarmes, etc., Rolland interpellé a nié cela.

Séance du 16 prairial an XII

Lajolais informe la Cour qu'il a choisi pour défenseur Moinat, et désire que la plaidoirie de sa cause soit différée.

Moreau demande à être entendu un instant.

Des circonstances malheureuses, dit-il, formées par le hasard, préparées par la haine peuvent compromettre l'existence du plus honnête homme. J'ai besoin d'opposer ma vie entière aux imputations qui me sont faites.

« Je devins guerrier parce que j'étais citoyen. »

Après ces idées préparatoires, il développe sa conduite.

On remarque ce passage : « Cet état paisible au sein de
« ma famille m'était si doux, que depuis la bataille d'Ho-
« henlinden, jusqu'au moment de mon arrestation, le Gou-
« vernement n'a rien pu me reprocher de la liberté de mes
« discours, mais mes discours ont souvent servi le Gou-
« vernement. »

« Monck ne s'était pas éloigné des armées pour s'assurer
« la domination ; Brutus et Cassius s'approchèrent du
« cœur de César pour le percer. »

Bonnet prend la parole.

Il fait ressortir les idées préparatoires énoncées par Moreau en les rendant comme l'équivalant de ce mot connu :

« Examinez ma vie et songez qui je suis. »

L'une des premières observations du défenseur est qu'il n'y a contre Moreau, dans l'acte d'accusation, point de preuves écrites, point de pièces de conviction, point de preuves testimoniales, qu'il ne se trouve que des déclarations isolées de trois ou quatre des 47 accusés.

2° OBSERVATION. — Qu'on établit une chaîne de griefs pour la conspiration depuis l'an V jusqu'à ce jour.

3° OBSERVATION. — Il n'y a que 15 heures, dans tout ce temps, qui puissent attirer l'attention. C'est-à-dire les entretiens consécutifs de Moreau et Pichegru, de Moreau et Rolland. Il est convenu au procès que le Général Moreau a repoussé formellement les ouvertures qui ont été faites dans ces entretiens.

En examinant la conduite de Moreau à l'occasion de la saisie des papiers à Ollembourg, il trouve jour à entrer dans le détail de toutes les victoires de Moreau à cette époque, en se servant de cette formule oratoire : « Il n'a pas dénoncé Pichegru. Mais il a remporté la victoire de, de, de, etc.

Passant ensuite à la **réponse de** Moreau à David, il fait considérer qu'on n'a mis **qu'une partie de l'acte d'accu**sation ; il la lit en entier.

La pièce, dit-il, reste au procès, j'en appelle à votre raison. Messieurs, n'est-elle pas au contraire le point le plus victorieux de justification ?

Il cite encore toutes les victoires de la dernière campagne, comme les seuls anneaux de la chaîne qui lie la conspiration de l'an V, et vous venez de voir, Messieurs, ajoute-t-il, comment il a figuré dans cette conspiration, dans la conspiration dont il s'agit ici.

Le défenseur examine l'intermission de David entre Pichegru et Moreau, à cause du mot de la lettre de Pichegru à l'abbé David : donnez-moi des nouvelles de l'ami. Il rappelle à cet égard qu'il a été reconnu que cet ami n'était autre que le sénateur Barthélemy et n'avait aucun rapport à Moreau.

Il examine l'intermission de Lajolais et s'arrête principalement au refus d'argent que Moreau a fait à Lajolais, lorsque ce dernier voulait en obtenir de lui afin d'aller en Allemagne.

Il entre dans tout ce qu'il considère comme la preuve que Lajolais n'a pu être un intermédiaire.

Il examine en troisième lieu les griefs qui résultent des bruits répandus à Londres sur l'intention du général Moreau d'entrer dans la conspiration.

Il continue et annonce que dans tout le reste il va prouver fausses toutes les inductions établies contre Moreau, car, dit-il, il n'y a dans l'acte d'accusation de Moreau que des inductions et des inductions fausses.

Il dit que le général Moreau avait la promesse du Grand Juge d'avoir de la part de ce dernier communication le jour suivant des charges contre lui et que 15 jours s'étaient déjà écoulés sans que cela eût eu lieu ; le Président observe au défenseur que le Grand Juge n'avait point fait cette promesse. Moreau dit qu'il pourrait faire entendre des témoins qui attesteraient que le fait est véritable.

Il entre dans l'examen des motifs et des circonstances des entrevues entre Pichegru et Moreau.

Il relève à l'égard du rendez-vous au boulevard de la Madeleine la modification faite par Lajolais à sa précédente déclaration.

Il regarde le rendez-vous comme une chimère, comme n'ayant jamais pu avoir lieu, comme n'ayant dû jamais produire de résultats relatifs à des ouvertures, en supposant qu'il eût eu lieu.

Le défenseur passe ensuite à l'examen de la déposition de Rolland.

« Rolland est justement suspect par cela seul qu'il est
« accusé ; plus encore par la nature et la place de sa décla-
« ration. Le défenseur donne lecture de cette déclaration. »

Il s'arrête sur une question qui fut faite à Rolland et dont il fait remarquer le texte et la longueur.

Il en infère que la question ainsi faite à Rolland a dû lui faire penser qu'il serait traité d'un côté comme confident de Pichegru s'il chargeait Moreau, d'un autre côté, comme complice s'il refusait de le charger, il a dû préférer le premier rôle et c'est d'après cette alternative que Rolland s'est vu obligé de faire la réponse dont les mots les plus marquants ont été mis en gros caractères dans l'acte d'accusation.

Le défenseur interpelle ensuite Rolland de déclarer s'il n'est pas à l'abbaye, s'il n'en est pas sorti accompagné du seul concierge, s'il n'a pas dîné avec ses amis, s'il n'a pas reçu des lettres, etc., etc.

Rolland déclare qu'une seule fois il a dîné avec le concierge par une sorte de condescendance de celui-ci.

Le défenseur ne suit point son interpellation. Il revient à conjecturer que Rolland, dans la manière dont il a été interrogé, a pu entrevoir quelques lueurs d'espérance et qu'il n'a pas dû balancer.

La séance est suspendue. *(L'impression qu'a faite ce plaidoyer dans l'auditoire paraît très sensible.)*

Séance de relevée

Rolland déclare que M. Real, lorsqu'il le fit transporter de Sainte-Pélagie à l'Abbaye, lui a accordé la permission d'aller chez lui pour chercher des papiers, sous la seule conduite du concierge de l'Abbaye.

Le défenseur observe que sa première assertion se trouve vraie ; il ajoute que le concierge qui accompagnait Rolland était l'ami de l'accusé.

Le Président observe que cette faculté s'accorde ordinairement aux accusés ; le défenseur demande s'il y a beaucoup d'accusés de ceux qui sont présents qui l'aient obtenue.

Le Procureur Général fait à cet égard quelques observations. *(Murmures dans l'auditoire.)*

Le défenseur continue, et voulant prouver que Moreau ne pouvait pas partager au 18 fructidor les intentions criminelles de Pichegru, peint le Gouvernement sous le nom de détestable.

Le Procureur Général fait à cet égard des observations. *(Murmures et exclamations d'improbation dans l'auditoire.)*

L'orateur continue après l'observation que les griefs formés contre Moreau dans l'acte d'accusation au sujet du 18 fructidor le mettent dans la nécessité de les réfuter.

Il passe au reproche fait à Moreau de n'avoir envoyé la correspondance d'Ollembourg au Directoire que le 19 fructidor, qu'après avoir été informé de la journée du 18 par le télégraphe.

Il dit que ce grief est détruit par un fait fort simple : c'est qu'à cette époque il n'y avait pas encore de télégraphe dans ce pays, et qu'il n'en fut élevé que plusieurs mois après.

Reprenant la déclaration de Rolland, il s'arrête à ces mots déclarés comme ayant été tenus par Rolland : je crois avoir un fort parti dans le Sénat.

Il dit que cette supposition est un outrage extrême à l'un des corps sacrés de l'Etat.

Il présente cette déclaration de Rolland comme une conséquence naturelle de la crainte inspirée à Rolland, lorsqu'on lui a dit qu'en cas de négation il courait le risque de passer plutôt comme complice que comme confident de Pichegru.

Il trouve une conséquence semblable dans tout ce qui a été dit à Rolland dans son interrogatoire, au sujet de ce qu'on lui a annoncé savoir de la disposition de son logement, disposition telle qu'on aurait su tout ce qu'il voulait cacher. *(Ces raisonnements paraissent faire une grande sensation dans l'auditoire.)*

Il rappelle ensuite l explication que Rolland lui-même a donnée dans les débats, au sujet de ce mot de sa déclaration :

Qu'il fallait que les Consuls et le Gouvernement de Paris disparussent.

Il remarque que les journaux ont rendu infidèlement l'explication que Rolland a donnée, ajoutant que la déclaration réelle de Rolland à cet égard l'emportera sur celle consignée aux journaux.

Il passe à l'examen de la lettre adressée au Premier Consul par le général Moreau, et entre à cet égard dans des développements. Il rappelle ce que Moreau a dit au sujet de cette lettre. Il la relit.

Il regarde comme à peine dignes d'attention et de réfutation les griefs pris dans la correspondance de Dracke, et qu'il dit consister en propos tenus à Londres.

Il fait observer que dans les 148 témoins il n'y en a pas un seul qui ait dit un mot de Moreau.

Il rassemble les contradictions qu'il a relevées dans les oui-dire.

Le défenseur annonce achever son corps de conviction par une dernière réfutation des déclarations de Lajolais et de Rolland, et ce sont encore des conséquences tirées des contradictions où suivant son plaidoyer sont tombés ces accusés.

Il dit que ce prétendu rendez-vous du boulevard de la Madeleine, en supposant qu'il eût eu lieu, aurait été le premier ; or, si c'est dans le second, ajoute-t-il, c'est-à-dire celui entre Pichegru et Moreau chez ce dernier, qu'ont été faites les premières ouvertures, au dire des déclarations, il n'aurait donc pas été fait d'ouverture dans le premier rendez-vous du boulevard s'il avait eu lieu.

Paraissant se résumer sur les conclusions du Procureur Général, il demande ensuite si une Cour souveraine peut condamner à mort sur la déclaration d'un coaccusé, et d'un coaccusé dans lequel tout est suspect ; met en opposition cette déclaration de Rolland avec les preuves telles que l'exige la loi, *luce meridiana clariores*, — plus claires que le jour. *(Le mot suivant fait impression.)*

Le général Moreau qui n'est pour rien dans l'affaire... Pour rien ? Je me trompe : le général Moreau qui n'est dans l'affaire que pour un refus, etc., etc.

Il demande encore aux juges s'ils trouveront dans une déclaration d'un coaccusé qui ne rapporte qu'un oui-dire s'ils trouveront dans ce oui-dire de Pichegru, rapporté par Rolland, sur des ouvertures qui suivant toutes les dépositions n'auraient attiré que des refus, un motif pour condamner un homme à mort.

Suit une digression sur le point de droit relatif à la non-dénonciation ; citation à ce sujet de la condamnation du Président de Thou, qui d'après des lettres enregistrées de Louis XIII fut mis à mort pour n'avoir pas dénoncé une conspiration dont il avait eu connaissance, et qui tendait à ouvrir à l'Espagne les frontières de la France. *(L'orateur produit ici l'impression la plus profonde sur l'auditoire ; l'attention est extrême pendant cette induction.)*

Le défenseur résume tout le fond et tous les points de l'accusation, il se suppose arrivé à Paris, ignorant l'arrestation de Moreau, demandant les causes de cette mesure, écoutant les unes après les autres les réponses qu'on lui fait à ce sujet, et qui constituent les griefs mêmes portés en l'acte d'accusation et dit ensuite chercher ce qui peut former un délit, un motif de condamnation. Ce résumé singulier et très serré produit et fait une sensation très remarquable ; les conclusions du défenseur ont été simples et respectueuses.

Le Président a observé au défenseur que ce qu'il a dit

du point de la dénonciation était inutile, puisque Moreau n'était pas mis en accusation pour ce fait.

Bonnet a répondu que c'était à raison des bruits qui couraient sur son client.

Le public a été calme ; on a pu apercevoir que cette défense a fait sur lui une impression très profonde.

Fin des notes prises par les agents de la police pendant la plaidoirie de M. Bonnet.

QUELQUES MOTS SEULEMENT SUR CERTAINES AFFAIRES PLAIDÉES
PAR M. BONNET

AFFAIRE KORNMANN

M. et Mme Kornmann étaient des époux divisés. La guerre commença par un mémoire fait pour le mari, par Bergasse, avocat célèbre. Ce mémoire fut lu avec avidité ; et comme à cette époque les affaires se plaidaient devant l'opinion publique, avant de venir devant les Tribunaux, la situation de Mme Kornmann s'en trouva singulièrement atteinte. Pour se défendre, elle eut l'idée de faire appel à Beaumarchais. Beaumarchais ! quel nom ! et quelle existence ! Il a été mêlé à l'histoire littéraire, politique et sociale de notre pays ; il a écrit des œuvres que tout le monde connaît, et fait bien d'autres choses encore ! Enrichi par d'habiles spéculations, il avait pris une part active aux luttes pour l'indépendance des Etats-Unis ; armant des navires, fournissant des armes, intéressant à cette cause et la France et l'Espagne, et au milieu de tous les événements de cette vie si bizarre et si complexe, il avait le goût d'intervenir dans toutes les affaires publiques et privées de son époque. C'est ainsi que, quoiqu'il ne fût pas avocat, Mme Kornmann avait eu la pensée de faire appel à ses ressources d'intelligence et d'esprit qui étaient vraiment inépuisables.

Sainte-Beuve a dit avec raison que Beaumarchais *avait trop d'esprit pour en faire*. Rien n'est plus vrai ; il le dépensait comme un prodigue dépense son argent, avec cette différence toutefois qu'il ne vidait jamais son fonds ; malheureusement et très exceptionnellement, le jour où Mme Kornmann l'appela à son aide, il ne fut pas heureux, il n'eut pas la force ou l'habileté de retourner l'opinion ; et il faut bien que je dise maintenant ce dont il s'agissait pour montrer la singularité et la gravité de la cause.

M. Kornmann avait déposé une plainte en adultère contre sa femme, et depuis, il l'avait fait mettre en prison par une lettre de cachet, ce qui était alors un procédé assez fréquent.

Mme Kornmann avait réussi à se faire mettre en liberté par une autre lettre de cachet à l'insu de son mari. Le Lieutenant Général de Police était accusé de complicité avec les séducteurs de la femme. La même accusation s'étendait au Prince de Nassau. Le mari, à son tour, était accusé d'avoir été le premier fauteur des égarements de Mme Kornmann, pour acheter par cette complaisance coupable la protection du favori d'un Ministre.

Certes, ce n'était pas là une affaire ordinaire.

C'est dans cette situation que Mme Kornmann eut la pensée de faire appel au dévouement et au talent de M. Bonnet, alors jeune avocat de 28 ans dont on lui avait parlé avec éloge.

M. Bonnet accepta cette tâche difficile ; les faits furent par lui éclaircis avec beaucoup d'art et des moyens de droit présentés avec tant de force qu'un arrêt du Parlement rejeta la demande de M. Kornmann et supprima les mémoires de Bergasse.

Je ne manquerai pas d'ajouter que dans cette affaire *soixante* mémoires et pamphlets avaient été publiés de part et d'autre. Et on se plaint que la Justice soit encore aujourd'hui longue et bavarde !

A compter de ce moment, M. Bonnet occupa le premier rang au barreau, et sa carrière fut assurée.

AFFAIRE DE NORMONT

En 1813, M. Bellart, ami intime de M. Bonnet, avait été consulté sur une étrange accusation portée contre le Comte de Normont, Mme de Mellertz son amie, sa commensale Julie Jacquemin, domestique chez M. de Normont, et aussi contre un nommé Bourrée, homme de peine, cousin de Julie Jacquemin.

La plaignante était la Comtesse de Normont, nièce de Mme de Mellertz.

Elle prétendait que dans la nuit du 31 mars au 1er avril 1813, un assassin l'avait transportée de sa chambre à coucher dans son salon ; qu'elle n'avait pu crier, mais qu'elle avait reconnu un homme recouvert d'un chapeau rond ; que cet homme lui avait mis un baillon dans la bouche et lui avait administré un poison composé d'huile de térébenthine, de charbon écrasé et de verre pulvérisé ; que vers huit ou neuf heures du matin seulement on serait venu à son secours.

Ces faits trouvèrent créance non pas dans tous les esprits, mais dans un grand nombre, surtout à Choisy où Mme de Normont s'était fait un parti. Elle put donc continuer à soutenir que plusieurs de ces faits étaient exacts, car un verdict du jury de Versailles déclara qu'il y avait eu empoisonnement.

M. de Normont et Mme de Mellertz furent mis en prison, ils y restèrent trois mois et demi. Julie Jacquemin et Bourrée furent mis en accusation.

Pourquoi ?

M. de Normont, parce qu'on supposait que l'empoisonnement était le résultat de relations coupables avec Julie Jacquemin ; Mme de Mellertz, parce qu'on lui supposait une haine profonde pour sa nièce ; Julie Jacquemin, parce qu'elle aurait excité Bourrée à commettre le crime ; enfin Bourrée, parce qu'il l'aurait commis.

M. Bellart aimait beaucoup la jeunesse ; il pensa qu'une défense d'un si grand éclat pourrait faire la réputation de deux jeunes gens. Il fit agréer comme avocat de Julie Jacquemin, M. Pesse, et comme avocat de Bourrée, M. Romain de Sèze, fils du célèbre défenseur du Roi.

Pour lui, il publia sur la *fable de l'empoisonnement de Choisy* un volumineux mémoire dans lequel il luttait avec force, comme le voulait son caractère, contre la prévention dont ses clients étaient l'objet.

Peu de récits romanesques égalent l'intérêt qui s'attacha aux faits racontés dans ce mémoire.

L'instruction dura longtemps. Les débats s'ouvrirent après la Restauration de 1814 ; on sait que M. Bellart avait pris une part active à cet événement politique, mais il était encore avocat.

Je ne puis entrer ici dans le détail et dans l'analyse de ce procès vraiment extraordinaire. M. Bonnet, tout d'abord n'y avait pas de rôle ; mais Julie Jacquemin ayant été condamnée à mort par la Cour d'assises de Paris, M. Bonnet fut chargé de soutenir le pourvoi en cassation.

Le moyen qui réussit était tiré de la violation de l'article 372 du Code d'instruction criminelle qui prescrivait d'insérer au procès-verbal des débats qu'il avait été fait droit à une réquisition de l'accusée.

Julie Jacquemin fut, après cassation, renvoyée devant la Cour d'assises de Versailles.

L'espoir commença donc à rentrer dans son cœur, ou plutôt il n'en était jamais sorti, et dans la prison elle était restée toujours calme.

M. Bonnet lui continua le concours de son talent ; il le fit avec la conviction la plus profonde et en même temps avec un art infini.

M. Bellart s'effaçant de la défense avait dit généreusement : « Bonnet sait mieux que moi ménager l'opinion « publique. »

Les débats durèrent 13 jours.

Une scène bien curieuse et bien précieuse pour la défense se passa pendant la session.

M. Chaussier, célèbre médecin, avait annoncé à l'audience qu'il croyait bien que Mme de Normont était allée consulter son confrère Dubois. il y avait environ six ans ; que Dubois avait remarqué qu'elle affectait de prétendus mouvements de nerfs ; Mme de Normont nia qu'elle eût jamais vu M. Dubois.

Le Président fit citer M. Dubois qui confirma le fait avancé par M. Chaussier ; néanmoins, Mme de Normont s'étant levée et ayant dit : « Monsieur Dubois, je vous livre ma figure et ma voix. » Celui-ci, sans presque regarder, ajouta : « Je ne crois pas reconnaître Madame. »

Alors Mme de Normont avança que c'était Julie Jacquemin qui avait été conduite chez M. Dubois par le Comte de Normont.

Le Président invita M. Dubois à regarder l'accusée Julie Jacquemin. Ce qu'il fit de suite ; alors son accent s'anima et il dit d'une voix forte : « Je jure sur l'honneur « que je n'ai jamais vu l'accusée, et si l'une des deux est « venue chez moi, c'est Mme de Normont que je viens de « reconnaître à sa petite toux sèche. »

On fit comparaître ensuite M. de Normont qu'un œil de moins et les traces de la petite vérole rendaient très reconnaissable. Mais ce dernier et M. Dubois déclarèrent ne s'être jamais vus.

L'organe du Ministère public demanda alors à Mme de Normont si elle n'avait rien à ajouter : « Rien, dit-elle ; je « persiste dans ce que j'ai dit ; Monsieur ne m'a pas reconnue d'abord ; il a l'air de me reconnaître maintenant : « j'affirme que je n'ai jamais été chez lui. »

« Madame, dit alors M. Dubois, d'un ton très élevé et soutenu : « Eh bien, je déclare que c'est Madame qui est « venue chez moi ; je déclare qu'elle était assise à la droite « de ma cheminée ; je déclare que c'est par elle que j'ai « été consulté. »

Julie Jacquemin fut acquittée. Le Jury déclara en même temps qu'il y avait eu empoisonnement.

M. Bonnet venait donc de faire acquitter cette Julie Jacquemin qui avait été condamnée à mort par un premier jury. Après ce procès criminel vint un procès civil en séparation de corps formé respectivement par M. et Mme de Normont ; mais ceci n'a plus d'intérêt pour nous.

AFFAIRE DE LA DUCHESSE DE SAINT-LEU

Comment ne pas parler de cette autre cause qui excita si vivement l'opinion publique, lorsque dans les premiers jours de l'année 1815 la Duchesse de Saint-Leu et l'ancien Roi de Hollande se disputèrent le droit de garde sur leurs fils (on sait que l'un de ces fils fut plus tard Napoléon III).

Le choix que la Duchesse de Saint-Leu (la Reine Hortense) fit de M. Bonnet pour avocat tint sans doute aux relations qu'il avait eues avec un ancien avocat au Parlement d'Aix, Conseil intime de la Reine ; du reste, elle ne pouvait pas mieux choisir dans un procès qui demandait tant de délicatesse et de tact.

La Duchesse de Saint-Leu résistait à la demande formée contre elle par le Comte de Saint-Leu son mari, qui voulait que la garde de son fils Napoléon-Louis lui fût exclusivement remise. On se demanda d'abord pourquoi l'un était Comte de Saint-Leu et l'autre Duchesse de Saint-Leu. C'est que par lettres patentes du 30 mai 1814 Louis XVIII avait conféré à la Reine Hortense le titre et le rang de Duchesse, avait érigé pour elle la terre de Saint-Leu en un duché, devant passer à ses enfants, de mâle en mâle par ordre de primogéniture, et y avait attaché en domaines ou rentes sur le grand-livre de la Dette publique un revenu de 400.000 francs, déduction faite de toutes charges, pour qu'elle pût en jouir en toute propriété, avec faculté de l'aliéner et d'en disposer sans avoir besoin de l'autorisation de son époux qui, sous aucun prétexte, ne pouvait rien y prétendre. Il est permis de penser que cette faveur avait été due en grande partie à l'intervention de l'Empereur de Russie (Alexandre).

La Duchesse de Saint-Leu exposait ainsi les faits :

L'incompatibilité d'humeur ayant également convaincu les deux époux de l'impossibilité de trouver le bonheur dans une union qui ne leur avait offert que des tourments, ils avaient fait entendre simultanément à l'empereur Napoléon, dès l'année 1809, le vœu pressant d'en venir à une séparation légale et ils le prièrent instamment de la prononcer, ainsi que lui en donnait le droit, le Sénatus consulte du 30 mars 1806, comme chef de la famille. L'Empereur, convaincu de la nécessité d'adopter ce dernier parti, avait convoqué une assemblée de famille dans le mois de janvier 1810, et ce fut dans cette assemblée que les motifs avaient été exprimés et rapportés à l'Empereur qui s'était réservé de prononcer ultérieurement. En effet, le désir et l'espoir de vaincre peut-être cet éloignement réciproque avait porté l'Empereur à prier les époux d'essayer encore de le surmonter, et la Duchesse, quoique prévoyant bien le peu de succès d'une nouvelle preuve de dévouement au chef de sa famille, s'était décidée, quoique très sérieusement malade à souscrire à ses désirs, et à partir pour la Hollande avec l'assurance positive que lui donnait l'Empereur que si ce dernier essai, cette dernière preuve de sa déférence ne réussissait pas, il prononcerait la séparation aussitôt après le retour.

Cette tentative n'avait eu aucun résultat. La Duchesse, après une grave maladie, était revenue à Paris, au moment où le Comte refusait toute existence en France, et jurait de vivre en Hollande jusqu'à sa mort.

Depuis cette époque, lui-même, imbu de la nécessité de rompre, n'avait pas cessé de provoquer une séparation, et même un divorce.

C'est dans cet état de rupture de fait et d'action en séparation et en divorce commencés, que les époux avaient vécu depuis 1809, et lorsque le Comte de Saint-Leu fut obligé de se réfugier à Paris, au mois de janvier 1814, non seulement il n'était pas allé chercher la Duchesse, mais aucune circonstance, pas même le hasard, ne les avait réunis pendant les trois mois de son séjour à Paris.

Le 20 avril 1814, il écrivait à la Duchesse : « Maintenant, « Madame, après tout ce qui a eu lieu entre nous, et tout « ce qui vient de se passer à Paris, mon parti est pris, et « bien irrévocablement pris. Ce parti est celui d'une séparation légale, entière et parfaite. Nous sommes trop vieux,

« nous connaissons trop tous deux l'impossibilité de notre
« réconciliation pour perdre notre temps à discuter nos
« plaintes et nos griefs réciproques. Je vous propose donc,
« Madame, de consulter, chacun de notre côté, nos lois ci-
« viles, puisque je suis dégagé maintenant de toute obli-
« gation envers la Hollande. »
« Implorons tous deux le Chef de l'Eglise, etc.... »

Tout cela prouvait bien que les époux ne pouvaient guère vivre ensemble.

L'avocat de Mme de Saint-Leu tirait ses arguments surtout de l'intérêt de l'enfant.

Malgré les efforts de son éminent avocat, Mme la Duchesse de Saint-Leu ne put obtenir des magistrats ce qu'elle sollicitait.

Le Comte de Saint-Leu demandait que la garde de son fils Napoléon-Louis lui fût exclusivement remise, il eut gain de cause. Le Tribunal ordonna que dans les trois mois, à compter du jour du jugement, le fils aîné du Comte et de la Comtesse de Saint-Leu serait remis au Comte de Saint-Leu ou à son fondé de pouvoir spécial.

Voici le texte du jugement qui intervint pour mettre fin à cette contestation :

Attendu que la loi établit l'autorité des père et mère sur leurs enfants, et en confie l'exercice au père seul, pendant le mariage ; qu'il en résulte que le père, revêtu comme chef de la famille de l'exercice de cette autorité, est constitué le seul juge de l'intérêt de l'enfant, des circonstances pour lesquelles, dans cet intérêt, il doit user de son pouvoir et du mode de l'exercer.

Attendu que ce pouvoir ne peut être modifié que dans deux cas, l'un prévu par le Code civil, celui du divorce demandé et prononcé ; l'autre admis par la jurisprudence, celui de la séparation de corps, demandée ou prononcée.

Que les parties ne se trouvent dans aucune de ces positions.

Que la duchesse de Saint-Leu ne prouve point que la séparation ait été autorisée conformément à l'article 8 des statuts des 15 et 30 mars 1806 ; que la prise de possession, en son nom, de l'hôtel, rue Cerutti, et du château de Saint-Leu, et la fixation d'un traitement particulier peuvent avoir eu pour cause l'éloignement dans lequel se trouvait alors le comte de Saint-Leu, par suite d'événements politiques qui lui étaient particuliers.

Que lorsqu'une cause est douteuse, on ne peut en appliquer les conséquences pour caractériser un fait dans l'intérêt de l'une des parties.

Attendu que l'on ne peut avec raison supposer que le traité du 11 avril 1814 fixe et prouve l'état privé et particulier d'individus étrangers au traité.

Que les changements dans l'état des personnes ne peuvent

être admis par de simples indications ou présomptions; que le procès-verbal du 25 décembre 1809 constate que le comte de Saint-Leu était demandeur en séparation; que la Duchesse de Saint-Leu n'a point fait de comparution lors de ce procès-verbal et n'a fourni aucune défense à la demande, et que son silence a été la cause principale de l'ajournement; que particulièrement et notamment depuis que les parties ont été soumises à la juridiction des tribunaux ordinaires, il n'a été donné aucune suite à cette demande.

Que la séparation de fait entre époux est un état que la loi ne reconnaît point et ne peut produire aucun effet légal.

Le Tribunal ordonne que, dans trois mois à compter de ce jour, le fils aîné du Comte de Saint-Leu et de la Duchesse de Saint-Leu sera remis au Comte de Saint-Leu ou à son fondé de pouvoirs spécial.

INTERVENTION DE M. BONNET
DANS L'INTÉRÊT DU DÉPARTEMENT DE L'YONNE

LORS DE L'INVASION DE 1815

En 1815, M. Bonnet eut à intervenir pour défendre la ville d'Auxerre. Ce n'était pas devant les juridictions qui avaient coutume de l'entendre, mais, hélas! c'était contre les exactions de l'étranger pendant l'invasion et devant les généraux ennemis.

Ses compatriotes de l'Yonne firent appel à son attachement pour cet arrondissement d'Auxerre dans lequel il avait passé sa première enfance, et dans lequel aussi il était venu ensuite prendre, comme propriétaire, un intérêt permanent dès l'année 1797.

Son parent très affectionné M. Bernard, habitant Héry, près de Seignelay, avait été député à la Constituante, puis membre du Directoire de l'Yonne. C'est ce parent bien qualifié comme on le voit, qui, au nom de l'arrondissement d'Auxerre pria M. Bonnet de prendre en mains les intérêts du département de l'Yonne et spécialement de l'arrondissement d'Auxerre.

Le gouverneur autrichien, le Baron d'Ulm, qui commandait à Auxerre, avait pris un arrêté très alarmant, et contenant menace d'exiger immédiatement d'énormes contributions. M. Bonnet alla voir le Prince de Schwartzenberg et aussi M. Bourrienne qui promit de parler à M. de Talleyrand. La difficulté était de faire comprendre et de faire accepter cette interprétation que les conventions préliminaires de Paris paralysaient absolument l'arrêté du Gouverneur Autrichien, et que par suite de ces conventions, il n'y avait plus lieu aux réquisitions que l'on prétendait exiger des habitants ; et M. Bonnet raconte, avec détail, dans sa correspondance, toutes les démarches qu'il a faites dans ce sens auprès des personnages ci-dessus nommés, et aussi auprès de M. Louis, ministre provisoire des Finances et du Trésor, qui, se concertant avec M. Bonnet, fit avec beaucoup de zèle ce qui était nécessaire.

M. Bonnet, dans cette correspondance, ne cessait de dire : « Surtout ne payez pas. On ne poursuivra pas. On ne « peut, on ne doit pas poursuivre. » Dans une dernière lettre, après des démarches incessantes, M. Bonnet disait encore que le général Nansouty avait été vu, qu'il commencerait sa tournée par Sens et par Auxerre ; que la ville de Troyes grevée de 80.000 francs venait d'être affranchie, ce qui était de bon augure, et M. Bonnet ajoutait en postscriptum la phrase suivante :

« Si l'affaire eût été du ressort de l'empereur Alexandre, « notre affaire serait finie depuis longtemps. »

Etait-ce déjà un pressentiment de l'alliance russe ?

Quand j'ai lu cette correspondance de M. Bonnet relative à l'affranchissement du département de l'Yonne et spécialement de l'arrondissement d'Auxerre, je me suis bien rendu compte de ce que nos pauvres compatriotes avaient dû souffrir. D'abord l'histoire de notre pays, et aussi les récits que j'avais entendu faire si souvent par mon grand-père, par mes oncles, et par mon père, m'avaient bien donné la notion complète de ce qu'avait été l'invasion après les désastres de la guerre, j'entends par là les exigences du vainqueur ; les réquisitions auxquelles il avait fallu se soumettre ; c'était surtout la co-existence avec l'ennemi, avec les chefs et avec leurs soldats pendant un temps prolongé, qui avait laissé dans l'esprit des femmes et des enfants l'impression la plus vive.

Mais si j'avais eu encore quelque chose à apprendre à ce sujet, je n'ignorerais plus rien aujourd'hui, après ce qui s'est passé en 1871 quand l'armistice eût été signé. Le Gouvernement de la Défense nationale composa une commission chargée d'aller à Sèvres s'entendre avec les généraux ennemis pour réglementer les conditions dans lesquelles aurait lieu l'occupation partielle de Paris par 30.000 soldats ennemis. C'était une des conditions de l'armistice.

Le Gouvernement m'avait fait le triste honneur de me nommer Président de cette commission. Le 28 février 1871 les commissaires et moi nous quittâmes Paris dans deux voitures, nous rendant à Sèvres. Le pont avait été détruit, il nous fallut traverser la Seine en bateau. Notre mission avait été annoncée et notre départ signalé. Nous trouvâmes donc sur la rive opposée des officiers étrangers qui nous attendaient. C'était le général de Kamecke, nommé commandant en chef de l'occupation étrangère dans Paris, un général chef d'état-major, un colonel Bavarois et plusieurs aides de camp. La rencontre fut ce qu'elle devait être ; grande courtoisie de la part de ces messieurs, mais sans une affectation qui eût pu devenir facilement blessante ; convenance et politesse de notre part.

En me reportant à mon volume de « Notes et Souvenirs », je vois que j'y ai raconté les divers incidents qui se sont produits à l'occasion de cette occupation les 1er, 2 et 3 mars 1871 ; aussi je me garderai bien d'y revenir. Je me borne à dire que ces quelques jours pendant lesquels j'ai co-existé avec les généraux ennemis, dans le Palais des Champs-Elysées, à raison de ma mission, m'ont été trop cruels, trop douloureux, pour que le souvenir puisse s'en effacer, et c'est cette épreuve personnelle qui m'a bien fait comprendre tout ce qu'avaient dû souffrir mon grand-père, mes oncles, mon père et leurs contemporains dans des circonstances analogues.

PLAIDOIERIE DE M. LEDRU, AVOCAT

DEVANT LE CONSEIL DE DISCIPLINE DE LA GARDE NATIONALE

M. Ledru. — Un seul mot, monsieur le Président, en attendant les réquisitions de M. le Rapporteur.

Ce que dit le rapport est vrai. J'avais été pris par un sommeil irrésistible. Pour ne pas exposer, dans ma personne, l'autorité à des insultes qui auraient pu m'être faites pendant que je serais resté endormi, je pris le moyen qu'on a indiqué. Il y avait là un brave homme qui ramassait des curiosités dans le ruisseau : je l'envoyai me chercher une voiture. Il m'offrit d'abord un cabriolet ; mais je craignais de compromettre la dignité de mon uniforme en montant dans une voiture ouverte. Je pris donc une petite voiture à quatre roues et à un cheval, très bien fermée ; je baissai les stores et je restai là en faction, croyant concilier ainsi mes devoirs avec le besoin impérieux qui me dominait.

M. le Président. — Vous n'avez rien à ajouter ?

M. Ledru. — Rien avant d'entendre M. le Rapporteur

M. Fleuriet, capitaine-rapporteur, s'exprime ainsi :

« Messieurs, à entendre l'explication donnée par M. Ledru, et à voir la parfaite quiétude avec laquelle il vient de répondre à M. le Président, il nous est impossible de ne pas croire qu'en commentant un fait de la nature la plus grave, M. Ledru a voulu faire une mystification et qu'il veut la continuer devant vous *(sourires)*, nous ne pouvons nous dispenser de commencer par des réflexions sévères ; et, en vérité, quand nous réfléchissons à la gravité du fait sans exemple que M. Ledru confesse avec une sécurité si candide, nous sommes obligés de dire que non seulement il a manqué à ses devoirs de garde national, mais que ce manquement prend le caractère d'une mauvaise action. *(Sensation.)* Que pourra-t-il dire pour sa défense ? Évidemment, quoique le mot d'abandon de la faction ne se trouve pas littéralement dans la loi, l'article 89, qui punit l'abandon du poste, est applicable. Il y a d'ailleurs un arrêt de cassation qui tranche la difficulté. Vous condamnerez donc M. Ledru. Son infraction mérite d'être réprimée d'une façon exemplaire ou bien il faudrait dire qu'on peut se jouer de la loi et des considérations d'ordre public les plus respectables. »

En se rasseyant, l'honorable M. Fleuriet paraît être ému et encore agité de sa chaleureuse et terrible improvisation.

M. Charles Ledru, très grave et très recueilli, prend la parole en ces termes :

M. le Rapporteur s'est beaucoup scandalisé du calme avec lequel je parais devant vous ; il aurait dû y reconnaître le signe non équivoque d'une conscience forte d'elle-même. Oui, Messieurs, c'est sans crainte et sans remords que j'affronte la majesté de votre tribunal et je ne veux pas même permettre au langage dont vous avez dû vous étonner comme moi, de m'agiter ni de m'émouvoir. Je me bornerai à dire à mon honorable contradicteur que jamais un homme bien élevé n'a la pensée de se faire impoli ni mystificateur, et que personne, si maladroit qu'on le suppose, n'aurait la prétention de mystifier la justice devant laquelle il a à répondre comme accusé.

On ne doit pas traiter plus sérieusement qu'il ne faut des choses qui, en elles-mêmes, n'ont pas la gravité que certains intérêts leur supposent ; mais, M. le Rapporteur s'est laissé aller trop loin quand il a parlé de mystification. Il n'a pas été maître de sa pensée. L'improvisation excuse aussi ce mot de méchante action, par lequel il a désigné un fait qui, je l'espère, ne laissera pas mon nom dans les annales où figurent les grands criminels, et pour en finir à ce sujet, je lui dirai qu'il n'y a point en tout ceci de méchante action, mais une méchante expression. *(Rire général.)*

En me demandant pourquoi M. le Rapporteur employait à mon égard un semblable langage, j'ai supposé que ce n'était pas la petite aventure du 21 avril qui me valait ces exagérations, mais peut-être mes antécédents comme garde national. Entendons-nous, légalement ces antécédents sont irréprochables; car, si j'ai déjà senti les rigueurs de la prison réservée aux gardes nationaux peu zélés, jamais, depuis que j'appartiens à la première légion, je n'ai été condamné, je suis vierge de toute peine dans cet arrondissement. Veut-on dire que j'ai souvent exprimé mon opinion contre le service auquel on nous condamne en pleine paix nous autres négociants, médecins, avocats, propriétaires, quand nous contribuons à un budget qui solde une armée de cinq cent mille hommes? A la bonne heure, sous ce rapport, je suis coupable, je l'ai été chaque fois que j'ai eu l'honneur de monter la garde ; je l'étais hier, je le serai demain ; je le suis avec les amis les moins suspects du Gouvernement. Il y a peu de temps, la Presse signalait elle-même tout ce qu'il y a de blessant et de ridicule dans ce jeu au soldat qu'on nous inflige pour la grande gloire de quelques personnes qui y trouvent leur compte, quand le reste des citoyens n'y rencontre que corvées sans compensation. En un mot, Messieurs, et vous voyez que je suis franc, je suis très peu enthousiaste en matière de garde, je déteste les bonnets à poil et les factions. Mais tout en murmurant, j'obéis à la loi. M. le Rapporteur ne veut pas sans doute que je sois tenu d'être amoureux de ce que j'ai instinctivement en horreur.

Quel crime irrémissible ai-je commis le 31 ? M. le Rapporteur m'a signalé comme un grand coupable. Hélas ! je n'ai été qu'un grand innocent : vous allez le voir.

J'avais, je l'avoue, un peu trop compté sur mes forces. Préoccupé au sujet d'un mémoire, j'en avais corrigé les épreuves jusqu'à deux heures du matin au corps de garde ; je me jetai alors sur le lit de camp. A quatre heures, la voix du caporal vint retentir à mon oreille : il fallait monter ma faction. Je me levai et je me rendis, bâillant, endormi, à la guérite où je devais veiller dans l'intérêt de la patrie. J'essayai en vain de triompher du sommeil. Le dieu me maîtrisa si bien (je suis encore plus coupable que ne l'a dit M. le Rapporteur) que mon fusil, sur lequel je m'appuyais, m'échappa et faillit m'entraîner dans sa chute ! Que faire ? J'étais atteint de la maladie du sommeil à laquelle rien ne résiste, *membra deo victus !*

C'est alors, Messieurs, que la Providence m'envoya le brave chiffonnier qui voulut bien porter ma dépêche au cocher de la citadine. Il fallait bien prendre un parti. Dormir dans ma guérite, c'était risquer de montrer à tous les passants la faiblesse humaine dans une circonstance où il fallait la dissimuler dans l'intérêt de l'uniforme. Un mauvais plaisant pouvait s'emparer de mon fusil, de mon sabre, de ma giberne, et ma compagnie, cette belle compagnie ! se trouvait compromise ! devais-je aller dormir chez moi ?

Relicta non bene par mula ?

Mais le poste restait sans factionnaire !... et quand on serait venu pour me relever, je laissais mes chefs dans l'inquiétude d'un grand malheur. Devais-je appeler : au secours ! contre qui ? contre une puissance invisible ! On m'eût renvoyé à ma faction au milieu d'un rire inextinguible.

Dans cette situation critique, au milieu de perplexités pénibles, j'adoptai un parti que je crois encore assez sage, malgré les sévérités de M. le Rapporteur. Je consultai d'ailleurs mon voisin, non pas un soldat d'occasion comme nous, mais un vrai soldat, un homme de la ligne, un factionnaire sérieux, qui était de service à quinze pas de ma guérite, et ce généreux guerrier, compatissant à ma faiblesse, trouva que j'avais résolu le problème d'une façon heureuse. *(Hilarité universelle. — M. Ledru, seul, est sérieux.)*

Et, en effet, Messieurs, n'étais-je pas à mon poste dans cette petite voiture ? J'ai mesuré ce matin la distance : l'extrémité de la citadine n'était point à cinq pas de la guérite.

J'étais donc dans le rayon, car nous avons quinze pas pour circuler. Le délit consisterait, non pas à avoir abandonné le poste, comme on me le reproche, mais à l'avoir rendu plus confortable et moins exposé à l'invasion. Car supposez une attaque, n'étais-je pas mieux dans ce blockhaus, dans ce petit fort détaché et roulant que dans ma guérite ? J'y dormais, c'est vrai ; mais j'aurais dormi à pied comme en voiture, et beaucoup moins commodément. Or, Messieurs, malade comme je l'étais (car le sommeil est plus qu'une maladie, c'est de toutes les tyrannies la plus cruelle), n'avais-je point le droit de me mettre en lieu de sûreté, moi, mes armes, et l'honneur de ma compagnie, dont j'étais le représentant, bien indigne, au poste de l'Echelle ?

Il y a d'ailleurs, sur mon indisposition, procès-verbal irrécusable. Le rapport dit que le caporal m'a renvoyé chez moi ; et, en effet, je suis venu dormir dans mon lit. Le caporal a donné l'ordre au cocher de me conduire à mon domicile, doucement, au pas, comme on mène les malades, sur la preuve acquise à mon aspect et d'après les dépositions soit du vieux soldat mon voisin, soit du cocher, que j'étais dans un état digne d'intérêt. Comment se fait-il que la main de ce caporal ait pu rédiger le rapport si peu en harmonie avec l'émotion que lui semblait lui causer ma pâleur ? Au lieu de compatir à mes souffrances, me tendait-il un piège ? Je ne puis le supposer et je me refuse à croire qu'on doive appliquer soit à lui, soit à ses glorieux collègues dans la milice citoyenne, la flétrissure du poète :

Timeo Caporaux, et dona ferentes.

(Rire général.)

M. Ledru examinant si, en droit, il est punissable, soutient qu'un premier manquement est à l'abri de la prison. Il cite deux arrêts de cassation au soutien de cette thèse. Il termine en déclarant qu'il espère avoir porté la conviction dans l'âme de son honorable contradicteur.

M. le Capitaine-Rapporteur se lève pour répliquer :

« Messieurs, dit-il, malgré les paroles par lesquelles M. Ledru a terminé sa défense, nous ne pouvons croire que cette défense soit sérieuse. C'est évidemment une gageure, et M. Ledru veut pousser la plaisanterie jusqu'au bout. On ne peut pas admettre la maladie dont il excipe. Il eût fallu appeler le chef du poste, et se faire remplacer. Au lieu de cela, M. Ledru se met à l'aise dans une voiture : c'est vraiment incroyable ; et ce qu'il y a de plus incroyable encore, c'est qu'il croit vous persuader qu'il a agi légalement. Il ne faut pas se jouer ainsi du service de la Garde Nationale : cette charge n'est ni lourde ni fatigante ; les bons citoyens doivent s'y soumettre. Je n'ai voulu faire aucune allusion aux antécédents de M. Ledru, le fait actuel se suffit à lui-même.

« C'est véritablement une plaisanterie répréhensible et sous peine de voir la discipline sans force, le Conseil condamnera M. Ledru. L'ordre public qui se lie au maintien de la loi exige cette condamnation, à laquelle M. Ledru croit lui-même ; car les arrêts qu'il a cités ne s'appliquent qu'à l'absence du poste, et non à l'abandon de la faction.

M. Ledru. — En fait on nie l'indisposition ; mais ce n'est pas moi, c'est le procès-verbal qui le prouve, car le caporal m'a renvoyé dormir dans mon lit. S'il ne m'avait pas jugé malade, je devais être remplacé dans la guérite ou rentrer au poste. Je pourrais invoquer son témoignage oral ; il dirait que mon sommeil était accompagné de frissons. Cependant je n'avais à me reprocher aucune imprudence, car j'avais eu soin pour me tenir les pieds chauds de les placer dans mon bonnet à poil ; et c'est dans cette situation que l'œil du caporal vint me surprendre. *(On rit.)*

Quant à la gravité du fait lui-même, je m'étonne que le caporal et après lui M. le Rapporteur soient plus sévères qu'un homme qui entendait la discipline militaire aussi bien que ces Messieurs. Napoléon ayant trouvé une sentinelle endormie, c'était un vieux soldat de l'armée d'Egypte, ne se fâcha pas, il ne lui fit pas entendre de violentes paroles ; le Petit Caporal, à la différence de celui de mon régiment, prit le fusil du pauvre grenadier, et il resta de faction à sa place jusqu'à son réveil.

Quand le factionnaire reconnut son Empereur, il se jeta à ses genoux implorant son pardon : Napoléon se contenta de lui annoncer qu'il fallait se préparer le lendemain à une chaude journée. Voilà l'exemple qu'aurait dû suivre mon caporal ; il fallait parler à mon cœur et cette sorte d'éloquence est toujours comprise ; je serais peut-être devenu à l'heure où je parle un excellent garde national : tout est possible. *(Rire général.)*

M. Ledru soutient comme circonstance atténuante que son sommeil n'a causé aucun malheur.

Le Gouvernement se portait à merveille, dit-il, c'était comme dans le *Télémaque :* « l'Aurore avec ses doigts de rose ouvrait les portes de l'Orient », lorsque de son côté le caporal entr'ouvrit la portière. L'horizon politique était aussi pur que le ciel. D'ailleurs le camarade de la ligne veillait, et en cas d'alerte il était en position de faire face à toutes les agressions ; pour moi, j'aurais eu l'avantage qu'ont toujours les troupes fraîches sur les troupes harassées de fatigue. *(Sourires.)*

Quant à la question légale, il est évident que M. le Rapporteur la comprend mal. Si je n'étais pas venu du tout au poste, je ne pouvais être puni parce que c'était mon premier manquement. Or, un manquement partiel ne peut être plus grave qu'un manquement total. La partie n'est pas plus considérable que le tout. C'est une **démonstration mathématique.** M. le Rapporteur a étendu la loi, il ne le peut : *odia res-*

tringenda ; c'est un principe qui protège tous les accusés. D'ailleurs en admettant mon état d'indisposition, il est clair que j'ai interprété la loi d'une manière irréprochable. D'une part, quoique malade, j'étais fidèle au poste, j'étais dans le rayon légal ; d'une autre part, en veillant à ma santé, je veillais au salut même de la force publique. Le procédé est nouveau : mais si les baïonnettes de nos jours sont partout intelligentes, pourquoi celles de la Garde Nationale seraient-elles obtuses ? En tout c'est la lettre qui tue et l'esprit qui vivifie : d'après l'esprit qui régit les factions je suis à l'abri de tout reproche.

Messieurs, dit M. Ledru en terminant, si j'étais condamné, il me resterait le témoignage de ma conscience qui, loin de m'accuser, me rassure contre l'indignation éloquente de M. le Rapporteur.

Un sommeil trop profond ne fut jamais un crime.

Le sommeil d'un des plus grands citoyens de la France celui de La Fayette est historique et

... Si parva licet componere magnis.

celui de Lafayette est historique et moi-même, Messieurs, qui ai eu l'honneur d'être, pendant quelques heures Gouverneur du Louvre, j'avoue avoir dormi pendant toute la durée de mon gouvernement. En qualité de classique, je n'ai point à rougir de mon sommeil, car je puis invoquer en sa faveur la première de toutes les autorités poétiques. Le grand Homère ne s'est-il pas endormi quelquefois ?

Quandoque bonus dormitat Homerus.

Après tout, Messieurs, je passerais sans trop de regret une demi-journée dans la cellule où vous envoyez les citoyens coupables de ne pas prendre au sérieux un service où nous faisons tous assez triste figure, même quand nous sommes fort exacts ; avec Homère et Virgile pour compagnons de captivité la prison est supportable, et au point de vue littéraire, une courte retraite à l'Hôtel des Haricots n'est pas sans utilité. Si je réclame un acquittement que j'espère, ce n'est pas dans mon intérêt, c'est dans l'intérêt des principes, qui veulent qu'on ait le droit d'avoir sommeil et d'être malade, même sous l'épaulette de laine.

M. Charles Ledru est aussitôt entouré d'une foule de personnes qui viennent lui serrer la main et le féliciter de sa brillante improvisation où règne une ironie continuelle si fine et si attique.

Après une demi-heure de délibération, le Conseil rentre en audience et condamne l'accusé à vingt-quatre heures de prison.

DISCOURS DE M. ÉDOUARD THIERRY

PRONONCÉ LE 5 JANVIER 1871, SUR LA TOMBE DE BRUNE, BRETON DÉCÉDÉ A L'AMBULANCE DU THÉATRE FRANÇAIS

« Messieurs,

« Permettez-nous de laisser parler nos regrets sur la tombe de celui qui fut Auguste Brune, devant ce cercueil qui le représente encore un instant parmi les hommes et qui aura porté pour lui la première et la dernière fois le signe glorieux de l'honneur militaire.

« Qui sommes-nous pour votre compatriote et votre ami ? Des inconnus, des hôtes d'un jour. Mais il n'y a pas d'inconnus, il n'y a plus qu'une seule famille dans la grande ville assiégée, et le foyer de l'hôtel est le foyer domestique de celui qui est venu défendre la commune patrie.

« Quand votre jeune camarade nous a été amené pâle, mais encore animé de l'ardeur de la bataille, blessé au bras, à ce bras d'enfant qui avait si virilement tenu l'épée, nous avons été touchés d'une sympathie profonde, nous avons senti un immense désir de le soulager, de le guérir, de le sauver, comme il avait voulu nous sauver nous-mêmes.

« Quand la science inquiète décida de tenter un de ces coups hardis qui essaient d'arrêter la mort, en faisant sa part et celle de la vie, nous avons été plus troublés qu'il n'était troublé lui-même à l'idée de ne pouvoir le rendre tout entier à son avenir et à la tendressse de ses sœurs bien-aimées. Lorsqu'il nous a été donné de déposer sur son lit de souffrance la croix d'honneur qu'il avait trop bien méritée, nous avons partagé son orgueil et sa joie, nous nous sommes pressés autour de son bonheur remplaçant autant qu'il était en nous, les amis de la terre natale et la famille absente.

« C'est à ce titre que nous avons peut-être le droit de la

remplacer encore devant sa tombe et de lui adresser un suprême adieu.

« Adieu, toi qui as passé un instant au milieu de nous pour y laisser un long souvenir de ton courage, de ton dévouement et de ta jeunesse.

« Adieu, toi qui as été si brave et si doux.

« Adieu, toi qui semblais si reconnaissant d'un peu de soins dont nous avions le douloureux bonheur de t'entourer, qui as honoré notre maison de ta mort.

« Adieu, nous ne te confions pas à la miséricorde du souverain Juge. Tu n'en as pas besoin. Tu avais fait le sacrifice de tes jours et ton sacrifice a été agréé, comme celui de ces pures victimes qui comptent pour la rançon d'un peuple et qui sont le gage de la délivrance.

« Nous ne prions pas pour toi, nous prions pour tous les tiens, pour les parents, pour les amis que tu as laissé dans ta chère Bretagne ; pour ceux qui ne savent de toi qu'une seule chose c'est que tu as reçu la récompense de ton courage, mais qui ignorent de quel prix tu l'as achetée ; pour ceux qui s'entretiennent là-bas de leurs espérances, tandis que nous portons ici leur propre deuil ; pour ceux qui t'attendent et ne te verront pas revenir.

« Quand ils connaîtront le coup qui les a frappés, toute consolation humaine sera impuissante auprès de leur désespoir. Puissent-ils trouver un trésor de force et de résignation dans les deux mots qui ont fait de toi un vaillant et un martyr : Dieu et Patrie ! »

DISCOURS DE M. ÉDOUARD THIERRY

PRONONCÉ LE 1ᵉʳ FÉVRIER 1871, SUR LA TOMBE DE DIDIER SEVESTE PENSIONNAIRE DU THÉÂTRE FRANÇAIS, DÉCÉDÉ A L'AMBULANCE

Messieurs,

Qui peut se dire : je ne laissserai pas ma vie à l'aventure ; j'aurai été prévoyant pour être heureux ; j'ai choisi ma carrière selon mon goût et dans un temps propice ; je la fournirai dans le contentement du succès obtenu, jusqu'à ce terme de la retraite que ma jeunesse entrevoit de si loin et qui reculera encore à mesure que je marcherai vers lui ?

Si jamais les projets qui disposent à l'avance de la destinée humaine ont été convaincus de vanité, c'est ici devant cette tombe, où va dormir du sommeil éternel, auprès de son père qui ne l'attendait pas si tôt, Didier Seveste, pensionnaire du Théâtre Français et sous-lieutenant aux carabiniers parisiens, lauréat du Conservatoire en 1863, frappé à Buzenval le 19 janvier par une balle prussienne et mort à vingt-cinq ans dans une ambulance militaire qui s'appelle « l'Ambulance de la Comédie Française ».

Issu d'une famille d'artistes, Didier Seveste, en entrant au théâtre, suivait une tradition domestique. Le Conservatoire le reçut tout jeune, au sortir du collège. Sa taille passait déjà la moyenne. Il portait haut la tête, et l'assurance de sa démarche promettait un héritier à la lignée de Dugazon. M. Régnier, son excellent professeur, le prépara pour la grande livrée. Il en avait aussi la voix haute et la réplique tranchante. Peu à peu cependant sa voix changea de caractère. Un travail intérieur s'accomplissait. L'homme qui devait se montrer plus tard allait se formant dans le jeune homme et modifiait lentement le comédien.

Seveste avait joué presque tous les grands rôles de son emploi avec sûreté, avec solidité, faisant partout preuve d'un esprit intelligent à souhait ; mais le mouvement de son esprit n'allait déjà plus franchement vers le comique. Sa physionomie devenait sérieuse et presque sévère. Ce n'est pas qu'il n'eût obtenu dans « Dalila » un de ses plus heureux succès en composant la figure du prince Kalisch comme une caricature fine, élégante et distinguée ; mais ici le comique tenait à la distinction même et à certain flegme aristocratique. C'était le travail d'un talent qui se cherchait en dehors de sa première voie. Un peu plus tard, il abordait le drame dans « Maurice de Saxe » et chargé du rôle de Dom Briffaut, il essayait de donner à sa voix le grondement des prochaines révolutions prédites par le vieux prêtre populaire. Presque en même temps, jeune, noble, drapé dans la toge antique, pâle avec le profil romain du second Brutus, il traversait le prologue d' « Une Fête de Néron » en jouant son dernier rôle, un rôle qui ne fait que passer, comme il a passé lui-même, le rôle triste et héroïque de Montanus.

Singulière coïncidence ! Mystérieux rapport des choses ! Ce rôle de Montanus, le voici : Attaqué la nuit par une troupe de débauchés déguisés en faunes, qui insultaient sa jeune femme, Montanus a mis l'épée à la main et mis en fuite le dieu Bacchus avec sa mascarade.

Ce Dieu, c'était Néron. Le monstre impérial, prompt à se venger, laisse à Montanus le choix de s'ouvrir les veines dans un bain ou de combattre contre un gladiateur. La fierté du praticien se révolte d'abord à l'idée de paraître en spectacle. Il hésite un moment :

— Tu choisis ? lui demande Néron.

— Le combat ! répond froidement Montanus, et il s'éloigne laissant le maître du monde étonné de son courage.
Il sort sans se troubler.

— Il a du cœur ! remarque Néron avec un secret dépit ; mais il ajoute en homme qui ne perd pas toute sa vengeance :

— Combien sa mère va trembler !

Toute la fin de Seveste, sa digne et glorieuse fin, est dans ces vers. Lui aussi, il choisit virilement le combat et, sans doute, il pouvait l'éviter. Lui aussi avait sa mère veuve, sa pauvre mère qui allait trembler, sa sœur qui ne devait plus cesser de craindre, une aïeule octogénaire qu'il fallait tromper, que l'on trompe peut-être encore à l'heure où nous sommes, trois femmes dont les cœurs tenaient à lui par toutes leurs fibres, dont l'existence était attachée à son existence. Mais nos malheu créaient des devoirs nouveaux à la jeunesse. Didier Seveste était prêt à les accepter tous. Il avait déjà trouvé des fonctions administratives qu'il remplissait en homme, avec une entente des affaires, un instinct de diriger les réunions publiques et une autorité précoce. Il se sentait vivre de sa vie du citoyen à la municipalité de Montmartre, il en voulut vivre dans l'armée.

Il choisit le combat, celui du soldat d'avant-postes, du partisan, de l'éclaireur hardi aux coups de main, à l'embuscade et aux aventures. Une fois enrôlé dans le corps sans peur des carabiniers parisiens, il fut pris de l'amour de la guerre. Elle lui plut par l'émotion de ce jeu terrible, par le danger, par le légitime orgueil que le mépris de la mort inspire à l'âme humaine. Ni les fatigues, ni les veilles par les nuits glacées ne rebutèrent son courage plus grand que les forces. Toujours sous les armes, toujours à l'avancée, il ne quitta que deux fois l'uniforme pour redevenir comédien avec nous, et le comédien, déposant la veste et la résille de Figaro, rattachait fièrement le sabre du sous-lieutenant à sa ceinture.

Quand vint le 15 janvier, et que la Comédie Française protestant contre le bombardement commencé, contre le bombardement barbare, célébra sous le canon l'anniversaire de la naissance de Molière, Seveste dut manquer à la fête de l'immortel aïeul ; il était alors à Courbevoie ; mais nous avions sa pensée avec nous, et, le lendemain, il m'écrivait cette lettre touchante :

« Monsieur et cher Directeur,

« Vous ne sauriez croire combien je fus peiné en songeant
« que cette année, pour la première fois, il me faudrait re-
« noncer à l'honneur de fêter l'anniversaire de la naissance
« de notre patron.
« Ce ne fut pas là un des moindres chagrins que me
« causa cette guerre ; mais, si je n'ai pu prendre une part
« active à la brillante matinée donnée à cette occasion,
« croyez que d'ici je me suis associé au devoir rempli par
« mes camarades, et que je suis loin d'oublier en un jour
« tout ce que j'ai tenu de la Maison de Molière.
« Vous connaissez mes excuses, mais mes regrets
« sont plus grands qu'on ne saurait se l'imaginer, et je
« vous prie d'en agréer la nouvelle assurance, ainsi que
« les vœux que je forme pour la prospérité future de la Co-
« médie Française. »

Comment nous est-il revenu, vous le savez. Trois jours plus tard, on se battait à Montretout, on se battait à Buzenval, on se battait à la Fouilleuse. Vers trois heures, une voiture d'ambulance, qui marquait sa trace en gouttes de sang, s'arrêta devant la grande porte du Théâtre Français, au milieu des respects de la foule. On en descendit trois blessés dont l'un avait l'os broyé à la cuisse, et qui, à chaque mouvement du brancard, faisait passer une rage de douleur au fond des moëlles. Celui-là, c'était l'enfant de la Maison, notre ami, votre cher camarade, c'était Didier Seveste qui souriait encore à travers ses souffrances, car il avait reconnu la douceur des voix fraternelles. Seveste à qui je serrais silencieusement la main pendant que montait la civière et qui rentrait ainsi dans son théâtre, dans son foyer, pour y mourir ! Une nouvelle transformation s'était encore faite en lui. La mort, qui le marquait de son sceau, mettait aussi la dernière main à cette belle tête pâle et romaine, qui nous avait déjà frappés dans Montanus. Une inexprimable douceur naissait aussi de sa faiblesse. Tous les témoignages de sympathie dont on l'entourait, les généreuses marques de l'intérêt du Ministre, qui le cherchaient encore au suprême instant, le touchaient jusqu'aux larmes ; les effusions de l'amitié lui faisaient du bien et du mal à la fois. Il suppliait qu'on ne l'attendrit pas et il avait un immense besoin de tendresse ; il vivait des caresses de sa mère et de sa sœur, il en mourait avec joie et il s'est éteint dans l'ineffable bonheur d'aimer et d'être aimé.

Pauvres et chères créatures de douleur, qui consolera cette affliction sans bornes ? Qui remplira le vide que va laisser à ce foyer désert celui qui en était la joie, l'orgueil et l'espérance ?

Hélas ! Hélas ! Placé devant cette tombe, ce n'est pourtant pas lui que je plains. Si cruel qu'il soit, dans l'ordre naturel, de mourir à vingt-cinq ans, je ne puis pas pleurer celui vers qui Dieu est venu et qu'il rappelle à Lui, par ces jours lamentables, celui qu'il affranchit en un instant de toutes nos humiliations, de toutes nos misères.

La vie de Seveste a été trop courte pour les siens, elle a été assez longue pour lui-même ; car elle a été bien remplie et glorieusement couronnée. Il a payé cher la joie de voir la croix de la Légion d'Honneur attachée à son lit de mort ; mais il ne l'a payée qu'au prix que lui-même a voulu y mettre. Il a donné un noble exemple, celui de l'artiste-citoyen, et mérité la suprême distinction de porter, ne fut-ce que sur le drap blanc de son cercueil, la croix qui a été donnée en lui à toute la famille des interprètes de l'art dramatique. Il a eu ce bonheur que le vieil Horace enviait à ses deux fils.

Il a cru, tant qu'il a été debout à la victoire et au salut de la Patrie. Il est tombé à la même heure où elle tombait et comme l'enfant qui meurt sur le sein de sa mère expirée, nous l'ensevelissons aujourd'hui sur le sein de notre pauvre France !

DISCOURS PRONONCÉS PAR M. DENORMANDIE

En relisant mon avant-propos, et en parcourant la table des matières, on peut voir que j'avais écarté de mon programme tout travail parlementaire comme projets de lois, rapports, discours, etc.

Cependant comme je me trouve amené à terminer ce volume par des annexes, je vais y faire figurer quatre de mes discours, à cause de la nature et de l'importance des questions qui y ont été traitées.

I

Discours prononcé à l'Assemblée Nationale, le 5 avril 1873, par M. Denormandie, député de la Seine, au sujet du projet de loi relatif aux 140 millions alloués à la ville de Paris pour diverses causes.

Messieurs,

Au moment où vous voulez bien me donner la parole pour soutenir le projet de loi du Gouvernement et de la commission, j'aurais peut-être le devoir de relever tout d'abord les paroles un peu amères qui ont été prononcées à l'égard de la ville de Paris par l'honorable orateur auquel je succède à cette tribune. Et cependant je ne le ferai pas. J'estime que j'ai un devoir plus élevé à remplir : celui de me rappeler que le triste débat qui s'agite aujourd'hui est le résultat des événements les plus douloureux et les plus lamentables de notre histoire. (*Approbation à gauche.*)

Je dois aussi ne pas perdre de vue qu'il s'agit des intérêts de la ville de Paris mis en regard de ceux du Trésor public ; de sorte que, à quelque point de vue qu'on se place, il y a, plus que jamais, convenance à ne s'exprimer ici qu'avec une extrême modération. (*Nouvel assentiment à gauche.*)

J'ai entendu tout à l'heure prononcer quelques mots au sujet de l'attitude des uns et des autres, lorsque nous avons eu à soutenir la guerre contre l'étranger.

Ces comparaisons sont fâcheuses. En France, tout le monde est brave, tout le monde a fait son devoir ; je le sais, j'en suis sûr. (*Très bien! très bien! — Rumeurs sur quelques bancs.*) Paris rend justice aux départements ; aussi, croyez-le bien, messieurs, lorsqu'après le rétablissement des communications, nous avons appris dans quelles conditions vous aviez soutenu la lutte, avec quel courage héroïque vous aviez défendu pied à pied le sol du pays et soutenu son honneur, Paris...

Quelques membres à droite. Paris a fait la Commune !

M. DENORMANDIE... Paris vous a acclamés avec enthousiasme, avec une grande émotion patriotique, et il a salué en vous les dignes enfants de cette vieille race française qui a fait la grandeur et la force de notre pays. (*Nombreuses marques d'approbation.*)

J'ai entendu aussi rappeler l'insurrection du 18 mars.

Ces souvenirs sont détestables ; il n'y a personne qui ne blâme de pareils faits avec une grande énergie de langage et sans réserve.

Mais, par un sentiment de dignité nationale, je veux les écarter. (*Très bien! très bien! du côté gauche.*)

Il ne s'agit pas d'une question politique, mais d'une question d'intérêts. Seulement, vous le savez, l'affaire est complexe et difficile ; je vous demande donc un instant de bienveillante attention ; je suis sûr d'être bref, je tâcherai d'être clair. (*Très bien! — Parlez!*)

Les tristes événements auxquels le projet de loi nous reporte, avaient créé pour la ville de Paris un passif considérable. Je ne parle pas du passif ancien et préexistant, de celui qui dominait déjà notre situation, je parle du passif nouveau, de celui qui est la conséquence directe de ces événements, et qu'à une certaine époque, le préfet de la Seine, si j'ai bonne mémoire, évaluait au chiffre de 800 millions, somme énorme comme vous le voyez. Sur ce chiffre il y avait environ 500 millions représentant un ensemble de pertes ou de dettes qui, incontestablement et de l'avis de tous, devaient demeurer et sont demeurées à la charge de la ville de Paris. Mais il y avait trois questions qui, aux yeux des représentants à des titres divers de la ville de Paris, ont paru avoir un caractère contentieux, questions à l'occasion desquelles on s'est demandé : Où est la responsabilité, où est l'imputabilité du fait, sur qui les conséquences peuvent-elles peser, et à qui doit-on demander réparation ?

Ces trois questions sont les suivantes :

En premier lieu, la contribution de guerre de 200 millions ;

En second lieu, les frais de guerre, c'est-à-dire la créance pour frais de guerre dont on vous a entretenus tout à l'heure.

En troisième lieu, la question des réparations dues aux victimes des incendies de la Commune.

A ces trois questions, j'en ajoute de suite une quatrième, mais au sujet de laquelle je ferai une distinction un peu plus tard. Cette quatrième question, est celle des 20 millions restant dus à l'occasion de l'entrée des troupes de Versailles dans Paris.

Si vous voulez bien le permettre, je vais faire immédiatement, au sujet de ces questions et de celles qui sont l'objet du rapport, une sorte de classification, de manière à soutenir votre attention et à simplifier le débat.

Vous avez été saisis par le Gouvernement, il y a plusieurs mois, d'une proposition ayant pour objet de régler transactionnellement, par une sorte de forfait, le litige pouvant résulter des quatre questions que je viens d'énumérer.

La proposition fut renvoyée à la commission du budget.

Mais là, c'est-à-dire pendant que la proposition s'instruisait devant cette commission, les représentants des départements envahis sont venus à leur tour dire très légitimement, — personne n'est plus heureux que moi de le proclamer : « Il faudrait aussi songer à nous, car notre question a été déjà soumise à l'Assemblée, et nous demandons que notre situation se règle à cette occasion. »

La commission du budget, tout en faisant son rapport sur la question parisienne, vous a donc apporté, en même temps, dans la seconde partie du rapport, le projet d'une solution relative aux départements envahis.

Enfin, nos malheurs ont créé un nouvel élément de dommage auquel il a été, dans le rapport, fait simplement allusion, parce que vous n'en êtes pas saisis. Dans cette question complémentaire, il s'agit de savoir comment, dans quelles conditions, par quelle autorité doivent se régler les dommages dus à ceux dont les propriétés ont été détruites pour les besoins de la défense nationale, à Paris, à Belfort, à Lyon et dans toutes autres villes.

Je n'examine pas cette dernière question ; elle n'est point en cause aujourd'hui. Seulement, il faut que dans l'intérêt des victimes qu'elle intéresse, il soit bien compris que leur situation demeure entièrement réservée.

J'écarte donc cette catégorie.

J'écarte aussi la question des départements envahis, dont nos collègues vous entretiendront au cours de ces débats ; et j'aborde seulement les quatre éléments comprenant la première catégorie, ce que j'appelle la question parisienne.

Messieurs, je vous prie d'abord de remarquer que le projet que le Gouvernement vous a adressé est un projet transactionnel, et que la commission du budget s'est associée à cet esprit transactionnel. En sorte que, lorsqu'aujourd'hui nous vous demandons de vouloir bien l'examiner, c'est avec la confiance, permettez-moi de vous le dire, que vous vous associerez également à la pensée qui a déjà inspiré un certain nombre de nos collègues. Ce que j'ai à vous démontrer, ce n'est donc pas qu'on a absolument raison d'un côté ou absolument raison de l'autre. Je ne veux pas me livrer à une discussion de fond, mais je veux simplement établir qu'il y a là des questions litigieuses qui pouvaient donner lieu à une discussion grave, à une discussion pénible, d'une solution difficile, et qu'à tous les points de vue on a bien fait de résoudre ces questions par un accord. J'ai donc le dessein de chercher à vous éclairer dans cet ordre d'idées, et c'est ce que je vous demande la permission de faire rapidement. (*Parlez ! parlez ! — Très-bien ! très-bien !*)

J'ai dit, messieurs, que la première question était la contribution de guerre. Vous savez de quoi il s'agit : c'est de la somme de 200 millions en chiffres ronds que la ville de Paris a été obligée de compter à l'ennemi. Les uns disent qu'elle l'a payée définitivement, les autres disent qu'elle a fait simplement une avance. C'est là la question.

On a fait à cette occasion des comparaisons sur les conditions dans lesquelles la ville de Paris avait soutenu le siége contre l'ennemi, et sur les conditions dans lesquelles les autres villes avaient été assiégées et avaient résisté.

Je crois que ces comparaisons sont regrettables, notamment parce que les conditions de ces différents siéges ont été fort différentes. Les villes de province se sont conduites avec un patriotisme que nous connaissons, ou lorsque l'ennemi est rentré chez elles de plain-pied, ou lorsqu'il y est entré après un siége et une lutte.

Mais à la différence de la ville de Paris, elles ont traité par l'intermédiaire de leurs représentants. Elles ont réglé leur sort, dans telles ou telles conditions, selon la situation dans laquelle elles se trouvaient vis-à-vis de l'ennemi, et, je le répète, par le fait de leurs mandataires légaux.

Or, nous n'examinerons ici que le cas particulier de la ville de Paris.

Est-ce que nous sommes en présence simplement du fait matériel? Mais sur le fait matériel il n'y a aucun embarras : il est bien certain que l'étranger a puisé 200 millions dans la caisse de la ville de Paris.

Où est donc la question? Elle est dans la qualification du fait.

Eh bien, le fait, sommes-nous réduits, pour l'interpréter, au fait lui-même? Est-ce que nous en sommes aux simples suppositions? Je ne le crois pas, car, à côté du fait se place une convention, se place un texte, se place une stipulation par suite et en vertu de laquelle le payement a eu lieu. En sorte que, lorsqu'on veut raisonnablement se rendre compte du fait, de sa portée et de ses conséquences légales, il faut interroger la convention.

Qu'il s'agisse d'intérêts considérables ou modestes, d'intérêts publics ou d'intérêts privés, je ne connais qu'une manière d'interroger une convention : cela ne consiste pas, — que l'honorable M. André de la Charente me permette de le lui dire, — cela ne consiste pas à interroger l'article 11 ou tout autre ; cela consiste à interroger la convention tout entière. Rassurez-vous, messieurs, je ne vous la lirai pas, cela serait trop pénible, mais je ferai seulement trois questions :

Je dirai, d'abord : quels sont donc les noms et les qualités des parties contractantes?

En second lieu, je demanderai ceci : quel est le caractère de la convention?

Et puis je rechercherai enfin, en troisième lieu, quel est l'objet que les contractants ont poursuivis et quels sont les résultats qu'ils ont atteint par la convention. (*Très-bien! très-bien!*)

Messieurs, croyez-moi, quand, sans parti pris, sans

arrière-pensée, on se met en face d'un texte douteux et qu'on se pose ces trois questions, on trouve la réponse. (*Nouvelle approbation.*)

Et d'abord, les noms et les qualités des parties contractantes : c'est M. Jules Favre et M. de Bismark, l'un ministre des affaires étrangères du Gouvernement de la défense nationale, l'autre représentant de la confédération du Nord. Voilà les noms, voilà les qualités des parties contractantes.

Et vous le savez tous, il n'est pas besoin de nous reporter au texte, vous savez tous qu'aucune autre personne n'est intervenue dans cet acte, ni le ministre de l'intérieur, représentant supérieur de la ville de Paris, ni M. Jules Ferry, qui, à cette époque, en était le maire, ni les maires d'arrondissements. Personne n'est intervenu au nom de la ville de Paris. Les deux ministres seuls ont stipulé.

Je me demande en outre avec vous, — car remarquez que c'est ici, pour ainsi dire, un travail que nous faisons en commun, — je me demande quel est le caractère de la convention. Nous ne le savons que trop : c'était le fait de deux nations qui, après la guerre, se font représenter par des intermédiaires et se placent dans les liens d'une négociation.

C'était la France et l'Allemagne qui, regardant autour d'elles se demandaient qu'elle allait être la suite de ces terribles événements, si ce serait la continuation de la guerre, si ce serait la paix, et qui provisoirement convenaient d'un armistice, précisément pour avoir le temps de résoudre cette grande question de la paix ou de la guerre.

Voilà quel était le caractère de la convention. C'était une convention entre deux pays, c'était une stipulation internationale qui avait pour objet de régler la suite des grands et tristes événements auxquels l'Europe assistait depuis cinq mois. (*Très-bien ! très-bien !*)

Je me suis demandé en troisième lieu et je me demande avec vous quel fut le résultat obtenu, quel était le but qu'on avait poursuivi de part et d'autre. Nous pouvons le dire maintenant, je crois que de notre côté on en était réduit à rechercher les conditions d'une paix, même douloureuse, mais je crois, que de l'autre côté on était désireux de la voir se réaliser, et c'était là l'objet direct et principal de la convention.

Que stipulait-on ? On réglementait quelle allait être, pendant un certain temps (celui de l'armistice) la position réciproque des armées belligérantes, sur terre et sur mer.

afin que les situations restassent entières pour le jour où on serait peut-être amené à reprendre la guerre.

On négociait que la France serait mise à même de convoquer une Assemblée nationale, et vous le savez mieux que personne, c'est à la suite de ce traité. qu'en effet les électeurs vous ont envoyés ici, avec la grande mission de relever notre pays.

On stipulait encore le payement d'une somme considérable ; mais cette somme, vous voyez bien maintenant, et par l'analyse du contrat lui-même, à quoi elle s'appliquait, elle représentait les arrhes de la paix. Je n'en voudrais pas d'autre preuve que ce que l'honorable M. André de la Charente nous rappelait tout à l'heure, lorsqu'il disait : « M. le comte de Bismark demandait un milliard » Est-ce que vous croyez que, malgré les exigences de M. de Bismark, et quelque foi qu'il ait pu avoir dans les ressources de la ville de Paris, il pouvait songer un seul instant à demander à la ville de Paris toute seule un milliard ? C'eût été insensé ! Jamais il n'est venu à la pensée de personne que la ville de Paris fût dans la possibilité de subir une exigence d'un milliard, c'était donc à la nation française qu'on demandait cette somme.

Vous venez de voir, messieurs, quel était le caractère de la convention aux termes de laquelle on a stipulé le payement de la contribution de guerre qui, en effet, à la suite de négociations pénibles, laborieuses, a été ramenée au chiffre de 200 millions.

Eh bien, ce caractère, vous le voyez, il était général.

Je me rappelle que, tout à l'heure, j'ai rencontré une objection, et qu'on a semblé me dire : « Mais qu'est-ce que vous pensez de l'article 11, aux termes duquel on dit, non-seulement que la ville de Paris payera 200 millions, mais que la ville de Paris frappera une taxe municipale ? et qu'est-ce que vous pensez, en définitive, de l'intervention parisienne, car vous ne pouvez pas vous y soustraire ; il est bien certain que le maire de Paris, à un certain moment, est intervenu, il est certain que vous avez fait les fonds. »

Je réponds : Il y a ici une distinction qui est capitale et qu'il faut absolument faire ; c'est que la convention elle-même, celle dont vous m'avez permis de faire l'analyse devant vous, celle qui n'est signée que par les deux ministres, est une convention qui porte une date unique, celle du 28 janvier ; c'est là qu'est le contrat, c'est là qu'est le lien des parties, c'est là que le contrat s'est formé. Où donc la ville de Paris est-elle intervenue, et pourquoi ? C'est bien simple. La ville de Paris était sous la main de l'ennemi ; elle n'avait de rapports avec aucun des départements ; il fallait trouver les fonds, et je vous demande où l'on aurait pu les trouver ailleurs qu'à Paris. Il n'y avait pas d'autre moyen pour satisfaire cette exigence de l'ennemi, il n'y avait pas d'autre moyen d'exécution possible.

La convention du 28 janvier existe à sa date, avec son caractère. Et puis, lorsqu'il s'agit de passer à l'exécution, le Gouvernement de la défense nationale dit à la ville de Paris : Nous avons à payer 200 millions, il faut que vous nous tiriez d'embarras en faisant les fonds.

Et la ville de Paris est en effet intervenue, mais seulement à ce moment, et la mention de la taxe municipale était une garantie d'exécution que le vainqueur avait fait mettre à l'avance dans le contrat principal.

M. Gaslonde. C'était sa rançon.

M. Denormandie. La ville était intervenue pour les actes d'exécution comme un caissier qui fait un payement et une avance... (*Rumeurs diverses*) ; elle est intervenue aux termes de plusieurs actes qui, si mon souvenir est exact, portent les dates des 8, 10 et 11 février et qui constituent en effet l'exécution.

On vient de m'interrompre et de me dire : C'était sa rançon.

Je pourrais dire que c'était la mise à fin des réquisitions dont vous étiez l'objet. (*Très-bien! à gauche.*)

Est-ce que la thèse que je soutiens ici est absolument juste, absolument vraie ? Il est d'une loyauté vulgaire de répondre : non. Elle n'est pas absolument vraie ni absolument juste, parce qu'il était équitable, en effet, que la ville de Paris qui venait de subir un siége, qui était malheureusement à bout de ressources, aux portes de laquelle on traitait, supportât sa part dans cet impôt commun exigé par l'ennemi. (*Très-bien!*)

Voilà pourquoi ma thèse n'est pas absolument vraie. Mais dans quelle proportion la ville de Paris devait-elle contribuer à cette charge générale ? quelles bases adopter ? C'était là précisément ce qui avec et après le principe constituait le caractère contentieux de la question. C'est pour cela qu'on a négocié. (*Très-bien! très-bien! à gauche et sur plusieurs bancs au centre et à droite.*)

La seconde question, messieurs, c'est celle des frais de guerre.

L'honorable M. André de la Charente reprochait tout à

l'heure au rapporteur d'avoir été dans son rapport un peu sobre sur cette question.

C'est un reproche que je vais mériter ausi, et je crois que vous ne vous en plaindrez pas. En effet, je crois qu'il suffit d'énoncer cette question pour montrer où est la difficulté. Et rappelez-vous en effet que je ne me propose pas autre chose à cette tribune que de vous montrer le caractère contentieux de l'affaire : elle se justifie par son intitulé même. En effet, la créance est qualifiée : Frais de guerre.

On nous a dit tout à l'heure qu'on relevait, dans les états, une somme de 800.000 francs pour barricades. Cet argument est indigne de l'honorable M. André de la Charente, et nous n'aurons pas de difficultés sur ce point. Ce sont des barricades qui ont été faites pour la défense dont la direction était confiée, au moins en partie, à l'honorable général de Chabaud La Tour.

M. CHAPER. C'est une erreur !

M. DENORMANDIE... dans l'intérêt de la défense de Paris et dans un intérêt commun de défense nationale. (*C'est cela !* — *Très-bien !*)

Cette seconde question n'a qu'un intérêt relatif, puisque malheureusement nous parlons par centaines de millions et qu'il s'agit ici de 10 millions seulement. Comme cette somme est qualifiée « frais de guerre », je n'entre pas dans les détails et je montre seulement où est la difficulté. Vous ne soutiendrez pas que la ville de Paris doive personnellement supporter les frais de la guerre ; il est certain que c'est l'Etat, que c'est la nation française qui doivent supporter toutes les dépenses qui ont ce caractère général. L'embarras serait donc de savoir si, dans la somme de 10 millions, il y a exclusivement des frais de guerre proprement dits, ou si, au contraire, il n'y a pas les sommes qui auraient un caractère plus personnel à la ville de Paris. Et dès lors vous voyez comment cette somme a pu figurer au nombre de celles sur lesquelles il y a eu transaction.

J'arrive à la troisième question : il s'agit de 70 millions, somme qui a été réputée jusqu'à présent et, — sauf compte, — nécessaire pour désintéresser les victimes des incendies de la Commune.

Voici, sur ce point, les explications que je demande la permission de fournir.

C'est une question extrêmement grave et délicate, et ce n'est pas au point de vue du fait, — comme vous semblez le croire, — c'est au point de vue du droit. (*Marques d'assentiment sur divers bancs.*)

En droit, même dans l'ancien droit, et, je crois, dans tous les temps et dans tous les pays, il y a un principe qui a toujours prévalu, c'est que le fait par quelqu'un de porter dommage à autrui doit être réparé par l'auteur du dommage, quand il est incontesté.

Ce principe a pris sa place comme droit commun dans notre Code civil à l'article 1382. Mais que doit-on décider lorsqu'au lieu de se trouver en face d'un citoyen réputé isolément responsable d'un fait qui lui est personnel, on se trouve en face d'une collection d'individus, lorsqu'on se trouve en face d'un rassemblement tumultueux, lorsqu'on est en face d'une sédition ? Alors l'auteur s'évanouit pour ainsi dire, la responsabilité personnelle échappe à celui qui la recherche au milieu de ce flot de séditieux qui tous seraient responsables, aussi bien que chacun d'eux. L'embarras était précisément d'établir où était, en pareil cas, la responsabilité. Eh bien, messieurs, c'est cette responsabilité collective que la loi de vendémiaire an IV cherche à saisir et à organiser ; et la loi de vendémiaire an IV a dit qu'en pareil cas la Commune serait responsable, et cela pour l'intéresser à exercer chez elle la surveillance, à maintenir le bon ordre et toutes les règles d'une bonne discipline.

Seulement je dois vous dire qu'il a toujours été fait exception pour la ville de Paris depuis le commencement de ce siècle, dans toutes les circonstances où la question a été agitée. (*Mouvements divers.*) Et cela par des raisons que vous allez apprécier : c'est que la ville de Paris est le siège du Gouvernement, c'est que le Gouvernement détient seul toute la force publique, et que, par conséquent, en pareil cas, elle ne pouvait être réputée responsable comme les autres communes.

Cette question, messieurs, je me borne à vous l'indiquer ici, elle a été débattue dans de nombreuses circonstances ; mais comme je ne suis point ici devant un tribunal, je ne veux pas développer toutes les raisons juridiques, et je me bornerai à vous dire qu'en 1821, 1822, 1841 et 1884, la question a été jugée, notamment par un arrêté de la Cour de cassation toutes chambres réunies.

Si la ville de Paris n'est pas responsable, la responsabilité de l'Etat est-elle établie ? Non, car l'Etat, dans toutes les circonstances dont je parle, a eu très sagement la précaution de ne jamais laisser engager sa responsabilité.

Lorsqu'il s'est produit des faits qui méritaient un intérêt et une considération d'un genre particulier, l'Etat a trouvé le moyen de payer, de désintéresser dans une certaine mesure sur des fonds particuliers, afin de ne jamais laisser engager la question devant les tribunaux par des décisions souveraines contre lui.

Comment donc se présentait cette grave question? Il y avait des hommes qui étaient dignes de tout intérêt, aucun de vous ne le contestera, car si la maison, ou le mobilier, ou l'atelier de telle ou telle personne, aussi étrangère que vous et moi à la Commune, a été incendiée, on ne peut nier qu'il n'y eût là un très légitime intérêt. Il y avait trois responsabilités possibles. D'abord celle de la victime elle-même. Or, personne n'a songé, un seul instant, à laisser ceux qui étaient déjà si malheureux, responsables vis-à-vis d'eux-mêmes. Les deux autres responsabilités étaient celles de la ville de Paris et de l'Etat. La ville de Paris, vous venez de voir ce que j'en ai dit ; l'Etat, vous avez entendu ce que je viens de concéder, que la question n'est pas non plus tranchée contre lui. Eh bien, on s'est dit : voilà une question contentieuse au premier chef, c'est une question essentiellement litigieuse. On a ajouté : elle se présente dans des conditions telles, à l'occasion de tels faits, qu'il faut éviter pour l'honneur du pays, pour la dignité de la nation, que de pareilles questions s'agitent entre l'Etat et la ville de Paris et chercher, d'un commun accord et dans un excellent esprit, si l'on ne peut pas la faire figurer au nombre des questions sur lesquelles nous transigeons. (*Très-bien! très-bien!*)

Messieurs, voulez-vous me permettre de faire ici un compte ?

L'honorable M. André de la Charente va voir qu'il y a diverses manières de compter.

La négociation avec le Gouvernement s'était engagée sur ces trois premières questions, et on la résumait ainsi : « Voilà les principes sur lesquels nous sommes d'accord, voilà un but commun dont la poursuite est inspirée par de tels sentiments qu'il est impossible que nous n'arrivions pas à nous entendre. »

Puis, on posait la question de chiffres.

On est arrivé à établir 200 millions en chiffres ronds pour la première question, 10 millions pour la seconde, celle des frais de guerre, et 70 millions pour les victimes des incendies de la Commune : cela faisait 280 millions.

On a discuté les chiffres, et l'on est arrivé successivement au chiffre transactionnel de 140 millions.

Je suppose pour un instant qu'il n'y ait pas autre chose dans la loi, vous allez voir quel serait le résultat. Je laisse de côté la question du payement par annuités avec intérêts, car si d'une part on nous paye des intérêts, d'autre part nous en payons à une partie des réclamants. De plus, il y a des frais d'escompte et de négociation à calculer. Je raisonne donc sur le chiffre du capital. Sur 140 millions, on payerait aux victimes de la Commune 70 millions ; à la ville elle-même, pour ses frais de guerre, 10 millions, ce qui ferait 80 millions à peu près. De 140 ôtez 80, il reste 60. Il reste 60 millions pour payer la contribution de guerre à la ville de Paris, et comme cette contribution de guerre est de 200 millions, même dans cette hypothèse, on ne reçoit en capitaux que 30 pour 100. (*Approbation à gauche.*)

Le Gouvernement ne s'est pas arrêté à cela, et il nous a dit : Je vais vous imposer une quatrième charge ; outre que vous aurez à faire face aux trois charges pour lesquelles vous négociez avec moi, j'entends que vous payiez les 20 millions qui restent dûs aux victimes de la rentrée des troupes de Versailles dans Paris. Ceci, messieurs, était-il bien légal, régulier ? Je l'examine ; vous allez voir que je veux apporter moi-même mon contingent à la transaction, et j'espère que mes amis ne me désavoueront pas, car j'étais l'auteur d'un amendement qui ôtait de la charge de la ville ces 20 millions Or, j'y renonce.

Par conséquent, je me borne à discuter maintenant le projet de loi purement et simplement ; non pas comme auteur de l'amendement, mais pour me rallier au projet de loi et le soutenir.

Eh bien, messieurs, ceci était très rigoureux et vous allez comprendre pourquoi. C'était parce que nous avions négocié avec le Gouvernement sur trois questions, qui étaient contentieuses. On transigeait sur un litige, sur ces trois questions dont je viens de vous parler, parce que si elles avaient été discutées devant une juridiction quelconque, le résultat était incertain et on faisait ce que font les plaideurs bien inspirés, une transaction. Mais la quatrième affaire, celle des 20 millions, elle n'était pas contentieuse, elle n'était pas litigieuse, et cependant nous l'acceptons. Elle n'était pas litigieuse au point de vue du principe : elle ne l'était pas non plus au point de vue des faits.

Je dis qu'elle n'était pas contentieuse au point de vue des principes. Mais vous le savez tous comme moi, est-ce que la ville de Paris peut être responsable en principe vis-à-vis de cette catégorie de victimes ?

Je parle ici, messieurs, de ceux de nos concitoyens dont les maisons ont été détruites pour faciliter la rentrée des troupes de Versailles dans Paris...

A droite. Des troupes françaises !

M. Denormandie... la rentrée des troupes françaises dans Paris, au mois de mai 1871.

Eh bien, en principe, savez-vous comment cela s'appelle ? Cela s'appelle le fait du prince, le cas de force majeure, la défense et la protection de l'intérêt public contre une sédition, contre une émeute, et par conséquent, c'est une charge incontestable de l'Etat. (*Réclamations sur plusieurs bancs.*)

Et cette question, elle n'est pas neuve. Ici, à cette tribune, elle a été agitée ; et elle y a été discutée avec une autorité auprès de laquelle la mienne n'est absolument rien : c'est celle de M. le Président de la République lui-même. (*Mouvements divers.*)

M. le baron de Ravinel. Je demande la parole.

M. Denormandie. Au mois de mai 1871, vous comprenez qu'il y avait dans les quartiers d'Auteuil, de Passy, du Point-du-jour et autres encore de bien vives préoccupations.

Eh bien, on écrivait à ces habitants :

« Il est bien entendu que les propriétés qui ont été ruinées par le siége de Paris, et notamment celles qui ont été atteintes par le feu de ces derniers jours, seront payées aux ayants droit ; je ne dis pas que ce soit une consolation complète, mais ce sera du moins un soulagement à leurs regrets. Nos troupes entrent depuis hier dans Paris, et, dès qu'on le pourra, on s'occupera des indemnités. »

Plus tard, à la tribune de l'Assemblée nationale, lors de la deuxième délibération sur la proposition de M. Claude et autres, tendant à faire supporter par toute la nation française les contributions de guerre, réquisitions et dommages causés par l'invasion, M. le Président de la République, dans la séance du 5 août 1871, s'exprime ainsi :

« Et quant à ces quartiers de Paris dont vous avez parlé tout à l'heure, et à l'occasion desquels vous avez dit que nous ne voulions pas relever les chaumières, tandis que nous allons relever la demeure du riche dans la partie de la ville que nous avons attaquée, savez-vous quel est le principe qui, en ceci, a fondé le droit ?

« C'est que, lorsque le Gouvernement fait intentionnellement un acte avec une volonté arrêtée, non pas au hasard, mais avec réflexion, il doit l'indemnité tout entière, conséquence du dégât qu'il a causé. » (*Interruptions diverses.*)

Voix à droite. C'est une opinion.

M. DENORMANDIE. Permettez, messieurs ! M. le Président de la République ajoute :

« Lisez nos lois, étudiez les principes du droit public, et vous verrez que la distinction est toujours celle-ci : L'Etat n'indemnise jamais des hasards de la guerre, il n'indemnise que des dommages volontaires, intentionnels, réfléchis, dont il est l'auteur. »

Il n'y a pas, ce me semble, lieu d'éprouver l'émotion un peu vive qui vient de se manifester chez quelques uns d'entre vous : il n'y a pas de question puisque la ville ne fait plus aucune difficulté.

J'ai donné ces explications parce qu'il était nécessaire de vous faire comprendre que cette quatrième question n'avait pas le caractère contentieux, qu'elle n'était pas un litige ; que la ville de Paris aurait pu dire : Ceci n'est pas mon affaire, c'est à la charge de l'Etat. (*Dénégations sur quelques bancs à droite.*)

La ville de Paris ne le dit pas ; elle accepte la charge ; nous avons renoncé à l'amendement et nous consentons, au moyen des 140 millions à subir les charges dont il s'agit.

Voilà, quelle est, en définitive, la situation. Voilà le résumé et l'économie de la transaction.

J'ai dit tout à l'heure, à l'aide d'un calcul sommairement fait, que la contribution de guerre se réglerait pour nous par 30 pour 100. Vous remarquerez que, si de ce calcul je déduis maintenant les 20 millions qu'à tort ou à raison nous considérons comme n'étant pas à la charge personnelle de la ville de Paris, ce n'est plus en réalité que 120 millions que nous recevrons pour les questions contentieuses donnant lieu à litige, soit 20 pour 100 de la contribution de guerre.

Telles sont les observations que je voulais soumettre à l'Assemblée à titre de discussion générale sur toute cette partie de la loi.

Me permettrez-vous, en terminant, messieurs, de vous

dire que la ville de Paris a bien cruellement souffert au milieu de tous les tristes événements que nous avons traversés ?

Je ne voudrais pas apporter ici autre chose que des raisons se dégageant de la **question même**, cependant, laissez-moi vous le dire, vous ne savez pas à quel point le vote de la loi est une chose nécessaire, indispensable ; et je ne raisonne pas ici seulement au point de vue de la ville de Paris comme être moral, je parle de tous ceux qui attendent, avec une impatience et un besoin dont vous n'avez aucune idée, le vote de la loi pour pouvoir, dans une certaine mesure, escompter la créance qui en résultera pour eux. Nous avons eu de très grandes douleurs et de très grandes misères, et le siége de Paris fut le point de départ de ces douleurs et de ces misères ; la suite des événements et les faits de la Commune, dont sans doute vous ne rendez pas la ville de Paris responsable, ont mis le comble à ces douleurs et à ces misères. (*Très-bien! très-bien! à gauche. — Rumeurs à droite.*)

Laissez-moi, messieurs, vous dire ceci ! Vous n'avez aucune idée des souffrances que la ville de Paris a supportées, et j'ajoute même, — parce que c'est mon devoir, et je suis sûr que vous me permettrez de le remplir, — vous n'avez aucune idée de la noblesse avec laquelle ces souffrances ont été supportées. (*Applaudissements à gauche.*)

Vous ne savez pas ce que c'est que le mal de la séquestration.

Etre séparé de l'Europe, ce n'est rien, mais être séquestré de la France et de vous pendant cinq mois, c'est affreux. (*Très-bien! très-bien! à gauche.*)

Vous ne pouvez imaginer les impressions d'une population de deux millions d'hommes habituée à rayonner chaque jour sur le monde entier et qui tout à coup se trouve condamnée à vivre sur elle-même !

Non ! Vous ne pouvez imaginer ce que fut cette douleur nationale de n'avoir plus de relations, plus de communications, de ne recevoir aucune nouvelle, si ce n'est des nouvelles fausses et mensongères jetées par nos ennemis en pâture à une population affolée, tout cela, messieurs, fut noblement supporté.

Et puis plus de commerce, plus d'industrie, plus de mouvement, plus de boutiques ; les voitures même, qui, pendant un certain temps, avaient entretenu une sorte de vie factice, les voitures même cessèrent de circuler, et vous savez pour quelle triste cause, jusqu'au moment où chaque soir la lumière elle-même nous fut retirée. Toutes ces souffrances ont été affreuses ; elles ont été subies par la population parisienne d'une façon admirable.

Voix nombreuses. C'est vrai ! c'est vrai ! — Très bien !

M. DENORMANDIE. Il nous semblait assister à la fin d'une de ces existences qui ont été brillantes, même fastueuses, qui ont remué et étonné le monde et qui, frappées de paralysie, entrent peu à peu dans le silence du tombeau. (*Très-bien ! très-bien ! à gauche.*) C'était là, messieurs, l'aspect de Paris. (*C'est vrai ! — Très-bien !*)

Eh bien, les souffrances de cette séquestration n'étaient pas les plus grandes, car Paris a souffert de la faim ; oui il a souffert de la faim. Oh ! je le sais, il y a des hommes qui ont dit que Paris, pendant le siège, avait été sceptique et léger comme de coutume et qu'il avait vécu au sens du mot : viveur. C'est une indigne calomnie !... (*Très-bien ! et applaudissements à gauche !*)

Si vous voulez savoir ce que Paris a souffert pendant le siège, vous pouvez le demander à ces hommes qui venaient assiéger les municipalités pour réclamer contre le rationnement du rationnement, ou lorsque, comme cela est arrivé si souvent dans le mois de janvier, lorsque pendant la nuit la farine avait manqué chez dix boulangers sur vingt, eh bien, l'attitude générale de ces malheureux concitoyens a été admirable. Il me revient à cet égard un souvenir. C'est la réponse que me fit un de ces hommes ; je venais de lui adresser quelques paroles de consolation et d'espérance, auxquelles, hélas ! je croyais à peine moi-même : « C'est bien, monsieur, on attendra à demain !... » (*Vive émotion. — Applaudissements.*)

Eh bien, messieurs, cette parole si simple, si admirable de patriotisme et d'abnégation, mes collègues et moi, nous l'avons entendue cent fois pour une. (*Très-bien ! très-bien ! — C'est vrai !*)

Demandez-le encore à cette catégorie si nombreuse d'employés, d'artistes, de commis, de professeurs, à tous ceux qui vivent chaque jour du travail de chaque jour, à tous ceux qui n'ont et ne peuvent avoir ni ressources, ni économies, ni fortune, et qui, tout à coup, se sont trouvés aux prises avec le dénûment le plus absolu. Et si vous ne savez pas ce que ces hommes ont souffert, c'est qu'ils ont enfoui dans leurs demeures le secret de leurs douleurs et de leurs privations. (*Très-bien ! très-bien ! et applaudisse-*

ments répétés à gauche et sur divers bancs dans les autres parties de la salle.)

L'orateur en descendant de la tribune, est entouré et vivement félicité par un grand nombre de ses collègues.

II

Discours prononcé par M. Denormandie au Sénat, le 26 décembre 1883, au sujet des conditions dans lesquelles avait été exécutée la nouvelle loi sur la magistrature.

MESSIEURS,

J'ai depuis longtemps prevenu M. le ministre de la justice que je me proposais, à l'occasion de la discussion du budget de son département, d'examiner les conditions dans lesquelles avait été exécutée la loi sur la magistrature. C'est donc d'accord avec lui que ce rendez-vous a été fixé.

Il m'a semblé que, comme au budget du ministère de la justice figure une somme d'une certaine importance pour l'allocation des pensions de retraite des magistrats dépossédés, il y avait là une occasion naturelle et conforme à la tradition parlementaire de s'expliquer sur cette question.

Le point de départ des observations que je viens soumettre au Sénat, est double. Il faut d'abord que je lui rappelle l'économie de la loi, non pas son économie générale ; ainsi j'écarte, bien entendu, toutes les questions qui ne se rattachent pas directement au fait même de l'exécution, et je dis seulement qu'après que tous les amendements qui avaient été successivement proposés eurent été écartés, on s'est trouvé placé en présence du chiffre des magistrats qui pouvaient être mis à la retraite, et de la composition de ce chiffre. Or, la loi prescrivait la suppression de 383 sièges de sénateurs inamovibles. (*Hilarité générale.*)

Un sénateur à droite. Cela pourra venir !

M. DENORMANDIE. J'espère messieurs, que ce *lapsus* ne

nous portera pas malheur. (*Sourires*). Donc on supprimait 383 sièges de magistrats inamovibles, plus 231 sièges de magistrats amovibles, total : 614. J'explique ainsi dans quelle situation, et en présence de quels sacrifices nécessaires la loi nous plaçait.

J'ai dit que ma discussion avait un autre point de départ : il consiste à remettre sous les yeux du Sénat les déclarations qui ont été faites à cette tribune même par le Gouvernement. En effet, il y avait là de très grandes difficultés et, de la part d'un certain nombre de nos collègues, une hésitation bien naturelle. Le Gouvernement avait demandé et obtenu une liberté grande, une faculté complète, c'était l'arbitraire.

Je laisse de côté, bien entendu, ceux d'entre nous qui étaient absolument opposés à la loi, ainsi que ceux qui y étaient résolument favorables. En dehors de ces deux catégories de sénateurs, nous avions ceux qui hésitaient parce qu'ils étaient très préoccupés de cet arbitraire, de cette faculté non mesurée donnée au Gouvernement, et qu'ils avaient besoin d'être rassurés. C'est ce que le Gouvernement a très bien compris ; aussi vous avez reçu à la tribune, de M. le garde des sceaux et de M. le président du Conseil lui-même, certaines déclarations qu'il est capital de mettre sous les yeux du Sénat.

Dans la séance du 20 juillet, M. le garde des sceaux, s'exprimait ainsi : « Aujourd'hui, messieurs, nous ne faisons
« rien de semblable ; nous venons purement et simplement
« vous dire : Il nous paraît utile, il nous paraît néces-
« saire, de l'aveu des hommes les plus compétents, de ré-
« duire le nombre des magistrats, et alors, nous demandons
« simplement que le chiffre des éliminations soit rigoureu-
« sement égal au chiffre même des réductions.

« Il ne sera pas possible de faire entrer dans la magis-
« trature un seul élément nouveau ; la magistrature se re-
« constituera elle-même et par elle-même.

« Dans ces conditions, messieurs, je l'affirme, aucune
« atteinte n'est portée au principe de l'inamovibilité. »

Le 28 juillet le ministre disait encore :

« Ainsi, lorsqu'un déplacement offert ne sera pas accepté
« il sera compté comme une élimination, il viendra en dé-
« duction du chiffre des éliminations. S'il y en a 600 — c'est,
« en nombre rond, le chiffre du projet que vous avez voté
« — s'il y a 600 réductions de siège, le chiffre des élimina-
« tions ne pourra le dépasser.

« Quoi qu'on fasse, de quelque manière qu'on s'y prenne,
« il sera absolument impossible, soit directement, soit in-
« directement, de faire entrer dans la magistrature un seul
« homme qui n'en fait pas déjà partie.

« Et alors, messieurs, je demande ce que devient toute
« cette argumentation qui a été la principale jusqu'au mo-
« ment où cette rédaction a été proposée, que deviennent
« ces gros mots de curée des places, de fonctions distribuées à
« nos créatures, à nos agents électoraux ? Il faut rayer tout
« cela du vocabulaire de l'opposition : Que reste-t-il ?

« M. Chesnelong. Il reste la vengeance !

« M. le Garde des Sceaux. Donc, tout se réduit à ceci :
« 600 réductions de sièges et, dès lors, la nécessité de faire
« sortir 600 magistrats... (*Ah ! voilà ! à droite*)... de les faire
« sortir sur l'ensemble de la magistrature. En dehors même
« de toute considération politique, c'est le seul moyen accep-
« table ; il faut, en outre, traiter convenablement ceux qui
« ne sont pas conservés, et la commission l'a fait...

« Nous nous interdisons de faire entrer, dans cette re-
« constitution de la magistrature, un seul de nos amis, et
« nous traitons ceux que nous ne gardons pas et qui, appa-
« remment, ne sont pas des nôtres, avec une véritable lar-
« gesse. »

Le même jour, M. le garde des sceaux reprend la parole :

« ...Je crois avoir le droit de déclarer ici que jamais je
« n'ai eu semblable pensée ; que j'ai toujours eu l'intention,
« la volonté d'appliquer loyalement cette loi ; que jamais
« je n'aurai recours à des subterfuges pour aller au-delà
« des nécessités, ni au-delà des volontés du Sénat ; je l'ai
« déjà dit, mais j'y insiste de nouveau : si j'ai la lourde tâche
« d'appliquer cette loi, je sens toute la responsabilité qui
« pèsera sur moi.

« M. Batbie. Vous attacherez votre nom à une triste be-
« sogne !

« M. le Garde des Sceaux. Vous pouvez être bien sûrs
« que j'examinerai personnellement tous les dossiers.

« M. Batbie. C'est déjà fait !

« M. le Garde des Sceaux. Vous pouvez être certains que
« je lirai avec le plus grand soin tous les rapports des chefs
« de cours ; que je ne me contenterai pas de leurs explica-

« tions écrites, que je les appellerai auprès de moi pour
« compléter leurs rapports par des explications verbales ;
« que je recueillerai tous les renseignements ; que je me
« livrerai aux enquêtes les plus minutieuses ; car je com-
« prends très bien que la magistrature reconstituée ne doit
« pas être, au point de vue professionnel, inférieure à la
« magistrature actuelle ; — je comprends très bien qu'il
« y va de l'intérêt de la République dont je suis le servi-
« teur dévoué, — je comprends très bien qu'il y va de mon
« honneur ! (*Rumeurs à droite. — Vifs applaudissements
« à gauche.*) »

Le même jour encore un incident se produit ; je le rappelle :

« M. BATBIE. Je demande à M. le garde des sceaux, s'il
« veut réaliser les bonnes intentions qu'il a montrées à la
« fin de son discours, de ne faire les éliminations, s'il re-
« çoit le pouvoir de les faire, que sur le rapport des magis-
« trats, et de ne pas chercher les éléments de son travail,
« dans la collaboration des préfets.

« M. LE GARDE DES SCEAUX. Vous pouvez en être sûr !

« M. BATBIE. Je crains, au contraire, que les éliminations
« pour lesquelles on vous demande des pleins pouvoirs,
« ne soient préparées à la préfecture, et qu'elles ne viennent
« pas du palais de justice. (*Très-bien ! très-bien ! à droite.*)

« M. LE GARDE DES SCEAUX. Je vous répète que vous pou-
« vez être sûr du contraire. »

Enfin, toujours le même jour, M. le président du Conseil
prend la parole en ces termes : « Il ne reste plus que le choix,
« et c'est le seul procédé possible.

« Mais, dites vous, le choix c'est l'arbitraire.

« M. JULES SIMON. Certainement.

« M. LE PRÉSIDENT DU CONSEIL. Je vous réponds : Non !
« ce n'est pas l'arbitraire. C'est la responsabilité. » (*Nouvelles exclamations et protestations à droite.*)

« *A gauche*. Mais oui ! — Parfaitement !

« M. LE BARON DE LAREINTY. Il y a longtemps qu'on abuse
« de ce mot là.

« M. LE PRÉSIDENT. Messieurs, voulez-vous vous abste-
« nir d'interrompre ?

« M. LE PRÉSIDENT DU CONSEIL. C'est la responsabilité de
« M. le garde des sceaux ; c'est la responsabilité du Gouver-
« nement tout entier qui n'hésitera pas à venir rendre pu-
« bliquement compte, si vous l'y invitez, de l'usage qu'il
« aura fait de votre confiance que vous ne lui refuserez pas.
« (*Murmures à droite et au centre. — Approbation à
« gauche.*)

« M. LE BARON DE LAREINTY. Les morts ne reviennent pas.

« M. LE PRÉSIDENT. N'interrompez pas, monsieur de La-
« reinty, vous n'avez pas la parole.

« M. LE PRÉSIDENT DU CONSEIL. Mais ce choix sera-t-il
« inspiré en partie par des considérations politiques?
« Messieurs, je ne le nie pas : dans une certaine mesure,
« les considérations politiques éclaireront les décisions de
« M. le garde des sceaux. (*Ah! ah! à droite.*)

« *Un sénateur à gauche.* Nous l'espérons bien !

« M. LE PRÉSIDENT DU CONSEIL. Est-ce à dire, messieurs,
« que nous craignons de voir des hommes assez égarés
« par la passion, assez ignorants des choses humaines.
« pour pousser l'usage de ce droit limité d'ailleurs par la
« garantie de la responsabilité ministérielle, (*Exclamations
« ironiques à gauche*) jusqu'à travailler à la création d'une
« magistrature qui ferait de la politique sur le siège ? (*Ru-
« meurs à gauche.*)
« Il serait insensé de poursuivre un pareil idéal, de cher-
« cher à former de nos mains une magistrature militante.
« Mais au bout de quelque temps, cette magistrature mili-
« tante, quoique républicaine, susciterait dans le pays un
« mouvement de réaction, semblable à celui qui emporte,
« à l'heure qu'il est, la magistrature militante du passé. »
(*Très-bien ! à gauche. — Bruit à droite.*)

Telles sont, messieurs, les déclarations qui ont été faites
par le Gouvernement notamment dans les séances des 20
et 28 juillet dernier.

Il était certainement important de vous les rappeler ; j'é-
donc fondé à dire qu'elles étaient le point de départ obligé
de ma discussion. Je puis même ajouter que ces déclarations
constituent, en réalité, de véritables engagements.

Il y avait un sentiment assez naturel, c'est que l'exécution pouvait se faire dans des conditions normales. Sans
doute la loi était bien dure ; sans doute quand on songeait

à l'exécution de cette loi, on la trouvait même cruelle, mais enfin elle pouvait être exécutée, d'une façon hiérarchique en observant le temps d'ancienneté, ainsi que l'avancement ordinaire, c'est-à-dire les conditions que respecte généralement la chancellerie.

Je ne crois pas, messieurs, que l'exécution ait été faite dans les conditions que j'indique. Si vous avez un doute à cet égard, je puis mettre sous vos yeux ce qui touche, par exemple, les premiers présidents de cours d'appel.

Et ici, je dois faire observer au Sénat que, comme toute l'organisation judiciaire a été respectée, comme toutes les cours ont été conservées entières, comme des sièges seuls étaient supprimés, aucun premier président n'était frappé de plein droit par la loi.

J'entends bien que le Gouvernement avait ce que j'appelais tout à l'heure sa grande faculté, son arbitraire, ce qui, précisément, avait effrayé si justement un grand nombre d'entre nous ; mais on pouvait espérer une certaine mesure dans l'exécution. Il y a 27 premiers présidents, pas un n'était atteint. Eh bien ! messieurs, le décret du 5 septembre dernier en a fait descendre dix de leurs sièges, c'est-à-dire plus du tiers.

Je dis que c'est là une mesure extrêmement grave et qui, certainement a dépassé ce qu'on pouvait, au point de vue de cette grande magistrature, redouter comme exécution. Ces premiers présidents, vous savez bien que c'est la lumière même, vous savez bien que ce sont les dépositaires des grandes traditions. (*Rumeurs à gauche.*)

Voix nombreuses à droite. Oui ! oui ! Certainement.

M. DENORMANDIE. Ce sont eux qui ont fait la force et l'honneur de la magistrature. (*Très-bien ! à droite.*)

Je voudrais, autant que possible, éviter de prononcer des noms ; je crois qu'il est de haute convenance parlementaire de ne le faire que sur des points de nécessité absolue.

Lorsqu'on fait descendre de leurs sièges les premiers présidents des cours de Douai, d'Angers, d'Aix, de Bourges, de Riom, de Bordeaux, de Bastia, de Dijon, de Poitiers, de Pau, je dis que l'on décapite les cours d'appel. (*Très-bien ! très-bien ! à droite.*)

Et lorsqu'on recherche quelle a pu être la raison — il faut y arriver — quel a pu être le motif d'une pareille mesure, je dois dire qu'on ne le trouve pas facilement : on rencontre à la vérité cette circonstance que ces magistrats (quelques uns d'entre eux surtout) ont eu à connaître des difficultés qui se sont élevées sous la forme judiciaire, lors de l'exécution des décrets que vous connaissez ; lorsqu'il y a eu débat aux deux degrés de juridiction, puis déclinatoire, c'est précisément devant quelques uns de ces magistrats que les affaires ont été portées ; en sorte qu'il est permis de se demander s'il n'y a pas, dans la mesure qui les a frappés, quelque souvenir, quelque blâme de leur indépendance d'esprit et de caractère.

Je n'ajouterai pas un mot, parce que je ne voudrais pas retenir le Sénat trop longtemps.

Un sénateur au centre. Oh ! il a le temps !

M. Denormandie. Si je n'avais pas le devoir de me limiter, je donnerais de curieuses indications sur les mesures prises contre certains conseillers de cour d'appel et contre certaines cours d'appel en général.

Dans toutes les localités où ont été frappés des magistrats que leur valeur et leur situation semblaient devoir protéger; dans toutes les localités où des cours, par exemple, ont été exceptionnellement frappées, ce fut une surprise générale, puis un mécontentement et un regret profonds. Il a été impossible de découvrir pourquoi, pour quelle cause de pareils hommes ont pu être frappés. Je passe les conseillers individuellement, pour éviter de m'arrêter aux détails et aussi pour échapper à la tentation de prononcer des noms.

Mais voici la cour de Paris, par exemple, qui a vu disparaître dix de ses magistrats ; je suis un peu gêné pour en parler, quelques-uns sont mes amis, je glisserai donc rapidement, mais je puis dire que tous sont des hommes de très grande valeur, des hommes très modérés, et je puis attester personnellement que la plupart d'entre eux n'ont jamais prononcé un mot de politique, et que leur destitution a causé un douloureux étonnement.

La cour d'Orléans, sur 23 conseillers, en a vu disparaître 10. La cour de Chambéry également.

Ce sont des proportions inouïes, mais il y a quelque chose de plus fort : c'est la cour d'Angers.

Ah ! si vous parlez de la cour d'Angers, en France, on exprimera partout un sentiment de véritable affliction, parce que c'était une cour d'une grande distinction juridique; parce qu'elle compte des magistrats d'une haute capacité, et que le premier président est un homme d'une autorité incontestable et qui avait dans tout le ressort de sa cour une situation exceptionnelle et bien justifiée...

M. le comte de Tréveneuc. C'est pour cela qu'on l'a révoqué !

M. Denormandie... et d'une modération absolue. (*Très-bien ! très-bien ! à droite.*)

Eh bien, messieurs, dans la cour d'Angers, on a frappé quatorze conseillers ! Un quinzième a été déplacé et deux autres, indignés, ont donné leur démission. Cette cour a disparu ainsi presque en totalité. (*Bruit à droite.*)

Voilà, messieurs, dans quelles proportions l'exécution a eu lieu.

Si maintenant je jette les yeux sur les tribunaux (je ne serai pas plus long que pour les cours...)

M. Bocher. Vous avez le temps : parlez !

M. Denormandie.... Pour les tribunaux, je ferai la même réflexion que tout à l'heure, et je dirai que c'est encore plus choquant à cause du nombre des révocations. Les tribunaux ont été maintenus et je suis heureux de saluer en passant notre excellent collègue M. Michel, qui avait fait un discours si remarquable sur ce point particulier.

Les tribunaux ayant été maintenus, rien n'était changé, aucun président n'était condamné par la loi. Et tous, au lendemain du vote, ont pu croire, ayant le sentiment de leur valeur, de leur dignité, ayant conscience qu'ils n'avaient jamais fait quoi que ce soit contre les institutions de leur pays, tous, dis-je, ont pu croire que leur situation serait respectée, à quelques exceptions près. Eh bien ! on en a frappé 117 ! (*Exclamations à droite.*) Et pourquoi ces présidents de tribunaux ont-ils été frappés ? Ah ! je vais vous le dire.

Le président du tribunal de Lille a rendu la première ordonnance de référé qui, en 1880, ait affirmé la compétence de l'autorité judiciaire, lors de l'expulsion des religieux.

Le président du tribunal de Lyon a rendu une semblable ordonnance, le président du tribunal de Nantes également. Il en est de même de celui de Grenoble comme aussi de ceux de Nancy, de Brignoles, d'Avignon. Il faudrait en citer un bien plus grand nombre encore.

Quant à ceux qui n'ont pas eu à rendre des ordonnances de référé ou à connaître d'affaires portées devant eux comme présidents de tribunaux, on en est réduit à des suppositions sur les causes probables de leurs révocations.

Ces causes probables sont, par exemple, des alliances de famille ou des habitudes religieuses, ou le fait d'avoir résisté à la pression des organes de l'opinion radicale.

De même que certaines cours ont été frappées exceptionnellement, de même certains tribunaux l'ont été également ; le tribunal de la Seine, par exemple, a été fort éprouvé, mais je dois ici garder la même réserve que tout à l'heure pour la cour de Paris. Je ne pourrai que reproduire les mêmes observations sur la valeur des hommes. Il y a même ceci de très singulier, c'est que, dans le nombre des magistrats du tribunal de la Seine, il y en a deux ou trois qui, évidemment, ont été frappés à cause du nom qu'ils portent. (*Exclamations et murmures à droite.*) Ce sont des noms qui se rattachent aux anciens régimes, ou à des familles de grande notoriété ; or, il se trouve précisément que ce sont ces hommes-là qui, de fait et dans les conversations du palais de justice ou de la famille, soutenaient le plus habituellement les institutions existantes. (*Sourires ironiques à droite.*) De telle sorte que rien n'a paru plus pénible et plus surprenant que la mesure qui les a frappés.

Si je prends les autres tribunaux, je constate que Valence a été frappée d'une façon extraordinaire.

Un sénateur à droite. C'est vrai !

M. DENORMANDIE. J'entends qu'on me dit : C'est vrai !

Je vois que je ne suis pas le seul à l'avoir remarqué. A l'occasion de ce tribunal de Valence, on avait, par une sorte de parole prophétique, déclaré ceci : « Ils seront tous destitués, sauf peut-être un. » (*Rires à droite.*)

Il faut dire, messieurs, qu'il y a dans ce tribunal, dix magistrats, et que le « un » auquel on a fait allusion, a été, en effet, respecté ; il est devenu, je crois, président d'un autre siège.

Sur les neuf qui restaient, il y en a un auquel on a ôté l'instruction ; je ne crois pas que ce soit là une preuve de faveur. Il y en a un second et un troisième qui ont été envoyés en disgrâce dans d'autres sièges ; et il y en a eu six qui sont restés absolument sur le carreau. Voilà l'exécution du tribunal de Valence.

Si j'entrais, messieurs, dans l'examen des faits particuliers, ce que je ne veux pas faire, je vous montrerais qu'il y a eu un juge d'instruction de Saint-Brieuc...

M. LE COMTE DE TRÉVENEUC. Oui !

M. DENORMANDIE.... qui avait rendu une ordonnance de non-lieu...

M. LE COMTE DE TRÉVENEUC. M. Fraboulet...

M. Denormandie... à l'occasion d'un discours que l'on prétendait avoir été tenu par un ecclésiastique dans la chaire. Cet ecclésiastique était poursuivi ; le juge d'instruction, en son âme et conscience, rend donc, comme je le disais, une ordonnance de non-lieu. Le ministère public se pourvoit contre l'ordonnance. C'était son droit. L'affaire suit son cours naturel. Elle va en cour d'assises, et l'accusé est acquitté. Mais le juge d'instruction ne l'a pas été — il était, paraît-il, impardonnable. Il a été révoqué. (*Exclamations à droite.*)

Les tribunaux du ressort d'Angers ont été, comme la cour elle-même, cruellement frappés. Il y avait sept postes à supprimer dans le siège et huit dans le parquet. Total quinze.

On a frappé exclusivement les magistrats du siège...

M. Tolain. Et on a eu raison !

M. Denormandie... et je m'expliquerai tout à l'heure sur ce genre d'exécution qui implique des conséquences très graves.

Donc dans ce ressort d'Angers on a fait disparaître 15 magistrats inamovibles, savoir : 7 présidents, plus 3 vice-présidents, plus 5 juges, total 15.

Messieurs, je me suis rappelé, en examinant cette triste affaire, qu'à une de nos séances de juillet dernier, et préalablement au débat lui-même, l'honorable M. Buffet avait provoqué une enquête et vous avait demandé de la prescrire.

Il ne demandait certes pas une enquête générale de l'opinion publique, mais une enquête auprès des membres du barreau, témoins chaque jour des travaux de la magistrature, comme aussi de sa tenue, de son langage, de son attitude. — Vous avez cru devoir refuser cette enquête. — Il m'est agréable de pouvoir vous montrer par un exemple pris entre beaucoup d'autres, ce qu'elle eût été.

A Dijon les membres du conseil de l'ordre des avocats se sont, le 24 août dernier, avant l'exécution de la loi, rendus dans le cabinet de M. le premier président Cantel et là, M. Ally, bâtonnier de l'ordre, s'adressant à ce magistrat lui a dit :

« La démarche que nous faisons auprès de vous — uniquement inspiré par la respectueuse affection que nous vous portons — a lieu en dehors de toute préoccupation politique.

« Je sais à cet égard la réserve que les convenances m'imposent.

« Puis-je oublier d'ailleurs, que je parle à un magistrat héritier des grandes traditions judiciaires, qui toujours a mis son suprême honneur à écarter la politique du prétoire et à rester en toutes circonstances le serviteur courageux et impassible de la loi ?

« Mais la réduction opérée sur les sièges de notre cour nous touche personnellement puisqu'elle entraîne la mise à la retraite de magistrats que nous estimons et que nous aimons.

« C'est avec un sentiment de douloureuse tristesse que nous les verrons s'éloigner du palais. Leurs lumières et leur nombre augmentaient la solennité de nos débats et fortifiaient la confiance des plaideurs.

« Puissent-ils, ceux qui nous quitteront, laisser avec leur souvenir, les traditions de science profonde, de travail, d'indépendance et de scrupuleuse impartialité, qui font la grandeur et la force de la magistrature française, sans lesquelles celle-ci ne pourrait vivre ! Car le jour où elle les oublierait, la justice ne mériterait plus son nom ! »

M. le premier président a répondu en ces termes :

« Messieurs, je suis profondément touché de votre visite et des paroles si affectueuses que M. le bâtonnier vient de m'adresser en votre nom. Pour mes collègues et pour moi, je vous en remercie.

« Les circonstances au milieu desquelles s'achève l'année judiciaire jettent sur notre séparation une douloureuse tristesse. Autrefois, nous nous disions : au revoir ; aujourd'hui ces mots expirent sur nos lèvres car nous voyons se dresser devant nous un point d'interrogation menaçant.

« Les noms de ceux d'entre nous qui ne remonteront plus sur leurs sièges ne sont point encore officiellement connus. Il serait téméraire de les pressentir et peu convenable de les signaler d'avance. Mais quel que soit le sort réservé à chacun de ses membres, on peut affirmer que la magistrature française est frappée au cœur.

« L'heure présente marque pour elle la fin d'une des périodes de son histoire et le commencement d'une autre.

« Que sera cette phase nouvelle qu'on va inaugurer dans quelques mois ? Ce n'est ici ni le temps ni le lieu de le rechercher. Je ne veux point vous parler de l'avenir de la magistrature, mais seulement de ce passé qui nous est commun, de ces années que nous venons de traverser ensemble, travaillant de concert, chacun à notre place, et dans la mesure de nos forces, à cette œuvre si haute, si belle et parfois si difficile de la justice.

« Vous êtes nos témoins et nous sommes les vôtres.

« Il n'est aucun détail de notre vie judiciaire qui ne se passe sous vos yeux et vous savez que si nous ne sommes point à l'abri de l'erreur, il est une chose qui jamais ne nous a fait défaut, c'est la volonté d'être juste.

« Si c'est pour séparer la justice de la politique qu'on nous fait descendre de nos sièges on commet une cruelle méprise, car vous venez de le dire, monsieur le bâtonnier, et j'ai recueilli vos paroles avec une légitime fierté, la justice, entre nos mains, a toujours été pure de tout alliage, étrangère aux passions qui s'agitent dans les assemblées politiques, — ni royaliste, ni républicaine, — mais tout simplement et en un seul mot, **la justice.** »

Quel digne et beau langage, messieurs, comme il respire bien la profonde honnêteté et le grand sentiment des devoirs de la charge ! !

Du reste, vous savez, car vous l'avez tous lu, que dans un très grand nombre de localités, depuis que la loi a reçu son exécution, les barreaux se sont fait un honneur et un devoir d'ouvrir leurs rangs aux magistrats dépossédés et d'y choisir leurs bâtonniers pour la présente année judiciaire.

Messieurs, après avoir parlé des anciens magistrats, de ceux qu'on me permettra peut-être, sans blesser aucune convenance, d'appeler des victimes, je pourrais être entraîné à parler des nouveaux magistrats ; je ne le ferai pas, je n'en dirai pas un mot, je ne prononcerai pas un nom, je ne me permettrai aucune allusion, je ne ferai aucune indication qui puisse paraître viser une situation quelconque ; je crois que du jour au lendemain on fait occuper les postes de la magistrature et les postes souvent les plus élevés, par des hommes qui n'ont, assurément, ni l'expérience, ni les traditions, ni la capacité, en un mot, les conditions nécessaires pour remplacer ceux auxquels ils sont appelés à succéder.

Une voix à droite. Evidemment.

M. Denormandie. Mais précisément parce qu'ils sont aujourd'hui magistrats, ils sont couverts à nos yeux, et je passe.

Comment a-t-on procédé ?

On a procédé dans des conditions non pas seulement

irrégulières, mais dans des conditions de trouble, d'incertitude extraordinaire et qui permettent de voir un peu au milieu de quelle agitation cette exécution même a eu lieu. Ainsi je crois pouvoir dire que beaucoup de magistrats, pendant ces mois de septembre et d'octobre, ont été déplacés deux fois et même trois fois. Ç'a été évidemment la période voyageuse de la magistrature.

J'ai là sous les yeux un tableau contenant les noms de magistrats, et en grand nombre, allant en quelques jours d'un poste à un autre, puis à un autre encore.

Les uns sont nommés juges, puis deviennent substituts ; d'autres, de substituts, deviennent juges. C'est un remue-ménage, pardon de l'expression, continuel.

On va, on vient, on retourne, on accepte et puis on refuse. Tout cela est fait par les mêmes personnes pour les mêmes sièges, on ne peut pas s'entendre ; enfin, pour ne pas vous retenir sur des détails, il me suffira de vous dire que, par exemple, au tribunal de Castelsarrasin, en quelques semaines, il y a eu une révocation et quatre nominations pour le siège de président *(Rires à droite.)*

La présidence du tribunal de Castelsarrasin n'a pu être occupée que la quatrième fois. Je dis que tout cela indique une façon de faire vraiment bien extraordinaire.

Je me borne à mentionner en passant un fait étrange, et vraiment bien pénible à apprendre ; il est de notoriété publique dans une ville importante qu'un homme qui était détenu au dépôt et qui était accusé d'ivresse manifeste et d'outrages aux agents a vu s'écarter les chances de poursuites et intervenir une ordonnance de non-lieu parce qu'il était destiné à entrer dans la magistrature ! *(Applaudissements ironiques à droite.)*

M. LE GÉNÉRAL COMTE ESPIVENT DE LA VILLESBOISNET. Très joli !

M. MARTIN-FEUILLÉE, *garde des sceaux*. J'ignore absolument le fait auquel vous faites allusion et je vous serais obligé de me le faire connaître.

M. DENORMANDIE. J'en suis convaincu, et non seulement ce fait vous est inconnu, mais bien d'autres encore ; j'ai beaucoup d'estime pour votre personne, monsieur le ministre, et je suis certain que la plupart des choses ont été faites à votre insu.

M. LE GARDE DES SCEAUX. En attendant que j'aie la preuve de ce fait je crois devoir protester.

M. Denormandie. Il y a un magistrat du tribunal de la Seine, qui n'était pas au nombre des magistrats frappés. Il paraît qu'au dernier moment, on a appris qu'il fallait absolument une vacance de plus, et on a pris un nom sur la liste. Pourquoi ? sur quelles données ? Magistrat excellent, qui rend de réels services, avec dévouement, avec abnégation, depuis quinze ou vingt ans. On a trouvé tout simple de prendre son nom.

M. le Ministre de la Justice. Je proteste.

M. Denormandie. Je vous donnerai ce nom...

M. le Ministre de la Justice. Cette fois je proteste absolument !... (*Rires ironiques à droite.*)

M. Denormandie. Voici un autre exemple : M. de Labattut, le 7 octobre, est nommé juge suppléant au tribunal de première instance de la Seine. Il s'appelle M. Pélissier de Labattut (Jean-Baptiste-Gaston), avocat, docteur en droit. Mais c'était un autre M. de Labattut qui avait sollicité la place. On avait si peu pris de renseignements sur lui, qu'on a nommé au hasard un M. de Labattut qui n'était pas le candidat... (*Exclamations et rires à droite.*)

M. le Ministre de la Justice. Il y a eu dans le *Journal officiel* une erreur matérielle qui a été rectifiée par un erratum.

M. le général comte Espivent de la Villesboisnet. Très joli !

M. Denormandie. M. le ministre de la justice dit que c'est une erreur matérielle...

M. le Ministre. Dans le nom.

M. Denormandie. Le 14 octobre, en effet, intervient un second décret ainsi conçu :

«... Juge suppléant au tribunal de première instance de la Seine, M. de Laborie de Labattut (Charles-Ferdinand), avocat, docteur en droit. » Le premier s'appelait Jean-Baptiste-Gaston, le second s'appelle Charles-Ferdinand. Le premier avait pour premier nom propre Pellissier, le second porte celui de Laborie.

Je comprends un erratum quand il y a erreur sur une date de naissance, sur un prénom, sur un détail qui ne touche pas à l'identité, mais substituer une personne à une autre personne par voie d'erratum — j'avoue que je n'ai jamais vu cela.

Je ne dis rien que de très exact. (*Rires approbatifs à droite.*)

M. Tolain. Tout cela n'est pas bien drôle.

M. Denormandie. C'est au moins bien singulier.

Voilà, messieurs, comment l'exécution paraît avoir été faite et comment, en réalité, elle a été faite. Vous voyez qu'au point de vue soit du nombre des magistrats, soit de la qualité de ces mêmes magistrats, soit de la façon de procéder, elle est évidemment reprochable.

On se demande comment ces faits ont pu se produire et on en vient assez naturellement à penser que, bien évidemment, malgré les déclarations du Gouvernement, il a pu être exercé sur sa volonté une pression manifeste pour arriver à une exécution que je n'hésite pas à qualifier de véritablement injuste. Et lorsque dans cet ordre d'idées nous nous reportons à ce que disaient certains journaux, dont les opinions sont bien connues, nous y trouvons des choses qui sont absolument révélatrices ; nous y trouvons des exigences singulières quelques jours avant l'exécution de la loi, et ces exigences sont suivies de décrets d'exécution...

Un sénateur à droite. C'est cela !

M. Denormandie.... et, parfois, d'articles dans lesquels on se vante d'avoir obtenu en effet l'exécution. (*Sourires approbatifs sur divers bancs.*) Lorsque ceci se produit, sur une assez grande échelle et non pas comme un fait particulier, isolé, on ne peut pas ne pas être frappé de l'action exercée par l'opinion avancée ou par ses représentants sur les intentions et sur les mesures d'exécution du Gouvernement.

Je vous ai parlé tout à l'heure, messieurs, des premiers présidents de cour d'appel, ils ont été destitués le 5 septembre ; mais, dès le 25 août, le journal, *Le Rappel*, annonçait la mesure, — c'est une façon d'exiger, — et il prononçait tous les noms, ceux précisément des premiers présidents qui ont été frappés. Il prononçait en outre le nom du premier président de la cour d'appel de Lyon ; mais celui-ci a été épargné parce que, quelques jours après, il était atteint par la limite d'âge.

A Angers, il y a un magistrat nommé Morry ; voici ce que disait le journal *La Lanterne* à son sujet — je ne fais pas le procès des journaux qui ne sont pas mes justiciables pas plus qu'ils ne sont justiciables du Sénat, et qui sont dans leur droit, dans l'exercice de leur droit, en soutenant leurs opinions ; mais, en réalité, dans cette affaire, je crains qu'il n'y ait eu une pression exercée et qui peut expliquer bien des choses. Voici ce que disait *La Lanterne* le 21 août :

« Il y a à la cour d'Angers un magistrat du nom de Morry. Ce monsieur était, en 1871, procureur de la République au Mans où il traquait les républicains pendant le premier ordre moral...

« Ce personnage est à expulser sans pitié des rangs d'une magistrature républicaine. »

Or, il a été révoqué le **15 septembre**.

On écrivait de Mâcon au journal *La Lanterne*, le 29 août :

«... Explique qui voudra cette manière d'agir et de raisonner. Allons vite, un coup de balai dans cette magistrature mâconnaise ! Le besoin plus que jamais s'en fait réellement sentir. »

Or, ces magistrats ont été révoqués ou déplacés, avec des conditions de disgrâce le 6 octobre.

Le journal *La Lanterne*, du 30 août, contenait ceci :

« Il importe que la presse signale au Gouvernement les magistrats inamovibles qui ont fait la guerre à la République. Au nom des républicains de Nogent-le-Rotrou, nous vous prions d'appeler l'attention du Gouvernement sur M. Jouot, président du tribunal civil de Nogent-le-Rotrou, une des fines fleurs de la réaction, ancien membre de la commission municipale pendant le 16 mai, et son digne acolyte, M. de Mondésir, juge. »

M. Jouot, président, est révoqué le 23 septembre, et M. de Mondésir, juge, le 6 octobre.

Dans le journal du 9 septembre on lit :

« A Bourg, par suite de la nouvelle organisation judiciaire, supprimant une chambre, le vice-président et deux juges seront mis à pied. Le ministre de la justice a l'embarras du choix. »

. . . .

.« M. Debrie de Vertamy, président et M. Augerd, vice-président, de Laboulaye et Dupuy de Quérézieux, juges, n'ayant pas eu le courage de démissionner, seront sans aucun doute atteints par la loi. »

MM. Debrye de Vertamy, président, et Augerd, vice-président, ont été révoqués le 23 septembre.

M. Du Buisson de Laboulaye, juge, a été révoqué le 6 octobre et le juge suppléant a donné sa démission, qui a été acceptée.

Le journal du 14 septembre porte :

« M. le garde des sceaux s'est probablement souvenu du joli travail qui s'était fait dans la cour de Pau... Il n'oubliera pas non plus, nous l'espérons, le faussaire qui préside le tribunal de Mont-de-Marsan, et les quatre faux témoins qui l'assistent. »

Celui du 26 septembre :

« Tout le monde s'étonnera que le président faussaire du tribunal de Mont-de-Marsan, M. Tourné, qui s'est fait une si triste renommée, ne soit pas compris dans ce mouvement. Est-ce un oubli du garde des sceaux ? M. Tourné continuera-t-il à rendre la justice à faux poids ? Nous ne pouvons le croire, le scandale serait trop grand ! »

Or, M. Tourné avait été révoqué le 23 septembre et les autres magistrats l'ont été les 26 septembre et 6 octobre, et cela tout naturellement, car le journal du 27 septembre portait :

« *Les juges faux témoins de Mont-de-Marsan.* — M. Tourné le président faussaire de Mont-de-Marsan, que nos lecteurs connaissent, est révoqué. — C'est fort bien ! C'est un commencement d'exécution. — Il reste à compléter le balayage du même tribunal par l'exécution des juges faux témoins qui sont : MM. Garrelon, Marrast, d'Uuzer et **Lacadé** !

« Nous espérons bien voir ces quatre noms figurer au prochain mouvement à l'*Officiel.* »

Et le journal du 9 octobre :

« Dans la liste des juges dont on nous débarrasse, nous avons le plaisir de trouve trois des quatre faux témoins qui falsifiaient la justice à Mont-de-Marsan sous les ordres de M. l'ex-président Tourné.

« Le quatrième, à ce qu'il paraît, est en voie d'élimination naturelle et prochaine. La morale publique est donc satisfaite sur ce point... et *La Lanterne* également !! »

M. DE GAVARDIE. *La Lanterne* avait perdu un procès.

M. DENORMANDIE. On lit dans le journal du 18 septembre :

« Un avancement est dû à M. Dodoz, qui consiste à le sortir du prétoire pour le mettre dans la rue. »

Il est révoqué le 23 septembre.

Le même numéro du 18 septembre disait encore :

« Le comité démocratique de Châteauroux, dans sa dernière réunion mensuelle, a émis le vœu que tous les membres du tribunal civil de Châteauroux soient remplacés dans le plus bref délai par des magistrats sincèrement dévoués au Gouvernement de la République. »

MM. Dubois et Parmentier ont été révoqués le 23 septembre.

M. Daiguison, juge, l'a été le 6 octobre.

Journal du 20 septembre :

« *Les magistrats prévaricateurs de Pau.* — Les conseillers prévaricateurs de la cour de Pau, qui avaient condamné *La Lanterne* dans l'affaire du président Tourné, se nommaient : François Saint-Maur, de Montgaurin, Duffaur de Gavardie, de Montclar, de Planterose, Bouvet.

« Tous ces magistrats sont atteints par le mouvement judiciaire, à l'exception de M. de Montgaurin. Cinq sur six ! » Ils avaient été, en effet, révoqués le 15 septembre.

Journal du 30 septembre :

« Il doit encore y avoir auprès du tribunal de Dax un M. de la Ville-Hélio, exerçant le métier de juge. »

Journal du 3 octobre :

« Ainsi, voilà un département où la magistrature lutte pendant des années et contre le Gouvernement et contre le parquet. Le parquet n'en peut mais, il avoue son impuissance, son découragement, on ne fait rien pour lui. *La Lanterne* est venue à son secours, — elle avait le choix entre Dax et Mont-de-Marsan, deux affaires qui étaient à point, elle opta pour Mont-de-Marsan. Nos lecteurs savent le reste. Que pense de tout cela M. le garde des sceaux ? »

Journal du 12 octobre :

« M. Martin-Feuillée, dans son dernier échenillage de la magistrature, a oublié le tribunal de Dax. Il y a pourtant là toute une bande de juges réactionnaires, cléricaux militants, à balayer, parmi lesquels le juge de la Ville-Hélio.

« *La Lanterne* a relevé ces jours derniers les faits et gestes de cette belle magistrature qui pour l'instant ne souffle mot. Allons, monsieur le garde des sceaux, un coup de balai par là ! — C'est l'instant ! — c'est le moment ! »

Et le journal du 24 octobre :

« M. de la Ville-Hélio, juge au tribunal de Dax, sur lequel nous avons appelé l'attention du garde des sceaux, n'a pas attendu sa révocation, il a donné spontanément sa démission, Nous aimons les magistrats qui s'exécutent eux-mêmes, quand c'est devenu nécessaire. »

La démission a été acceptée le 24 octobre.

Journal du 9 octobre :

« Parmi les magistrats mis à la retraite, signalons M. de Falvelly, juge au tribunal d'Aurillac que *La Lanterne* a dénoncé au garde des sceaux, etc... ; »

En effet, il avait été révoqué dès le 6 octobre. (*Sourires à droite.*)

Journal du 11 octobre :

« On nous écrit de Melun :

« La population républicaine de Melun a été douloureusement affectée d'apprendre que M. Jumeau, juge au tribunal de première instance, était maintenu dans ses fonctions. »

Journal du 23 octobre :

« Parmi les Magistrats admis à faire valoir leurs droits à la retraite, nous trouvons dans le cinquième et dernier mouvement judiciaire paru hier au *Journal officiel*, M. Jumeau, juge au Tribunal de Melun, sur la situation duquel nous avons, ces jours derniers, appelé toute l'attention du Garde des Sceaux. »

Journal du 29 octobre :

« M. Jumeau a été révoqué quelques jours après qu'un entrefilet de *La Lanterne* eut fait connaître les tristes antécédents de ce personnage. »

Il fut en effet révoqué le 20 octobre.

Journal du 12 octobre :

« La révolte, toujours la révolte contre le parquet qui s'arrête et le ministre qui capitule

« Allons ! monsieur le garde des sceaux, il faut revenir à Clermont avec le balai de Mont-de-Marsan et de Pau. »

M. Dausse, juge d'instruction à Clermont, a été nommé juge à Château-Thierry par décret du 6 octobre ; on s'était contenté d'un déplacement.

Journal du 16 novembre, on y lit :

« Parmi les huit mises à la retraite parues avant-hier, nous sommes heureux d'enregistrer celle de M. Gautier......

« *La Lanterne* avait appelé l'attention du garde des sceaux sur ce magistrat......................................

« M. Martin-Feuillée l'a enfin mis à la retraite. » — Il avait été, en effet, révoqué le 13 novembre.

Journal du 22 septembre :

« Il est évident que le mouvement judiciaire paru mardi au *Journal Officiel*, a prouvé la justesse des attaques de *La Lanterne* contre les magistrats réactionnaires qui peuplaient nos cours d'appel.

« M. Martin-Feuillée lui-même a révoqué nombre de ces personnages que *La Lanterne* lui avait signalés.

« Nous estimons que la campagne dirigée par *La Lanterne* contre ces magistrats, a servi à M. le garde des sceaux pour l'assainissement qu'il a entrepris de ces fameuses écuries d'Augias judiciaires que l'Europe nous a toujours enviées, sans jamais nous les prendre.

« Le nettoyage complet de la magistrature nécessiterait un travail d'Hercule, évidemment au-dessus des forces de M. Martin-Feuillée.

« Nous sommes néanmoins obligés de constater que les magistrats qu'il a pu mettre à la retraite, avaient été tellement signalés à l'indignation publique par *La Lanterne*, que le garde des sceaux doit reconnaître lui-même que *La Lanterne* n'a jamais poursuivi que la réforme des abus et l'affermissement de la République. »

Voilà, sur ce point, ce que j'avais à communiquer au Sénat et ce qui établit manifestement, d'une façon indiscutable, qu'il y a eu évidemment une pression exercée. Je sais bien que M. le garde des sceaux peut me dire qu'il n'avait prononcé de discours ni à Rouen ni au Havre et que, par conséquent, il n'avait pas pris d'engagement ni d'attitude politique. (*Rires approbatifs à droite.*)

Mais si M. le garde des sceaux n'a parlé ni à Rouen ni au Havre, il avait, du moins, parlé au Sénat, ce que nous apprécions davantage ; il avait promis dans des discours réitérés que j'ai mis en partie sous les yeux du Sénat, de faire personnellement des enquêtes, des investigations, des instructions qui nous permettaient d'espérer que de pareilles exigences ne recevraient pas la satisfaction que vous avez vue.

Cette façon de procéder, cette manière d'exécuter a une très regrettable conséquence. Je vais chercher à le faire comprendre au Sénat en quelques mots.

Vous savez, messieurs, — je l'ai dit tout à l'heure, —que la catégorie des magistrats inamovibles condamnés était de 383 et que les magistrats amovibles étaient au nombre de 231. On s'est préoccupé, au dernier moment, après le vote de l'article 15, des conséquences possibles d'une faculté aussi exorbitante, s'étendant sur les deux ordres de magistrats; et c'est ici que se place dans nos souvenirs l'amendement de l'honorable M. Baragnon.

M. Baragnon disait, en effet, au Sénat : L'article 15 est voté ; c'est entendu : il n'y a plus à y revenir, mais il pourrait être possible de cantonner, de limiter l'exécution. Et il ajoutait en soutenant cette thèse que je crois essentiellement juste : Les magistrats amovibles ne sont pas dans les mêmes conditions que les autres. Ce sont des officiers du parquet ; ce sont des agents du Gouvernement ; ce sont des magistrats qui, en définitive, sont révocables *ad nutum*. Ceux-là ne sont pas dans la même situation que les autres ; ils disparaissent avec le siège lui-même.

Le siège est supprimé par la loi, l'homme disparaît avec son siège.

A côté de ces magistrats amovibles, vous avez des magistrats inamovibles qui ont une sorte de propriété, d'investiture personnelle. Le siège disparaît, mais l'homme qui a reçu une investiture reste ; il survit. Le Gouvernement nous disait lui-même pour nous rassurer, que l'inamovibilité survivait à la loi.

Donc l'honorable M. Baragnon disait : « Il faut cantonner l'exécution. » Ici on l'arrêtait « Comment ! cantonner l'exécution ! Mais si vous y mettez cette rigueur, qu'adviendra-t-il alors de nos magistrats amovibles, s'écriait l'honorable M. Dauphin, qui prit avec éloquence, dans les meilleurs termes, la défense de son ancien personnel ? Tous les magistrats du parquet vont disparaître, et ils n'ont pas la ressource de recevoir une pension de retraite. L'honorable M. Dauphin était à son tour interrompu et on lui disait : rassurez-vous, si ce n'est qu'une question d'argent, on créera une allocation pour donner satisfaction à l'idée que vous exprimez. »

Néanmoins et malgré ces observations, l'amendement

lu, repoussé ; et, par conséquent la faculté du ministre dut s'exercer dans son plein sur la généralité des deux catégories.

On crut — je dois reconnaître que c'était une naïveté, et je le dis parce que je l'avais cru moi-même — on crut qu'au moins il y aurait un certain nombre de magistrats amovibles qui seraient condamnés ; on crut que parmi les 231 magistrats amovibles il y avait certainement des hommes qui n'étaient pas tout à fait à la hauteur de leurs fonctions, qui n'avaient pas donné des preuves de capacité, d'honorabilité suffisante ou d'instruction, et qu'il y aurait un certain nombre de victimes prises parmi ces magistrats, afin d'épargner un nombre correspondant de magistrats inamovibles.

Eh bien, messieurs, cela a été une illusion complète à ce point que l'exécution tout entière a porté sur les inamovibles, et qu'il y en a seulement deux parmi les magistrats amovibles qui ont été remplacés, qui ont disparu, qui n'ont pas conservé de place dans la magistrature ; l'exécution de la loi, par conséquent, a porté tout entière non pas sur 614, — car on m'a fait l'honneur de me dire que par ma question du mois de novembre, j'avais sauvé un magistrat — mais sur **613**.

Il reste donc 611 magistrats inamovibles qui ont été sacrifiés, et alors je dis que l'exécution qui a été faite est une exécution qui dépasse évidemment toutes les idées que le Sénat avait pu se faire à cet égard. (*Rumeurs à gauche. — Assentiment à droite et au centre.*)

Mais ce n'est pas seulement la question des personnes ainsi frappées, condamnées, exécutées, qui est préoccupante : permettez-moi de vous dire, à un point de vue plus élevé, que c'est aussi la question de l'œuvre de la justice qui est compromise ; et tous ceux ici qui appartiennent ou qui ont appartenu à la vie judiciaire, peuvent, je le crois, je l'espère, me servir de témoins sur la déclaration que j'apporte.

Est-ce que vous croyez qu'il n'y a pas une démarcation complète entre ces deux ordres de magistrats ? Est-ce que vous croyez qu'on peut impunément faire passer des rangs d'une magistrature dans ceux d'une autre ?

Les magistrats inamovibles ? Ce sont ceux, vous le savez bien, qui sont chargés d'entendre les plaideurs ou leurs représentants, d'examiner, d'instruire, de juger, de prononcer, de rendre la sentence, et cela exige évidemment des qualités d'esprit d'un genre particulier.

Les magistrats du parquet, je n'ai pas besoin de le dire,

Je ne fais ici la leçon à personne, — sont des officiers publics, des agents du Gouvernement ; ils exercent une fonction éminemment militante ; ils poursuivent les crimes et les délits ; ils possèdent évidemment des aptitudes entièrement différentes des autres.

J'entends bien qu'au bout d'un certain temps — et c'est là ce qu'on pourrait m'objecter — au bout de quinze ou vingt ans, par exemple, quand un magistrat est arrivé à un certain âge, qu'il n'a plus la fougue de la jeunesse, qu'il possède une grande expérience, il peut incontestablement quitter son siège d'avocat général, de procureur général, et s'asseoir dans un siège de président ou de conseiller, oui. Mais, prendre dans la magistrature amovible, dans la magistrature qui constitue les officiers du parquet, les agents du Gouvernement, qui exercent les fonctions dont je parle et qui, souvent, sont entraînés à des ardeurs, à des passions, ce qui est souvent une nécessité de leur ministère — prendre, dis-je, des magistrats amovibles et les précipiter tout à coup au nombre de 231, aveuglément, dans les rangs de la magistrature assise, tranquille, calme, non passionnée... (*Exclamations et rires à gauche*)..., qui est appelée à rendre des sentences, je dis que c'est apporter un véritable trouble à l'œuvre de justice, (*Très-bien ! très bien ! à droite et au centre. — Dénégations à gauche.*)

Un mot encore sur ce point.

Les fonctions de la magistrature assise à laquelle je viens de faire allusion ne se bornent pas seulement à entendre le plaideur et à juger. Il y a, parmi ces fonctions, une partie très difficile, que généralement on ne connaît pas, car, lorsqu'on parle d'un juge ou d'un tribunal, on se fait toujours par la pensée à l'idée de voir une collectivité de 3, 4, 5, 6 personnes assises dans un prétoire et jugeant un plaideur. Or, ceci n'est pas tout, je veux en effet parler des devoirs qu'un magistrat remplit seul.

La fonction du juge unique est une fonction des plus délicates. Soit qu'il ait la charge de faire une enquête sur des faits extrêmement difficiles à saisir dans leur réalité, soit qu'il ait à interroger en matière d'interdiction, soit qu'il ait à répondre chaque jour tout seul, et sous sa responsabilité personnelle, de nombreuses requêtes et à rendre des ordonnances qui peuvent porter atteinte au crédit et à la fortune des citoyens et souvent sans recours, soit que, jugeant en référé, il ait également à trancher tout seul les plus graves questions, il exerce sous cette forme, sous cette dénomination de juge unique, une fonction dont la gravité, dont l'importance est excessive.

Eh bien, je dis et je répète que jeter du jour au lendemain 231 magistrats, n'ayant aucune habitude de ce travail, de ce genre d'occupations dans la magistrature inamovible, c'est apporter un trouble profond dans l'exercice et dans l'œuvre même de la justice.

Messieurs, il ne suffisait pas d'avoir conçu ce programme d'exécution si rigoureux, si étendu, si exclusif, il fallait encore pouvoir le remplir, et cela présentait bien des difficultés. Je crois — je ne sais si je me trompe — que j'aborde ici la partie peut-être la plus grave et al plus délicate des observations que j'ai à soumetre au Sénat.

C'était, dis-je, une œuvre difficile que de donner satisfaction dans une pareille mesure aux exigences et aux demandes qui se produisaient. — Or, voici comment on s'y est pris. M. le garde des sceaux, lors de la question que j'ai eu l'honneur de lui poser au mois de novembre, a contesté que le retard de la promulgation ait été intentionnel. M. le garde des sceaux m'a dit qu'il était nécessaire de laisser passer tout le mois d'août sans promulguer, parce que, s'il avait promulgué au lendemain du vote de la loi, c'est-à-dire le 2 août, il se serait produit dans l'œuvre quotidienne de la justice un trouble profond ; qu'on eût été obligé de suspendre les affaires, de reprendre les conclusions, de recommencer les procès pendants, en un mot, que c'était inadmissible.

J'ai le regret de ne pas partager cette manière de voir, et voici pourquoi : c'est que la loi n'était pas une de ces lois qui, par elles-mêmes, portent le plein de leur effet ; elle n'était pas complète au point de vue de l'exécution. Vous savez à merveille, messieurs, qu'il y a beaucoup de lois — je reconnais que c'est le plus grand nombre — qui portent pour ainsi dire en elle-même tous leurs sacrements nécessaires et qui peuvent s'exécuter du jour au lendemain. Il en est d'autres, au contraire, qui ont besoin, par exemple, d'un règlement d'administration publique ; en ce cas, la loi le mentionne ; d'autres ont besoin d'un décret pour être complétées.

La loi sur la magistrature est de ce nombre. Pourquoi ? C'est qu'elle ne condamnait pas les personnes : elle condamnait le siège. Elle anéantissait un certain nombre de sièges sur un plus grand encore. Mais la loi n'était et ne pouvait être exécutée que par une série de décrets qui sont, en effet, intervenus au mois de septembre et d'octobre.

Ce sont ces décrets seuls qui font disparaître un certain nombre de magistrats et les remplacent par d'autres. Par conséquent, la promulgation de la loi, le 2 août, n'avait pas du tout la conséquence que M. le garde des sceaux y attribuait ; il n'y avait aucune raison sérieuse pour la retarder.

D'ailleurs, veuillez le remarquer, lorsqu'un magistrat est saisi d'une affaire, que cette affaire est en cours d'exécution, et qu'il est nommé, par exemple, à un degré supérieur, il achève l'affaire ; son installation nouvelle, et son serment seul, changeant sa qualité et sa compétence. Par conséquent, il faut écarter cette thèse de M. le garde des sceaux.

La promulgation devait être faite, et permettez-moi d'ajouter que tout le monde l'avait compris ainsi ; n'était-ce pas la raison qu'on mettait en avant lorsqu'on nous priait de voter avec une si grande rapidité. On nous disait, en faisant un calcul qui était très exact, on nous disait : Trois mois, savoir : le premier mois pour préparer et instruire l'exécution ; septembre et octobre pour les décrets, afin que, le premier novembre, la magistrature, à son retour, rentre en toute sécurité, avec indépendance, et dans les conditions nouvelles que nous lui préparons.

Dans la pensée de tout le monde et du Gouvernement lui-même, on pouvait évidemment promulguer le lendemain.

Pourquoi M. le garde des sceaux ne l'a-t-il pas fait ? Je ne puis évidemment pas scruter sa conscience, mais je suis assez porté à croire qu'on supposait, ayant besoin d'un très grand nombre de places pour satisfaire toutes les exigences que l'on voyait déjà venir, je suis assez porté, dis-je, à croire qu'on espérait voir se produire un grand nombre de démissions ; je suis assez porté à croire qu'on avait fait ce calcul que, la loi étant votée et portée du jour au lendemain à la connaissance de la France entière, sans attendre même la promulgation qui n'était plus qu'une chose de forme, il allait se produire dans les rangs de la magistrature un assez grand nombre de démissions qui auraient ainsi ouvert la voie à la possibilité d'y faire entrer des magistrats nouveaux.

Ce qui m'a donné cette idée, c'est que, pendant le mois d'août, il s'est produit des vacances. Il y en eut 33 provenant de causes diverses : 2 conseillers de cassation, 1 président de chambre, dans une cour d'appel, 3 conseillers de cour d'appel, 4 présidents de tribunaux, 2 vice-présidents, 16 juges et 5 substituts, total : 33.

Vous vous rappelez que M. le garde des sceaux avait dit qu'il ne ferait entrer dans la magistrature aucun sujet nouveau, aucun homme qui y fut étranger et qu'il vous avait donné par là une sécurité relative. Or, pendant le mois d'août et par les décrets des 4, 19 et 29 août, on a nommé trente-trois personnes dont aucune n'appartenait à la magistrature... (*Exclamations à droite*) en voici le décompte : 19 avocats, 4 anciens avoués, 6 juges suppléants et 4 anciens magistrats, total 33.

Maintenant, chose assez curieuse, ces postes divers auxquels on nommait ainsi des hommes nouveaux qu'on avait pris l'engagement de ne pas faire entrer dans la magistrature, ces postes étaient, pour une partie, supprimés par la loi. Vous entendez, messieurs, la loi venait de les supprimer. Je comprends bien que, pour ne pas arrêter l'œuvre de la justice, son recrutement nécessaire, on ait pu faire des nominations, même pendant le mois d'août, mais alors à des sièges qui ne sont pas atteints par la loi, qui ont encore force et vigueur.

Ici, au contraire, on a nommé à des sièges qui venaient d'être frappés ; on a fait asseoir des hommes, nouveaux en général, sur des sièges qui venaient d'être supprimés par la loi ; on les a fait asseoir sur des sièges qui étaient condamnés par le législateur et qui n'existaient plus. Et pourquoi ? Mais, par un raisonnement bien simple :

C'est parce qu'une fois qu'à tort ou à raison un certain nombre d'hommes, pris parmi les amis ou les personnes auxquelles on porte intérêt, sont entrées ainsi par cette petite porte, par cette porte dérobée, je puis bien l'appeler ainsi... (*Rires approbatifs à droite*)... dans les rangs de la magistrature, une fois qu'ils y sont, il faut bien qu'on leur donne une place d'un caractère plus définitif, et, alors, on en fait partir d'autres plus anciens.

Voilà, messieurs, évidemment, quel a été le calcul ; mais, tenez, il y a quelque chose de particulièrement grave dans ce qui est déjà si grave. Je vous ai dit qu'on avait nommé de cette manière des hommes nouveaux à des sièges supprimés. Or, il faut ajouter : non seulement à des sièges supprimés par la nouvelle loi, mais à des sièges préalablement, et depuis longtemps supprimés en fait. Ecoutez un peu ceci :

A Nantes, on nomme juge au tribunal un avoué. Le poste était vacant depuis environ quatre mois et il ne semblait pas que l'on eût la pensée de l'utiliser.

Il faut dire en effet au Sénat que, depuis un certain nombre d'années, — cela s'est toujours fait, mais surtout depuis que l'on était, avec raison, préoccupé du trop grand nombre de sièges dans la magistrature, car c'était là qu'était la réforme véritable, nécessaire, sur laquelle nous étions tous d'accord — il y avait des sièges à supprimer ; alors, pour opérer peu à peu cette réforme que M. Dufaure avait déjà entreprise, quand un magistrat venait à disparaître dans une localité ou les besoins du service n'exigeaient pas sa présence, on ne le remplaçait pas, et le siège lui-même se trouvait ainsi supprimé.

A Bayeux, le même fait se produit, mais dans des conditions encore plus graves, parce qu'on nomme au siège vacant à ce tribunal un magistrat qui était juge suppléant dans une autre ville et que l'on met tout à coup à la place d'un juge retraité depuis dix-huit mois.

Il ne s'agit plus ici, par conséquent, d'un siège qui vient d'être supprimé il y a quinze jours ; il ne s'agit plus ici d'un siège qui est vacant depuis trois ou quatre mois ; on pourrait dire encore que la nomination avait été retardée, mais qu'on avait l'intention d'y pourvoir ; non ! ces excuses ne vaudraient rien, pour cette nomination faite à un siège vacant depuis dix-huit mois.

Autre fait : à Mortagne, on nomme comme juge un juge-suppléant du tribunal d'Alençon. Or, ce siège de Mortagne était vacant, savez-vous depuis quand ? Depuis trois ans. (*Exclamations à droite.*)

Et cela est si vrai, que le magistrat qui l'avait occupé autrefois, étant rentré dans la magistrature, avait été nommé récemment président dans une autre localité.

A Lisieux, il est pourvu à un siège abandonné depuis trois ans et demi, par suite d'un décès arrivé en avril 1880 ; on y nomme un ancien avoué au tribunal de Quimperlé.

A Coutances, on nomme un ancien avoué à la place de M. Leloup. Il était bien vacant, ce siège-là, et on ne dira pas le contraire : il y avait cinq ans qu'il n'avait plus de titulaire ! (*Exclamations et rires à droite.*) Cinq ans ! et cela m'a paru tellement extraordinaire, que j'ai tenu à me procurer l'acte de décès du magistrat que je viens de nommer. (*Rires.*)

J'ai encore un certain nombre de documents que je passe sous silence pour épargner les moments du Sénat...

A droite. Parlez ! parlez ! nous avons le temps !

M. DENORMANDIE. Qu'est-ce que tout cela, messieurs ?

Ce sont des faits inouïs. C'est une pratique suivie dès le commencement et qui consiste, pour faire entrer dans la magistrature un plus grand nombre de personnes à sa dévotion (*C'est cela! à droite*), à condamner la totalité des magistrats inamovibles et à nommer, pendant cette époque psychologique du mois d'août, un certain nombre d'amis, et ensuite à pourvoir soit ces mêmes personnes, soit d'autres encore, de sièges réputés libres, en exercice, appartenant à l'œuvre quotidienne de la justice, mais qui, en réalité sont des sièges morts, abandonnés, qu'on va pour ainsi dire, chercher dans la poussière des sépulcres (*Exclamations à gauche*) pour les faire revivre par une fiction téméraire ; on leur redonne ainsi une existence, malgré la démission des titulaires, malgré leur éloignement, malgré leurs nouvelles fonctions, malgré leur décès ; on les reprend par cette fiction que je qualifierai volontiers d'audacieuse, et on y fait asseoir, à l'aide de la même fiction, des hommes dont on veut assurer le sort, qu'on impose ainsi à la magistrature dont ils feront partie le lendemain. (*C'est cela! à droite.*) Il faut bien les pourvoir ! Voilà, messieurs, la gravité de pareils faits ; et cela se passe dans cette période si difficile du mois d'août, entre le vote de la loi et sa promulgation.

Eh bien ! même après la promulgation, ces pratiques continuent, — Voici un décret du 6 octobre 1883, dans le même ordres d'idées ; un siège de président de chambre à la cour de Grenoble est supprimé, et il se trouve que la limite d'âge a atteint un des présidents. C'est une bonne fortune, ce me semble, et M. le garde des sceaux aurait dû en juger de même, puisque le siège était condamné par la loi. Voilà un magistrat qui se trouve condamné par le décret de 1852 sur la limite d'âge, et la loi se trouve exécutée. Eh bien, on nomme à ces fonctions de président de chambre un avocat général à la cour de Chambéry, dont on veut assurer le maintien par le procédé indiqué.

A Poitiers, quatre sièges de conseillers étaient condamnés par la loi ; l'un des titulaires demande sa mise à la retraite ; c'est un homme qu'il fallait embrasser (*Sourires*) : son siège a disparu et il s'en va de lui-même, volontairement ; la loi était donc exécutée. Eh bien, on nomme quelqu'un à la place de ce conseiller qui se retire.

A Rennes, un président demande sa mise à la retraite : voilà encore un homme qui vous apportait une bonne fortune ; vous l'avez remplacé !

A Riom, c'est la même chose.

Eh bien, je dis que, dans de pareilles conditions, la loi n'a pas été exécutée comme elle aurait dû l'être.

Et quels sont ces hommes qui ont été ainsi frappés ? Des hommes qui étaient l'honneur et la distinction même. Je ne veux, bien entendu, rien dire d'excessif ; je ne prétends pas, que dans le nombre de ceux qui ont été atteints, il n'y en ait pas contre lesquels vous ayez des griefs légitimes. Cela doit être, sur une collectivité aussi considérable. Mais je dis que la plupart des hommes qui ont été frappés, l'ont été injustement.

C'étaient, je le répète, des hommes d'honneur, de distinction, de savoir, qui avaient passé leur vie entière dans la pratique de la plus délicate et de la plus difficile des fonctions ; et qui avaient ainsi rendu, sous cette forme, des services très appréciés à leur pays.

Hommes modestes, réservés, en général, sans fortune, qui ont été ainsi frappés dans des conditions dont vous n'avez pas assez mesuré la portée et les conséquences ! (*Très-bien ! très-bien ! à droite.*)

Au mois d'octobre, à la suite de toutes ces exécutions — je demande pardon au Sénat d'apporter ici un fait qui m'est un peu personnel — j'allai voir un de ceux qui ont été exclus : un homme des plus recommandables. Je suis frappé de l'accueil qui m'est fait : liberté d'allure, liberté d'esprit, sourire aux lèvres, une aisance extraordinaire. J'étais confondu. Lorsque je le quittai, je fus reconduit jusqu'à la porte par un ami intime de la maison auquel je ne pus cacher ma surprise, mon étonnement, et, en même temps, mon admiration. Il me dit : Oui, c'est vrai, il y a là une vaillance extraordinaire ; mais si vous étiez venu ce matin, vous les auriez vu tous en larmes !

Messieurs, il en est de même chez un très grand nombre de ces magistrats mis à la retraite.

Comme je disais à cette même personne : Je comprends les préoccupations que doit causer à notre ami sa situation, — je fais allusion au défaut de fortune. — Non, non, me répondit-il vivement, ce n'est pas de cela qu'il se préoccupe ; il n'y songe pas un seul instant ; il vivait de peu, il vivra de moins encore ; mais trois générations de magistrature, mais les enseignements et les traditions de sa famille, mais l'avenir réservé à ses enfants, voilà ce qui fait sa véritable douleur !

C'est là, messieurs, un spectacle qu'il faudrait méditer ! (*Applaudissements à droite et au centre.*)

Et comment ces hommes ont-ils été frappés, en général ?

Ici, je ne serai démenti par personne : ont-ils été appelés, ont-ils été entendus, ont-ils été mis à même de faire une réponse contradictoire aux reproches quels qu'ils soient, politiques ou autres, qu'on pouvait avoir à leur adresser !

M. Bocher. Non ! La délation !

M. Denormandie. Pas un, messieurs, n'a été appelé ; pas un n'a été mis à même de s'expliquer, pas un ! Ils ont été dénoncés, ils ont été signalés bassement, par des rapports occultes d'agents qui ne se montrent pas. (*Très-bien ! très-bien ! à droite.*)

Ils ont été signalés, ici, pour satisfaire une vengeance locale, là, par une jalousie de famille ou autre (*Nouvelles marques d'assentiment sur les mêmes bancs.*) ; ailleurs par la haine d'un plaideur. C'est ainsi qu'ils ont été frappés, et frappés par derrière. ce qui jamais ne s'était vu ! (*Très-bien ! et vifs applaudissements à droite et au centre.*)

Voilà comment la loi a été exécutée ; il importe de le dire.

Est-ce que M. le garde des sceaux est personnellement responsable de ces choses-là ?

A droite. Oui ! oui !

M. Denormandie. Non. messieurs......

M. le baron de Ravignan. Si ! lors du vote de la loi, il a revendiqué cette responsabilité.

M. Denormandie. Aux derniers jours de nos grands débats sur cette question, les interrupteurs ont dit à M. le garde des sceaux : « Vous acceptez-là une terrible besogne. » D'autres : « Vous prenez un engagement téméraire. »

Mais, si j'avais pris la parole à ce moment, je lui aurais dit : « Vous prenez un engagement que vous ne pourrez pas tenir. Faites-y attention, parce que c'est matériellement impossible, — il est impossible que vous puissiez, dans un si bref délai, non seulement connaître du sort de 614 magistrats, mais je dirais même du sort de deux ou trois mille magistrats, — car la magistrature tout entière a été remuée à cette occasion. — Vous ne le pouvez pas ! »

En effet, messieurs, il est arrivé ce qui pouvait et devait arriver : M. le garde des sceaux a été évidemment trompé... (*Dénégations à droite*) trompé par des agents subalternes, par des rapports ; et, en conséquence, en lui signalant aujourd'hui ces faits, non pas pour les tourner contre lui —

je présente seulement des observations générales à l'occasion du budget de la justice — (*Rumeurs à gauche*) je lui dis : Faites-y attention ! il y a là des faits de la plus haute gravité, et qui ont peut-être eu pour résultat de faire entrer dans la magistrature un certain nombre de personnes indignes ou incapables ; ces faits doivent vous rendre vigilant et il faut que désormais vous vous appliquiez, personnellement au moins, à la reconstitution partielle de cette magistrature avec une attention scrupuleuse, avec le sentiment que vous ne pouvez pas manquer d'avoir des devoirs de votre grande charge. C'est à cela, messieurs, qu'il faut que M. le garde des sceaux applique tous ses efforts. (*Très-bien ! très-bien ! au centre. — Interruptions à gauche.*)

Un mot encore et j'ai fini.

On raconte qu'au commencement de ce siècle un grand procès était pendant devant la justice à l'occasion d'un complot militaire. Il y avait doute sur les faits ; les juges hésitaient, et celui qu'on appelait à cette époque le grand-juge ne craignit pas de se transporter auprès du président du tribunal et de lui dire : Pourquoi ne condamneriez-vous pas ? Le chef de 'Etat fera grâce ! Et le président de répondre : Et qui nous fera grâce à nous ? (*Très-bien ! très-bien ! à droite.*)

Voilà, messieurs, les magistrats comme nous les avions et comme nous les demandons. (*Applaudissements répétés à droite et au centre.*)

III

Discours prononcé par M. Denormandie, au Sénat, le 25 janvier 1884, sur la question de savoir si la Banque de France doit rentrer dans l'exercice d'une faculté qui lui appartient par sa constitution et qui s'appelle la faculté illimitée d'émission ou si elle doit, au contraire, continuer à vivre sous le régime de la faculté limitée par le Parlement ?

Messieurs,

L'article 8 qui était réservé, et qui va faire l'objet de la discussion à laquelle je demande au Sénat la permission de me livrer, est ainsi conçu :

« Art. 8. — Le chiffre des émissions des billets de la

Banque de France et de ses succursales, fixé au maximum de 3 milliards 200 millions, est élevé provisoirement à 3 milliards 500 millions. »

Il y a, messieurs, dans cet article, en apparence, une simple question de chiffres, puisque l'émission de la Banque de France, qui est actuellement de 3 milliards 200 millions, serait portée à 3 milliards 500 millions. Mais, à côté de cette question de chiffres, de cette rédaction inoffensive, il y a un très grand principe engagé : c'est celui de la faculté d'émission de la Banque de France. Cette faculté peut-elle être ainsi limitée successivement par des mesures législatives, au lieu d'être laissée à la disposition exclusive de la Banque d'une manière absolue.

Cette question, messieurs, il est assez difficile de la traiter sans rappeler, en même temps, deux autres mesures que l'on rencontre généralement dans les annales de notre histoire financière. Ces trois mesures ont entre elles une connexité telle qu'on ne peut les examiner isolément, et, lorsqu'on parle de l'une d'elles, il est impossible de ne pas dire un mot des autres. Ces trois mesures sont : le cours légal, le cours forcé et la limitation de l'émission.

Pendant bien longtemps, le cours légal n'a pas existé ; il n'a pas été proclamé, il n'a pas été édicté à l'origine, lors de la création de la Banque de France, par une très bonne raison, c'est que les fondateurs de cet établissement considérable, qui a rendu depuis de si grands services, étaient obligés d'apporter beaucoup de réserve, de modération, de circonspection dans le fonctionnement et le développement de leur institution.

Si, à ce moment, on avait eu la prétention d'imposer le cours légal des billets de la Banque on se serait peut-être heurté aux craintes du public, à ses préoccupations et on aurait compromis l'avenir, puisqu'il s'agissait, en effet, de faire accepter une véritable fiction, un papier qui ne pouvait avoir de valeur et d'autorité que par la considération morale et financière de ceux qui en faisaient l'émission.

Par conséquent, on a fait très sagement, lorsque, non seulement à l'origine, mais même pendant un très grand nombre d'années, on s'est bien gardé de proclamer le cours légal ; ce fut un acte de prudence et, en même temps, une habileté.

Depuis, l'expérience s'est trouvée faite et très largement faite : le billet de banque a manifestement conquis sa place ; il a ses droits de cité, il a droit à un état civil ; il a mérité enfin les avantages du cours légal qui lui a été donné en 1870.

Une première fois, en 1848, on avait proclamé le cours légal en même temps que le cours forcé ; mais en 1850, et dans des termes qu'il sera très important de rappeler tout à l'heure, on a rapporté le cours légal.

En 1870, on a de nouveau édicté le cours forcé et le cours légal.

On a rapporté, en 1878, le cours forcé ; mais on n'a pas rapporté le cours légal ; on a ainsi rendu hommage aux services considérables rendus par le billet de banque depuis le commencement du siècle jusqu'à nos jours.

Si, messieurs, on avait une idée contraire, si on voulait aujourd'hui retirer le cours légal, on ferait une chose véritablement barbare.

Est-ce que le billet de banque n'est pas reçu aujourd'hui partout à l'égal de la monnaie métallique ? Est-ce qu'il y a un danger quelconque à laisser subsister le cours légal ?

Evidemment non. Personne n'éprouve ni un doute, ni un trouble, et il y a une raison bien simple à cette sécurité, c'est que, partout, aujourd'hui, la convertibilité est facile.

Il existe, en France, 94 succursales de la Banque, 60 installations dans des villes rattachées, 25 bureaux auxiliaires ; il y a donc ainsi environ 180 établissements principaux ou accessoires qui représentent la Banque de France. Par conséquent, chacun a la certitude de pouvoir échanger facilement ses billets contre du numéraire.

Notre très regretté collègue, l'honorable M. Oscar de Lafayette avait eu, lui, une préoccupation ; un jour, en 1880, il fit une proposition qui avait pour objet précisément de rapporter le cours légal. Je faisais partie de la commission saisie de la question, et, à l'unanimité, nous avons pensé qu'il n'y avait pas lieu de donner suite à ce projet. On lui a présenté des observations dont il a parfaitement compris la justesse et l'importance, et il a retiré sa proposition.

Enfin, j'ajoute que le cours légal existe tout autour de nous : en Angleterre, en Belgique et chez nous-mêmes, en Algérie.

Je parlerai moins longuement du cours forcé, parce qu'on ne le fait intervenir que lorsqu'une semblable mesure est inévitable.

En effet, le cours forcé, c'est-à-dire l'autorisation très grave donnée à la Banque de ne pas rembourser ses billets à vue et en espèces, n'a été édicté ni en 1815, ni en 1830, c'est-à-dire au moment de graves commotions politiques; ni en 1856, ni en 1864, c'est-à-dire au moment de grandes crises financières et économiques ; le cours forcé n'a été décrété dans notre pays que deux fois seulement. Etabli en 1848, il a été rapporté en 1850. Etabli, de nouveau, en 1870, il a été rapporté, en principe, en 1875, en ce sens qu'il a été alors déclaré que le jour où il ne serait plus dû à la Banque par le Trésor public que 300 millions, le cours forcé serait rapporté. Cet événement s'est réalisé le 31 décembre 1877 et, par conséquent, le cours forcé édicté en 1870 a définitivement disparu dès 1878.

Quant à la troisième mesure, c'est précisément celle qui nous occupe aujourd'hui, c'est la question de la limitation de l'émission.

La Banque de France ne doit-elle pas rentrer dans l'exercice d'une faculté qui lui appartient par sa constitution, qui est de l'essence de son organisation, et qui s'appelle la faculté illimitée d'émission, ou doit-elle, au contraire, continuer à vivre sous le régime de la faculté limitée ?

Voilà la question.

Messieurs, au moment où je commence à aborder cette discussion, je veux me demander devant le Sénat comme je me suis déjà demandé à moi-même si j'ai des contradicteurs, si la thèse que je soutiens ici est contredite.

Eh bien ! j'ai la bonne fortune de pouvoir dire que je n'ai pas de contradicteurs. L'honorable ministre des finances, dans l'exposé des motifs, s'exprimait ainsi :

« L'article 26 de la loi du 3 août 1875 a prononcé l'abrogation des dispositions de l'article 2 de la loi du 12 août 1870 relative au cours forcé à partir du jour où les avances faites à l'Etat seraient réduites à 300 millions de francs.

« Cette condition s'étant trouvée remplie le 31 décembre 1877, 'a Banque de France depuis cette époque est tenue de nouveau, de convertir à vue en espèces métalliques, les billets dont le remboursement lui est demandé.

« La fixation d'un chiffre maximum d'émission n'était que la conséquence du cours forcé et pourrait peut-être être considérée comme virtuellement abrogée par le fait même du retour à la convertibilité des billets.

« Nous avons pensé néanmoins qu'il était préférable de replacer la Banque de France par un texte formel de loi dans les conditions normales de son fonctionnement. »

Il est impossible de mieux dire, et d'exprimer plus nettement la véritable doctrine sur la matière.

La question, messieurs, après avoir été portée devant la Chambre des députés et n'y avoir pas rencontré l'accueil qui aurait dû lui être réservé est venue devant la commission des finances du Sénat ; c'est particulièrement en qualité de membre de la commission des finances du Sénat que j'ai l'honneur d'être à la tribune.

L'honorable rapporteur de la commission, M. Dauphin, s'exprime dans les termes suivants :

« Votre commission des finances a été d'avis qu'en principe, la limitation de l'émission des billets de Banque est plutôt un danger qu'un avantage.

« L'obligation de les convertir en numéraire à toute demande, la nécessité de conserver la toute confiance du public par le maintien de justes proportions entre l'encaisse et les billets émis et la publication officielle des bilans sont des garanties meilleures que toute réglementation.

Par contre, la limitation est une gêne dans les opérations, surtout dans l'escompte du papier de commerce, et, loin de prévenir les crises, elle serait un péril si, au milieu d'une de ces crises, la Banque se trouvait obligée d'augmenter l'alarme en demandant au Gouvernement l'autorisation de suspendre l'effet de la clause restrictive pour répondre aux besoins du pays.

« La limitation n'a sa raison d'être que lorsque, comme de 1870 à 1875, le cours est forcé. »

. . . .

« La Chambre s'est déterminée par l'unique raison que le ministre des finances fait depuis 1879 des opérations avec la Banque de France. »

. . . .

« L'obligation de demander une loi spéciale au Parlement chaque fois qu'il y aurait utilité à négocier à la Banque de France des bons du Trésor et des obligations à court terme, ou de lui demander des avances sur ces valeurs, serait une grande gêne pour le Gouvernement. »

Il est impossible de mieux dire ; et tout le monde, sans exception, signerait l'excellente consultation que M. le rapporteur a donnée sous cette forme.

Mais quel est donc, alors, l'obstacle ? Où est l'opposition ? Où est la difficulté ? Et pourquoi suis-je ici à la tribune, défendant cette thèse et priant le Sénat de vouloir bien me prêter son attention ?

Le voici, messieurs : c'est parce que la commission du budget, représentée par l'honorable M. Rouvier, n'a pas tout à fait partagé les idées que M. le ministre des finances exprimait si sagement, et celles que M. le rapporteur de votre commission devait plus tard rendre en termes excellents.

La commission du budget de la Chambre des députés a pensé qu'il n'y avait peut-être pas encore opportunité, et voici — je ne cite que le passage essentiel — comment l'honorable M. Rouvier l'a dit :

« On peut bien admettre en principe que les besoins effectifs des échanges et la confiance du public constituent seuls la véritable limite de l'émission des billets. Mais pour que ce principe ne soit pas faussé dans l'application, il faudrait que le ministre des finances s'abstînt rigoureusement, en temps normal, de toute opération de négociations de valeurs du Trésor à la Banque. »

M. BUFFET. *Très bien !*

M. DENORMANDIE. « Or, il n'en est pas ainsi : En vue de profiter d'un taux d'escompte plus avantageux que celui qu'il pourrait trouver auprès des banquiers, le Trésor public a négocié à la Banque une certaine quantité d'obligations à court terme.

« L'abolition de la limite d'émission des billets de Banque pourrait permettre de donner à des opérations de ce genre une extension abusive. »

Messieurs, les termes dans lesquels est intervenue l'expression du sentiment de la commission du budget soulèvent une autre question, c'est celle de savoir quelle est la nature et quel doit être le caractère des relations du Trésor public avec la Banque. J'entendais à l'instant même l'honorable M. Buffet applaudir au langage que je citais, de l'honorable M. Rouvier, sur cette question. Quant à moi, je n'ai pas à la traiter. Je comprends et j'en ai maintenant la certitude, par l'approbation que vous venez d'entendre, que cette question sera soulevée tout à l'heure, qu'elle s'agitera entre autres collègues que moi ; je ne puis pas, je ne dois pas sortir du cadre que je me suis limité, c'est-à-dire de la question de la faculté d'émission. Toutefois, cette doctrine a servi de prétexte pour un ajournement, je veux dire pour retarder encore la restitution à la Banque de sa faculté d'émission. Je rencontre donc là un obstacle, et c'est précisément pour cela que je viens reprendre et défendre la thèse de la faculté illimitée.

Que dit, en effet, l'honorable rapporteur de la commission du budget qui, malheureusement, est trop loin pour m'entendre et pour me répondre ?

Il dit principalement deux choses : premièrement, il ne faudrait pas qu'il existât de rapports entre le Trésor public et la Banque. Car il va jusque là !

Eh bien, c'est tout simplement impossible, et vous pouvez poser la question à qui vous voudrez ; il n'y a personne ayant été un peu mêlé à ces affaires qui ne vous dise qu'il est impossible d'admettre que deux grands établissements comme ceux-là, deux grandes administrations, l'une le Trésor public, l'autre la Banque, qui ont une juxtaposition, qui ont des intérêts considérables, dont l'une est le caissier quotidien de l'autre, n'auront pas, ne pourront pas avoir des rapports et des relations.

J'ajoute qu'au point de vue des mouvements de trésorerie nécessaires, indispensables, il en a toujours été et il en sera toujours ainsi. C'est une question de mesure.

M. le rapporteur dit en second lieu : Mais si ce système était admis, si le Trésor public avait la possibilité de venir ainsi frapper à la porte de la Banque, demander sous telle ou telle forme des ouvertures de crédit en échange de bons du Trésor ou autres valeurs et de recevoir des fonds en échange, on pourrait arriver à une pression abusive.

Je suis très convaincu que si l'honorable M. Buffet savait avec quel soin jaloux, avec quelle circonspection extrême les affaires de cette nature sont examinées par le conseil de la Banque, — et j'aurais ici le meilleur de tous les témoins, — il serait immédiatement rassuré sur une crainte que je qualifierais d'un peu chimérique, sans mon très grand respect pour lui.

Non, il n'y a pas à craindre une pression abusive, elle ne peut pas exister. Quand une demande semblable est faite à la Banque de France, on examine dans quelles conditions elle se produit, quel est l'état du marché, quelle est la loi de finances, quelle est la disposition législative qui autorise le ministre des finances à faire l'opération ; on regarde comment l'emprunt va être gagé, et enfin, pour terminer ce qui n'est qu'une excursion très rapide sur une question que je ne veux pas traiter, on examine l'affaire à tous les points de vue dont elle est susceptible.

Aujourd'hui, si j'ai bien suivi cette relation, il y a dans les mains de la Banque 158 ou 160 millions de bons du Trésor, et il existe une circulation de 3 milliards 200 millions environ. Il suffit de rapprocher ces chiffres pour montrer que les 160 millions ne jouent évidemment qu'un rôle insignifiant eu égard à une circulation de 3 milliards 200 millions.

Il n'en est pas moins vrai que, par cela seul que cette théorie a été conçue par la commission du budget, que son honorable rapporteur s'y est associé et qu'en définitive la Chambre des députés a voté l'article 8, il n'en est pas moins vrai, dis-je, que la restitution à la Banque de la faculté illimitée de ses émissions se trouve encore ajournée.

Je sais bien que, sous des formes diverses, on dit qu'on rend hommage au principe ; mais je me méfie beaucoup des hommages rendus à un principe pendant sept années de suite ; cela commence à devenir un peu inquiétant, et j'ajoute que chaque étape qui se fait dans cette voie augmente précisément le danger de la situation. Comme il s'agit aujourd'hui de faire un pas de plus et d'aller de 3 milliards 200 millions à 3 milliards 500 millions, comme il s'agit une fois de plus de faire une brèche à un véritable contrat, il est nécessaire que la question soit agitée à la tribune.

Messieurs, la loi constitutive de la Banque de France n'est peut-être pas très bien connue dans le public ; je ne sais pas si on s'en rend bien compte ; je suis porté à croire, au contraire, qu'on la considère volontiers comme une de ces lois qui émanent de l'initiative gouvernementale qui règlementent une question de législation, une question d'ordre et d'intérêt public, une de ces lois qui, à un certain moment, peuvent être l'objet soit d'un complément, soit d'une modification, soit d'une mise à néant, et cela par la seule volonté du législateur.

Mais à côté et en dehors de ces lois, il y a aussi quelquefois des conventions particulières qui deviennent lois parce que le législateur paraît à un certain moment, parce que, dans un ordre d'idées général et d'intérêt public, il vient se juxtaposer à côté des intérêts privés, qu'il se les approprie dans une certaine mesure ou au moins qu'il leur donne une sorte de consécration. Ce sont les lois qui enregistrent les conventions particulières intervenues librement entre les citoyens.

Or, c'est là, messieurs, le point de départ de la Banque de France, c'est son origine.

Elle n'est due ni à l'initiative parlementaire, ni à l'initiative gouvernementale, elle est due à l'initiative de certains citoyens qui, tout à fait au commencement de ce siècle, ont conçu la grande et magnifique pensée qui est devenue la Banque de France.

Je ne veux pas dire que c'était une pensée téméraire, car

elle a réussi au-delà de toute idée, mais c'était une pensée hardie que celle qui consistait à créer entre l'établissement et le public un papier n'ayant et ne pouvant avoir de valeur que par le crédit exceptionnel de ceux qui le donnaient.

Il est assez curieux de revoir aujourd'hui, après quatre vingt-quatre années écoulées, dans quels termes a été précisément créé cet établissement devenu si considérable.

« *Statuts primitifs de la Banque de France,*
24 *pluviôse an VIII (13 février 1800).*

« Les soussignés, considérant que, par le résultat inévitable de la Révolution française et d'une guerre longue et dispendieuse, la Nation a éprouvé le déplacement et la dispersion des fonds qui alimentaient son commerce, l'altération du crédit public et le ralentissement de la circulation de ses **richesses ;**

« Que, dans des circonstances semblables, plusieurs nations ont conjuré les mêmes maux et trouvé de grandes ressources dans des établissements de banque ;

« Que la nation française, familiarisée avec les plus grands efforts dans la conquête de la liberté, ne doit pas se laisser opprimer plus longtemps par des circonstances qu'il est en son pouvoir de maîtriser ;

« Qu'enfin, l'on doit attendre que l'intérêt privé et l'intérêt public concourront d'une manière prompte et puissante au succès de l'établissement projeté ;

« Ont résolu et arrêté les articles suivants comme statuts fondamentaux d'une banque :

. . . .

« ART. 5. — Les opérations de la Banque de France **consisteront :**

1° A escompter...

2° A se charger... du recouvrement...

3° A recevoir en compte courant...

4° A émettre des billets payables au porteur, et à vue, et des billets à ordre payables à un certain nombre de jours de vue. Ces billets seront émis dans des proportions telles qu'au moyen du numéraire réservé dans les caisses de la Banque et des échéances du papier et de son portefeuille...

M. Buffet. *Très bien !*

M. Denormandie... elle ne puisse, dans aucun temps, être exposé à différer le payement de ses engagements...

M. Buffet. *Très bien ! Très bien !*

M. Denormandie... au moment où ils lui seront représentés.

. . . .

« Art. 26. — Les présents statuts serviront d'acte d'union entre les actionnaires et formeront loi entre l'établissement et le public. Ils seront enregistrés au tribunal de commerce de Paris.

« Fait et arrêté à Paris, en assemblée générale, le 24 pluviôse de l'an VIII de la République française. »

Vous voyez, messieurs, sous l'empire de quelle pensée élevée, dans quel langage véritablement noble l'établissement se fondait.

Trois années se passent. A quoi, messieurs, ces trois années ont-elles été employées ? A faire l'expérience, c'est-à-dire que c'est l'association privée, l'association particulière, née de l'initiative des citoyens, sous l'empire d'une grande pensée dont j'ai rappelé les termes, qui, pendant ces trois années, fonctionne seule en son indépendance absolue. Cette grande, cette hardie tentative a réussi, et, dès la troisième année, il n'y a eu de doute pour personne ; alors le législateur est intervenu ; l'association a compris évidemment qu'elle avait un intérêt considérable à se mettre sous la protection du Gouvernement, à lui demander des facilités qu'elle ne pouvait pas se donner à elle-même, pour avoir un complément de vie, de mouvement, d'autorité, de crédit, et qu'il y avait un intérêt capital pour le public, pour elle-même, à tous les points de vue, à agir ainsi, tout en gardant son caractère privé, son indépendance et son initiative.

M. Buffet. *Très bien !*

M. Denormandie. « La loi du 28 germinal an XI, relative à la Banque de France.

« Article 1er. — L'association... » — vous voyez que l'association ne disparaît pas, — « l'association formée à Paris sous le nom de Banque de France aura le privilège exclusif d'émettre des billets de banque, aux conditions énoncées dans la présente loi. »

Le législateur la reconnaît, il la maintient, il vise son existence.

Autre loi intervenant le 16 janvier de l'année 1808 :

« Toute délibération ayant pour objet la création ou l'émission de billets de banque doit être approuvée par les censeurs ; le refus unanime des censeurs en suspend l'effet. »

Je viens de vous expliquer l'origine et le caractère de l'institution. Je vous montre maintenant ce qui est particulièrement significatif, c'est-à-dire le pouvoir spécial de création et d'émission des billets exclusivement maintenu à la Banque de France sous l'approbation unanime des censeurs.

Le législateur n'intervient ni pour la création ni pour l'émission des billets. On reconnaît que c'est le fait particulier, personnel et indépendant de la Banque, et l'on conserve ce droit dans le texte de l'article que je viens de vous lire.

Je ne crois pas, messieurs, qu'il puisse y avoir véritablement de doute sur le principe, sur le droit.

Qu'est-ce que cela constitue ? un contrat. Et si, malgré les termes si formels que je viens de faire passer sous les yeux du Sénat, le législateur vient aujourd'hui limiter la faculté d'émission de la Banque, il porte atteinte à un véritable contrat intervenu très librement au commencement de ce siècle, contrat qui doit continuer à recevoir son exécution entre la société nouvelle, ou du moins, entre ceux qui représentent aujourd'hui la Banque de France, et, d'autre part, l'Etat.

L'établissement est toujours un établissement privé ; sans doute, il a un caractère un peu mixte ; sans doute il reçoit l'attache du Gouvernement dans certaines circonstances ; sans doute, c'est le Gouvernement qui désigne ses gouverneurs ; mais, à côté du pouvoir exécutif nommé par le Gouvernement, il existe un pouvoir législatif nommé par les actionnaires, un pouvoir législatif indépendant, c'est-à-dire un conseil de régence qui est saisi de toutes les affaires importantes et qui, seul, les tranche toutes.

Est-ce que le contrat cependant dont j'ai parlé, contrat intervenu à l'origine entre l'association et l'Etat, n'est pas susceptible d'une exception ?

Parfaitement. Je l'ai reconnu moi-même, et je vais le dire de nouveau.

Oui, il y a une exception, et elle se produit lors de

l'existence du cours forcé. Et pourquoi ? Par une raison bien simple, messieurs, et que tout homme de bon sens comprend immédiatement : c'est que le jour où la Banque, sous l'empire d'événements de force majeure, est autorisée à suspendre le remboursement de ses billets à vue, en espèces, il est bien évident qu'elle ne peut pas continuer à jouir de la faculté illimitée d'émission.

Oui, lorsqu'il y a cours forcé, il y a suspension de la faculté illimitée d'émission. Cette exception est la seule et je la mentionne parce que, comme toutes les exceptions, elle confirme la règle, et puis, parce qu'il est très précieux de mettre sous les yeux du Sénat, pour achever cette partie de ma démonstration, les termes dans lesquels précisément le cours forcé a été rapporté en 1850.

Voici ce qui s'était passé :

15 mars 1848, limitation de la circulation à 350 millions : c'était la conséquence du cours forcé qui venait d'être édicté ;

27 avril 1848, limitation à 452 millions : conséquence de la réunion des banques départementales à la Banque de France.

22 décembre 1849, limitation à 525 millions ;

Enfin, 6 août 1850, abolition du cours forcé et, en même temps, abolition de la limitation de l'émission, ce qu'on a le tort de ne pas faire encore, ce qu'on n'a pas fait depuis sept ans, et ce qu'il faut qu'on fasse, sinon de suite, au moins dans un très bref délai.

Voici, messieurs, les termes qu'il me paraissait si intéressant de mettre sous les yeux du Sénat ;

« Sont abrogés, dit le décret du 6 août 1850, les décrets et lois postérieures dans les prescriptions relatives ;

« 1° Au cours légal des billets de banque ;

« 2° Au droit conféré à la Banque de ne pas les rembourser en espèces ;

« 3° Au maximum de la circulation ;

« En conséquence, la Banque de France et ses succursales sont désormais régies par les anciens statuts de la Banque. »

J'aurais eu à faire aujourd'hui une rédaction pour faire reconnaître les droits de la Banque, que je ne me serais pas servi de termes plus nets :

« En conséquence, la Banque de France et ses succursales sont désormais régis par les anciens statuts de la Banque de France. »

Or, ces anciens statuts, c'est la loi primitive, primordiale, c'est le contrat lui-même, c'est l'association qui a traité avec l'Etat, et voilà pourquoi il y a eu contrat synallagmatique. Et si l'on prive aujourd'hui la Banque de France de sa faculté illimitée, on porte une véritable atteinte à ce contrat.

Il y a bien, sur cette question de l'émission des billets d'une banque, deux théories.

Il y a la faculté illimitée, qui se pratique dans notre pays par la Banque de France ; mais une autre thèse a prévalu dans un grand pays, en Angleterre : c'est la faculté limitée.

Je crois qu'il est utile, à ce mement de ma discussion, de dire un mot de cette faculté limitée de la banque d'Angleterre pour montrer que, selon moi, du moins, la théorie de la faculté illimitée est préférable à la théorie de la faculté limitée.

La faculté limitée de la banque d'Angleterre, voici comment elle s'exerce, ou plutôt, voici comment la Banque elle-même fonctionne et est organisée à ce point de vue.

Il y a, à la banque d'Angleterre, deux départements qui ont une existence séparée...

M. Buffet. Parfaitement.

M. Denormandie... — L'honorable M. Buffet veut bien certifier ce que j'explique, — et qui traitent leurs affaires avec une entière indépendance : le département de l'émission et le département de l'escompte.

Le département de l'émission est l'élément dominant ; c'est le département qui est le maître de la maison. C'est lui qui décide naturellement s'il lui convient d'émettre dans telle ou telle proportion ; et les opérations d'escompte sont subordonnées aux résolutions du département de l'émission.

Chez nous, au contraire, c'est l'inverse : l'escompte est le département dominant, car la Banque de France a été créée pour faire l'escompte dans les proportions les plus larges possibles, au meilleur marché, à tout le commerce, à toute l'industrie, et le département de l'émission lui est subordonné, en ce sens — du moins, on a vécu depuis le commencement du siècle dans cette doctrine — en ce sens que, toutes les fois que les besoins de l'escompte l'exigent, il faut que l'émission fonctionne... (M. Buffet fait un signe de dénégation)... et c'est pour cela que les créateurs de l'institution ont posé ce principe qu'ils auraient nécessairement la faculté illimitée d'émission. Voilà la différence qui existe entre les deux établissements.

Il n'est pas sans intérêt, messieurs, de rapprocher les résultats de ce double fonctionnement, l'un en Angleterre, et l'autre en France. Vous allez voir que le système de l'émission illimitée pratiqué en France a donné des résultats supérieurs à ceux de l'Angleterre alors surtout que, d'autre part, la France a toujours eu un avantage très appréciable par l'abondance de sa circulation monétaire.

Quelques indications seulement.

En 1837 et 1838, il y eut aux Etats-Unis une crise très grave qui avait été motivée par les retraits des dépôts du Trésor ; les Etats-Unis, désireux tout naturellement de se créer une compensation, imaginèrent d'inonder de papier américain le marché français et le marché anglais. Le marché français n'en fut, pour ainsi dire, pas touché ; la Banque de France n'en fut pas émue. Il y avait cependant dès cette époque, — je parle de 1837 et 1838, — il y avait déjà, dis-je, quoique les chemins de fer ne fussent encore qu'à leur naissance et que le grand développement des affaires ne se fût pas encore produit comme il existe aujourd'hui, il y avait, entre les grands pays s'occupant d'affaires activement comme l'Angleterre et la France, une solidarité réelle.

Or, la Banque de France supporta le coup parfaitement ; la banque d'Angleterre, au contraire, vit tomber tout à coup, sous l'influence de cette crise, son encaisse métallique de 200 millions à 62 millions.

En 1839, la banque des Etats-Unis sombre complètement. La Banque de France ne s'en aperçoit pour ainsi dire pas ; la banque d'Angleterre, au contraire, fut très éprouvée, à ce point qu'elle se vit obligée d'emprunter 50 millions à la Banque de France en valeurs de crédit.

A compter de 1844, date du bill dû à l'initiative de Robert Peel, la différence s'accuse encore davantage.

En 1847, nous rencontrons la crise des blés, que quelques-uns d'entre vous peuvent se rappeler. La Banque de France est à peine touchée ; son escompte s'élève à 5 p. 100 ; mais, en Angleterre, l'escompte monte jusqu'à 8 p. 100 ; les échéances sont limitées à trente jours et l'on suspend le bill de 1844.

En 1857, crise des deux métaux, qui était le résultat d'un drainage d'or par l'Amérique. En France, le taux de l'escompte est malheureusement porté à 10 p. 100, mais pendant quinze jours seulement ; à Londres, il est porté à 10 p. 100 également, mais pendant six semaines de suite.

En 1866, même crise monétaire. En France, le taux moyen ne quitte pas 4 1/2 p. 100 ; en Angleterre, il va à 6, 8 et 10 p. 100, et, pour la seconde fois, on est obligé de suspendre le bill de 1844.

Enfin, messieurs, de 1837 à 1881, le taux de l'escompte varie et change en Angleterre 292 fois...

M. Buffet. Eh bien ?

M Denormandie... dans un espace de quarante-quatre ans, et, en France, il ne varie que 100 fois seulement. Je suis donc autorisé à conclure de ces exemples et de ce tableau comparatif que le système de la faculté limitée a beaucoup moins d'avantages que le système de la faculté illimitée.

Je pourrais à la rigueur en rester là de ma discussion ; je crois, messieurs, que vous n'en seriez pas fâchés.

Voix nombreuses. Mais si ! — Au contraire ! — Parlez ! parlez !

M. Denormandie. J'ai établi, en effet, ou du moins je crois avoir établi ce qui était, à mon sens, le droit, et je crois avoir établi aussi la supériorité du système de la faculté illimitée.

Mais, comme je désirerais qu'à la suite de cette discussion, si la faculté illimitée d'émission n'est pas rendue immédiatement à la Banque de France, elle le soit au moins dans un bref délai, je voudrais, si le Sénat me le permet, pour tâcher de conquérir ce résultat prochain, pénétrer la question un peu plus à fond et montrer, par un certain nombre d'indications, combien il est désirable qu'on renonce à un système de précautions que rien ne justifie au regard de la Banque de France.

Le premier point de cette seconde partie de ma discussion consiste à rechercher devant le Sénat quelle est la cause principale de l'augmentation dans la circulation fiduciaire.

La circulation fiduciaire a augmenté considérablement, sous l'empire d'événements que vous savez tous, et que vous avez suivis comme moi. Depuis quarante ou cinquante ans, en effet, nous assistons, dans ce pays, à une révolution commerciale et industrielle.

La propriété n'était certainement pas autrefois ce qu'elle est aujourd'hui. Elle était concentrée dans un certain nombre de mains, elle est aujourd'hui très divisée.

Il y avait à cette époque, en politique, en matière de législation électorale, ce qu'on appelait le pays légal.

Eh bien, il y avait aussi un pays légal sur le terrain des intérêts et des affaires ; il y avait une propriété qui était restreinte, qui n'était pas morcelée, fractionnée à l'infini, comme elle l'est maintenant. Les propriétés se sont beaucoup divisées sous l'Empire et par application des principes du code civil ; je ne discute pas ces principes ; je sais qu'il y aurait à débattre, à ce propos une très grande thèse d'économie politique qui a été longtemps agitée et qui l'est encore souvent : ce morcellement indéfini de la propriété, cette application des principes du code civil, est-ce une bonne ou une mauvaise chose ? Quelle est la porté de ces principes au point de vue de la famille ? — Quelle est la portée de leur application au point de vue de la propriété et spécialement de l'agriculture ?

Je ne pourrais improviser une pareille discussion, qui sortirait d'ailleurs singulièrement des limites de mon discours. Il faudrait pour la traiter un collègue plus autorisé que moi, un collègue éminent, M. Léon Say, que vous avez entendu avant-hier traiter à la tribune, avec une si haute distinction, la question de la caisse des retraites de la vieillesse.

J'écarte donc cette question, mais je dis en mentionnant simplement le fait : la propriété est morcelée, elle est divisée et subdivisée à l'infini ; et il y a aujourd'hui un nombre de propriétaires incommensurable.

Quant à la fortune mobilière, qui n'existait pas du tout autrefois, c'est encore bien mieux, elle a été créée tout entière ; elle a été créée avec ce fractionnement indéfini que vous savez sous forme d'actions, d'obligations, de participations, de parts d'intérêts et de cointérêts. Qu'est-ce que tout cela, messieurs ? C'est la propriété immobilière et mobilière démocratisées au plus haut point ; c'est la subdivision des intérêts, c'est la tractation en détail d'une foule d'opérations de toutes sortes qui aboutissent, à quoi ? Au maniement des métaux précieux, mais préalablement au maniement de la monnaie fiduciaire, divisée et fractionnée sous la forme des petites coupures comme les intérêts eux-mêmes.

Par conséquent, dans ce grand mouvement d'affaires, non pas centralisées dans quelques mains, mais fractionnées ainsi à l'infini, vous assistez nécessairement, comme conséquence, à une subdivision infinie.

Voilà la cause principale de la circulation fiduciaire.

On peut en ajouter une autre, très importante aussi :

c'est la diffusion des établissements que la Banque a créés, et qui fait pénétrer le billet dans les plus petites localités, là où il était à peine connu autrefois ; le billet y prend peu à peu la place du numéraire, au moins en partie, et c'est ce qui contribue naturellement à augmenter la circulation fiduciaire.

On peut bien dire également que l'établissement du cours forcé, en 1870, et son maintien pendant les sept années qui ont suivi la guerre, a largement contribué à l'éducation du public en matière de monnaie fiduciaire.

Permettez-moi quelques mots encore pour compléter cet ordre d'idées. Aujourd'hui, est-ce que l'épargne se fait encore sous la forme de mise en réserve de monnaies d'or ou d'argent, dans une cachette que malheureusement on oublie quelquefois ou dans le bas de laine légendaire ? Non, messieurs, la notoriété du billet de banque est telle, son crédit est si réel que, chose curieuse, dans les provinces les plus reculées, parmi les populations les plus illettrées, les plus incultes de la France, on pratique l'épargne au moyen du billet de banque.

C'est le billet de banque, sous la forme de petites coupures, que l'on cache, que l'on enfouit, et l'épargne occulte, celle qui ne se traduit pas malheureusement par un nouveau placement, absorbe et dévore ainsi nécessairement une assez grande quantité de monnaie fiduciaire.

Il y a là un mouvement qui ne fera que s'augmenter encore dans une certaine mesure et auquel il faut satisfaire, sauf réglementation par la Banque elle-même selon son droit et sous sa responsabilité.

Ceci dit, je voudrais, pour serrer de plus près la fin de ma discussion, établir devant le Sénat trois choses : d'abord, que la loi dont il s'agit de continuer l'application, est impossible à exécuter ; en second lieu, que la mesure est dangereuse ; en troisième lieu, qu'elle est inutile. Si vous voulez me donner quelques minutes, je ferai, je crois, cette démonstration aussi rapidement que possible. *(Parlez ! parlez !)*

Je dis que la loi est impossible à exécuter. Ne me trahissez pas, je vous prie de ne pas dire quel langage audacieux je tiens à la tribune du Sénat *(Sourires)*, mais écoutez-moi. Comment, dans quelles proportions se font chaque jour les affaires de la Banque de France ? J'aurais encore ici un témoin, qui ne me démentirait pas ; les affaires de la Banque se font tous les jours, dans des proportions que l'on ne sait pas, qu'on ne soupçonne pas. En moyenne, elle escompte certainement, tant à Paris que dans ses nombreuses succursales, 40, 50 60 80 millions par jour. Il y a des jours où cette somme est escomptée dans la matinée, en quelques heures, à Paris seulement. Dans tous les cas, à Paris, on escompte souvent 20, 25, 30 millions par jour.

Comment voulez-vous qu'un établissement pareil, qui a aujourd'hui, par ses annexes, par ses bureaux, par ses villes rattachées, 180 établissements, puisse arrêter tout à coup des rouages aussi nombreux au moment où il approche de la limite, pour être bien sûr de ne pas la dépasser? C'est impossible!

M. BUFFET. Mais non, pas du tout!

M. DENORMANDIE. L'honorable M. Buffet m'interrompt par une dénégation. Je lui répondrai par un fait qui est de notoriété publique dans le monde des affaires, qui a été connu de beaucoup de personnes à la fin du mois de décembre dernier, c'est que la mesure, très probablement, du moins, a dû être dépassée; et toutes les limitations possibles n'empêcheront pas qu'il n'en puisse être ainsi.

M. le ministre des finances me fait un signe affirmatif dont je suis très heureux — parce que c'est la vérité même. — Eh bien, oui, la limite a dû être un instant dépassée.

M. TIRARD, *ministre des finances*. On le suppose!

M. MAGNIN. Elle a été atteinte, elle n'a pas été dépassée.

M. DENORMANDIE. Dans la journée du 31 décembre...

M. le MINISTRE. Elle a été atteinte dans la matinée du 31 décembre!

M. DENORMANDIE. Dans la matinée du 31 décembre, on en était, je crois, au chiffre de 3 milliards 197 millions.

M. BUFFET. Eh bien?

M. DENORMANDIE. M. Buffet me dit : « Eh bien? » Voici ce que je lui réponds : Ce chiffre-là, il était arrivé à Paris probablement le 30 décembre dans la soirée ou le 31 décembre au matin; or, dans la journée du 31 décembre, dans toutes les succursales de la Banque de France, on a évidemment délivré 30 ou 40 millions.

Par conséquent, et ma conviction est absolue à cet égard, la limite a été nécessairement dépassée. C'est la force de choses qui le veut ainsi; il ne peut pas en être autrement.

Mais je vais pousser mon raisonnement plus loin. Je suppose qu'à force de précautions on parvienne à respecter la limite et qu'on puisse en effet arriver à ne point la dépasser.

Savez-vous, messieurs, ce qu'il faudra faire pour cela ? Il faudra absolument que la Banque se prive d'une marge qui lui est nécessaire, qui lui est indispensable et que, au lieu d'aller jusqu'à la limite qui lui est assignée, et qui est actuellement de 3 milliards 200 millions, elle s'arrête à 3 milliards ou 3 milliards 100 millions ; qu'en un mot, elle prive du bénéfice de cette marge de 100 millions, par exemple, le nombre immense de ceux qui ont affaire à elle, et cela pour être sûre de ne pas dépasser la limite par le fait de ses multiples établissements. Par conséquent, la limite est impossible à observer d'une manière absolue, d'une manière très rigoureuse.

Mais j'admets que cela se puisse : je dis alors que c'est quelque chose de très dangereux ; je dis que c'est manquer absolument à la loi de l'institution ; et quand je dis que c'est dangereux, voici comment je l'établis : comment procèdera la Banque qui aura atteint sa limite, qui l'aura respectée, qui ne l'aura pas dépassée, qui aura la certitude d'être en deçà ? Comment procèdera-t-elle, désireuse qu'elle est de continuer à respecter la loi ? Qu'est-ce qu'elle dira à tous ceux qui, ayant des besoins de commerce ou d'industrie, viendront frapper à sa porte ? Elle procèdera d'une manière bien simple que nous connaissons d'avance ; elle élèvera le taux de l'escompte ; ou elle réduira les bordereaux, c'est-à-dire qu'à l'homme qui est engagé dans les affaires, qui a des échéances, qui a besoin de 30,000 francs et qui lui apporte son portefeuille à concurrence de 30,000 francs, elle donnera seulement 10,000 francs ; ou bien elle lui imposera la limite des jours, c'est-à-dire qu'elle ne prendra que du papier court, à échéance de trente, vingt-cinq et même vingt jours, afin qu'il puisse se renouveler le plus souvent possible.

A-t-elle d'autres ressources que celles-là ? Non, elle n'en a pas. Mais, dit-on, elle a de l'or.

Oh ! messieurs, à quelle question nous toucherions ici !... Elle a de l'or ; oui, en effet, elle en a ; elle a un milliard d'or, aujourd'hui, en chiffres ronds.

Mais savez-vous, messieurs, ce qu'est ce milliard d'or ? C'est la réserve la plus précieuse du pays ; c'est le stock auquel il ne faut toucher à aucun prix ; le stock avec lequel et par lequel se fait la libération du pays dans les mauvaises et douloureuses années, comme celles que nous traversons depuis quelque temps et où nous avons malheureusement la balance commerciale contre nous ; nous avons à nous libérer à l'égard de l'étranger, et c'est la seule ressource avec laquelle nous puissions le faire.

Quel que soit, en effet, le crédit de nos billets de banque, nous ne pourrions pas les envoyer aux Etats-Unis ; car c'est une monnaie fiduciaire intérieure.

Je dirai cependant en passant, et je suis bien heureux et bien fier de le rappeler, qu'en 1871 le billet de banque français faisait prime à Berlin.

Néanmoins, nos billets de banque ne pourraient pas nous libérer envers l'étranger.

Nous ne pouvons pas davantage lui envoyer nos écus, qui seraient d'un transport difficile et qui perdraient nécessairement, puisque l'argent, comme vous le savez à merveille, est en baisse et subit une certaine dépréciation, et qu'alors ou il faudrait envoyer à grands frais, dans des conditions très onéreuses, des écus, c'est-à-dire une monnaie qui perd, ou bien, si on nous prenait cette monnaie au pair, les étrangers en viendraient à majorer les marchandises qu'ils nous vendent, ce qui reviendrait à peu près au même.

Par conséquent, il ne reste que l'or. Et quel or ? Il y a encore une distinction à faire : non pas la petite pièce d'or de 5 francs qui a roulé, qui a circulé, qui est usé plus ou moins ; non pas la pièce de 10 francs, qui est peu connue, qui n'est pas très abondante ; mais l'unité d'or, la pièce de 20 francs. Et quelle pièce de 20 francs ? Ah ! messieurs, ces pièces, on les regarde ! Allez assister, à la Banque de France, au travail quotidien du caissier principal, si dévoué et si expérimenté, obligé de se défendre contre des exigences de toutes sortes. On demande de l'or lourd, c'est-à-dire de l'or frais, c'est-à-dire de l'or qui n'a pas circulé, sur lequel on puisse encore avoir une marge pour la spéculation.

Voilà, messieurs, pourquoi le stock d'or est si précieux et pourquoi il faut le ménager : c'est parce qu'on ne peut, au moins pour la plus grande partie, se libérer qu'avec celui-là, ce qui explique comment, il y a quelques années, l'encaisse de cette nature était tombé à 600 millions. Voilà pourquoi la Banque, dans l'hypothèse que j'examinais tout à l'heure, ne pourrait pas donner satisfaction à la loi de son institution. Voilà pourquoi elle ne pourrait pas satisfaire, par la remise de ce stock, son service de l'escompte, si ce n'est cependant pour une modeste partie. *(Très bien ! très bien ! sur plusieurs bancs.)*

Que resterait-il à la Banque ? Ses écus ; ce qui équivaut à dire que ce serait le cours forcé des écus.

Le jour où la Banque de France sera réduite, vis-à-vis de ceux qui frappent à sa porte, à les solder en grande partie avec des écus, ce jour-là vous verrez, messieurs, se produire une réelle émotion à ses guichets.

Voilà la situation à laquelle nous pourrions être amenés avec le système proposé s'il se prolongeait. Et voilà pourquoi j'avais raison de dire que la mesure était dangereuse. Sans doute, elle n'est pas dangereuse en ce moment-ci, elle ne le sera pas demain matin, mais elle peut le devenir.

Je dis, messieurs, en outre, que je crois la mesure inutile. Certes, elle est inutile parce que l'émission illimitée ne peut vous inspirer aucune préoccupation et qu'elle ne présente aucun péril... *(Rumeurs sur quelques bancs à droite)*,... oui, aucun péril ! *(Interruptions à droite.)*

Ah ! si vous aviez encore, en France, la pluralité des banques d'émission, je comprendrais les objections ; si vous aviez plusieurs établissements investis simultanément de ce monopole et pouvant impunément, chaque jour, dans le cabinet de leurs directeurs, créer du papier et le jeter ainsi avec des formes différentes, avec des valeurs différentes, avec un crédit différent dans la circulation, oui, vous auriez raison ; il y aurait un grand danger et ce danger serait tel qu'il a fait courir les plus grands périls aux Etats qui ont pratiqué ce système.

En Angleterre, entre 1839 et 1843, la situation des banques d'émission était très mauvaise ; elle est devenue telle qu'il y en a 2,965 qui se sont liquidées pendant le cours de ces quatre années sous le coup de leurs désastres. C'est là ce qui a motivé l'intervention si autorisée de Robert Peel en 1844 et le bill que j'ai mentionné tout à l'heure.

Aux Etats-Unis, la crise terrible de 1857 a été amenée par l'abus de la pluralité des banques d'émission.

En Espagne, il y avait aussi pluralité des banques d'émission, et l'on a voulu revenir à la consécration d'un monopole par la loi de 1874.

En Autriche, les mêmes faits ont été observés ; la pluralité des banques a fait courir de très grands risques au pays, et c'est en 1878 que le monopole a été consacré.

En Allemagne, l'effet de la pluralité des banques d'émission n'a pu être atténué que par la loi promulguée en 1875.

Voilà, messieurs, comment vous devez avoir toute sécurité. Nous ne sommes pas sous le régime de la pluralité des banques ; vous avez, en présence de vous, un seul établissement, qui a donné des preuves bientôt séculaires de sa sagesse.

Mais vous avez encore une autre garantie : assurément.

elle est excellente, car elle réside dans le fonctionnement même. Est-ce que vous vous imaginez que l'émission des billets de banque peut avoir lieu instantanément et par l'effet du caprice d'un chef de service qui aura décidé de jeter dans la circulation tel ou tel papier ? Dépend-il même des gouverneurs de la Banque, quelque capables qu'ils soient, d'émettre des billets à leur gré ? Non. Une émission est une affaire étudiée avec un soin scrupuleux par des hommes dont la connaissance des affaires est considérable. Il faut avoir travaillé avec eux pour savoir tout ce qu'ils valent.

Tout est pesé, mesuré ; on passe plusieurs semaines à rechercher s'il y a lieu de faire une émission, quelle est sa contre-partie, dans quelles conditions générales on est. L'instruction, à laquelle on se livre, est complète et présente les plus grandes garanties. Il est de notoriété que pas un seul abus n'a été signalé depuis trois quarts de siècle ! Que dire à cela ?

Il y a encore une autre garantie, ou plutôt il y en a beaucoup d'autres. Ce sont toutes les valeurs qui sont entre les mains de la Banque de France et qui sont la garantie directe de toutes ses émissions. Vous avez comme encaisse deux milliards, vous avez un portefeuille de douze cent millions ; cela fait 3 milliards 200 millions. Vous avez, en dehors de cela, des titres sur lesquels il y a des avances faites pour 310 millions en chiffres ronds. Eh bien ! ces titres-là valent au moins 400 millions, ce qui fait au total 3 milliards 600 millions.

Enfin, reste le capital de la Banque de France, le capital de garantie. C'est également là un point qui fait la supériorité de ce magnifique établissement. C'est une question qui a été controversée et qui a été, surtout, débattue avec une ardeur sans pareille par certains économistes.

Dans la grande enquête de 1865, on pressait la Banque ; on lui disait : « Vous avez là un capital qui ne fait rien ; jetez-le dans vos affaires. »

Et la Banque répondait avec raison, avec la certitude d'être dans le vrai : « Je ne le jetterai pas dans mes affaires, je suis une banque d'émission. J'ai besoin plus qu'aucun autre établissement d'inspirer la confiance : il faut que je montre mon capital, il faut qu'il soit là, et qu'il demeure comme une garantie permanente et visible de mes différences possibles et de mes opérations de chaque jour. » En un mot, et suivant l'heureuse expression du comte Mollien, c'est un cautionnement de gestion.

Par conséquent, le capital de la Banque, il est là, il est intact et s'élève à 192 millions, soit en chiffres ronds, si vous le voulez bien et pour la commodité des calculs, 200 millions. Ce qui fait au total 3 milliards 800 millions. Et si j'ajoute à cela les propriétés immobilières et les métaux précieux, nous allons à environ 4 milliards.

Voilà une garantie assurément superbe ! Eh bien, messieurs, tout ce que je viens de vous dire en dernier lieu est inutile. Et pourquoi ? C'est que je n'ai pas besoin de savoir s'il y a ou non, en réalité, une représentation largement suffisante, vous en êtes convaincus comme moi ; non, non, il me suffit de vous dire ceci, qui est la meilleure de toutes les réponses : laissons de côté toutes ces garanties, elles sont intactes et entières ; il y a quelque chose de mieux à vous dire : c'est qu'il ne sort pas un billet de la Banque de France qui n'ait son équivalent. Il n'y a rien à ajouter à cela.

Il ne sort pas un billet de banque qui n'ait son équivalent, et son équivalent, comment ? Son équivalent en or ou en argent, c'est-à-dire dans l'un de ces métaux qui viennent composer l'encaisse métallique, ou son équivalent en effets de commerce, c'est-à-dire en effets revêtus de trois signatures, dans les termes de la loi constitutive de la Banque.

Et si vous saviez avec quel soin ce papier est examiné tous les jours, par combien d'étapes il passe, comme il est vu dans les bureaux, comme il est scruté ensuite par le conseil d'escompte et par les régents, comme il l'est également par le gouverneur lui-même et par les sous-gouverneurs ! Mais, messieurs, ces équivalents-là présentent toute sécurité parce qu'il y a là un portefeuille admirable, et on ne donne de billets de banque qu'en échange ou des métaux ou des effets de commerce...

M. BUFFET. Ou des obligations du Trésor.

M. DENORMANDIE. L'honorable M. Buffet dit : « Ou des obligations du Trésor. » Je ne suppose pas qu'il mette en doute la valeur de la signature du Trésor public ?

M. BUFFET. Non ! non ! *(Sourires à gauche.)*

M DENORMANDIE... ou, en troisième lieu, en échange de titres. Et quels titres ? Non pas n'importe quels titres, non pas de ces pauvres titres représentant de bien tristes affaires et comme on en voit malheureusement si souvent, mais des titres sérieux, des titres vrais, des titres cotés et sur lesquels il est fait une avance ! Est-ce une avance représentant le plein du titre ? Non ! mais une avance faite dans une proportion relativement modeste, et limitée à 60, 75 et 80 p. 100.

Ainsi, les billets de la Banque ne sont délivrés que contre la monnaie métallique, ou des métaux, contre des effets de commerce, contre des titres de premier ordre.

Voilà pourquoi je disais tout à l'heure que je n'ai pas besoin d'aller chercher ce qu'il y a à la Banque et qu'elle est au juste la quotité des garanties. Je dis que la façon dont se fait l'émission des billets présente assurément toutes garanties. *(Très bien! très bien! à gauche.)*

Telles sont les observations que je voulais avoir l'honneur de présenter au Sénat avec l'espérance de lui faire accepter la doctrine de la faculté illimitée. Je ne parle pas de convertir M. le ministre des finances, car j'ai lu, avec le plus grand plaisir tout ce qu'il avait dit dans l'exposé des motifs du projet de loi, et je suis convaincu que l'on aura son concours quand il le faudra. d'ici à peu de temps, rapidement, pour arriver à rapporter cette mesure, qui est une acte de méfiance, qui est véritablement une tutelle prolongée.

Et maintenant. Messieurs, pourquoi suis-je venu vous dire tout cela? Pourquoi ai-je pris la liberté de traiter cette question sans avoir le droit de le faire, au nom de la Banque, ce qui eût été fort malséant de ma part?

Je l'ai fait en mon nom personnel ; je l'ai fait parce que j'ai une conviction profonde ; je l'ai fait parce que, cette conviction, je l'ai puisée dans l'étude sérieuse de la question ; je l'ai fait parce que je fais partie de la commission des finances du Sénat dans laquelle la question avait été agitée et discutée ; je l'ai fait au nom et dans l'intérêt supérieur des affaires du pays ; je l'ai fait au nom et dans l'intérêt du crédit et parce qu'il est capital pour le crédit de rendre à la Banque la faculté illimitée d'émission.

L'honorable M. Buffet, dans une des grandes séances auxquelles nous venons d'assister et où nous l'avons écouté avec tant de plaisir, s'est servi d'une expression dont la justesse m'a frappé ; il a parlé, — je crois que c'est à propos du crédit de la France, — d'une sensibilité maladive.

Eh bien, oui, aucune expression ne peut rendre ni plus réellement ni mieux la situation du crédit, et si vous saviez, comme je le sais moi-même, comme d'autres le savent, à quel point le crédit peut être facilement inquiet et troublé, vous excuseriez la liberté que j'ai prise de vous retenir peut-être un peu longtemps.

Le crédit doit être immuable, c'est une expression dont on s'est souvent servi ; — il doit être incontestable, il doit être incontesté ; ménageons-le donc avec le plus grand soin ; épargnons, enfin, sa sensibilité maladive et souhaitons de voir rapporter dans le plus bref délai la mesure dont il s'agit. (*Vifs applaudissements sur un grand nombre de bancs. — L'orateur, en retournant à son banc, est félicité par un grand nombre de ses collègues.*)

IV

J'ai eu souvent l'occasion de parler à la tribune de questions concernant les caisses d'épargne ; mais je viens seulement donner ici un discours prononcé au Sénat, le 17 mai 1894, en réponse à M. Bardoux.

Discours prononcé par M. Denormandie, au Sénat, le 17 mai 1894, dans la discussion du projet de loi sur les Caisses d'épargne.

M. DENORMANDIE, *rapporteur*. Messieurs, il y a dans le discours de l'honorable M. Bardoux des idées et des pensées si élevées, si excellentes, empreintes d'un tel sentiment d'humanité, de charité et de bienfaisance, que tous certainement nous sommes heureux d'y souscrire.

Mais l'amendement de notre honorable collègue contient une des dispositions les plus graves qui puissent nous être soumises en matière de caisses d'épargne.

C'est, en effet, qu'à la base de cet amendement se place un principe qui aurait la plus haute gravité.

L'honorable M. Bardoux disait tout à l'heure : « Ce n'est pas une atteinte à la fortune personnelle », et il ajoutait : « Nous demandons la liberté, nous demandons l'indépendance ! »

Personne ne conteste la liberté ni l'indépendance des caisses d'épargne.

Ce n'est pas, dites-vous, une atteinte à la fortune personnelle ?

Non, mais c'est une atteinte à l'institution elle-même, et

c'est précisément par ce point capital que votre amendement se différencie des autres.

Le Sénat, dans ses séances précédentes, a eu, en effet, à connaître de certaines modifications qui lui étaient proposées au projet de loi, de certaines dispositions, de certains amendements.

Certainement, je ne veux ni ne dois faire bon marché des propositions qui ont été soumises au Sénat, mais je crois pouvoir dire, sans manquer à aucun devoir parlementaire, que ces questions auraient pu être résolues soit dans un sens soit dans l'autre sans produire autre chose qu'une modification dans les résultats de la gestion des caisses d'épargne, telle qu'elle se fait aujourd'hui en vertu de l'institution.

Je vais montrer pourquoi l'amendement de M. Bardoux a la plus haute gravité et porte une atteinte à l'institution elle-même,

Comment donc fonctionne l'institution ? Elle se compose de deux rouages : le premier est celui qui commence aux déposants et qui revient à eux ; ils connaissent leurs administrateurs, ils apportent leurs fonds, et, à telle ou telle époque, ils reviennent en opérer le retrait, soit en totalité, soit en partie. Les administrateurs versent à la Caisse des consignations, qui gère pour le compte commun, ces capitaux qui représentent les dépôts de toutes les caisses. Il y a là une double situation très claire et très nette.

Les administrateurs ont reçu, par votre propre décision, le mandat de continuer à gérer la fortune personnelle, et vous n'avez eu à apprécier que la mesure dans laquelle ils pouvaient faire utilement et sans inconvénient certains emplois.

Au contraire, la Caisse des consignations est seule investie, par la législation tout entière depuis 1837, par votre propre projet de loi, par l'amendement lui-même, de recevoir la généralité des dépôts. Par conséquent, je dis qu'une disposition comme celle qu'on vous propose et qui consisterait, en reconnaissant le principe du dépôt et du versement intégral entre les mains de la Caisse des consignations, à venir le lendemain, sous prétexte qu'on est autonome ou qu'on ne demande qu'une fraction, prendre une partie de ces mêmes dépôts et les faire gérer par les administrateurs eux-mêmes, est une atteinte à l'institution, car c'est une sorte de mainmise sur ce qui a été jusqu'à présent le mandat exclusif de la Caisse des dépôts et consignations.

Voilà, mesieurs, la question posée, je crois, d'une façon bien nette.

L'honorable M. Bardoux nous a beaucoup parlé des pays étrangers ; je ne ferai pas un voyage plus long que le sien, mais je suis obligé d'apporter ici certaines rectifications.

A quoi peut, en définitive, se résumer la situation ? Il ne faut comparer, — notre collègue est trop bon logicien pour être d'un avis contraire, — il ne faut comparer entre elles que les choses susceptibles de comparaison. Or, il faut proclamer à cette tribune que nous avons en France une institution de caisses d'épargne qui a son caractère propre, personnel, spécial à notre pays, et qui n'a été imitée dans aucun autre. C'est là un point qu'il ne faut pas perdre de vue un seul instant.

Que se passe-t-il dans les autres pays ? Des choses différentes, mais toutes étrangères à notre institution. C'est pour cela que j'écarte, que je répudie absolument la comparaison.

Il y a seulement deux grands pays où l'on peut relever une sorte d'analogie.

En Angleterre, — mon honorable ami le rappelait tout à l'heure, — la totalité des fonds des caisses d'épargne est versée dans la caisse dite de la réduction de la dette. C'est, en réalité, une caisse d'amortissement.

En Russie, tous les fonds sont versés à la Banque d'Etat ; mais c'est là le seul point de ressemblance avec notre législation des caisses d'épargne.

En Belgique, c'est une institution d'Etat dans toute la force du terme.

Si, après la part faite à ces trois Etats, nous passons, par exemple, en Hollande, en Allemagne, en Autriche, en Bohême, en Suisse, en Espagne, aux Etats-Unis, nous y trouvons la liberté complète et entière.

Je comprends que l'honorable M. Bardoux ait cherché et trouvé avec plaisir dans un grand nombre de pays des points de comparaison : ce sont des pays qui n'ont point une législation se rapportant à la nôtre.

Il s'est arrêté avec un peu plus de complaisance à l'Italie et j'en suis bien aise. Je connais, en effet, un certain nombre des hommes infiniment honorables, qui ont inspiré sa pensée si utilement ; ce sont des présidents et directeurs de certaines caisses d'épargne que tout le monde honore, et M. Buffet, tout à l'heure, en quelques mots, leur a rendu un hommage bien mérité. J'en connais un surtout personnellement et je ne peux que m'associer aux éloges de nos deux collègues.

Voyons donc ce qui se passe en Italie.

En France, il n'y a qu'un établissement, une seule institution de caisse d'épargne. En Italie, il y a autant d'institutions que de maisons ; ce sont des établissements différents et dans lesquels tout varie. Ainsi, les caisses d'épargne, en Italie, sont fondées tantôt par la bienfaisance, tantôt avec un capital ou sans bénéfice, avec ou sans participation ; les dépôts varient de 1.000 à 10.000 francs, ou sont même parfois illimités, comme, par exemple, en Lombardie et dans la province de Rome. Les livrets sont nominatifs ou au porteur ; enfin, il n'y a aucune comparaison à établir entre des établissements comme ceux-là et l'institution française.

Mon honorable ami a parlé d'une très grande maison que tout le monde honore et respecte dans le monde des affaires, et je ne peux que m'associer à ce qu'il a dit au sujet de cette grande maison de Milan. Mais je ne peux pas me décider à appeler cela une caisse d'épargne. C'est une grande maison d'affaires...

M. BUFFET. Parfaitement.

M. LE RAPPORTEUR... dans laquelle on fait de la banque, des prêts sur marchandises, des prêts sur hypothèques, du crédit foncier, de la banque d'escompte, le commerce des soies et enfin de la caisse d'épargne.

Eh bien, cette grande maison, très honorable du reste comme toutes les maisons italiennes (*Mouvement*), est une maison d'affaires ; on ne peut pas la comparer avec notre caisse d'épargne.

Mon honorable ami M. Bardoux faisait tout à l'heure une sorte d'appel à M. Luzzati, homme d'Etat italien infiniment honorable. J'ai l'honneur de connaître M. Luzzati, j'ai eu la très bonne fortune de siéger avec lui à Paris, dans un congrès monétaire, en 1881, au ministère des affaires étrangères.

M. Luzzati est un homme très remarquable ; j'ai beaucoup goûté le charme de sa personne et admiré son grand talent ; mais les renseignements que j'ai à placer sous vos yeux ne sont pas absolument conformes à ceux qui paraissent avoir été donnés à l'honorable M. Bardoux.

Il y a par exemple sept villes principales en Italie : Bologne, Florence, Gênes, Milan, Rome, Turin, Vérone. Ces sept villes avaient comme dépôts, au 30 juin 1893, 809 millions. Elles avaient comme fortune personnelle, comme dotation et réserve, 99 millions, soit ensemble 908 millions. Eh bien, ces sept villes ont fait de ces capitaux un emploi qui est une véritable immobilisation. J'en ai le détail que j'épargne au Sénat ; mais voici la nature de ces emplois : prêts hypothécaires, prêts chirographaires, prêts sur gages, titres d'Etat en garantie, obligations commerciales, foncières, agraires, etc.

Qu'est-il résulté de tout cela ? C'est qu'il y avait là une immobilisation s'élevant à la somme de 884 millions. Ainsi, il y avait à la disposition de ces caisses d'épargne : 1° les dépôts proprement dits, 809 millions ; 2° la fortune personnelle, 99 millions ; ensemble 908 millions qui ont été immobilisés à concurrence de 884 millions.

C'a été une crise. D'ailleurs, les documents qu'a cités mon honorable ami tout à l'heure ne le contestent pas. M. Bardoux aurait pu aller un peu plus loin et nous dire comment on était sorti de la crise. On en est sorti par le caractère très résolu et très énergique de M. Crispi, qui, arrêtant l'exécution d'une loi sur les banques tout récemment votée, a autorisé la création de papier-monnaie pour 125 millions, afin de venir en aide aux caisses d'épargne.

On a attribué à la Banque d'Italie 90 millions, à prendre sur ce papier-monnaie ; à la Banque de Naples, 28 millions ; à la Banque de Sicile, 7 millions ; total égal : 125 millions. La crise a été conjurée à l'aide de ce papier-monnaie.

En présence de pareils documents, cessons d'aller chercher des comparaisons à l'étranger.

J'ai cru un instant, j'ai même cru deux fois, pendant le discours que nous venons d'entendre avec tant de plaisir, que mon honorable ami allait toucher à la véritable question. Il nous a dit en effet : Les caisses d'épargne avec une existence libre, indépendante ; les caisses d'épargne première manière étaient parfaites. Son historique a commencé en 1818, et puis il nous a parlé de 1835 et de 1837.

Oui, messieurs, c'est là le véritable terrain du débat qui s'agite en ce moment entre nous ; c'est là qu'il faut aller chercher la solution, vous allez le comprendre ; que nous demande-t-on ? De modifier la législation qui est actuellement en vigueur et qui, depuis soixante années, a produit les résultats magnifiques que vous savez... trop magnifiques, puisque nous en sommes effrayés. (*Assentiment à droite.*)

Voilà la vérité. Eh bien, on nous demande de modifier cette législation — car, en définitive, c'est cela qu'on veut, sous une apparence modeste, — c'est le principe même que l'on engage et c'est cela qui fait l'intérêt et l'importance du débat.

Mais, avant de modifier la législation existante, il faut savoir pour quelle raison nos ancêtres, nos anciens, qui, en somme, savaient ce qu'ils faisaient, ont cru devoir organiser, à une certaine époque, une institution qui a produit les résultats que vous savez.

Puisqu'on vous propose aujourd'hui, à vous qui avez à trancher la question par votre vote, d'apporter une modification de principe à cet état de choses, il y a lieu de constater en quelques mots — et je le ferai aussi brièvement que possible — quelles sont les raisons pour lesquelles on a créé l'institution actuellement existante. Avant de la renverser, avant d'y toucher, avant même de l'effleurer, il faut voir pour quelles raisons cette institution a été créée.

J'espère réussir à vous montrer, messieurs, qu'elle a été créée pour répondre à une nécessité ; peu importe que cela tienne à nos mœurs, à nos usages, à nos habitudes, à notre esprit de routine, à notre timidité, comme on l'a dit tout à l'heure, cela n'empêche pas qu'il y ait une institution existante et qu'il faille la respecter.

En 1818, les fondateurs des caisses d'épargne dont l'honorable M. Bardoux a rappelé avec éloges — et il a eu raison — les noms considérables, Delessert et Larochefoucauld-Liancourt, se sont heurtés à une première difficulté.

Je rappelle que j'ai dit un jour, ici même, pendant cette discussion, que la grande difficulté, en matière de caisses d'épargne, c'était toujours la question de l'emploi des fonds et de leur réalisation. En 1818, on s'est trouvé, je le répète, en face d'une difficulté considérable.

A cette époque, les coupures de rente n'étaient pas inférieures à 50 francs. C'étaient les plus petites coupures de rente ; en sorte que les fondateurs des caisses d'épargne étaient obligés d'attendre que les déposants eussent à leur crédit une somme suffisante pour acheter 50 francs de rente. Mais, comme ils avaient naturellement pris l'engagement de servir des intérêts, ils étaient obligés d'acheter de la rente, et pour se créer un revenu puisqu'ils devaient en servir un, ils l'achetaient pour leur compte personnel ; quand le dépôt arrivait entre leurs mains, ils étaient donc obligés d'en faire emploi en achat de rente et cela jusqu'à ce que tels ou tels déposants eussent à leur crédit de quoi acheter 50 francs de rente. Jusqu'à ce moment, l'emploi courait aux risques et périls des fondateurs et des représentants des caisses d'épargne.

C'était une situation qui, je n'ai pas besoin de le dire, les troublait profondément. Ils demandèrent alors aux pouvoirs publics non pas d'intervenir, — ils étaient encore libres et indépendants et il ne s'agissait pas de prendre une aussi grave résolution, — mais ils demandèrent que ces coupures de 50 francs de rente pussent être réduits jusqu'à 5 francs.

Il y eut alors, en 1821, à la Chambre des députés, une très grande discussion. Le comte Roy, qui était ministre des finances, repoussa la demande ; le baron Louis dont on peut citer quelques lignes, s'y opposait aussi, mais plus timidement que le comte Roy et dans des termes qu'il est intéressant de communiquer au Sénat, parce que nous allons y voir le commencement de ce que j'appellerai, d'un terme un peu libre peut-être, la seconde manière des caisses d'épargne, celle qui dure encore aujourd'hui.

Voici ce que disait le baron Louis :

« La mesure aurait en elle-même des avantages, même pour le Trésor ; mais il faut pour cela que des établissements particuliers s'entendent avec le Gouvernement, et, à cet effet, il y a des préparations et des mesures préalables indispensables. Déjà un exemple de ces dispositions nous est donné. On a ouvert chez les receveurs généraux des départements ce qu'on a appelé « les petits grands livres ».

J'appelle l'attention du Sénat sur cette idée originale et sur l'expression qui ne l'est pas moins.

«... Les receveurs généraux reçoivent de petits placements et chacun d'eux, par département, n'a au Trésor qu'une inscription qu'il touche et qu'il répartit entre tous ceux qui lui ont donné des fonds. Cet exemple peut être suivi par des maisons respectables qui s'arrangeraient à cet égard avec le Gouvernement. Il y a donc ici de bonnes idées à mûrir. »

Ces idées ont été en effet mûries. Une loi du 17 août 1822. suivie d'une ordonance en prescrivant l'application, a fait descendre non pas à 5 francs, mais à 10 francs la faculté des coupures.

Voici l'ordonnance royale :

. . . .

« Considérant que dans l'esprit et le but des dispositions des statuts de ces associations, les deniers déposés dans leur caisse doivent être immédiatement convertis en rentes sur l'Etat et que celles-ci doivent être ensuite inscrites et transférées au propre nom des propriétaires des deniers aussitôt que les sommes par eux déposées auront atteint la valeur pour laquelle leurs inscriptions individuelles peuvent être délivrées par notre Trésor royal ;

« Art. 1er. — La caisse d'épargne et de prévoyance est autorisée à faire tranférer ses inscriptions au nom des propriétaires de dépôts faits dans ses caisses, aussitôt que la créance de chacun d'eux sera parvenue à la valeur de 10 francs de rente, minimum des inscriptions, substitué à celui de 50 francs par la loi du 17 août 1822. »

C'était un palliatif, mais ce n'était pas un remède. En effet, le lendemain de ce jour il s'est produit des incidents qui, aujourd'hui, semblent bien singuliers quand on les raconte devant un ministre des finances comme celui que je vois dans cette enceinte et qui vient de faire la grande opération que vous savez, et sont bien de nature à l'étonner. Cette réduction de la coupure à 10 francs avait amené une véritable révolution au ministère des finances. Nous n'en sommes plus là ! (*Sourires.*)

Voici ce qui se passait. Les caisses d'épargne recevaient à chaque instant l'instruction d'acheter des coupures de 10 francs de rente ; dès qu'on avait à la caisse d'épargne de quoi acheter 10 francs de rente, on en voulait immédiatement. Il faut, pour le comprendre, se reporter à cette époque où, depuis 1793, la rente n'existait que sous forme de coupures de 50 francs ; comme on pouvait maintenant en donner à une foule de braves gens formant la partie la plus intéressante de la population et qui pouvait obtenir un titre de rente à la condition d'avoir 200 ou 250 francs, tout le monde en voulait.

Mais on n'en voulait en quelque sorte que pour les regarder ; car, une fois rentré chez soi on les conservait un ou deux jours, puis on allait au Trésor et on les faisait vendre ; en trois ou quatre jours, il y avait donc deux opérations à effectuer. Le Trésor s'en plaignait beaucoup : c'était pour lui un grand embarras. Il faut faire, en effet, la part de l'épargne. C'était alors une grosse affaire ; on n'était pas rompu aux grandes opérations comme de nos jours.

Cependant on vécut ainsi jusqu'en 1826. Mais le Sénat

ne manquera pas de remarquer qu'à chaque étape que je parcours ainsi, je constate des obstacles et des difficultés.

En 1826, les choses en étaient arrivées à un point tel qu'il fallait une solution ou un expédient nouveau. En effet, par une ordonnance de 1826, on autorisa les caisses d'épargne à acheter de la rente, comme précédemment. Seulement, c'était autorisé, tandis qu'en 1818 et années suivantes c'était une opération personnelle à laquelle se livraient les caisses d'épargne en achetant de la rente.

En 1826, il y avait autorisation à la condition que les caisses d'épargne feraient ces achats pour le compte des déposants.

Voici le texte de l'ordonnance royale de 1826 :

. . . .

« Considérant le grand nombre de transferts à opérer par suite de l'exécution de l'ordonnance du 30 octobre 1822, et les inconvénients qui en résultent pour le Trésor public, et pour les caisses de prévoyance.

. . . .

« Art. 1er. — L'administration de la caisse d'épargne et de prévoyance est autorisée à opérer, en masse, chaque semaine, l'achat des rentes auxquelles les déposants auront droit aux termes des statuts et de l'ordonnance royale du 30 octobre 1822.

« Ces rentes seront inscrites au nom de la caisse d'épargne et de prévoyance : « Rentes appartenant aux déposants », pour être ensuite transférées du compte général aux noms des créanciers de ladite caisse, à leur première réclamation. »

. . . .

Nous trouvons ici l'application de cette idée du baron Louis relative aux petits grands livres.

On appliquait, en effet, aux caisses d'épargne le fonctionnement des petits grands livres. On leur ouvrait un compte en nature, un compte de rentes, et on débitait chaque caisse d'épargne du bloc de rentes qu'on lui délivrait dès que la caisse d'épargne avait placé ces rentes à l'aide de subdivisions, ou créditait son compte pour la décharger d'autant.

Mais il y avait au fond de tout cela une autre difficulté, une autre préoccupation dont je n'ai pas encore dit un mot ; mais j'y arrive parce que je suis ici au cœur même de la question qui nous occupe et qui nous sépare.

On avait dit partout : il faut un fonds spécial, — c'est une expression tout à fait impropre, soit dit en passant, mais enfin elle avait cours alors, elle traduisait une pensée, — on disait : il faut un fonds spécial ; on aurait dû dire : Il faut une caisse spéciale, et c'était le commencement, comme le germe de l'institution actuelle qui se faisait jour.

On était fatigué et découragé par tous les efforts faits depuis 1818. En réalité, l'institution ne fonctionnait pas, et c'est par un sentiment de ce qui pouvait arriver que l'on disait : il faut un fonds spécial.

On donnait même un corps à cette idée et l'on ajoutait : On fera une grande caisse, mais il faut la limiter ; on ne pourra pas y mettre plus de 30 millions, on donnera 4 p. 100 et l'on pourra opérer le retrait avec un préavis de quinze jours.

Voilà la première idée trouvée ; mais ce n'était pas aller assez vite ni assez loin, et, en 1829, les caisses d'épargne, représentées toutes à Paris, marchant d'embarras en embarras, en étaient arrivées à se demander si l'institution pourrait subsister : il faut bien le dire, car c'est la vérité. Cette ère à laquelle l'honorable M. Bardoux voudrait nous ramener a été une ère d'inquiétude et de tourments.

Enfin les caisses d'épargne adressèrent, le 5 mars 1829, au ministre des finances, une lettre très longue, très intéressante, que je ne lirai pas, mais dont j'extrairai seulement quelques lignes qu'il est nécessaire de faire connaître au Sénat. Dans cette lettre, les fondateurs des caisses d'épargne examinent différentes hypothèses : celle où commence la responsabilité des caisses, celle où commence la responsabilité du client.

« . . . .

« Les sommes dont elle est personnellement responsable sont formées des dépôts au-dessous de la valeur de 10 francs de rente et employées en rentes pour le compte de la caisse ; les autres sont composées des dépôts qui, ayant atteint la valeur de 10 francs de rente, sont employées en rentes, pour le compte au risque du déposant.

« On voit que, dans le premier cas, les chances de baisse portent sur la caisse et, dans le second, sur les déposants.

« . . . .

« Si cette réserve venait à être attaquée par une forte baisse, d'une part la caisse ne trouverait plus de quoi suffire à ses dépenses, et, de l'autre, le public verrait diminuer sa garantie. Cette garantie diminue même chaque jour par le fait puisqu'elle n'est pas de nature à se renouveler par des bénéfices, tandis que les sommes à garantir vont en croissant chaque jour.

« . . . .

« Ces réflexions ont depuis longtemps frappé les directeurs de la caisse d'épargne ; la création d'un fonds spécial leur a paru le meilleur moyen d'éviter les inconvénients qui viennent d'être signalés. »

Cette lettre produisit son effet ; le 3 juillet 1829 intervint une ordonnance qui ouvrait le Trésor public — le Trésor royal, disait-on à cette époque — aux caisses d'épargne.

« Les caisses d'épargne et de prévoyance autorisées par ordonnances royales et dont l'administration supérieure est gratuite, jouiront à l'avenir de la faculté de placer en compte courant au Trésor royal les fonds qui leur seront déposés. L'intérêt leur en sera bonifié au taux qui sera réglé, chaque année, par le ministre des finances. La retenue à faire, s'il y a lieu, par les administrations desdites caisses pour frais de loyer et de bureau, ne pourra excéder un demi pour cent. »

On se demanda si le roi pouvait, par simple ordonnance, ouvrir le Trésor public à l'encaissement de fonds particuliers et, pour obvier à toutes difficultés, le 2 août suivant la loi de finances reproduisit la même faculté en ces termes : « Le ministre des finances est également autorisé à recevoir en compte courant au Trésor royal les sommes qui seront déposées par les caisses d'épargne, d'après les règles établies par les ordonnances royales. »

Mais ce n'était pas là un fonds spécial, c'était le Trésor public, ce ne pouvait pas être considéré comme un fonds spécial.

Ce n'était pas là la réalisation de l'idée qui hantait le cerveau de tous.

En effet, il se produisit immédiatement quelque chose de très regrettable. Quand les clients des caisses d'épargne apprirent que le Trésor était ouvert, voici ce qu'ils firent : instantanément, toutes les caisses d'épargne, qui n'étaient pas alors nombreuses, vendirent leurs rentes, en touchèrent le prix et le versèrent au Trésor public où elles touchaient 4 p. 100 régulièrement. C'était donc tout simplement une collectivité de citoyens français qui alimentaient la dette flottante. C'était un grave inconvénient et un grand danger.

Cependant on a vécu sous ce régime pendant quelques années. Le Sénat comprend qu'en réalité il n'y avait plus de caisses d'épargne, puisqu'elles avaient vendu leurs rentes — je ne parle pas des exceptions, des portions minimes, mais de la grande masse, de la généralité, — en somme, je le répète, c'étaient des citoyens français qui étaient prêteurs vis-à-vis de la dette flottante et qui l'entretenaient à raison de 4 p. 100 par an. Voilà la vérité.

En 1834, on saisit le Parlement ; on s'était dit qu'il fallait une loi, qu'il fallait sortir de cette situation.

La discussion fut très intéressante ; elle n'aboutit pas cependant ; l'idée rencontrait une faveur marquée. On comprenait qu'il était impossible que les pouvoirs publics ne finissent pas par intervenir pour venir en aide à une pensée admirable, qui s'était fait jour en 1778, qui avait fait le tour de l'Europe, et on ne trouvait pas le moyen d'en faire l'application.

On disait : il y a quelque chose à faire. Ce projet de loi ne réussit cependant pas en 1834 ; il fut écarté.

J'ai cru comprendre à travers la discussion qu'il y avait eu une faute commise ; on faisait intervenir dans ce premier projet de loi des fonctionnaires publics en trop grand nombre ; il y avait là une ingérence qui avait fait un assez mauvais effet sur la Chambre des députés d'alors. Bref, le projet fut rejeté ; mais il fut repris en 1835 et cette fois avec une plus grande chance d'aboutir. C'est, en effet, à cette époque, et non pas en 1837, comme le disait mon honorable ami, que se place la première loi organique.

Je ne dis pas un mot de plus au Sénat sur ce point ; cependant, je ne puis pas résister au plaisir de vous lire dix lignes de Lamartine, qui fit ce jour là un de ses plus beaux discours, parce que ces lignes sont applicables à toutes les époques et à toutes les circonstances :

« On sent à chaque article de la loi cet élan vers le bien, cet intérêt pour les classes populaires qui doit être l'âme des gouvernements et des Chambres ; dans le temps où nous sommes, dans un temps de publicité, de lumière et d'individualisme, nous ne devons pas contester que la société ne peut se soutenir qu'à force de vertus publiques ; ce sont ces vertus que le projet de loi a pour objet de multiplier. »

Voilà, messieurs, un bien beau langage.

En 1835, la loi est votée ; c'est la première loi organique. Toutes les caisses d'épargne sont autorisées ; un règlement d'administration publique sera fait pour les organiser ; elles pourront recevoir des dons et legs, elles pourront se transférer les dépôts de caisse à caisse, et elles seront admises à verser leurs fonds de dépôt au Trésor public.

Le **versement au** Trésor public qu'ordonnait la loi ne résolvait pas le problème ; le législateur était bien intervenu mais on n'avait pas le fonds spécial, car, encore une fois, le Trésor public n'était pas le fonds spécial.

Enfin en 1837, en présence d'une nécessité absolue, intervint la loi qui a investi la Caisse des dépôts et consignations.

Je n'en lis seulement que la disposition nécessaire à la discussion :

« Art. 1er. — La Caisse des dépôts et consignations sera chargée, à l'avenir, de recevoir et d'administrer, sous la garantie du Trésor public et sous la surveillance de la commission instituée par l'article 99 de la loi du 28 avril 1816, les fonds que les caisses d'épargne et de prévoyance ont été admises à placer en compte courant au Trésor, conformément à l'article 2 de la loi du 5 juin 1835.

« La Caisse des dépôts et consignations bonifiera l'intérêt de ces placements, à raison de 4 p. 100 par an, jusqu'à ce qu'il en ait été décidé autrement par une loi. »

En 1837 nous sommes donc en présence de l'institution complète des caisses d'épargne telles qu'elles fonctionnent actuellement.

Je viens de faire un exposé plus long que je ne l'aurais voulu, ce dont je m'excuse. (*Mais non ! — Très bien ! très bien !*)

Sur divers bancs. Parlez ! C'est très intéressant.

M. LE RAPPORTEUR. Mais il m'était très difficile de rendre cet exposé plus court, car il fallait apporter au Sénat tous les éléments d'appréciation.

Maintenant, je n'ai plus qu'à discuter ; mais le Sénat comprend bien que je n'ai pas beaucoup de choses à ajouter comme discussion.

Je ne m'occupe pas de savoir s'il s'agit de dix ou vingt caisses ; si elles sont autonomes, si elles jouissent d'une liberté plus ou moins grande, ce n'est pas la question ; c'est au principe de l'amendement que je m'attache seulement et je dis que cet amendement en principe est inadmissible pour trois raisons : la première, c'est qu'il est inadmissible — je n'ai pas la prétention, croyez-le bien, d'enfermer éternellement les caisses d'épargne dans une situation qui pa raît ne pas plaire à quelques-uns, et tout à l'heure je vous ouvrirai la porte aussi grande que vous le voudrez ; — mais il est inadmissible, dis-je, d'introduire une disposition comme votre amendement dans la loi que nous faisons et dont le premier objet doit être le respect de la situation actuelle dans toutes ses conséquences. En admettant même que l'idée de l'amendement soit juste, équitable, qu'il puisse même y avoir un certain bénéfice à en tirer, parce qu'elle permettrait d'arriver peut-être à soulager la Caisse des dépôts et consignations d'une certaine partie de ses fonds, ce n'est pas ici que nous pouvons nous occuper de cette idée. En réalité, on ne nous apporte ni un amendement, ni un contre-projet ; c'est une autre loi, une loi qui a pour objet de renverser au moins en partie la législation de 1835 et de 1837.

Il y a un premier point capital, c'est que toutes les caisses d'épargne ont adhéré à l'état de choses actuel ; je vous ai montré, en vous citant tout à l'heure une lettre du ministre des finances de 1829, qu'elles avaient demandé le fonds spécial. Eh bien, trois mois après, lorsqu'il s'agissait de faire intervenir l'ordonnance royale, voici ce que disait le rapport du ministre des finances au roi :

« Dans tous les cas, leur relations avec le Trésor, ne sont pas obligatoires. Mais elles réclament son concours, et cherchent en lui leur sécurité. En Angleterre aussi, l'on a éprouvé pour les caisses d'épargne le besoin de recours au Gouvernement. »

A cette époque, c'est-à-dire en 1829, il n'y avait encore que 12 caisses d'épargne ; en 1835, au lendemain du vote de la première loi organique, il y en avait 86 ; en 1837, au lendemain du vote de la loi qui avait investi la Caisse des dépôts et consignations d'un mandat général, il y en avait 234 ; de toutes ces caisses, je m'en suis assuré, il n'y en a pas une seule qui ait voulu conserver sa liberté et son indépendance, pas une.

Depuis cette époque, toutes celles qui ont été fondées, quel qu'ait été leur caractère, qu'elles fussent libres, autonomes, indépendantes plus ou moins, depuis cette époque toutes les caisses, par cela seul qu'elles venaient au monde et qu'elles ont demandé l'investiture, ont adhéré.

Assurément la plus complète de toutes les adhésions, c'est qu'elles sont les clientes de la Caisse des dépôts et consignations et qu'elles ont trouvé cela bon jusqu'à présent.

Le deuxième fait qui fait la force de la situation actuelle, c'est l'intervention du législateur. Mais les caisses ont leurs statuts, dira-t-on. Pardon, si elles n'avaient que leurs statuts, quelles qu'elles aient été, elles ne seraient pas encore bien avancées. Le législateur, successivement, est intervenu pour modifier le maximum et c'est précisément une des questions que nous discutons actuellement. Il est intéressant que le législateur intervienne et puisse modifier le maximum, comme il l'a fait cinq ou six fois depuis 1837, et c'est un avantage très grand que d'avoir un régulateur aussi sûr et aussi autorisé que celui-là. Quant aux autres mesures, l'emploi des fonds, par exemple, n'a-t-il pas une grande importance ? Il n'y a guère que le législateur qui puisse créer et suivre une organisation semblable.

Pour les femmes, les enfants, qui forment une partie très importante de la clientèle de la caisse d'épargne, n'a-t-on pas fait une législation spéciale ?

Il y a une foule de dispositions par lesquelles le législateur est intervenu, et cela d'une façon périodique, en 1845, en 1851, en 1853, en 1881 et encore aujourd'hui.

La troisième force, c'est la Caisse des consignations elle-même. Est-ce que ce n'est pas là la plus grande de toutes les forces ?

Qu'est-ce donc que les caisses d'épargne ? Ce sont des individualités, ce sont des caisses particulières, dont quelques unes sont très bien administrées ; mais enfin ce sont des forces isolées, séparées et qui n'ont peut-être pas suffisamment de défense par elles-mêmes.

C'est ce que l'expérience a montré dans beaucoup de pays étrangers que l'on citait tout à l'heure, et bien à tort selon moi. Chez nous, au contraire, elles ont l'avantage énorme de la Caisse des dépôts et consignations. Tout récemment, dans la discussion actuelle, vous avez eu l'exemple des difficultés extrêmes qui se produisaient ; par la contradiction que présentaient entre eux les discours que nous avons entendus, vous avez vu combien il était difficile d'arriver à des emplois des versements qui fussent tout à la fois réalisables promptement et rémunérateurs.

Pourquoi l'affaire a-t-elle marché aussi bien chez nous ? Pourquoi ce grand succès ? Parce que nous avions un ensemble de capitaux, un gérant excellent — je suis embarrassé de dire cela devant M. le directeur général de la Caisse, — une concentration qui est une force énorme.

Voilà, messieurs, les raisons pour lesquelles je dis que l'amendement est inadmissible. Il vient se heurter à une institution qui a pour elle des forces énormes : l'adhésion des caisses d'épargne, le législateur et la Caisse des dépôts et consignations.

Mais mon honorable ami M. Bardoux a parlé du mandat donné par certaines caisses d'épargne ou à certaines caisses d'épargne. Il ne pouvait pas me faire de plus grand plaisir que de parler du mandat dans son discours.

Nous sommes donc en présence d'un mandat. J'entends bien que le législateur est tout puissant ; cela est vrai ; mais enfin, il y a cependant des choses que le législateur, tout-puissant qu'il est, ne peut pas faire.

Il faut donc qu'il se demande en son âme et conscience s'il a véritablement le droit d'accepter la proposition de nos honorables collègues. Et pour cela, il faut qu'il recherche qu'elle est la fonction exacte des administrateurs et le mandat qu'ils ont reçu. Mais ce mandat est indiqué dans les faits, il n'a pas besoin d'être écrit.

Qu'est-ce que ce mandat ?

C'est le mandat qu'ont donné les déposants lorsqu'ils viennent à la caisse d'épargne déposer leurs fonds.

Et quel mandat donnent-ils aux administrateurs ?

Le mandat de verser leur dépôt à la Caisse des consignations.

Pourquoi ?

Parce qu'ils font confiance au législateur et à la Caisse des dépôts et consignations.

Je vous défie de soutenir que parmi les déposants il y en a un seul, même à l'heure où nous parlons, qui ait pu avoir la prévision que les administrateurs viendraient un jour demander, en consentant le dépôt intégral, la permission de reprendre le lendemain une partie des dépôts pour en faire eux-mêmes la gestion ; je vous défie de dire cela.

Eh bien ! alors, dans quelle situation sommes-nous ou dans quelle situation serions-nous ? Nous irions à l'encontre des mandants. Il est certain que le déposant n'a eu en vue que le législateur pour sa protection et la Caisse des consignations pour la sûreté de la gestion de ses fonds et, par conséquent, vous ne pouvez pas aujourd'hui, à l'insu de ces mandants, à l'insu des déposants, en dehors d'eux, même avec la toute-puissance du législateur, venir porter ce trouble au mandat qui est en cours d'exécution.

Ah ! ce qu'il aurait fallu faire, ce que vous ferez peut-être un jour, c'est de réunir les mandants eux-mêmes et de modifier, avec leur concours, et le mandat et l'organisation. Mais tant que vous n'aurez pas fait cela, je dis que vous êtes en présence d'un mandat dont le caractère est impératif et en dehors duquel vous ne pouvez rien faire.

Il y a, messieurs, une troisième question que je me suis posée. Je suppose pour un instant que rien de ce que je viens de m'efforcer de prouver au Sénat ne soit pris en considération. Il faut au moins que j'aie la modestie de le supposer. (*Sourires.*) Je suppose donc que vous ne fassiez pas état de tout ce que j'ai dit jusqu'à présent, que vous ne vous arrêtiez même pas au fait actuel qui s'impose, à la question du mandat, et je suppose enfin que le type de caisses d'épargne dont il s'agit soient autorisées à faire ce qu'on demande. Est-ce que vous croyez que cela serait possible ? Pour moi, je ne le crois pas.

Quand on relit l'amendement en gens d'affaires qui connaissent les choses, quand on considère qu'on se trouve en présence d'un tiers, d'un gros tiers, qui est la Caisse des dépôts et consignations, un pareil texte me semble inexécutable. Je relis, en effet, l'amendement :

« Art. 11. — Les caisses d'épargne ordinaires qui, en vertu de leurs statuts, sont entièrement autonomes et s'administrent elles-mêmes, qui ne sont point fondées, contrôlées ou administrées, directement ou indirectement, par les communes, départements ou établissements publics, et qui possèdent une fortune personnelle, pourront sur leur demande, être autorisées par décret à opérer elles-mêmes le placement des dépôts qu'elles auront reçus au 31 décembre de l'exercice écoulé, jusqu'à concurrence d'une somme équivalente à trois fois le montant de leur fortune personnelle sans que cette somme puisse dépasser le quart desdits dépôts.

« Les caisses d'épargne ordinaires ainsi autorisées prendront la dénomination de : Caisses d'épargne libres. »

Voyez-vous M. le directeur général de la Caisse des dépôts et consignations, obligé, pour faciliter l'exécution de la loi qu'hypothétiquement vous auriez votée, de se rendre compte du point de savoir si on n'est pas sorti de l'évaluation de trois fois la fortune personnelle des caisses et par conséquent forcé de connaître au juste de quoi elle se compose, quelle est sa valeur réelle, sa valeur réalisable, vénale, et de se demander si on n'a pas dépassé le quart des dépôts. Je poserais cette question devant tous les directeurs d'établissements publics, financiers ou non, que tous me répondraient : On ne peut pas exécuter une pareille disposition.

Examinons maintenant l'article 12 :

« Le libre emploi s'opérera dans les mêmes conditions

que celles établies pour le placement de la fortune personnelle des caisses d'épargne par les paragraphes 1, 2 et 3 de l'article 10, et, jusqu'à concurrence de 20 p. 100 de la part dont les caisses d'épargne libres auront la disposition, en prêts aux syndicats agricoles et associations syndicales agricoles ; en réescompte de valeurs de banques populaires ou associations coopératives de crédit, de production et de consommation dans le département. ;»

Voilà donc cette même Caisse des dépôts et consignations obligée de s'assurer, pour sa responsabilité, de l'exécution rigoureuse de tous ces placements.

Il me vient à l'instant une autre idée. Est-ce que le mandant dont je parlais tout à l'heure, à supposer un seul instant que ces fonds qu'il a donnés à la destination de la Caisse des dépôts et consignations pussent être employés de l'une des façons énumérées dans l'article 12 de l'amendement, est-ce que ce mandant sera en mesure de s'assurer que la loi a été bien exécutée ? C'est absolument impossible.

Maintenant, chose assez surprenante, l'article 13, — et c'est un hommage rendu à la législation, — s'exprime ainsi :

« Les caisses d'épargne libres demeurent tenues de verser tous les fonds qu'elles perçoivent des déposants à la Caisse des dépôts et consignations. »

En sorte qu'on dépose les fonds, mais pour les retirer, au besoin, le lendemain. Savez-vous ce que cela veut dire ? C'est très habile, mais enfin il ne faut pas nous arrêter à cette habileté. Cela veut dire : Il n'y a rien de changé. Le législateur est toujours là, la Caisse des consignations est toujours là. En ce cas, nous restons attachés à l'institution.

La preuve que le rapporteur a tort de soutenir que nous voulons, je ne dis pas détruire la loi, mais y porter une simple atteinte, c'est qu'il n'y a rien de changé : on versera à la Caisse des consignations.

Je dis que c'est d'une grande habileté, parce que, en restant avec la Caisse des consignations et le législateur, on continue à se couvrir de la présence du législateur, de l'autorité et de l'expérience de la Caisse des dépôts et consignations.

M. Buffet. C'est cela !

M. le Rapporteur. J'entends bien ; on a ajouté que la Caisse des dépôts et consignations ne serait pas responsable de ce qu'elle n'aurait pas géré elle-même. Mais il faudrait supposer aux intéressés une expérience extraordinaire.

Il est évident que le jour où l'intégralité du dépôt est proclamée comme devant être respectée, comme devant avoir lieu, évidemment il n'y a rien de changé ; c'est une situation qui ne pourrait que prêter à l'amphibologie.

Je termine, messieurs, et je m'excuse d'avoir été un peu long.

M. Buffet. Pas du tout.

M. le Rapporteur. Je disais tout à l'heure à l'honorable M. Bardoux que je lui donnerais satisfaction, je ne puis pas quitter la tribune sans le faire.

Je soutenais que l'amendement qu'il vient de développer n'était pas à sa place dans la loi, parce qu'en effet celle-ci est une loi spéciale, de caractère particulier, qui a été inspirée précisément par les circonstances que nous avons traversées il y a environ un an et parce que, sous le coup des épreuves très réelles qui ont été ainsi imposées à la Caisse des dépôts et consignations, il a fallu faire d'abord une première loi répresive que vous avez votée en février 1893, et qu'ensuite il y avait urgence à mettre sur pied cette loi que nous discutons aujourd'hui et qui déjà était porté devant les Chambres.

Notre loi a donc un caractère spécial. Est-ce que les caisses d'épargne, malgré ce que j'ai dit, sont tenues *in æternum ?* Est-ce qu'il y a des vœux éternels, surtout en cette matière ? Je ne le soutiendrai pas. Mais je déclare qu'il faut avoir le courage de son opinion et qu'il ne faut pas se contenter de demander la liberté partielle, qu'il ne faut pas se contenter de retirer 25 après qu'on a déposé 100, qu'il faut oser dire : « Nous dénonçons le contrat. » Il faut que celles des caisses d'épargne qui ont cette aspiration très légitime, — je m'incline devant les hommes de valeur qui voudraient pratiquer ce système, — aillent jusqu'au bout et disent : Nous ne sommes liées en rien, il n'y a pas eu de convention écrite, il n'y a pas de lien de droit ; c'est un fait qui se pratique, il est vrai, depuis soixante ans, mais il n'y a pas là de lien juridique. Il faudrait que les 8, 10, 12 ou 15 caisses d'épargne qui veulent faire l'expérience ne craignent pas de dire : Nous demandons notre liberté et à partir du 1er janvier 1895 nous cesserons d'avoir des relations avec la Caisse des dépôts et consignations. Mais il ne faut pas dire : Rendez-moi ma liberté partielle et je continuerai à être à côté de vous.

Il faut avoir, je le répète, le courage de son opinion, demander la liberté totale, et le déclarer très franchement. (*Très bien ! très bien ! — Vive approbation sur un grand nombre de bancs.*)

TABLE DES MATIÈRES

NOTES ET SOUVENIRS DE FAMILLE

FAMILLE PATERNELLE 1
   Origine 1
   M. de Normandie (Louis-Valentin) 11
   M. de Normandie (Claude-Ernest) 17
   M. de Normandie (Augustin-Louis-Ernest) 29

FAMILLE MATERNELLE 34
   Origine et biographie de M. Bonnet, mon grand-père maternel 34
   Grandeur et décadence d'une maison 49
   Domaine de Sommeville. — M. Bernard et Gentil-Bernard 61
   L'avocat et le Financier 66
   Eugène Scribe, pupille de M. Bonnet 74

PROCÈS ET ÉVÈNEMENTS POLITIQUES

(1820 — 1840)

ASSASSINAT DU DUC DE BERRY PAR LOUVEL 94
LE 27 JUILLET 1830 107
LE LENDEMAIN DES JOURNÉES DE JUILLET ET LA GARDE NATIONALE 111
LE PROCÈS DES MINISTRES DU ROI CHARLES X 122
LE PÈRE ENFANTIN ET LE ST-SIMONISME 133
ATTENTAT FIESCHI, MOREY ET PÉPIN 138
L'OBÉLISQUE DE LOUQSOR 145
AFFAIRE BARBÈS 150
PREMIÈRE CONDAMNATION DE FOUQUIER-TINVILLE 158
TRANSLATION DES CENDRES DE NAPOLÉON DE STE-HÉLÈNE A PARIS 167

DIVERS ÉVÈNEMENTS ET ANECDOTES

(1841 — 1862)

Fromentin peintre et poète	181
Affaire Quénisset et autres	187
Mort tragique du duc d'Orléans	191
Les partis au lendemain de 1848	195
Le prince Louis Napoléon et Bou-Maza	202
Correspondance de Scribe en voyage	207
A M. Mahérault	207
A M. Mahérault	210
A M. Mahérault	211
A une solliciteuse	213
Mort de M. Paillet, avocat	214
Anecdotes d'un collaborateur anonyme	217
Conséquence imprévue de la guerre de Crimée	218
Souvenir d'un enseigne de vaisseau	220
Une corvée en Nouvelle-Calédonie lors de la prise de possession de cette île	221
Canrobert retour de Crimée	224
Bourbaki et l'un de ses turcos	230
Un mot de Mirès	234

BEAUX-ARTS — THÉATRE

(1830 — 1848)

Beaux-Arts. — Ecrivains. — Artistes.	240
Charlet, Béranger	241
Résurrection de Béranger, Camille Doucet	243
Alexandre Dumas et la Lisette de Béranger	244
Revenons à Charlet	246
Daumier, Gavarni, Cham, Granville	250
Henri Monnier	251
Caran d'Ache, Forain	252
Théatre	253
L'Opéra et ses artistes	253
Mlle Falcon	254

Le salon de Mme Orfila 255
La Juive 256
Les Italiens, les Artistes 258
Mme Malibran 258
Rossini 262
Beethoven et Mozart 263
La Comédie, le Vaudeville. — Scribe, Bayard et leurs collaborateurs 265

ÇA ET LA

Modes de transport avant le temps actuel. 273
Suite de l'incident du 27 juillet 1830, relatif au cabriolet de mon Père 287
La Commune 291
    Commencement de la Commune 291
    Fin de la Commune 296
Fin de l'incident du 27 juillet 1830 305
Le comte de Montalivet. 309
Loi qui abrogea les décrets du 22 janvier 1852 concernant les biens de la famille d'Orléans 318
L'Opéra en 1878. 343
Gounod intime 358
M. Léon Say et la Banque de France. 368
M. Jules Simon et l'article 7 372

ENCORE ÇA ET LA

La Banque de France et la Conférence monétaire internationale 387
Les suites d'une faute 403
Retrait d'emploi 407
Un mot de Monseigneur Czacki. 415
Conversation avec le baron Haussmann 417
Port Royal 425
Le Pape et M. Léon Say 428
La spéculation sur les cuivres et le Comptoir d'escompte 430

SOUVENIRS DU THÉATRE FRANÇAIS

La législation du Théatre	434
Une répétition de Talma chez M. Bonnet	444
M. et Mme Talma, jugés par une étrangère	448
Les entrées de M. Denormandie père	449
Impressions personnelles	452
La Russie, Musset et Mme Allan	456
Le Chandelier	457
Le procès de M. Got contre la Comédie française	459
L'ambulance du Théatre français pendant le siège de Paris	469
Décision arbitrale entre la Comédie Française et M. Coquelin	475
Les premières représentations	479
Encore le Foyer des Artistes	485
Le petit Guignol	491
Gounod au Théatre Français	495
M. Emile Perrin	497
Le sifflet au Théatre	501
L'Incendie du Théatre Français	504

S. A. R. MGR LE DUC D'AUMALE

Les premières années de jeunesse et les premières années d'exil	508
Constitution d'un Conseil au Palais-Royal. — Visites en Angleterre pendant le premier exil	516
Visite au Prince en 1862, pendant sa résidence en Belgique	522
Les Princes a l'Assemblée nationale	527
Visite en Angleterre pendant le second exil. (Confidences au sujet de la donation de Chantilly.)	530
La donation de Chantilly	532
Séjour a Bruxelles	543
Les déjeuners a Chantilly après le retour en France	544
Le Diner Bixio	547
Les obsèques du duc d'Aumale a la Madeleine	550

ANNEXES

M. BONNET, AVOCAT

M. Bonnet et la défense du général Moreau 553
    Procès-verbal d'arrestation 554
    Texte du permis de communiquer 556
    Lettre du général Moreau au Premier Consul . . . 557
    Résumé évident du procès 558
    Notes de police 565

Affaire Kornmann 571
Affaire de Normont 572
Affaire de la duchesse de Saint-Leu 575
Intervention de M. Bonnet dans l'intérêt du département de l'Yonne 578

Plaidoirie de Mᵉ Ledru, avocat, devant le Conseil de discipline de la Garde nationale 580
Discours de M. Edouard Thierry sur la tombe de Brune . 587
Discours de M. Edouard Thierry sur la tombe de Didier Seveste 588

DISCOURS PRONONCÉS PAR M. DENORMANDIE

    I. — Discours prononcé à l'Assemblée nationale, le 5 avril 1873, par M. Denormandie, député de la Seine, au sujet du projet de loi relatif aux 140 millions alloués à la ville de Paris pour diverses causes . . 593

    II. — Discours prononcé par M. Denormandie, au Sénat, le 26 décembre 1883, au sujet des conditions dans lesquelles avait été exécutée la nouvelle loi sur la magistrature 609

III. — Discours prononcé par M. Denormandie, au Sénat, le 25 janvier 1884, sur la question de savoir si la Banque de France doit rentrer dans l'exercice d'une faculté qui lui appartient par sa constitution et qui s'appelle la faculté illimitée d'émission, ou, si elle doit, au contraire, continuer à vivre sous le régime de la faculté limitée par le Parlement. 639

IV. — Discours prononcé par M. Denormandie, au Sénat, le 17 mai 1894, dans la discussion du projet de loi sur les Caisses d'épargne. 663

Paris. — Société anonyme de Publications périodiques, 13, quai Voltaire.

PARIS. — IMPRIMERIE P. MOUILLOT, 13, QUAI VOLTAIRE.

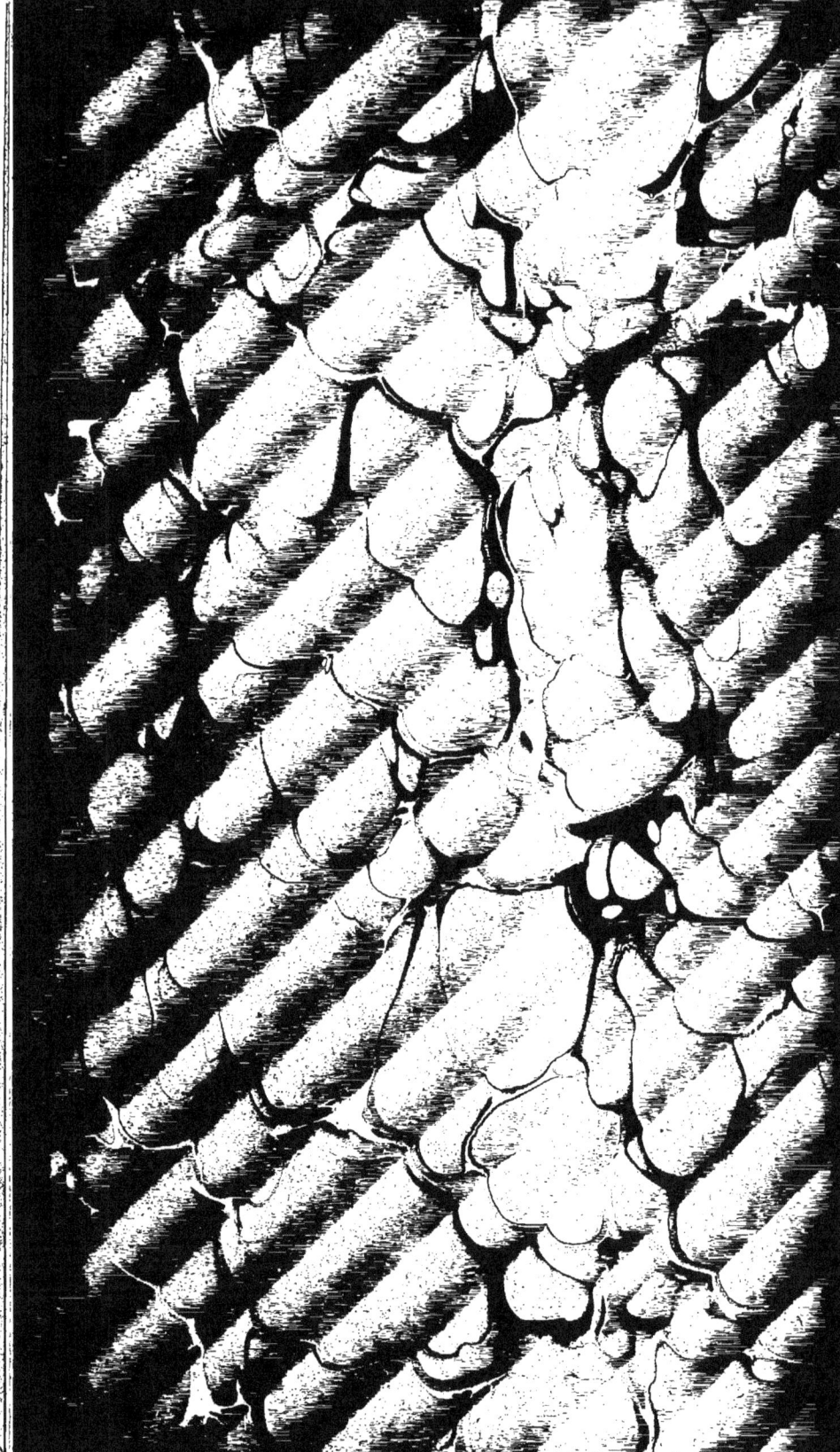

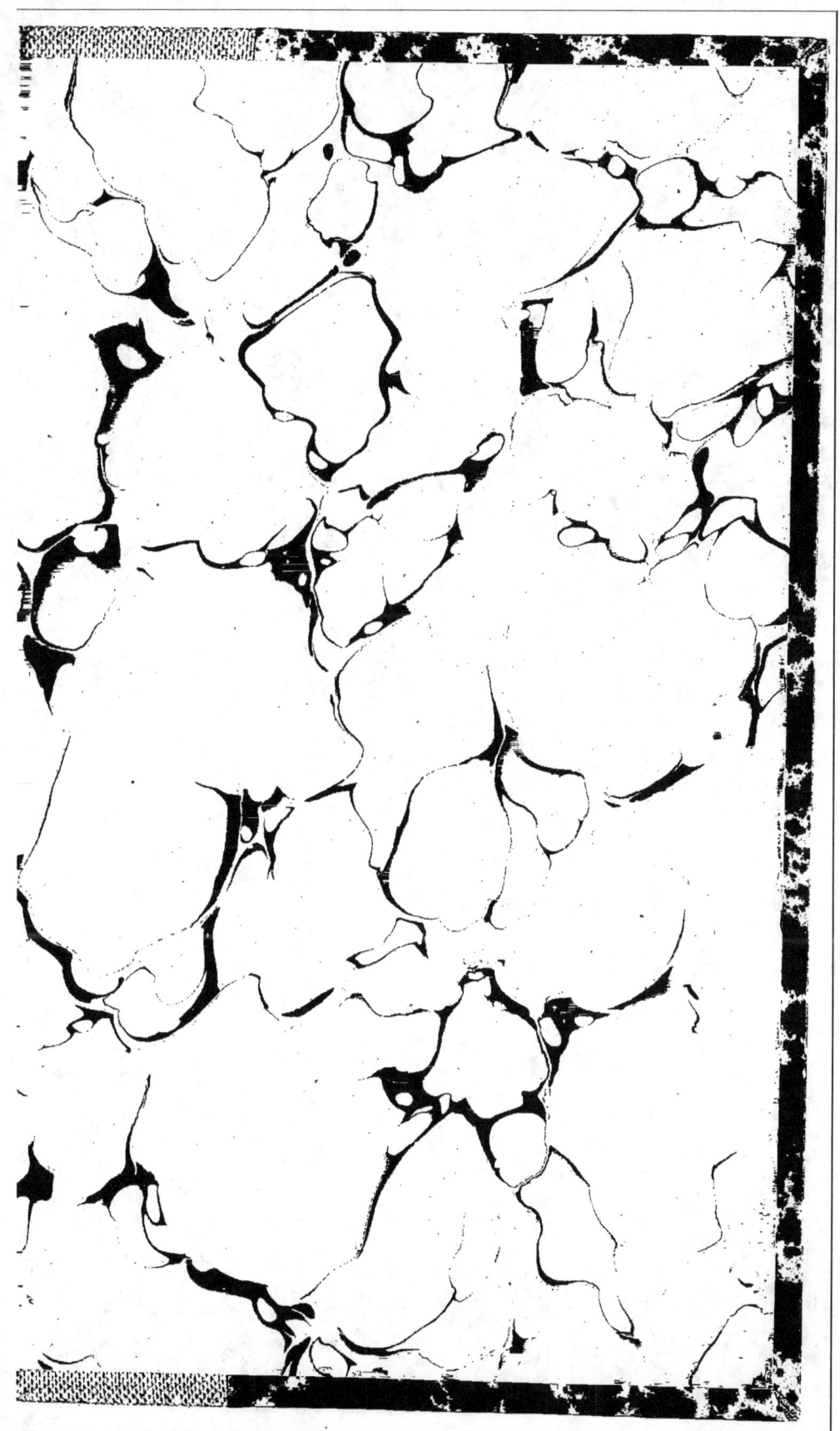

www.ingramcontent.com/pod-product-compliance
Lightning Source LLC
Chambersburg PA
CBHW061950300426
44117CB00010B/1282